중국어 원문과 영문 번역 두 편을 비교 번역한

天 下 唯 一

孫子兵法

Sūn zǐ bīng fǎ

Art of war

중국어 원문과 영문 번역 두 편을 비교 번역한

天下唯一 孫子兵法

초판 1쇄 2024년 03월 06일

지은이 손무
역자 안성봉, 안석찬
영문 역자 Lionel Giles, Samuel B. Griffith
발행인 김재홍

발행처 도서출판지식공감
등록번호 제396-2012-000018호
주소 서울시 영등포구 경인로82길 3-4 1117호 (문래동1가)
전화 02-3141-2700
팩스 02-322-3089
홈페이지 www.bookdaum.com

가격 25,000원
ISBN 979-11-5622-860-8 03140

"중국어 원문과 영문 번역 두 편을 비교 번역한"

천하유일

孫子兵法

THE ART OF WAR

大丈夫 대장부

안 성 봉

멀리 푸르른 산 아늑한 파란 하늘이여
고독한 갈대밭에 차가운 달빛 홀로 외로워라
칼로 벤 하늘 사이로 기러기 날아가고
굽이치는 강물 따라 말 달려간 곳에
따스한 햇살은 공허한 내 마음을 가득 채워 준다

지난 세월이 하루의 승패로 갈라진다
심장을 두드리는 북소리에 모두 일사불란하니
두려운 자 용맹한 자 모두 하나 되어
물러나지 않고 홀로 전진하지 못하니
대장부 뽑아 든 칼끝 향해 기세 몰아 나아간다

하얀 안개 속에서 화살은 길을 잃었나
밤새 눈 내린 설원 위로 홀로 말 달려간 곳에
차디찬 바람 불어와 흐릿한 두 눈은
쓰디쓴 한 잔의 술로 씻어 내리는데
쉼 없는 비바람 속에서도 대나무에는 꽃이 핀다

보름달빛에 지축을 뒤흔드는 말발굽은
산을 침묵케 하고 강물은 숨죽여 흐르게 하니
눈 앞에 펼쳐진 천하는 누구의 것인가?
칼날은 점점 무뎌 가고 녹슬어 가지만
맑은 햇살과 화살은 바람 타고 끝없이 날아간다.

중국어 원문 번역 및 영문 감수자의 말

손자병법은 동양뿐만 아니라 서양에서도 애독되는 고전 명작 중의 명작입니다. 이러한 손자병법이 영어권에서는 어떻게 이해하는지 궁금하여 영국의 중국학 저술가이며 철학자인 라이오넬 자일스(Lionel Giles)가 1910년에 번역한 『Art of war』와 사무엘 비 그리피스(Samuel B. Griffith)가 번역하고 옥스퍼드 대학교 출판부(Oxford University Press)에서 1971년 9월 15일 출간한 『Art of war』를 중국어 원문과 함께 비교 번역을 해보았습니다.

중국어는 고등학교 때 제2 외국어로 배운 것이 전부이고 한자 실력 또한 짧은 관계로 국내 출간된 3권의 손자병법의 번역을 참조하였고 한자 사전과 중국어 사전을 번갈아 찾아가며 어렵사리 원문 번역을 하였기에 편역에 가깝다고 할 수 있습니다.

영문 번역 두 편은 고등학교 1학년(2023년)인 아들 석찬이의 번역 지도를 겸해서 중학교 3학년(2022년) 2학기부터 1년 가까이 함께 작업을 진행하였습니다. 번역 작업에 앞서 구체적인 내용 파악과 전반적인 이해를 위해 2022년 2월부터 중국 CCTV에서 제작(2010년)한 35부작 손자대전을 미리 한번 보게 후 국내 출간된 손자병법 책을 7권을 읽게 하였습니다. 그리고 2022년 7월 19일 몽골 여행을 다녀온 후 여름방학을 맞아 번역 작업을 시작하였습니다.

앞으로 살아가면서 손자병법에서 익힌 내용이 많은 도움 되리라 생각하며 올바르고 정의롭게 사용하기를 바랍니다.

원문과 영문 모두 최대한 원문에 충실한 번역을 위해 최선을 다했습니다.

이 책을 읽는 분들의 영어 학습에 도움이 되었으면 하는 마음으로 영문 2편을 번역 지도 하면서 각 문장에 등장하는 각각의 영어 단어에 뜻을 각주로 하나하나 일일이 달아 놓은 자료로 출간합니다. 직접 적절한 어휘를 선택해 보는 것도 좋을 것입니다.

중국어 원문은 한국어 음독과 중국어 성조를 표기하였기에 중국어 학습에도 도움이 될 것입니다.

- 한국어 음독: 고 왈 지 피 지 기 백 전 불 태

故曰 知彼知己 百戰不殆

- 중국어 음독: Gù yuē, zhī bǐ zhī jǐ, bǎi zhàn bù dài.

그리고 원문에 등장하는 한자의 뜻을 일일이 정리하였기에 직접 번역을 하는데도 무리가 없을 것입니다. 본문에서 ❶은 Lionel Giles(라이오넬 자일스), ❷는 Samuel B. Griffith(사무엘 비 그리피스) 역의 『Art of war』입니다.

본 저자의 〈이데오토피아(Ideotopia)-本質본질〉에서 "번역가가 자국어로 번역시 자신의 사회적, 문화적, 경제적, 예술적, 정치적, 역사적, 시대적, 종교적, 언어적 관점에서 어떤 어휘를 선택하느냐에 따라 느낌이 완전히 달라진다."라고 제시한 바 있습니다. 자신의 사회적, 문화적, 경제적, 예술적, 정치적, 역사적, 시대적, 종교적, 언어적 관점에서 직접 번역해보시기를 적극적으로 권합니다. 여러분들도 번역가가 될 수 있습니다.

〈중국어 원문과 영문 번역 두 편을 비교 번역한 손자병법孫子兵法〉에서 번역의 세계로 여러분들을 인도합니다.

중국어 원문 번역 및 영문 번역 감수자 안성봉

2022년 7월 16일 몽골 초원에서 석찬이와 함께

영문 번역자의 말

2500년 전이면 우리나라는 고조선 시대이다. 그러한 시기에 완성된 이런 손자병법은 나에게 충격적이었다. 그리고 중국 춘추전국시대의 왕은 물론 수많은 장군들이 이 책을 모두 탐독하였겠지만 '나라와 백성을 위해 전쟁을 자제해야 한다'는 내용으로 볼 때 실제로는 손무만 이해할 수 있는 그런 책이었을 것이다.

〈1편. 視界시계〉에서 〈13편. 用間용간〉까지 하나하나가 전쟁에 관한 용병술뿐만 아니라 큰일을 도모할 때 신중함에 대하여 모두 세세하게 제시되어 있다. 또한 많은 나라의 사관학교에서 사관생도들의 필독서는 물론 필수 과목으로 지정된 곳도 많다. 특히 세계적인 명문 미국 육군사관학교인 WEST POINT(웨스트 포인트)에서는 필수 과목이라고 한다.

이러한 손자병법이 더욱 놀라운 것은 춘추전국시대의 손무가 오나라의 대장군이 되기 전인 20대 초반의 나이에 완성하였다는 것이다.

인류 역사에서 수많은 병법서가 있겠지만 손자병법은 정말 하늘이 내린 최고의 명작인 것 같다.

손자병법을 처음 접한 중학교 3학년 당시의 시야에서 이해하기 어려운 면도 많았지만, 중국의 최대 국영방송사 'CCTV'에서 손무의 일대기를 드라마로 제작한 35부작 〈손자대전〉을 미리 본 것이 많은 도움이 되었다. 특히 드라마 대사 중에 자막으로 '천하의 사내 대장부'를 가장 많이 본 것 같고 기억에 많이 남는다. 그리고 국내에서 출간된 7권의 손자병법을 읽어 보았기에 내용 파악에는 큰 어려움이 없었다. 하지만 번역 지도를 받으면서 상당히 어려웠던 점은 절대 부정할 수 없었고 영어 독해집 문제 푸는 것이 훨씬 쉬웠다. 그래서 1년 넘게 걸린 것 같다.

1910년에 번역한 라이오넬 자일스(Lionel Giles)의 『Art of war』와 1971년 9월 15일 출간한 사무엘 비 그리피스(Samuel B. Griffith)의 『Art of war』는 같은 내용이지만 확연히 다른 느낌이었다.

앞서 언급한 "번역가가 자국어로 번역 시 자신의 사회적, 문화적, 경제적, 예술적, 정치적, 역사적, 시대적, 종교적, 언어적 관점에서 어떤 어휘를 선택하느냐에 따라 느낌이 완전히 달라진다."의 문구가 생각이 났다.

어휘 선정에 있어서 선택권은 나에게 있었다. 한 예로 'swift chariots'를 번역할 때 사전의 [swift: ① 날랜, 빠른, 신속한 ② 순식간의. ③ 즉석의, 즉각적인 ④ 곧 하는, …하기 쉬운]이라는 뜻 중에서 "[빠른 전차]와 [날랜 전차] 중에서 무엇으로 할까?" 하면 [날랜 전차]로 하는 선택은 내가 하였다. 그러므로 전문 번역가의 관점보다는 고등학교 1학년의 언어적 · 정서적 관점에서 번역되었다고 할 수 있다.

하나의 중국어 원문을 시대가 다른 두 명의 영문 번역자가 '사회적, 문화적, 경제적, 예술적, 정치적, 역사적, 시대적, 종교적, 언어적 관점'에서 번역한『Art of war』를 느껴보면 좋겠다.

셀 수 없이 많은 고전 명작이 있지만 특히 남자라면 그리고 진정한 대장부가 되고 싶다면 손자병법을 적극 추천한다.

영문 번역자 안석찬

2022년 7월 16일 몽골 초원에서

■ 2020년 10월 중학교 1학년 당시 기마무사 수련

- 2019년 제7회 영천 대마기 전국종합마술축제 초등고학년부 권승 부문 입상
- 제4회 대가야 기마무사 · 승마대회 유소년부에서 다수 입상
- 제2회 대가야 스포츠마차대회 유소년부에서 입상
- 2020년, 2021년 대한승마협회 유소년 등록선수

손자병법 명언 핵심 구절(서문부터 13편까지)

❖ 제1편 〈始計시계〉

병 자 국 지 대 사 사 생 지 지 존 망 지 도

兵者, 國之大事, 死生之地, 存亡之道

전쟁은 나라의 중대사이고 죽느냐 사느냐의 처지이며 존속과 패망의 이치이니

장 자 지 신 인 용 엄 야

將者, 智信仁勇嚴也.

장수는 지혜, 신임, 어진 마음, 용맹, 엄격함이다.

병 자 궤 도 야

兵者, 詭道也.

전쟁은 속이는 이치이다.

❖ 제2편 〈作戰작전〉

구 박 사 칙 국 용 부 족

久暴師則國用不足.

오랫동안 군대가 전쟁을 하면 국가재정이 부족해진다.

병 구 이 국 이 자 미 지 유 야

兵久而國利者, 未之有也.

고 불 진 지 용 병 지 해 자 칙 불 능 진 지 용 병 지 이 야

故不盡之用兵之害者, 則不能盡知用兵之利也.

무릇 전쟁을 오래 끌어 나라에 이익이 된 적이 없다.

용병의 해로움을 완전히 이해하지 못하는 자는 용병의 이로움도 완전히 이해하지 못한다.

살 적 자 노 야 취 적 지 이 자 화 야

殺敵者 怒也. 取敵之利者 貨也.

적을 무찌르고자 하는 자는 병사의 적개심을 격발시켜야 한다. 적의 무기나 물자를 빼앗고자 하면 포상을 적극 활용해야 한다.

❖ 제3편 〈謀攻모공〉

고 선 용 병 자 필 이 전 쟁 어 천 하

故善用兵者 一 必以全爭於天下.

고 병 불 돈 이 이 가 전 차 모 공 지 법 야

故兵不頓而利可全 此謀攻之法也.

그러므로 용병을 잘하는 자는 필히 온전하게 천하를 다툰다. 그러므로 군대가 피로하지 않고 온전한 이익을 가질 수 있으니, 이것이 '술책으로 공략하는 법(모공의 법칙)'이다

지 피 지 기 백 전 불 태 불 지 피 이 지 기 일 승 일 부

知彼知己 白戰不殆. 不之彼而知己 一勝一負.

불 지 피 불 지 기 매 전 필 태

不知彼不知己 每戰必殆.

그러므로 상대를 알고 자신을 알면 백번 싸움에도 위태롭지 않다. 상대를 알지 못하고 자신을 알면 한번 승리하고 한번 패한다. 상대를 알지 못하고 자신도 알지 못하면 각 전투마다 반드시 위태롭다.

❖ 제4편 〈軍形군형〉

불 가 승 재 기 가 승 재 적

不可勝在己, 可勝在敵.

승 가 지 이 불 가 위

勝可知 而不可爲.

이길 수 있는지는 알아도 이루지는 못하는 것이다.

불 가 승 자 수 야 가 승 자 공 야

不可勝者 守也 可勝者 攻也.

이길 수 없으면 지키고 이길 수 있으면 공격한다.

고 지 소 위 선 전 자 승 어 역 승 자 야

古之所謂善戰者, 勝於易勝者也.

옛날에 전쟁을 잘하는 자는 이길 수 있는 자에게 이긴다.

❖ 제5편 〈兵勢병세〉

가 사 필 수 적 이 무 패 자　기 정 시 야

可使必受敵而無敗者, 奇正是也.

적의 공격에도 패하지 않는 것은 기정 때문이다.

선 동 적 자　형 지　적 필 종 야　여 지　적 필 취 지

善動敵者, 形之, 敵必從也, 予之, 敵必取之.

적을 잘 움직이는 자는 형세로 적이 반드시 좇게 한다.

❖ 제6편 〈虛實허실〉

적 일 능 노 지　포 능 기 지　안 능 동 지

敵佚能勞之, 飽能飢之, 安能動之.

적이 편하게 있으면 피로하게 하고 배가 부르면 굶주리게 하고 평온하면 움직이도록 한다.

선 공 자　적 불 지 기 소 수　선 수 자　적 불 지 기 소 공

善攻者, 敵不知其所守. 善守者, 敵不知其所攻.

공격을 잘하는 자는 수비해야 할 곳을 적이 알지 못하게 하고 수비를 잘 하는 자는 적이 공격해야 할 곳을 알지 못하게 한다.

❖ 제7편 〈軍爭군쟁〉

병 이 사 립　이 이 동　이 분 합 위 변 자 야

兵以詐立, 以利動, 以分合爲變者也.

전쟁은 속이고 이로움으로 움직이며 분산하거나 집중하여 변화를 만든다.

삼 군 가 탈 기　장 군 가 탈 심

三軍可奪氣 將軍可奪心

삼군(전군全軍)은 사기를 잃게 할 수 있고 장군은 마음을 빼앗을 수 있다.

❖ 제8편 〈九變구변〉

무 시 기 불 래 　시 오 유 이 대 야

無恃其不來, 恃吾有以待也.

무 시 기 불 공 　시 오 유 소 불 가 공 야

無恃其不攻, 恃吾有所不可攻也.

적이 가까이 이르지 않으리라 기대해서는 안 되고, 스스로 충분히 대비해야 한다. 적이 가까이 올지라도 공격하지 않으리라 기대해서는 안 되고, 늘 적이 감히 침공하지 못하도록 만반의 방비태세를 갖추어야 한다.

❖ 제9편 〈行軍행군〉

병 비 익 다 야 　족 이 병 력 　료 적 　취 인 이 이

兵非益多也, 足以併力·料敵·取人而已.

병사가 더 많다고 되는 것도 아니고 생각 없이 용맹하게 진격해서도 아니 되며 병사들의 힘을 아울러 적을 판단하고 인재를 골라 쓰면 된다.

령 지 이 문 　제 지 이 무 　시 위 필 취

令之以文, 齊之以武, 是謂必取.

문文으로 명하고 무를 갖추면 반드시 (승리를) 얻는다.

❖ 제10편 〈地形지형〉

지 피 지 기 　승 내 불 태 　지 천 지 지 　승 내 가 궁

知彼知己, 勝乃不殆. 知天知地, 勝乃可窮.

적을 알고 자신을 알면 승리는 위태롭지 않고 하늘을 알고 땅을 알면 승리는 이에 온전해진다.

❖ 제11편 〈九地구지〉

시 여 처 녀 　적 인 개 호 　후 여 탈 토 　적 불 급 거

始如處女, 敵人開戶. 後如脫兎, 敵不及拒.

처음에는 처녀처럼 구멍이 생긴 후에는 벗어나는 토끼처럼 막아 지킬 수 없게 한다.

❖ 제12편 〈火攻화공〉

주 불 가 이 노 이 흥 사　장 불 가 이 온 이 치 전
主不可以怒而興師, 將不可以慍而致戰.

합 어 이 이 동　불 합 어 이 이 지
合於利而動, 不合於利而止.

군주는 화가 난다고 하여 군사를 일으켜서는 안 되고 장수는 노여움으로 싸움에 (군사를) 보내서는 안 된다. 이익에 합치되면 움직이고 이익에 합치가 되지 않으면 머무른다.

❖ 제13편 〈用間용간〉

소 이 동 이 승 인　성 공 출 어 중 자　선 지 야
所以動而勝人, 成功出於衆者, 先知也.

움직이면 적을 이기고 공적을 이루는 것은 먼저 알기 때문이다

비 성 지 불 능 용 간　비 인 의 불 능 사 간
非聖智不能用間, 非仁義不能使間.

지혜로운 성인(聖人)이 아니면 첩자를 능히 부릴 수 없다. 어질고 의롭지 않으면 능히 첩자를 부릴 수 없다.

출처: 이데오토피아(Ideotopia)-海東해동

차 례

❶ – Lionel Giles(라이오넬 자일스) 역(1910년)
❷ – Samuel B. Griffith(사무엘 비 그리피스) 역(1971년 9월 15일)

一篇 始計

❶ LAYING PLANS 계획 마련 – Lionel Giles(라이오넬 자일스) 역

❷ ESTIMATES 평가 – Samuel B. Griffith(사무엘 비 그리피스) 역

* 계획을 시작하라!

1. 전쟁은 신중히 결정해야 한다
2. 국력 배양 5가지 요건 제시
3. 상황에 맞는 임기응변의 조치를 취한다
4. 전쟁은 적을 기만하는 것이다
5. 전쟁의 승패는 미리 알 수 있다

一	한	일	하나, 한 번, 처음
始	처음	시	처음, 비롯하다, 시작하다
計	꾀	계	꾀, 계략, 계획, 경영, 꾀하다, 계획하다
篇	책	편	책, 완결된 책, 완결된 시문(詩文)

孫子兵法

Sūn zǐ bīng fǎ

Art of war

1

손 자 왈　병 자　국 지 대 사　사 생 지 지　존 망 지 도
孫子曰 兵者 國之大事 死生之地 存亡之道
Sun zǐ yuē, bīng zhě guó zhī dà shì, sǐ shēng zhī dì, cún wáng zhī dào,

불 가 불 찰 야
不可不察也.
bù kě bù chá yě.

손자가 말했다. 전쟁은 나라의 중대사이고 죽느냐 사느냐의 처지이며 존속과 패망의 이치이니 살피지 않을 수 없다.

孫	손자	손	손자, 자손, 후손, 움, 새싹
子	아들	자	아들, 맏아들, 자식, 어조사
曰	가로	왈	가로되, 말하기를, 이르다, 말하다
兵	군사	병	군사 병, 싸움, 전쟁, 무기, 병기
者	놈	자	놈, 사람, 것, 일을 가리켜 이른다
國	나라	국	나라, 서울, 나라를 세우다
事	일	사	일, 일삼다, 전념하다, 정치
死	죽을	사	죽다, 죽음, 죽은 이
生	날	생	나다, 태어나다, 살다, 살아 있다
之	갈	지	가다, 이, −의
地	땅	지	땅, 토지의 신, 처지, 처해 있는 형편
存	있을	존	있다, 안부를 묻다, 가엾게 여기다
亡	망할	망	망하다, 달아나다, 죽다
道	길	도	길, 이치, 근원, 기능, 방법, 사상, 인의
不	아닐	부, 불	아닌가 아닐, 아니다, 크다, 말라(금지의 뜻)
可	옳을	가	옳다, 가히, 쯤, 정도
察	살필	찰	살피다, 알다, 살펴서 알다, 조사하다
也	어조사	야	어조사, 또, 또한, 잇달다

❶ Sun Tzu said: The art of war is of vital[1] importance to the State. It is a matter[2] of life and death, a road either to safety[3] or to ruin. Hence it is a subject[4] of inquiry[5] which can on no account[6] be neglected[7].

손자가 말했다. 병법은 국가에 있어 중요하고도 중요하다. 그것은 안녕과 파멸이라는 길, 생사에 관한 중대한 문제이다. 그러므로 어떤 이유로든지 소홀할 수 없는 연구의 주체이다.

❷ Sun Tzu said: War is a matter of vital importance to the State; the province of life or death; the road to survival or ruin. It is mandatory[8] that it be thoroughly studied[9].

손자가 말했다. 전쟁은 삶과 죽음의 영역, 생존과 파괴의 길로써 국가에 있어 중요하고도 중요하다. 그것은 면밀히 살펴야 할 의무 사항이다.

---

1) vi · tal: ① 생명의 ② 생생한, 생기가 넘치는 ③ 치명적인, 생사에 관한 ④ 절대로 필요한, 지극히 중요한
2) mat · ter: ① 물질; 물체. ② 사건; (pl.) 사태, 사정 ③ 내용; 제재, 주제. ④ (관심 · 고찰의) 문제, 일
3) safe · ty: ① 안전, 무사; 무난, 무해; 안전하게 하다, …에 안전장치를 하다.
4) sub · ject: ① 국민; 신하, 신(臣) ② 주제, 문제, 제목, 연제, 화제 ③ 학과, 과목 ④ 주관, 자아. 주체, 실체.
5) in · qui · ry: ① 질문, 문의, 조회 ② 조사, 심리 ③ 연구, 탐구
6) on no account: 무슨 일이 있어도, 무슨 이유로든.
7) ne · glect: ① (의무 · 일 따위를) 게을리하다, 해야 할 것을 안 하다, 하지 않고 그대로 두다 ② 무시하다, 경시하다; 간과하다 ③ 방치하다, 소홀히 하다
8) man · da · to · ry: 명령의, 지령의; 위탁의, 위임의; 의무적인, 강제적인
9) study: ① 배우다, 공부하다 ② 연구하다, 고찰(검토)하다; 조사하다 ③ 눈여겨(유심히) 보다 ④ 생각해 내다 ⑤ …에 마음을 쓰다, …을 돌보다 ⑥ 고려하다, …을 위해 애쓰다, 도모하다, ⑦ 살피다

2

고 경 지 이 오 사 교 지 이 계 이 색 기 정

故經之以五事 校之以計 而索其情.

Gù jìng zhī yǐ wǔ shì, jiào zhī yǐ jì, ér suò qí qíng.

일 왈 도 이 왈 천 삼 왈 지 사 왈 장 오 왈 법

一曰道 二曰天 三曰地 四曰將 五曰法.

Yī yue dào, èr yuē tiān, sān yuē dì, sì yue jiàng, wu yue fa.

그러므로 다섯 가지 조리로써 일삼아야 하고 본받아 계획하고 본성을 찾는다.

첫째는 도(道; 이치), 둘째는 천(天; 천체), 셋째는 지(地; 땅), 넷째는 장(將; 장수), 다섯째는 법(法; 도리)이다.

故	옛	고	예, 이미 지나간 때, 옛, 예전의, 옛날의
經	날	경	날, 날실, 세로, 길, 조리(條理)
之	갈	지	가다, 이, -의
以	써	이	써, -로써, 부터, -에서, 까닭
事	일	사	일, 일삼다, 전념하다, 정치
校	학교	교	학교, 본받다, 가르치다
以	써	이	써, -로써, 부터, -에서, 까닭
計	꾀	계	꾀, 계략, 계획, 경영, 꾀하다, 계획하다
而	말이을	이	말 이음, 순접역접의 접속사
索	찾을	색, 삭	찾다, 동아줄, 노, 어질다, 다하다, 꼬다
其	그	기	그(지시 대명사), 의(관형격 조사)
情	뜻	정	뜻, 정, 본성(本性)
曰	가로	왈	가로되, 말하기를, 이르다, 말하다
道	길	도	길, 이치, 근원, 기능, 방법, 사상, 인의
天	하늘	천	하늘, 천체, 천체의 운행, 태양
地	땅	지	땅, 토지의 신, 처지, 처해 있는 형편
四	넉	사	넉, 넷, 네, 네 번, 사방(四方)
將	장차	장	장차, 막-하려 한다, 마땅하-하여야 한다
法	법	법	법, 예의, 도리, 모범, 모형, 품등

❶ The art of war, then, is governed[1] by five constant[2] factors, to be taken into account[3] in one's deliberations[4], when seeking[5] to determine the conditions obtaining in the field. These are: ① The Moral Law; ② Heaven; ③ Earth; ④ The Commander; ⑤ Method[6] and discipline[7].

그래서 전쟁의 기교는 전장터에서 얻을 형세를 결정하는 것을 추구하고, 신중하게 숙고하여 다섯 가지 부단한 요인으로 운용된다. 이러한 것은 ① 도덕률 ② 하늘(기후) ③ 지면 ④ 지휘관/사령관 ⑤ 체계와 규율 등이다.

❷ Therefore, appraise[8] it in terms of the five fundamental factors and make comparisons[9] of the seven elements[10] later named[11]. So you may assess[12] its essentials. The first of these factors is moral influence; the second, weather; the third, terrain[13]; the fourth, command[14]; and the fifth, doctrine[15].

그러므로 다섯 가지 근본적인 요인을 인식하고 뒤에 언급할 일곱 가지 요소와 비교한다. 그래서 본질적인 것을 평가할 수 있을 것이다. 이러한 요인 중에서 첫 번째는 도덕적 영향력, 두 번째는 기상, 세 번째는 지형, 네 번째는 지휘관/사령관, 그리고 다섯 번째는 원칙이다.

---

1) gov · ern: ① (국가 · 국민 등을) 통치하다, 다스리다 ② (공공 기관 따위를) 지배하다, 운영하다, 관리하다 ③ (결의 · 행동 따위를) 좌우하다(sway); (운명 따위를) 결정하다
2) con · stant: ① 변치 않는, 일정한; 항구적인, 부단한. ② (뜻 따위가) 부동의, 불굴의, 견고한. ③ 성실한, 충실한
3) ac · count: ① 계산, 셈; 계산서, 청구서 ② 계정; 예금 계좌 ③ 이유, 근거; 원인, 동기. ④ 고객, 단골 ⑤ 고려, 감안; 평가, 판단; (곡 따위의) 해석 연주 ⑥ 가치, 중요성; 이익, 유익.
4) de · lib · er · a · tion: ① 숙고; 협의, 심의, 토의 ② 신중, 세심; 유장(悠長), 침착
5) seek: ① 찾다; 추구〔탐구〕하다, 조사하다; (명성 · 부(富) 따위를) 얻으려고 하다; (…에게 조언 · 설명을) 구하다, 요구하다 ① 찾다, 수색하다; 탐구하다 ② 얻으려고〔찾으려고〕 애쓰다, 희구하다, 요구하다, 청(請)하다
6) meth · od: ① 방법, 《특히》 조직적 방법, 방식 ② (일을 하는) 순서, 조리; 순서〔규율〕 바름, 질서 정연함; 체계
7) dis · ci · pline: ① 훈련, 훈육; 단련, 수양 ② 규율, 풍기; 자제. ③ 『종교』 고행; 종규, 계율. ④ 훈계, 징계, 처벌.
8) ap · praise: ① (사람 · 능력 등을) 평가하다; (상황 등을) 인식하다 ② (자산 · 물품 등을) 감정하다, 사정(査定)하다
9) com · par · i · son: ① 비교, 대조 ② 유사, 필적
10) el · e · ment: ① 요소, 성분; (구성) 분자 ② 『화학』 원소 ③ 사(四)원소《흙 · 물 · 불 · 바람》의 하나
11) name: ① …에〔이라고〕 이름을 붙이다〔짓다〕, 명명하다 ② 지명하다, 임명하다 ③ …의 (올바른) 이름을 말하다, …의 이름을 생각해 내다 ④ 고발하다 ⑤ 지정하다; 지적하다, 가리키다
12) as · sess: ① (재산 · 수입 따위를) 평가하다, 사정하다; (세금 · 벌금 따위를) 사정하다 ② (사람 · 사물 따위의 성질을〔가치를〕) 평가〔판단〕하다
13) ter · rain: 지대, 지역; 『군사』 지형; 지세
14) com · mand: ① 명령, 호령, 구령; 지령, 분부 ② 지휘(권), 지배(권), 통제 ③ 지배력, 통어력 ④ 조망 ⑤ 『군사』 관구, 예하 부대
15) doc · trine: ① 교의, 교리. ② 주의, (정치 · 종교 · 학문상의) 신조, 학설; 원칙, 공식(외교)정책

3

도자 영민여상동의야 고가여지사 가여지생
道者 令民與上同意也 故可與之死 可與之生
Dào zhě, lìng mín yǔ shàng tóng yì yě, gù kě yǔ zhī sǐ, kě yǐ zhī shēng,

이불외위야 천자 음양 한서 시제야
而不畏危也. 天者 陰陽 寒暑 時制也.
ér bù wèi wēi yě. Tiān zhě, yīn yáng, hán shǔ, shí zhì yě.

도(道; 이치)는 백성이 군주와 같은 생각을 하므로 함께 죽고 살 수 있어 위태로울지라도 두려워하지 않는다. 천(天; 천체)은 응달과 볕, 추위와 더위, 시간적 조건(사계절)이다.

道	길	도	길, 이치, 근원, 기능, 방법, 사상, 인의
者	놈	자	놈, 사람, 것, 일을 가리켜 이른다
令	영	령	영, 우두머리, 좋다, 법령, 규칙
民	백성	민	백성, 역(易)에서의 곤(坤)
與	줄	여	주다, 베풀다, 동아리, 무리, 따르다
同	한가지	동	한가지, 서로 같게 하다, 같게, 함께
意	뜻	의	뜻, 생각하다, 정취, 풍경
也	어조사	야	어조사, 또, 또한, 잇달다
故	옛	고	예, 이미 지나간 때, 옛, 예전의, 옛날의
可	옳을	가	옳다, 가히, 쯤, 정도
以	써	이	써, -로써, 부터, -에서, 까닭
死	죽을	사	죽다, 죽음, 죽은 이
與	줄	여	주다, 베풀다, 동아리, 무리, 따르다
而	말이을	이	말 이음, 순접·역접의 접속사
畏	두려워할	외	두려워하다, 으르다, 협박하다, 죽다,
危	위태할	위	위태하다, 위태롭게 하다, 두려워하다
陰	응달	음	응달, 음(陰), 습기, 축축함
陽	볕	양	볕, 양지, 양(陽), 밝다
寒	찰	한	차다, 차갑다, 얼다
暑	더울	서	덥다, 무덥다, 더위, 더운 계절, 여름
時	때	시	때, 때에, 때맞추다
制	마를	제	마르다, 만들다, 짓다, 누르다, 억제하다

❶ The Moral Law causes[1)] the people to be in complete accord[2)] with their ruler, so that they will follow him regardless of their lives, undismayed[3)] by any danger.

Heaven signifies[4)] night and day, cold and heat, times and seasons.

도덕률은 백성을 통치자가 완전히 하나로 일치시키는 것으로, 백성은 목숨에 개의치 않으며, 어떠한 위험도 겁내지 않고 통치자를 따를 것이다.

하늘/기상은 밤과 낮, 추위와 더위, 때와 계절을 의미한다.

❷ By moral influence[5)] I mean that which causes the people to be in harmony with their leaders, so that they will accompany[6)] them in life and unto[7)] death without fear of mortal[8)] peril[9)].

By weather I mean the interaction[10)] of natural forces[11)]; the effects[12)] of winter's cold and summer's heat and the conduct[13)] of military[14)] operations[15)] in accordance with[16)] the seasons.

도덕적 영향력으로써 생존을 함께 하고, 생사에 관계되는 위험의 두려움 없이 죽음까지도 지휘관과 함께하여 하나가 됨을 의미한다.

기상에 의한 것으로서 자연적인 영향으로 상호작용을 의미하는데, 계절에 따라 겨울의 추위와 여름의 더위와 군사작전의 지휘를 한다.

* 원문의 '上'을 ❶은 ruler(통치자)로 ❷는 leaders(지휘관)으로 번역함

1) cause: ① …의 원인이 되다; 일으키다. ② …로 하여금 —하게 하다 ③ 끼치다
2) ac · cord: 일치시키다, 조화시키다.
3) ùn · dismáyed: 겁내지 않는, 태연한; 낙담하지(기가 꺾이지) 않은.
4) sig · ni · fy: ① 의미하다, 뜻하다 ② 표시하다; 나타내다 ③ 알리다, 보이다 ④ …의 전조가(조짐이) 되다.
5) in · flu · ence: ① 영향(력), 작용; 감화(력) ② 세력, 권세; 사람을 좌우하는 힘; 설득력
6) ac · com · pa · ny: ① …에 동반하다, …와 함께 가다 ② (현상 따위가) …에 수반하여 일어나다
7) un · to: 《고어 · 시어》 ① …에, …쪽에 ② …까지
8) mor · tal: ① 죽을 수밖에 없는 운명의. ② 인간의 ③ 치명적인, 생사에 관계된; 사투의; ④ 죽음의; 임종의
9) per · il: 위험, 위난; 모험
10) ìnter · áction: 상호 작용 (영향), 교호(交互) 작용
11) force: ① 힘, 세력, 에너지, 기세 ② 폭력, 완력, 강압 ③ 영향(력), 지배력; 설득력
12) ef · fect: ①결과 ② 효과; (법률 등의) 효력; 영향; (약 등의) 효능 ③ (색채 · 모양의) 배합, 광경; 감명, 영향, 느낌, 인상. ④ 겉모양, 외견, 체재 ⑤ 취지, 의미 ⑥ (pl.) 동산, 재산, 물건
13) con · duct: ① 행위; 행동, 품행, 행상 ② 지도, 지휘, 안내; ③ 경영, 조처, 관리
14) mil · i · tary: ① 군의, 군대의, 군사(軍事)의, 군용의; 군인의; 군인다운(같은). ② 육군의. ③ 호전적인, 전투적인.
15) op · er · a · tion: ① 가동, 작용, 작업 ② (약 따위의) 효력, 효과; 유효 범위(기간) ③ (기계 따위의) 조작, 운전 ④ (사업 따위의) 운영, 경영, 조업; 회사, 기업 ⑤ (보통 pl.) 군사행동, 작전; 작전본부
16) ac · cord · ance: 일치, 조화; 부합; 수여. ♣ in ~ with …에 따라, …대로, …와 일치하여.

4

지 자 원 근 험 역 광 협 사 생 야

地者 遠近 險易 廣狹 死生也.

De zhě, yuǎn jìn, xiǎn yì, guǎng xiá, sǐ shēng yě.

장 자 지 신 인 용 엄 야

將者 智 信 仁 勇 嚴也.

Jiàng zhě, zhì, xìn, rén, yǒng, yán yě.

땅이란 멀고 가까움, 험하고 평탄함, 넓고 좁음, 삶과 죽음이다.
장수는 지혜, 신임, 어진 마음, 용맹, 엄격함이다.

地	땅	지	땅, 토지의 신, 처지, 처해 있는 형편
者	놈	자	놈, 사람, 것, 일을 가리켜 이른다
遠	멀	원	멀다, 아득하다, 세월이 오래다
近	가까울	근	가깝다, 닮다, 알기 쉽다, 천박하다
險	험할	험	험하다, 높다, 깊다, 기울다, 위태롭다
易	바꿀	역	바꾸다, 고치다, 교환하다, 평평하다, 평탄하다
廣	넓을	광	넓다, 넓히다, 넓어지다
狹	좁을	협	좁다, 좁아지다, 좁히다, 소리가 급한 일
死	죽을	사	죽다, 죽음, 죽은 이
生	날	생	나다, 태어나다, 낳다, 살다, 살아 있다
也	어조사	야	어조사, 또, 또한, 잇달다
將	장차	장	장차, 막-하려 한다, 마땅히-하여야 한다
者	놈	자	놈, 사람, 것, 일을 가리켜 이른다
智	슬기	지	슬기, 지혜, 슬기롭다, 지혜롭다, 꾀
信	믿을	신	믿다, 진실, 분명히 하다, 신의, 신임
仁	어질	인	어질다, 자애, 만물을 낳다, 어진 마음
勇	날쌜	용	날쌔다, 과감하다, 결단력이 있다
嚴	엄할	엄	엄하다, 급하다, 임박하다, 혹독하다

❶ Earth[1] comprises[2] distances, great and small; danger and security; open ground and narrow passes; the chances of life and death. The Commander stands for the virtues[3] of wisdom[4], sincerity[5], benevolence[6], courage and strictness[7].

땅은 거리, 크고 작은 규모, 위험과 안전, 훤히 트인 땅과 좁은 산길, 삶과 죽음의 가능성을 의미한다. 사령관/지휘관은 현명함의 덕, 성실, 자비, 용기 그리고 엄격함을 의미한다.

❷ By terrain[8] I mean distances, whether[9] the ground is traversed[10] with ease[11] or difiiculty, whether it is open or constricted[12], and the chances of life or death. By command[13] I mean the general's qualities of wisdom[14], sincerity, humanity[15], courage, and strictness.

지형으로서 거리, 땅이 쉽게 혹은 어렵게 통과하는지, 훤히 트여있는지 제약되는지, 삶과 죽음의 가능성을 의미한다. 지휘권으로써 장군의 현명한 자질, 성실, 인간미, 용기, 엄격함을 의미한다.

---

1) earth: ① (the ~) 지구. ② 대지, 육지, 지면 ③ (암석에 대하여) 흙, 땅, 토양
2) com · prise: ① 함유하다, 포함하다; 의미하다; …으로 이루어져 있다; 구성하다 ② …의 전체를 형성하다; 성립하다
3) vir · tue: ① 미덕, 덕, 덕행, 선행. ② (어떤 특수한) 덕, 미점, 미덕
4) wis · dom: ① 현명함, 지혜, 슬기로움; 분별 ② 학문, 지식
5) sin · cer · i · ty: 성실, 성의, 진실, 진심; 순수함
6) be · nev · o · lence: 자비심, 박애; 선행, 자선
7) strict: ① 엄격한, 엄한 ② 엄밀한, 정확한 ③ 진정한, 순전한; 완전한
8) ter · rain: 지대, 지역; 『군사』 지형; 지세
9) wheth · er: ① …인지 어떤지(를, 는) ② …이든지 (아니든지), …이든지 …이든지 (여하간에)
10) trav · erse: ① 가로지르다, 횡단(통과, 관통)하다《비유적으로도》 ② …의 여기저기를 걷다, 구석구석을 걷다
11) ease: ① 안락, 편안; 여유 ② 평정, 안심. ③ 한가, 태평. ④ 홀가분함, 쇄락 ⑤ 편함, 편안함, 경감
12) con · strict: 압축하다; 죄다; 수축시키다. ⓟ~ · ed a. 압축된;
13) com · mand: ① 명령, 호령, 구령; 지령, 분부 ② 지휘(권), 지배(권), 통제 ③ 지배력, 통어력 ④ 조망 ⑤ 『군사』 관구, 예하 부대
14) wis · dom: ① 현명함, 지혜, 슬기로움; 분별 ② 학문, 지식
15) hu · man · i · ty: ① 인류 ② 인간성, 인도 ③ 인간애, 박애, 자애, 인정

5

법자 곡제 관도 주용야
法者 曲制 官道 主用也.
Fǎ zhě, qū zhì, guān dào, zhǔ yòng yě.

범차오자 장막불문 지지자승 부지자불승
凡此五者 將莫不聞 知之者勝 不知者不勝.
Fán cǐ wǔ zhě, jiāng mò bù wén, zhī zhī zhě shèng, bù zhì zhě bù shèng.

법은 군대 편성, 관리 체계, 군수물자 운용이다.
무릇 이 다섯 가지는 장수가 듣지 않았을 리 없고 이것을 아는 자는 이길 것이고 모르는 자는 이기지 못할 것이다.

法	법	법	법, 예의, 도리, 모범, 모형, 품등, 본받다
者	놈	자	놈, 사람, 것, 일을 가리켜 이른다
曲	굽을	곡	굽다, 휘다, 굽히다, 휘게 하다
制	마를	제	마르다, 자료를 필요한 규격대로 베거나 자르다
官	벼슬	관	벼슬, 벼슬자리, 벼슬아치, 관청
道	길	도	길, 이치, 근원, 기능, 방법, 사상, 인의
用	쓸	용	쓰다, 베풀다, 부리다, 등용하다, 행하다
也	어조사	야	어조사, 또, 또한, 잇달다
凡	무릇	범	무릇, 모두, 다, 합계
此	이	차	이, 이곳, 이것, 가까운 사물을 가리킴
者	놈	자	놈, 사람, 것, 일을 가리켜 이른다
將	장차	장	장차, 막-하려 한다, 마땅히-하여야 한다
莫	없을 저물	막, 모	없다, 저물다, 고요하다, 말다, 정하다
聞	들을	문	듣다, 삼가 받다, 가르침을 받다, 알다
知	알	지	알다, 깨닫다, 느끼다, 분별하다, 기억하다
之	갈	지	가다, 이, -의
勝	이길	승	이기다, 낫다, 뛰어나다
知	알	지	알다, 깨닫다, 느끼다, 분별하다, 기억하다

❶ By method and discipline[1] are to be understood the marshaling[2] of the army in its proper subdivisions, the graduations[3] of rank[4] among the officers, the maintenance[5] of roads by which supplies may reach the army, and the control[6] of military expenditure[7].

These five heads[8] should be familiar to every general: he who knows them will be victorious; he who knows them not will fail.

체계와 규율에 의함이란 적절하게 세분하여 군대를 정렬, 중간 장수들 중에서의 계급별 등급, 보급이 대군에 도달할 수 있는 도로의 정비, 군비지출을 관리하는 것으로 이해된다.

이 다섯 가지 표제는 모든 장수들이 익히 알아야 하고, 이 다섯 가지를 아는 자는 승리할 것이고 알지 못하는 자는 패할 것이다.

❷ By doctrine I mean organization[9], control, assignment[10] of appropriate[11] ranks to officers, regulation[12] of supply routes, and the provision[13] of principal[14] items[15] used by the army.

There is no general who has not heard of these five matters[16]. Those who master them win; those who do not are defeated.

규율로써 체계, 통제, 중간 장수에 대한 적절한 계급의 임명, 보급로의 조정과 대군에 쓰이는 주요 품목의 공급을 의미한다.

이 다섯 가지 내용을 들어보지 못한 장수는 없다. 그것을 통달한 자는 이길 것이고 그렇지 못한 자는 패배할 것이다.

---

1) dis · ci · pline: ① 훈련, 훈육; 단련, 수양 ② 규율, 풍기; 자제(自制). ③ 훈계, 징계, 처벌.
2) mar · shal: ① 정렬시키다, 집합시키다; 정렬(집합)하다; 정리(정돈)되다.
3) grad · u · a · tion: ① 대학 졸업, 학위 취득 ② 등급 매기기, 등급별.
4) rank: ① 열, 행렬 ② (pl.) 계급, 사회층, 신분 ③ 지위, 등급 ④ 높은 지위, 상류 사회
5) main · te · nance: ① 유지, 지속《of》 ② 보수 (관리), 건사, 보존, 정비
6) con · trol: 지배(력); 관리, 통제, 다잡음, 단속, 감독
7) ex · pend · i · ture: 지출; 소비; 출비, 경비, 비용, 지출액; 소비량; 소비 시간
8) head: ① 머리, 두부(頭部) ② 두뇌, 머리, 지력, 이지(理知), 지능, 지혜 ③ 정상, 상부, 위; 선단, 말단.
9) or · gan · i · za · tion: ① 조직(화), 구성, 편제, 편성. ② 기구, 체제 ③ 조직체, 단체, 조합
10) as · sign · ment: ① 할당, 할당된 몫. ② 지정, 지시 ③ 담당, 임무. ④ 지령, 임명.
11) ap · pro · pri · ate: ① (…에) 적합한, 적절(적당)한《for; to》 ② 특유의, 고유한
12) reg · u · la · tion: ① (보통 pl.) 규칙, 규정, 법규, 조례 ② 조절, 조정; 단속, 제한
13) pro · vi · sion: ① 예비, 준비, 설비 ② 공급, 지급; 지급량; (pl.) 양식, 식량; 저장품
14) prin · ci · pal: 주요한; 제1의; 중요한
15) item: ① 항목, 조목, 조항, 품목, 세목 ② (신문 따위의) 기사, 한 항목
16) mat · ter: ① 물질. ② (특수한) 물질; 물체 ③ 내용; 제재, 주제. ④ 문제, 일 ⑤ 사건

6

고 교 지 이 계 이 삭 기 정 왈 주 숙 유 도 장 숙 유 능
故校之以計 而索其情. 曰 主孰有道. 將孰有能.
Gù xiào zhī yǐ jì, ér suǒ qí qíng. Yuē zhǔ shú yǒu dào. Jiāng shú yǒu néng.

천 지 숙 득 법 령 숙 행 병 중 숙 강 사 졸 숙 련 상 벌 숙 명
天地孰得. 法令孰行. 兵衆孰强. 士卒孰鍊. 賞罰孰明.
Tiān dì shú dé. Fǎ lìng shú xíng. Bīng zhòng shú qiáng. Shì zú shú liàn. Shǎng fá shú míng.

그러므로 계책을 비교하여 그 실상을 살핀다. 말하자면 어느 왕이 더 도(이치)가 있는가? 어느 장수가 더 유능한가? 법은 어느 쪽이 잘 시행되는가? 병력은 어느 쪽이 더 강한가? 중간 장수와 병사는 어느 쪽이 훈련이 더 잘되어 있는가? 상과 벌은 어느 쪽이 더 명확한가?

校	학교	교	학교, 본받다, 가르치다, 비교하다
以	써	이	써, -로써, 부터, -에서, 까닭
計	꾀	계	꾀, 계략, 계획, 경영, 꾀하다, 계획하다
索	찾을	색, 삭	찾다, 동아줄, 노, 어질다, 다하다, 꼬다
其	그	기	그(지시 대명사), 의(관형격 조사)
情	뜻	정	뜻, 정, 본성(本性), 실상
孰	누구	숙	누구, 어느, 무엇, 익다, 끓여 먹다
道	길	도	길, 이치, 근원, 기능, 방법, 사상, 인의
將	장차	장	장차, 막-하려 한다, 마땅히-하여야 한다
能	능할	능	능하다, 잘하다, 보통 정도 이상으로 잘하다
地	땅	지	땅, 토지의 신, 처지, 처해 있는 형편
得	얻을	득	얻다, 이익, 이득, 덕(德)
法	법	법	법, 예의, 도리, 모범, 모형, 품등, 본받다
令	영	령{영}	영, 우두머리, 좋다, 법령, 규칙
行	갈	행	가다, 걷다, 나아가다, 달아나다, 돌아다니다
衆	무리	중	무리, 많은 사람, 많은 물건, 많은 일, 땅
強	굳셀	강	굳세다, 강하다
練	익힐	련{연}	익히다, 누이다, 단련하다, 경험하다, 익다
賞	상줄	상	상을 주다, 기리다, 찬양하다, 상(賞)
罰	죄	벌	죄, 가벼운 죄, 벌, 형벌, 죄를 속(贖)하다

❶ Therefore, in your deliberations, when seeking to determine the military[1] conditions, let them be made the basis of a comparison, in this wise:--

그러므로 신중하게 군사적 형세를 결정하려 하면, 이와 같이 비교의 토대를 만들어야 한다.

(1) Which of the two sovereigns[2] is imbued[3] with the Moral law?
두 군주 중에서 어느 쪽이 도덕률에 습관화되어 있는가?

(2) Which of the two generals has most ability?
두 장수 중 어느 쪽이 더 역량이 있는가?

(3) With whom lie the advantages[4] derived[5] from Heaven and Earth?
하늘과 땅으로부터 얻는 이로운 점은 누구에게 있는가?

(4) On which side is discipline[6] most rigorously[7] enforced[8]?
어떤 편이 규율을 더 엄격하게 집행하는가?

(5) Which army is stronger?
어느 쪽 군대가 더 강한가?

(6) On which side are officers and men more highly trained?
어느 쪽 중간 장수와 병사들이 더 고도로 훈련되었는가?

(7) In which army is there the greater constancy[9] both in reward[10] and punishment?
어느 쪽 군대가 보상과 처벌에서 더 지조가 있는가?

---

1) mil · i · tary: ① 군의, 군대의, 군사(軍事)의, 군용의; 군인의; 군인다운(같은). ② 육군의. ③ 호전적인, 전투적인.
2) sov · er · eign: 주권자, 원수(元首), 군주(monarch), 국왕, 지배자.
3) im · bue: ① …에게 감염(감화)시키다, 불어넣다 ② 빨아들이게 하다, 스며들게 하다; …에 물들이다《with》
4) ad · van · tage: ① 유리; 이익; 편의 ② 우세, 우월 ③ 이점, 장점
5) de · rive: ① 끌어내다; 손에 넣다, 획득하다 ② …의 기원을(유래를) 찾다; …에서 파생하다, …에서 나와 있다, …에서 시작하다 ③ (결론 따위를) 논리적으로 도출하다, (연역적으로) 추론하다
6) dis · ci · pline: ① 훈련, 훈육; 단련, 수양 ② 규율, 풍기; 자제. ③ 『종교』 고행; 종규, 계율. ④ 훈계, 징계, 처벌.
7) rig · or · ous: 준엄한; 가혹한; 엄격한; (한서(寒暑) 따위가) 매우 혹독한; 엄밀한, 정밀한. ㉺~ · ly
8) en · force: ① (법률 등을) 실시(시행)하다, 집행하다 ② (지불 · 복종 등을) 강요(강제)하다; 강행하다
9) con · stan · cy: ① 불변성, 항구성. ② 지조 견고; 절조, 성실; 정절.
10) re · ward: ① 보수, 포상; 현상금; 사례금《for》 ② 보답, 응보

❷ Therefore in laying plans compare[1] the following elements[2], appraising[3] them with the utmost[4] care[5]. If you say which ruler possesses moral influence, which commander is the more able, which army obtains[6] the advantages[7] of nature[8] and the terrain[9], in which regulations[10] and instructions[11] are better carried out[12], which troops[13] are the stronger; Which has the better trained officers and men; And which administers[14] rewards and punishments in a more enlightened[15] manner[16];

그러므로 계획을 세움에 있어 극도의 주의로 평가하는 것으로, 다음의 요소들을 비교한다. 어느 쪽 통치자가 도덕적 영향력을 갖추는가, 어느 쪽 사령관(지휘관)이 더욱 유능한가, 어느 쪽 군대가 자연과 땅에서 이로운 점을 얻는가, 어느 쪽에서 규정과 지시가 더욱 더 잘 수행되는가, 어느 쪽 군대가 더 강한가, 어느 쪽이 중간 장수와 병사가 훈련이 더 잘되어 있는가, 그리고 어느 쪽이 더욱 분명하게 포상과 처벌이 집행되는가로 말할 수 있다.

---

1) com · pare: ① 비교하다, 견주다, 대조하다 ② 비유하다, 비기다《to》
2) el · e · ment: ① 요소, 성분; (구성) 분자 ② 『화학』 원소 ③ 사(四)원소《흙 · 물 · 불 · 바람》의 하나
3) ap · praise: ① (사람 · 능력 등을) 평가하다; (상황 등을) 인식하다 ② 감정하다, 사정하다, 값을 매기다
4) ut · most: ① 최대한도의, 최고도의, 극도의, 극단의 ② 가장 먼, 맨 끝의; 최후의
5) care: ① 걱정, 근심. ② (종종 pl.) 걱정거리 ③ 주의, 조심, 배려; 고심; 책임. ④ 돌봄, 보살핌; 간호
6) ob · tain: ① 얻다, 손에 넣다, 획득하다 ② (명성 · 지위 등을) 얻게 하다 ③ 《고어》 달성하다; ① (널리) 행해지다, 유행하다, 통용되다
7) ad · van · tage ① 유리; 이익; 편의 ② 우세, 우월 ③ 이점, 장점
8) na · ture: ① (대)자연, 천지만물, 자연(현상); 자연계; 자연의 힘[법칙]; (종종 N-) 조화; 조물주 ② (문명의 영향을 받지 않은) 인간의 자연의 모습; 미개 상태 ③ 천성, 인간성, (사람 · 동물 따위의) 본성; 성질, 자질; …기질의 사람 ④ (the ~) (사물의) 본질, 특질; 특징 ⑤ 본래의 모습; 현실, 진짜. ⑥ (a ~, the ~) 종류; 성질
9) ter · rain: 지대, 지역; 『군사』 지형; 지세
10) reg · u · la · tion: ① (보통 pl.) 규칙, 규정, 법규, 조례 ② 조절, 조정; 단속, 제한
11) in · struc · tion: ① 훈련, 교수, 교육 ② 교훈, 가르침. ③ (pl.) 지시, 지령, 훈령, 명령
12) car · ry out ① (계획 · 예정 · 명령 따위를) 실행하다, 실시하다; (일 · 계획 따위를) 성취하다, 달성하다, 다하다 ②들어내다, 실어내다
13) troop: ① 대(隊), 떼, 무리《of》 ② (보통 pl.) 군대, 병력 ★ 60 troops는 '병력 60명'의 뜻. ③ 『軍』 기병 중대. ④ (보이스카우트의) 분대《최소 5명》; (걸 스카우트의) 단(團)《8-32명으로 구성됨》
14) ad · min · is · ter: ① 관리하다, 지배[통치]하다 ② (법령 · 의식을) 집행하다 ③ 베풀다, 주다, 공급하다
15) en · light · en: ① 계몽하다, 계발[교화]하다; …에게 가르치다, 알리다, 분명하게 하다 ② 《고어 · 시어》 비추다, 빛나게 하다; (아무에게) 영적 통찰력을 주다.
16) man · ner: ① 방법, 방식, 투 ② 태도, 거동, 모양; 훌륭한 태도.

7

오 이 차 지 승 부 의 장 청 오 계 용 지 필 승 류 지
吾以此知勝負矣 將聽吾計 用之必勝 留之.
Wú yǐ cǐ zhī shèng fù yǐ. Jiāng tīng wú jì, yòng zhī bì shèng, liú zhī,

장 부 청 오 계 용 지 필 패 거 지
將不聽吾計 用之必敗 去之.
Jiāng bù tīng wú jì, yòng zhī bì bài, qù zhī.

나는 이것으로 이기고 지는 것을 알 수 있다. 장수가 나의 계책을 받아들여 (군대를) 부리면 반드시 승리할 것이고 나는 남을 것이다. 장수가 나의 계책을 받아들이지 않고 (군대를) 부리면 반드시 패할 것이고 나는 떠날 것이다.

吾	나	오	나, 자신, 당신, 그대, 글 읽는 소리
以	써	이	써, –로써, 부터, –에서, 까닭
此	이	차	이, 이곳, 이것, 가까운 사물을 가리킴
知	알	지	알다, 깨닫다, 느끼다, 분별하다, 기억하다
勝	이길	승	이기다, 낫다, 뛰어나다, 뛰어난 것
負	질	부	지다, 등에 짐을 지다, 책임을 지다
矣	어조사	의	어조사, 단정·결정·한정·의문·반어의 뜻을 나타냄
將	장차	장	장차, 막–하려 한다, 마땅히–하여야 한다
聽	들을	청	듣다, 자세히 듣다, 기다리다, 받다
計	꾀	계	꾀, 계략, 계획, 경영, 꾀하다, 계획하다
用	쓸	용	쓰다, 베풀다, 부리다, 등용하다, 행하다
必	반드시	필	반드시, 틀림없이, 꼭, 기필하다, 이루어내다
留	머무를	류{유}	머무르다, 기다리다, 변하지 아니하다
敗	깨뜨릴	패	깨뜨리다, 부수다, 무너지다, 부서지다
去	갈	거	가다, 떠나다, 잃다, 잃어버리다, 배반하다

❶ By means of these seven considerations[1)] I can forecast victory or defeat. The general that hearkens[2)] to my counsel[3)] and acts upon it, will conquer[4)]: let such a one be retained[5)] in command[6)]!

The general that hearkens[7)] not to my counsel[8)] nor acts upon it, will suffer[9)] defeat:--let such a one be dismissed[10)]!

이러한 일곱 가지의 고려할 사항으로써 나는 승리 혹은 패배를 미리 예측할 수 있다. 나의 조언에 귀를 기울이고, 실행에 옮긴 장수는 적을 공략할 것이므로, 지휘권을 유지하게 하라.

나의 조언에 귀를 기울이지 않고 실행에 옮기지 않는 장수는 패배할 것이므로, 면직하라!

❷ I will be able to forecast which side will be victorious[11)] and which defeated. If a general who heeds[12)] my strategy[13)] is employed he is certain[14)] to win. Retain him!

when one who refuses[15)] to listen to my strategy is employed, he is certain to be defeated. Dismiss him!

나는 어느 쪽이 승리하고 패배할지 예측할 수 있을 것이다. 나의 전략에 마음을 둔 장수를 임명한다면 확실히 이길 것이다. (지휘권을) 유지하라!

임명된 자가 나의 전략을 귀담아 듣기를 거부할 하면, 확실히 패배할 것이다.

면직하라!

---

1) con · sid · er · a · tion: ① 고려, 숙려, 고찰 ② (남에 대한) 동정, 참작, 헤아림 ③ 행하, 보수, 팁 ④ 고려의 대상, (고려할) 사정, 항목; 동기, 이유 ⑤ 중요시, 경의, 존경. ⑥ 중요성, 가치
2) heark · en: 《고어 · 문어》 귀를 기울이다, 경청하다《to》
3) coun · sel: ① 의논, 협의, 평의 ② 조언, 권고, 충언 ③ (행동의) 계획, 방침.
4) con · quer: ① (무력으로) 정복하다, (적을) 공략하다. ② (명성 · 애정 따위를) 획득하다. ③ (역경 · 곤란 · 격정 · 유혹 · 버릇 따위를) 극복하다, …을 이겨내다; 억제하다 ④ (이성을) 따르게 하다; 승리를 얻다, 이기다
5) re · tain: ① 보류하다, 보유〔유지〕하다 ② 고용하다. ③ 존속시키다; 계속 사용〔실행〕하다. ④ 잊지 않고 있다
6) com · mand: ① 명령, 호령, 구령; 지령, 분부 ② 지휘(권), 지배(권), 통제 ③ 지배력, 통어력 ④ 조망
7) heark · en: 《고어 · 문어》 귀를 기울이다, 경청하다《to》
8) coun · sel: ① 의논, 협의, 평의 ② 조언, 권고, 충언 ③ (행동의) 계획, 방침.
9) suf · fer: (고통 · 변화 따위를) 경험하다, 입다, 받다
10) dis · miss: ① 떠나게 하다, 가게 하다; (집회 · 대열 등을) 해산시키다. ② 해고〔면직〕하다
11) vic · to · ri · ous: ① 승리를 거둔, 이긴 ② 승리의, 전승의. ③ 이겨서 의기양양한.
12) heed: (…에) 주의〔조심〕하다, (…을) 마음에 두다
13) strat · e · gy: 용병학, 병법; (대규모의) 전략; 작전; 책략.
14) cer · tain: ① 〔서술적〕 (아무가) 확신하는, 자신하는 ② (일이) 확실한, 신뢰할 수 있는, 반드시 일어나는; (지식 · 기술이) 정확한 ③ 반드시 …하는, …하게 정해져 있는
15) re · fuse: ① (부탁 · 요구 · 명령 등을) 거절하다, 거부하다, 물리치다 ② 받아들이지 않다, 사절〔사퇴〕하다

8

계 리 이 청 내 위 지 세 이 좌 기 외

計利以聽 乃爲之勢 以佐其外.

Jì lì yǐ tīng, nǎi wéi zhī shì, yǐ zuǒ qí wài.

세 자 인 리 이 제 권 야 병 자 궤 도 야

勢者 因利而 制權也. 兵者 詭道也.

Shì zhě, yīn lì ér zhì quán yě. Bīng zhě, guǐ dào yě.

나의 계책을 자세히 들으면 기세가 유리해지고 그 밖의 것도 도움이 된다. 기세는 유리하게 저울질하듯 만든다. 전쟁은 속이는 이치이다.

計	꾀	계	꾀, 계략, 계획, 경영, 꾀하다, 계획하다
利	날카로울	리{이}	이롭다, 유익하다, 편리하다, 날카롭다, 통하다
以	써	이	써, –로써, 부터, –에서, 까닭
聽	들을	청	듣다, 자세히 듣다, 기다리다, 받다
乃	이에	내	이에, 너, 접때
為	할	위	하다, 되다, 다스리다, 속하다, 어기다, 있다
之	갈	지	가다, 이, –의
勢	기세	세	기세, 무리, 인중(人衆), 불알
佐	도울	좌	돕다, 도움, 권하다
其	그	기	그(지시 대명사), 의(관형격 조사)
外	밖	외	밖, 바깥, 이전, 용의(容儀), 차림
者	놈	자	놈, 사람, 것, 일을 가리켜 이른다
因	인할	인	인하다, 인(因), 원인을 이루는 근본
而	말이을	이	말 이음, 순접·역접의 접속사
制	마를	제	마르다, 자료를 필요한 규격대로 베거나 자르다
權	저울추	권	저울추, 저울, 저울질하다, 경중
也	어조사	야	어조사, 또, 또한, 잇달다
兵	군사	병	군사 병, 싸움, 전쟁, 무기, 병기
詭	속일	궤	속이다, 가만하다, 꾸짖다
道	길	도	길, 이치, 근원, 기능, 방법, 사상, 인의

❶ While heading[1] the profit[2] of my counsel, avail yourself also of any helpful circumstances over and beyond the ordinary rules.

According as circumstances[3] are favorable[4], one should modify[5] one's plans. All warfare[6] is based on deception[7].

내 조언을 이로운 점으로 하여 진행한다면, 자신에게 어떠한 도움이 되는 부대 상황을 능가할 가치가 있고 일반적인 방식을 넘어설 수 있다.

주위 사정에 따라서 유리하게, 계략을 변경해야 한다. 모든 전쟁은 기만에 근거한다.

❷ Having paid heed to the advantages of my plans, the general must create[8] situations[9] which will contribute[10] to their accomplishment[11].

By 'situations[12]' I mean that he should act expediently[13] in accordance[14] with what is advantageous[15] and so control[16] the balance[17]. All warfare is based on deception.

내 계략을 이로운 점으로 진행하여 이익을 얻으면, 장수는 임무수행에 도움이 될 정세를 고안해야 한다.

'정세'에 의함이란 이로운 점에 부합하고 유리하게 실행하여 저울질하는 것을 의미한다. 모든 전쟁은 기만에 근거한다.

---

1) head: ① …의 맨 앞에 있다, …의 처음에 (…을) 두다〔싣다〕 ② …의 장이 되다, …의 선두에 서다; …을 지휘하다, 이끌다 ③ (…로) 향하게 하다, (…쪽으로) 나아가게 하다; 진행하다, 향하다
2) prof · it: ① (종종 pl.) (금전상의) 이익, 수익, 이윤, 소득 ② 득(得), 덕.
3) cir · cum · stance: ① (보통 pl.) 상황, 환경; 주위의 사정. ② (pl.) (경제적인) 처지, 생활 형편.
4) fa · vor · a · ble: ① 호의를 보이는, 찬성의, 승낙의 ② 유리한, 형편이 좋은; 알맞은
5) mod · i · fy: ① 수정〔변경〕하다 ② 완화하다; 가감하다, 조절〔제한〕하다
6) war · fare: 전투(행위), 교전(상태); 전쟁(war); 싸움
7) de · cep · tion: 사기, 기만, 협잡
8) cre · ate: ① 창조하다; 창시〔창작〕하다 ② 안출〔고안〕하다 ③ 창설〔창립〕하다.
9) sit · u · a · tion: ① 위치, 장소, 소재; 환경. ② 입장, 사정 ③ 정세, 형세, 상태, 사태
10) con · trib · ute: ① (금품 따위를) 기부하다, 기증하다 ② 기여〔공헌〕하다; 제공하다, 주다; ① 기부를 하다 ② (…에) 힘을 빌리다, (…에) 도움이 되다, (…의) 한 원인이 되다, 기여〔공헌〕하다
11) ac · com · plish · ment: ① 성취, 완성, 수행, 이행 ② 업적, 공적
12) sit · u · a · tion: ① 위치, 장소, 소재; 환경. ② 입장, 사정 ③ 정세, 형세, 상태, 사태
13) ex · pe · di · ent: ① 편리한, 편의의; 마땅한, 유리한, 상책인 ② 편의주의의, 방편적인, 정략적인
14) ac · cord · ance: 일치, 조화; 부합; 수여.
15) ad · van · ta · geous: 유리한; 형편이 좋은
16) con · trol: ① 지배하다; 통제〔관리〕하다, 감독하다. ② 제어〔억제〕하다 ③ 검사하다
17) bal · ance: ① 천칭, 저울 ② 평균, 균형, 평형; 대조 ③ 조화; 침착; 안정, 평정

9

고 능 이 시 지 부 능 용 이 시 지 부 용 근 이 시 지 원

故能而示之不能 用而示之不用 近而視之遠

Gù néng ér shì zhī bù néng, yòng ér shì zhī bù yòng, jìn ér shì zhī yuǎn,

원 이 시 지 근 리 이 유 지 난 이 취 지

遠而示之近. 利而誘之 亂而取之.

yuǎn ér shì zhī jìn. Lì ér yòu zhī, uàn ér qǔ zhī.

실 이 비 지 강 이 피 지

實而備之 强而避之.

Shí ér bèi zhī, qiáng ér bì zhī.

능하지만 능하지 않은 것처럼 보이고 쓰지만 쓰지 않는 것처럼 보이고 가깝지만, 먼 것처럼 보이고 멀지만 가까운 것처럼 보이게 한다. 이롭게 하여 적을 꾀어내고 어지럽게 하여 취한다. 적이 충만하면 방비하고 강하면 피한다.

故	옛	고	예, 이미 지나간 때, 옛, 예전의, 옛날의
能	능할	능	능하다, 잘하다, 보통 정도 이상으로 잘하다
示	보일	시	보이다, 가르치다, 알리다
用	쓸	용	쓰다, 베풀다, 부리다, 등용하다, 행하다
近	가까울	근	가깝다, 닮다, 알기 쉽다, 천박하다
遠	멀	원	멀다, 아득하다, 세월이 오래다
利	날카로울	리{이}	이롭다, 유익하다, 편리하다, 날카롭다, 통하다
誘	꾈	유	꾀다, 유혹하다, 유인하다, 꾀다, 미혹하게 하다
亂	어지러울	란{난}	어지럽다, 다스리다, 반역(反逆)
取	취할	취	취하다, 골라 뽑다, 돕다, 의지하다
實	열매	실	열매, 차다, 가득 차다, 익다, 곡식이 익다
備	갖출	비	갖추다, 갖추어지다, 준비
強	굳셀	강	굳세다
避	피할	피	피하다, 회피하다, 벗어나다, 숨다

❶ Hence, when able to attack, we must seem unable; when using our forces, we must seem inactive[1]; when we are near, we must make the enemy believe we are far away; when far away, we must make him believe we are near.

Hold out[2] baits[3] to entice[4] the enemy. Feign[5] disorder, and crush[6] him. If he is secure at all points, be prepared for him. If he is in superior strength[7], evade[8] him.

그러므로 공격할 수 있으면, 할 수 없는 것처럼 보여야 하고, 아군의 힘을 이용하면, 움직이지 않는 것처럼 보여야 하고, 아군이 접근하면, 적을 아군이 멀리 있다고 믿도록 해야 하며, 멀리 떨어져 있으면, 아군이 접근한다고 적군을 믿게 해야한다.

미끼를 내밀어 적을 꾀어내라. 혼란한 척하고, 적을 짓밟아라. 적이 모든 면에서 안정적이면, 대비하도록 하라. 적의 병력이 우월하다면, 피하라.

❷ Therefore, when capable[9], feign incapacity[10]; when active, inactivity. When near, make it appear that you are far away; when far away, that you are near.

Hold out the enemy a bait to lure[11] him; feign disorder and strike him. When he concentrates, prepare against[12] him; where he is strong, avoid him.

그러므로 할 수 있으면, 할 수 없는 것처럼 하고, 움직이면, 움직이지 않는 것처럼 하라. 가까이 있으면, 멀리 있는 것처럼 하고, 멀리 있으면, 가까이 있는 것처럼 하라.

미끼를 내밀어 적군을 유인하고, 혼란한 척하며 적을 때려라. 적이 집결되어 있으면, 대비하고, 강하면, 피하라.

---

1) in · ac · tive: 활동치 않는, 활발하지 않은, 무위의; 움직이지 않는; 게으른
2) hold out: ① (손 따위를) 내밀다; 제출하다. ② 제공(약속)하다 ③ 접근시키지 않다.
3) bait: ① 미끼, 먹이 ② 유혹(물)
4) en · tice: 꾀다, 유혹하다; 부추기다; (아무를) 부추겨 …시키다
5) feign: ① …을 가장하다, …인 체하다 ② 꾸며대다, 위조하다. ③ 흉내내다; 속이다, 체하다
6) crush: ① 눌러서 뭉개다, 짓밟다, 으깨다 ② …을 억지로 밀어넣다, 밀치고 들어가다(나가다)
7) strength: ① 세기, 힘 ② 체력, 근력. ③ 세력, 병력, 인원수, 정원
8) evade: ① (적 · 공격 등을 교묘히) 피하다, 비키다, 면하다, 벗어나다
9) ca · pa · ble: ① 유능한, 역량 있는 ② (…할) 능력이 있는
10) in · ca · pac · i · ty: 무능, 무력, 부적당
11) lure: (매를) 불러들이다; 유혹하다, 유인해(꾀어)내다, 불러내다
12) against: ① …을 향하여, …에 대해서, …에 부딪치어 ② …에 반대하여, …에 적대하여, …에 거슬러

10

노 이 요 지　비 이 교 지　일 이 노 지　친 이 리 지

怒而撓之 卑而驕之. 佚而勞之 親而離之.

Nù ér náo zhī, bēi ér jiāo zhī. Yì ér láo zhī, qīn ér lí zhī.

화를 내면 혼란스럽게 하고 저자세로 나오면 교만하게 하라.
편하게 있으면 피로하게 하고 친하면 갈라놓아라.

怒	성낼	노	성내다, 화내다, 성, 화, 힘쓰다
撓	어지러울	요{뇨}	어지럽다, 휘다, 구부러지다
之	갈	지	가다, 이, –의
卑	낮을	비	낮다, 낮은 사람, 천하다, 저속하다
而	말이을	이	말 이음, 순접·역접의 접속사
驕	교만할	교	교만하다, 무례하다, 버릇없다
佚	편안할	일	편안하다, 숨다, 실수
勞	일할	로{노}	일하다, 노력하다, 힘쓰다, 근심하다, 피로하다
親	친할	친	친하다, 사랑하다, 사이좋게 지내다
離	떼놓을	리{이}	떼놓다, 가르다, 끊다, 나누다, 헤어지다

❶ If your opponent[1] is of choleric[2] temper[3], seek[4] to irritate[5] him. Pretend[6] to be weak, that he may grow[7] arrogant[8]. If he is taking his ease[9], give him no rest. If his forces are united, separate[10] them.

적이 화를 잘 낸다면, 자극하도록 애쓰라. 약한 척하라, 적은 오만해질 것이다. 적이 평온하다면, 안정을 주지 말라. 적의 군대가 일체되어 있다면, 분산시켜라.

❷ Anger[11] his general and confuse[12] him. Pretend[13] inferiority[14] and encourage his arrogance[15]. Keep him under a strain[16] and wear[17] him down. When he is united, divide[18] him.

적장을 화나게 하고 당황케 하라. 열세인 척하여 오만하게 부추겨라. 긴장하여 부담을 가지도록 하고 기세를 꺾어라. 적의 군대가 일체되어 있으면, 분열시켜라.

---

1) op · po · nent: ① 반대하는, 적대하는; 대립하는. ② 반대 측의; (경기 · 논쟁 따위의) 적, 상대; 대항자; 반대자
2) chol · er · ic: 성마른; 성난
3) tem · per: 기질, 천성, 성질
4) seek: ① 찾다; 추구(탐구)하다, 조사하다; (명성 · 부(富) 따위를) 얻으려고 하다; (…에게 조언 · 설명을) 구하다, 요구하다 ② 《문어》 …하려고 시도(노력)하다 ③ 《고어》 …에 가고 싶어하다, …에 가다; ① 찾다, 수색하다; 탐구하다 ② 얻으려고 (찾으려고) 애쓰다, 희구하다, 요구하다, 청(請)하다 ③ 《고어》 가끔 가다.
5) ir · ri · tate: ① 초조하게 하다, 노하게 하다, 안달나게 하다, 짜증나게 하다 ② 자극하다, 흥분시키다
6) pre · tend: ① …인 체하다, …같이 꾸미다, 가장하다 ② (…라고) 속이다, 거짓말하다, 핑계하다
7) grow: ① 성장하다, 자라다 ② (감정 · 사건 등이) 생기다, 일어나다, 발생하다. ③ 증대하다, 커지다
8) ar · ro · gant: 거드럭거리는, 거만(오만)한, 건방진
9) ease: ① 안락, 편안; 여유 ② 평정, 안심. ③ 한가, 태평. ④ 홀가분함, 쇄락 ⑤ 편함, 편안함, 경감
10) sep · a · rate: ① 잘라서 떼어 놓다, 분리하다, 가르다 ② (사람을) 떼어(갈라)놓다, 별거시키다, 불화하게 하다 ③ 식별하다, 구별하다 ④ 분류하다, 분리하여 뽑아내다; ① 분리하다, 이탈하다, 독립하다, 교제를 끊다
11) an · ger: 노염, 성, 화
12) con · fuse: ① 혼동하다, 헛갈리게 하다, 잘못 알다 ② (순서 · 질서 등을) 혼란시키다, 어지럽히다.
13) pre · tend: ① …인 체하다, …같이 꾸미다, 가장하다 ② (…라고) 속이다, 거짓말하다, 핑계하다 ③ 감히 …하다, 주제넘게 …하려고 하다
14) in · fe · ri · or · i · ty: ① 하위, 하급. ② 열등, 열세
15) ar · ro · gance: 오만, 거만, 건방짐.
16) strain: ① a) 긴장, 팽팽함 b) 긴장 상태; 긴박한 상태. ② 피로, 피곤; 정신적 긴장 ③ 부담, 중압; 압력
17) wear: ① 입고(신고, 쓰고) 있다, 몸에 지니고 있다 ② 닳게 하다, 지치게 하다, 약하게 하다
18) di · vide: ① 나누다, 분할하다, 쪼개다; 가르다, 분계(구획)하다; 분류하다 ② 〖수학〗 (어떤 수를 다른 수로) 나누다; (어떤 수로 다른 수를) 나누다 ③ (의견 · 관계 등을) 분열시키다; …의 사이를 갈라놓다, 대립시키다 ④ 분배하다, (아무와) 나누다 ⑤ 분리(격리)하다

11

공 기 무 비　출 기 부 의　차 병 가 지 승　부 가 선 전 야

攻其無備 出其不意. 此兵家之勝 不可先傳也.

Gōng qí wú bèi, chū qí bù yì. Cǐ bīng jiā zhī shèng, bù kě xiān chuán yě.

방비하지 않는 곳을 공격하고 생각하지 못한 곳으로 출격하라.
이것이 병법가(兵家)가 승리하는 것이니 사전에 퍼뜨려서는 안 된다.

攻	칠	공	치다, 공격하다, 불까다, 거세(去勢)하다, 다스리다
其	그	기	그(지시 대명사), 의(관형격 조사), 그(강세 조사)
無	없을	무	없다, 허무(虛無)의 도, 말라, 금지하는 말
備	갖출	비	갖추다, 갖추어지다, 방비하다.
出	날	출	나다, 나타나다, 나가다, 내다, 내보내다, 간행하다
不	아닐	부, 불	아닌가 아닐, 아니다, 크다, 말라(금지의 뜻)
意	뜻	의	뜻, 생각하다, 정취, 풍경
此	이	차	이, 이곳, 이것, 가까운 사물을 가리킴.
兵	군사	병	군사 병, 싸움, 전쟁, 무기, 병기
家	집	가	집, 건물, 집 안, 지아비
之	갈	지	가다, 이, -의
勝	이길	승	이기다, 낫다, 뛰어나다, 뛰어난 것
可	옳을	가	옳다, 가히, 쯤, 정도
先	먼저	선	먼저, 나아가다, 옛날
傳	전할	전	전하다, 말하다, 보내다, 퍼뜨리다
也	어조사	야	어조사, 또, 또한, 잇달다

❶ Attack him where he is unprepared, appear where you are not expected[1]. These military[2] devices[3], leading[4] to victory, must not be divulged[5] beforehand[6].

적이 대비하지 않는 곳을 공격하고, 예기치 못하는 곳에 나타나라. 승리로 이끌어 줄 이러한 군사적 책략은 사전에 누설되지 않아야 한다.

❷ Attack where he is unprepared; sally[7] out when he does not expect[8] you. These are the strategist's[9] keys[10] to victory. It is not possible to discuss them beforehand.

적이 대비하지 않는 곳을 공격하고, 예기치 못하면 출격하라. 이러한 것은 승리에 대한 전략가의 비결이다. 사전에 그러한 전략을 논하면 안 된다.

---

1) ex · pect: ① 기대(예기, 예상)하다; 기다리다; …할 작정이다 ② 예정되어 있다, …하기로 되어 있다; …하도록 요청되어 있다, 〔완곡히〕 …하지 않으면 안 되다 ③ (당연한 일로) …을 요구하다, 기대하다, 바라다
2) mil · i · tary: ① 군의, 군대의, 군사(軍事)의, 군용의; 군인의; 군인다운(같은). ② 육군의. ③ 호전적인, 전투적인.
3) de · vice: ① 고안; 계획, 방책. ② 장치, 설비; 고안물 ③ (종종 pl.) 책략, 간계, 지혜.
4) lead: 이끌다, 인도(안내)하다, 데리고 가다
5) di · vulge: (비밀을) 누설하다, 밝히다; 폭로하다; 공표하다.
6) befóre · hànd: 〔형용사로는 서술적〕미리, 사전에, 전부터
7) sal · ly: ① 출격하다. 돌격하다 ② 기운차게 나오다; (소풍 등을) 신나게 출발하다
8) ex · pect: ① 기대(예기, 예상)하다; 기다리다; …할 작정이다 ② 〔수동태〕 예정되어 있다, …하기로 되어 있다; …하도록 요청되어 있다, 〔완곡히〕 …하지 않으면 안 되다 ③ (당연한 일로) …을 요구하다, 기대하다, 바라다
9) strat · e · gist: 전략가; 모사.
10) key: ① 열쇠; 열쇠 모양의 물건. ② a) 요소, 관문 b) (문제 · 사건 등의) 해답; 해결의 열쇠(실마리); 비결

12

부 미 전 이 묘 산 승 자 득 산 다 야
夫未戰而廟算勝者 得算多也.
Fū wèi zhàn ér miào suàn shèng zhě, dé suàn duō yě.

부 미 전 이 묘 산 부 승 자 득 산 소 야
夫未戰而廟算不勝者 得算少也.
Fū wèi hàn ér miào suàn bu shèng zhě, de suàn shǎo ye.

전쟁을 하기 전에 사당에서 승리를 추측하는 것은 술책이 많고 전쟁을 하기 전에 사당에서 승리를 추측하지 못하는 것은 술책이 적기 때문이다.

夫	지아비	부	지아비, 사나이, 장정, 시중하는 사람
未	아닐	미	아니다, 아직 -하지 못하다, 그러하지 아니하다
戰	싸울	전	싸우다, 싸움, 전쟁, 두려워하다, 두려워서 떨다
而	말이을	이	말 이음, 순접·역접의 접속사
廟	사당	묘	사당, 조상의 신주를 모신 곳, 신을 제사 지내는 곳
算	셀	산	세다, 수, 수효, 계획을 세우다, 계략을 꾸미다.
勝	이길	승	이기다, 낫다, 뛰어나다, 뛰어난 것
者	놈	자	놈, 사람, 것, 일을 가리켜 이른다
得	얻을	득	얻다, 이익, 이득, 덕(德)
算	셀	산	세다, 수, 계획하다, 추측하다
多	많을	다	많다, 넓다, 도량이 넓다, 겹치다, 포개지다
也	어조사	야	어조사, 또, 또한, 잇달다
不	아닐	부, 불	아닌가 아닐, 아니다, 크다, 말라(금지의 뜻)

❶ Now the general who wins a battle makes many calculations[1] in his temple[2] ere the battle is fought. The general who loses[3] a battle makes but few calculations beforehand.

그래서 전투에서 승리하는 장수는 자신의 전당에서 전투를 하기 전 신중한 계획을 많이 마련한다. 하지만 전투에 패하는 장수는 사전에 신중한 계획을 적게 마련한다.

❷ Now if the estimates[4] made in the temple before hostilities[5] indicate[6] victory it is because calculations show one's strength[7] to be superior[8] to that of his enemy; if they indicate[9] defeat, it is because calculations show that one is inferior[10].

그래서 교전 전에 전당에서 판단한 것이 승리를 암시한다면 신중한 계획이 적보다 더 우월한 힘을 보이기 때문이고, 패배를 암시한다면, 신중한 계획이 열등하게 보이기 때문이다.

---

1) càl · cu · lá · tion: ① 계산(하기), 계산(의 결과); 셈; 계산법 ② 견적; 추정, 예상 ③ 숙려; 신중한 계획
2) tem · ple: ① a) 신전, 절, 사원; 회당; 교회당 b) (the ~, 종종 the T-h) 성전. ② 전당
3) lose: ① 줄다, 감소하다, 가치가 떨어지다, 쇠하다 ② 손해보다, 손해 입다 ③ 지다, 뒤지다; 실패하다
4) es · ti · mate: 어림잡다, 견적하다, 산정하다; 판단(추단)하다; 통계적으로 예측하다
5) hos · til · i · ty: ① 적의, 적개심 ② 적대 행위. ③ (pl.) 전쟁 행위, 교전(상태) ④ 반대, 반항, 저항
6) in · di · cate: ① 가리키다, 지적하다, 보이다 ② 표시하다, 나타내다; …의 징후이다
7) strength: ① 세기, 힘 ② 체력, 근력. ③ 세력, 병력, 인원수, 정원
8) su · pé · ri · or: ① (지위 · 계급 등이) (보다) 위의, 보다 높은, 보다 고위(상위)의, 상급의 ② (소질 · 품질 따위가) 우수한, 보다 나은, 뛰어난; 양질의, 우량한. ③ (수량적으로) 우세한, 다수의
9) in · di · cate: ① 가리키다, 지적하다, 보이다 ② 표시하다, 나타내다; …의 징후이다 ③ (몸짓 따위로) 암시하다; 간단히 말(진술)하다
10) in · fe · ri · or: ① 아래쪽의, 하위(하급, 하층)의; 하등의, ② 떨어지는, 열등한, 조악한

13

다 산 승　소 산 부 승　이 황 어 무 산 호　오 이 차 관 지
多算勝 少算不勝 而況於無算乎 吾以此觀之
Duō suàn shèng, shǎo suàn bù shèng, ér kuàng yǔ wú suàn hū, wu′ yǐ cǐ guān zhī,

승 부 견 의
勝負見矣.
shèng fù jiàn yǐ.

술책이 많으면 승리하고 적으면 승리할 수 없다. 하물며 술책이 없겠는가? 이러한 것을 자세히 보면 승리와 패배가 보인다.

多	많을	다	많다, 넓다, 도량이 넓다, 겹치다, 포개지다
算	셀	산	세다, 수, 수효, 계획을 세우다, 계략을 꾸미다
勝	이길	승	이기다, 낫다, 뛰어나다, 뛰어난 것
少	적을	소	적다, 약간, 조금, 얼마간, 적다고 여기다
勝	이길	승	이기다, 낫다, 뛰어나다, 뛰어난 것
而	말이을	이	말 이음, 순접·역접의 접속사
況	하물며	황	하물며, 더구나, 이에, 자(玆)에, 비유하다
於	어조사	어	어조사, –에, 에서, 보다, 를, 에게, 있어서
無	없을	무	없다, 허무(虛無)의 도, 말라, 금지하는 말
乎	어조사	호	어조사, 인가, 로다, 구나, –에, –보다, 부사형 어미
吾	나	오	나, 자신, 당신, 그대, 글 읽는 소리
以	써	이	써, –로써, 부터, –에서, 까닭
此	이	차	이, 이곳, 이것, 가까운 사물을 가리킴, 이에, 그래서,
觀	볼	관	보다, 자세히 보다, 보이다, 나타내 보이다, 드러내다
之	갈	지	가다, 이, –의
負	질	부	지다, 등에 짐/책임을 지다, 빚을 지다, 패배하다
見	볼	견	보다, 눈으로 보다, 돌이켜 보다, 변별하다, 보이다
矣	어조사	의	어조사, 단정·결정·한정·의문·반어의 뜻을 나타냄

❶ Thus do many calculations[1] lead to victory, and few calculations to defeat: how much more no calculation at all! It is by attention[2] to this point that I can foresee[3] who is likely to win or lose.

그러므로 신중한 계획이 많으면 승리로 이끌고, 신중한 계획이 적으면 패배하게 된다. 신중한 계획이 전혀 없다면 어떻게 될까? 나는 이러한 요지에 유의하여 누가 이기고 질 것인지를 미리 예측할 수 있다.

❷ With many calculations, one can win; with few one cannot. How much less chance of victory has one who makes none at all! By this means I examine[4] the situation[5] and the outcome[6] will be clearly apparent[7].

수 많은 신중한 계획 가지고, 승리할 수 있고, 적은 신중한 계획으로는 그렇게 할 수 없다. 아무런 계획이 없는 자는 승리의 기회가 아주 적지 않겠는가! 이로써 나는 정세를 고찰하고 결과는 분명히 명백할 것이다.

---

1) càl · cu · lá · tion: ① 계산(하기), 계산(의 결과); 셈; 계산법 ② 견적; 추정, 예상 ③ 숙려; 신중한 계획
2) at · ten · tion: ① 주의, 유의; 주의력 ② 배려, 고려; 손질; 돌봄
3) fore · see: 예견하다, 앞일을 내다보다, 미리 알다; 선견지명이 있다.
4) ex · am · ine: ① 시험하다 ② 검사하다, 조사(심사)하다, 고찰하다
5) sit · u · a · tion: ① 위치, 장소, 소재; 환경. ② 입장, 사정 ③ 정세, 형세, 상태, 사태
6) out · come: 결과, 과정; 성과
7) ap · par · ent: ① (눈에) 또렷한, 보이는 ② 명백한, 곧 알 수 있는 ③ 외견(만)의, 겉치레의

二篇 作戰

❶ WAGING WAR 전쟁 수행 – Lionel Giles(라이오넬 자일스) 역

❷ WAGING WAR 전쟁 수행 – Samuel B. Griffith(사무엘 비 그리피스) 역

* 전쟁을 일으키다

1. 전쟁은 많은 비용이 소요된다
2. 전쟁은 속전속결로 끝낸다
3. 식량은 적지에서 획득해야 한다

作	지을	작	짓다, 일어나다, 일으키다
戰	싸울	전	싸우다, 싸움, 전쟁, 두려워하다, 두려워서 떨다
篇	책	편	책, 완결된 책, 완결된 시문(詩文), 시문을 세는 단위

孫子兵法

Sūn zǐ bīng fǎ

Art of war

1

손 자 왈　범 용 병 지 법　치 거 천 사　혁 거 천 승
孫子曰: 凡用兵之法 馳車千駟 革車千乘
Sūn zǐ yuē,　fàn yòng bīng zhī fǎ,　chí chē qiān sì,　gé chē qiān chéng,

대 갑 십 만　천 리 궤 량　즉 내 외 지 비　빈 객 지 용
帶甲十萬 千里饋糧 則內外之費 賓客之用
dài jiǎ shí wàn,　qiān lǐ kuì liáng,　zé nèi wài zhī fèi,　bīn kè zhī yòng,

교 칠 지 재　거 잡 지 봉　일 비 천 금　연 후 십 만 지 사 거 의
膠漆之材 車甲之奉 日費千金 然後十萬之師擧矣.
jiāo qī zhī cái,　chē jiǎ zhī fèng,　rì fèi qiān jīn,　rán hòu shí wàn zhī shī jǔ yǐ.

손자가 말했다. 무릇 용병(군사를 부림)의 법칙은 네 마리 말이 끄는 전차 천 대, 무장한 수레 천 대, 갑옷 입은 병사 십만 명, 천 리의 거리를 가며 먹을 양식, 국내와 국외에서 쓰는 비용, 빈객에 쓰는 비용, 재목에 쓰일 아교와 옻칠, 수레와 갑옷 정비 비용 등 하루 천금씩 소모되므로 이런 준비가 끝난 후에 십만 군대를 움직일 수 있다.

孫	손자	손	손자, 자손, 후손, 움, 새싹
子	아들	자	아들, 맏아들, 자식, 어조사
曰	가로	왈	가로되, 말하기를, 이르다, 말하다, 일컫다
凡	무릇	범	무릇, 모두, 다, 합계
用	쓸	용	쓰다, 베풀다, 부리다, 등용하다, 행하다
兵	군사	병	군사 병, 싸움, 전쟁, 무기, 병기
之	갈	지	가다, 이, -의
法	법	법	법, 예의, 도리, 모범, 모형, 품등, 본받다
馳	달릴	치	달리다, 질주하다, 쫓다
車	수레	차{거}	수레, 수레의 바퀴, 도르래
千	일천	천	일천, 천 번, 많다
駟	사마	사	사마(四馬), 한 수레에 메우는 네 마리의 말
革	가죽	혁	가죽, 피부(皮膚), 북, 팔음(八音)의 하나, 갑주(甲冑)
乘	탈	승	타다, 오르다, 업신여기다
帶	띠	대	띠, 띠다, 띠를 두르다, 차다, 허리에 차다
甲	첫째천간	갑	첫째 천간, 십간(十干)의 첫째
萬	일만	만	일만, 수의 많음을 나타내는 말, 다수, 크다
里	마을	리	마을, 거리, 주거(住居)
饋	먹일	궤	먹이다, 음식을 대접하다
糧	양식	량{양}	양식, 식량의 총칭, 여행 또는 행군에 쓰는 식량
則	법칙, 본받을	칙, 측	법칙, 곧, 법, 본받다, 모범으로 삼다
內	안	내	안, 들다, 들이다, 어머니
外	밖	외	밖, 바깥, 이전, 용의(容儀), 차림
費	쓸	비	쓰다, 금품을 소비하다, 손상하다, 닳다
賓	손	빈	손, 손님, 손으로서 묵다, 손으로 대우하다
客	손	객	손님, 붙이다, 의탁하다, 상객(上客)
膠	아교	교	아교, 아교로 붙이다, 끈끈하다
漆	옻	칠	옻, 옻나무, 옻칠하다, 검은 칠
材	재목	재	재목, 건축, 기구 등의 재료로 쓰이는 나무
奉	받들	봉	받들다, 기르다, 돕다
金	성, 쇠	김, 금	성, 쇠, 금속 광물의 총칭, 돈, 황금
然	그러할	연	그러하다, 그렇다고 여기다, 그리하여
後	뒤	후	뒤, 늦다, 능력 따위가 뒤떨어지다
師	스승	사	스승, 군사(軍士), 군대(軍隊)
擧	들	거	들다, 날다, 키우다
矣	어조사	의	어조사, 단정·결정·한정·의문·반어의 뜻을 나타냄

❶ Sun Tzu said: In the operations[1] of war, where there are in the field[2] a thousand swift[3] chariots, as many heavy chariots, and a hundred thousand ail-clad soldiers, with provisions[4] enough to carry them a thousand li, the expenditure[5] at home and at the front[6], including entertainment[7] of guests, small items[8] such as glue and paint, and sums[9] spent on chariots and armor[10], will reach the total of a thousand ounces[11] of silver per day. Such is the cost of raising[12] an army of 100,000 men.

손자가 말했다. 전쟁의 군사작전에서 천대의 날랜 전차, 그만큼의 중장비 전차, 10만 명의 갑옷 입은 병사, 천 리 길을 갈 충분한 식량, 빈객 접대를 포함한 본국과 전선戰線에서의 비용, 아교(접착제)와 채료 같은 작은 품목, 전차와 갑옷에 소비된 금액은 하루에 총 은 1천 온스(31.1035kg)에 이를 것이다. 그와 같은 금액은 십만 명의 군사를 일으키는 비용이다.

---

1) op · er · a · tion: ① 가동, 작용, 작업 ② (약 따위의) 효력, 효과; 유효 범위〔기간〕 ③ (기계 따위의) 조작, 운전 ④ (사업 따위의) 운영, 경영, 조업; 회사, 기업 ⑤ (보통 pl.) 군사행동, 작전; 작전본부

2) field: ① (보통 pl.) 들(판), 벌판; 논, 밭, 목초지 ② 싸움터; 전지; 싸움, 전투 ③ 산지, 매장 지대, 광상

3) swift: ① 날랜, 빠른, 신속한 ② 순식간의. ③ 즉석의, 즉각적인 ④ 곧 하는, …하기 쉬운

4) pro · vi · sion: ① 예비, 준비, 설비 ② 공급, 지급; 지급량(量); (pl.) 양식, 식량; 저장 품③ 〖法〗 규정, 조항

5) ex · pend · i · ture: 지출; 소비; 출비, 경비, 비용, 지출액; 소비량; 소비 시간

6) front: ① (the ~) 앞, 정면, 앞면; (문제 따위의) 표면; (건물의) 정면, 앞쪽 ② 바다〔호수, 강, 도로 등〕에 면한 장소; (the ~) 바닷가〔호숫가〕의 산책길. ③ 앞 부분에 붙인 것 ④ 이마; 얼굴, 용모. ⑤ (a ~) 태도; 침착함, 뻔뻔함 ⑥ 〖軍〗 전선(前線), 전선(戰線); (대열의) 방향, 〖氣〗 전선(前線); 〖政〗 전선(戰線

7) en · ter · tain · ment: ① 대접, 환대; (식사에의) 초대 ② 연회, 주연, 파티. ③ 위로, 오락 ④ 연예, 여흥

8) item: ① 항목, 조목, 조항, 품목, 세목 ② (신문 따위의) 기사, 한 항목

9) sum: ① 총계, 총액, 총수, 합계. ② 《古》 (…의) 절정 ③ 개요, 개략, 대의 ④ 금액

10) ar · mor: ① 〔집합적〕 갑옷과 투구, 갑주 ② (군함 등의) 장갑(강판). ③ (전깃줄의) 외장, 방호복, 잠수복. ④ 문장 ⑤ 〖軍〗 기갑 부대.

11) ounce: ① (중량 단위의) 온스《생략: oz.; 상형(常衡)에서는 1/16파운드, 28.3495g; 단, 금형(金衡) · 약국형(藥局衡)에서는 1/12파운드, 31.1035g》. ② (액량 단위의) 온스(fluid ~)《미국에서는 1/16파인트, 29.6cc; 영국에서는 1/20파인트, 28.4cc》.

12) raise: ① (위로) 올리다, 끌어올리다 ② (안아) 일으키다, 일으켜 세우다 ③ 승진〔출세〕시키다 ④ 분기시키다, 격분시키다 ⑤ (영혼 등을) 불러내다; (죽은 자를) 되살리다 ⑥ (새를) 날개치게 하다; (먼지를) 일으키다〔피우다〕 ⑦ (곤란 · 문제 따위를) 일으키다, 제기하다 ⑧ 기르다, 사육하다, 재배하다 ⑨ (돈을) 마련〔조달〕하다, 모금하다; (병사를) 모집하다

❷ Sun Tzu said: Generally, operations of war require one thousand fast four-horse chariots, one thousand four-horse wagons covered in leather[1], and one hundred thousand mailed[2] troops. When provisions[3] are transported for a thousand It expenditures[4] at home and in the field, stipends[5] for the entertainment[6] of advisers[7] and visitors, the cost of materials[8] such as glue and lacquer[9], and of chariots and armour[10], will amount[11] to one thousand pieces[12] of gold a day. After this money is in hand[13], one hundred thousand troops[14] may be raised[15].

손자가 말했다. 대체로 전쟁의 군사작전은 천대의 빠른 말 네 마리가 이끄는 전차, 가죽을 씌운 말 네 마리가 끄는 천대의 짐마차와 십만 명의 갑옷 입은 병력이 필요로 한다. 식량을 본국와 전지(戰地)에서 천리를 수송하는 비용, 고문과 내객의 접대에 대한 급료, 아교(접착제)와 래커(칠) 같은 재료의 비용, 그리고 전차와 갑옷은 하루에 금화 천 개에 달할 것이다. 그러므로 이 돈은 10만 병력을 일으킬 착수금이다.

---

1) leath · er: ① 무두질한 가죽, 가죽 ② 가죽제품; 가죽끈, 등자(鐙子) 가죽.
2) mailed: ① 갑옷을 입은, 장갑된. ② 단단한 비늘로 덮인; (새의 가슴이) 미늘 모양의 무늬로 된.
3) pro · vi · sion: ① 예비, 준비, 설비 ② 공급, 지급; 지급량(量); (pl.) 양식, 식량; 저장 품③ 〖法〗 규정, 조항
4) ex · pend · i · ture: 지출; 소비; 출비, 경비, 비용, 지출액; 소비량; 소비 시간
5) sti · pend: 수당, 급료, 봉급; 연금(年金),
6) en · ter · tain · ment: ① 대접, 환대; (식사에의) 초대 ② 연회, 주연, 파티. ③ 위로, 오락 ④ 연예, 여흥
7) ad · vis · er: 조언자, 충고자; 고문
8) ma · te · ri · al: ① 물질의, 물질에 관한; 구체적인, 유형의 ② 육체상의〔적인〕; 감각적인, 관능적인. ③ 세속적인
9) lac · quer: 래커《도료의 일종》; 칠(漆), 옻; 〔 집합적 〕 칠기(漆器)
10) ar · mor ① 〔 집합적 〕 갑옷과 투구, 갑주(甲冑) ② (군함 등의) 장갑(강판). ③ 〖軍〗 기갑 부대.
11) amount: ① (총계 · 금액이) …이 되다, 총계 (…에) 달하다《to》 ② (…에) 해당〔상당〕하다, 결국 (…이) 되다; (…이나) 매한가지다《to》 ③ (어느 상태에) 이르다, 되다《to》
12) piece: ① 조각, 단편.② (한 벌인 물건 중의) 일부, 부분, 부분품 ③ (하나로 뭉뚱그려진 물건의) 일부(분), 한 구획; 약간의〔작은〕 물건 ④ 화폐
13) in hand: 손에 넣고; 제어하고; 지배〔보호〕하에; 착수〔준비〕하고; 연구 중으로; 후불(後拂)로
14) troop: ① 대(隊), 떼, 무리《of》 ② (보통 pl.) 군대, 병력 ★ 60 troops는 '병력 60명'의 뜻. ③ 〖軍〗 기병 중대. ④ (보이스카우트의) 분대《최소 5명》; (걸 스카우트의) 단(團)《8-32명으로 구성됨》
15) raise: ① (위로) 올리다, 끌어올리다 ② (안아) 일으키다, 일으켜 세우다 ③ 승진〔출세〕시키다 ④ 분기시키다, 격분시키다 ⑤ (영혼 등을) 불러내다; (죽은 자를) 되살리다 ⑥ (새를) 날개치게 하다; (먼지를) 일으키다〔피우다〕 ⑦ (곤란 · 문제 따위를) 일으키다, 제기하다 ⑧ 기르다, 사육하다, 재배하다 ⑨ (돈을) 마련〔조달〕하다, 모금하다; (병사를) 모집하다

2

기 용 전 야 귀 승 구 측 둔 병 좌 예 공 성 즉 력 굴
其用戰也貴勝 久則鈍兵挫銳 攻城則力屈.
Qí yòng zhàn yě guì shèng, jiǔ zé dùn bīng cuò ruì, gōng chéng zé lì qū.

구 폭 사 즉 국 용 부 족
久暴師則國用不足.
Jiǔ bào shī zé guó yòng bù zú

전쟁을 함 있어 승리를 귀히 여긴다. 오래 끌면 병사들은 둔해지고 날카로움이 꺾이어 성을 공격해도 힘이 다하게 된다.
오랫동안 군대가 전쟁을 하면 국가재정이 부족해진다.

其	그	기	그(지시 대명사), 의(관형격 조사)
用	쓸	용	쓰다, 베풀다, 부리다, 등용하다, 행하다
戰	싸울	전	싸우다, 싸움, 전쟁, 두려워하다, 두려워서 떨다
也	어조사	야	어조사, 또, 또한, 잇달다
勝	이길	승	이기다, 낫다, 뛰어나다, 뛰어난 것
久	오랠	구	오래다, 변하지 아니하다, 오래 기다리다
則	법칙, 본받을	칙, 측	법칙, 곧, 법, 본받다, 모범으로 삼다
鈍	무딜	둔	무디다, 둔하다, 어리석다, 완고하고 둔하다
兵	군사	병	군사 병, 싸움, 전쟁, 무기, 병기
挫	꺾을	좌	꺾다, 창피를 주다, 묶다, 결박하다
銳	날카로울	예	날카롭다, 예민하다, 군대가 날래고 용맹하다
攻	칠	공	치다, 공격하다, 불까다, 거세(去勢)하다, 다스리다
城	성	성	성, 나라, 도읍, 구축하다, 성을 쌓다
力	힘	력{역}	힘, 힘쓰다, 부지런히 일하다, 있는 힘을 다하여
屈	굽을	굴	굽다, 굽히다, 물러나다, 베다, 자르다
暴	사나울	폭	사납다, 해치다, 해롭게 하다, 갑자기, 급작스럽게
師	스승	사	스승, 군사(軍士), 군대(軍隊)
足	발	족	발, 뿌리, 근본, 산기슭, 그치다, 머무르다

❶ When you engage[1)] in actual fighting, if victory is long in coming, then men's weapons will grow dull[2)] and their ardor[3)] will be damped[4)]. If you lay siege[5)] to a town, you will exhaust[6)] your strength[7)]. Again, if the campaign is protracted[8)], the resources[9)] of the State will not be equal to the strain[10)].

실제 전투에서 교전할 때, 승리에 이르는 것이 장기화되면, 병사들의 무기는 무뎌지고 열의는 꺾일 것이다. 지방의 중심지를 포위 공격한다면, 병력이 소모될 것이다. 또 다시 군사행동을 오래 끌면, 국가의 재원이 그 부담을 감당할 수 없을 것이다.

❷ Victory is the main object in war. If this is long delayed[11)], weapons are blunted[12)] and morale[13)] depressed[14)]. When troops attack cities, their strength will be exhausted. When the army engages in protracted campaigns the resources of the state will not suffice[15)].

전쟁에서 승리는 주된 목적이다. 이것이 오래 지체된다면, 무기는 무뎌지고 사기는 약해질 것이다. 군대가 도시를 공격하면, 병력이 소모될 것이다. 군대가 오랫동안 군사행동에서 교전하면 국가의 재원은 충분하지 않을 것이다.

---

1) en · gage: ① 약속하다; (맹세 · 약속 따위로) 속박하다 ② 약혼시키다 ③ 교전시키다; …와 교전하다
2) dull: ① (날 따위가) 무딘, 둔한. ② 둔감한, 우둔한, 투미한, 굼뜬 ③ 활기 없는, 활발치 못한; (시황 따위가) 부진한, 한산한, 침체한 ④ (이야기 · 책 따위가) 지루한, 따분한, 재미없는
3) ar · dor: 열정, 열의, 열성; 충정; 작열
4) damp: ① 적시다, 축이다. ② (기를) 꺾다, 좌절시키다; 낙담시키다; (불 · 소리 등을) 약하게 하다, 끄다, 재를 뿌리다, (불을) 잿속에 묻다; ① 눅눅해지다. ② 의기 소침해지다.
5) siege: ① 포위 공격, 공성(攻城), 포위 공격 기간 ② 끈덕진 권유(조름); (병의) 끈덕진 계속, 끈질긴 병
6) ex · haust: ① 다 써버리다; 고갈시키다; 소모하다; 피폐시키다 ② 지쳐빠지게 하다, 피로(疲勞)하게 하다; 지쳐빠지다, 녹초가 되다 ③ 완전히 빼다; ⑤ (엔진이) 배기하다; (가스 · 증기 등이) 배출되다.
7) strength: ① 세기, 힘 ② 체력, 근력. ③ 세력, 병력, 인원수, 정원
8) pro · tract: ① 오래 끌게 하다, 연장하다 ② 뻗다, 내밀다. ③ (비례자로) 제도하다; (각도기로) 도면을 뜨다.
9) re · source① (보통 pl.) 자원; 물자; 재원, 자력 ② (의지하는) 수단, 방책, 둘러맞춤
10) strain: ① a) 긴장, 팽팽함; 당기는 힘(무게) b) 힘(압력)이 걸려 있는 상태; 긴장 상태; (개인 · 국가간의) 긴박한 상태. ② 피로, 피곤; 정신적 긴장 ③ (무리해 몸 따위를) 상하게 함, 삠, 접질림 ④ (…에 대한) 부담, 중압
11) de · lay: ① 미루다, 연기하다 ② 〔종종 수동태〕 …을 늦추다, 지체하게 하다
12) blunt: ① 무디게 하다, 날이 안 들게 하다. ② 둔감하게 하다.
13) mo · rale: ① (군대 · 국민 등의) 사기, 풍기; 근로 의욕. ② (고조 또는 소침해지는) 의기 ③ 도덕, 도의.
14) de · press: ① 풀이 죽게 하다, 우울하게 하다 ② 불경기로 만들다; (시세 따위를) 떨어뜨리다 ③ (힘 · 기능 따위를) 약화시키다, 쇠약하게 하다; (소리를) 낮추다. ④ (버튼 · 지렛대 등을) 누르다, 내리누르다.
15) suf · fice: 《문어》 족하다, 충분하다; 《문어》 …에 충분하다, 만족시키다

3

부 둔 병 좌 예 굴 력 탄 화 즉 제 후 승 기 폐 이 기
夫鈍兵挫銳 屈力殫貨 則諸侯乘其弊而起.
Fū dùn bīng cuò ruì, qū lì dān huò, zé zhū hóu chéng qí bì ér qǐ,

수 유 지 자 불 능 선 기 후 의
雖有智者 不能善其後矣.
Suī yǒu zhì zhě bù néng shàn qí hòu yǐ

병력이 둔해지고 날카로움이 꺾이어 힘이 소모되고 재정이 고갈되면 인근 제후국들이 그 피폐한 틈을 타 일어날 것이며 비록 지혜로운 자가 있을지라도 수습하지 못한다.

鈍	무딜	둔	무디다, 둔하다, 어리석다, 완고하고 둔하다
挫	꺾을	좌	꺾다, 창피를 주다, 묶다, 결박하다
銳	날카로울	예	날카롭다, 예민하다, 군대가 날래고 용맹하다
屈	굽을	굴	굽다, 굽히다, 물러나다, 베다, 자르다
殫	다할	탄	다하다, 다 없애다, 쓰러지다, 두루, 널리, 모두
貨	재화	화	재화, 물품, 뇌물을 주다
則	법칙, 본받을	칙, 측	법칙, 곧, 법, 본받다, 모범으로 삼다
諸	모든	제	모든, 여러, 어조사, -은는, -에게, -에서
侯	과녁	후	과녁, 제후, 후작, 임금, 오등작(五等爵)의 둘째
乘	탈	승	타다, 오르다, 업신여기다
其	그	기	그(지시 대명사), 의(관형격 조사), 그(감탄, 강세 조사)
弊	해질	폐	해지다, 옷이 낡다, 넘어지다, 넘어뜨리다, 나쁘다
起	일어날	기	일어나다, 날아오르다, 내닫다, 가다, 기동하다
雖	비록	수	비록, 그러나, =라 하더라도, =라 할지라도
有	있을	유	있다, 존재하다, 많다, 넉넉하다
智	슬기	지	슬기, 지혜, 슬기롭다, 지혜롭다, 꾀, 모략(謀略)
能	능할	능	능하다, 잘하다, 보통 정도 이상으로 잘하다
善	착할	선	착하다, 좋다, 훌륭하다, 잘하다
後	뒤	후	뒤, 늦다, 능력 따위가 뒤떨어지다
矣	어조사	의	어조사, 단정·결정·한정·의문·반어의 뜻을 나타냄

❶ Now, when your weapons are dulled[1], your ardor[2] damped[3], your strength[4] exhausted and your treasure[5] spent, other chieftains[6] will spring[7] up to take advantage of your extremity[8]. Then no man, however wise, will be able to avert[9] the consequences[10] that must ensue[11].

그래서 무기가 둔해지고, 열의가 꺾이고, 병력이 소모되고 재화가 소모되면, 다른 제후들이 난국을 이점으로 하여 움직일 것이다. 그렇게 되면, 아무리 현명한 자일지라도 일어날 결과를 피할 수 없을 것이다.

* chieftain는 '(스코틀랜드 Highland족의) 족장(族長); (인디언 부족 등의) 추장'의 의미이지만 '제후'로 번역함. '제후(諸侯)'는 '봉건 시대에 영토를 가지고 그 영내의 백성을 지배하던 사람'이다

❷ When your weapons are dulled and ardour damped, your strength exhausted and treasure spent, neighbouring rulers will take advantage of your distress[12] to act. And even though you have wise counsellors[13], none will be able to lay good plans for the future.

무기가 둔해지고 열의가 꺾이고, 병력이 소모되고 재화가 소모되면, 인접해 있는 통치자가 이런 고난을 이점으로 하여 움직일 것이다. 그리고 현명한 상담전문가가 있을지라도, 장래에 대한 좋은 계책을 세울 수 없다.

---

1) dull: ① (날 따위가) 무딘, 둔한. ② 둔감한, 우둔한, 투미한, 굼뜬 ③ 활기 없는, 활발치 못한; (시황 따위가) 부진한, 한산한, 침체한 ④ (이야기 · 책 따위가) 지루한, 따분한, 재미 없는
2) ar · dor: 열정, 열의, 열성; 충정; 작열
3) damp: ① 적시다, 축이다. ② (기를) 꺾다, 좌절시키다; 낙담시키다; (불 · 소리 등을) 약하게 하다, 끄다, 재를 뿌리다, (불을) 잿속에 묻다; ① 눅눅해지다. ② 의기 소침해지다.
4) strength: ① 세기, 힘 ② 체력, 근력. ③ 세력, 병력, 인원수, 정원
5) treas · ure: 보배, 재보, 금은, 보물, 귀중품《집합적 또는 개별적인》; 비장품; 재화, 재산, 부(富)
6) chief · tain: 수령, 추장; 왕초, 두목; 《詩》 지휘관.
7) spring: ① a) 튀다, 도약하다, 뛰어오르다 b) (용수철 · 탄력 있는 것이) 튕기다, 튀어서 되돌아오다 ② 갑자기 움직이다, 갑자기 …하다, 일약 …해지다 ③ (물 · 눈물 · 피 따위가) 솟아오르다, 별안간 흘러나오다; (불꽃 · 불이) 튀어오르다, 타오르다 ④ 생기다, 발생하다, 일어나다, (바람이) 불다 ⑤ (식물이) 싹트다, 돋아나다
8) ex · trem · i · ty: ① 끝, 말단 ② (보통 pl.) 사지, 수족 ③ (아픔 · 감정 등의) 극한, 극도 ④ 지극히 위험한 상태, 다급한 상태, 궁경, 난국, 궁지 ⑤ 파멸〔붕괴〕의 직전; 임종 ⑥ (보통 pl.) 비상수단, 강경수단, 궁여지책
9) avert: ① (눈 · 얼굴 따위를) 돌리다, 비키다 ② (타격 · 위험을) 피하다, 막다
10) con · se · quence: ① 결과; 결말 ② 영향(력). ③ (영향의) 중대성, 중요함; (사람의) 사회적 지위〔중요성〕, 실력
11) en · sue: ① 계속해서〔잇따라〕 일어나다. ② 결과로서 일어나다; 《古》 …의 실현〔달성〕을 위해 노력하다.
12) dis · tress: ① 심통, 비탄, 고민, 걱정; 걱정거리. ② 고통(pain); 피로. ③ 가난, 곤궁; 고난, 재난, 불행; (배 · 비행기의) 조난. ④ 동산 압류; 압류물.
13) coun · se · lor 《英》 -sel · lor: 고문, 상담역; 법률 고문,

4

고 병 문 졸 속 미 도 교 지 구 야
故兵聞拙速 未睹巧之久也.
Gù bīng wén zhuō sù, wèi dǔ qiǎo zhī jiǔ yě.

부 병 구 이 국 리 자 미 지 유 야
夫兵久而國利者 未之有也.
Fū bīng jiǔ ér guó lì zhě, wèi zhī yǒu yě.

그러므로 전쟁은 미흡하지만 속히 끝내야 한다고는 들었지만 공교하게 오래 끈다는 것은 듣지 못했다.
전쟁을 오래 끌어서 국가에 이롭지는 않았다.

*공교—하다: ① 재치가 있고 교묘하다. ② 뜻밖에 서로 맞거나 틀리는 것이 기이하다.

故	옛	고	예, 이미 지나간 때, 옛, 예전의, 옛날의
兵	군사	병	군사 병, 싸움, 전쟁, 무기, 병기
聞	들을	문	듣다, 삼가 받다, 가르침을 받다, 알다
拙	졸할	졸	졸하다, 서투르다, 운이 나쁘다, 소용이 없다
速	빠를	속	빠르다, 빨리 하다, 빨리
未	아닐	미	아니다, 아직 -하지 못하다, 아직 그러하지 아니하다.
睹	볼	도	보다, 가리다, 분별하다
巧	공교할	교	공교하다, 예쁘다, 아름답다, 기교
之	갈	지	가다, 이, -의久 오랠 구
也	어조사	야	어조사, 또, 또한, 잇달다
久	오랠	구	오래다, 변하지 아니하다, 오래 기다리다
而	말이을	이	말 이음, 순접역접의 접속사.
利	날카로울	리{이}	이롭다, 유익하다, 편리하다, 날카롭다, 통하다
者	놈	자	놈, 사람, 것, 일을 가리켜 이른다, 물건을 가리켜 이른다
有	있을	유	있다, 존재하다, 많다, 넉넉하다
也	어조사	야	어조사, 또, 또한, 잇달다

❶ Thus, though we have heard of stupid[1] haste[2] in war, cleverness[3] has never been seen associated[4] with long delays[5].

There is no instance[6] of a country[7] having benefited[8] from prolonged[9] warfare[10].

그래서 전쟁에서 우둔한 서두름을 들어본 적은 있어도, 오래 끄는 지연과 연관된 영리함은 결코 본 적 없다.

오래 끄는 전쟁에서 이익을 본 나라의 사례는 없다.

❷ Thus, while we have heard of blundering[11] swiftness[12] in war, we have not yet seen a clever operation[13] that was prolonged.

For there has never been a protracted[14] war from which a country has benefited.

그러므로 전쟁에서 어줍은 신속함을 들어본 반면, 오래 끄는 영리한 군사작전은 아직까지 본 적이 없다.

오래 끈 전쟁에서 이익을 얻은 나라는 결코 없다.

---

1) stu · pid: ① 어리석은, 우둔한, 바보 같은 ② 시시한, 하찮은. ③ 무감각한, 마비된
2) haste: ① 급함, 급속, 신속 ② 성급, 서두름, 허둥댐; 경솔; 《詩》 서두르다; 급하게 굴다, 재촉하다.
3) clev · er · ness: 영리함, 솜씨 있음, 교묘; 민첩.
4) as · so · ci · ate: ① a) 연합시키다; 참가시키다, 동료로 가입시키다 b) 동료가 되다, 교제하다 ② 연상하다, 관련시키다 ③ 결합하다. ① 어울리다, 사귀다 ② 제휴하다, 연합하다; 협력(협동)하다
5) de · lay: 지연, 지체; 연기, 유예
6) in · stance: ① 실례, 사례, 예증 ② 사실, 경우; 단계 ③ 요구, 의뢰; 권고, 제의.
7) coun · try: ① 나라, 국가; 국토 ② 시골, 교외, 지방, 전원 ③ 조국, 고국; 고향 ④ 지역, 고장 ⑤ (어떤) 영역, 분야, 방면.
8) ben · e · fit: ① 이익; 〖商〗 이득 ② 은혜; 은전(恩典); …의 이(利)가 되다; …에게 이롭다.; 이익을 얻다
9) pro · long: ① 늘이다, 연장하다 ② 오래 끌다, 연기하다
10) war · fare: 전투(행위), 교전(상태); 전쟁(war); 싸움
11) blun · der: ① (큰) 실수를(실책을) (범)하다 ② 머뭇거리다; 어정거리다, 어물어물 하며(곱드러지며) 나가다 ③ (…을) 우연히 발견하다; (…에) 실수로 들어가다 ① 서툰 짓을 하다, 실수하다; 잘못하여 …을 잃다
12) swift: ① 날랜, 빠른, 신속한 ② 순식간의. ③ 즉석의, 즉각적인 ④ 곧 하는, …하기 쉬운
13) op · er · a · tion: ① 가동, 작용, 작업 ② (약 따위의) 효력, 효과; 유효 범위(기간) ③ (기계 따위의) 조작, 운전 ④ (사업 따위의) 운영, 경영, 조업; 회사, 기업 ⑤ (보통 pl.) 군사행동, 작전; 작전본부
14) pro · tract: ① 오래 끌게 하다, 연장하다 ② 뻗다, 내밀다. ③ (비례자로) 제도하다; (각도기로) 도면을 뜨다.

5

고 부 진 지 용 병 지 해 자 즉 불 능 진 지 용 병 지 리 야

故不盡知用兵之害者 則不能盡知用兵之利也.

Gù bù jìn zhī yòng bīng zhī hài zhě, zé bù néng jǐn zhī yòng bīng zhī lì yě.

선 용 병 자 역 부 재 적 량 부 삼 재

善用兵者 役不再籍 糧不三載.

Shàn yòng bīng zhě, yì bù zài jí, liáng bù sān zà.

그러므로 전쟁의 재난을 알지 못하는 자는 군사를 부림에 있어 이로운 점도 능히 알지 못한다.
군사를 잘 부리는(용병) 자는 두 번 징집하지 않고 식량을 세 번 실어 운반하지 않는다.

故	옛	고	예, 이미 지나간 때, 옛, 예전의
盡	다될	진	다되다, 비다, 줄다, 없어지다, 끝나다
知	알	지	알다, 깨닫다, 느끼다, 분별하다, 기억하다, 들어서 알다
用	쓸	용	쓰다, 베풀다, 부리다, 등용하다, 행하다
兵	군사	병	군사 병, 싸움, 전쟁, 무기, 병기
之	갈	지	가다, 이, ~의
害	해칠	해	해치다, 손해, 훼방하다, 방해하다, 재난
者	놈	자	놈, 사람, 것, 일을 가리켜 이른다
則	법칙, 본받을	칙, 측	법칙, 곧, 법, 본받다, 모범으로 삼다
能	능할	능	능하다, 잘하다, 보통 정도 이상으로 잘하다
知	알	지	알다, 깨닫다, 느끼다, 분별하다, 기억하다
利	날카로울	리,이	이롭다, 유익하다, 편리하다, 날카롭다, 통하다
也	어조사	야	어조사, 또, 또한, 잇달다
善	착할	선	착하다, 좋다, 훌륭하다, 잘하다
役	부릴	역	부리다, 일을 시키다, 수자리, 싸움
再	두	재	두, 둘, 재차, 거듭, 다시 한 번, 두 번 하다, 거듭하다
籍	서적	적	서적, 책, 문서, 장부
糧	양식	량{양}	양식, 식량의 총칭, 여행 또는 행군에 쓰는 식량
載	실을	재	싣다, 실어서 운반하다, 기재하다, 수레에 오르다

❶ It is only one who is thoroughly acquainted[1] with the evils[2] of war that can thoroughly understand the profitable[3] way of carrying it on.

The skillful soldier does not raise[4] a second levy[5], neither are his supply-wagons loaded[6] more than twice.

전쟁의 해악을 완전히 정통한 자만이 전쟁을 수행하는 유리한 방법을 이해할 수 있는 유일한 사람이다.

훌륭한 지휘관은 두 번째 징집을 제기하지 않고, 보급 짐마차에 두 번 이상 싣지 않는다.

❷ Thus those unable to understand the dangers inherent[7] in employing[8] troops are equally unable to understand the advantageous[9] ways of doing so.

Those adept in waging[10] war do not require a second levy[11] of conscripts[12] nor more than one provisioning[13].

그러므로 군대를 쓰는 데 있어서 내재된 위험을 이해하지 못하는 자는 군대를 쓰는 유리한 방법을 똑같이 이해할 수 없다.

전쟁 수행에 있어 정통한 자는 징집병을 두 번 소집하지 않고 한 번 이상 식량 보급을 필요로 하지 않는다.

---

1) ac · quaint: ① 숙지〔정통〕시키다, 알리다, 고하다; 익숙하다, 정통하다《with》 ② 알려 주다《with》

2) evil: ① 악, 사악 ② 해악, 악폐; 재해(disaster); 불운, 불행(ill luck); 병, 악질(惡疾),

3) prof · it · a · ble: ① 유리한, 이문이 있는 ② 유익한, 이로운《for》

4) raise: ① (위로) 올리다, 끌어올리다 ② (안아) 일으키다, 일으켜 세우다 ③ 승진〔출세〕시키다 ④ 분기시키다, 격분시키다 ⑤ (영혼 등을) 불러내다; (죽은 자를) 되살리다 ⑥ (새를) 날개치게 하다; (먼지를) 일으키다〔피우다〕 ⑦ (곤란 · 문제 따위를) 일으키다, 제기하다 ⑧ 기르다, 사육하다, 재배하다 ⑨ (병사를) 모집하다

5) levy: 징세, 부과, 할당; 징수액; 소집, 징집; 징발; 징모병수(數), 소집 인원

6) lóad · ed: load된; 짐을 실은; 잔뜩 올려놓은《with》; 탄약을 잰, 장전한《총 · 카메라 · 필름 등》

7) in · her · ent: 본래부터 가지고 있는, 고유의, 본래의, 타고난; 선천적인《in》

8) em · ploy: ① (사람을) 쓰다, 고용하다; (아무에게) 일을 주다 ② …에 종사하다, …에 헌신하다 ③ (물건 · 수단을) 쓰다, 사용하다 ④ (시간 · 정력 따위를) 소비하다, 쓰다

9) ad · van · ta · geous: 유리한; 형편이 좋은

10) wage: (전쟁 따위를) 수행하다, 하다

11) levy: ① 거두어들이다, 할당하다, (세금 따위를) 과〔징수〕하다 ② …을 소집〔징집〕하다, 징발하다. ③ 〖법률학〗 압류하다. ④ (전쟁 등을) 시작하다, 행하다; 과세〔징세〕하다; (돈을) 거두어들이다; 압수〔압류〕하다

12) con · script: 병적에 등록된, 징집된; 징집병; 군인으로 뽑다; 징집하다; 징용하다.

13) pro · vi · sion: ① 예비, 준비, 설비 ② 공급, 지급; 지급량(量); (pl.) 양식, 식량; 저장 품③ 〖法〗 규정, 조항 : …에게 양식을 공급하다

6

취 용 어 국 인 량 어 적 고 군 식 가 족 야

取用於國 因糧於敵. 故軍食可足也.

Qǔ yòng yú guó, yīn liáng yú dí. Gù jūn shí kě zú yě

국 지 빈 어 사 자 원 수 원 수 칙 백 성 빈

國之貧於師者遠輸 遠輸則百姓貧.

Guó zhī pín yú shī zhě yuǎn shū, yuǎn shū zé bǎi xìng pín.

비용은 국가에서 취하고 식량은 적에게서 취한다. 그래서 군대는 식량이 충분하게 된다.

국가가 군대로 인해 가난해지는 것은 군량을 멀리 나르기 때문이고 멀리 나르게 되면 백성들이 가난해진다.

取	취할	취	취하다, 골라 뽑다, 돕다, 의지하다
用	쓸	용	쓰다, 베풀다, 부리다, 등용하다, 행하다, 비용
於	어조사	어	어조사, -에, 에서, 보다, 를, 에게, 있어서
因	인할	인	인하다, 인(因), 원인을 이루는 근본
糧	양식	량{양}	양식, 식량의 총칭, 여행 또는 행군에 쓰는 식량, 자료
敵	원수	적	원수, 상대방, 대등하다, 맞서다
故	옛	고	예, 이미 지나간 때, 옛, 예전의, 옛날의
軍	군사	군	군사(軍士), 군사(軍事), 진을 치다
食	밥	식	밥, 먹을거리, 먹다, 갉다, 새김질하다, 식언하다
可	옳을	가	옳다, 가히, 쯤, 정도
足	발	족	발, 뿌리, 근본, 산기슭, 그치다, 머무르다, 가다
也	어조사	야	어조사, 또, 또한, 잇달다
貧	가난할	빈	가난하다, 가난, 곤궁, 가난한 사람
師	스승	사	스승, 군사(軍士), 군대(軍隊)
者	놈	자	놈, 사람, 것, 일을 가리켜 이른다
遠	멀	원	멀다, 아득하다, 세월이 오래다
輸	나를	수	나르다, 물건을 나르다, 옮기다, 일러주다
則	법칙, 곧	칙, 측	법칙, 곧, 법, 본받다, 모범으로 삼다
百	일백	백	일백, 모든, 백 번 하다
姓	성	성	성, 겨레, 아들

❶ Bring war material[1] with you from home, but forage[2] on the enemy. Thus the army will have food enough for its needs.

Poverty[3] of the State exchequer[4] causes[5] an army to be maintained[6] by contributions[7] from a distance. Contributing[8] to maintain an army at a distance causes the people to be impoverished[9].

본국에서 전쟁 물자를 가져오되, 적진에서 식량을 징발하라. 그러므로 군대는 그 필요한 만큼 충분히 식량을 얻을 것이다.

국가 재원의 부족은 먼 거리에 있는 군대에 지속적으로 보급하였기 때문이다. 먼 거리의 군대를 지속하기 위해 보급을 하는 것은 백성을 곤궁하게 하는 원인이 된다.

❷ They carry equipment from the homeland; they rely for provisions[10] on the enemy. Thus the army is plentifully provided with food.

When a country[11] is impoverished by military[12] operations[13] it is due to distant transportation; carriage[14] of supplies for great distances renders[15] the people destitute[16].

고국에서 비품을 운반하고, 적의 식량에 의지한다. 그러므로 군대는 충분히 식량을 공급받는다.

나라가 군대의 군사작전으로 인해 곤궁해지면 원거리 수송 때문이고, 아주 먼 거리의 군량 수송은 백성을 곤궁하게 만든다.

---

1) ma · te · ri · al: ① 물질의, 물질에 관한; 구체적인, 유형의;
2) for · age: 꼴, 마초, 말 〔소〕먹이; 마초 징발; 식량 구하기; 마초를 찾아다니다; 식량징발에 나서다
3) pov · er · ty: ① 가난, 빈곤 ② 결핍, 부족 ③ 열등, 빈약
4) ex · cheq · uer: ① 국고(國庫); (개인 · 회사 등의) 재원, 재력, 자력; (종종 the E-) (영국의) 국고금, 국고 예금
5) cause: ① …의 원인이 되다; 일으키다. ② …로 하여금 ―하게 하다 ③ 끼치다
6) main · tain: ① 지속〔계속〕하다, 유지하다 ② 속행하다, 계속하다 ③ (권리 · 주장 따위를) 옹호하다, 지지하다
7) con · tri · bu · tion: ① 기부, 기부금, 의연금; 기증(품); 보급(물). ② 기여, 공헌 ③ 기고, 투고, 기고문, 논문
8) con · trib · ute: ① (금품 따위를) 기부하다, 기증하다 ② 기여〔공헌〕하다; 제공하다, 주다
9) im · pov · er · ish: ① 가난하게 하다, 곤궁하게 하다. ② (땅 따위를) 메마르게 하다, 불모로 만들다.
10) pro · vi · sion: ① 예비, 준비, 설비 ② 공급, 지급; 지급량(量); (pl.) 양식, 식량; 저장 품
11) coun · try: ① 나라, 국가; 국토 ② 시골, 교외, 지방, 전원 ③ 조국, 고국; 고향 ④ 지역, 고장
12) mil · i · tary: ① 군의, 군대의, 군사(軍事)의, 군용의; 군인의; 군인다운〔같은〕. ② 육군의. ③ 호전적인, 전투적인.
13) op · er · a · tion: ① 가동, 작용, 작업 ② 효력, 효과 ③ 조작, 운전 ④ 운영, 경영 ⑤ (보통 pl.) 군사행동, 작전
14) car · riage: ① 〔일반적〕 차, 탈것; 《특히》 마차《자가용 4륜》 ② (기계의) 운반대, 대가; 포가 ③ 운반, 수송
15) ren · der: ① …로 만들다, …이 되게 하다 ② (보답으로서) 주다, 갚다, …에 보답하다
16) des · ti · tute ① 빈곤한 ② (…이) 결핍한, (…을) 갖지 않은, (…이) 없는《of》

7

근 어 사 자 귀 매 　귀 매 즉 백 성 재 갈 　재 갈 즉 급 어 구 역

近於師者貴賣 貴賣則百姓財竭. 財竭則急於丘役.

Jìn yú shī zhě guì mài, guì mài zé bǎi xìng cái jié. Cái jié zé jí yú qiū yì.

군대 가까운 곳은 물가가 비싸지고 물가가 비싸지면 백성의 재산이 고갈된다. 재산이 고갈되면 부역 소집에 초조해진다.

近	가까울	근	가깝다, 닮다, 알기 쉽다, 천박하다
師	스승	사	스승, 군사(軍士), 군대(軍隊)
者	놈	자	놈, 사람, 것, 일을 가리켜 이른다
貴	귀할	귀	귀하다, 신분이 높다, 값이 비싸다, 소중하다,
賣	팔	매	팔다, 속이다, 배신하다, 내통하다, 넓히다
則	법칙, 본받을	칙, 측	법칙, 곧, 법, 본받다, 모범으로 삼다
百	일백	백	일백, 모든, 백 번 하다
姓	성	성	성, 겨레, 아들
財	재물	재	재물, 녹(祿), 마르다, 처리하다
竭	다할	갈	다하다, 물이 마르다, 등에 지다
急	급할	급	급하다, 빠르다, 초조해지다, 안달하다
於	어조사	어	어조사, –에, 에서, 보다, 를, 에게, 있어서
丘	언덕	구	언덕, 무덤, 모으다
役	부릴	역	부리다, 일을 시키다, 수자리, 싸움

❶ On the other hand, the proximity[1] of an army causes[2] prices[3] to go up; and high prices cause the people's substance[4] to be drained[5] away. When their substance is drained away, the peasantry[6] will be afflicted[7] by heavy exactions[8].

반면 군대 인근은 물가 상승을 야기하고, 높은 물가는 백성의 자산을 다 써버리는 결과를 초래한다. 자신들의 자산을 다 써버리면, 농민들은 무거운 강제 징수금으로 시달릴 것이다.

❷ Where the army is, prices are high; when prices rise[9] the wealth[10] of the people is exhausted[11]. When wealth is exhausted the peasantry will be afflicted with urgent[12] exactions.

군대가 있는 곳은 물가가 높고, 물가가 상승하면 백성은 재산을 다 써버린다. 재산을 다 써버리면 절박한 강제 징수금으로 시달릴 것이다.

---

1) prox · im · i · ty: 근접, 가까움
2) cause: ① …의 원인이 되다; 일으키다. ② …로 하여금 —하게 하다 ③ 끼치다
3) price: 가격, 대가(代價); 값, 시세, 물가, 시가(市價)
4) sub · stance: ① 물질, 물체. ② 실질, 내용 ③ 요지, 요점, 대의, 골자 ④ 자산, 재산
5) drain: ① …에서 배수[방수]하다, …의 물을 빼내다, …을 배출하다; …에 배수 설비를 하다 ② (자산 등을) 다 써버리다, (정력을) 소모시키다; …에서 다 짜내버리다, 고갈시키다
6) peas · ant · ry: (보통 the ~) 〔집합적〕 농민; 소작농, 소작인 계급; 농민
7) af · flict: 괴롭히다
8) ex · ác · tion: ① 강요, 강탈; 부당한 요구. ② 가혹한 세금, 강제 징수금.
9) rise: ① 일어서다, 일어나다 ② 폐회하다, 산회하다 ③ 기상하다 ④ 다시 살아나다 ⑤ 오르다; 떠오르다 ⑥ 오르막이 되다, 치받이가 되다. ⑦ 높아지다, 증대하다; 출세하다, 승진하다 ⑧ 상승하다 ⑨ 늘다; 격해지다; 짙어지다; (기분이) 나다 ⑩ 세어지다, 일다 ⑪ 치솟다 ⑫ 서다, 세워지다 ⑬ 반항하여 일어나다 ⑭ 나타나다, 수면에 떠오르다, 보이기 시작하다 ⑮ 마음에 떠오르다; 느껴지다 ⑯ 생기다, 근원을 이루다 ⑰ 초월하다
10) wealth: ① 부(富), 재산 ② 부유; 〔집합적〕 부자, 부유 계급 ③ 풍부, 다량 ④ 자원
11) ex · haust: ① 다 써버리다; 고갈시키다; 소모하다; 피폐시키다 ② 지쳐빠지게 하다, 피로(疲勞)하게 하다; 지쳐빠지다, 녹초가 되다 ③ 완전히 빼다; ⑤ (엔진이) 배기하다; (가스 · 증기 등이) 배출되다.
12) ur · gent: ① 긴급한, 절박한, 매우 위급한 ② 죄치는, 재촉하는, 졸라대는, 강요하는

8

역 굴 재 탄 중 원 내 허 어 가 백 성 지 비 십 거 기 칠
力屈財殫 中原內虛於家 百姓之費 十去其七.
Lì qū cái dān, zhōng yuán nèi xū yú jiā, bǎi xìng zhī fèi, shí qù qí qī,

공 가 지 비 파 군 파 마 갑 주 시 노 극 순 폐 노 구 우 대 거
公家之費 破軍罷馬 甲冑矢弩 戟楯蔽櫓 丘牛大車
Gōng jiā zhī fèi, pò jūn bà mǎ, jiǎ zhòu shǐ nǔ, jǐ dùn bì lǔ, qiū niú dà chē,

십 거 기 륙
十去其六.
shí qù qí liù.

힘이 소모되고 재정이 고갈되어 중원 내 집이 비게 되고 백성들의 비용은 열에 일곱이 없어진다. 국가의 재정은 패배한 군대, 병든 말, 갑옷과 투구, 화살, 창과 방패, 소와 큰 수레 등의 비용으로 열에 여섯이 없어진다.

屈	굽을	굴	굽다, 굽히다, 물러나다, 베다, 자르다
財	재물	재	재물, 녹(祿), 마르다, 처리하다
殫	다할	탄	다하다, 다 없애다, 쓰러지다, 두루, 널리, 모두
原	근원	원	근원, 들, 벌판, 용서하다
內	안	내	안, 들다, 들이다, 어머니
虛	빌	허	비다, 없다, 적다, 드물다, 모자라다, 준비가 없다
於	어조사	어	어조사, -에, 에서, 보다, 를, 에게, 있어서
姓	성	성	성, 겨레, 아들
費	쓸	비	쓰다, 금품을 소비하다, 손상하다, 닳다, 소모되다, 비용
去	갈	거	가다, 떠나다, 잃다, 잃어버리다, 배반하다
公	공변될	공	공변되다, 숨김없이 드러내 놓다, 공적, 공적(公的)인 것
破	깨뜨릴	파	깨뜨리다, 풀어 떨어지게 하다, 일을 망치다, 패배시키다
罷	방면할	파	방면(放免)하다, 그치다, 쉬다, 그만두다
冑	맏아들	주	맏아들, 핏줄, 혈통
矢	화살	시	화살, 벌여 놓다, 맹세하다
丘	언덕	구	언덕, 무덤, 모으다
牛	소	우	소, 무릅쓰다, 별 이름, 견우성
其	그	기	그(지시 대명사), 의(관형격 조사), 그(감탄, 강세 조사)

❶ With this loss of substance[1)] and exhaustion of strength, the homes of the people will be stripped[2)] bare[3)], and three-tenths of their income will be dissipated[4)]; while government expenses for broken chariots, worn-out[5)] horses, breast-plates[6)] and helmets, bows and arrows, spears and shields, protective mantles[7)], draught[8)]-oxen and heavy wagons, will amount[9)] to four-tenths of its total revenue[10)].

이런 자산의 손실과 힘의 소모로 인하여, 백성의 가정은 헐벗게 되고, 소득의 십분의 삼(30%)을 써버릴 것이고, 반면 파손된 전차, 지친 군마, 갑옷과 투구, 활과 화살, 창과 방패, 보호복, 징집된 소와 대형마차에 대한 정부 소요 경비는 전체 수입 항목의 40%가 될 것이다.

❷ With strength thus depleted[11)] and wealth consumed the households[12)] in the central plains[13)] will be utterly impoverished[14)] and seven-tenths of their wealth dissipated. As to government expenditures, those due to broken-down chariots, worn-out horses, armour and helmets, arrows and crossbows, lances, hand and body shields, draft animals and supply wagons will amount to sixty per cent, of the total.

그러므로 고갈된 힘과 주요한 전쟁터에서 한 집안이 다 써버린 재산은 완전히 곤궁해지고 사라진 재산은 십분의 칠(70%)이 될 것이다. 정부 비용으로써 부서진 전차, 지친 말, 갑주와 투구, 화살과 격발식 활, 창, 손과 신체 보호물, 수레 끄는 동물과 보급마차는 전체의 60%가 될 것이다.

---

1) sub · stance: ① 물질, 물체. ② 실질, 내용 ③ 요지, 요점, 대의, 골자 ④ 자산, 재산
2) stripped: 손상된, 마멸된. strip: ① 벗기다, 까다; 떼어내다, 발기다》; ② …로부터 빼앗다〔제거하다〕
3) bare: ① a) 벌거벗은, 알몸의, b) 사실 그대로의, 적나라한 ② 닳아 무지러진, 써서 낡은. ④ 부족한, 겨우 …한
4) dis · si · pate: ① 흩뜨리다; 쫓아 흩어버리다; 방산하다. ② 일소하다. ③) 낭비하다, 다 써 버리다
5) wórn-óut: ① 닳아빠진, 써서낡은 ② 기진맥진한
6) bréast · plàte: (갑옷 · 마구 따위의) 가슴받이; (거북 따위의) 가슴패기.
7) man · tle: ① 《미국 · 영국고어》 망토, 외투; 《비유적》 (권위 등을 상징하는) 옷. ② 덮개, 싸는 것, 막, 뚜껑.
8) draft: ① …의 밑그림을 그리다, …의 설계도를 그리다. ② 선발〔분견〕하다; 특파하다; 징집〔징병〕하다
9) amount: ① (총계 · 금액이) …이 되다, 총계 (…에) 달하다 ② (…에) 해당〔상당〕하다, 결국 (…이) 되다
10) rev · e · nue: ① 소득, 수익; 고정 수입; 수입원. ② (pl.) 총수입, 소득 총액. ③ 수입 항목, 재원. ④ 세입
11) de · plete: (세력 · 자원 따위를) 고갈〔소모〕시키다; …에서 (자원 따위를) 빼앗다
12) house · hold: 가족, 세대; 한 집안
13) plain: ① 평지, 평야, 평원, 광야 ② 《시어》 싸움터.
14) im · pov · er · ish: ① 가난하게 하다, 곤궁하게 하다. ② 메마르게 하다, 불모로 만들다. ③ 허약 〔무력〕하게 만들다.

9

고 지 장 무 식 어 적 식 적 일 종 당 오 이 십 종

故智將務食於敵. 食敵一鍾 當吾二十鍾

Gù zhì jiāng wù shí yú dí Shí dí yī zhōng, dāng wú èr shí zhōng,

기 간 일 석 당 오 이 십 석

萁秆一石 當吾二十石.

jì gǎn yī shí, dāng wú èr shí shí.

그러므로 지혜로운 장수는 적의 식량을 취하는데 힘을 쓴다. 적의 식량 1종은 아군의 20종과 같고 적의 콩깍지와 볏짚 1석은 아군의 20석과 같다.

故	옛	고	예, 이미 지나간 때, 옛, 예전의, 옛날의
智	슬기	지	슬기, 지혜, 슬기롭다, 지혜롭다, 꾀, 모략(謀略)
將	장차	장	장차, 막-하려 한다, 마땅히-하여야 한다, 어찌
務	일	무	일, 힘쓰다, 힘써 하다, 힘쓰게 하다, 권장하다
食	밥	식	밥, 먹을거리, 먹다, 갉다, 새김질하다, 식언하다
於	어조사	어	어조사, -에, 에서, 보다, 를, 에게, 있어서
敵	원수	적	원수, 상대방, 대등하다, 맞서다
當	당할	당	당하다, 대하다, 균형 있다, 대적하다, 맡다
鍾	종	종	종, 쇠북
萁	콩깍지	기	콩깍지, 콩대, 채소 이름, 풀이름
稈	볏짚	간	볏짚, 짚, 秆의 俗字
吾	나	오	나, 자신, 당신, 그대, 글 읽는 소리
石	돌	석	돌, 돌로 만든 악기, 비석

❶ Hence a wise general makes a point of foraging[1] on the enemy. One cartload[2] of the enemy's provisions[3] is equivalent[4] to twenty of one's own, and likewise a single[5] picul[6] of his provender[7] is equivalent[8] to twenty from one's own store[9].

그러므로 현명한 장수는 반드시 적에게서 식량을 징발한다. 적 식량의 한 대 분량은 아군의 20대분에 같고, 또한 적의 여물 한 담(擔)은 아군 창고에서의 20담(擔)과 같다.

❷ Hence the wise general sees to it that his troops[10] feed on the enemy, for one bushel of the enemy's provisions is equivalent to twenty of his; one hundredweight of enemy fodder[11] to twenty hundredweight of his.

그러므로 현명한 장수는 적에게서 군대에 식량을 공급하는 것을 알고, 적의 식량 1부셀(약 36리터, 약 2말)은 아군의 20부셀, 적 사료의 100웨이트(〈영국〉 112파운드(50.8kg); 〈미국〉100파운드(45.36kg))는 아군의 2000웨이트와 같다.

---

1) for · age: 꼴, 말[소]먹이; 마초 징발; 식량 구하기; 〖군사〗 침입, 습격. 마초를 찾아다니다; 식량징발에 나서다
2) cárt · lòad: 한 바리(의 짐)
3) pro · vi · sion: ① 예비, 준비, 설비 ② 공급, 지급; 지급량(量); (pl.) 양식, 식량: …에게 양식을 공급하다
4) equiv · a · lent: ① 동등한, 같은; 대등한; 같은 뜻의 ② …에 상당하는, 같은
5) sin · gle: ① 단 하나의, 단 한 개의, 단지 홀로의 ② 1인용의; 한 가족용의; 외톨로 서 있는 ③ 혼자[독신]의, 외로운, 고독한 ④ 1대 1의; 개개의; 따로 따로의.
6) pic · ul: 피컬, 담(擔)《중국 · 타이 등의 무게의 단위; 약 60.52kg》.
7) prov · en · der: 여물, 꼴
8) equiv · a · lent: ① 동등한, 같은; 대등한; 같은 뜻의 ②…에 상당하는, 같은
9) store: ① (종종 pl.) a) 저축, 저장, 비축 b) (지식 등의) 축적; 온축(蘊蓄); 풍부, 다량 ② 《미국》 가게, 상점(《영국》 shop) ③ 《주로 英》 창고, 저장소.
b) (pl.) 비품, 스페어 부품; 필수품
10) troop: ① 대(隊), 떼, 무리《of》 ② (보통 pl.) 군대, 병력 ★ 60 troops는 '병력 60명'의 뜻. ③ 〖軍〗 기병 중대. ④ (보이스카우트의) 분대《최소 5명》; (걸 스카우트의) 단(團)《8-32명으로 구성됨》
11) fod · der: 마초, 꼴, (가축의) 사료

10

고 살 적 자　노 야　취 적 지 리 자　화 야

故殺敵者 怒也 取敵之利者 貨也.

Gù shā dí zhě,　nù yě,　Qǔ dí zhī lì zhě,　huò yě.

적을 죽이려면 화나게 한다. 적의 물자를 취하는 것은 재물 때문이다.

故	옛	고	예, 이미 지나간 때, 옛, 예전의, 옛날의
殺	죽일	살	죽이다, 죽다, 베다
敵	원수	적	원수, 상대방, 대등하다, 맞서다
者	놈	자	놈, 사람, 것, 일을 가리켜 이른다
怒	성낼	노	성내다, 화내다, 성, 화, 힘쓰다, 떨쳐 일어나다
也	어조사	야	어조사, 또, 또한, 잇달다
取	취할	취	취하다, 골라 뽑다, 돕다, 의지하다
敵	원수	적	원수, 상대방, 대등하다, 맞서다
之	갈	지	가다, 이, -의
利	날카로울	리{이}	날카롭다, 통하다, 이롭다, 유익하다, 이익, 이윤
者	놈	자	놈, 사람, 것, 일을 가리켜 이른다
貨	재화	화	재화, 물품, 뇌물을 주다

❶ Now in order to kill the enemy, our men must be roused[1] to anger; that there may be advantage[2] from defeating the enemy, they must have their rewards[3].

그래서 적을 죽이기 위해, 아군의 화를 돋우어야 하고, 적을 쳐부수어 이익이 되려면, 아군에게 포상을 해야만 한다.

❷ The reason troops[4] slay the enemy is because they are enraged[5]. They take booty[6] from the enemy because they desire wealth.

병력이 적을 죽이는 이유는 화가 나기 때문이다. 그들은 부유하고 싶어 하기 때문에 적으로부터 노획물을 빼앗는다.

---

1) rouse: ① 깨우다, 일으키다; …의 의식을 회복시키다 ② 분기(奮起)시키다; 돋우다, 선동하다; 성나게 하다

2) ad · van · tage: ① 유리; 이익; 편의 ② 우세, 우월 ③ 이점, 장점

3) re · ward: ① 보수, 포상; 현상금; 사례금 ② 보답, 응보

4) troop: ① 대(隊), 떼, 무리《of》 ② (보통 pl.) 군대, 병력 ★ 60 troops는 '병력 60명'의 뜻. ③ 〖軍〗 기병 중대. ④ (보이스카우트의) 분대《최소 5명》; (걸 스카우트의) 단(團)《8-32명으로 구성됨》

5) en · rage: 노하게 하다, 분격시키다

6) boo · ty: 노획물, 전리품; 약탈품

11

고 거 전 득 거 십 승 이 상 상 기 선 득 자

故車戰 得車十乘已上 賞其先得者.

Gù chē zhàn, dé chē shí chéng yǐ shàng, shǎng qí xiān dé zhě.

이 경 기 정 기 차 잡 이 승 지 졸 선 이 양 지

而更其旌旗 車雜而乘之. 卒善而養之.

Ér gèng qí jīng qí, chē zá ér chéng zhī, Zú shàn ér yǎng zhī.

전차전에서 적의 전차 10대 이상을 얻으면 가장 먼저 취한 자에게 포상을 준다. 그리고 깃발을 바꾸어 전차를 섞어서 탄다. 병사(적 포로)는 잘 대해주고 보호한다.

車	수레	차{거}	수레, 수레의 바퀴, 도르래
戰	싸울	전	싸우다, 싸움, 전쟁, 두려워하다, 두려워서 떨다
得	얻을	득	얻다, 이익, 이득, 덕(德)
乘	탈	승	타다, 오르다, 업신여기다
以	써	이	써, –로써, 부터, –에서, 까닭
賞	상줄	상	상을 주다, 기리다, 찬양하다, 상(賞)
其	그	기	그(지시 대명사), 의(관형격 조사)
先	먼저	선	먼저, 나아가다, 옛날
得	얻을	득	얻다, 이익, 이득, 덕(德)
者	놈	자	놈, 사람, 것, 일을 가리켜 이른다
而	말이을	이	말 이음, 순접역접의 접속사
更	고칠,다시	경, 갱	고치다, 다시, 재차, 개선하다, 새로워지다
旌	기	정	기, 천자(天子)가 사기를 고무할 때 쓰던 기
雜	섞일	잡	섞이다, 뒤섞이다, 장황하고 번거롭다
之	갈	지	가다, 이, –의
卒	군사	졸	군사, 하인, 심부름꾼, 집단, 무리
善	착할	선	착하다, 좋다, 훌륭하다, 잘하다
養	기를	양	기르다, 성장을 시키다, 사육하다, 양생(養生)하다

❶ Therefore in chariot fighting, when ten or more chariots have been taken, those should be rewarded who took the first. Our own flags should be substituted[1] for those of the enemy, and the chariots mingled[2] and used in conjunction[3] with ours. The captured[4] soldiers should be kindly[5] treated and kept.

그러므로 전차 전투에서 10대 혹은 그 이상의 전차를 빼앗으면, 맨 처음 빼앗은 자에게 상을 주어야 한다. 적의 깃발은 아군의 깃발로 바꾸고, 아군 전차와 뒤섞어 함께 사용한다. 생포된 병사들은 무리 없이 대우해 주고 보호하여야 한다.

❷ Therefore, when in chariot fighting more than ten chariots are captured, reward[6] those who take the first. Replace[7] the enemy's flags and banners[8] with your own, mix the captured chariots with yours, and mount[9] them. Treat the captives[10] well, and care for them.

그러므로 전차 전투에서 10대 이상을 획득하면, 맨 처음 빼앗은 자에게 상을 준다. 적의 깃발을 아군의 깃발로 바꾸어, 획득한 전차를 아군 전차와 혼용하여, 그 전차에 태운다. 포로는 잘 대해주고, 보살펴 준다.

---

1) sub · sti · tute: 대용(代用)하다, 바꾸다; …을 대리케 하다
2) min · gle: ① (둘 이상의 것을) 섞다; 혼합하다 ② …에 뒤섞다 ③ 뒤섞어 만들다.
3) con · junc · tion: ① 결합, 연결; 합동; 관련. ② 『문법』 접속사. ③ (사건 등의) 동시 발생
4) cap · ture: 붙잡다, 생포하다; 점령〔공략〕하다; 획득하다, 손에 넣다.
5) kind · ly: ① 상냥한, 이해심 많은, 인정 많은 ② 온화한, 쾌적한, 상쾌한. ③ (…에) 알맞은; ① 친절하게, 상냥하게. ② 부디 (…해 주십시오) ③ 쾌히, 기꺼이 ④ 진심으로 ⑤ 자연히, 무리 없이
6) re · ward: ① …에게 보답하다; 보수를〔상을〕 주다; ① 보수, 포상; 현상금; 사례금 ② 보답, 응보
7) re · place: ① 제자리에 놓다, 되돌리다 ② 돌려주다, 반제하다. ③ 복직〔복위〕시키다. ④ …에 대신하다, …의 후계자가 되다, …에 대체하다 ⑤ 바꾸다, 바꾸어 놓다
8) ban · ner: ① 기(旗), 국기, 군기. ② 기치, 표지; 주장, 슬로건
9) mount: ① 오르다, 올라가다 ② 타다, 올라타다, 걸터앉다 ③ 태우다 ④ 놓다, 붙박다; 끼우다, 박아넣다,
10) cap · tive: 포로; (사랑 따위의) 노예, 사로잡힌 사람; ① 포로의 ② 사로잡힌, 감금된; (동물이) 우리에 갇힌

12

시 위 승 적 이 익 강 고 병 귀 승 부 귀 구
是謂勝敵而益强. 故兵貴勝 不貴久.
Shì wèi shèng dí ér yì qiáng. Gù bīng guì shèng, bù guì jiǔ.

고 지 병 지 장 민 지 사 명 국 가 안 위 지 주 야
故知兵之將 民之司命 國家安危之主也.
Gù zhī bīng zhī jiàng, mín zhī sī mìn, guó jiā ān wéi zhī zhǔ yě.

이것이 적에게 이길수록 더욱 강해지는 것이다. 그러므로 전쟁은 승리를 귀하게 여기고 오래 끄는 것은 귀하게 여기지 않는다.

그러므로 전쟁을 아는 장수는 백성의 생명을 관장하고 국가 안위를 책임진다.

是	옳을	시	옳다, 바르다, 옳다고 하다, 바르다고 인정하다
謂	이를	위	이르다, 일컫다, 알리다, 설명하다
勝	이길	승	이기다, 낫다, 뛰어나다, 뛰어난 것
敵	원수	적	원수, 상대방, 대등하다, 맞서다
而	말이을	이	말 이음, 순접·역접의 접속사
益	더할	익	더하다, 증가, 이롭다, 유익하다
強	굳셀	강	굳세다
故	옛	고	예, 이미 지나간 때, 옛, 예전의, 옛날의
貴	귀할	귀	귀하다, 신분이 높다, 값이 비싸다, 소중하다
久	오랠	구	오래다, 변하지 아니하다, 오래 기다리다
知	알	지	알다, 깨닫다, 느끼다, 분별하다, 기억하다
兵	군사	병	군사 병, 싸움, 전쟁, 무기, 병기
將	장차	장	장차, 막-하려 한다, 마땅히-하여야 한다
民	백성	민	백성, 역(易)에서의 곤(坤)
司	맡을	사	맡다, 벼슬, 관리, 관아
命	목숨	명	목숨, 운수, 운, 명하다, 명령을 내리다
危	위태할	위	위태하다, 위태롭게 하다, 두려워하다
也	어조사	야	어조사 야어조사, 또, 또한, 잇달다

❶ This is called, using the conquered[1] foe to augment one's own strength[2]. In war, then, let your great object[3] be victory, not lengthy[4] campaigns.

Thus it may be known that the leader of armies is the arbiter[5] of the people's fate[6], the man on whom it depends whether the nation shall be in peace or in peril[7].

이것은 아군의 힘을 늘리기 위해 정복한 적을 이용하는 것이라고 일컫는다. 그렇다면 전쟁에서 군사행동을 길게 하지 않고, 큰 목적인 승리를 하게 된다.

그러므로 군대의 지휘관은 백성의 운명을 결정하고, 나라가 평화로울지 아니면 위험에 처할지는 그에게 달려있다.

❷ This is called 'winning a battle and becoming stronger'. Hence what is essential[8] in war is victory, not prolonged[9] operations[10]. And therefore the general who understands war is the Minister of the people's fate and arbiter[11] of the nation's destiny[12].

이것은 전투에서 이기고 더욱 강해지는 것이라고 일컫는다. 그러므로 전쟁에서 가장 중요한 것은 승리이지, 오래 끄는 군사행동이 아니다. 그리고 전쟁에 정통한 장수는 백성의 운명적 대신大臣이자 나라의 숙명적 결정자이다.

---

1) con · quer: ① 정복하다, 공략하다. ② 획득하다. ③ 극복하다, …을 이겨내다; 억제하다 ④ 따르게 하다; 승리를 얻다, 이기다
2) strength: ① 세기, 힘 ② 체력, 근력. ③ 세력, 병력, 인원수, 정원
3) ob · ject: ① 물건, 물체, 사물 ② (동작 · 감정 등의) 대상 ③ 목적, 목표(goal); 동기
4) lengthy: 긴, 기다란; 말이 많은, 장황한.
5) ar · bi · ter: 중재인, 조정자
6) fate: ① 운명, 숙명; 운(運), 비운; 최종 결과, 인과. ② 죽음, 최후; 파멸.
7) per · il: 위험, 위난; 모험
8) es · sen · tial: ① 근본적인, 필수의, 불가결한, 가장 중요한 ② 본질적인, 본질의 ③ 정수의, 정수를 모은. ④ 〖음악〗 악곡의 화성 진행 구성에 필요한, 주되는 ⑤ 완전한, 순수한
9) pro · long: ① 늘이다, 연장하다 ② 오래 끌다, 연기하다
10) op · er · a · tion: ① 가동, 작용, 작업 ② (약 따위의) 효력, 효과; 유효 범위〔기간〕 ③ (기계 따위의) 조작, 운전 ④ (사업 따위의) 운영, 경영, 조업; 회사, 기업 ⑤ (보통 pl.) 군사행동, 작전; 작전본부
11) ar · bi · ter: 중재인, 조정자
12) des · ti · ny: 운명, 숙명; 운

三篇 謀攻

❶ ATTACK BY STRATAGEM 전략에 의한 공격

– Lionel Giles(라이오넬 자일스) 역

❷ OFFENSIVE STRATEGY 공격적인 병법

– Samuel B. Griffith(사무엘 비 그리피스) 역

술책으로 공격하라!

1. 싸우지 않고 이긴다
2. 병력의 차이에 따라 절절한 용병술을 적용한다
3. 적을 알고 나를 알면 백 번 싸워도 위태롭지 않다

謀	꾀할	모	꾀하다, 정사를 의논하다, 헤아리다, 꾀, 술책, 계략, 권모술수
攻	칠	공	치다, 공격하다, 불까다, 거세(去勢)하다, 다스리다
篇	책	편	책, 완결된 책, 완결된 시문(詩文), 시문을 세는 단위

孫子兵法

Sūn zǐ bīng fǎ

Art of war

1

손 자 왈 범 용 병 지 법 전 국 위 상 파 국 차 지
孫子曰: 凡用兵之法 全國爲上 破國次之.
Sūn zǐ yuē, fán yòng bīng zhī fǎ, quán guó wèi shàng, pò guó cì zhī.

손자가 말했다. 대체로 용병의 원칙은 나라(적국)를 온전하게 하는 것이 상책이고 나라(적국)를 파괴하는 것은 차선이다.

* 용병(用兵): 군사를 부림. 용군(用軍)

孫	손자	손	손자, 자손, 후손, 움, 새싹
子	아들	자	아들, 맏아들, 자식, 어조사
曰	가로	왈	가로되, 말하기를, 이르다, 말하다, 일컫다
夫	지아비	부	지아비, 사나이, 장정, 시중하는 사람
用	쓸	용	쓰다, 베풀다, 부리다, 등용하다, 행하다,
兵	군사	병	군사 병, 싸움, 전쟁, 무기, 병기
之	갈	지	가다, 이(指示代名詞), -의(冠形格助詞)
法	법	법	법, 예의, 도리, 모범, 모형, 품등, 본받다
全	온전할	전	온전하다, 온전하게 하다, 완전히
國	나라	국	나라, 서울, 나라를 세우다
為	할	위	하다, 되다, 다스리다, 속하다, 어기다, 있다
上	위	상	위, 하늘, 임금
破	깨뜨릴	파	깨뜨리다, 풀어 떨어지게 하다, 일을 망치다, 패배시키다
次	버금	차	버금, 다음, 둘째, 잇다, 뒤를 잇다, 다음에, 이어서

❶ Sun Tzu said: In the practical[1)] art of war, the best thing of all is to take the enemy's country[2)] whole and intact[3)]; to shatter[4)] and destroy[5)] it is not so good.

손자가 말했다. 실제 병법(전쟁의 기교)에서 가장 최고는 적국 전체를 온전하게 점령하는 것이고, 부수고 파괴하는 것은 그렇게 좋지 않다.

❷ Sun Tzu said: Generally in war the best policy[6)] is to take a state intact; to ruin it is inferior[7)] to this.

손자가 말했다. 대체로 전쟁에서 최고의 수단은 온전한 상태로 점령하는 것이고, 파괴하는 것은 하등이다.

---

1) prac · ti · cal: ① 실제의, 실제상의; 실리상의. ② 실용적인, 실무적인, 쓸모 있는 ③ 경험이 풍부한, 경험 있는 ④ 사실상의, 실질적인

2) coun · try: ① 나라, 국가; 국토 ② 시골, 교외, 지방, 전원 ③ 조국, 고국; 고향 ④ 지역, 고장 ⑤ (어떤) 영역, 분야, 방면.

3) in · tact: 본래대로의, 손대지 않은(untouched), 완전한

4) shat · ter: ① 산산이 부수다, 박살내다 ② 부수다, 파괴하다, (희망 따위를) 꺾다, 못 쓰게 만들다, 망치다

5) de · stroy: ① 파괴하다, 부수다, 분쇄하다; 소멸시키다. ② 죽이다, …의 목숨을 빼앗다; 멸망(절멸)시키다 ③ (명성 등을) 해치다, (계획 등을) 못쓰게 만들다; 파괴되다; 부서지다.

6) pol · i · cy: ① 정책, 방침 ② 경영(관리)법. ③ 방책, 수단. ④ (실제적) 현명, 심려(深慮), 신중. ⑤ 정치적 두뇌, 지모(智謀); 《고어》 빈틈없음, 교활. ⑥ 《고어》 정치 (형태).

7) in · fe · ri · or: ① (등위 · 등급 등이) 아래쪽의, 하위(하급, 하층)의; 하등의, (손)아랫사람의 ② (품질 · 정도 등이) 떨어지는, 열등한, 조악한

2

전 군 위 상 파 군 차 지 전 려 위 상 파 려 차 지
全軍爲上 破軍次之. 全旅爲上 破旅次之.
Quán jūn wèi shàng, pò jūn cì zhī, Quán lǚ wèi shàng, pò lǚ cì zhī.

전 졸 위 상 파 졸 차 지 전 오 위 상 파 오 차 지
全卒爲上 破卒次之. 全伍爲上 破伍次之.
Quán zú wèi shàng, pò zú cì zhī. Quán wǔ wèi shàng, pò wǔ cì zhī.

(적의) 군대를 온전하게 하는 것이 상책이고 (적의) 군대를 파괴하는 것은 차선이다. (적의) 여旅를 온전하게 하는 것이 상책이고 (적의) 여旅를 파괴하는 것은 차선이다. (적의) 졸卒을 온전하게 하는 것이 상책이고 (적의) 졸卒을 파괴하는 것은 차선이다. (적의) 오伍를 온전하게 하는 것이 상책이고 (적의) 오伍를 파괴하는 것은 차선이다.

* 여旅: 500명을 1대(隊)로 하는 군제
* 졸卒: 옛날 군대 편제 단위의 하나로서 100명을 '卒'라 했음
* 오伍: 5인으로 편성되는 옛 군대의 최소 단위

全	온전할	전	온전하다, 온전하게 하다, 완전히
軍	군사	군	군사(軍士), 군사(軍事), 진을 치다
為	할	위	하다, 되다, 다스리다, 속하다, 어기다, 있다
破	깨뜨릴	파	깨뜨리다, 풀어 떨어지게 하다, 일을 망치다, 패배시키다
軍	군사	군	군사(軍士), 군사(軍事), 진을 치다
次	버금	차	버금, 다음, 둘째, 잇다, 뒤를 잇다, 다음에, 이어서
之	갈	지	가다, 이(指示代名詞), ~의(冠形格助詞)
全	온전할	전	온전하다, 온전하게 하다, 완전히
旅	군사	려{여}	군사, 나그네, 무리, 많은, 500명을 1대(隊)로 하는 군제
卒	군사	졸	군사, 하인, 심부름꾼, 집단, 무리
伍	대오	오	대오, 조(組), 섞이다

❶ So, too, it is better to recapture[1] an army entire than to destroy[2] it, to capture[3] a regiment[4], a detachment[5] or a company[6] entire than to destroy them.

또한 군대 전체를 절멸시키기보다는 온전히 생포하는 것이 더 좋고, 연대, 파견대 혹은 중대도 절멸시키기보다는 생포하는 것이 좋다.

* 절멸 (絕滅): 아주 멸망하여 없어짐. 또는 아주 없앰.

❷ To capture the enemy's army is better than to destroy it; to take intact[7] a battalion[8], a company or a five-man squad[9] is better than to destroy them.

적군을 사로잡는 것은 절멸시키는 것보다 더 좋고, 대대, 중대 혹은 5명의 분대도 절멸시키는 것 보다 온전하게 잡는 것이 더 좋다.

---

1) re · cápture: 되찾다, 탈환하다(retake); (어떤 감정 등을) 불러일으키다
2) de · stroy: ① 파괴하다, 부수다, 분쇄하다; 소멸시키다. ② 죽이다, …의 목숨을 빼앗다; 멸망〔절멸〕시키다 ③ (명성 등을) 해치다, (계획 등을) 못쓰게 만들다; 파괴되다; 부서지다.
3) cap · ture: 붙잡다, 생포하다; 점령〔공략〕하다; 획득하다, 손에 넣다.
4) reg · i · ment: ① 〖군사〗 연대《생략: regt., R.》. ② (종종 pl.) 다수, 큰 무리
5) de · tách · ment: ① 분리, 이탈; 고립. ② 〔 집합적 〕 파견대, 지대(支隊)
6) com · pa · ny: ① 떼, 일단(의 사람들), 모인 사람들; 〔 집합적 〕 친구, 동아리 ② 〖군사〗 보병〔공병〕 중대
7) in · tact: 본래대로의, 손대지 않은(untouched), 완전한
8) bat · tal · ion: 〖군사〗 대대; 〔 일반적 〕 대부대, 집단; (종종 pl.) 대군《of》
9) squad: 〔 집합적 〕 ① 〖미군〗 분대, 〖영국군사〗 반(班) ② 소집단, 일단(의 사람들), 한 조(組), 팀

3

시고 백전백승 비선지선자야
是故 百戰百勝 非善之善者也.
Shì gù, bǎi zhàn bǎi shèng, fēi shàn zhī shàn zhě yě.

부전이굴인지병 선지선자야
不戰而屈人之兵 善之善者也.
Bù zhàn ér qū rén zhī bīng, shànz zhī shàn zhě yě.

그러므로 백번 싸워 백번 이기는 것이 가장 훌륭하다고 할 수 없다. 싸우지 않고 굴복시키는 것이 가장 훌륭하다.

是	옳을	시	옳다, 바르다, 옳다고 하다, 바르다고 인정하다
故	옛	고	예, 이미 지나간 때, 옛, 예전의, 옛날의
百	일백	백	일백, 모든, 백 번 하다
戰	싸울	전	싸우다, 싸움, 전쟁, 두려워하다, 두려워서 떨다
勝	이길	승	이기다, 낫다, 뛰어나다, 뛰어난 것
非	아닐	비	아니다, 부정(否定)의 조사, 등지다, 배반하다, 거짓
善	착할	선	착하다, 좋다, 훌륭하다, 잘하다
之	갈	지	가다, 이(指示代名詞), ~의(冠形格助詞)
者	놈	자	놈, 사람, 것, 일을 가리켜 이른다
也	어조사	야	어조사, 또, 또한, 잇닿다
不	아닌가	부, 불	아닌가, 아니다, 크다, 말라(금지의 뜻), 새 이름
而	말이을	이	말 이음, 순접·역접의 접속사
屈	굽을	굴	굽다, 굽히다, 물러나다, 베다, 자르다
人	사람	인	사람, 인간, 백성, 남, 타인, 인품, 인격
兵	군사	병	군사 병, 싸움, 전쟁, 무기, 병기

❶ Hence to fight and conquer[1)] in all your battles is not supreme[2)] excellence[3)]; supreme excellence consists in breaking[4)] the enemy's resistance[5)] without fighting.

그러므로 모든 전투에서 싸워 승리를 얻는 것이 최고로 탁월한 것은 아니고, 최고로 탁월하다는 것은 싸우지 않고 적의 저항을 꺾는 것에 있다.

❷ For to win one hundred victories in one hundred battles is not the acme[6)] of skill. To subdue[7)] the enemy without fighting is the acme of skill.

백번의 전투에서 백번 이기는 것은 역량의 정점이 아니다. 싸우지 않고 적을 이기는 것이 역량의 정점이다.

---

1) con · quer: ① 정복하다, 공략하다. ② 획득하다. ③ 극복하다, …을 이겨내다; 억제하다 ④ 따르게 하다; 승리를 얻다, 이기다

2) su · preme: ① 최고의, 최상의 ② 가장 중요한; 극상의, 무상(無上)의; 궁극의, 최후의 ③ 주권을 갖는.

3) ex · cel · lence: ① 우수, 탁월(성), 뛰어남《at; in》 뛰어난 소질[솜씨], 미점, 장점, 미덕

4) break: ① 깨뜨리다, 쪼개다, 부수다; (가지 등을) 꺾다; (새끼 등을) 자르다 ② …의 뼈를 부러뜨리다; (살갗을) 벗어지게 하다, 까지게 하다 ③ 흩뜨리다, 분해하다; (텐트를) 걷다, 접다

5) re · sist · ance: ① 저항, 반항; 반대; 저항력; 방해

6) ac · me: (the ~) 절정, 정점; (…의) 극치; 전성기

7) sub · due: ① 정복하다, 위압(압도)하다; 진압[제압]하다. ② 억제하다; 가라앉히다, 경감하다

4

고 상 병 벌 모　기 차 벌 교　기 차 벌 병　기 하 공 성

故上兵伐謀 其次伐交 其次伐兵 其下攻城.

Gù shàng bīng fá móu, qí cì fá jiāo, qí cì fá bīng, qí xià gōng chéng,

그러므로 상책의 용병은 (적의) 모략을 치는 것이고 차선책은 외교를 치는 것이고 그 다음은 군대를 치는 것이며 하책은 성을 공격하는 것이다.

故	옛	고	예, 이미 지나간 때, 옛, 예전의, 옛날의
上	위	상	위, 하늘, 임금
兵	군사	병	군사 병, 싸움, 전쟁, 무기, 병기
伐	칠	벌	치다, 베다, 공적, 공훈
謀	꾀할	모	꾀하다, 정사를 의논하다, 헤아리다, 꾀, 술책, 계략
其	그	기	그(지시 대명사), 의(관형격 조사), 그(감탄, 강세 조사)
次	버금	차	버금, 다음, 둘째, 잇다, 뒤를 잇다, 다음에, 이어서
交	사귈	교	사귀다, 주고받고 하다, 서로
其	그	기	그(지시 대명사), 의(관형격 조사)
下	아래	하	아래, 아랫사람, 뒤
攻	칠	공	치다, 공격하다, 불까다, 거세(去勢)하다, 다스리다
城	성	성	성, 나라, 도읍, 구축하다, 성을 쌓다

❶ Thus the highest form of generalship[1)] is to balk[2)] the enemy's plans; the next best is to prevent the junction[3)] of the enemy's forces; the next in order is to attack the enemy's army in the field[4)]; and the worst policy[5)] of all is to besiege[6)] walled[7)] cities.

그러므로 최고 장군으로서 기량을 갖춤이란 적의 계획을 방해하고, 그 다음 최선은 적 병력의 연합을 막고, 그 다음 순서는 싸움터에서 적의 군대를 공격하는 것이며, 이 모든 것 중에서 가장 나쁜 수단은 성벽으로 둘러싸인 도시를 포위 공격하는 것이다.

❷ Thus, what is of supreme[8)] importance in war is to attack the enemy's strategy[9)]; Next best is to disrupt his alliances: The next best is to attack his army. The worst policy is to attack cities. Attack cities only when there is no alternative.

그러므로 전쟁에서 최고로 중요한 것은 적의 전략을 공격하는 것이고, 그 다음 최선은 적의 동맹을 분열시키는 것이고, 그다음 최선은 군대를 공격하는 것이다. 가장 나쁜 수단은 도시를 공격하는 것이다. 다른 방도가 없으면 도시를 공격하라.

---

1) gen · er · al · ship: eneral의 지위〔신분〕; 장군으로서의 기량; 지휘 솜씨〔수완〕; 지도력, 경영 수완.
2) balk: ① 방해〔저해〕하다; 실망시키다 ② (의무 · 화제를) 피하다, (기회를) 놓치다; ① 멈춰서다; (말이) 갑자기 서서 나아가지 않다, 뒷걸음치다. ② 난처한 기색을 보이다
3) junc · tion: ① 연합, 접합, 연접, 연락, 합체. ② 접합점, 교차점; (강의) 합류점; 연락역, 갈아타는 역
4) field: ① (보통 pl.) 들(판), 벌판; 논, 밭, 목초지 ② 싸움터; 전지; 싸움, 전투 ③ 산지, 매장 지대, 광상
5) pol · i · cy: ① 정책, 방침 ② 경영〔관리〕법. ③ 방책, 수단. ④ (실제적) 현명, 심려(深慮), 신중. ⑤ 정치적 두뇌, 지모(智謀); 《고어》 빈틈없음, 교활. ⑥ 《고어》 정치 (형태).
6) be · siege: ① …을 포위 공격하다; …을 에워싸다; …에 몰려들다〔쇄도하다〕 ② (요구 · 질문 따위로) 공세를 퍼붓다, 괴롭히다《with》
7) walled: 벽이 있는, (성)벽으로 둘러싸인, 방어진을 구축한
8) su · preme: ① 최고의, 최상의 ② 가장 중요한; 극상의, 무상(無上)의; 궁극의, 최후의 ③ 주권을 갖는.
9) strat · e · gy: 용병학, 병법; (대규모의) 전략; 작전; 책략.

5

공 성 지 법 위 부 득 이 수 노 분 온 구 기 계 삼 월 이 후 성
攻城之法爲不得已 修櫓轒轀 具器械 三月而後成
Gōng chéng zhī fǎ wèi bù dé yǐ. xiū lǔ fén wēn, jù qì xiè, sān yuè ér hòu chéng,

거 인 우 삼 월 이 후 이
距闉 又三月而後已.
jù yīn, yòu sān yuè ér hòu yǐ.

성을 공격하는 방법은 부득이하면 하는데 망루望樓와 분온轒轀을 고치고 기계를 갖추는데 석 달이 지나야 하고 흙으로 산을 쌓는데도 석 달이 지나간다.

망루望樓: 적이나 주위의 동정을 살피기 위하여 높이 지은 다락집
분온轒轀: 전쟁할 때에 쓰는 수레, 성을 공격할 때 쓰는 병거

攻	칠	공	치다, 공격하다, 불까다, 거세(去勢)하다, 다스리다
城	성	성	성, 나라, 도읍, 구축하다, 성을 쌓다
法	법	법	법, 예의, 도리, 모범, 모형, 품등, 본받다
為	할	위	하다, 되다, 다스리다, 속하다, 어기다, 있다
得	얻을	득	얻다, 이익, 이득, 덕(德)
已	이미	이	이미, 말다, 그치다, 버리다, 버려두다
修	닦을	수	닦다, 다스리다, 고치다
櫓	방패	로{노}	방패, 망루(望樓), 노, 배 젓는 기구
轒	병거	분	병거(兵車), 흉노의 수레, 또 성을 공격할 때 쓰는 병거
具	갖출	구	갖추다, 온전하다, 설비
器	그릇	기	그릇, 그릇으로 쓰다, 그릇으로 여기다
械	형틀	계	형틀, 수갑, 차꼬, 칼 등의 형틀, 형틀을 채우다
而	말이을	이	말 이음, 순접·역접의 접속사
後	뒤	후	뒤, 늦다, 능력 따위가 뒤떨어지다
距	떨어질	거	떨어지다, 사이가 뜨다, 시간적으로 뜨다
堙	막을	인	막다, 묻다, 묻히다, 사닥다리
又	또	우	또, 다시, 용서하다, 오른손, 오른쪽(右)

❶ The rule is, not to besiege[1] walled[2] cities if it can possibly be avoided. The preparation of mantlets[3], movable[4] shelters[5], and various implements[6] of war, will take up three whole months; and the piling up[7] of mounds over against[8] the walls will take three months more.

가능한 피할 수만 있다면 성벽으로 둘러싸인 도시를 포위공격을 하지 않아야 한다. 방패, 이동 가능한 차폐물, 그리고 전쟁의 다양한 도구 등의 준비는 석 달 내내 소요될 것이고, 성벽과 마주보는 흙으로 만든 경사로를 쌓아 놀리는데도 석 달이 더 소요 될 것이다.

❷ To prepare the shielded[9] wagons and make ready the necessary arms and equipment requires at least three months; to pile up earthen[10] ramps[11] against the walls an additional three months will be needed.

방패가 장착된 짐마차를 준비하고 필요한 무기와 장비를 준비하려면 최소 석 달이 걸리고, 성벽과 마주하도록 흙으로 만든 경사로를 쌓아 올리는데 추가로 석 달이 필요할 것이다.

---

1) be · siege: ① …을 포위 공격하다; …을 에워싸다; …에 몰려들다〔쇄도하다〕 ② 공세를 퍼붓다, 괴롭히다
2) walled: 벽이 있는, (성)벽으로 둘러싸인, 방어진을 구축한
3) = man · tel · et: 짧은 망토, 케이프; 『군사』 방탄 방패《휴대용》; 〔 일반적 〕 방탄용 차폐물.
4) mov · a · ble: 움직이는, 움직일 수 있는; 이동할 수 있는, 가동(성)의.
5) shel · ter: ① 피난 장소, 은신처; 대합실; 『군사』 대피호, 방공호 ② 차폐물, 엄호물 ③ 보호, 비호, 옹호 ④ 차폐; 피난 ⑤ (비바람을 피하는) 오두막, 숙소, 집
6) im · ple · ment: ① 도구, 기구(tool); (pl.) (가구 · 의복 등의) 비품, 장구 ② 수단, 방법
7) pile up: ① …을 쌓아올리다. ② 축적하다, 모으다. ③ 쌓이다. ④ 연쇄 충돌하다.
8) against: ① …을 향하여, …에 대해서, …에 부딪치어 ② …와 마주 대하여. ③ …에 대비(對比)하여 ④ …에 반대하여, …에 적대하여, …에 거슬러
9) shield: ① 감싸다, 보호하다(protect); 수호하다, 막다 ② 가리다, 차폐하다, 숨기다; 방패가 되다; 보호하다.
10) earth · en: 흙으로〔오지로〕 만든, 흙의; 도제(陶製)의; 세속적인
11) ramp: ① (건물의 각부를 연락하는) 경사로; 〔 일반적 〕 경사로, 비탈길

6

장 부 승 기 분 이 의 부 지 살 사 삼 분 지 일 이 성 부 발 자
將不勝其忿 而蟻附之 殺士三分之一 而城不拔者
iāng bù shēng qí fèn, ér yǐ fù zhī, shā shì sān fēn zhī yī, ér chéng bù bá zhě,

차 공 지 재 야
此攻之災也.
cǐ gōng zhī zāi yě.

장수가 분한 마음을 이기지 못하고 (병사들을) 개미처럼 성벽에 붙게 하면 삼분의 일이 죽고 성을 공략하지 못하니 이것은 공격의 재앙이다.

將	장차	장	장차, 막-하려 한다, 마땅히-하여야 한다
勝	이길	승	이기다, 낫다, 뛰어나다, 뛰어난 것
其	그	기	그(지시 대명사), 의(관형격 조사)
忿	성낼	분	성내다, 분한 마음, 원망하다
而	말이을	이	말 이음, 순접·역접의 접속사
蟻	개미	의	개미, 검다, 흑색, 동동주 위에 뜨는 거품
附	붙을	부	붙다, 기대다, 의지하다, 친근히 지내다, 붙이다
之	갈	지	가다, 이(指示代名詞), -의(冠形格助詞)
殺	죽일	살	죽이다, 죽다, 베다
卒	군사	졸	군사, 하인, 심부름꾼, 집단, 무리
分	나눌	분	나누다, 구별하다, 나누어 주다
城	성	성	성, 나라, 도읍, 구축하다, 성을 쌓다
拔	뺄	발	빼다, 쳐서 빼앗다, 공략하다, 빼어나다, 특출하다
者	놈	자	놈, 사람, 것, 일을 가리켜 이른다
此	이	차	이, 이곳, 이것, 가까운 사물을 가리킴, 이에
攻	칠	공	치다, 공격하다, 불까다, 거세(去勢)하다, 다스리다
災	재앙	재	재앙, 화재, 주벌(誅伐)하다
也	어조사	야	어조사, 또, 또한, 잇달다

❶ The general, unable to control[1)] his irritation[2)], will launch[3)] his men to the assault[4)] like swarming[5)] ants, with the result that one-third of his men are slain[6)], while the town still remains[7)] untaken. Such are the disastrous[8)] effects[9)] of a siege[10)].

초조함을 억제하지 못하는 장수는 군사들을 떼지어 이동하는 개미처럼 공격하라고 명령을 내릴 것이고, 그 결과로 삼분의 일의 군사가 죽을 것이며, 그럼에도 그 도시를 여전히 차지하지 못할 것이다. 그와 같은 것은 포위공격의 비참한 결과이다.

❷ If the general is unable to control his impatience[11)] and orders[12)] his troops[13)] to swarm up the wall like ants, one-third of them will be killed without taking the city. Such is the calamity[14)] of these attacks.

장수가 자신의 초조함을 절제하지 못하여 군대를 성벽으로 개미처럼 떼 지어 이동하라고 명령을 내린다면, 1/3의 병사가 도시를 점령하지 못하고 죽을 것이다. 그와 같은 것은 이런 공격의 비운이다.

---

1) con · trol: ① 지배하다; 통제〔관리〕하다, 감독하다. ② 제어〔억제〕하다 ③ 검사하다
2) ìr · ri · tá · tion: 속타게〔성나게〕 함; 안달, 초조, 노여움
3) launch: ① (새로 만든 배를) 진수시키다. ② 발진(發進)시키다; (보트를) 물 위에 띄우다; (비행기를) 날리다; (로켓 · 수뢰 등을) 발사하다; (글라이더를) 활공〔이륙〕시키다 ③ a) (세상에) 내보내다, 진출〔독립〕시키다; (상품 따위를) 시장에 내다; (책을) 발행하다 b) (사업 따위에) 손을 대다, 나서다, 착수하다 ④ 던지다; (명령을) 내리다; (비난 등을) 퍼붓다; (타격을) 가하다, (공격을) 가하다, 개시하다
4) as · sault: ① 강습, 습격; 맹렬한 비난, 공격 ② 『법률학』 폭행, 폭력 (행위); (여성에 대한) 폭행, 강간. ③ 『군사』 백병전, 돌격; 강행 상륙
5) swarm: ① 떼(를)짓다; 가득 차다, 많이 모여들다 ② (장소가) 충만하다, 꽉 차다 ③ 떼지어 이동하다; …에 떼지어 모여들다
6) slay: ① 죽이다, 살해하다. ② 학살하다. ③ 파괴하다; 근절시키다; 소산(消散)시키다.
7) re · main: ① 남다, 남아 있다; 없어지지 않고 있다; 살아남다 ② 머무르다, 체류하다 ③ …하지 않고 남아 있다, 아직〔금후〕 …하지 않으면 안 되다 ④ …한 대로이다, 여전히 …이다
8) dis · as · trous: 비참한; 재난의, 재해의, 손해가 큰
9) ef · fect: ①결과 ② 효과; (법률 등의) 효력; 영향; (약 등의) 효능 ③ (색채 · 모양의) 배합, 광경; 감명, 영향, 느낌, 인상. ④ 겉모양, 외견, 체재 ⑤ 취지, 의미 ⑥ (pl.) 동산, 재산, 물건
10) siege: ① 포위 공격, 공성(攻城), 포위 공격 기간 ② 끈덕진 권유〔조름〕; (병의) 끈덕진 계속, 끈질긴 병
11) im · pa · tience: ① 성마름; 성급함, 조급함, 짜증, 초조》. ② 참을성 없음.
12) or · der: ① …에게 명령하다, …에게 지시하다; (특정 장소)에 가〔오〕도록 …에게 명하다 ② (의사가 환자에게) (약 · 요법 등을) 명하다, 지시하다 ③ 주문하다, 주문해 가져오게 하다, 주문해 주다
13) troop: ① 대(隊), 떼, 무리《of》 ② (보통 pl.) 군대, 병력 ★ 60 troops는 '병력 60명'의 뜻. ③ 『軍』 기병 중대. ④ (보이스카우트의) 분대《최소 5명》; (걸 스카우트의) 단(團)《8-32명으로 구성됨》
14) ca · lam · i · ty: 재난; 참화, 재해(misery); 불행, 비운

7

고 선 용 병 자　굴 인 지 병 이 비 전 야
故善用兵者 屈人之兵而非戰也
Gù shàn yòng bīng zhě, qū rén zhī bīng ér fēi zhàn yě.

발 인 지 성 이 비 공 야　훼 인 지 국　이 비 구 야
拔人之城而非攻也 毁人之國 而非久也.
bá rén zhī chéng ér fēi gōng yě, huǐ rén zhī guó, ér fēi jiǔ yě.

그러므로 용병을 잘하는 자는 싸우지 않고 군대를 굴복시키고 성을 공략하지만 공격은 하지 않고 나라를 무너뜨리므로 오래 끌지 않는다.

* 용병(用兵): 군사를 부림. 용군(用軍)

故	옛	고	예, 이미 지나간 때, 옛, 예전의, 옛날의
善	착할	선	착하다, 좋다, 훌륭하다, 잘하다
用	쓸	용	쓰다, 베풀다, 부리다, 등용하다, 행하다
兵	군사	병	군사 병, 싸움, 전쟁, 무기, 병기
者	놈	자	놈, 사람, 것, 일을 가리켜 이른다
屈	굽을	굴	굽다, 굽히다, 물러나다, 베다, 자르다
之	갈	지	가다, 이(指示代名詞), -의(冠形格助詞)
而	말이을	이	말 이음, 순접·역접의 접속사
非	아닐	비	아니다, 부정(否定)의 조사, 등지다, 배반하다, 거짓
戰	싸울	전	싸우다, 싸움, 전쟁, 두려워하다, 두려워서 떨다
也	어조사	야	어조사, 또, 또한, 잇달다
拔	뺄	발	빼다, 쳐서 빼앗다, 공략하다, 빼어나다, 특출하다
城	성	성	성, 나라, 도읍, 구축하다, 성을 쌓다
攻	칠	공	치다, 공격하다, 불까다, 거세(去勢)하다, 다스리다
毁	헐	훼	헐다, 비방하다, 무너지다, 이지러지다
久	오랠	구	오래다, 변하지 아니하다, 오래 기다리다

❶ Therefore the skillful leader subdues the enemy's troops [1]without any fighting; he captures their cities without laying siege[2] to them; he overthrows their kingdom without lengthy[3] operations[4] in the field[5].

그러므로 능란한 지휘관은 싸우지 않고 적의 군대를 위압하고, 도시를 포위공격을 꾀할 것도 없이 공략하고, 전장에서 긴 군사행동 없이 적 왕국을 무너뜨린다.

❷ Thus, those skilled in war subdue[6] the enemy's army without battle. They capture[7] his cities without assaulting[8] them and overthrow[9] his state without protracted[10] operations.

그러므로 전쟁에서 능숙한 자는 전투 없이 적의 군대를 제압한다. 공격을 하지 않고 도시를 공략하고 오래 끄는 군사행동 없이도 나라를 무너뜨린다.

---

1) troop: ① 대(隊), 떼, 무리《of》 ② (보통 pl.) 군대, 병력 ★ 60 troops는 '병력 60명'의 뜻. ③ 〖軍〗 기병 중대. ④ (보이스카우트의) 분대《최소 5명》; (걸 스카우트의) 단(團)《8-32명으로 구성됨》
2) siege: ① 포위 공격, 공성(攻城), 포위 공격 기간 ② 끈덕진 권유〔조름〕; (병의) 끈덕진 계속, 끈질긴 병
3) lengthy: 긴, 기다란; 말이 많은, 장황한.
4) op · er · a · tion: ① 가동, 작용, 작업 ② (약 따위의) 효력, 효과; 유효 범위〔기간〕 ③ (기계 따위의) 조작, 운전 ④ (사업 따위의) 운영, 경영, 조업; 회사, 기업 ⑤ (보통 pl.) 군사행동, 작전; 작전본부
5) field: ① (보통 pl.) 들(판), 벌판; 논, 밭, 목초지 ② 싸움터; 전지; 싸움, 전투 ③ 산지, 매장 지대, 광상
6) sub · due: ① 정복하다, 위압〔압도〕하다; 진압〔제압〕하다. ② 억제하다; 가라앉히다, 경감하다
7) cap · ture: 붙잡다, 생포하다; 점령〔공략〕하다; 획득하다, 손에 넣다.
8) as · sault: ① (사람 · 진지를) 습격〔강습〕하다. ② (사람을) 폭행하다; (여성을) 폭행〔강간〕하다.
9) over · throw: 뒤집어엎다, 타도하다, 무너뜨리다; 파괴하다; (정부 등을) 전복시키다, (제도 등을) 폐지하다
10) pro · tract: ① 오래 끌게 하다, 연장하다 ② 뻗다, 내밀다. ③ (비례자로) 제도하다; (각도기로) 도면을 뜨다.

8

필 이 전 쟁 어 천 하
必以全爭於天下.
Bì yǐ quán zhēng yú tiān xià,

고 병 부 돈 이 리 가 전 차 모 공 지 법 야
故兵不頓 而利可全 此謀攻之法也.
Gù bīng bù dùn, ér lì kě quán, cǐ móu gōng zhī fǎ yě.

반드시 온전하게 천하를 다투어야 한다. 그러므로 군대가 피로하지 않고 온전한 이익을 가질 수 있으니, 이것이 '술책으로 공략하는 법(모공의 법칙)'이다

必	반드시	필	반드시, 틀림없이, 꼭, 기필하다, 이루어내다
以	써	이	써, -로써, 부터, -에서, 까닭
全	온전할	전	온전하다, 온전하게 하다, 완전히
爭	다툴	쟁, 정	다투다, 잡아끌다, 결판을 내다, 소송하다, 따져 말하다, 다툼, 싸움, 하소연,
於	어조사	어	어조사, -에, 에서, 보다, 를, 에게, 있어서
故	옛	고	예, 이미 지나간 때, 옛, 예전의, 옛날의, 원래, 본래
兵	군사	병	군사 병, 싸움, 전쟁, 무기, 병기
頓	조아릴	돈	조아리다, 넘어지다, 깨지다, 부서지다, 피로[피곤]해지다
而	말이을	이	말 이음, 순접·역접의 접속사,
利	날카로울	리{이}	이롭다, 유익하다, 편리하다, 날카롭다, 통하다
可	옳을	가	옳다, 가히, 쯤, 정도
全	온전할	전	온전하다, 온전하게 하다, 완전히
此	이	차	이, 이곳, 이것, 가까운 사물을 가리킴, 이에, 그래서
謀	꾀할	모	꾀하다, 정사를 의논하다, 헤아리다, 꾀, 술책, 계략
攻	칠	공	치다, 공격하다, 불까다, 거세(去勢)하다, 다스리다
法	법	법	법, 예의, 도리, 모범, 모형, 품등, 본받다
也	어조사	야	어조사, 또, 또한, 잇달다

❶ With his forces intact[1] he will dispute[2] the mastery[3] of the Empire, and thus, without losing a man, his triumph[4] will be complete[5]. This is the method[6] of attacking by stratagem[7].

완전한 군대로 제국의 지배를 다투므로, 군사를 잃지 않고, 승리는 완전할 것이다. 이것이 전략으로 공격하는 방법(모공:謀攻)이다.

❷ Your aim[8] must be to take All-under-Heaven intact. Thus your troop[9]s are not worn out and your gains[10] will be complete. This is the art of offensive[11] strategy[12].

계획은 완전히 만천하를 취하는 것이어야 한다. 그래서 군대는 지치지 않고 이익은 완벽할 것이다. 이것이 공격적인 전략의 기교(모공:謀攻)이다.

---

1) in · tact: 본래대로의, 손대지 않은, 완전한
2) dis · pute① 논쟁하다; 논의하다 ② 말다툼하다; 논하다, 논의하다
3) mas · tery: ① 지배(력), 통어(력); 정복. ② 수위(首位), 우세, 우승. ③ 숙달, 뛰어난 기능; 전문적 지식, 정통
4) tri · umph: ① 승리 ② 대성공; 성공한 예, 개가, 업적, 위업 ③ 승리감, 성공의 기쁨, 의기양양한 표정, 환희
5) com · plete: ① 완전한, 완벽한; 흠잡을 데 없는, 완비된 ② 전부의, 전부 갖춘 ③ 전면적인, 철저한
6) meth · od: ① 방법, 《특히》 조직적 방법, 방식 ② (일을 하는) 순서, (생각 따위의) 조리; 순서〔규율〕 바름, 질서 정연함; 체계
7) strat · a · gem: 전략, 군략; 책략(trick), 계략, 술책, 모략
8) aim:① 겨냥, 조준 ② 과녁, 표준. ③ 목적, 뜻, 계획
9) troop: ① 대(隊), 떼, 무리《of》 ② (보통 pl.) 군대, 병력 ★ 60 troops는 '병력 60명'의 뜻. ③ 〖軍〗 기병 중대. ④ (보이스카우트의) 분대《최소 5명》; (걸 스카우트의) 단(團)《8-32명으로 구성됨》
10) gain: ① 이익, 이득; (종종 pl.) 수익, 수익금. ② 돈벌이; 상금; 보수 ③ (가치 · 무게 등의) 증가, 증대, (건강의) 증진; 부가물, 부가분
11) of · fen · sive: ① 불쾌한, 싫은; 마음에 걸리는 ② 무례한, 화가 나는; 모욕적인 ③ (도덕적으로) 더러운, 비열한; (취미가)저속한; 음란한. ④ 공격적인, 공격〔공세〕의.
12) strat · e · gy: 용병학, 병법; (대규모의) 전략; 작전; 책략.

9

고 용 병 지 법 　십 칙 위 지 　오 칙 공 지 　배 칙 분 지

故用兵之法 十則圍之 五則攻之 倍則分之.

Gù yòng bīng zhī fǎ, shí zé wéi zhī, wǔ zé gōng zhī, bèi zé fēn zhī.

그러므로 용병(병력을 사용하는 것)의 법칙은 열 배이면 포위하고 다섯 배이면 공격하고 두 배이면 분산시킨다.

* 용병(用兵): 군사를 부림. 용군(用軍)

故	옛	고	예, 이미 지나간 때, 옛, 예전의, 옛날의, 원래, 본래
用	쓸	용	쓰다, 베풀다, 부리다, 등용하다, 행하다
兵	군사	병	군사 병, 싸움, 전쟁, 무기, 병기
之	갈	지	가다, 이(指示代名詞), -의(冠形格助詞)
法	법	법	법, 예의, 도리, 모범, 모형, 품등, 본받다
十	열	십	열, 열 번, 열 배
則	법칙, 곧	칙, 측	법칙, 곧, 법, 본받다, 모범으로 삼다
圍	둘레	위	둘레, 두르다, 둘러싸다, 에우다, 사냥하다
五	다섯	오	다섯, 별 이름, 제위(帝位)
攻	칠	공	치다, 공격하다, 불까다, 거세(去勢)하다, 다스리다
倍	곱	배	곱, 갑절, 등지다, 배반하다, 더하다
分	나눌	분	나누다, 구별하다, 나누어 주다

❶ It is the rule in war, if our forces are ten to the enemy's one, to surround[1] him; if five to one, to attack him; if twice as numerous[2], to divide[3] our army into two.

아군이 적보다 열 배이면, 포위하고, 다섯 배이면, 공격하고, 두 배이면, 둘로 나누는 것이 전쟁의 법칙이다.

❷ Consequently, the art of using troops[4] is this: When ten to the enemy's one, surround him; When five times his strength[5], attack him; If double his strength, divide him.

그 결과로써, 군대를 사용하는 기교는 이것이다. 적과 십 대 일이면, 포위하라. 다섯 배 병력이면, 공격하라. 두 배 병력이면, 군대를 나누어라.

---

1) sur · round: ① 에워싸다, 둘러싸다. ② 〖군사〗 포위하다; 에두르다, 에우다.
2) nu · mer · ous: 다수의, 수많은; 많은 사람의
3) di · vide: ① 나누다, 분할하다, 쪼개다; 가르다, 분계(구획)하다; 분류하다 ② 〖수학〗 (어떤 수를 다른 수로) 나누다; (어떤 수로 다른 수를) 나누다 ③ (의견 · 관계 등을) 분열시키다; …의 사이를 갈라놓다, 대립시키다 ④ 분배하다, (아무와) 나누다 ⑤ 분리(격리)하다
4) troop: ① 대(隊), 떼, 무리《of》 ② (보통 pl.) 군대, 병력 ★ 60 troops는 '병력 60명'의 뜻. ③ 〖軍〗 기병 중대. ④ (보이스카우트의) 분대《최소 5명》; (걸 스카우트의) 단(團)《8–32명으로 구성됨》
5) strength: ① 세기, 힘 ② 체력, 근력. ③ 세력, 병력, 인원수, 정원

10

적 즉 능 전 지 소 즉 능 도 지 불 약 즉 능 피 지
敵則能戰之 少則能逃之 不若則能避之.
Dí zé néng zhàn zhī, shǎo zé néng táo zhī, bù ruò zé néng bì zhī.

고 소 적 지 견 대 적 지 금 야
故小敵之堅 大敵之擒也.
Gù xiǎo dí zhī jiān, dà dí zhī qín yě.

적이 대등하면 싸우고 적으면 달아나고 같지 않으면 피하라.
그러므로 소수의 적군은 굳게 지켜도 대군의 적에게 사로잡힌다.

敵	원수	적	원수, 상대방, 대등하다, 맞서다
則	법칙, 곧	칙, 즉	법칙, 곧, 법, 본받다, 모범으로 삼다
能	능할	능	능하다, 잘하다, 보통 정도 이상으로 잘하다
戰	싸울	전	싸우다, 싸움, 전쟁, 두려워하다, 두려워서 떨다
之	갈	지	가다, 이(指示代名詞), -의(冠形格助詞)
少	적을	소	적다, 약간, 조금, 얼마간, 적다고 여기다
逃	달아날	도	달아나다, 도망치다, 숨다, 숨기다
不	아닐	부, 불	아닌가, 아니다, 크다, 말라(금지의 뜻), 새 이름
若	같을	약	같다, 너, 만일
避	피할	피	피하다, 회피하다, 벗어나다, 숨다
故	옛	고	예, 이미 지나간 때, 옛, 예전의, 옛날의
堅	굳을	견	굳다, 굳게, 튼튼하게, 굳게 하다, 단단하게 하다
敵	원수	적	원수, 상대방, 대등하다, 맞서다
擒	사로잡을	금	사로잡다, 생포하다
也	어조사	야	어조사, 또, 또한, 잇달다

❶ If equally matched[1], we can offer[2] battle; if slightly inferior[3] in numbers, we can avoid the enemy; if quite[4] unequal[5] in every way, we can flee[6] from him.

Hence, though an obstinate[7] fight may be made by a small force, in the end it must be captured[8] by the larger force.

대등하게 필적하다면, 전투를 할 수 있고, 수에서 약간 열세라면, 적을 피할 수 있으며, 모든 면에서 아주 대등하지 않다면, 달아날 수도 있다.

그러므로, 완강한 싸움이 소규모 병력으로 할 수 있을지라도, 결국 대규모 병력에 사로잡힐 수밖에 없다.

❷ If equally matched you may engage[9] him. If weaker numerically[10], be capable[11] of withdrawing[12]; And if in all respects[13] unequal, be capable of eluding[14] him, for a small force is but booty[15] for one more powerful.

대등하게 필적하다면 적과 교전을 벌일 수 있다. 수에서 약세이면, 철수시킬 수 있다. 그리고 모든 면에서 대등하지 않다면, 회피할 수 있고, 소규모 부대는 더 강한 부대의 노획물이다.

---

1) match: ① a) …에 필적하다, …의 호적수가 되다 b) 맞붙게 하다, 경쟁〔대결〕시키다; 비교하다 ② a) …에 어울리다, 걸맞다 b) 조화시키다, 맞추다; ① (둘이) 대등하다, 어울리다 ② 조화되다, 어울리다
2) of · fer: ① …을 권하다, 제공하다 ② 바치다; 드리다 ③ 표현하다 ④ 제출하다, 제의하다, 제안하다; 신청하다 ⑤ 말하다; 시도하다 ⑥ (싸움 · 저항 따위를) 하다; ① 제언〔제안〕하다. ② 구혼〔청혼〕하다 ③ 생기다, 나타나다
3) in · fe · ri · or: ① 아래쪽의, 하위〔하급, 하층〕의; 하등의, (손)아랫사람의 ② 떨어지는, 열등한, 조악한
4) quite: 완전히, 아주, 전혀
5) un · équal: ① 같지 않은, 동등하지 않은, 부동(不同)의, 고르지 못한, 균등하지 않은 ② 불공평한, 불평등한, 균형이 안 맞는
6) flee: ① 달아나다, 도망하다, 내빼다; 피하다② 사라져 없어지다, 소산하다; ① …에서 도망치다, 떠나다
7) ob · sti · nate: ① 완고한, 억지 센, 강퍅한, 끈질긴; 완강한《저항 따위》 ② 고치기 힘든
8) cap · ture: 붙잡다, 생포하다; 점령〔공략〕하다; 획득하다, 손에 넣다.
9) en · gage: ① 약속하다; 속박하다; 보증하다, 맡다 ② 약속〔예약〕이 있다 ③ 약혼시키다 ④ (아무를) 고용하다, 계약하다 ⑤ 끌어들이다; 끌다 ⑧ …의 마음을 〔호의를〕 끌다 ⑨ 교전시키다; …와 교전하다
10) nu · mer · i · cal: 수의, 수를 나타내는, 숫자상의; 숫자로 나타낸; 계산 기술의〔에 관한〕
11) ca · pa · ble: ① 유능한, 역량 있는 ② (…할) 능력이 있는
12) with · draw: ① 움츠리다 ② 회수하다 ③ 거두다, 물러나게 하다, 철수하다; 철수시키다; 인출하다; 딴 데로 돌리다 ④ 철회하다; 취소하다; ① 물러나다, 퇴출하다 ② 철수하다, 거두어 물러나다 ③ 탈퇴하다, 탈회하다.
13) re · spect: ① 존경, 경의 ② 인사, 안부를 전함 ③ 존중, 중시 ④ 주의, 관심 ⑤ 점, 개소, 세목 ⑥ 관계, 관련
14) elude: 교묘히 피하다, 회피하다; 면하다, 빠져 나오다, 벗어나다; 곤란하게 하다; 이해〔파악〕하기 어렵게 하다
15) boo · ty: 노획물, 전리품; 약탈품; (사업 등의) 이득; 《우스개》 굉장한 선물 · 상품 (등).

11

부 장 자　국 지 보 야　보 주 즉 국 필 강　보 극 즉 국 필 약

夫將者 國之輔也 輔周則國必强 輔隙則國必弱.

Fū jiàng zhě, guó zhī fǔ yě, fǔ zhōu zé guó bì qiáng, fǔ xì zé guó bì ruò.

고 군 지 소 이 환 어 군 자 삼

故君之所以患於軍者三.

Gù jūn zhī suǒ yǐ huàn yú jūn zhě sān.

장수란 나라를 보좌하고 보좌함이 고루 미치면 국가는 반드시 강해지며 보좌함에 틈이 생기면 국가는 반드시 약해진다.

그러므로 군주가 군대에 화를 끼치는 세 가지가 있다.

夫	지아비	부	지아비, 사나이, 장정, 시중하는 사람
將	장차	장	장차, 막-하려 한다, 마땅히-하여야 한다
者	놈	자	놈, 사람, 것, 일을 가리켜 이른다
之	갈	지	가다, 이(指示代名詞), -의(冠形格助詞)
輔	덧방나무	보	덧방나무, 수레 덧방나무, 바퀴살의 힘을 돕는 나무
也	어조사	야	어조사, 또, 또한, 잇달다
周	두루	주	두루, 골고루, 고루 미치다
則	법칙, 곧	칙, 즉	법칙, 곧, 법, 본받다, 모범으로 삼다
必	반드시	필	반드시, 틀림없이, 꼭, 기필하다, 이루어내다
強	굳셀	강	굳세다
隙	틈	극	틈, 구멍, 겨를, 여가, 사이가 틀어짐, 흠
弱	약할	약	약하다, 약한 자, 약해지다, 쇠해지다
故	옛	고	예, 이미 지나간 때, 옛, 예전의, 옛날의
君	임금	군	임금, 주권자, 세자
所	바	소	바, 일정한 곳이나 지역, 지위, 자리, 위치, 경우
以	써	이	써, -로써, 부터, -에서, 까닭
患	근심	환	근심, 걱정, 고통, 재난, 병(病), 근심하다
於	어조사	어	어조사, -에, 에서, 보다, 를, 에게, 있어서
軍	군사	군	군사(軍士), 군사(軍事), 진을 치다

❶ Now the general is the bulwark[1)] of the State; if the bulwark is complete[2)] at all points; the State will be strong; if the bulwark is defective[3)], the State will be weak.

There are three ways in which a ruler can bring misfortune[4)] upon his army:

그래서 장군은 나라의 성채이기에, 성채가 완전하면, 나라가 강할 것이고, 성채가 결점이 있으면, 나라는 약해질 것이다.

통치자가 군대에 재난을 가져다줄 수 있는 세 가지 사항이 있다.

❷ Now the general is the protector[5)] of the state. If this protection[6)] is all-embracing[7)], the state will surely be strong; if defective, the state will certainly[8)] he weak.

Now there are three ways in which a ruler can bring misfortune upon his army:

그래서 장군은 나라의 보호자이다. 이 보호하는 사람이 모두를 아우른다면, 나라는 확실히 강해질 것이고, 결점이 있다면, 나라는 반드시 약해질 것이다.

그래서 통치자가 자신의 군대에 재난을 가져다줄 수 있는 세 가지 사항이 있다.

---

1) bul · wark: ① (종종 pl.) 성채, 보루, 흙 보루; 방파제. ② 방벽; 방어물(자)
2) com · plete: ① 완전한, 완벽한; 흠잡을 데 없는, 완비된 ② 전부의, 전부 갖춘 ③ 전면적인, 철저한
3) de · fec · tive: ① 결함(결점)이 있는, 하자가 있는; 불완전한 ② 결여되어 있는, 모자라는, 부족한
4) mis · for · tune: ① 불운, 불행 ② 불행한 일, 재난
5) pro · tec · tor: ① 보호자, 옹호자, 방어자. ② 보호 장치(물(物)), 안전 장치
6) pro · tec · tion: ① 보호, 보안 ② 후원, 두둔. ③ 보호하는 사람
7) em · brace: ① 얼싸안다, 껴안다, 포옹하다. ② (산 · 언덕이) 둘러(에워)싸다. ③ 품다, 포함(포괄)하다 ④ 맞이하다, 환영하다; 붙잡다, 받아들이다 ⑤ 바라보다; 보고 알아채다, 깨닫다; 서로 껴안다.
8) cer · tain · ly: ① 확실히, 꼭; 의심 없이, 반드시, 〔강조〕 정말

12

부 지 군 지 부 가 이 진 이 위 지 진
不知軍之不可以進而謂之進
Bù zhī jūn zhī bù kě yǐ ǐjìn 'ér wèi zhī jìn,

부 지 군 지 부 가 이 퇴 이 위 지 퇴 시 위 미 군
不知軍之不可以退而謂之退. 是爲縻軍.
bù zhī jūn zhī bù kě yǐ tuì ér wèi zhī tuì, Shì wèi mí jūn.

군대가 나아가면 안 된다는 것을 모르고 나아가게 하거나 군대가 물러나면 안 된다는 것을 모르고 물러나라고 하는 것이다. 이른바 군대를 속박하는 것이다.

不	아닐	부, 불	아닌가, 아니다, 크다, 말라(금지의 뜻), 새 이름
知	알	지	알다, 깨닫다, 느끼다, 분별하다, 기억하다
軍	군사	군	군사(軍士), 군사(軍事), 진을 치다
之	갈	지	가다, 이(指示代名詞), -의(冠形格助詞)
可	옳을	가	옳다, 가히, 쯤, 정도
以	써	이	써, -로써, 부터, -에서, 까닭
進	나아갈	진	나아가다, 벼슬하다, 전진하다, 추천하다, 진력하다
而	말이을	이	말 이음, 순접·역접의 접속사
謂	이를	위	이르다, 일컫다, 알리다, 설명하다, 비평·논술하다
退	물러날	퇴	물러나다, 그만두다, 피하다, 떠나가다, 돌아가다
是	옳을	시	옳다, 바르다, 옳다고 하다, 바르다고 인정하다
謂	이를	위	이르다, 일컫다, 알리다, 설명하다, 비평·논술하다
縻	고삐	미	고삐, 얽어매다, 줄, 잡아매는 줄

❶ (1) By commanding[1)] the army to advance[2)] or to retreat[3)], being ignorant[4)] of the fact that it cannot obey[5)]. This is called hobbling[6)] the army.

명령을 따를 수 없는 현실을 무시하여, 진격하거나 퇴각하라고 군대에 명령을 내리는 것. 이것은 절뚝거리는 군대라고 한다.

❷ When ignorant that the army should not advance, to order[7)] an advance or ignorant that it should not retire[8)], to order a retirement[9)]. This is described[10)] as 'hobbling the army'.

군대가 전진하면 안 되는 데 무시하여, 전진 명령을 하거나 퇴각하면 안 되는 데 무시하여, 퇴각을 명령할 때이다. 이것은 '절뚝거리는 군대'로 설명된다.

---

1) com · mánd · ing: 지휘하는; 위풍당당한; 전망이 좋은; 유리한 장소를 차지한.
2) ad · vance: ① 나아가게 하다, 앞으로 내보내다, 전진(진출)시키다 ② (기일 따위를) 앞당기다 ③ (작업 따위를) 진척시키다, 촉진시키다, 승진하다 ⑤ (값 따위를) 올리다 ⑥ 진급(승급)시키다; 끌어 올리다, …의 뒤를 밀다 ⑦ 선불하다, 선대(先貸)하다; ① 『군사』 전진(진격)하다 ⑧ 솟아오르다.
3) re · treat: ① 물러가다, 후퇴하다, 퇴각하다 ② 틀어박히다, 숙치다, 은퇴하다 ③ 움쑥 들어가다, 움푹해지다 ④ 그만두다, 물러나다, 손을 떼다 ⑤ 『항공』 뒤쪽으로 기울다
4) ig · no · rant: ① 무지한, 무학의, 무식한 ② 예의를 모르는, 실례되는.
5) obey: …에 복종하다, …에 따르다; …의 명령(가르침, 소원)에 따르다; (이성 따위)에 따라 행동하다, (힘 · 충동)대로 움직이다; (기계장치가) …에 반응하다 말을 잘 듣다
6) hob · ble: 절뚝거리며 걷다; 더듬거리며 말하다; 비슬비슬 날아가다(오다); 절뚝거리게 하다; (말 따위의) 두 다리를 한데 묶다; 방해하다; 난처하게 하다.
7) or · der: ① …에게 명령하다, …에게 지시하다; (특정 장소)에 가(오)도록 …에게 명하다 ② (의사가 환자에게) (약 · 요법 등을) 명하다, 지시하다 ③ 주문하다, 주문해 가져오게 하다, 주문해 주다
8) re · tire: ① 물러가다, 칩거하다 ② 자다, 자리에 들다 ③ 은퇴하다, 퇴직하다; 폐업하다 ④ 퇴각하다 ⑤ (파도 등이) 물러가다; 쑥 들어가다. ① 퇴직(퇴역, 은퇴)시키다 ② 회수하다 ③ 퇴거(퇴각)시키다.
9) re · tire · ment: ① 퇴거; 은퇴, 은거. ② 퇴직, 퇴역, 정년(停年)(후의 시기). ③ 은거처, 벽촌, 외진 곳. ④ 『군사』 계획적인(임의의) 퇴각, 철수. ⑤ (화폐 등의) 회수; (사채(社債) 등의) 상환.
10) de · scribe: ① (언어로) 묘사하다, 기술하다; (말로) 설명하다 ② (인물을) 평하다; 간주하다; 언급하다 ③ …의 징조이다, 나타내다 ④ (도형을) 그리다; (곡선 등을) 그리며 나아가다

13

부 지 삼 군 지 사 이 동 삼 군 지 정 자 즉 군 사 혹 의

不知三軍之事 而同三軍之政者. 則軍士惑矣.

Bù zhī sān jūn zhī shì, ér tóng sān jūn zhī zhèng zhě, Zé jūn shì huò yǐ.

삼군(전군全軍)의 업무를 모르면서 삼군의 행정에 간섭하는 것이다. 이렇게 하면 병사들이 갈팡질팡하게 된다.

* 삼군: 군대. 전군(全軍). 주대(周代)의 제도에서 대제후(大諸侯)가 거느리는 군대. [상군(上軍) · 중군(中軍) · 하군(下軍)의 총칭]

知	알	지	알다, 깨닫다, 느끼다, 분별하다, 기억하다
軍	군사	군	군사(軍士), 군사(軍事), 진을 치다
之	갈	지	가다, 이(指示代名詞), -의(冠形格助詞)
事	일	사	일, 일삼다, 전념하다, 정치
而	말이을	이	말 이음, 순접·역접의 접속사
同	한가지	동	한가지, 서로 같게 하다, 같게, 함께, 다같이
政	정사	정	정사(政事), 나라를 다스리는 일, 바루다
者	놈	자	놈, 사람, 것, 일을 가리켜 이른다
則	법칙, 곧	칙, 즉	법칙, 곧, 법, 본받다, 모범으로 삼다
惑	미혹할	혹	미혹하다, 의심하다, 미혹되게 하다
矣	어조사	의	어조사, 단정·결정·한정·의문·반어의 뜻을 나타냄
權	저울추	권	저울추, 저울, 저울질하다, 경중, 권력, 권한
任	맡길	임	맡기다, 맡은 일, 직무, 마음대로
疑	의심할	의	의심 하다, 의혹하다, 믿지 않다.

❶ (2) By attempting to govern an army in the same way as he administers[1] a kingdom, being ignorant[2] of the conditions[3] which obtain[4] in an army. This causes[5] restlessness[6] in the soldier's minds.

군에서 행해지는 상황을 모르면서, 왕국을 통치하듯 같은 방법으로 군대를 통솔하려고 시도하는 것. 이것은 병사들의 마음을 차분하지 못하게 하는 원인이 된다.

❷ When ignorant of military affairs[7], to participate[8] in their administration[9]. This causes the officers to be perplexed[10].

군사적 직무에 무지한데, 군사 행정에 관여할 때. 이것은 중간 장수들을 혼란에 빠뜨리는 원인이 된다.

---

1) ad · min · is · ter: ① 관리하다, 지배(통치)하다 ② (법령 · 의식을) 집행하다 ③ 베풀다, 주다, 공급하다
2) ig · no · rant: ① 무지한, 무학의, 무식한 ② 예의를 모르는, 실례되는. ig · no · rance: 무지, 무학; 모름
3) con · di · tion: ① 조건; 필요조건; (제)조건, 조목, 조항; 제약 ② 주위의 상황, 형세, 사정 ③ 상태; 《특히》 건강 상태, (경기자의) 컨디션.
4) ob · tain: ① 얻다, 손에 넣다, 획득하다 ② 얻게 하다; ① (널리) 행해지다, 유행하다, 통용되다
5) cause: ① …의 원인이 되다; 일으키다. ② …로 하여금 ―하게 하다 ③ 끼치다
6) rest · less: 침착하지 못한, 들떠 있는; 안면할 수 없는; 끊임없는; 활동적인
7) af · fair: ① 일, 용건; (pl.) (일상의) 업무, 용무, 직무, 사무 ② (세상을 떠들썩하게 하는) 사건; 생긴 일; 추문 ③ 관심사 ④ (사교적인) 모임, 파티 ⑤ (pl.) 사태, 상황, 정세
8) par · tic · i · pate: ① 참가하다, 관여하다, 관계하다 ② (…의) 성질을 띠다, (…한) 데가 있다;…에 참여하다
9) ad · min · is · tra · tion: ① 관리, 경영, 집행부, 경영진 ② 행정, 통치; 행정(통치) 기간
10) per · plex: ① 당혹케 하다, 난감(난처)하게 하다; 혼란에 빠뜨리다 ② 복잡케 하다, 시끄럽게 하다

14

부 지 삼 군 지 권　이 동 삼 군 지 임　즉 군 사 의 의

不知三軍之權 而同三軍之任 則軍士疑矣.

Bù zhī sān jūn zhī quán, ér tóng sān jūn zhī rèn, zé jūn shì yí yǐ.

삼군(전군全軍)의 권한을 알지 못하면서 삼군의 직무를 간섭하면 군사들이 믿지 않는다.

不	아닌가	부, 불	아닌가, 아니다, 크다, 말라(금지의 뜻), 새 이름
知	알	지	알다, 깨닫다, 느끼다, 분별하다, 기억하다
軍	군사	군	군사(軍士), 군사(軍事), 진을 치다
之	갈	지	가다, 이(指示代名詞), ㅡ의(冠形格助詞)
事	일	사	일, 일삼다, 전념하다, 정치
而	말이을	이	말 이음, 순접·역접의 접속사
同	한가지	동	한가지, 서로 같게 하다, 같게, 함께, 다같이
政	정사	정	정사(政事), 나라를 다스리는 일, 바루다
者	놈	자	놈, 사람, 것, 일을 가리켜 이른다
則	법칙, 곧	칙, 즉	법칙, 곧, 법, 본받다, 모범으로 삼다
士	선비	사	선비, 일을 처리할 재능이 있는 사람
惑	미혹할	혹	미혹하다, 의심하다, 미혹되게 하다
矣	어조사	의	어조사, 단정 · 결정 · 한정 · 의문 · 반어의 뜻을 나타냄

❶ (3) By employing[1)] the officers of his army without discrimination[2)], through ignorance of the military[3)] principle[4)] of adaptation[5)] to circumstances[6)]. This shakes[7)] the confidence[8)] of the soldiers.

상황에 적합한 군사적 원칙을 무시하고, 분별없이 군대의 중간 장수에게 일을 주는 것. 이것은 중간 장수들의 신뢰를 흔들리게 한다.

❷ When ignorant of command[9)] problems to share in the exercise[10)] of responsibilities[11)]. This engenders[12)] doubts[13)] in the minds of the officers.

책무를 이행함에 있어서 지휘권 문제 공유를 무시할 때. 이것은 중간 장수의 마음에 의심을 일으킨다.

---

1) em · ploy: ① (사람을) 쓰다, 고용하다; (아무에게) 일을 주다 ② …에 종사하다, …에 헌신하다 ③ (물건 · 수단을) 쓰다, 사용하다 ④ (시간 · 정력 따위를) 소비하다, 쓰다
2) dis · crim · i · ná · tion: ① 구별; 식별(력), 판별(력), 안식 ② 《고어》 Ⓒ 상위점. ③ 차별, 차별 대우
3) mil · i · tary: ① 군의, 군대의, 군사(軍事)의, 군용의; 군인의; 군인다운(같은). ② 육군의. ③ 호전적인, 전투적인.
4) prin · ci · ple: ① 원리, 원칙, 법칙 ② 근본 방침, 주의 ③ 행동 원리, 정의; 도의, 절조 ④ 본질, 소인(素因)
5) ad · ap · ta · tion: 적응, 적합, 순응《to》; 『생물』 적응; 적응(하여 발달한) 구조〔형태, 습성〕
6) cir · cum · stance: ① (보통 pl.) 상황, 환경; 주위의 사정. ② (pl.) (경제적인) 처지, 생활 형편.
7) shake: ① 흔들다, 뒤흔들다 ② 흔들어 움직이다, 휘두르다 ③ 흔들어 (…의 상태로) 되게 하다 ④ (자신 · 신뢰 따위를) 흔들리게 하다, 줄어들게 하다 ⑤ …의 마음을 동요시키다, …의 용기를 꺾다
8) con · fi · dence: ① (남에 대한) 신용, 신뢰 ② 속내 말; 비밀, 내밀한 일 ③ 자신, 확신 ④ 대담, 배짱; 사기
9) com · mand: ① 명령, 호령, 구령; 지령, 분부 ② 지휘(권), 지배(권), 통제 ③ 지배력, 통어력 ④ 조망 ⑤ 『군사』 관구, 예하 부대
10) ex · er · cise: ① (신체의) 운동; 체조 ② (육체적 · 정신적인) 연습, 실습, 훈련, 수련 ③ 연습 문제〔교재, 곡〕, 과제; (pl.) (학위신청에 필요한) 수업과정 ④ (pl.) (군대의) 교련, 연습(演習) ⑤ (주의력 · 의지력 · 능력 등의) 행사, 발동, 발휘, 활용 ⑥ (권력 · 직권 따위의) 행사; (미덕 · 직분 등의) 이행, 실행
11) re · spon · si · bil · i · ty: ① 책임, 책무, 의무 ② 책임이 되는 것, 부담, 무거운 짐 ③ 신뢰성〔도〕; 의무 이행 능력, 지급능력.
12) en · gen · der: (상태 등을) 발생시키다, 야기시키다, (애정 · 미움 따위를) 일으키다; 아버지가 자식을 보다〔얻다〕; 생기다, 일어나다
13) doubt: ① 의심, 의혹, 회의, 불신 ② 불확실함, 의심스러움 ③ 피해, 결점, 곤란.

15

삼 군 기 혹 차 의　칙 제 후 지 난 지 의　시 위 난 군 인 승

三軍旣惑且疑 則諸侯之難至矣 是謂亂軍引勝.

Sān jūn jì huò qiě yí,　zé zhū hóu zhī nán zhì yǐ,　shì wèi luàn jūn yǐn shèng.

삼군(전군全軍)이 이미 갈팡질팡하고 믿지 못하게 되면 제후들이 난처하게 되니 이것이 군대를 무질서하게 하여 (적을) 승리로 이끌게 한다는 것이다.

* 삼군: 군대. 전군(全軍). 주대(周代)의 제도에서 대제후(大諸侯)가 거느리는 군대. [상군(上軍) ·중군(中軍) ·하군(下軍)의 총칭]

軍	군사	군	군사 (軍士), 군사(軍事), 진을 치다, 송대(宋代)의
旣	이미	기	이미
惑	미혹할	혹	미혹 하다, 의심하다, 미혹되게하다, 정신이
且	또	차	또, 잠깐, 장차
疑	의심할	의	의심 하다, 의혹하다,정해지지 아니하다, 괴이하게
則	법칙, 곧	칙, 측	법칙, 곧, 법, 본받다, 모범으로 삼다
諸	모든	제	모든, 여러, 어조사, –은는, –에게, –에서
侯	과녁	후	과녁, 제후, 후작, 임금, 오등작(五等爵)의 둘째
難	어려울	난	어렵다, 재앙, 근심, 구슬 이름, 힐난하다
至	이를	지	이르다, 도래하다, 미치다, 닿다, 두루 미치다
矣	어조사	의	어조사, 단정·결정·한정·의문·반어의 뜻을 나타냄
是	옳을	시	옳다, 바르다, 옳다고 하다, 바르다고 인정하다
謂	이를	위	이르다, 일컫다, 알리다, 설명하다, 비평·논술하다
引	끌	인	끌다, 끌어당기다, 활을 쏘다, 물러나다, 물리치다
勝	이길	승	이기다, 낫다, 뛰어나다, 뛰어난 것

❶ But when the army is restless[1)] and distrustful[2)], trouble[3)] is sure to come from the other feudal[4)] princes[5)]. This is simply bringing anarchy[6)] into the army, and flinging[7)] victory away.

하지만 군대가 침착하지 못하고 의심이 많게 되면, 다른 영지의 제후들로부터 분쟁이 확실히 발생한다. 이것은 단순히 군대에 혼란을 가져오는 것이고, 승리를 내던지는 것이다.

❷ If the army is confused[8)] and suspicious[9)], neighbouring[10)] rulers will cause[11)] trouble. This is what is meant by the saying: 'A confused[12)] army leads to another's victory.'

군대가 혼란스럽고 의심이 많으면, 이웃 나라 통치자들은 분쟁을 일으킬 것이다. 이것은 '혼란스러운 군대는 다른 자를 승리로 이끈다'라는 말을 의미한다.

---

1) rest · less: 침착하지 못한, 들떠 있는; 안면할 수 없는; 끊임없는; 활동적인
2) dis · trust · ful: 의심 많은, (좀처럼) 믿지 않는, 회의적인《of》; 《고어》 의심스러운(doubtful).
3) trou · ble: ① 고생, 근심, 걱정, 고민 ② 두통〔고생〕거리, 성가신 놈 ③ 수고, 노고, 폐 ④ 시끄러운 일, 불화, 사건, 트러블; 분쟁, 동란
4) feu · dal: 영지〔봉토〕의; 봉건 (제도)의; 봉건 시대의, 중세의
5) prince: ① (fem. prin · cess) 왕자, 황태자, 동궁 ② (제왕에 예속된 소국의) 군주, 제후.
6) an · ar · chy: 무정부; 무정부 상태, (사회적 · 정치적인) 무질서; 혼란; 난맥(상); 무정부론.
7) fling: ① 던지다, 내던지다 ② 메어치다, 내동댕이〔내팽개〕치다, 냅다 던지다. ③ 던져넣다, 집어〔처〕넣다; 빠지게 하다 ④ 갑자기 내뻗다, (머리 따위를) 흔들다 ⑤ (군대를) 투입하다, 급파하다; (무기를) 급송하다 ⑥ (돈 따위를) 뿌리다, 낭비하다; ① 돌진하다, 뛰어들다; 자리를 박차고 떠나다, 달려나가다 ② 날뛰다 ~ away: (기회 따위를) 헛되이 보내다, 놓치다
8) con · fuse: ① 혼동하다, 헛갈리게 하다, 잘못 알다 ② (순서 · 질서 등을) 혼란시키다, 어지럽히다.
9) sus · pi · cious: ① 의심스러운, 괴이쩍은, 미심한, (거동이) 수상쩍은 ② 의심 많은, 공연히 의심하는 ③ 의심쩍은, 의심을 나타내는
10) neigh · bor · ing: 이웃의, 인접〔근접〕해 있는, 가까운
11) cause: ① …의 원인이 되다; 일으키다. ② …로 하여금 —하게 하다 ③ 끼치다
12) con · fúsed: 당황한; 혼란한, 헛갈리는; 어리둥절한

16

고 지 승 유 오
故知勝有五.
Gù zhī shèng yǒu wǔ.

지 가 이 전 여 불 가 이 전 자 승 식 중 과 지 용 자 승
知可以戰與不可以戰者勝. 識衆寡之用者勝.
Zhī kě yǐ zhàn yǔ bù kě yǐ zhàn zhě shèng. Shí zhòng guǎ zhī yòng zhě shèng.

그러므로 승리를 알 수 있는 다섯 가지가 있다.
싸움이 가능한지 불가한지를 아는 자가 승리한다.
많고 적은 병력을 사용할 줄 아는 자가 승리한다.

可	옳을	가	옳다, 가히, 쯤, 정도
以	써	이	써, -로써, 부터, -에서, 까닭
戰	싸울	전	싸우다, 싸움, 전쟁, 두려워하다, 두려워서 떨다
與	줄	여	주다, 베풀다, 동아리, 무리, 동아리가 되다
戰	싸울	전	싸우다, 싸움, 전쟁, 두려워하다, 두려워서 떨다
者	놈	자	놈, 사람, 것, 일을 가리켜 이른다
識	알	식	알다, 판별하다, 인정하다, 자세히하다, 명확히하다
衆	무리	중	무리, 많은 사람, 많은 물건
寡	적을	과	적다, 나, 임금이 자기 자신을 일컫는 겸칭, 주상(主上)
用	쓸	용	쓰다, 베풀다, 부리다, 등용하다, 행하다
者	놈	자	놈, 사람, 것, 일을 가리켜 이른다
勝	이길	승	이기다, 낫다, 뛰어나다, 뛰어난 것
故	옛	고	예, 이미 지나간 때, 옛, 예전의, 옛날의
知	알	지	알다, 깨닫다, 느끼다, 분별하다, 기억하다
勝	이길	승	이기다, 낫다, 뛰어나다, 뛰어난 것
有	있을	유	있다, 존재하다, 많다, 넉넉하다, 자재(資財)

❶ Thus we may know that there are five essentials[1] for victory:

(1) He will win who knows when to fight and when not to fight.

(2) He will win who knows how to handle[2] both superior[3] and inferior[4] forces.

그래서 승리를 위한 다섯 가지 필수적인 것이 있다는 것을 알아야 한다.

(1) 싸워야 할 때와 싸우지 않아야 할 때를 아는 자가 승리할 것이다.

(2) 우세하고 열세한 군대 양쪽 모두를 다룰 줄 아는 자가 승리할 것이다

❷ Now there are five circumstances[5] in which victory may be predicted:

He who knows when he can fight and when he cannot will be victoriou s[6].

He who understands how to use both large and small forces will be victorious.

그래서 승리를 예측하는 다섯 가지 상황이 있다.

언제 싸울 수 있는지 없는지를 아는 자가 승리할 것이다.

대규모와 소규모 병력 양쪽 모두를 사용할 줄 아는 자가 승리할 것이다.

---

1) es · sen · tial: (보통 pl.) 본질적인 것〔요소〕; 필수의 것〔요소〕, 불가결한 것〔요소〕; 〖음악〗 으뜸음

2) han · dle: ① …에 손을 대다, 다루다, 사용하다, 조종하다. 취급하다, 처리하다; 논하다. ③ 대우하다; (군대 따위를) 지휘하다 ④ (상품을) 다루다, 장사하다. ⑤ (말을) 길들이다; 취급〔조종〕되다, 다루기가 …하다

3) su · pé · ri · or: ① (지위 · 계급 등이) (보다) 위의, 보다 높은, 보다 고위〔상위〕의, 상급의 ② (소질 · 품질 따위가) 우수한, 보다 나은, 뛰어난; 양질의, 우량한. ③ (수량적으로) 우세한, 다수의

4) in · fe · ri · or: ① (등위 · 등급 등이) 아래쪽의, 하위〔하급, 하층〕의; 하등의, (손)아랫사람의 ② (품질 · 정도 등이) 떨어지는, 열등한, 조악한

5) cir · cum · stance: ① (보통 pl.) 상황, 환경; 주위의 사정. ② (pl.) (경제적인) 처지, 생활 형편.

6) vic · to · ri · ous: ① 승리를 거둔, 이긴 ② 승리의, 전승의. ③ 이겨서 의기양양한.

17

상 하 동 욕 자 승　　이 우 대 불 우 자 승
上下同欲者勝. 以虞待不虞者勝.
Shàng xià tóng yù zhě shèng,　Yǐ yú dài bù yú zhě shèng.

장 능 이 군 불 어 자 승　자 오 자　지 승 지 도 야
將能而君不御者勝. 此五者 知勝之道也.
Jiāng néng ér jūn bù yù zhě shèng,　Cǐ wǔ zhě　zhī shèng zhī dào yě.

위(장수 혹은 임금)와 아래(병사 혹은 백성)가 하나가 되면 승리한다.
미리 헤아려서 기다리면 헤아리지 못한 자에게 승리한다.
장수는 유능하고 군주가 통괄하지 않으면 승리한다.
이 다섯 가지로 승리의 방향을 알 수 있다.

同	한가지	동	한가지, 서로 같게 하다, 같게, 함께, 다같이
欲	하고자할	욕	하고자 하다, 하려고 하다, –할 것 같다, 바라다
者	놈	자	놈, 사람, 것, 일을 가리켜 이른다
勝	이길	승	이기다, 낫다, 뛰어나다, 뛰어난 것
以	써	이	써, –로써, 부터, –에서, 까닭
虞	헤아릴	우	헤아리다, 염려하다, 추측하다, 예상하다, 짐작하다.
待	기다릴	대	기다리다, 갖추다, 대비하다, 막다, 방비하다
將	장차	장	장차, 막–하려 한다, 마땅히–하여야 한다
能	능할	능	능하다, 잘하다, 보통 정도 이상으로 잘하다
而	말이을	이	말 이음, 순접·역접의 접속사
君	임금	군	임금, 주권자, 세자
御	어거할	어	어거하다, 짐승을 길들이다, 다스리다
此	이	차	이, 이곳, 이것, 가까운 사물을 가리킴
知	알	지	알다, 깨닫다, 느끼다, 분별하다, 기억하다
道	길	도	길, 이치, 근원, 기능, 방법, 사상, 인의
也	어조사	야	어조사, 또, 또한, 잇달다

❶ (3) He will win whose army is animated[1] by the same spirit throughout all its ranks[2].

(4) He will win who, prepared himself, waits to take the enemy unprepared.

(5) He will win who has military[3] capacity[4] and is not interfered[5] with by the sovereign[6].

(3) 모든 계급을 전체에 걸쳐 같은 마음으로 활기 넘치는 군대를 가진 자가 승리할 것이다.

(4) 대비가 되어 있고, 대비가 되지 않은 적을 취하려고 기다리는 자가 승리한다.

(5) 군사적 능력이 있고 군주로 간섭받지 않는 자가 승리한다.

❷ He whose ranks are united[7] in purpose will be victorious[8].

He who is prudent[9] and lies in wait for an enemy who is not, will be victorious.

He whose generals are able and not interfered with by the sovereign will be victorious.

It is in these five matters that the way to victory is known.

군대 구성원들의 목적을 통합한 자가 승리할 것이다.

신중하고 준비되지 않은 적을 준비상태로 기다리는 자가 승리할 것이다.

장수들이 유능하고 군주로부터 간섭을 받지 않는 자가 승리할 것이다.

승리를 위한 방법으로 알려진 것은 이런 다섯 가지 문제이다.

---

1) an · i · mate: ① 살리다, 생명을 불어넣다. ② 생기를 주다, 활기차게 하다, 기운을 북돋우다; 격려하다, 고무하다 ③ 활동시키다, 움직이다. ④ 만화 영화〔동화(動畫)〕로 하다

2) rank: ① a) 열, 행렬 b) (특히 군대의) 횡렬, 횡대로 줄지은 병사. ② (pl.) 계급, 사회층, 신분 ③ 지위, 등급 ④ 높은 지위, 상류 사회 ⑤ (pl.) (장교 이외의) 군대 구성원, 병사; 〔 집합적 〕 부사관, 병졸; 군대

3) mil · i · tary: ① 군의, 군대의, 군사(軍事)의, 군용의; 군인의; 군인다운〔같은〕. ② 육군의. ③ 호전적인, 전투적인.

4) ca · pac · i · ty: ① 수용량; (최대) 수용 능력 ② 용적, 용량; 『물리학』 열〔전기〕 용량; 『컴퓨터』 용량. ③ 능력, 재능 ④ 자격; 『법률학』 (행위) 능력, 법정 자격 ⑤ (공장 등의) (최대) 생산〔산출〕 능력

5) in · ter · fere: ① 간섭하다, 말참견하다《in》 ② 훼방놓다, 방해하다; 저촉하다《with》; (남의 물건에) 손대다; 해를 끼치다《with》 ③ (이해 따위가) 충돌〔대립〕하다《with》

6) sov · er · eign: 주권자, 원수(元首), 군주(monarch), 국왕, 지배자.

7) unite: ① 결합하다, 하나로 묶다, 합하다, 접합하다; 합병하다 ② 맺다, 결혼시키다 ③ 아울러 갖추다, 겸비하다; ① 하나〔일체〕가 되다, 결합하다, 연합하다, 합병하다 ② 일치하다, 협력하다, 결속하다

8) vic · to · ri · ous: ① 승리를 거둔, 이긴 ② 승리의, 전승의. ③ 이겨서 의기양양한.

9) pru · dent: ① 신중한, 조심성 있는, 세심한 ② 분별 있는, 총명한 ③ 공손한, 얌전한. ④ 빈틈없는, 타산적인

18

고 왈 지 피 지 기 백 전 불 태
故曰 知彼知己 百戰不殆.
Gù yuē, zhī bǐ zhī jǐ, bǎi zhàn bù dài.

부 지 피 이 지 기 일 승 일 부
不知彼而知己 一勝一負.
Bù zhī bǐ ér zhī jǐ, yī shèng yī fù,

부 지 피 부 지 기 매 전 필 태
不知彼不知己 每戰必殆.
Bù zhī bǐ bù zhī jǐ, měi zhàn bì dài.

그러므로 상대를 알고 자신을 알면 백번 싸움에도 위태롭지 않다.
상대를 알지 못하고 자신을 알면 한번 승리하고 한번 패한다.
상대를 알지 못하고 자신도 알지 못하면 각 전투마다 반드시 위태롭다.

故	옛	고	예, 이미 지나간 때, 옛, 예전의, 옛날의
曰	가로	왈	가로되, 말하기를, 이르다, 말하다, 일컫다
知	알	지	알다, 깨닫다, 느끼다, 분별하다, 기억하다
彼	저	피	저, 저 사람, 상대방, 그, 그이, 아니다(匪)
己	자기	기	자기, 여섯째 천간, 다스리다
百	일백	백	일백, 모든, 백 번 하다
戰	싸울	전	싸우다, 싸움, 전쟁, 두려워하다, 두려워서 떨다
殆	위태할	태	위태하다, 위태로워하다, 해치다, 가까이하다
而	말이을	이	말 이음, 순접·역접의 접속사
勝	이길	승	이기다, 낫다, 뛰어나다, 뛰어난 것
負	질	부	지다, 등에 짐을 지다, 책임을 지다, 빚을 지다
每	매양	매	늘, 언제나, 마다, 그때마다, 잦다, 자주, 각, …마다
戰	싸울	전	싸우다, 싸움, 전쟁, 두려워하다, 두려워서 떨다
必	반드시	필	반드시, 틀림없이, 꼭, 기필하다, 이루어내다, 오로지

❶ Hence the saying: If you know the enemy and know yourself, you need not fear the result of a hundred battles. If you know yourself but not the enemy, for every victory gained you will also suffer[1] a defeat. If you know neither the enemy nor yourself, you will succumb[2] in every battle.

그러므로 말하기를 적을 알고 자신을 안다면, 백번의 전투 결과를 두려워할 필요가 없다. 자신을 알지만 적을 모른다면, 또한 얻은 모든 승리에도 패배를 겪을 것이다. 적도 자신도 모른다면, 모든 전투에서 질 것이다.

❷ Therefore I say: Know the enemy and know yourself; in a hundred battles you will never be in peril[3]. When you are ignorant[4] of the enemy but know yourself, your chances of winning or losing are equal. If ignorant both of your enemy and of yourself, you are certain[5] in every battle to be in peril.

그러므로 나는 말한다. 적을 알고 자신을 알아라, 백 개의 전투에서 절대 위험에 빠지지 않을 것이다. 적을 모르고 자신을 안다면, 승리와 패배의 승산은 같다. 적과 자신 모두 모른다면, 모든 전투에서 위험에 처할 것이 확실하다.

---

1) suf · fer: ① (고통 · 변화 따위를) 경험하다, 입다, 받다 ② 〔종종 의문 · 부정문에 쓰여〕《문어》 …에 견디다, 참다. ③ 《고어 · 문어》 (굳이) …하게 하다, (묵묵히) …하게 내버려두다; ① 괴로워하다, 고민하다, 고생하다; 상처입다 ② 앓다, 병들다 ③ 방치되다 ④ 벌받다; (기결수가) 사형에 처해지다
2) suc · cumb: ① 굴복하다, 압도되다, 굽히다, 지다《to》 ② 죽다
3) per · il: 위험, 위난; 모험
4) ig · no · rant: ① 무지한, 무학의, 무식한 ② 예의를 모르는, 실례되는.
5) cer · tain: ① 〔서술적〕 (아무가) 확신하는, 자신하는 ② (일이) 확실한, 신뢰할 수 있는, 반드시 일어나는; (지식 · 기술이) 정확한 ③ 반드시 …하는, …하게 정해져 있는

四篇
軍形

❶ TACTICAL DISPOSITIONS 전술적인 작전계획

– Lionel Giles(라이오넬 자일스) 역

❷ DISPOSITION 작전계획 – Samuel B. Griffith(사무엘 비 그리피스) 역

* 군軍의 형세

1. 불패의 태세를 갖춰라
2. 이겨놓고 싸워라
3. 전투를 수행하는 방법

軍	군사	군	군사(軍士), 군사(軍事), 진을 치다
形	모양	형	모양, 몸, 육체, 형세, 세력, 나타나다, 드러나다
篇	책	편	책, 완결된 책, 완결된 시문(詩文), 시문을 세는 단위

孫子兵法

Sūn zǐ bīng fǎ

Art of war

1

손 자 왈 석 지 선 전 자 선 위 부 가 승 이 대 적 지 가 승

孫子曰: 昔之善戰者 先爲不可勝 以待敵之可勝.

Sūn zǐ yuē: xī zhī shàn zhàn zhě, xiān wèi bù kě shèng, yǐ dài dí zhī kě shèng.

불 가 승 재 기 가 승 재 적

不可勝在己 可勝在敵.

Bù kě shèng zài jǐ, kě shèng zài dí.

손자가 말했다. 옛날에 전쟁을 잘하는 자는 먼저 (적이) 이기지 못하게 하고 적에게 가능한 승리를 기다린다.

승리하지 못하는 것은 자기에게 있고 승리를 가능하게 하는 것은 적에게 있다.

孫	손자	손	손자, 자손, 후손, 움, 새싹
子	아들	자	아들, 맏아들, 자식, 어조사
曰	가로	왈	가로되, 말하기를, 이르다, 말하다, 일컫다
昔	예	석	예, 옛, 옛날, 오래다, 오래 되다, 접때, 앞서
善	착할	선	착하다, 좋다, 훌륭하다, 잘하다
戰	싸울	전	싸우다, 싸움, 전쟁, 두려워하다, 두려워서 떨다
者	놈	자	놈, 사람, 것, 일을 가리켜 이른다
先	먼저	선	먼저, 나아가다, 옛날
為	할	위	하다, 되다, 다스리다, 속하다, 어기다, 있다
可	옳을	가	옳다, 가히, 쯤, 정도
勝	이길	승	이기다, 낫다, 뛰어나다, 뛰어난 것
以	써	이	써, –로써, 부터, –에서, 까닭
待	기다릴	대	기다리다, 갖추다, 대비하다, 막다, 방비하다
己	자기	기	자기, 여섯째 천간, 다스리다
敵	원수	적	원수, 상대방, 대등하다, 맞서다

❶ Sun Tzu said: The good fighters[1] of old first put themselves beyond the possibility of defeat, and then waited for an opportunity of defeating the enemy.

To secure[2] ourselves against[3] defeat lies in our own hands, but the opportunity of defeating the enemy is provided by the enemy himself.

손자가 말했다. 옛날의 훌륭한 무인들은 먼저 패배의 가능성이 미치지 않도록 하고, 적을 쳐부술 기회를 기다렸다.

패배하지 않고 아군을 굳게 지키는 것은 우리 손에 있지만, 적을 쳐부술 기회는 적 자신들이 준다.

❷ Sun Tzu said: Anciently[4] the skilful warriors first made themselves invincible[5] and awaited the enemy's moment of vulnerability[6].

Invincibility[7] depends on one's self; the enemy's vulnerability on him.

손자가 말했다. 고대 능란한 무사들은 먼저 자신을 무적으로 만들어 적이 취약한 순간을 기다렸다.

불패는 자신에게 달려있고, 적의 약점은 적에게 있다.

---

1) fíght · er: ① 싸우는 사람, 투사; 전투원, 무인(武人). ② 호전가; 싸움을 좋아하는 사람; (프로) 권투선수
2) se · cure: ① 안전하게 하다, 굳게 지키다, 굳게 하다 ② 확실하게 하다, 확고히 하다 ③ 보증하다, 책임지다, …에 담보를 제공하다(잡히다); …을 보험에 넣다 ④ 인수하다, 보호하다. ⑤ 확보(획득)하다, 얻다, 손에 넣다; 간신히 얻다 ⑥ 붙잡다; 도망치지 못하게 하다, 가두다, 감금하다. ⑦ (문을) 단단히 잠그다, 채우다 ⑧ …에 쇠고리를 걸다; 고착시키다, 잡아매다; 안전하(게 되)다; 보증을 받고 있다, 담보를 잡고 있다
3) against: against: ① …을 향하여, …에 대해서, …에 부딪치어 ② …와 마주 대하여. ③ …에 대비(對比)하여 ④ …에 반대하여, …에 적대하여, …에 거슬러
4) án · cient · ly: 옛날에는, 고대에(는)
5) in · vin · ci · ble: 정복할 수 없는, 무적의; 극복할 수 없는
6) vùl · ner · a · bíl · i · ty n. 상하기 쉬움; 비난(공격)받기 쉬움, 약점, 취약성
7) in · vìn · ci · bíl · i · ty: 무적, 불패.

2

고 선 전 자　능 위 불 가 승　불 능 사 적 필 가 승
故善戰者 能爲不可勝 不能使敵必可勝.
Gù shàn zhàn zhě, néng wèi bù kě shèng, bù néng shǐ dí bì kě shèng.

고 왈　승 가 지　이 불 가 위
故曰 勝可知 而不可爲.
Gù yuē, shèng kě zhī, ér bù kě wèi.

그러므로 전쟁을 잘하는 자는 능히 (적이) 이길 수 없게 할 수 있고 적이 기필코 이길 수 있도록 만들지 않는다.
따라서 이길 수 있는지는 알아도 이루지는 못하는 것이다.

可	옳을	가	옳다, 가히, 쯤, 정도
勝	이길	승	이기다, 낫다, 뛰어나다, 뛰어난 것
在	있을	재	있다, 보다, 살피다, 제 멋대로 하다
敵	원수	적	원수, 상대방, 대등하다, 맞서다
故	옛	고	예, 이미 지나간 때, 옛, 예전의, 옛날의
善	착할	선	착하다, 좋다, 훌륭하다, 잘하다
戰	싸울	전	싸우다, 싸움, 전쟁, 두려워하다, 두려워서 떨다
者	놈	자	놈, 사람, 것, 일을 가리켜 이른다
能	능할	능	능하다, 잘하다, 보통 정도 이상으로 잘하다
為	할	위	하다, 되다, 다스리다, 속하다, 어기다, 있다
使	하여금	사	하여금, 시키다, 좇다
必	반드시	필	반드시, 틀림없이, 꼭, 기필하다, 이루어내다
知	알	지	알다, 깨닫다, 느끼다, 분별하다, 기억하다
而	말이을	이	말 이음, 순접·역접의 접속사

❶ Thus the good fighter[1)] is able to secure[2)] himself against[3)] defeat, but cannot make certain[4)] of defeating the enemy.

Hence the saying: One may know how to conquer[5)] without being able to do it.

그러므로 훌륭한 무인은 패배에 대비하여 자신을 굳게 지키지만, 적을 확실하게 물리칠 수는 없다.

그래서 말하기를 승리를 할 수는 없어도 승리를 얻을 방법을 알 수 있다.

❷ It follows that those skilled in war can make themselves invincible[6)] but cannot cause[7)] an enemy to be certainly[8)] vulnerable[9)].

Therefore it is said that one may know how to win, but cannot necessarily[10)] do so.

전쟁에서 능숙한 자는 자신을 무적으로 만들 수는 있지만 확실히 적을 약하게는 하지 못한다.

그러므로 반드시 승리할 수는 없어도, 이기는 방법을 알 수 있다.

---

1) fight · er: ① 싸우는 사람, 투사; 전투원, 무인(武人). ② 호전가; 싸움을 좋아하는 사람; (프로) 권투선수

2) se · cure: ① 안전하게 하다, 굳게 지키다, 굳게 하다 ② 확실하게 하다, 확고히 하다 ③ 보증하다, 책임지다, …에 담보를 제공하다(잡히다); …을 보험에 넣다 ④ 인수하다, 보호하다. ⑤ 확보(획득)하다, 얻다, 손에 넣다; 간신히 얻다

3) against: ① …을 향하여, …에 대해서, …에 부딪치어 ② …와 마주 대하여. ③ …에 대비(對比)하여 ④ …에 반대하여, …에 적대하여, …에 거슬러

4) cer · tain: ① 〔서술적〕 (아무가) 확신하는, 자신하는 ② (일이) 확실한, 신뢰할 수 있는, 반드시 일어나는; (지식 · 기술이) 정확한 ③ 반드시 …하는, …하게 정해져 있는

5) con · quer: ① 정복하다, 공략하다. ② 획득하다. ③ 극복하다, …을 이겨내다; 억제하다 ④ 따르게 하다; 승리를 얻다, 이기다

6) in · vin · ci · ble: 정복할 수 없는, 무적의; 극복할 수 없는

7) cause: ① …의 원인이 되다; 일으키다. ② …로 하여금 —하게 하다 ③ 끼치다

8) cer · tain · ly: 확실히, 꼭; 의심 없이, 반드시, 〔강조〕 정말

9) vul · ner · a · ble: 상처를 입기 쉬운; 비난(공격)받기 쉬운, 약점이 있는; (유혹 · 설득 따위에) 약한

10) nec · es · sar · i · ly: ① 필연적으로, 필연적 결과로서, 반드시; 부득이 ② 〔not과 함께 부분 부정으로서〕 반드시 (…은 아니다)

3

불 가 승 자　수 야　가 승 자　공 야
不可勝者 守也 可勝者 攻也.
Bù kě shèng zhě, shǒu yě, kě shèng zhě, gōng yě.

수 즉 부 족　공 즉 유 여
守則不足 攻則有餘.
Shǒu zé bù zú gōng zé yǒu yú.

이길 수 없으면 지키고 이길 수 있으면 공격한다.
지키는 것은 부족한 것이고 공격하는 것은 여유가 있는 것이다.

不	아닐	부, 불	아닌가, 아니다, 크다, 말라(금지의 뜻), 새 이름
可	옳을	가	옳다, 가히, 쯤, 정도
勝	이길	승	이기다, 낫다, 뛰어나다, 뛰어난 것
者	놈	자	놈, 사람, 것, 일을 가리켜 이른다
守	지킬	수	지키다, 직무, 직책, 정조, 지조
也	어조사	야	어조사, 또, 또한, 잇달다
攻	칠	공	치다, 공격하다, 불까다, 거세(去勢)하다, 다스리다
也	어조사	야	어조사, 또, 또한, 잇달다
則	법칙, 곧	칙, 측	법칙, 곧, 법, 본받다, 모범으로 삼다
足	발	족	발, 뿌리, 근본, 산기슭, 그치다, 머무르다
有	있을	유	있다, 존재하다, 많다, 넉넉하다
餘	남을	여	남다, 넉넉하다, 여유가 있다, 여가, 말미

❶ Security against[1] defeat implies defensive[2] tactics[3]; ability to defeat the enemy means taking the offensive[4].

Standing on the defensive indicates[5] insufficient[6] strength[7]; attacking, a superabundance of strength.

패배에 대한 방어는 방어적 책략을 암시하고, 적을 쳐부술 능력은 공격을 취하는 것을 의미한다.

방어 태세로 움직이지 않는 것은 전력이 충분하지 않다는 징후이고, 공격하는 것은 전력이 남아돌아 간다는 것이다.

❷ Invincibility[8] lies in the defence; the possibility of victory in the attack.

One defends[9] when his strength is inadequate[10]; he attacks when it is abundant[11].

불패는 방어 상태로 있고, 공격에서 승리의 가능성이 있다.

전력이 불충분하면 방어하고, 충분하면 공격한다.

---

1) against: ① …을 향하여, …에 대해서, …에 부딪치어 ② …와 마주 대하여. ③ …에 대비(對比)하여 ④ …에 반대하여, …에 적대하여, …에 거슬러

2) de · fen · sive: 방어의, 방비용의; 변호의; 수세〔수비측〕의; (경기 등에 별로 좌우되지 않는) 안정 업종의; (the ~) 수세; 방어의 자세〔위치〕; 변호; 방어물

3) tac · tic: 순서〔배열, 조직〕의; 『생물』 주성(走性)의〔을 보이는〕; 전술(상)의(tactical). =TACTICS; 용병(用兵), 작전, 전법; 방책, 수단, 책략.

4) of · fen · sive: ① 불쾌한, 싫은; 마음에 걸리는 ② 무례한, 화가 나는; 모욕적인 ③ (도덕적으로) 더러운, 비열한; (취미가)저속한; 음란한. ④ 공격적인, 공격〔공세〕의.

5) in · di · cate: ① 가리키다, 지적하다, 보이다 ② 표시하다, 나타내다; …의 징후이다 ③ (몸짓 따위로) 암시하다; 간단히 말〔진술〕하다

6) in · suf · fi · cient: 불충분한, 부족한; 부적당한(inadequate), 능력이 없는

7) strength: ① 세기, 힘 ② 체력, 근력. ③ 세력, 병력, 인원수, 정원

8) in · vìn · ci · bíl · i · ty: 무적, 불패.

9) de · fend: ① 막다, 지키다, 방어〔방위〕하다, (타이틀)의 방어전을 하다 ② 변호하다, 지지〔옹호〕하다

10) in · ad · e · quate: ① 부적당한, 부적절한 ② 불충분한 ③ 미숙한, 적응성〔능력, 자격〕이 모자라는

11) abun · dant: 풍부한(rich), 많은(plentiful); 〔 서술적 〕 (자원 등이) 풍부하다

4

선 수 자 장 어 구 지 지 하 선 공 자 동 어 구 천 지 상
善守者 藏於九地之下 善攻者 動於九天之上.
Shàn shǒu zhě, cáng yú jiǔ de zhī xià, shàn gōng zhě, dòng yú jiǔ tiān zhī shàng.

고 능 자 보 이 전 승 야
故能自保而全勝也.
Gù néng zì bǎo ér quán shèn gyě.

수비를 잘하는 자는 구지(九地, 끝을 모르는 땅속) 아래 숨어 있는 것 같고 공격을 잘하는 자 구천(九天, 높디높아 닿을 수 없는 하늘) 위에서 움직이는 것 같다.
그러므로 자신을 지키고 완전하게 이긴다.

善	착할	선	착하다, 좋다, 훌륭하다, 잘하다
守	지킬	수	지키다, 직무, 직책, 정조, 지조
者	놈	자	놈, 사람, 것, 일을 가리켜 이른다
藏	감출	장	숨다, 숨기다, 감추다, 간직하다, 품다, 저장하다
於	어조사	어	어조사, −에, 에서, 보다, 를, 에게, 있어서, 있어서 하다
地	땅	지	땅, 토지의 신, 처지, 처해 있는 형편
之	갈	지	가다, 이(指示代名詞), −의(冠形格助詞)
攻	칠	공	치다, 공격하다, 불까다, 거세(去勢)하다, 다스리다
動	움직일	동	움직이다, 나다, 살다, 살아나다, 변하다
故	옛	고	예, 이미 지나간 때, 옛, 예전의, 옛날의
能	능할	능	능하다, 잘하다, 보통 정도 이상으로 잘하다
自	스스로	자	스스로, 몸소, 자기, 자연히, 저절로
保	지킬	보	지키다, 편안하게 하다, 돕다
而	말이을	이	말 이음, 순접·역접의 접속사
全	온전할	전	온전하다, 온전하게 하다, 완전히
勝	이길	승	이기다, 낫다, 뛰어나다, 뛰어난 것
也	어조사	야	어조사, 또, 또한, 잇달다

❶ The general who is skilled in defense[1] hides in the most secret recesses[2] of the earth; he who is skilled in attack flashes[3] forth[4] from the topmost[5] heights[6] of heaven. Thus on the one hand we have ability to protect[7] ourselves; on the other, a victory that is complete[8].

방어에 능숙한 장군은 땅의 가장 비밀스러운 깊숙한 곳에 숨고, 공격에 능한 자는 하늘의 가장 높은 곳에서 갑자기 나타난다. 그러므로 한편으로는 자신을 지킬 수 있는 능력을 갖추고, 다른 한편으로는 완전한 승리를 얻는다.

❷ The experts[9] in defence conceal[10] themselves as under the ninefold[11] earth; those skilled in attack move as from above the ninefold heavens. Thus they are capable[12] both of protecting themselves and of gaining a complete victory.

방어의 명인은 아홉 겹의 땅속 아래 있는 것처럼 자신들을 숨기고, 공격에 능한 자는 아홉 겹의 하늘 위로부터 움직인다. 그러므로 자신들을 보호하고 완전한 승리를 얻는 것 양쪽 모두 할 수 있다.

---

1) de · fense: ① 방위, 방어, 수비. ② 방어물; (pl.) 〖군사〗 방어 시설, 요새.
2) re · cess: ① 쉼, 휴식; (의회의) 휴회 ② 《미국》 (법정의) 휴정; (대학의) 휴가; (학교의) 휴식 시간 ③ 은거지; (pl.) 깊숙한 곳〔부분〕, 구석; 후미진〔구석진〕 곳; (마음) 속 ④ (해안선 · 산맥 등의) 우묵한 곳; 벽의 움푹 들어간 곳, 벽감; 구석진 방; ① 오목한 곳에 두다〔감추다〕 ② …에 우묵 들어 간 곳을 만들다 ③ 《미국》 중단하다, 휴회〔휴정〕하다. ♣ in the inmost 〔innermost, deepest〕 ~es of …의 깊숙한 곳에.
3) flash: ① 번쩍이다, 빛나다; 확 발화하다〔불붙다〕, 타오르다 ② 노하다, 발끈하다, (노하여) 퉁명스럽게 말하다 ③ 휙 지나치다, 스치듯 지나가다; 갑자기 나타나다 ④ (마음에) 번개처럼 스치다, (생각이) 문뜩 떠오르다 ⑤ 갑자기 움직이다; 확〔휙〕 들어오다; 확〔휙〕 나가다
4) forth: ① 앞으로(forward); 전방으로 ② 밖으로, 외부로 ③ (시간적으로) 이후
5) top · most: 최고〔최상〕의, 절정의.
6) height: ① 높음. ② 높이, 키; 고도, 해발, 표고 ③ (보통 pl.) 고지, 산, 언덕, 높은 장소〔위치〕.
7) pro · tect: 보호〔수호, 비호〕하다, 막다, 지키다
8) com · plete: ① 완전한, 완벽한; 흠잡을 데 없는, 완비된 ② 전부의, 전부 갖춘 ③ 전면적인, 철저한
9) ex · pert: 숙달자, 전문가, 숙련가, 명인, 명인
10) con · ceal: ① 숨기다; 숨다 ② 비밀로 하다
11) níne · fòld: 9배의〔로〕, 아홉겹의〔으로〕
12) ca · pa · ble: ① 유능한, 역량 있는 ② (…할) 능력이 있는

5

견 승 불 과 중 인 지 소 지 비 선 지 선 자 야
見勝不過衆人之所知 非善之善者也.
Jiàn shèng bù guò zhòng rén zhī suǒ zhī, fēi shàn zhī shàn zhě yě.

전 승 이 천 하 왈 선 비 선 지 선 자 야
戰勝而天下曰善 非善之善者也.
Zhàn shèng ér tiān xià yuē shàn, fēi shàn zhī shàn zhě yě.

승리를 볼 때 많은 사람들이 아는 정도에 지나지 않는다면 잘한 것 중의 잘한 것이 아니다.
전쟁에서 이겼을 때 온 세상에서 잘했다고 하면 잘한 것 중에 잘한 것이 아니다.

* 불과不過: …에 지나지 않다. …에 불과하다.

見	볼	견	보다, 눈으로 보다, 돌이켜 보다, 변별하다, 보이다
勝	이길	승	이기다, 낫다, 뛰어나다, 뛰어난 것
過	지날	과	지나다, 초월하다, 낫다, 빠져나가다, 여유가 있다
衆	무리	중	무리, 많은 사람, 많은 물건, 많은 일, 땅
之	갈	지	가다, 이(指示代名詞), -의(冠形格助詞)
所	바	소	바, 일정한 곳이나 지역, 지위, 자리, 위치, 경우
知	알	지	알다, 깨닫다, 느끼다, 분별하다, 기억하다
非	아닐	비	아니다, 부정(否定)의 조사, 등지다, 배반하다, 거짓
善	착할	선	착하다, 좋다, 훌륭하다, 잘하다
者	놈	자	놈, 사람, 것, 일을 가리켜 이른다
也	어조사	야	어조사, 또, 또한, 잇달다
戰	싸울	전	싸우다, 싸움, 전쟁, 두려워하다, 두려워서 떨다
而	말이을	이	말 이음, 순접·역접의 접속사
曰	가로	왈	가로되, 말하기를, 이르다, 말하다, 일컫다

❶ To see victory only when it is within the ken of the common herd is not the acme[1] of excellence[2].

Neither is it the acme[3] of excellence if you fight and conquer[4] and the whole Empire says, "Well done!"

하층민의 시야에서 승리를 생각하는 것은 탁월함의 극치가 아니다.

싸워서 공략하고 제국 전체가 말하기를 "잘했다"라고 한다면 탁월함의 극치가 아니다.

❷ To foresee[5] a victory which the ordinary[6] man can foresee is not the acme of skill ; To triumph[7] in battle and be universally acclaimed[8] 'Expert'[9] is not the acme[10] of skill,

평범한 사람이 예견할 수 있는 승리를 예견하는 것은 노련함의 극치가 아니다. 전투에서 승리를 거두는 것과 보편적으로 인정하는 명인은 노련함의 극치가 아니다.

---

1) ac · me: (the ~) 절정, 정점; (…의) 극치; 전성기
2) ex · cel · lence: ① 우수, 탁월(성), 뛰어남《at; in》 뛰어난 소질(솜씨), 미점, 장점, 미덕
3) ac · me: (the ~) 절정, 정점; (…의) 극치; 전성기
4) con · quer: ① 정복하다, 공략하다. ② 획득하다. ③ 극복하다, …을 이겨내다 ④ 승리를 얻다, 이기다
5) fore · see: 예견하다, 앞일을 내다보다, 미리 알다; 선견지명이 있다.
6) or · di · nary: ① 보통의, 통상의, 정규의 ② 범상한, 평범한(commonplace); 좀 못해 보이는
7) tri · umph: ① 승리를 거두다, 이기다, 이겨내다 ② 의기양양해 하다
8) ac · claim: 갈채를 보내다, 환호로써 맞이하다; 갈채를 보내어 …로 인정하다; 갈채하다, 환호하다
9) ex · pert: 숙달자, 전문가, 숙련가, 달인, 명인
10) ac · me: (the ~) 절정, 정점; (…의) 극치; 전성기

6

고 거 추 호 불 위 다 력 견 일 월 불 위 명 목 문 뢰 정
故擧秋毫 不爲多力 見日月 不爲明目 聞雷霆
Gù jŭ qiū háo, bù wèi duō lì, jiàn rì yuè, bù wèi míng mù, wén léi tíng,

불 위 총 이
不爲聰耳.
bù wèi cōng ĕr.

그러므로 가을에 가는 털을 들 수 있다고 힘이 센 것은 아니고 해와 달을 본다하여 눈이 밝은 것이 아니며 우레와 천둥소리를 듣는다고 하여 귀가 밝은 것이 아니다.

故	옛	고	예, 이미 지나간 때, 옛, 예전의, 옛날의
擧	들	거	들다, 날다, 키우다
秋	가을	추	가을, 결실, 성숙한 때, 결실한 때
毫	가는털	호	가는 털, 조금, 붓, 붓의 촉
為	할	위	하다, 되다, 다스리다, 속하다, 어기다, 있다
多	많을	다	많다, 넓다, 도량이 넓다, 겹치다, 포개지다
力	힘	력{역}	힘, 힘쓰다, 부지런히 일하다, 있는 힘을 다하여
見	볼	견	보다, 눈으로 보다, 돌이켜 보다, 변별하다, 보이다
明	밝을	명	밝다, 밝히다, 밝게, 환하게
目	눈	목	눈, 눈알, 안구, 보다, 눈여겨보다
聞	들을	문	듣다, 삼가 받다, 가르침을 받다, 알다
雷	우레	뢰{뇌}	우레, 천둥, 큰 소리의 형용, 사나운 모양의 비유
霆	천둥소리	정	천둥소리, 번개, 떨다, 펄럭이다
聰	귀밝을	총	귀가 밝다, 총명하다, 듣다
耳	귀	이	귀, 청각 기관, 오관(五官)의 하나

❶ To lift[1)] an autumn hair is no sign[2)] of great strength[3)]; to see the sun and moon is no sign of sharp[4)] sight; to hear the noise[5)] of thunder is no sign of a quick[6)] ear.

가을에 털 하나를 드는 것으로 대단한 힘의 증후가 아니고, 해와 달을 본다하여 예리한 시력의 증후가 아니며, 천둥소리를 듣는다고 하여 귀가 밝다는 증후가 아니다.

❷ For to lift an autumn down requires no great strength; to distinguis h[7)] between the sun and moon is no test of vision[8)]; to hear the thunderclap[9)] is no indication[10)] of acute[11)] hearing[12)].

가을 솜털을 들어 올리는 것으로 대단한 힘을 필요로 하지 않고, 해와 달을 구분하는데 시력검증이 필요 없으며, 천둥소리를 듣는 것으로 예리한 청각의 증후가 아니다.

---

1) lift: ① 들어올리다, 올리다, 안아〔치켜〕올리다 ② (손 따위를) 위로〔쳐들어〕 올리다; (눈 · 얼굴 따위를) 쳐들다; (목소리를) 높이다; (탑을) 솟게 하다; (기운을) 돋우다 ③ 향상시키다, 고상하게 하다

2) sign: ① a) 기호, 표시, 부호. b) 신호, 군호; 암호, 변말; 손짓, 몸짓 c) 표지, 길잡이, 도표; 간판 ② a) 기미, 징후, 증후; 조짐, 전조; 모습, 기색 b) 〔 보통 부정어와 더불어 〕 흔적, 자취, 형적

3) strength: ① 세기, 힘 ② 체력, 근력. ③ 세력, 병력, 인원수, 정원

4) sharp: ① a) 날카로운, 모난, 뾰족한; (날이) 잘 드는, 예리한. b) 가파른, 험준한; 갑자기 꺾이는 ② 날카로운, 격렬한; 격심한, 모진, 매서운, 쓰라린 ③ 예민한; 빈틈이 없는, 약삭빠른 ④ 명확한, 뚜렷한

5) noise: ① 소리 ② 소음, 시끄러운 소리, 법석 떪, 소란 ③ (라디오 · 텔레비전의) 잡음. ④ 〚이학〛 잡음.

6) quick: ① 빠른, 잽싼, 민속한; 즉석의 ② 민감한, 눈치〔약삭〕빠른, 머리가 잘 도는, 영리한 ③ 성미 급한, 괄괄한 ④ (굽이 따위가) 급한, 급커브의 ⑤ (불꽃 · 열 따위가) 관, 센; (오븐이) 뜨거운

7) dis · tin · guish: ① 구별하다, 분별〔식별〕하다; 분류하다 ② …을 특징지우다; …의 차이를 나타내다

8) vi · sion: ① 시력, 시각 ② 상상력, 선견(先見), 통찰력 ③ 광경, 환상, 꿈, 상상도, 미래도

9) thúnder · clàp : ① (급격한) 천둥소리. ② 청천벽력 (같은 사건).

10) ìn · di · cá · tion: ① 지시, 지적; 표시; 암시 ② 징조, 징후

11) acute: ① 날카로운, 뾰족한. ② 민감한; 빈틈없는; 혜안의, 명민한

12) hear · ing: ① 청각, 청력, 듣기 ② (외국어 따위의) 청취(력). ③ 들어줌, 들려줌, 발언의〔들려줄〕 기회. ④ 들리는 거리〔범위〕.

7

고 지 소 위 선 전 자 승 어 이 승 자 야
古之所謂善戰者 勝於易勝者也.
Gǔ zhī suǒ wèi shàn zhàn zhě, shèng yú yì shèng zhě yě.

고 선 전 자 지 승 야 무 지 명 무 용 공
故善戰者之勝也 無智名 無勇功.
Gù shàn zhàn zhě zhī shèng yě, wú zhì míng, wú yǒng gōng.

옛날에 전쟁을 잘하는 자는 이길 수 있는 자에게 이긴다.
그러므로 전쟁을 잘하는 자의 승리는 지혜롭다는 명성이 없고 용맹한 공적도 없다.

古	옛	고	옛, 예, 오래다, 예스럽다
之	갈	지	가다, 이(指示代名詞), -의(冠形格助詞)
所	바	소	바, 일정한 곳이나 지역, 지위, 자리, 위치, 경우
謂	이를	위	이르다, 일컫다, 알리다, 설명하다, 비평·논술하다
善	착할	선	착하다, 좋다, 훌륭하다, 잘하다
戰	싸울	전	싸우다, 싸움, 전쟁, 두려워하다, 두려워서 떨다
者	놈	자	놈, 사람, 것, 일을 가리켜 이른다
勝	이길	승	이기다, 낫다, 뛰어나다, 뛰어난 것
於	어조사	어	어조사, -에, 에서, 보다, 를, 에게, 있어서, 있어서 하다
易	바꿀	역	바꾸다, 고치다, 교환하다, 바뀌다, 새로워지다
也	어조사	야	어조사, 또, 또한, 잇달다
故	옛	고	예, 이미 지나간 때, 옛, 예전의, 옛날의
勝	이길	승	이기다, 낫다, 뛰어나다, 뛰어난 것
也	어조사	야	어조사, 또, 또한, 잇달다
無	없을	무	없다, 허무(虛無)의 도, 말라, 금지하는 말
智	슬기	지	슬기, 지혜, 슬기롭다, 지혜롭다, 꾀, 모략(謀略)
名	이름	명	이름, 인륜상, 신분상에서 쓰이는 부자
勇	날쌜	용	날쌔다, 과감하다, 결단력이 있다
功	공	공	공, 공로, 공치사하다, 공을 자랑하다, 일, 직무

❶ What the ancients[1)] called a clever fighter[2)] is one who not only wins, but excels[3)] in winning with ease[4)]. Hence his victories bring him neither reputation[5)] for wisdom[6)] nor credit[7)] for courage.

옛날 총명한 무인으로 불렀든 자는 이겼을 뿐만 아니라, 쉽게 이기는데도 탁월하다. 그러므로 그의 승리는 지혜에 대한 명성도 용맹에 대한 영예도 없다.

❷ Anciently[8)] those called skilled in war conquered[9)] an enemy easily conquered. And therefore the victories won by a master[10)] of war gain him neither reputation for wisdom nor merit[11)] for valour[12)].

옛날 승리한 전쟁에서 능숙하다고 하였든 자는 쉽게 적을 이겼다. 그러므로 전쟁의 대가(大家)가 얻은 승리는 지혜에 대한 명성도 용맹에 대한 공적도 없다.

---

1) an · cient: ① 고대인; (the ~s) 고대 문명인《특히 그리스 · 로마 · 헤브라이의》. ② 고전 작가. ③ 노인; 선조.
2) fíght · er: ① 싸우는 사람, 투사; 전투원, 무인(武人). ② 호전가; 싸움을 좋아하는 사람; (프로) 권투선수
3) ex · cel: (남을) 능가하다, …보다 낫다, …보다 탁월하다; 뛰어나다, 출중하다, 탁월하다
4) ease: ① 안락, 편안; 여유 ② 평정, 안심. ③ 한가, 태평. ④ 홀가분함, 쇄락 ⑤ 편함, 편안함, 경감
5) rep · u · ta · tion: ① 평판, ② 명성, 신망, 호평
6) wis · dom: ① 현명함, 지혜, 슬기로움; 분별 ② 학문, 지식
7) cred · it: ① 신용; 신망, 성망(聲望); 세력, 영향력; 명성, 명예; 칭찬 ② 영예, 면목; 자랑거리 ③ (협력 · 봉사 따위의) 공적; (공적에 대한) 인정, 감사.
8) án · cient · ly: 옛날에는, 고대에(는)
9) con · quer: ① 정복하다, 공략하다. ② 획득하다. ③ 극복하다, …을 이겨내다; 억제하다 ④ 따르게 하다; 승리를 얻다, 이기다
10) mas · ter: ① 주인; 영주; 고용주; (노예 · 가축 등의) 소유주, 임자 ② 장(長); 가장(家長); 선장; 교장. ③ 대가, 명수, 거장; 대가의 작품; 정통한(환한) 사람; 달인, 숙련자; 솜씨 좋은 장색 ④ 승리자, 정복자
11) mer · it: ① 우수함, 가치; 장점, 취할 점 ② (보통 pl.) 공적, 공로, 훈공 ③ (보통 pl.) 공과
12) val · or: 《시어 · 문어 · 우스개》(특히 싸움터에서의) 용기, 강용(剛勇), 용맹

8

고 기 전 승 부 특 불 특 자 기 소 조 필 승 승 이 패 자 야
故其戰勝不忒. 不忒者 其所措必勝 勝已敗者也.
Gù qí zhàn shèng bù tè, Bù tè zhě, qí suǒ cuò bì shèng, shèng yǐ bài zhě yě.

고 선 전 자 입 어 불 패 지 지 이 불 실 적 지 패 야
故善戰者 立於不敗之地 而不失敵之敗也.
Gù shàn zhàn zhě, lì yú bù bài zhī dì, ér bù shī dí zhī bài yě.

그러므로 싸움에서 이기는 것에 어긋남이 없다. 어긋남이 없다는 것은 조치하여 확실히 이기는 것이고 이미 패할 자에게 이기는 것이다.
그러므로 잘 싸우는 자는 패하지 않을 땅에 서서 적의 패배를 놓치지 않는다.

故	옛	고	예, 이미 지나간 때, 옛, 예전의, 옛날의, 원래, 본래
其	그	기	그(지시 대명사), 의(관형격 조사), 그(감탄, 강세 조사)
戰	싸울	전	싸우다, 싸움, 전쟁, 두려워하다, 두려워서 떨다
勝	이길	승	이기다, 낫다, 뛰어나다, 뛰어난 것
忒	변할	특	변하다, 어긋나다, 틀리다, 의심하다
所	바	소	바, 일정한 곳이나 지역, 지위, 자리, 위치, 경우
措	둘	조	두다, 그만두다, 섞다, 섞이다
必	반드시	필	반드시, 틀림없이, 꼭, 기필하다, 이루어내다
已	이미	이	이미, 말다, 그치다, 버리다, 버려두다
敗	깨뜨릴	패	깨뜨리다, 부수다, 무너지다, 부서지다, 해치다
也	어조사	야	어조사, 또, 또한, 잇달다
善	착할	선	착하다, 좋다, 훌륭하다, 잘하다
立	설	립{입}	서다, 확고히 서다, 이루어지다, 존재하다, 세우다,
於	어조사	어	어조사, -에, 에서, 보다, 를, 에게, 있어서
地	땅	지	땅, 토지의 신, 처지, 처해 있는 형편
而	말이을	이	말 이음, 순접·역접의 접속사
失	잃을	실	잃다, 놓치다, 실수하다, 잘못하다
敵	원수	적	원수, 상대방, 대등하다, 맞서다

❶ He wins his battles by making no mistakes[1]. Making no mistakes is what establishes[2] the certainty[3] of victory, for it means conquering[4] an enemy that is already defeated.

Hence the skillful fighter[5] puts himself into a position[6] which makes defeat impossible[7], and does not miss the moment for defeating the enemy.

그는 실수를 하지 않고 전투에서 이긴다. 실수를 하지 않는다는 것은 이미 패한 적을 공략하는 것을 의미하므로, 승리의 확신을 확고히 굳히는 것이다.

그러므로 능숙한 무인은 패배할 수 없게 정비된 적소에 놓고, 적을 패배시킬 순간을 놓치지 않는다.

❷ For he wins his victories without erring[8]. 'Without erring' means that whatever he does insures[9] his victory; he conquers an enemy already defeated.

Therefore the skillful commander takes up a position in which he cannot be defeated and misses no opportunity to master[10] his enemy.

실수 없이 승리를 얻는다. '실수 없이'는 무엇이든지 승리를 확실히 하고, 이미 패배한 적을 공략하는 것을 의미한다.

그러므로 유능한 사령관/지휘관은 패배할 수 없는 적소를 차지하고 적을 정복할 기회를 놓치지 않는다.

---

1) mis · take: ① 잘못, 틀림 ② 잘못된 생각, 오해.
2) es · tab · lish: ① 설립하다, 창립하다; 수립하다; 확립하다, 제정하다 ② 확고히 굳히다, …라고 인정시키다
3) cer · tain · ty: ① (객관적인) 확실성. ② Ⓒ 확실한 사실, 필연적인 사물 ③ 확신
4) con · quer: ① 정복하다, 공략하다. ② 획득하다. ③ 극복하다, …을 이겨내다; 억제하다 ④ 따르게 하다; 승리를 얻다, 이기다
5) fight · er: ① 싸우는 사람, 투사; 전투원, 무인(武人). ② 호전가; 싸움을 좋아하는 사람; (프로) 권투선수
6) po · si · tion: ① a) 위치, 장소, 소재지; 적소 b) (사회적) 처지, 입장 ② 지위, 신분; 높은 지위 ③ 직책, 근무처 ④ 태도, 자세; 심적 태도; (문제 등에 대한) 입장, 견해, 주장 ⑤ 상태, 형세, 국면
7) im · pos · si · ble: ① 불가능한, …할 수 없는, …하기 어려운 ② (the ~) 〔명사적; 단수취급〕 불가능한 일 ③ 믿기 어려운, 있을 수 없는
8) err: ① 정도(正道)에서 벗어나다, 헤매다 ② 잘못(실수)하다, 틀리다; 그르치다, 길을 잘못 들다 ③ 도덕(종교의 신조)에 어긋나다, 죄를 범하다
9) in · sure: ① …의 보험을 계약하다, …의 보험을 인수하다(맡다) ② …에 보험을 들다, …의 보험 계약을 하다 ③ 보증하다, 책임맡다; 확실히 하다
10) mas · ter: ① 지배(정복)하다, …의 주인이 되다; (동물을) 길들이다. ② …에 숙달하다, …에 정통하다

9

시 고 승 병 선 승　이 후 구 전　패 병 선 전　이 후 구 승

是故勝兵先勝 而後求戰 敗兵先戰 而後求勝.

Shì gù shèng bīng xiān shèng, ér hòu qiú zhàn, bài bīng xiān zhàn, ér hòu qiú shèng.

선 용 병 자　수 도 이 보 법　고 능 위 승 패 지 정

善用兵者 修道而保法. 故能爲勝敗之政.

Shàn yòng bīng zhě, xiū dào ér bǎo fǎ. Gù néng wèi shèng bài zhī zhèng.

그러므로 이 때문에 이기는 군대는 먼저 이겨놓고 싸움을 구하고 패하는 군대는 먼저 싸우고 뒤에 승리를 구한다.
용병을 잘하는 자는 이치를 다스리고 법을 지킨다. 그러므로 승패의 정사를 능히 다스릴 수 있다.

* 용병(用兵): 군사를 부림. 용군(用軍)

是	옳을	시	옳다. 바르다. 옳다고 하다. 바르다고 인정하다
勝	이길	승	이기다. 낫다. 뛰어나다. 뛰어난 것
兵	군사	병	군사 병. 싸움. 전쟁. 무기. 병기
先	먼저	선	먼저. 나아가다. 옛날
而	말이을	이	말 이음. 순접·역접의 접속사
後	뒤	후	뒤. 늦다. 능력 따위가 뒤떨어지다
求	구할	구	구하다. 필요한 것을 찾다. 청하다. 묻다. 나무라다
戰	싸울	전	싸우다. 싸움. 전쟁. 두려워하다. 두려워서 떨다
敗	깨뜨릴	패	깨뜨리다. 부수다. 무너지다. 부서지다. 해치다
用	쓸	용	쓰다. 베풀다. 부리다. 등용하다. 행하다. 다스리다
修	닦을	수	닦다. 다스리다. 고치다
道	길	도	길. 이치. 근원. 기능. 방법. 사상. 인의
保	지킬	보	지키다. 편안하게 하다. 돕다
法	법	법	법. 예의. 도리. 모범. 모형. 품등. 본받다
能	능할	능	능하다. 잘하다. 보통 정도 이상으로 잘하다
為	할	위	하다. 되다. 다스리다. 속하다. 어기다. 있다
政	정사	정	정사(政事). 나라를 다스리는 일. 바루다

❶ Thus it is that in war the victorious[1)] strategist[2)] only seeks[3)] battle after the victory has been won, whereas he who is destined[4)] to defeat first fights and afterwards looks for victory.

The consummate[5)] leader cultivates[6)] the moral law, and strictly[7)] adheres[8)] to method[9)] and discipline[10)]; thus it is in his power to control[11)] success[12)].

그러므로 전쟁에서 승리하는 전략가는 승리를 확보한 후에 전투를 하는 반면, 패배할 운명인 자는 먼저 싸우고 그 뒤 승리를 찾는다.

유능한 지휘관은 도덕률을 장려하고, 엄격하게 체계와 규율을 고수하므로, 좋은 결과를 조절하는 것은 자신의 힘에 있다.

❷ Thus a victorious army wins its victories before seeking battle; an army destined to defeat fights in the hope[13)] of winning.

Those skilled in war cultivate the Tao[14)] and preserve[15)] the laws and are therefore able to formulate[16)] victorious policies[17)].

그러므로 승리하는 군대는 전투를 하기 전에 승리를 확보하고, 패배할 운명의 군대는 승리를 희망한다.

전쟁에서 도(道)를 장려하고 법을 유지하는 유능한 자는 승리의 방책을 명확하게 말할 수 있다.

---

1) vic · to · ri · ous: ① 승리를 거둔, 이긴 ② 승리의, 전승의. ③ 이겨서 의기양양한.
2) strat · e · gist: 전략가; 모사.
3) seek: ① 찾다; 추구(탐구)하다, 조사하다; (명성 · 부(富) 따위를) 얻으려고 하다; (…에게 조언 · 설명을) 구하다, 요구하다 ; ① 찾다, 수색하다; 탐구하다 ② 얻으려고(찾으려고) 애쓰다, 희구하다, 요구하다, 청(請)하다
4) des · tine: ① 운명으로 정해지다, 운명지어지다; …행이다 ② 예정하다, (어떤 목적 · 용도에) 충당하다
5) con · sum · mate: ① 완성된, 더할 나위 없는, 완전한; 숙련된, 원숙한 ② 매우 심한, 형편없는 ③ 유능한
6) cul · ti · vate: ① (땅을) 갈다, 경작하다;② 재배하다; 양식하다; (세균을) 배양하다. ③ 신장하다, 계발(연마)하다; 수련하다; 장려하다, 촉진하다 ④ 교화하다. ⑤ (면식 · 교제를) 구하다, 깊게 하다 ⑥ 몰두하다, 탐닉하다.
7) strict: ① 엄격한, 엄한 ② 엄밀한, 정확한 ③ 진정한, 순전한; 완전한
8) ad · here: ① 점착(부착, 유착)하다 ② 고수하다, 집착하다《to》; 신봉하다, 지지하다《to》
9) meth · od: ① 방법, 조직적 방법, 방식 ② (일을 하는) 순서, 조리; 순서(규율) 바름, 질서 정연함; 체계
10) dis · ci · pline: ① 훈련, 훈육; 단련, 수양 ② 규율, 풍기 ③ 『종교』 고행; 종규, 계율. ④ 훈계, 징계, 처벌.
11) con · trol: ① 지배하다; 통제(관리)하다, 감독하다. ② 제어(억제)하다 ③ 검사하다
12) suc · cess: ① 성공, 성취; 좋은 결과 ② 성공자; 히트(성공)한 것; 시험 합격자 ③ 《폐어》 결과.
13) hope: ① 희망; 기대; ② 기대를 받고 있는 사람(물건). ③ 《고어》 신뢰.
14) Tao: (때로 t-) (도교의) 도(道); (유교의) 도(道); (기예 따위의) 도(道).
15) pre · serve: ① 보전하다, 유지하다 ② 보존하다
16) for · mu · late: ① 형식(공식)으로 나타내다, 공식화하다; 명확하게(계통을 세워) 말하다. ② 처방하다
17) pol · i · cy: ① 정책, 방침 ② 경영(관리)법. ③ 방책, 수단. ④ (실제적) 현명, 심려(深慮), 신중.

10

병 법 일 왈 도 이 왈 량 삼 왈 수 사 왈 칭 오 왈 승
兵法 一曰度 二曰量 三曰數 四曰稱 五曰勝.
Bīng fǎ, yī yuē dù, èr yuē liàng, sān yuē shù, sì yuē chēng, wǔ yuē shèng.

지 생 도 도 생 량 양 생 수 삭 생 칭 칭 생 승
地生度 度生量 量生數 數生稱 稱生勝.
Dì shēng dù, dù shēng liàng, liàng shēng shù, shù shēng chēng, chēng shēng shèng.

병법에는 첫 번째로 '면적(도度)', 두 번째로 '생산량(량量)', 세 번째로 '병력수(수數)', 네 번째로 '칭稱', 다섯 번째로 '승勝'이다.
땅은 면적(도度)에서 나오고, 면적(도度)에서 생산량(량量)이 발생하고, 생산량(량量)은 병력(수數)을 성장시키고, 병력(수數)의 수는 전투력을 저울질(칭稱)하게 되고, 전투력(칭稱)은 승리를 야기한다.

* 도度는 '크기, 지형 넓이에 대한 헤아림, 적군과 아군 사이를 재는 것, 지형 판단, 면적의 계측, 국토의 크기' 등으로 번역이 다양하다.
* 량量은 '물량, 물질적 자원의 량, 적군과 아군의 군량미를 재는 것, 물질적인 자원, 자원의 양, 생산량' 등으로 번역이 다양하다.
* 수數는 '병력, 인구의 수, 동원 가능한 병력의 수를 계산하는 것, 양쪽 병력의 숫자, 군사의 수요, 병력의 수'등으로 번역이 다양하다.
* 칭稱은 '우열, 피아 역량을 비교, 적군과 아군의 전력을 저울질하는 것, 양쪽의 전체적인 전투력의 비교, 전력의 비교, 전력의 우열' 등으로 번역이 다양하다.
* 승勝은 '승리, 승리의 방법을 찾아내는, 승리의 가능성, 우열과 승패의 상황, 승리의 예측, 승리'등으로 번역이 다양하다.

兵	군사	병	군사 병, 싸움, 전쟁, 무기, 병기
法	법	법	법, 예의, 도리, 모범, 모형, 품등, 본받다
曰	가로	왈	가로되, 말하기를, 이르다, 말하다, 일컫다
度	법도	도	법도, 제도, 기량, 국량, 길이, 도, 단위
量	헤아릴	량{양}	헤아리다, 길이, 좋다, 재다, 가늠하다, 사다
數	셀	수	세다, 계산하다, 셈에 넣다, 세어서 말하다
稱	일컬을	칭	일컫다, 이르다, 부르다, 설명하다, 칭찬하다
勝	이길	승	이기다, 낫다, 뛰어나다, 뛰어난 것
地	땅	지	땅, 토지의 신, 처지, 처해 있는 형편

❶ In respect[1] of military method[2], we have, firstly, Measurement[3]; secondly, Estimation[4] of quantity[5]; thirdly, Calculation[6]; fourthly, Balancing[7] of chances[8]; fifthly, Victory.

Measurement owes[9] its existence[10] to Earth; Estimation of quantity to Measurement; Calculation to Estimation of quantity; Balancing of chances to Calculation; and Victory to Balancing of chances.

군사제도와 관련하여 첫째로 측량, 둘째로 계량, 세 번째로 계산, 네 번째로 승산의 균형, 다섯째로 승리가 있다.

측량은 지형에 따라 해야하고, 계량에 따라 측량해야 하며, 계량에 따라 계산을 하고 계산에 따라 승산을 비교하고, 승산의 비교에 따라 승리를 한다고 생각한다.

❷ Now the elements[11] of the art of war are first, measurement of space; second, estimation of quantities; third, calculations; fourth, comparisons[12]; and fifth, chances of victory.

Measurements of space are derived[13] from the ground. Quantities derive from measurement, figures from quantities, comparisons from figures, and victory from comparisons.

병법의 요소로써 첫째 장소의 측량, 둘째 계량, 셋째 계산, 넷째 비교, 다섯째 승리의 승산이 있다.

장소의 측량은 지형으로부터 시작한다. 양(量)으로부터 측량, 양(量)으로부터 계산, 계산으로부터 비교, 비교로부터 승리가 시작된다.

---

1) re · spect: ① 존경, 경의 ② 인사, 안부를 전함 ③ 존중, 중시 ④ 주의, 관심 ⑤ 점, 개소, 세목 ⑥ 관계, 관련
2) meth · od: ① 방법, 조직적 방법, 방식 ② (일을 하는) 순서, 조리; 순서〔규율〕 바름, 질서 정연함; 체계
3) meas · ure · ment: ① 측량, 측정; 측정법, 도량형법 ② 치수, 크기, 넓이, 길이, 깊이, 두께
4) ès · ti · má · tion: ① 의견, 판단, 평가 ② (때로 an ~) 개산, 견적 추정; 평가가치, 견적액, 추정치, 측정규모
5) quan · ti · ty: ① 양(量); 분량, 수량, 액 ② (종종 pl.) 다량, 다수, 많음 ③ 『수학』 양; 양을 나타내는 숫자
6) càl · cu · lá · tion: ① 계산(하기), 계산(의 결과); 셈; 계산법 ② 견적; 추정, 예상 ③ 숙려(熟慮); 신중한 계획
7) bal · ance: ① …의 균형을 잡다〔맞추다〕; (쓰러지지 않게) 몸의 균형을 잡다 ② 비교〔대조〕하다,
8) chance: ① 우연; 우연한 일, 운 ② 기회; 호기 ③ (종종 pl.) 가망, 승산, 가능성 ④ 위험, 모험
9) owe: ① 빚지고 있다, 지불할 의무가 있다 ② (은혜 · 의무 등) 입고 있다 ③ …에게 돌려야 한다, …의 덕택이다
10) ex · ist · ence: ① 존재, 실재, 현존; 『철학』 실존 ② 생존, 생활; 존재양식, 생활방식 ③ 존재자, 존재물; 실체.
11) el · e · ment: ① 요소, 성분; (구성) 분자 ② 『화학』 원소 ③ 사(四)원소《흙 · 물 · 불 · 바람》의 하나
12) com · par · i · son: ① 비교, 대조 ② 유사, 필적
13) de · rive: ① 끌어내다; 손에 넣다, 획득하다 ② …의 기원을〔유래를〕 찾다; …에서 파생하다, …에서 나와 있다, …에서 시작하다

11

고 승 병 야 이 일 칭 수 패 병 야 이 수 칭 일

故勝兵若以鎰稱銖 敗兵若以銖稱鎰.

Gù shèng bīng ruò yǐ yì chēng zhū, bài bīng ruò yǐ zhū chēng yì.

승 자 지 전 야 결 적 수 어 천 인 지 계 자 형 야

勝者之戰 若決積水於千仞之谿者 形也.

Shèng zhě zhī zhàn, ruò jué jī shuǐ yú qiān rèn zhī xī zhě, xíng yě.

그러므로 이기는 군대는 일鎰의 무게로 수銖의 무게를 재는 것과 같고, 패배하는 군대는 마치 수銖의 무게로 일鎰의 무게를 재는 것과 같다. 전쟁에서 승리하는 자는 천 길이나 되는 계곡에 물을 가두어 터뜨리는 것과 같으니 형形이다.

故	옛	고	예, 이미, 지나간때, 옛, 예전의, 옛날의
勝	이길	승	이기다, 낫다, 뛰어나다, 뛰어난 것
若	같을	약	같다, 너, 만일
以	써	이	써, –로써, 부터, –에서, 까닭
鎰	중량	일	중량, 무게의 단위, 스무 냥, 스물 넉 냥
稱	일컬을	칭	일컫다, 이르다, 부르다, 설명하다, 칭찬하다
銖	무게단위	수	무게의 단위, 1냥의 24분의 1
敗	깨뜨릴	패	깨뜨리다, 부수다, 무너지다, 부서지다, 해치다
兵	군사	병	군사 병, 싸움, 전쟁, 무기, 병기
也	어조사	야	어조사, 또, 또한, 잇달다
戰	싸울	전	싸우다, 싸움, 전쟁, 두려워하다, 두려워서 떨다
民	백성	민	백성, 역(易)에서의 곤(坤)
決	터질	결	터지다, 제방이 무너져서 물이 넘쳐흐르다, 터놓다
積	쌓을	적	쌓다, 모으다, 저축하다, 포개다, 쌓이다
於	어조사	어	어조사, –에, 에서, 보다, 를, 에게, 있어서
千	일천	천	일천, 천 번, 많다
仞	길	인	길, 재다, 차다
溪	시내	계	시내, 시냇물, 산골짜기, 텅 비다, 헛되다, 골
形	모양	형	모양, 몸, 육체, 형세, 세력, 나타나다, 드러나다

❶ A victorious[1] army opposed[2] to a routed[3] one, is as a pound's weight placed[4] in the scale[5] against[6] a single grain.

The onrush[7] of a conquering force is like the bursting[8] of pent-up[9] waters into a chasm[10] a thousand fathoms[11] deep.

패주하는(방향을 돌리는) 군대와 반대되는 승리의 군대는 곡물 한 알을 저울 위에 올려놓은 1파운드 무게와 같다.

승리를 얻는 군대의 진격은 천 길 깊이의 깊은 구렁으로 갇힌 물을 터뜨리는 것과 같다.

❷ Thus a victorious army is as a hundredweight balanced against a grain; a defeated army as a grain balanced against a hundredweight. It is because of disposition[12] that a victorious general is able.

It is because of disposition that a victorious general is able to make his people fight with the effect[13] of pent-up waters which, suddenly released[14], plunge[15] into a bottomless[16] abyss[17].

그러므로 승리의 군대는 곡식 한 알에 균형을 맞춘 일백 웨이트(50.8kg)와 같고, 패배한 군대는 일백 웨이트에 균형을 맞춘 곡식 한 알과 같다. 그것은 승리하는 장수의 유능한 작전계획 때문이다.

승리하는 장수는 갑자기 갇힌 물을 방류하여, 물의 깊이를 알 수 없는 심연으로 몰아넣는 효과로, 군사들을 싸우게 할 수 있는 작전 때문이다.

---

1) vic · to · ri · ous: ① 승리를 거둔, 이긴 ② 승리의, 전승의. ③ 이겨서 의기양양한.
2) op · pose: ① …에 반대하다, …에 이의를 제기하다; …에 대항하다; 적대하다; 방해(저지)하다; (장애 따위를) 앞에 놓다 ② (시합에서) 겨루다, 다투다 ③ …에 대비(대조)시키다; …에 대립시키다, 맞서게 하다
3) route: ① …의 순서(절차)를 정하다. ② (어떤 경로 · 노선에 의해) 발송(송달)하다; (어떤 방향으로) 돌리다
4) place: 두다, 놓다; 명중시키다; 배치(배열)하다, 정돈하다; (광고를) 신문(잡지)에 싣다
5) scale: ① 눈금, 저울눈; 척도; 자 ② (지도 따위의) 축척, 비율 ③ (임금 · 요금 · 세금 등의) 율(率); 세법; 임금표
6) against: ① …을 향하여, …에 대해서, …에 부딪치어 ② …와 마주 대하여. ③ …에 대비(對比)하여
7) ón · rùsh: 돌진, 돌격; (강 따위의) 분류(奔流).
8) burst: ① 파열하다, 폭발하다 ② 터지다; (물 따위가) 뿜어 나오다
9) pént-úp: 갇힌; 울적한《감정 따위》
10) chasm: (지면 · 바위 따위의) 깊게 갈라진 틈; 깊은 구렁; 빈틈(gap), 간격; 차이
11) fath · om: 길《1m 83cm, 6피트; 생략: f., fm., fath.》; 《英》 목재양(量)의 이름《절단면이 6피트 평방의》.
12) dis · po · si · tion: ① 성벽(性癖), 성질, 기질; 경향; 의도 ② 배열, 배치; (pl.) 작전계획 ③ 처분, 정리; 처분(재량)권
13) ef · fect: ① 결과 ② 효과; (법률 등의) 효력; 영향; (약 등의) 효능 ③ 겉모양, 외견, 체재 ⑤ 취지, 의미
14) re · lease: ① 풀어놓다, 떼(어놓)다, (손을) 놓다; 투하하다; 방출하다 ② 방면(放免)하다, 해방(석방)하다
15) plunge: ① 던져 넣다, 던지다, 찌르다 ② 빠지게 하다, 몰아넣다; ① 뛰어들다, 잠수하다, 돌입하다 ② 돌진하다,
16) bót · tom · less: ① 밑바닥 없는. ② 의자의 seat가 없는. ③ 헤아릴 수 없는, 깊이를 알 수 없는
17) abyss: 심연(深淵); 끝없이 깊은 구렁; 나락; (천지 창조 전의) 혼돈; 『해양』 심해

五篇 兵勢

❶ ENERGY 세력 – Lionel Giles(라이오넬 자일스) 역

❷ ENERGY 세력 – Samuel B. Griffith(사무엘 비 그리피스) 역

* 싸움의 기세

편성과 지휘 통제 수단

2. 싸움은 기와 정의 배합으로 이긴다

3. 세를 형성한다

兵	군사	병	군사 병, 싸움, 전쟁, 무기, 병기
勢	기세	세	기세, 무리, 인중(人衆), 불알
篇	책	편	책, 완결된 책, 완결된 시문(詩文), 시문을 세는 단위

孫子兵法

Sūn zǐ bīng fǎ

Art of war

1

손 자 왈　범 치 중 여 치 과　분 수 시 야
孫子曰: 凡治衆如治寡 分數是也.
Sūn zǐ yuē,　fán zhì zhòng rú zhì guǎ,　fēn shù shì yě.

투 중 여 투 과　형 명 시 야
鬪衆如鬪寡 形名是也.
Dòu zhòng rú dòu guǎ,　xíng míng shì yě.

손자가 말했다. 무릇 많은 병력을 관리하면서 적은 병력을 관리하듯 할 수 있는 것은 분수分數이다.
많은 병력과 싸우면서 적은 병력과 싸우는 것과 같은 것은 형명形名이다.

* 분수分數: ① 사물을 분별하는 슬기. ② 자기 신분에 맞는 한도. ③ 각자가 이를 수 있는 한계
* 형명形名: 기폭과 북을 울려서 군사(軍士)의 앉고 서고 나아가고 물러가는 따위의 동작을 지휘명령

凡	무릇	범	무릇, 모두, 다, 합
衆	무리	중	무리, 많은 사람, 많은 물건, 많은 일
如	같을	여	같다, 같게 하다, 따르다
治	다스릴	치	다스리다, 관리하다, 바로잡다, 평정하다
寡	적을	과	적다, 나, 임금이 자기 자신을 일컫는 겸칭
分	나눌	분	나누다, 구별하다, 나누어 주다
數	셀	수	세다, 계산하다, 셈에 넣다, 세어서 말하다
是	옳을	시	옳다, 바르다, 옳다고 하다, 바르다고 인정하다
也	어조사	야	어조사, 또, 또한, 잇달다
鬥	싸울	두, 각,투	싸우다, 두 병사가 손에 병기를 들고 싸우다
形	모양	형	모양, 몸, 육체, 형세, 세력,나타나다, 드러나다
名	이름	명	이름, 인륜상, 신분상에서 쓰이는 부자, 군신

❶ Sun Tzu said: The control[1] of a large force is the same principle[2] as the control of a few men: it is merely[3] a question of dividing up their numbers.

Fighting with a large army under your command[4] is nowise different from fighting with a small one: it is merely a question of instituting[5] signs[6] and signals[7].

손자가 말했다. 대부대의 관리는 적은 병력의 관리와 마찬가지로 같은 원리이고, 단지 그 수를 분배하는 것이 해결해야 할 문제이다.

대규모 부대를 지휘하여 싸우는 것은 소규모 부대로 싸우는 것과 결코 다르지 않고, 단지 신호와 군호를 만드는 문제이다.

* 군호: 군중(軍中)에서, 나발 · 기 · 화살 따위를 이용하여 신호를 보냄. 또는 그 신호.

❷ Sun Tzu said: Generally, management of many is the same as management of few. It is a matter[8] of organization[9].

And to control[10] many is the same as to control few. This is a matter of formations[11] and signals.

손자가 말했다. 보편적으로 많은 사람의 관리는 소수의 사람 관리와 마찬가지로 같다.

그리고 많은 사람을 관리하는 것은 적은 사람을 감독하는 것과 같다. 이것은 조직과 군호의 문제이다.

---

1) con · trol: 지배(력); 관리, 통제, 다잡음, 단속, 감독
2) prin · ci · ple: ① 원리, 원칙, (물리 · 자연의) 법칙 ② 근본 방침, 주의 ③ 행동 원리, 정의; (pl.) 도의, 절조 ④ 본질, 소인(素因)
3) mere · ly: 단지, 그저, 다만; 전혀.
4) com · mand: ① 명령, 호령, 구령; 지령, 분부 ② 지휘(권), 지배(권), 통제 ③ 지배력, 통어력 ④ 조망 ⑤ 『군사』 관구, 예하 부대
5) in · sti · tute: ① (제도 · 습관을) 만들다, 설치하다; (정부 등을) 설립하다; (규칙 · 관례를) 제정하다; 실시하다 ② (조사를) 시작하다, (소송을) 제기하다
6) sign: ① a) 기호, 표시, 부호. b) 신호, 군호; 암호, 변말; 손짓, 몸짓 c) 표지, 길잡이, 도표; 간판 ② a) 기미, 징후; 조짐, 전조; 모습, 기색 b) 〔보통 부정어와 더불어〕 흔적, 자취, 형적
7) sig · nal: ① 신호, 군호; 암호 ② 신호기(機). ③《고어》전조, 징후, 조짐 ④ 계기, 도화선, 동기
8) mat · ter: ① 물질; 물체. ② 사건; (pl.) 사태, 사정 ③ 내용; 제재, 주제. ④ (관심 · 고찰의) 문제, 일
9) or · gan · i · za · tion: ① 조직(화), 구성, 편제, 편성. ② 기구, 체제; 『생물』 생물체, 유기체. ③ 조직체, 단체, 조합
10) con · trol: ① 지배하다; 통제〔관리〕하다, 감독하다. ② 제어〔억제〕하다 ③ 검사하다
11) for · ma · tion: ① 형성; 성립; 설립; 편제 ② 구성, 조직, 구조; 형성물, 구성물. ③ 『軍』 대형(隊形), 진형, 편대

2

삼 군 지 중　가 사 필 수 적 이 무 패 자　기 정 시 야
三軍之衆 可使必受敵而無敗者 奇正是也
Sān jūn zhī zhòng, kě shǐ bì shòu dí ér wú bài zhě, qí zhèng shì yě.

병 지 소 가　여 이 단 투 난 자　허 실 시 야
兵之所加 如以碫投卵者 虛實是也.
Bīng zhī suǒ jiā, rú yǐ duàn tóu luǎn zhě, xū shí shì yě.

삼군(전군全軍)의 병사들이 적의 공격에도 패하지 않는 것은 기정奇正 때문이다.
병력의 추가는 알을 숫돌에 던지는 것과 같은 것으로 허실(참과 거짓)이다.

* 삼군三軍: 군대. 전군(全軍). 주대(周代)의 제도에서 대제후(大諸侯)가 거느리는 군대. [상군(上軍)·중군(中軍) ·하군(下軍)의 총칭]
* 기정奇正: 1. 임시로 변통하는 수단과 원칙적인 방법. 2. 손자병법에서 측면에서 기습하는 기병과 정면에서 당당히 공격하는 정공

衆	무리	중	무리, 많은 사람, 많은 물건, 많은 일, 땅
可	옳을	가	옳다, 가히, 쯤, 정도
使	하여금	사	하여금, 시키다, 좇다
受	받을	수	받다, 얻다, 이익을 누리다, 받아들이다
敵	원수	적	원수, 상대방, 대등하다, 맞서다
敗	깨뜨릴	패	깨뜨리다, 부수다, 무너지다, 부서지다
奇	기이할	기	기이하다, 뛰어나다, 갑자기
所	바	소	바, 일정한 곳이나 지역, 지위, 자리, 위치, 경우
加	더할	가	더하다, 있다, 처하다, 입다, 몸에 붙이다
如	같을	여	같다, 같게 하다, 따르다
以	써	이	써, -로써, 부터, -에서, 까닭
碫	숫돌	단	숫돌, 단단한 돌
投	던질	투	던지다, 주다, 보내다, 증여하다, 들이다
卵	알	란{난}	알, 기르다, 크다, 굵다
虛	빌	허	비다, 없다, 적다, 드물다, 모자라다
實	열매	실	열매, 차다, 가득 차다, 익다, 곡식이 익다

❶ To ensure[1] that your whole host may withstand[2] the brunt[3] of the enemy's attack and remain[4] unshaken-- this is effected[5] by maneuvers[6] direct and indirect[7].

That the impact of your army may be like a grindstone[8] dashed[9] against[10] an egg--this is effected by the science[11] of weak points and strong.

전체 군대가 적 공격의 예봉(날카롭게 공격하는 기세)을 견뎌내고, 흔들림이 없도록 확실하게 하는 것은 직접적이고 간접적인(우회적인) 기동작전으로 완수한다.

군대의 충돌은 숫돌을 계란에 던지는 것과 같을 수 있고, 이것은 약점과 강점의 과학적 지식으로 완수된다.

❷ That the army is certain[12] to sustain[13] the enemy's attack without suffering[14] defeat is due to operations[15] of the extraordinary[16] and the normal forces.

Troops thrown against the enemy as a grindstone against eggs is an example of a solid acting upon a void.

군대가 패배하지 않고 적의 공격을 확실히 견디는 것은 특수군과 정규군의 운용 때문이다.

숫돌을 계란에 던지는 것처럼 적에게 던진 군대는 공허한 느낌으로 영향을 주는 고형물이다.

---

1) en · sure: ① …을 책임지다, 보장(보증)하다, 확실하게 하다; 확보하다 ② …을 안전하게 하다, 지키다
2) with · stand: ① …에 저항하다, …에 반항(거역)하다 ② 잘 견디다, 버티다; 《詩》 반항(저항)하다; 잘 견디다, 버티다
3) brunt: 공격의 예봉(주력).
4) re · main: ① 남다, 남아 있다 ② 머무르다 ③ …하지 않고 남아 있다 ④ …한 대로이다, 여전히 …이다
5) ef · fect: ① (변화 등을) 가져오다, 초래하다 ② 실행하다; (목적 따위를) 성취하다, 완수하다
6) ma · neu · ver: ① 〖軍〗 (군대 · 함대의) 기동 작전, 작전적 행동; (pl.) 대연습, (기동) 연습. ② 계략, 책략, 책동; 묘책
7) in · di · rect: ① 곧바르지 않은《길 따위》, 우회하는, 멀리 도는; 방계의 ② 간접적인; 2차적인, ③ 우회적인
8) grínd · stòne: 회전 숫돌; 회전 연마기; 숫돌감《돌》; 맷돌의 (어느) 한 짝.
9) dash: ① 내던지다; 박살내다; 부딪뜨리다 ② (기운 · 희망을) 꺾다, (계획 따위를) 좌절시키다; 실망시키다 ③ (물 등을) 끼얹다, 튀기다 ④ 세차게 …하다, 급히 …하다; ① 돌진하다; 급히 가다 ② (세게) 부딪치다, 충돌하다
10) against: ① …을 향하여, …에 대해서, …에 부딪치어 ② …와 마주 대하여. ③ …에 대비(對比)하여 ④ …에 반대하여
11) sci · ence: ① 과학; 《특히》 자연 과학 ② 과학의 분야, …학(學) ③ 과학적 지식.
12) cer · tain: ① (아무가) 확신하는, 자신하는 ② (일이) 확실한, 신뢰할 수 있는, 반드시 일어나는; 정확한
13) sus · tain: ① (아래서) 떠받치다. ② 유지하다, 계속하다 ③ 부양하다, 양육하다, 기르다 ④ 참고 견디다
14) suf · fer: ① (고통 · 변화 따위를) 경험하다, 입다, 받다 ② 《문어》 …에 견디다, 참다.
15) op · er · a · tion: ① 가동, 작용, 작업 ② (약 따위의) 효력, 효과; 유효 범위(기간) ③ (보통 pl.) 군사행동, 작전; 작전본부
16) ex · traor · di · nary: ① 대단한, 비상한, 보통이 아닌, 비범한, 엄청난 ② 터무니없는, 놀라운, 의외의; 이상한 ③ 특별한, 임시의

3

범전자 이정합 이기승
凡戰者 以正合 以奇勝.
Fán zhàn zhě, yǐ zhèng hé, yǐ qí shèng.

무릇 전쟁이란 정면으로 맞서고 기이하게 이긴다.

凡	무릇	범	무릇, 모두, 다, 합계
戰	싸울	전	싸우다, 싸움, 전쟁, 두려워하다, 두려워서 떨다
者	놈	자	놈, 사람, 것, 일을 가리켜 이른다
以	써	이	써, –로써, 부터, –에서, 까닭
正	바를	정	바르다, 바로잡다, 갖추어지다
奇	기이할	기	기이하다, 뛰어나다, 갑자기
勝	이길	승	이기다, 낫다, 뛰어나다, 뛰어난 것

❶ In all fighting, the direct[1] method[2] may be used for joining battle, but indirect[3] methods[4] will be needed in order to secure[5] victory.

모든 싸움에서 직접적인 방법이 교전하는 전투에 사용될 수 있지만, 간접적인 방법도 승리를 확보하기 위해 필요할 것이다.

❷ Generally, in battle, use the normal force to engage[6]; use the extraordinary[7] to win.

보편적으로 전투에서, 교전하기 위해 정규군을 사용하고, 이기기 위해 특수군을 사용한다.

---

1) di · rect: ① 똑바른; 직행〔직진〕의; 직계의 ② 직접의 ③ 솔직한; 노골적인; 명백한 ④ 진정한, 절대의
2) meth · od: ① 방법, 《특히》 조직적 방법, 방식 ② (일을 하는) 순서, (생각 따위의) 조리; 순서〔규율〕 바름, 질서 정연함; 체계
3) in · di · rect: ① 곧바르지 않은《길 따위》, 우회하는, 멀리 도는; 방계의 ② 간접적인; 2차적인, 부차적인 ③ 우회적인; 에두른 ④ 〖문법〗 간접의 ⑤ 솔직하지 않은, 정직하지 않은
4) meth · od: ① 방법, 《특히》 조직적 방법, 방식 ② (일을 하는) 순서, (생각 따위의) 조리; 순서〔규율〕 바름, 질서 정연함; 체계
5) se · cure: ① 안전한, 위험이 없는 ② 안정된, 걱정이 없는; (발판 · 토대 · 매듭 등이) 튼튼한; 단단히 잠긴〔닫힌〕; 무너지지 않는 ③ 안전하게 보관된; 도망칠 염려 없는 ④ (일이) 확보된, 보증된; 확실한; (관계 · 명성 등이) 확립된; (판단 등이) 믿을 수 있는 ⑤ 안심하는, 걱정 없는; 의심 없는, (신념 등에서) 확고한 ⑥ 도청의 위험성이 없는; ① 안전하게 하다, 굳게 지키다, 굳게 하다 ② 확실하게 하다, 확고히 하다 ③ 보증하다, 책임지다, …에 담보를 제공하다〔잡히다〕; …을 보험에 넣다 ④ 인수하다, 보호하다. ⑤ 확보〔획득〕하다, 얻다, 손에 넣다; 간신히 얻다 ⑥ 붙잡다; 도망치지 못하게 하다, 가두다, 감금하다. ⑦ (문을) 단단히 잠그다, 채우다 ⑧ …에 쇠고리를 걸다; 고착시키다, 잡아매다; 안전하(게 되)다; 보증을 받고 있다, 담보를 잡고 있다
6) en · gage: ① 약속하다; (맹세 · 약속 따위로) 속박하다; 보증하다, 맡다 ② 〔수동태로〕 약속〔예약〕이 있다 ③ 〔흔히 수동태〕 약혼시키다 ④ (아무를) 고용하다, 계약하다 ⑤ (시간을) 투입〔충당〕하다, 쓰다; 〔수동태로〕 종사하다, 바쁘다 ⑦ 끌어들이다; 끌다 ⑧ …의 마음을 〔호의를〕 끌다 ⑨ 교전시키다; …와 교전하다
7) ex · traor · di · nary: ① 대단한, 비상한, 보통이 아닌, 비범한, 엄청난 ② 터무니없는, 놀라운, 의외의; 이상한 ③ 특별한, 임시의 ④ 특명〔특파〕의; 특별 임용의; (pl.) 《고어》 〖영국군사〗 특별수당.

4

고 선 출 기 자 무 궁 여 천 지 불 갈 여 강 하 종 이 복 시
故善出奇者 無窮如天地 不竭如江河 終而復始
Gù shàn chū qí zhě, wú qióng rú tiān dì, bù jié rú jiān ghé, zhōng ér fù shǐ

일 월 시 야 사 이 갱 생 사 시 시 야
日月是也 死而更生 四時是也.
Rì yuè shì yě, sǐ ér gēng shēng, sì shí shì yě.

따라서 기습을 잘하는 자는 끝이 없는 하늘과 땅과 같고 마르지 않는 강물과 같으며 끝이 났다가 다시 돌아오는 것은 해와 달과 같고 죽었다가 다시 살아나는 것은 사계절과 같다.

故	옛	고	예. 이미 지나간 때. 옛. 예전의. 옛날의.원래. 본래
善	착할	선	착하다. 좋다. 훌륭하다. 잘하다
奇	기이할	기	기이하다. 뛰어나다. 갑자기
窮	다할	궁	다하다. 끝나다. 말다. 그치다. 떨어지다. 막히다
如	같을	여	같다. 같게 하다. 따르다
地	땅	지	땅. 토지의 신. 처지. 처해 있는 형편
竭	다할	갈	다하다. 물이 마르다. 등에 지다
江	강	강	강. 큰 내. 양자강(陽子江). 별 이름
海	바다	해	바다. 바닷물. 물산(物産)이 풍부한 모양
終	끝날	종	끝나다. 다되다. 극에 이르다. 그치다. 완료되다
復	돌아올	복	돌아오다. 돌려보내다. 뒤집다
始	처음	시	처음. 비롯하다. 시작하다. 근본. 근원
也	어조사	야	어조사. 또. 또한. 잇달다
死	죽을	사	죽다. 죽음. 죽은 이
更	고칠다시	경, 경	고치다. 다시. 재차. 개선하다. 새로워지다
時	때	시	때. 때에. 때맞추다. 때를 어기지 아니하다
是	옳을	시	옳다. 바르다. 옳다고 하다. 바르다고 인정하다

❶ Indirect[1] tactics[2], efficiently[3] applied, are inexhaustible[4] as Heaven and Earth, unending[5] as the flow of rivers and streams; like the sun and moon, they end but to begin anew[6]; like the four seasons, they pass away[7] to return once more.

능률적으로 적용된 간접적(우회적인) 전술은 하늘과 땅처럼 무진장하고 강과 개울의 흐름처럼 끝이 없고, 해와 달처럼 끝이 나지만 새로 시작하고, 사계절처럼 지나가지만 다시 돌아온다.

❷ Now the resources[8] of those skilled in the use of extraordinary[9] forces are as infinite[10] as the heavens and earth; as inexhaustible as the flow of the great rivers. For they end and recommence[11]; cyclical[12], as are the movements of the sun and moon. They die away[13] and are reborn[14]; recurrent[15], as are the passing seasons.

특수군의 사용에서 유능한 자의 방책은 하늘과 땅 만큼 무한하고, 큰 강의 흐름만큼 무진장하다. 끝이 나고 다시 시작함에 있어, 해와 달의 이동처럼 주기가 있다. 죽고 태어남에 있어, 계절이 지나가는 것처럼 되풀이 된다.

---

1) in · di · rect: ① 곧바르지 않은《길 따위》, 우회하는, 멀리 도는; 방계의 ② 간접적인; 2차적인, 부차적인
2) tac · tic: =TACTICS; 용병(用兵), 작전, 전법; 방책, 수단, 책략.
3) ef · fi · cient: ① 능률적인, 효과적인; (수단 · 조처 따위가) 유효한 ② (인물에 대해서) 유능한, 실력 있는; 민완한. ③ 결과(효과)를 발생하는. ㉺~ · ly ad. 능률적으로; 유효하게.
4) in · ex · haust · i · ble: 다할 줄 모르는, 무진장한; 다 써버릴 수 없는; 지칠 줄 모르는, 끈기 있는
5) un · énding: 끝이 없는; 끊임(간단)없는; 무궁한, 영원한.
6) anew: 다시; 새로
7) pass away: ① 때가 지나다, 경과하다; 가다, 가 버리다. ② 끝나다; 소멸하다;; 쇠퇴하다.
8) re · source: ① (보통 pl.) 자원; 물자; 재원, 자력 ② (의지하는) 수단, 방책, 둘러맞춤 ③ 연구력, 변통하는 재주, 기지, 기략 ④ 소창, 오락 ⑤ 『컴퓨터』 자원《컴퓨터를 구성하고 있는 모든 것》.
9) ex · traor · di · nary: ① 대단한, 비상한, 보통이 아닌, 비범한, 엄청난 ② 터무니없는, 놀라운, 의외의; 이상한 ③ 특별한, 임시의 ④ 특명(특파)의; 특별 임용의; (pl.) 《고어》 『영국군사』 특별수당.
10) in · fi · nite: ① 무한한, 무수한, 한량 없는 ② 막대한, 끝없는
11) rè · comménce: 재개하다, 다시 (시작)하다.
12) cy · clic, −li · cal: ① 주기(周期)의; 윤전하는, 순환하는; 『화학』 고리(모양)의.
13) die away: (바람 · 소리 등이) 잠잠해지다; 실신하다.
14) re · bórn: 다시 태어난, 재생한, 갱생한.
15) re · cur · rent: 재발(재현)하는; 정기적으로 되풀이되는, 순환하는.

5

성 불 과 오　오 성 지 변　불 가 승 청 야
聲不過五 五聲之變 不可勝聽也.
Shēng bù guò wǔ, wǔ shēng zhī biàn, bù kě shèng tīng yě.

색 불 과 오　오 색 지 변　불 가 승 관 야
色不過五 五色之變 不可勝觀也.
Sè bù guò wǔ, wǔ sè zhī biàn, bù kě shèng guān yě.

소리는 다섯 가지(궁, 상, 각, 치, 우)밖에 없지만 다섯 소리의 변화는 모두 다 들을 수 없다.
색은 다섯 가지(흑, 백, 황, 적, 청)밖에 없지만 다섯 색의 변화는 모두 다 볼 수는 없다.

聲	소리	성	소리, 음향, 음성, 소리를 내다
過	지날	과	지나다, 초월하다, 낫다, 빠져나가다, 여유가 있다
五	다섯	오	다섯, 별 이름, 제위(帝位)
之	갈	지	가다, 이(指示代名詞), ~의(冠形格助詞)
變	변할	변	변하다, 달라지다, 변경되다, 변해가다, 변경하다, 바꾸다
可	옳을	가	옳다, 가히, 쯤, 정도
勝	이길	승	이기다, 낫다, 뛰어나다, 뛰어난 것
聽	들을	청	듣다, 자세히 듣다, 기다리다, 받다, 받아들이다
也	어조사	야	어조사, 또, 또한, 잇달다
色	빛	색	빛, 빛깔, 얼굴빛, 색채, 윤, 광택, 기색, 용모의 예쁨
觀	볼	관	보다, 자세히 보다, 보이다, 나타내 보이다

❶ There are not more than five musical notes[1], yet the combinations[2] of these five give rise[3] to more melodies than can ever be heard.

There are not more than five primary[4] colors (blue, yellow, red, white, and black), yet in combination they produce more hues[5] than can ever been seen.

다섯 개의 음악의 음표가 그 이상은 없지만, 이 다섯의 조합으로 귀로 들을 수 있는 것보다 더 많은 선율이 생겨난다.

다섯 개의 근본적 색상(파랑, 노랑, 빨강, 흰색, 검정)이 그 이상은 없지만, 조합하면 우리가 볼 수 있는 것보다 그 이상의 색조가 만들어진다.

❷ The musical notes are only five in number but their melodies are so numerous[6] that one cannot hear them all.

The primary colours are only five in number but their combinations are so infinite[7] that one cannot visualize[8] them all.

음악의 음표는 단지 수가 다섯 개이지만 그 선율은 모두 들을 수 없이 그 수가 매우 많다.

근본적인 색상은 단지 수가 다섯 개이지만 그 조합은 모두 볼 수 없이 매우 무한하다.

---

1) note: ① 각서, 비망록, 메모; (여행 등의) 수기, 기록; (강연 등의) 초고, 문안 ② (외교상의) 문서, 통첩 ③ 짧은 편지 ④ 주(註), 주석, 주해; 지식, 정보 ⑤ 주목, 주의 ⑥ 저명, 특징; 분위기, 모양 ⑦ 중대성 ⑧ 표, 기호, 부호; (의사를 전달하는) 신호, 의사 표명 ⑨ 『음악』 음표; (피아노 따위의) 건, 키; 음색. ⑪ 《고어 · 시어》 음조, 선율. ⑫ 어조, (아무의) 음성

2) com · bi · na · tion: ① 결합, 짝맞추기; 연합, 공동(동작); (색 등의) 배합. ② 단체 행동, 공모; 공동체, 도당 ③ 『화학』 화합(물); 『결정』 집형(集形); (pl.) 『수학』 조합, 결합; 『컴퓨터』 조합.

3) rise: ① 일어서다, 일어나다 ② (회합이) 폐회하다, 산회하다 ③ 기상하다 ④ 다시 살아나다 ⑤ (연기 따위가) 오르다; (해 · 달이) 떠오르다; (막이) 오르다 ⑥ (토지 · 길이) 오르막이 되다, 치받이가 되다. ⑦ (지위 · 신용 · 취미 · 중요성 · 평가 따위가) 오르다; 높아지다, 증대하다; 출세하다, 승진하다 ⑧ (물가 · 수치 따위가) 상승하다 ⑨ (부피가) 늘다; (감정이) 격해지다; (소리가) 높아지다; (색 따위가) 짙어지다; (기분이) 나다 ⑩ (바람이) 세어지다, 일다; (강의) 물이 붇다 ⑪ (산 · 건물 등이) 치솟다 ⑫ (집이) 서다, 세워지다 ⑬ 나타나다, 수면에 떠오르다, (배 따위가 수평선 위로) 보이기 시작하다

4) pri · ma · ry: ① 첫째의, 제1의, 수위의, 주요한. ② 최초의, 처음의, 본래의 ③ 원시적인, 근원적인 ④ 제1차적인, 근본적인. ⑤ 기초적인, 초보적인.

5) hue: ① 색조; 빛깔; 색상 ② (의견 · 태도 등의) 경향, 특색.

6) nu · mer · ous: 다수의, 수많은; 많은 사람의

7) in · fi · nite: ① 무한한, 무수한, 한량없는 ② 막대한, 끝없는

8) vís · u · al · ìze: ① 보이게 하다, 《특히》 마음에 떠오르게 하다, 생생하게 마음에 그리다, 상상하다; 예지하다 ②사물을 생생하게 마음 속에 그리다; 구상화(具象化)하다.

6

미 불 과 오 　오 미 지 변 　불 가 승 상 야

味不過五 五味之變 不可勝嘗也.

Wèi bù guò wǔ, wǔ wèi zhī biàn, bù kě shèng cháng yě.

전 세 불 과 기 정 　기 정 지 변 　불 가 승 궁 야

戰勢不過奇正 奇正之變 不可勝窮也.

Zhàn shì bù guò qí zhèng, qí zhèng zhī biàn, bù kě shèng qióng yě.

맛은 다섯 가지(단맛, 신맛, 짠맛, 매운맛, 쓴맛) 밖에 없지만 다섯 맛의 변화는 모두 다 맛볼 수 없다.
전쟁의 기세는 기정奇正에 불과하지만 *기정奇正의 변화는 모두 헤아릴 수 없다.

* 기정奇正: 1. 임시로 변통하는 수단과 원칙적인 방법. 2. 손자병법에서 측면에서 기습하는 기병과 정면에서 당당히 공격하는 정공

味	맛	미	맛, 맛보다, 뜻, 의의
過	지날	과	지나다, 초월하다, 낫다, 빠져나가다, 여유가 있다
味	맛	미	맛, 맛보다, 뜻, 의의
之	갈	지	가다, 이(指示代名詞), -의(冠形格助詞)
變	변할	변	변하다, 달라지다, 변경되다, 변해가다, 변경하다
可	옳을	가	옳다, 가히, 쯤, 정도
勝	이길	승	이기다, 낫다, 뛰어나다, 뛰어난 것
嘗	맛볼	상	맛보다, 시험 삼아, 시험하다, 일찍이
也	어조사	야	어조사, 또, 또한, 잇달다
戰	싸울	전	싸우다, 싸움, 전쟁, 두려워하다, 두려워서 떨다
勢	기세	세	기세, 무리, 인중(人衆), 불알
奇	기이할	기	기이하다, 뛰어나다, 갑자기
正	바를	정	바르다, 바로잡다, 갖추어지다
窮	다할	궁	다하다, 끝나다, 말다, 그치다, 떨어지다, 막히다

❶ There are not more than five cardinal[1] tastes (sour, acrid, salt, sweet, bitter), yet combinations of them yield[2] more flavors[3] than can ever be tasted.

In battle, there are not more than two methods of attack—the direct[4] and the indirect[5]; yet these two in combination give rise[6] to an endless[7] series[8] of maneuvers[9].

다섯 가지 기본적인 맛(신맛, 매운맛, 짠맛, 단맛, 쓴맛)은 그 이상은 없지만, 그 조합은 맛을 볼 수 없을 정도로 더 많은 맛을 만들어 낸다.

전투에서 직접적인 공격(정공법)과 간접적인(우회적인) 공격(우회전술)의 두 가지 방법밖에 없지만, 이 두 가지 조합은 무한정 연속된 책략을 생기게 한다.

❷ The flavours are only five in number but their blends[10] are so various that one cannot taste them all.

In battle there are only the normal and extrordinary[11] forces, but their combinations are limitless[12]; none can comprehend[13] them all.

맛은 단지 다섯 가지이지만 그 맛의 혼합은 모두 맛을 볼 수 없을 정도로 가지가지이다.

전투에서 정규군과 특수군 밖이지만, 그 조합은 무한하고, 그 누구도 모든 것을 이해하지 못한다.

---

1) car · di · nal: ① 주요한; 기본적인 ② 심홍색의, 붉은, 주홍색의.
2) yield: ① 생기게 하다, 산출(産出)하다; 가져오다 ② 양보[양도]하다, 굴복하다, 명도하다; 주다; 포기하다
3) fla · vor: ① (독특한) 맛, 풍미, 향미. ② 조미료, 양념; 풍미 있는 것. ③ 맛, 정취, 운치, 멋, 묘미
4) di · rect: ① 똑바른; 직행[직진]의; 직계의 ② 직접의 ③ 솔직한; 노골적인; 명백한 ④ 진정한, 절대의
5) in · di · rect: ① 곧바르지 않은《길 따위》, 우회하는, 멀리 도는 ② 간접적인; 2차적인, 부차적인 ③ 우회적인
6) rise: ① 일어서다, 일어나다 ② 폐회하다, 산회하다 ③ 기상하다 ④ 다시 살아나다 ⑤ 오르다; 떠오르다 ⑥ 치솟다 ⑦ 높아지다, 증대하다 ⑧ 상승하다 ⑨ 초월하다 ⑩ 세어지다 ⑪ 서다, 세워지다
7) end · less: ① 끝없는, 무한한 ② 끊임없는, 부단한
8) se · ries: ① 일련, 한 계열, 연속 ② 시리즈, 총서, 연속 출판물, 제 …집,
9) ma · neu · ver: 〖軍〗 (군대 · 함대의) 기동(機動) 작전, 작전적 행동; (pl.) 대연습, (기동) 연습.
10) blend: 혼합(물); 혼색; 〖언어학〗 혼성어.
11) ex · traor · di · nary: ① 대단한, 비상한, 보통이 아닌, 비범한, 엄청난 ② 터무니없는, 놀라운, 의외의; 이상한
12) lím · it · less: 무한의; 무제한의; 무기한의; 광대한.
13) com · pre · hend: ① (완전히) 이해하다, 파악하다, 깨닫다. ② 포함[내포]하다

7

기 정 상 생 여 순 환 지 무 단 숙 능 궁 지
奇正相生 如循環之無端 孰能窮之.
Qí zhèng xiāng shēng, rú xún huán zhī wú duān, shú néng qióng zhī.

격 수 지 질 지 어 표 석 자 세 야
激水之疾 至於漂石者 勢也.
Jī shuǐ zhī jí, zhì yú piào shí zhě, shì yě.

기정奇正이 상생하는 것은 끝없이 빙빙 도는 고리와 같은데 누가 능히 알겠는가?
물이 빠르게 부딪쳐 흘러 돌을 움직이게 하니 기세이다.

* 상생(相生): 음양오행설에서, 금에서는 물이, 물에서는 나무가, 나무에서는 불이, 불에서는 흙이, 흙에서는 금이 남을 이름.

奇	기이할	기	기이하다, 뛰어나다, 갑자기
相	서로	상	서로, 보다, 자세히 보다, 바탕
如	같을	여	같다, 같게 하다, 따르다
循	좇을	순	좇다, 돌다, 빙빙 돌다, 말하다
環	고리	환	환옥(環玉), 고리, 돌다
端	바를	단	바르다, 곧다, 옳다, 바로잡다, 진실
孰	누구	숙	누구, 어느, 무엇, 익다, 끓여 먹다
能	능할	능	능하다, 잘하다, 보통 정도 이상으로 잘하다, 미치다
窮	다할	궁	다하다, 끝나다, 말다, 그치다, 떨어지다, 막히다
哉	어조사	재	어조사, 처음, 재난, 재앙
激	물결, 부딪쳐흐를	격	물결이 부딪쳐 흐르다, 보(洑), 흘러들다
疾	병	질	병, 괴로움, 버릇, 앓다, 빠르다
至	이를	지	이르다, 도래하다, 미치다, 닿다, 두루 미치다
於	어조사	어	어조사, –에, 에서, 보다, 를, 에게, 있어서
漂	떠돌	표	떠돌다, 물에 떠돌다, 물결에 떠서 흐르다, 유랑하다
勢	기세	세	기세, 무리, 인중(人衆), 불알
也	어조사	야	어조사, 또, 또한, 잇닿다

❶ The direct and the indirect lead on to each other in turn. It is like moving in a circle--you never come to an end. Who can exhaust[1] the possibilities of their combination[2]?

The onset[3] of troops is like the rush[4] of a torrent[5] which will even rollstones along in its course[6].

직접적인 전술(정공법)과 간접적인 전술(우회전술)은 차례로 서로 이끌어 간다. 그것은 고리에서 움직이는 것과 같이 결코 끝나지 않는다. 그 조합의 실현성을 누가 규명할 수 있을까?

군대의 공격은 물길을 따라서 돌을 굴리는 급류의 돌진과 같다.

❷ For these two forces are mutually[7] reproductive[8] ; their interaction[9] as endless as that of interlocked[10] rings. Who can determine[11] where one ends and the other begins ?

When torrential[12] water tosses[13] boulders[14], it is because of its momentum[15];

이런 두 개의 병력으로 서로 재현할 수 있고, 연결된 고리처럼 끝없이 서로 영향을 준다. 끝과 시작을 어디서 할지 누가 결정할 수 있나?

급류의 물이 옥석을 흔들면, 그것은 힘 때문이다.

---

1) ex · haust: ① 다 써버리다; 고갈시키다; 소모하다; 피폐시키다 ② 지쳐빠지게 하다, 피로(疲勞)하게 하다; 지쳐빠지다, 녹초가 되다 ③ (문제 따위를) 힘껏 연구하다, 자세히 구명(究明)하다, 남김없이 논〔이야기〕하다.
2) com · bi · na · tion: ① 결합, 짝맞추기; 연합, 공동(동작); (색 등의) 배합. ② 단체 행동, 공모; 공동체, 도당
3) ón · sèt: ① 개시, 시작; 출발, 착수 ② a) 공격, 습격 b) (병의) 발증, 발병
4) rush: ① 돌진, 돌격; 쇄도 ② (사람의) 쇄도; 붐빔 ③ 분망, 몹시 바쁨; 대수요(需要), 주문의 쇄도
5) tor · rent: ① 급류, 여울 ② (pl.) 억수 ③ (질문 · 욕 따위의) 연발; (감정 따위의) 분출
6) course: ① 진로, 행로; 물길, (물의) 흐름 ② 진행, 진전, 추이; 경과; ③ (행동의) 방침, 방향, 방식, 수단
7) mu · tu · al: ① 서로의, 상호 관계가 있는 ② 공동의, 공통의 ㊥ *~ · ly ɑd. 서로, 공동으로.
8) re · pro · duc · tive: ① 생식의 ② 재생의, 재현의. ③ 다산적(多産的)인.
9) ìnter · áction: 상호 작용 〔영향〕, 교호(交互) 작용
10) ìnter · lóck: 맞물리다, 연결되다; 맞물리게 하다, 연결하다
11) de · ter · mine: ① …에게 결심시키다, …에게 결의하게 하다 ② …을 결심하다, 결의하다 ③ 결정하다, 결정〔조건〕짓다; (규칙 · 조건 · 날짜 · 가격 등을) 정하다, 예정하다; (경제 등을) 확정하다
12) tor · ren · tial: 급류의〔같은〕; 격렬한, 급속한, 기세가 맹렬한, 압도적인
13) toss: ① 던지다 ② 갑자기 쳐들다, 뒤로 젖히다 ③ 흔들다, 들까불다; 마음을 뒤흔들다
14) boul · der: 둥근 돌, 옥석; 〖지질〗 표석(漂石).
15) mo · men · tum: 〖기계 · 역학〗 운동량; 타성; 여세, 힘(impetus); 추진력; 〖철학〗 모멘트, 계기, 요소

8

지 조 지 질　지 어 훼 절 자　절 야
鷙鳥之疾 至於毁折者 節也.
Zhì niǎo zhī jí,　zhì yú huǐ zhé zhě,　jié yě.

맹금류의 새가 빠르게 상처를 입히고 부러뜨리는 것은 절節(절도)이다.

* 절도節度: 일이나 행동 따위를 정도에 알맞게 하는 규칙적인 한도.

鷙	맹금	지	맹금(猛禽), 매·수리 따위, 치다, 공격하다, 사납다
鳥	새	조	새, 봉황,
之	갈	지	가다, 이(指示代名詞), -의(冠形格助詞)
疾	병	질	병, 괴로움, 버릇, 틈, 하자, 앓다, 빠르다
至	이를	지	이르다, 도래하다, 미치다, 닿다, 두루 미치다
於	어조사	어	어조사, -에, 에서, 보다, 를, 에게, 있어서
毁	헐	훼	헐다, 비방하다, 무너지다, 이지러지다
折	꺾을	절	꺾다, 자르다, 쪼개다, 꺾이다, 부러지다
者	놈	자	놈, 사람, 것, 일을 가리켜 이른다
節	마디	절	마디, 대, 마디, 단락, 곡조, 절개, 규칙, 제도
也	어조사	야	어조사, 또, 또한, 잇달다

❶ The quality[1] of decision[2] is like the well-timed[3] swoop[4] of a falcon[5] which enables[6] it to strike[7] and destroy[8] its victim[9].

결단력의 특성은 때를 잘 맞추어 급강하한 노련한 매가 제물에 일격하여 죽이는 것과 같다.

❷ When the strike of a hawk[10] breaks[11] the body of its prey[12], it is because of timing[13].

매의 일격이 먹이의 몸통을 쪼갤 때, 그것은 때를 잘 맞추었기 때문이다.

---

1) qual · i · ty: ① 질, 품질. ② 성질, 특성, 속성, 자질 ③ 양질, 우수성; 재능 ④ 음질; 음색.
2) de · ci · sion: ① 결심, 결의 ② 결정, 해결 ③ 판결, 판례; 결정서 ④ 결단력, 과단성
3) wéll-tímed: 때를 잘 맞춘, 시의적절한, 시기〔기회〕가 좋은.
4) swoop: 위로부터 덮침; 급강하; 급습; (홱) 잡아챔.
5) fal · con: 송골매《특히 암컷》; (사냥용) 매
6) en · a · ble: …에게 힘〔능력〕을 주다, …에게 가능성을 주다; …에게 권한〔자격〕을 주다; 가능〔용이〕하게 하다
7) strike: ① 일격을 가하다, (타격을) 가하다, 주다 ② 습격〔공격〕하다; ① 치다, 때리다; 공격하다; (뱀 · 호랑이가) 급습하다 ② 타격을 가하다, 침해하다
8) de · stroy: ① 파괴하다, 부수다, 분쇄하다; 소멸시키다. ② 죽이다, …의 목숨을 빼앗다; 멸망〔절멸〕시키다 ③ (명성 등을) 해치다, (계획 등을) 못쓰게 만들다; 파괴되다; 부서지다.
9) vic · tim: ① 희생(자), 피해자, 조난자; 속는 사람, 만만한 사람, 봉 ② 〖종교〗 희생, 산 제물.
10) hawk: ① 매. ② 남을 등쳐 먹는 사람, 탐욕가, 사기꾼.
11) break: ① 깨뜨리다, 쪼개다, 부수다; (가지 등을) 꺾다; (새끼 등을) 자르다 ② …의 뼈를 부러뜨리다; (살갗을) 벗어지게 하다, 까지게 하다 ③ 흩뜨리다, 분해하다; (텐트를) 걷다, 접다
12) prey: ① 먹이. ② 희생, (먹이로서의) 밥 ③ 포획; 포식(捕食). ④《고어》 전리품, 약탈품.
13) time: ① …의 시기를 정하다, 때를 잘 맞추어 …하다, 시기에 맞추다 ② …의 시간을 (지)정하다 ③ …의 시간을 확인하다 ④ (경주 따위의) 시간을 재다〔기록하다〕. ⑤ (시계 등을) 맞추다 ⑥ …의 박자에 맞추다; (속도 · 시간 등을) 조절하다; 박자를 맞추다; 박자가 맞다; 조화하다

9

시 고 선 전 자　기 세 험　기 절 단　세 여 확 노　절 여 발 기

是故善戰者 其勢險 其節短. 勢如彍弩 節如發機.

Shì gù shàn zhàn zhě, qí shì xiǎn, qí jié duǎn. Shì rú guō nǔ, jié rú fà jī.

그러므로 전쟁을 잘하는 자는 기세가 험하고 절도는 짧다.
기세는 활시위를 당기는 것과 같고 절도는 기계에서 발사하는 것과 같다.

故	옛	고	예, 이미 지나간 때, 옛, 예전의, 옛날의
善	착할	선	착하다, 좋다, 훌륭하다, 잘하다
戰	싸울	전	싸우다, 싸움, 전쟁, 두려워하다, 두려워서 떨다
者	놈	자	놈, 사람, 것, 일을 가리켜 이른다
其	그	기	그(지시 대명사), 의(관형격 조사), 그(감탄, 강세 조사)
勢	기세	세	기세, 무리, 인중(人衆), 불알
險	험할	험	험하다, 높다, 깊다, 기울다, 위태롭다, 거짓
短	짧을	단	짧다, 오래 되지 아니하다, 적다, 부족하다
節	마디	절	마디, 대, 마디, 단락, 곡조, 절개, 규칙, 제도
如	같을	여	같다, 같게 하다, 따르다
彍	활시위당길	확	활시위를 당기다
弩	쇠뇌	노	쇠뇌, 어떤 장치에 의해 화살이나 돌을 잇달아
發	쏠	발	쏘다, 가다, 떠나다, 보내다, 파견하다
機	틀	기	틀, 기계, 베틀, 용수철

❶ Therefore the good fighter[1] will be terrible[2] in his onset[3], and prompt in his decision.

Energy[4] may be likened[5] to the bending[6] of a crossbow[7]; decision, to the releasing[8] of a trigger[9].

그러므로 훌륭한 무사는 공격에서 가공할 만할 것이고, 결단에는 신속할 것이다.

세勢는 당긴 활, 결단은 방아쇠를 푸는 것에 비유될 수 있다.

❷ Thus the momentum[10] of one skilled in war is overwhelming[11], and his attack precisely[12] regulated.[13]

His potential[14] is that of a fully[15] drawn[16] crossbow[17]; his timing[18], the release of the trigger.

그러므로 전쟁에서 유능한 자의 힘은 압도적이고, 그의 공격은 정밀하게 정리되어 있다.

그 자의 잠재력은 완전히 잡아당긴 활, 때를 맞춤은 방아쇠를 푸는 것이다.

---

1) fíght · er: ① 싸우는 사람, 투사; 전투원, 무인(武人). ② 호전가; 싸움을 좋아하는 사람; (프로) 권투선수
2) ter · ri · ble: 무서운, 가공할, 소름끼치는, 굉장한.
3) ón · sèt: ① 개시, 시작; 출발, 착수 ② a) 공격, 습격 b) (병의) 발증, 발병
4) en · er · gy: ① 정력, 활기, 원기 ② (말 · 동작 따위의) 힘 ③ (개인의) 활동력, 행동력 ④ 〖물리학〗 에너지
5) lik · en: (…에) 비유하다, 견주다《to》
6) bend: 구부리다; (머리를) 숙이다; (무릎을) 굽히다; (활을) 당기다
7) cróss · bòw: (중세의) 격발식 활
8) re · lease: ① 풀어놓다, 떼(어놓)다, (손을) 놓다; (폭탄을) 투하하다; 방출하다② 방면(放免)하다, 해방〔석방〕하다
9) trig · ger: ① (총의) 방아쇠; =HAIR TRIGGER ② 제동기, 제륜(制輪) 장치.
10) mo · men · tum: 〖기계 · 역학〗 운동량; 타성; 여세, 힘(impetus); 추진력; 〖철학〗 모멘트, 계기, 요소
11) over · whelm: ① 압도하다, 제압하다, 궤멸시키다 ② …의 의기를 꺾다, 질리게〔당황하게〕 하다;
12) pre · cise · ly: ① 정밀하게, 엄밀히. ② 바로, 정확히 ③ 틀림없이, 전혀
13) reg · u · late: ① 규정하다; 통제〔단속〕하다. ② 조절하다, 정리하다
14) po · ten · tial: ① 잠재적인; 잠세(潛勢)의, 가능한; 장래 …의 가능성이 있는. ② 〖물리학〗 위치의, 변압의; ① 잠세(潛勢), 잠재력; 가능성
15) ful · ly: 충분히, 완전히; 전혀.
16) draw: ① 끌다, 당기다, 끌어당기다; 끌어당겨서 …하다 ② (마음을) 끌다; 꾀어들이다;끌어들이다; (사람의 주의를) 끌다; 꾀어서 …시키다 ③ 빨아들이다; 당기다; 흡수하다; 초래하다; 생기게 하다
17) cróss · bòw: (중세의) 격발식 활
18) time: ① …의 시기를 정하다, 때를 잘 맞추어 …하다, 시기에 맞추다 ② …의 시간을 (지)정하다 ③ …의 시간을 확인하다 ④ (경주 따위의) 시간을 재다〔기록하다〕. ⑤ (시계 등을) 맞추다 ⑥ …의 박자에 맞추다

10

분 분 운 운 투 난 이 불 가 난 야 혼 혼 돈 돈
紛紛紜紜 鬪亂而不可亂也 渾渾沌沌
Fēn fēn yún yún, dòu luàn ér bù kě luàn yě. hún hún dùn dùn,

형 원 이 불 가 패 야
形圓而不可敗也.
xíng yuán ér bù kě bài yě.

매우 어지럽게 엉켜서 싸우지만 어지럽지 않고 매우 혼란스러워도 둥근 진형은 패하지 않는다.

紛	어지러워질	분	어지러워지다, 어지러워진 모양, 섞이다
紜	어지러울	운	어지럽다, 사물이 많아서 어지러운 모양
鬥	싸울	각, 투	싸우다, 두 병사가 손에 병기를 들고 싸우다, 다투다
亂	어지러울	란{난}	어지럽다, 다스리다, 반역(反逆)
而	말이을	이	말 이음, 순접·역접의 접속사
不	아닐	부, 불	아닌가, 아니다, 크다, 말라(금지의 뜻), 새 이름
可	옳을	가	옳다, 가히, 쯤, 정도
渾	흐릴	혼	흐리다, 물소리, 물이 어지러이 흐르는 소리
沌	어두울	돈	어둡다, 만물 생성의 근거가 아직 나누어지지 않은 모양
形	모양	형	모양, 몸, 육체, 형세, 세력, 나타나다, 드러나다
圓	둥글	원	둥글다(圜), 원, 동그라미, 둘레, 언저리
敗	깨뜨릴	패	깨뜨리다, 부수다, 무너지다, 부서지다, 해치다
也	어조사	야	어조사, 또, 또한, 잇달다

❶ Amid[1] the turmoil[2] and tumult[3] of battle, there may be seeming disorder[4] and yet no real disorder at all; amid[5] confusion[6] and chaos[7], your array[8] may be without head or tail, yet it will be proof[9] against[10] defeat.

전투의 혼란과 소동 속에서 무질서해 보일 수 있지만, 실제로는 전혀 무질서 하지 않고, 혼동과 대혼란 속에서 군세는 머리와 꼬리가 없을지라도, 패배를 견뎌낼 것이다.

❷ In the tumult and uproar[11] the battle seems chaotic[12], but there is no disorder; the troops[13] appear to be milling[14] about in circles[15] but cannot be defeated.

소동과 소란 속에서 전투는 무질서한 것처럼 보이지만, 무질서한 것이 아니고, 부대가 원을 그리며(혼란스럽게) 빙빙 돌아다니는 것처럼 보이지만 패배하지 않는다.

---

1) amid: ① …의 한가운데에(사이에), …에 에워싸여(섞이어) ② 한창 …하는 중에.
2) tur · moil: 소란, 소동, 혼란 (tumult); 분투
3) tu · mult: ① 법석, 소동, 떠들썩함; 소음; 폭동 ② 격정, (마음의) 산란, 흥분; (색채 · 물건 등의) 뒤섞임
4) dis · or · der: ① 무질서, 어지러움, 혼란 ② (pl.) 소요(騷擾), 불온. ③ Ⓒ (심신의) 부조(不調), 장애, 질환, 이상.; ① 어지럽히다, 혼란시키다. ② 건강을 해치게 하다《심신의》, 병들게 하다; 혼란에 빠지다, 장애를 일으키다
5) amid: ① …의 한가운데에(사이에), …에 에워싸여(섞이어) ② 한창 …하는 중에.
6) con · fu · sion: ① 혼동 ② 혼란 (상태), 분규; 착잡. ③ 당황, 얼떨떨함.
7) cha · os: ① (천지 창조 이전의) 혼돈. ② 무질서, 대혼란. ③ (C–) 〖그리스신화〗 카오스《천지가 생기고 최초에 태어났다는 신》. ④ 〖물리학〗 카오스.
8) ar · ray: ① 정렬, 배진(配陣), 군세(의 정비) ② 배열된 것; 세트
9) proof: ① 증명, 증거; 증거(가 되는 것) ② (pl.) 〖법률학〗 증거 서류; 증언.
10) against: ① …을 향하여, …에 대해서, …에 부딪치어 ② …와 마주 대하여. ③ …에 대비(對比)하여 ④ …에 반대하여, …에 적대하여, …에 거슬러
11) up · roar: 소란, 소동; 소음
12) cha · ot · ic: 혼돈된; 무질서한, 혼란한
13) troop: ① 대(隊), 떼, 무리《of》 ② (보통 pl.) 군대, 병력 ★ 60 troops는 '병력 60명'의 뜻. ③ 〖軍〗 기병 중대. ④ (보이스카우트의) 분대《최소 5명》; (걸 스카우트의) 단(團)《8–32명으로 구성됨》
14) mill: ① 맷돌로 갈다, 빻다, 가루로 만들다 ② 제분기(수차, 기계)에 걸다, 기계로 만들다, 형(型)을 만들다(마무르다); (재목 따위를) 켜다; (피륙을) 촘촘히 짜다 ③ (강철을) 압연하다, 프레스하다.
15) cir · cle: ① 원, 원주 ② 원형의 것; 환, 고리; 원진; (철도의) 순환선; (주택가의) 순환 도로; (C–) (London의) 지하철 순환선; 《미국》 로터리 ③ (시간 따위의) 주기, 순환; 〖지리〗 위도(권); (행성의) 궤도, 운행 주기 ④ 원형관람석 ⑤ 전(全)계통, 전역, 전체 ⑥ (교제 · 활동 · 세력 등의) 범위 ⑦ 집단, 사회, …계, 패, 동아리

11

난 생 어 치 겁 생 어 용 약 생 어 강

亂生於治 怯生於勇 弱生於彊.

Luàn shēng yú zhì, qiè shēng yú yǒng, ruò shēng yú jiàng.

혼란은 다스리는 데서 생겨나고 겁은 용기에서 생겨나며 나약함은 강함에서 생겨난다.

亂	어지러울	란{난}	어지럽다, 다스리다, 반역(反逆)
強	굳셀	강	굳세다
怯	겁낼	겁	겁내다, 무서워하다, 약하다, 비겁하다, 피하다
生	날	생	나다, 태어나다, 천생으로, 낳다, 자식을 낳다
勢	기세	세	기세, 무리, 인중(人衆), 불알
數	셀	수	세다, 계산하다, 셈에 넣다, 세어서 말하다
也	어조사	야	어조사, 또, 또한, 잇달다
弱	약할	약	약하다, 약한 자, 약해지다, 쇠해지다
於	어조사	어	어조사, –에, 에서, 보다, 를, 에게, 있어서, 있어서 하다, 이에

❶ Simulated[1] disorder[2] postulates[3] perfect discipline[4], simulated fear postulates courage; simulated weakness postulates strength[5].

무질서한 체하는 것은 완벽한 규율을 전제로 하고, 두려운 체하는 것은 용기를 전제로 하며, 가장하여 나약한 체하는 것은 힘을 전제로 한다.

❷ Apparent[6] confusion[7] is a product[8] of good order; apparent cowardice[9], of courage; apparent weakness[10], of strength.

분명한 혼동은 질서정연함의 결과, 명백한 소심함은 용기, 명백한 약점은 힘의 결과이다.

---

1) sim · u · late: …을 가장하다, (짐짓) …체하다[시늉하다]; 흉내내다; (…로) 분장(扮裝)하다;
2) dis · or · der: ① 무질서, 어지러움, 혼란 ② (pl.) 소요(騷擾), 불온. ③ Ⓒ (심신의) 부조(不調), 장애, 질환, 이상.
3) pos · tu · late: ① (자명한 일로서) …을 가정하다; (논리 전개를 위해) …을 전제로 하다.
4) dis · ci · pline: ① 훈련, 훈육; 단련, 수양 ② 규율, 풍기; 자제. ③ 〖종교〗 고행; 종규, 계율. ④ 훈계, 징계, 처벌.
5) strength: ① 세기, 힘 ② 체력, 근력. ③ 세력, 병력, 인원수, 정원
6) ap · par · ent: ① (눈에) 또렷한, 보이는 ② 명백한, 곧 알 수 있는 ③ 외견(만)의, 겉치레의
7) con · fu · sion: ① 혼동 ② 혼란 (상태), 분규; 착잡. ③ 당황, 얼떨떨함.
8) prod · uct: ① (종종 pl.) 산물, 생산품; 제품, 제조물, 제작물; 창작(품); 생산고 ② 결과; 소산, 성과
9) cow · ard · ice: 겁, 소심, 비겁.
10) weak · ness: ① 약함, 가냘픔; 허약. ② 우유부단, 심약. ③ (근거의) 박약. ④ 약점, 결점

12

치 난 삭 야 용 겁 세 야 강 약 형 야

治亂 數也. 勇怯 勢也. 强弱 形也.

Zhì luàn, shù yě. Yǒng qiè, shì yě. Qiáng ruò, xíng yě.

다스림과 혼란은 이치이다. 용기와 겁은 기세이다. 강하고 약한 것은 형태이다.

治	다스릴	치	다스리다, 관리하다, 바로잡다, 평정하다
亂	어지러울	난	어지럽다, 다스리다, 간음하다, 건너다
數	자주	삭, 수	자주, 세다, 촘촘하다, 계산하다, 이치, 꾀
也	어조사	야	어조사, 또, 또한, 잇달다
勇	날쌜	용	날쌔다, 과감하다, 결단력이 있다
怯	겁낼	겁	겁내다, 무서워하다, 약하다, 비겁하다, 피하다
勢	기세	세	기세, 무리, 인중(人衆), 불알
强	굳셀	강	굳세다, 힘이 있는 자, 성하다, 세차다
弱	약할	약	약하다, 약한 자, 약해지다, 쇠해지다
形	모양	형	모양, 몸, 육체, 형세, 세력,나타나다, 드러나다
也	어조사	야	어조사, 또, 또한, 잇달다

❶ Hiding order[1)] beneath[2)] the cloak[3)] of disorder is simply a question of subdivision[4)]; concealing[5)] courage under a show of timidity[6)] presupposes[7)] a fund of latent[8)] energy[9)]; masking[10)] strength with weakness[11)] is to be effected[12)] by tactical[13)] dispositions[14)].

무질서라는 외투 아래 질서를 숨기는 것은 단순히 분할의 문제이고, 소심한 척하며 용기를 숨기는 것은 잠재적인 힘의 축적을 전제로 하며, 약점으로 힘을 가리는 것은 전술적 작전계획의 효과로 인한 것이다.

❷ Order or disorder depends on organization[15)]; courage or cowardice[16)] on circumstances[17)]; strength or weakness on dispositions.

질서와 무질서는 편제, 주변 상황에서 용기와 소심함, 작전계획에서 힘과 약점에 달려있다.

---

1) or · der: ① (종종 pl.) 명령, 지휘; 훈령; (법원의) 지시; 명령서 ② (집회 등의) 규칙; 준법; (정치 · 사회적) 질서, 치안; 체제, 제도; (관례상의) 의사진행 절차 ③ 순서, 순; 서열, 석차 ④ 정돈, 정리, 정열; 태세
2) be · neath: (바로) 아래(밑)에, 아래쪽에; 지하에; ① (위치 · 장소가) …의 아래(밑)에(서); (무게 · 지배 · 압박 등의) 밑(하)에, …을 받아서 ② …의 아래쪽(기슭)에. ③ (신분 · 직위 · 가치 등이) …보다 낮게, …보다 이하로
3) cloak: ① (보통 소매가 없는) 외투, 망토. ② 〔단수형〕 덮는 것 ③ 가면, 구실(pretext), 은폐하는 수단.
4) súb · division: 재분(再分), 잘게 나눔, 세분
5) con · ceal: ① 숨기다; 숨다 ② 비밀로 하다
6) ti · mid · i · ty: 겁, 소심, 수줍음.
7) prè · suppóse: 미리 가정(예상)하다; 필요 조건으로 예상하다, 전제로 하다; …의 뜻을 포함하다
8) la · tent: 숨어 있는, 보이지 않는; 잠재적인
9) en · er · gy: ① 정력, 활기, 원기 ② (말 · 동작 따위의) 힘 ③ (개인의) 활동력, 행동력 ④ 〖물리학〗 에너지
10) mask: ① …에 가면을 씌우다, 가면으로 가리다. ② 가리다, 감추다 ③ 〖군사〗 차폐(엄폐)하다; 감시하여 적의 행동을 방해하다; (전방으로 너무 나가 우군의 사격을) 방해하다.
11) weak · ness: ① 약함, 가냘픔; 허약. ② 우유부단, 심약. ③ (근거의) 박약. ④ 약점, 결점
12) ef · fect: ① (변화 등을) 가져오다, 초래하다 ② 실행하다; (목적 따위를) 성취하다, 완수하다
13) tac · ti · cal: 군학(軍學)의, 전술상의, 전술적인, 용병(用兵)상의; 책략(술책)이 능란한.
14) dis · po · si · tion: ① 성벽(性癖), 성질, 기질; 경향; 의도 ② 배열, 배치; (pl.) 작전계획 ③ 처분, 정리; 〖法〗 양도, 증여; 처분(재량)권
15) or · gan · i · za · tion: ① 조직(화), 구성, 편제, 편성. ② 기구, 체제; 〖생물〗 생물체, 유기체. ③ 조직체, 단체, 조합
16) cow · ard · ice: 겁, 소심, 비겁.
17) cir · cum · stance: ① (보통 pl.) 상황, 환경; 주위의 사정. ② (pl.) (경제적인) 처지, 생활 형편.

13

고 선 동 적 자 형 지 적 필 종 지
故善動敵者 形之 敵必從之.
Gù shàn dòng dí zhě, xíng zhī, dí bì cóng zhī.

여 지 적 필 취 지 이 리 동 지 이 졸 대 지
予之 敵必取之 以利動之 以卒待之.
Yǔ zhī, dí bì qǔ zhī, yǐ lì dòng zhī, yǐ zú dài zhī.

적을 잘 움직이는 자는 형세로 적이 반드시 나아가게 한다.
적에게 (이익을) 주면 적이 반드시 얻게 되니 이익으로 움직이게 하고 *졸卒(100명의 병사)로써 대비한다.

* 졸卒: 옛날 군대 편제 단위의 하나로서 100명을 '卒'라 했음

予	나	여	나, 주다, 손으로 건네다
之	갈	지	가다, 이(指示代名詞), -의(冠形格助詞)
敵	원수	적	원수, 상대방, 대등하다, 맞서다
必	반드시	필	반드시, 틀림없이, 꼭, 기필하다, 이루어내다, 오로지
取	취할	취	취하다, 골라 뽑다, 돕다, 의지하다
以	써	이	써, -로써, 부터, -에서, 까닭
利	날카로울	리	이롭다, 유익하다, 편리하다, 날카롭다, 통하다
動	움직일	동	움직이다, 나다, 살다, 살아나다, 변하다
卒	군사	졸	군사, 하인, 심부름꾼, 집단, 무리
待	기다릴	대	기다리다, 갖추다, 대비하다, 막다, 방비하다

❶ Thus one who is skillful at keeping the enemy on the move[1)] maintains[2)] deceitful[3)] appearances[4)], according to which the enemy will act. He sacrifices[5)] something, that the enemy may snatch[6)] at it. By holding out baits[7)], he keeps him on the march; then with a body of picked men he lies in wait for him.

그러므로 적을 움직이도록 함에 있어, 유능한 자는 적이 움직일 것에 따라서 거짓 출장(出場)을 계속한다. 무엇인가를 단념하면, 적이 낚아챌 수 있다. 미끼를 내밀어, 적이 행군을 계속하도록 하고, 선발된 병사들의 주력 부대로 적을 기다린다.

❷ Thus, those skilled at making the enemy move do so by creating a situation[8)] to which he must conform; they entice him with something he is certain[9)] to take, and with lures of ostensible profit[10)] they await him in strength[11)].

그러므로 적을 움직이도록 함에 있어 능숙한 자는 적을 따르게 할 형세를 만들어서 그렇게 하고, 적이 반드시 빼앗으려는 무엇인가로 유혹하여 표면상 이익을 주어 병력을 모아 적을 기다린다.

---

1) move: ① 움직임, 동작, 운동. ② 행동, 조처 ③ 이동; 이사. ④ 진행, 추이(推移).
2) main · tain: ① 지속(계속)하다, 유지하다 ② 속행하다, 계속하다 ③ (권리 · 주장 따위를) 옹호하다, 지지하다 ④ (보수(補修)하여) 간수하다, 건사하다, 보존하다 ⑤ 부양하다, 보육하다; (생명 · 체력 등을) 지탱하다
3) de · ceit · ful: 사람을 속이는, 거짓의; (겉보기에) 남을 오해시킬 만한; 사기적인.
4) ap · pear · ance: ① 출현; 출두; 출연; 출장(出場); 발표, 출판. ② 기색, 징조; 현상 ③ (종종 pl.) 외관, 겉보기; 체면; 모습, 생김새, 풍채(風采) ④ (pl.) (외면적인) 형세, 정세, 상황
5) sac · ri · fice: ① 희생하다, 제물로 바치다; 단념(포기)하다 ② 『상업』 투매하다, 헐값에 팔다; 산 제물을 바치다
6) snatch: ① 와락 붙잡다, 움켜쥐다, 잡아(낚아)채다, 강탈하다 ② (이 세상에서) 앗아가다, 갑자기 모습을 감추게 하다, 죽이다 ③ 뜻밖에(겨우, 운좋게) 얻다; (기회를 보고) 급히 덤벼들다 ④ (화재 · 위험 등에서) 구해내다, 재빨리 구출하다 《from》; 낚아채려 하다, 움켜잡으려 하다, (기회 등에) 달려(덤벼)들다《at》
7) bait: ① 미끼, 먹이 ② 유혹(물)
8) sit · u · a · tion: ① 위치, 장소, 소재; 환경. ② 입장, 사정 ③ 정세, 형세, 상태, 사태
9) cer · tain: ① 〔서술적〕 (아무가) 확신하는, 자신하는 ② (일이) 확실한, 신뢰할 수 있는, 반드시 일어나는; (지식 · 기술이) 정확한 ③ 반드시 …하는, …하게 정해져 있는
10) prof · it: ① (종종 pl.) (금전상의) 이익, 수익, 이윤, 소득 ② 득(得), 덕.
11) strength: ① 세기, 힘 ② 체력, 근력. ③ 세력, 병력, 인원수, 정원

14

고 선 전 자 구 지 어 세 불 책 어 인 고 능 택 인 이 임 세

故善戰者 求之於勢 不責於人. 故能擇人而任勢.

Gù shàn zhàn zhě, qiú zhī yú shì, bù zé yú rén. Gù néng zé rén ér rèn shì.

그러므로 전쟁을 잘하는 자는 기세에서 구하고 병사를 꾸짖지 않는다. 그러므로 능한 사람을 택하여 기세를 맡긴다.

故	옛	고	예, 이미 지나간 때, 옛, 예전의, 옛날의, 원래, 본래
善	착할	선	착하다, 좋다, 훌륭하다, 잘하다
戰	싸울	전	싸우다, 싸움, 전쟁, 두려워하다, 두려워서 떨다
者	놈	자	놈, 사람, 것, 일/물건을 가리켜 이른다
求	구할	구	구하다, 필요한 것을 찾다, 청하다, 묻다, 나무라다
之	갈	지	가다, 이(指示代名詞), –의(冠形格助詞)
於	어조사	어	어조사, –에, –에서(처소격), –보다(비교격), –를(목적격)
勢	기세	세	기세, 무리, 인중(人衆), 불알
責	꾸짖을	책, 채	꾸짖다, 요구하다, 꾸지람하다, 따져 밝히다, 규명하다
故	옛	고	예, 이미 지나간 때, 옛, 예전의, 옛날의, 원래, 본래
能	능할	능	능하다, 잘하다, 보통 정도 이상으로 잘하다, 미치다
擇	가릴	택	가리다, 고르다, 사람 이름
而	말	이을 이	말 이음, 순접역접의 접속사
任	맡길	임	맡기다, 맡은 일, 마음대로

❶ The clever combatant[1)] looks to the effect[2)] of combined energy[3)], and does not require too much from individuals[4)]. Hence his ability to pick out the right men and utilize[5)] combined[6)] energy.

영리한 전투원은 연합된 기세의 효과를 찾고, 개개인에게 너무 많은 것을 명하지 않는다. 그러므로 적절한 병사를 선발하고 기세를 연합하여 활용하는 능력이다.

❷ Therefore a skilled commander seeks[7)] victory from the situation[8)] and does not demand[9)] it of his subordinates[10)]. He selects his men and they exploit[11)] the situation.

그러므로 유능한 사령관/지휘관은 형세에서 승리를 찾고 부하에게 요구하지 않는다. 그는 병사들을 선발하여 형세를 활용한다.

---

1) com · bat · ant: 격투하는; 싸우는; 교전 중의; 전투에 임하는; 전투적, 호전적; 싸우는 사람; 전투원.

2) ef · fect: ①결과 ② 효과; (법률 등의) 효력; 영향; (약 등의) 효능 ③ (색채 · 모양의) 배합, 광경; 감명, 영향, 느낌, 인상. ④ 겉모양, 외견, 체재 ⑤ 취지, 의미 ⑥ (pl.) 동산, 재산, 물건

3) en · er · gy: ① 정력, 활기, 원기 ② (말 · 동작 따위의) 힘 ③ (개인의) 활동력, 행동력 ④ 『물리학』 에너지

4) in · di · vid · u · al: ① 개개의, 각개(各個)의 ② 일개인의, 개인적인 ③ 독특한, 특유의 ④ 1인용의, 개인 전용의. ⑤ 단일의, 독립적인, 따로 떨어진. ⑥ 각기 다른; ① 개인 ② 개체, 단일체, (물건의) 한 단위.

5) uti · lize: 활용하다, 소용되게 하다

6) com · bíned: 결합〔연합, 화합, 합동〕한

7) seek: ① 찾다; 추구〔탐구〕하다, 조사하다; (명성 · 부(富) 따위를) 얻으려고 하다; (…에게 조언 · 설명을) 구하다, 요구하다 ② 《문어》 …하려고 시도〔노력〕하다 ③ 《고어》 …에 가고 싶어하다, …에 가다; ① 찾다, 수색하다; 탐구하다 ② 얻으려고〔찾으려고〕 애쓰다, 희구하다, 요구하다, 청(請)하다 ③ 《고어》 가끔 가다.

8) sit · u · a · tion: ① 위치, 장소, 소재; 환경. ② 입장, 사정 ③ 정세, 형세, 상태, 사태

9) de · mand: ① 요구하다, 청구하다 ② (사물이) …을 요하다, 필요로 하다 ③ (권위를 갖고) 묻다, 힐문하다, 말하라고 다그치다; 요구하다; 묻다.

10) sub · or · di · nate: (계급 · 지위가) …아래의, 차위〔하급〕의; 부수〔종속〕하는《to》; 하위(의 사람), 속관(屬官), 부하; 하위에 두다; 종속시키다《to》; 경시하다, 얕보다《to》

11) ex · ploit: (큰) 공, 공훈, 공적, 위업; ① (자원 등을) 개발〔개척〕하다, 채굴〔벌채〕하다; (특색 등을) 살리다, 활용하다 ② (이기적인 목적으로) 이용하다, 미끼삼다; (남의 노동력 등을) 착취하다

15

임 세 자 기 전 인 야 여 전 목 석
任勢者 其戰人也 如轉木石.
Rèn shì zhě, qí zhàn rén yě, rú zhuǎn mù shí.

목 석 지 성 안 칙 정 위 칙 동 방 칙 지 원 칙 행
木石之性 安則靜 危則動 方則止 圓則行.
Mù shí zhī xìng, ān zé jìng, wēi zé dòng, fāng zé zhǐ, yuán zé xíng.

기세에 맡기면 그 병사들은 구르는 나무와 돌과 같다.
나무와 돌의 성질은 안정되면 움직이지 않고 위태롭게 하면 움직이고 각이 있으면 멈추고 둥글면 나아간다.

任	맡길	임	맡기다, 맡은 일, 마음대로
勢	기세	세	기세, 무리, 인중(人衆), 불알
者	놈	자	놈, 사람, 것, 일/일을 가리켜 이른다
其	그	기	그(지시 대명사), 의(관형격 조사), 그(감탄, 강세 조사)
戰	싸울	전	싸우다, 싸움, 전쟁, 두려워하다, 두려워서 떨다
也	어조사	야	어조사, 또, 또한, 잇달다
如	같을	여	같다, 같게 하다, 따르다
轉	구를	전	구르다, 회전하다, 굴러 옮기다, 굴러 넘어지다, 움직이다
性	성품	성	성품, 성질, 생명, 목숨
則	법칙,곧,	칙, 즉	법칙, 곧, 법, 본받다, 모범으로 삼다
靜	고요할	정	고요하다, 맑다, 단청(丹靑)이 정밀하다
危	위태할	위	위태하다, 위태롭게 하다, 두려워하다
動	움직일	동	움직이다, 나다, 살다, 살아나다, 변하다
方	모	방	모, 각(角), 사방(四方), 방위, 방향
止	발	지	발, 멎다, 멈추다, 머무르다
圓	둥글	원	둥글다(圓), 원, 동그라미, 둘레, 언저리
行	항렬, 갈	행	가다, 걷다, 나아가다, 돌아다니다, 움직이다, 행하다

❶ When he utilizes[1)] combined[2)] energy[3)], his fighting men become as it were like unto[4)] rolling logs or stones. For it is the nature of a log or stone to remain[5)] motionless[6)] on level[7)] ground, and to move when on a slope[8)]; if four-cornered[9)], to come to a standstill[10)], but if round-shape d[11)], to go rolling down.

연합된 기세를 활용하면, 전투원들은 구르는 통나무 혹은 돌처럼 된다. 그것은 평지에서는 움직이지 않고, 경사지에서는 움직이는 통나무 혹은 돌의 특성 때문이다. 사각이면 멈추고, 원형이면 굴러 내려간다.

❷ He who relies on the situation[12)] uses his men in fighting as one rolls logs or stones. Now the nature[13)] of logs and stones is that on stable[14)] ground they are static; on unstable[15)] ground, they move. If square[16)], they stop ; if round, they roll.

형세에 신뢰하는 자는 구르는 통나무 혹은 돌처럼 전투에서 병사들을 쓴다. 통나무와 돌의 특성은 안정된 지형에서는 정지상태이고, 불안정한 지형이면, 움직인다. 사각형이면, 멈추고, 둥글면, 굴러간다.

---

1) uti · lize: 활용하다, 소용되게 하다
2) com · bíned: 결합(연합, 화합, 합동)한
3) en · er · gy: ① 정력, 활기, 원기 ② (말 · 동작 따위의) 힘 ③ (개인의) 활동력, 행동력 ④ 『물리학』 에너지
4) un · to: 《고어 · 시어》 ① …에, …쪽에 ② …까지
5) re · main: ① 남다, 남아 있다; 없어지지 않고 있다; 살아남다 ② 머무르다, 체류하다 ③ …하지 않고 남아 있다, 아직(금후) …하지 않으면 안 되다 ④ …한 대로이다, 여전히 …이다
6) mo · tion · less: 움직이지 않는, 정지한
7) lev · el: ① 수평의; 평평한, 평탄한. ② 같은 수준(높이, 정도)의, 동등한, 동위의; 호각(互角)의, 대등한 ③ 똑같은, 한결같은, 균형 잡힌, 고른, 움직이지 않는, 흔들리지 않는; 온건한; 공평한
8) slope: ① 경사면, 비탈; 경사지; (특정 대양을 향하여 경사진) 대륙내의 지역, 사면(斜面). ② 경사(도), 물매
9) fóur-córnered: ① 4각의. ② 네 사람이 하는;
cór · nered: ① 구석(궁지)에 몰린, 진퇴유곡의 ② 모가 진; (…한) 입장에 있는, (…의) 경쟁자가 있는
10) stand · still: 막힘, 정돈(停頓); 멈춤, 정지, 휴지(休止)
11) shaped: ① 〔종종 합성어를 이루어〕 …의 모양을 한
12) sit · u · a · tion: ① 위치, 장소, 소재; 환경. ② 입장, 사정 ③ 정세, 형세, 상태, 사태
13) na · ture: ① (대)자연, 천지만물, 자연(현상); 자연계; 자연의 힘(법칙); (종종 N-) 조화; 조물주 ② (문명의 영향을 받지 않은) 인간의 자연의 모습; 미개 상태 ③ 천성, 인간성, (사람 · 동물 따위의) 본성; 성질, 자질; …기질의 사람 ④ (the ~) (사물의) 본질, 특질; 특징 ⑤ 본래의 모습; 현실, 진짜. ⑥ (a ~, the ~) 종류; 성질
14) sta · ble: ① 안정된, 견고한 ② 견실한, 착실한; 변동이 없는, 영속적인 ③ 『기계』 복원력(復原力)(성)이 있는.
15) un · stáble: ① 불안정한, 흔들거리는. ② 변하기 쉬운, 움직이기 쉬운; 침착하지 않은. ③ 『물리학 · 화학』 (화합물이) 분해하기 쉬운, 불안정한
16) square: 정사각형으로 하다; (재목 따위를) 네모지게(직각으로) 하다《up; off》 ② 『군사』 방진(方陣)으로 하다.

16

고 선 전 인 지 세 여 전 원 석 어 천 인 지 산 자 세 야

故善戰人之勢 如轉圓石於千仞之山者. 勢也.

Gù shàn zhàn rén zhī shì, rú zhuǎn yuán shí yú qiān rèn zhī shān zhě, shì yě.

그러므로 전쟁을 잘하는 자의 기세는 둥근 돌을 천 길 높이의 산에서 굴리는 것과 같다. 기세이다.

故	옛	고	예, 이미 지나간 때, 옛, 예전의, 옛날의, 원래, 본래
善	착할	선	착하다, 좋다, 훌륭하다, 잘하다
戰	싸울	전	싸우다, 싸움, 전쟁, 두려워하다, 두려워서 떨다
之	갈	지	가다, 이(指示代名詞), -의(冠形格助詞)
勢	기세	세	기세, 무리, 인중(人衆), 불알
如	같을	여	같다, 같게 하다, 따르다
轉	구를	전	구르다, 회전하다, 굴러 옮기다, 굴러 넘어지다, 옮다, 움직이다
圓	둥글	원	둥글다(圜), 원, 동그라미, 둘레, 언저리
石	돌	석	돌, 돌로 만든 악기, 비석
於	어조사	어	어조사(于), -에, -에서(처소격), -보다(비교격), -를(목적격), -에게(여격)
千	일천	천	일천, 천 번, 많다
仞	길	인	길, 재다, 차다
者	놈	자	놈, 사람, 것, 일을 가리켜 이른다, 물건을 가리켜 이른다, 곳
勢	기세	세	기세, 무리, 인중(人衆), 불알也 어조사 야

❶ Thus the energy[1] developed by good fighting men is as the momentum[2] of a round stone rolled down a mountain thousands of feet in height[3]. So much on the subject[4] of energy.

그러므로 훌륭한 전투원들이 전개한 기세는 천 길 높이의 산에서 굴러 내려가는 둥근 돌의 기세와 같다. 기세의 실체는 너무 많다.

❷ Thus, the potential[5] of troops[6] skilfully commanded[7] in battle may be compared[8] to that of round boulders[9] which roll down from mountain heights.

그러므로 전투에서 교묘하게 지휘받는 군대의 잠재력은 산 높은 곳에서 굴러 내려가는 둥근 옥석으로 비유될 수 있다.

---

1) en · er · gy: ① 정력, 활기, 원기 ② (말 · 동작 따위의) 힘 ③ (개인의) 활동력, 행동력 ④ 〖물리학〗 에너지
2) mo · men · tum: 〖기계 · 역학〗 운동량; 타성; 여세, 힘(impetus); 추진력; 〖철학〗 모멘트, 계기, 요소
3) height: ① 높음. ② 높이, 키; 고도, 해발, 표고 ③ (보통 pl.) 고지, 산, 언덕, 높은 장소[위치].
4) sub · ject: ① 국민; 신하, 신(臣) ② 주제, 문제, 제목, 연제, 화제 ③ 학과, 과목 ④ 주관, 자아. 주체, 실체.
5) po · ten · tial: ① 잠재적인; 잠세(潛勢)의, 가능한; 장래 …의 가능성이 있는. ② 〖물리학〗 위치의, 변압의; ① 잠세(潛勢), 잠재력; 가능성
6) troop: ① 대(隊), 떼, 무리《of》 ② (보통 pl.) 군대, 병력 ★ 60 troops는 '병력 60명'의 뜻. ③ 〖軍〗 기병 중대. ④ (보이스카우트의) 분대《최소 5명》; (걸 스카우트의) 단(團)《8-32명으로 구성됨》
7) com · mand: ① …에게 명(령)하다, …에게 호령(구령)하다, 요구하다. ② 지휘하다, …의 지휘권을 갖다; 통솔하다 ③ (감정 따위를) 지배하다, 누르다, 억제하다
8) com · pare: ① 비교하다, 견주다, 대조하다 ② 비유하다, 비기다《to》
9) boul · der: 둥근 돌, 옥석; 〖지질〗 표석(漂石).

六篇 虛實

❶ WEAK POINTS AND STRONG 약점과 강점

– Lionel Giles(라이오넬 자일스) 역

❷ WEAKNESSES AND STRENGTHS 약점과 강점

– Samuel B. Griffith(사무엘 비 그리피스) 역

* 허함과 실함

1. 주도권을 잡아라
2. 적을 내 뜻대로 조종한다
3. 적의 요충지를 공략한다
4. 적을 파악하여 강약점을 알아낸다
5. 싸워 이긴 술책은 반복하지 않는다
6. 군대의 형세는 물을 본받는다(병형상수)

虛	빌	허	비다, 없다, 적다, 드물다, 모자라다, 준비가 없다
實	열매	실	열매, 차다, 가득 차다, 익다, 곡식이 익다
篇	책	편	책, 완결된 책, 완결된 시문(詩文), 시문을 세는 단위

孫子兵法

Sūn zǐ bīng fǎ

Art of war

1

손 자 왈 범 선 처 전 지 이 대 적 자 일
孫子曰: 凡先處戰地而待敵者佚
Sūn zǐ yuē, fán xiān chù zhàn dì ér dài dí zhě yì,

후 처 전 지 이 추 전 자 노 고 선 전 자 치 인 이 부 치 어 인
後處戰地而趨戰者勞. 故善戰者 致人而不致於人.
hòu chǔ zhàn dì ér qū zhàn zhě láo. Gù shàn zhàn zhě, zhì rén ér bù zhì yú rén.

손자가 말했다. 무릇 먼저 전쟁터에서 머물며 적을 기다리는 자는 편안하고 늦게 전쟁터로 향하여 달려가는 자는 피로하다.
그러므로 전쟁을 잘하는 자는 적을 끌어들이지 않고 끌려가지는 않는다.

凡	무릇	범	무릇, 모두, 다, 합계
先	먼저	선	먼저, 나아가다, 옛날
處	살	처	살다, 머물러 있다, 남아서 지키다, 자리를 차지하다
戰	싸울	전	싸우다, 싸움, 전쟁, 두려워하다, 두려워서 떨다
地	땅	지	땅, 토지의 신, 처지, 처해 있는 형편
而	말이을	이	말 이음, 순접·역접의 접속사
待	기다릴	대	기다리다, 갖추다, 대비하다, 막다, 방비하다
敵	원수	적	원수, 상대방, 대등하다, 맞서다
佚	편안할	일	편안하다, 숨다, 실수
後	뒤	후	뒤, 늦다, 능력 따위가 뒤떨어지다
處	살	처	살다, 머물러 있다, 남아서 지키다, 묵다, 쉬다, 거처하다, 집에 있다
地	땅	지	땅, 토지의 신, 처지, 처해 있는 형편
趨	달릴	추	달리다, 빨리 가다, 성큼성큼 걷다, 쫓다
勞	일할	로{노}	일하다, 노력하다, 힘쓰다, 근심하다, 피로하다
善	착할	선	착하다, 좋다, 훌륭하다, 잘하다
致	보낼	치	보내다, 전송해 보내다, 돌려 바치다, 바치다, 내던지다, 맡기다, 전하다
於	어조사	어	어조사, -에, 에서, 보다, 를, 에게, 있어서

❶ Sun Tzu said: Whoever[1] is first in the field[2] and awaits the coming of the enemy, will be fresh[3] for the fight; whoever is second in the field and has to hasten[4] to battle will arrive exhausted[5].

Therefore the clever combatant[6] imposes[7] his will on the enemy, but does not allow the enemy's will to be imposed on him.

손자가 말했다. 누구든지 전쟁터에서 먼저 와서 오고 있는 적을 기다리는 자는 힘차게 전투할 것이고, 전쟁터에 후에 도착하여 전투를 서두르는 자는 지칠 것이다.

그러므로 전투에 임하는 유능한 자는 그의 의도대로 적군을 위압하고, 적군의 의도대로 위압당하지 않는다.

❷ Sun Tzu said: Generally, he who occupies[8] the field of battle first and awaits his enemy is at ease[9]; he who comes later to the scene[10] and rushes[11] into the fight is weary[12].

And therefore those skilled in war bring the enemy to the field of battle and are not brought there by him.

손자가 말했다. 보편적으로 먼저 전쟁터를 차지하여 적을 기다리는 자는 여유가 있고, 현장에 늦게 와서 전투에 뛰어드는 자는 지친다.

그러므로 전쟁에 능숙한 자는 전쟁터로 적을 오게 하지 자신이 가지는 않는다.

---

1) who · ev · er: ① …하는 누구든지 ② 누가 …하더라도

2) field: ① (보통 pl.) 들(판), 벌판; 논, 밭, 목초지 ② 싸움터; 전지; 싸움, 전투 ③ 산지, 매장 지대, 광상

3) fresh: ① 새로운, 갓 만들어진; (가지 등이) 갓 생긴, 싱싱한 ② 신선한; (공기가) 맑은, 상쾌한; (빛깔이) 선명한; (기억이) 생생한 ③ 생기 있는, 기운찬, 건강한, 윤기 흐르는 ④ 이제까지 없는, 신기한.

4) haste: ① 급함, 급속, 신속 ② 성급, 서두름, 허둥댐; 경솔; 《詩》 서두르다; 급하게 굴다, 재촉하다.

5) ex · haust: ① 다 써버리다; 고갈시키다; 소모하다; 피폐시키다 ② 지쳐빠지게 하다, 피로(疲勞)하게 하다; 지쳐빠지다, 녹초가 되다 ③ 완전히 빼다; ⑤ (엔진이) 배기하다; (가스 · 증기 등이) 배출되다.

6) com · bat · ant: 격투하는; 싸우는; 교전 중의; 전투에 임하는; 전투적, 호전적; 싸우는 사람; 전투원.

7) im · pose: ① (의무 · 세금 · 벌 따위를) 지우다, 과(課)하다, 부과하다 ② 강요〔강제〕하다 ③ 떠맡기다, 속여 팔다 : ① 편승하다, …을 기화로 삼다, 남용하다; 속이다; 기만하다; 성가시게 굴다 ② 위압하다, 감복시키다

8) oc · cu · py: ① (시간 · 장소 따위를) 차지하다; (시간을) 요하다 ② 점령〔점거〕하다, 영유하다 ③ …에 거주하다, 점유하다; 사용하다; 차용하다 ④ (지위 · 일자리를) 차지하다

9) ease: ① 안락, 편안; 여유 ② 평정, 안심. ③ 한가, 태평. ④ 홀가분함, 쇄락 ⑤ 편함, 편안함, 경감

10) scene: ① 무대 장면; 배경, 무대 장치. ② (극의) 장(場); 장면; 정경, 사건 ③ 광경, 경치, 조망.

11) rush: ① 돌진하다, 맥진〔쇄도〕하다, 힘차게〔급히〕 …하다 ② 달려들다 ③ 급하게〔무모하게〕 행동하다, 덤비다; ① 몰아대다 ② 부랴부랴 보내다〔운반하다, 데리고 가다〕 ③ 돌파하다 ④ …을 향해 돌진하다; 급습〔돌격〕하다

12) wea · ry: ① 피로한, 지쳐 있는; 녹초가 된 ② 싫증나는, 따분한, 진저리나는 ③ (일 등이) 사람을 지치게 하는

2

능 사 적 인 자 지 자 리 지 야 능 사 적 인 부 득 지 자

能使敵人自至者 利之也 能使敵人不得至者

Néng shǐ dí rén zì zhì zhě, lìz zhī yě, néng shǐ dí rén bù dé zhì zhě,

해 지 야 고 적 일 능 노 지 포 능 기 지 안 능 동 지

害之也. 故敵佚能勞之 飽能飢之 安能動之.

hài zhī yě. Gù dí yì néng láo zhī, bǎo néng jī zhī, ān néng dòng zhī

능히 적으로 하여금 스스로 오게 하려면 이익이 되는 것처럼 하고 능히 적으로 하여금 오지 못하게 하려면 해를 입을 수 있다고 보여준다.

그러므로 적이 편하게 있으면 피로하게 하고 배가 부르면 굶주리게 하고 평온하면 움직이도록 한다.

能	능할	능	능하다. 잘하다. 보통 정도 이상으로 잘하다
使	하여금	사	하여금. 시키다. 좇다
敵	원수	적	원수. 상대방. 대등하다. 맞서다
自	스스로	자	스스로. 몸소. 자기. 자연히. 저절로. 어조사
至	이를	지	이르다. 도래하다. 미치다. 닿다. 두루 미치다
者	놈	자	놈. 사람. 것. 일을 가리켜 이른다
利	날카로울	리{이}	이롭다. 유익하다. 편리하다. 날카롭다. 통하다
得	얻을	득	얻다. 이익. 이득. 덕(德)
害	해칠	해	해치다. 손해. 훼방하다. 방해하다. 죽이다
也	어조사	야	어조사. 또. 또한. 잇달다
佚	편안할	일	편안하다. 숨다. 실수
勞	일할	로{노}	일하다. 노력하다. 힘쓰다. 근심하다. 피로하다
飽	물릴	포	물리다. 싫증이 나다. 배부르다. 가득 차다
飢	주릴	기	주리다. 주리게 하다. 주림. 기아(飢餓)
動	움직일	동	움직이다. 나다. 살다. 살아나다. 변하다

❶ By holding out advantages to him, he can cause[1] the enemy to approach of his own accord[2]; or, by inflicting[3] damage, he can make it impossible for the enemy to draw[4] near.

If the enemy is taking his ease[5], he can harass[6] him; if well supplied with food, he can starve[7] him out; if quietly encamped[8], he can force[9] him to move.

적에게 이익이 될 것을 내밀어, 자신의 의도대로 적이 접근하도록 할 수 있거나, 피해를 주는 것으로, 적이 가까이 접근하는 것을 불가능하게 할 수 있다.

적이 쉬고 있다면 쉴 새 없이 공격하여, 괴롭힐 수 있고, 식량 보급이 잘 된다면, 차단하여 굶주리게 할 수 있으며, 조용히 주둔하고 있다면, 억지로 움직이도록 한다.

❷ One able to make the enemy come of his own accord does so by offering[10] him some advantage. And one able to prevent[11] him from coming does so by hurting him.

When the enemy is at ease[12], be able to weary[13] him; when well fed, to starve him; when at rest, to make him move.

자신의 의도대로 적을 오도록 할 수 있는 자는 어떤 이익을 제시한다. 그리고 적이 오는 것을 막을 수 있는 자는 다치게 한다.

적이 편하게 있으면, 피곤하게 할 수 있고, 잘 먹으면, 굶주리게 할 수 있고, 쉬고 있으면, 움직이게 할 수 있다.

---

1) cause: ① …의 원인이 되다; 일으키다. ② …로 하여금 —하게 하다 ③ 끼치다
2) ac · cord: ① 일치, 조화; 음〔소리 등〕의 융화. ② 협정; 강화. ③ 〖음악〗 (협)화음. ④ 의향, 발의(發意).
3) in · flict: ① (타격 · 상처 · 고통 따위를) 주다, 입히다, 가하다 ② (형벌) 과하다 ③ 폐를 끼치다, 번거롭게 하다
4) draw: ① 끌다, 당기다, 끌어당기다; 끌어당겨서 …하다 ② 꾀어들이다; 끌어들이다; ③ 빨아들이다; 당기다
5) ease: ① 안락, 편안; 여유 ② 평정, 안심. ③ 한가, 태평. ④ 홀가분함, 쇄락 ⑤ 편함, 편안함, 경감
6) har · ass: 괴롭히다, 애먹이다; 〖군사〗 (적을) 쉴새없이 공격하여 괴롭히다
7) starve: ① 굶주리다, 배고프다; 굶어 죽다 ② 절식(絕食)하다; 굶주림으로 고통받다〔쇠약해지다〕
8) en · camp: 〖군사〗 진을 치다, 야영하다〔시키다〕, 주둔시키다
9) force: ① …에게 강제하다, 억지로 …시키다 ② …에게 폭력을 가하다; 폭행하다; 강행 돌파하다 ③ 밀어넣다; 떠맡기다, 강매하다 ④ 밀어내다, 끌어내다 ⑤ …에 무리를 가하다; 밀고 나아가다; 강행군하다.
10) of · fer: ① …을 권하다, 제공하다 ② (신 등에) 바치다; (기도를) 드리다 ③ 표현하다 ④ 제출하다, 제의하다, 제안하다; 신청하다 ⑤ (…하겠다고) 말하다; (…하려고) 시도하다 ⑥ (싸움 · 저항 따위를) 하다
11) pre · vent: ① 막다, 방해하다, 막아서 …못 하게 하다 ② (질병 · 재해 따위를) 예방하다, 회피하다
12) ease: ① 안락, 편안; 여유 ② 평정, 안심. ③ 한가, 태평. ④ 홀가분함, 쇄락 ⑤ 편함, 편안함, 경감
13) wea · ry: ① 피로하다; 싫증나다; 싫어지다 ② 간절히 바라다, 동경하다; (없는 것을) 몹시 쓸쓸히 여기다

3

출 기 소 필 추　추 기 소 부 의
出其所必趨 趨其所不意.
Chū qí suǒ bì qū,　qū qí suǒ bù yì.

행 천 리 이 부 노 자　행 어 무 인 지 지 야
行千里而不勞者 行於無人之地也.
Xíng qiān lǐ ér bù láo zhě,　xíng yú wú rén zhī dì yě.

적이 나타날 곳으로 반드시 빨리 가고 생각하지도 못한 곳으로 빨리 가라. 천 리를 가도 피로하지 않는 것은 적이 없는 땅으로 가기 때문이다.

其	그	기	그(지시 대명사), 의(관형격 조사)
勞	일할	로{노}	일하다, 노력하다, 힘쓰다, 근심하다, 피로하다
里	마을	리	마을, 거리, 주거(住居)
所	바	소	바, 일정한 곳이나 지역, 지위, 자리, 위치, 경우
也	어조사	야	어조사, 또, 또한, 잇달다
於	어조사	어	어조사, -에, 에서, 보다, 를, 에게, 있어서
意	뜻	의	뜻, 생각하다, 정취, 풍경
而	말이을	이	말 이음, 순접·역접의 접속사
者	놈	자	놈, 사람, 것, 일을 가리켜 이른다
之	갈	지	가다, 이(指示代名詞), -의(冠形格助詞)
地	땅	지	땅, 토지의 신, 처지, 처해 있는 형편
千	일천	천	일천, 천 번, 많다
趨	달릴	추	달리다, 빨리 가다, 성큼성큼 걷다, 쫓다
行	갈	행	가다, 걷다, 나아가다, 달아나다, 돌아다니다, 겪다

❶ Appear at points which the enemy must hasten[1] to defend[2]; march swiftly[3] to places[4] where you are not expected[5].

An army may march great distances without distress[6], if it marches[7] through country[8] where the enemy is not.

적이 서둘러 방어해야 할 지점에 나타나고, 예상하지 못한 곳으로 신속하게 빨리 행군하라.

군대가 적이 없는 지역을 통과하여 행군한다면, 걱정없이 장거리를 행군할 것이다.

❷ Appear at places[9] to which he must hasten[10]; move swiftly[11] where he does not expect you.

That you may march a thousand li without wearying[12] yourself is because you travel[13] where there is no enemy.

서둘러 장소에 나타나고, 예측하지 못하는 곳으로 신속하게 움직여라.

지치지 않고 천 리를 행군할 수 있는 것은 적이 없는 곳을 이동하기 때문이다.

---

1) haste: ① 급함, 급속, 신속 ② 성급, 서두름, 허둥댐; 경솔; 《詩》 서두르다; 급하게 굴다, 재촉하다.
2) de · fend: ① 막다, 지키다, 방어[방위]하다, (타이틀)의 방어전을 하다 ② 변호하다, 지지[옹호]하다
3) swift: ① 날랜, 빠른, 신속한 ② 순식간의. ③ 즉석의, 즉각적인 ④ 곧 하는, …하기 쉬운
4) place: 두다, 놓다; 명중시키다; 배치[배열]하다, 정돈하다; (광고를) 신문[잡지]에 싣다; (심의 따위를 하기 위해) (계획 따위를) 제출하다, 의제로서 내놓다
5) ex · pect: ① 기대[예기, 예상]하다; 기다리다; …할 작정이다 ② 예정되어 있다, …하기로 되어 있다; …하도록 요청되어 있다, 〔완곡히〕 …하지 않으면 안 되다 ③ (당연한 일로) …을 요구하다, 기대하다, 바라다
6) dis · tress: ① 심통(心痛), 비탄(grief), 고민, 걱정(worry); Ⓒ 걱정거리. ② 고통(pain); Ⓒ 피로. ③ 가난, 곤궁; 고난, 재난, 불행; (배 · 비행기의) 조난. ④ 〖法〗 동산 압류; 압류물.
7) march: ① 〖군사〗 (대열을 지어) 행진하다; (당당하게) 걷다, 빨리 전진하다 ② (사건 따위가) 진전하다 ③ (나무 따위가) 나란히 늘어서 있다. ④ (말 · 행동 따위가 …와) 일치하다, 조화되다; …을 행진시키다, 행군시키다
8) coun · try: ① 나라, 국가; 국토 ② 시골, 교외, 지방, 전원 ③ 조국, 고국; 고향 ④ 지역, 고장 ⑤ (어떤) 영역, 분야, 방면.
9) place: ① 장소, 곳; (특정의 목적을 위한) 장소, …장(場) ② (신체 따위의) 국소, 부분; (책 따위의) 한 구절; (음악의) 한 절, 악구(樂句) ③ 시, 읍, 면; 지역, 지방 ④ 건(축)물, 관(館); 실(室), 사무실; 주소, 주거; 저택
10) haste: ① 급함, 급속, 신속 ② 성급, 서두름, 허둥댐; 경솔; 《詩》 서두르다; 급하게 굴다, 재촉하다.
11) swiftly: 신속히, 즉각
12) wea · ry: ① 피로하다; 싫증나다; 싫어지다 ② 간절히 바라다, 동경하다; (없는 것을) 몹시 쓸쓸히 여기다
13) trav · el: ① (멀리 또는 외국에) 여행하다; (탈것으로) 다니다 ② 이동하다, 나아가다; 걷다, 달리다; (빛 · 소리 등이) 전해지다; (기억 · 시선 등이) 연해 옮겨지다

4

공 이 필 취 자 공 기 소 부 수 야
攻而必取者 攻其所不守也.
Gōng ér bì qǔ zhě, gōng qí suǒ bù shǒu yě.

수 이 필 고 자 수 기 소 부 공 야
守而必固者 守其所不攻也.
Hǒu ér bì gù zhě, shǒu qí suǒ bù gōng yě.

공격하여 필히 얻는 곳은 수비를 하지 않는 곳이다.
방어를 하여 반드시 지켜내는 것은 적이 공격하지 않는 곳을 지킨다.

攻	칠	공	치다, 공격하다, 불까다, 거세(去勢)하다, 다스리다
而	말이을	이	말 이음, 순접·역접의 접속사
必	반드시	필	반드시, 틀림없이, 꼭, 기필하다, 이루어내다
取	취할	취	취하다, 골라 뽑다, 돕다, 의지하다
者	놈	자	놈, 사람, 것, 일을 가리켜 이른다
攻	칠	공	치다, 공격하다, 불까다, 거세(去勢)하다, 다스리다
其	그	기	그(지시 대명사), 의(관형격 조사)
所	바	소	바, 일정한 곳이나 지역, 지위, 자리, 위치, 경우
守	지킬	수	지키다, 직무, 직책, 정조, 지조
也	어조사	야	어조사, 또, 또한, 잇달다
而	말이을	이	말 이음, 순접·역접의 접속사
必	반드시	필	반드시, 틀림없이, 꼭, 기필하다, 이루어내다
固	굳을	고	굳다, 단단하다, 방비, 수비, 오로지, 한결같이
所	바	소	바, 일정한 곳이나 지역, 지위, 자리, 위치, 경우
攻	칠	공	치다, 공격하다, 불까다, 거세(去勢)하다, 다스리다

❶ You can be sure of succeeding[1)] in your attacks if you only attack places[2)] which are undefended[3)]. You can ensure[4)] the safety[5)] of your defense[6)] if you only hold positions[7)] that cannot be attacked.

방비가 없는 장소만 공격한다면 공격에 있어 성공을 확신할 수 있다. 공격할 수 없는 지점을 차지한다면 안전하게 방어할 수 있다고 확신한다.

❷ To be certain[8)] to take what you attack is to attack a place[9)] the enemy does not protect[10)]. To be certain[11)] to hold what you defend[12)] is to defend a place the enemy does not attack.

적이 방어하지 못하는 곳을 공격하면 점령한다고 확신한다. 적이 공격하지 못하는 곳을 방어하면 점령한다고 확신한다.

---

1) suc · céed · ing: 계속되는, 다음의, 계속 일어나는.
2) place: ① 장소, 곳; (특정의 목적을 위한) 장소, …장(場) ② (신체 따위의) 국소, 부분; (책 따위의) 한 구절; (음악의) 한 절, 악구(樂句) ③ 시, 읍, 면; 지역, 지방 ④ 건(축)물, 관(館); 실(室), 사무실; 주소, 주거; 저택
3) ùn · defénded: 방비가 없는; 옹호〔변호〕되지 않은; 변호인이 없는《죄인 등》; (고소 등이) 항변이 없는.
4) en · sure: ① …을 책임지다, 보장〔보증〕하다, (성공 등을) 확실하게 하다; (지위 등을) 확보하다 ② …을 안전하게 하다, 지키다
5) safe · ty: ① 안전, 무사; 무난, 무해; 안전하게 하다, …에 안전 장치를 하다.
6) de · fense: ① 방위, 방어, 수비. ② 방어물; (pl.) 〖군사〗 방어 시설, 요새.
7) po · si · tion: ① a) 위치, 장소, 소재지; 적소 b) (사회적) 처지, 입장 ② 지위, 신분; 높은 지위 ③ 직책, 근무처 ④ 태도, 자세; 심적 태도; (문제 등에 대한) 입장, 견해, 주장 ⑤ 상태, 형세, 국면
8) cer · tain: ① 〔서술적〕 (아무가) 확신하는, 자신하는 ② (일이) 확실한, 신뢰할 수 있는, 반드시 일어나는; (지식 · 기술이) 정확한 ③ 반드시 …하는, …하게 정해져 있는
9) place: ① 장소, 곳; (특정의 목적을 위한) 장소, …장(場) ② (신체 따위의) 국소, 부분; (책 따위의) 한 구절; (음악의) 한 절, 악구(樂句) ③ 시, 읍, 면; 지역, 지방 ④ 건(축)물, 관(館); 실(室), 사무실; 주소, 주거; 저택
10) pro · tect: 보호〔수호, 비호〕하다, 막다, 지키다
11) cer · tain: ① 〔서술적〕 (아무가) 확신하는, 자신하는 ② (일이) 확실한, 신뢰할 수 있는, 반드시 일어나는; (지식 · 기술이) 정확한 ③ 반드시 …하는, …하게 정해져 있는
12) de · fend: ① 막다, 지키다, 방어〔방위〕하다, (타이틀)의 방어전을 하다 ② (사람 · 주장을) 변호하다, 지지〔옹호〕하다

5

고 선 공 자　적 부 지 기 소 수　선 수 자　적 부 지 기 소 공

故善攻者 敵不知其所守 善守者 敵不知其所攻.

Gù shàn gōng zhě, dí bù zhī qí suǒ shǒu, shàn shǒu zhě, dí bù zhī qí suǒ gōng.

그러므로 공격을 잘하는 자는 수비해야 할 곳을 적이 알 수 없게 하고 수비를 잘하는 자는 적이 공격해야 할 곳을 알 수 없게 한다.

故	옛	고	예, 이미 지나간 때, 옛, 예전의, 옛날의
善	착할	선	착하다, 좋다, 훌륭하다, 잘하다
攻	칠	공	치다, 공격하다, 불까다, 거세(去勢)하다, 다스리다
者	놈	자	놈, 사람, 것, 일을 가리켜 이른다
敵	원수	적	원수, 상대방, 대등하다, 맞서다
不	아닐	부, 불	아닌가, 아니다, 크다, 말라(금지의 뜻)
知	알	지	알다, 깨닫다, 느끼다, 분별하다, 기억하다
其	그	기	그(지시 대명사), 의(관형격 조사)
所	바	소	바, 일정한 곳이나 지역, 지위, 자리, 위치, 경우
守	지킬	수	지키다, 직무, 직책, 정조, 지조

❶ Hence that general is skillful in attack whose opponent[1)] does not know what to defend[2)]; and he is skillful in defense[3)] whose opponent does not know what to attack.

공격에 능숙한 장수는 적이 무엇을 방어해야 할지 모르게 하고, 방어에 능숙한 장수는 적이 어디를 공격해야 할지 모르게 한다.

❷ Therefore, against[4)] those skilled in attack, an enemy does not know where to defend; against the experts[5)] in defence, the enemy does not know where to attack.

그러므로 공격에 능숙한 자를 상대하는 적은 어디를 공격해 올지 모르고, 방어에 있어 명장을 상대하면, 적은 어디를 공격해야 할지 모른다.

---

1) op · po · nent: ① 반대하는, 적대하는; 대립하는. ② 반대측의; (경기 · 논쟁 따위의) 적, 상대; 대항자; 반대자
2) de · fend: ① 막다, 지키다, 방어[방위]하다, (타이틀)의 방어전을 하다 ② (사람 · 주장을) 변호하다, 지지[옹호]하다
3) de · fense: ① 방위, 방어, 수비. ② 방어물; (pl.) 【군사】 방어 시설, 요새.
4) against: ① …을 향하여, …에 대해서, …에 부딪치어 ② …와 마주 대하여. ③ …에 대비(對比)하여 ④ …에 반대하여, …에 적대하여, …에 거슬러
5) ex · pert: 숙달자, 전문가, 숙련가, 달인, 명인

6

미 호 미 호 지 어 무 형 신 호 신 호 지 어 무 성
微乎微乎 至於無形 神乎神乎 至於無聲
Wēi hū wēi hū, zhì yú wú xíng, shén hū shén hū, zhì yú wú shēng,

고 능 위 적 지 사 명
故能爲敵之司命.
gù néng wèi dí zhī sī mìng.

미묘하고 미묘하여 형태가 없음에 이르고 신기하고 신기하여 소리가 없음에 이른다.
그러므로 이러한 경지에 이르면 적의 목숨도 다스린다.

微	작을	미	작다, 자질구레하다, 적다, 많지 않다, 숨다, 숨기다
乎	어조사	호	어조사, 인가, 로다, 구나, –에, –보다, 부사형 어미
至	이를	지	이르다, 도래하다, 미치다, 닿다, 두루 미치다, 끝 가다
於	어조사	어	어조사, –에, 에서, 보다, 를, 에게, 있어서
無	없을	무	없다, 허무(虛無)의 도, 말라, 금지하는 말
形	모양	형	모양, 몸, 육체, 형세, 세력, 나타나다, 드러나다
乎	어조사	호	어조사, 인가, 로다, 구나, –에, –보다, 부사형 어미
神	귀신	신	귀신, 불가사의한 것, 정신, 혼
故	옛	고	예, 이미 지나간 때, 옛, 예전의, 옛날의
能	능할	능	능하다, 잘하다, 보통 정도 이상으로 잘하다, 미치다
為	할	위	하다, 되다, 다스리다, 속하다, 어기다, 있다
敵	원수	적	원수, 상대방, 대등하다, 맞서다
司	맡을	사	맡다, 벼슬, 관리, 관아
命	목숨	명	목숨, 운수, 운, 명하다, 명령을 내리다

❶ O divine[1)] art of subtlety[2)] and secrecy[3)]! Through you we learn to be invisible[4)], through you inaudible[5)]; and hence we can hold the enemy's fate[6)] in our hands.

미묘하고 비밀스러운 신묘한 책략이여! 이렇게 눈에 보이지 않고, 들리지 않도록 익히면, 적의 운명을 손아귀에 잡을 수 있다.

❷ Subtle[7)] and insubstantial[8)], the expert[9)] leaves no trace[10)]; divinely mysterious[11)], he is inaudible. Thus he is master[12)] of his enemy's fate[13)].

미묘하고 공허하여, 명장은 흔적을 남기지 않고, 신과 같이 신비하여, 들을 수 없다. 그러므로 적 운명의 지배자이다.

---

1) di · vine: ① 신의; 신성(神性)의 ② 신성한; 신수(神授)의, 하늘이 준 ③ 신에게 바친, 종교적인. ④ 성스러운, 거룩한. ⑤ 신묘한, 비범한; ㉺~ · ly ad. 신(의 힘 · 덕)에 의하여; 신과 같이; 《구어》 아주 멋지게.
2) sub · tle · ty: ① 희박(함). ② a) 파악하기 어려움, (뜻 등의) 섬세, 미묘. b) 섬세[미묘]한 것. ③ (지각 · 감각 · 지성 등의) 예민, 민감; 예리한 통찰력, 안식. ④ 세밀한 구별; (추리 · 이론 등의) 정치(精緻), 치밀함, 정묘함
3) se · cre · cy: 비밀(성); 비밀 엄수; 비밀주의; 입이 무거움
4) in · vis · i · ble: ① 눈에 보이지 않는; 감추어진; 통계[재무 제표]에 나타나지 않은 ② 눈에 보이지 않을 만큼 작은; 똑똑히 보이지 않는; 확실하지 않은 ③ 내밀한, 공개되지 않은. ④ 얼굴을 보이지 않는, 모습을 나타내지 않는
5) in · au · di · ble: 알아들을 수 없는, 들리지 않는.
6) fate: ① 운명, 숙명; 운(運), 비운; 최종 결과, 인과. ② 죽음, 최후; 파멸.
7) sub · tle: ① 미묘한, 포착하기 힘든, 난해한 ② (향기 · 용액 · 기체 따위가) 엷은, 희박한, 희미한 ③ (지각 · 감각 등이) 예민한, 명민한; (두뇌 등이) 명석한, 회전이 빠른 ④ 교활한, 음흉한
8) in · sub · stan · tial: 무른, 약한(frail); 실체가 없는, 공허한, 실질이 없는; 비현실적인(unreal).
9) ex · pert: 숙달자, 전문가, 숙련가, 달인, 명인
10) trace: ① (부정 구문 외에는 흔히 pl.) 발자국, 바퀴자국, 쟁기 자국《따위》 ② (부정 구문 외에는 흔히 pl.) 자취, 흔적; 영향, 결과 ③ 기운, 기색, 조금《of》 ④ 선(線), 도형; (군사 시설 등의) 배치도, 겨냥도.
11) mys · te · ri · ous: ① 신비한, 불가사의한 ② 원인 불명의, 설명할 수 없는 ③ 이유 있는 듯한, 이상한, 애매한.
12) mas · ter: ① 주인; 영주; 고용주; (노예 · 가축 등의) 소유주, 임자 ② 장(長); 가장(家長); 선장; 교장. ③ 대가, 명수, 거장; 대가의 작품; 정통한[환한] 사람; 달인, 숙련자; 솜씨 좋은 장색 ④ 승리자, 정복자
13) fate: ① 운명, 숙명; 운(運), 비운(doom); 최종 결과, 인과. ② 죽음, 최후; 파멸.

7

진 이 부 가 어 자 충 기 허 야

進而不可禦者 衝其虛也

Jìn 'ér bù kě yù zhě, chōng qí xū yě,

퇴 이 부 가 추 자 속 이 부 가 급 야

退而不可追者 速而不可及也.

tuì ér bù kě zhuī zhě, sù ér bù kě jí yě.

진격하면 지키기가 불가능한 것은 허점을 찌르기 때문이고 후퇴해도 추격이 불가능한 것은 빠르므로 따라잡지 못하기 때문이다.

進	나아갈	진	나아가다, 벼슬하다, 전진하다, 추천하다, 다하다
而	말이을	이	말 이음, 순접역접의 접속사
可	옳을	가	옳다, 가히, 쯤, 정도
御	어거할	어	어거하다, 짐승을 길들이다, 다스리다
者	놈	자	놈, 사람, 것, 일을 가리켜 이른다
衝	찌를	충	찌르다, 향하다, 맞부딪치다
其	그	기	그(지시 대명사), 의(관형격 조사), 그(감탄, 강세 조사)
虛	빌	허	비다, 없다, 적다, 드물다, 모자라다, 준비가 없다
退	물러날	퇴	물러나다, 그만두다, 피하다, 떠나가다, 돌아가다
追	쫓을	추	쫓다, 내쫓다, 목적한 데에 이르다, 따르다
速	빠를	속	빠르다, 빨리 하다, 빨리
及	미칠	급	미치다, 이르다, 미치게 하다, 끼치다, 및, 와

❶ You may advance[1] and be absolutely[2] irresistible[3], if you make for the enemy's weak points; you may retire[4] and be safe[5] from pursuit[6] if your movements[7] are more rapid[8] than those of the enemy.

적의 약점을 만들 수 있다면, 진격하여 단호하게 저항할 수 없도록 할 수 있고, 적보다 이동이 더 빠르다면 추격으로부터 안전하게 퇴각할 수 있다.

❷ He whose advance is irresistible plunges[9] into his enemy's weak positions[10]; he who in withdrawal[11] cannot be pursued[12] moves so swiftly[13] that he cannot be overtaken.

진격하는 자는 적이 무력한 곳으로 가게 하여 저항하지 못하게 하고, 후퇴를 함에 있어 추격할 수 없는 자는 적이 따라잡지 못하도록 빠르게 이동한다.

---

1) ad · vance: ① 나아가게 하다, 앞으로 내보내다, 전진〔진출〕시키다 ② (기일 따위를) 앞당기다 ③ (작업 따위를) 진척시키다, 촉진시키다, 증진하다 ⑤ (값 따위를) 올리다 ⑥ 진급〔승급〕시키다; 끌어 올리다, …의 뒤를 밀다 ⑦ 선불하다, 선대(先貸)하다; ① 앞으로 나아가다, 전진하다 ② 〖군사〗 전진〔진격〕하다

2) ab · so · lute · ly: 절대적으로, 무조건(으로); 단호히

3) ir · re · sist · i · ble: 저항할 수 없는; 압도적인; 억누를 수 없는; 매혹적인; 사랑스러운; 좋든 싫든

4) re · tire: ① 물러가다, 칩거하다 ② 자다, 자리에 들다 ③ 은퇴하다, 퇴직하다; 폐업하다 ④ 퇴각하다 ⑤ (파도 등이) 물러가다; 쑥 들어가다. ① 퇴직〔퇴역, 은퇴〕시키다 ② 회수하다 ③ 퇴거〔퇴각〕시키다.

5) safe: ① 안전한, 위험(성)이 없는, 피해 입을〔가해할〕 걱정이 없는 ② 무사히, 탈없이, 손상 없이 ③ 믿을 수 있는 ④ 신중한, 주의 깊은, 소심한 ⑤ 확실한, 반드시 …하는

6) pur · suit: 추적; 추격; 추구

7) move · ment: ① a) 움직임; 운동, 활동; 운전(상태). b) 이동; 옮김, 이주, (인구의) 동태; 〖군사〗 기동, 작전 행동, 전개. move: ① 움직임, 동작, 운동. ② 행동, 조처 ③ 이동; 이사. ④ 진행, 추이(推移).

8) rap · id: ① (속도가) 빠른, 신속한; 〖사진〗 고감도의 ② (행동이) 재빠른, 민첩한; 조급한, 서두르는 ③ 가파른, 몹시 비탈진

9) plunge: ① 던져 넣다, 던지다, 찌르다 ② (어떤 상태 · 행동에) 빠지게 하다, 몰아넣다; ① 뛰어들다, 잠수하다, 돌입하다 ② 돌진하다, 맹진하다 ③ 착수하다, 갑자기 시작하다

10) po · si · tion: ① a) 위치, 장소, 소재지; 적소 b) (사회적) 처지, 입장 ② 지위, 신분; 높은 지위 ③ 직책, 근무처 ④ 태도, 자세; 심적 태도; (문제 등에 대한) 입장, 견해, 주장 ⑤ 상태, 형세, 국면

11) with · draw · al: ① 움츠러듦; 움츠림; 물러남; 퇴학, 탈퇴. ② (예금 · 출자금 등의) 되찾기, 회수. ③ 철수, 철퇴, 철병. ④ 취소, 철회; (소송의) 취하. ⑤ (약제의) 투여〔사용〕 중지; 마약 사용 중지로 인한 허탈, 금단 증상

12) pursue: ① 뒤쫓다, 추적하다; 〖군사〗 추격하다 ② 추구하다 ③ a) (아무에게) 귀찮게 따라다니다, (아무를) 끊임없이 괴롭히다 ④ (일 · 연구 등을) 수행하다, 종사하다, 속행하다 ⑤ 가다, (길을) 찾아가다; (방침 등에) 따르다; ① 쫓아가다, 따라가다, 속행하다

13) swift: ① 날랜, 빠른, 신속한 ② 순식간의. ③ 즉석의, 즉각적인 ④ 곧 하는, …하기 쉬운

8

고 아 욕 전 적 수 고 누 심 구 부 득 부 여 아 전 자
故我欲戰 敵雖高壘深溝 不得不與我戰者.
Gù wǒ yù zhàn, dí suī gāo lěi shēn gōu, bù dé bù yǔ wǒ zhàn zhě,

공 기 소 필 구 야
攻其所必救也.
Gōng qí suǒ bì jiù yě.

그러므로 내가 전쟁을 하고자 한다면 비록 적이 성채를 높이고 도랑을 깊게 할지라도 부득이 싸워야 한다. 반드시 막아야 할 장소를 공격한다.

故	옛	고	예, 이미 지나간 때, 옛, 예전의, 옛날의, 원래, 본래
我	나	아	나, 우리, 외고집
欲	하고자할	욕	하고자 하다, 하려고 하다, –할 것 같다, 바라다
敵	원수	적	원수, 상대방, 대등하다, 맞서다
雖	비록	수	비록, 그러나, =라 하더라도, =라 할지라도
壘	진	루{용}	진, 성채, 쌓다, 포개다, 성(姓)
深	깊을	심	깊다, 깊게 하다, 깊이, 매우
溝	봇도랑	구	봇도랑, 하수도, 해자(垓字)
得	얻을	득	얻다, 이익, 이득, 덕(德)
與	줄	여	주다, 베풀다, 동아리, 무리, 따르다, 돕다
戰	싸울	전	싸우다, 싸움, 전쟁, 두려워하다, 두려워서 떨다
攻	칠	공	치다, 공격하다, 불까다, 거세(去勢)하다, 다스리다
其	그	기	그(지시 대명사), 의(관형격 조사), 그(감탄, 강세 조사)
所	바	소	바, 일정한 곳이나 지역, 지위, 자리, 위치, 경우
必	반드시	필	반드시, 틀림없이, 꼭, 기필하다, 이루어내다
救	건질	구	건지다, 돕다, 구원하다, 고치다, 치료하다
也	어조사	야	어조사, 또, 또한, 잇달다

❶ If we wish to fight, the enemy can be forced[1] to an engagement[2] even though he be sheltered[3] behind a high rampart[4] and a deep ditch[5]. All we need do is attack some other place[6] that he will be obliged[7] to relieve[8].

싸우고자 한다면, 적이 높은 성벽과 깊은 개천 뒤에 숨어 있을지라도 싸움을 억지로 하게 할 수 있다. 필요로 하는 모든 전투는 적이 어쩔 수 없이 구해야 할 어떠한 다른 장소를 공격하는 것이다.

❷ When I wish to give battle, my enemy, even though protected[9] by high walls and deep moats[10], cannot help but engage[11] me, for I attack a position[12] he must succour[13].

전쟁을 일으키고자 하면, 높은 성벽과 깊은 (도시나 성곽 둘레의) 해자로 방어 할지라도, 적에게 도움이 되지 않게 싸우게 되며, 적소를 공격하기 때문에, 적은 원군을 보내야 한다.

해자: ① 능(陵) · 원(園) · 묘(墓) 등의 경계. ② 성 밖으로 둘러 판 못.

---

1) force: ① …에게 강제하다, 우격으로 …시키다, 억지로 …시키다 ② … (억지로) 밀어내다, 끌어내다
2) en · gage · ment: ① 약속, 맹세; 계약; 예약, 면회의 약속; 일의 예정, 용무 ② 약혼. ③ 싸움, 교전
3) shel · ter: ① 숨기다, 감추다; 비호〔보호〕하다 ② (부모 · 상사의) 비호를 받다, (위세를) 등에 업다 ③ (무역 · 산업 등을) 보호하다; ① 숨다, 피난하다; (해 · 바람 · 비 따위를) 피하다
4) ram · part: 누벽(壘壁), 성벽; 방어물, 방어자; 《비유적》 수비, 방어.
5) ditch: 도랑; 개천, 해자, 호(濠); (천연의) 수로; 시궁창, 배수구
6) place: ① 장소, 곳; (특정의 목적을 위한) 장소, …장(場) ② (신체 따위의) 국소, 부분; (책 따위의) 한 구절; (음악의) 한 절, 악구(樂句) ③ 시, 읍, 면; 지역, 지방 ④ 건(축)물, 관(館); 실(室), 사무실; 주소, 주거; 저택
7) oblige: ① …을 별〔어쩔〕수 없이 …하게 하다《to do》; …에게 …하도록 강요하다《to》; …에게 의무를 지우다 ② …에게 은혜를 베풀다, …에게 친절하게 해주다, …의 소원을 이루어 주다
8) re · lieve: ① a) (고통 · 부담 따위를) 경감하다, 덜다, 누이다 b) 안도케 하다; (긴장 따위를) 풀게 하다. c) (고통 · 공포 따위로부터) 해방하다, (걱정을) 덜다 ② 구원하다; 구제〔구조〕하다; …에 보급하다 ③ 해임하다; 해제하다; …와 교체하다 ④ (단조로움을) 덜다; …에게 변화를 갖게 하다; ① 구원하다 ② 두드러지다.
9) pro · tect: 보호〔수호, 비호〕하다, 막다, 지키다
10) moat: (도시나 성곽 둘레의) 해자, 외호(外濠).
11) en · gage: ① 약속하다; (맹세 · 약속 따위로) 속박하다; 보증하다, 맡다 ② 〔수동태로〕 약속〔예약〕이 있다 ③〔흔히 수동태〕 약혼시키다 ④ (아무를) 고용하다, 계약하다 ⑤ (시간을) 투입〔충당〕하다, 쓰다; 〔수동태로〕 종사하다, 바쁘다 ⑦ 끌어들이다; 끌다 ⑧ …의 마음을 〔호의를〕 끌다 ⑨ 교전시키다; …와 교전하다
12) po · si · tion: ① a) 위치, 장소, 소재지; 적소 b) (사회적) 처지, 입장 ② 지위, 신분; 높은 지위 ③ 직책, 근무처 ④ 태도, 자세; 심적 태도; (문제 등에 대한) 입장, 견해, 주장 ⑤ 상태, 형세, 국면
13) suc · cor: ① 구조, 구원. ② 원조자; 구원자; (pl.) 《고어》 원군(援軍).; 돕다, 구제하다, 구원하다.

9

아 부 욕 전　화 지 이 수 지　적 부 득 여 아 전 자

我不欲戰 畫地而守之 敵不得與我戰者

Wǒ bù yù zhàn, huà dì ér shǒu zhī, dí bù dé yǔ wǒ zhàn zhě

괴 기 소 지 야

乖其所之也.

guāi qí suǒ zhī yě.

내가 싸우려고 하지 않으면 땅을 분할하여 지키고 적이 부득이 아군과 싸우지 못하는 것은 공격할 곳이 어긋난 것이다.

我	나	아	나, 우리, 외고집
欲	하고자할	욕	하고자 하다, 하려고 하다, –할 것 같다, 바라다
戰	싸울	전	싸우다, 싸움, 전쟁, 두려워하다, 두려워서 떨다
畫	그림	화	그림, 긋다, 분할하다, 구분하다
而	말이을	이	말이을 이음, 순접·역접의 접속사
守	지킬	수	지키다, 직무, 직책, 정조, 지조
敵	원수	적	원수, 상대방, 대등하다, 맞서다
得	얻을	득	얻다, 이익, 이득, 덕(德)
與	줄	여	주다, 베풀다, 동아리, 무리, 따르다, 돕다
我	나	아	나, 우리, 외고집
戰	싸울	전	싸우다, 싸움, 전쟁, 두려워하다, 두려워서 떨다
者	놈	자	놈, 사람, 것, 일을 가리켜 이른다
乖	어그러질	괴	어그러지다, 어기다, 배반하다, 떨어지다
其	그	기	그(지시 대명사), 의(관형격 조사), 그(감탄, 강세 조사)
所	바	소	바, 일정한 곳이나 지역, 지위, 자리, 위치, 경우
也	어조사	야	어조사, 또, 또한, 잇달다

❶ If we do not wish to fight, we can prevent the enemy from engaging[1] us even though the lines of our encampment[2] be merely[3] traced[4] out on the ground. All we need do is to throw something odd[5] and unaccountable[6] in his way.

싸움을 하고 싶지 않으면, 단지 아군 진지(陣地)의 지상 방어선이 발견될지라도 적과 교전을 막을 수 있다. 아군이 필요한 모든 것은 적의 방식으로 이상하고 설명할 수 없는 무언가를 내던지는 것이다.

❷ When I wish to avoid battle I may defend[7] myself simply by drawing[8] a line on the ground; the enemy will be unable to attack me because I divert[9] him from going where he wishes.

전투를 피하고 싶다고 생각하면 현장에서 지상 방어선에 접근하여 아군을 방어할 수 있을 것이고, 적이 하고자 하는 행동에서 관심을 돌리기 때문에 적은 공격할 수 없을 것이다.

---

1) en · gage: ① 약속하다; (맹세 · 약속 따위로) 속박하다 ② 약혼시키다 ③ 교전시키다; …와 교전하다
2) en · cámp · ment: 진을 침; 야영(지); 〔집합적〕 야영자
3) mere · ly: 단지, 그저, 다만; 전혀.
4) trace: ① …의 자국을 밟다〔쫓아가다〕, 추적하다《out》, …의 행방을 찾아내다 《to》 ② …의 출처를〔유래를, 기원을〕 조사하다, 더듬어 올라가 (원인을) 조사하다 ③ …의 흔적을 발견하다, (조사에 의해서) 알다
5) odd: ① 기수〔홀수〕의, 2로 나누어 우수리가 남는 ② (어림수를 들어) …여(餘)의, …남짓의, …와 얼마의, 여분의 ③ 우수리의, 나머지의 ④ 외짝〔한 짝〕의, 짝이 모자라는
6) ùn · accóuntable: ① 설명할 수 없는, 까닭을 알 수 없는, 이상한. ② 책임이 없는, (변명의) 책임을 지지 않는
7) de · fend: ① 막다, 지키다, 방어〔방위〕하다, ② (사람 · 주장을) 변호하다, 지지〔옹호〕하다
8) draw: ① 끌다, 당기다, 끌어당기다; 끌어당겨서 …하다 ② (마음을) 끌다; 꾀어들이다;끌어들이다; (사람의 주의를) 끌다; 꾀어서 …시키다 ③ 빨아들이다; 당기다; 흡수하다; 초래하다; 생기게 하다
9) di · vert: ① (딴 데로) 돌리다, (물길 따위를) 전환하다 ② 전용〔유용〕하다 ③ (주의 · 관심을) 돌리다; …의 기분을 풀다, 위로하다, 즐겁게 하다

10

고 형 인 이 아 무 형 칙 아 전 이 적 분

故形人而我無形 則我專而敵分.

Gù xíng rén ér wǒ wú xíng, zé wǒ zhuān ér dí fēn.

그러므로 적은 드러나게 하고 아군은 드러나지 않게 하며 아군은 하나가 되게 하고 적은 나눈다.

故	옛	고	예, 이미 지나간 때, 옛, 예전의, 옛날의, 원래, 본래
形	모양	형	모양, 몸, 육체, 형세, 세력, 나타나다, 드러나다
人	사람	인	사람, 인간, 백성, 남, 타인, 인품, 인격
而	말이을	이	말 이음, 순접·역접의 접속사
我	나	아	나, 우리, 외고집
無	없을	무	없다, 허무(虛無)의 도, 말라, 아니다
則	법칙, 곧	칙, 측	법칙, 곧, 법, 본받다, 모범으로 삼다
我	나	아	나, 우리, 외고집
專	오로지	전	오로지, 섞이지 아니하다, 독차지하다, 하나로 되다
而	말이을	이	말 이음, 순접·역접의 접속사
敵	원수	적	원수, 상대방, 대등하다, 맞서다
分	나눌	분	나누다, 구별하다, 나누어 주다

❶ By discovering[1] the enemy's dispositions[2] and remaining[3] invisible[4] ourselves, we can keep our forces concentrated[5], while the enemy's must be divided[6].

적의 작전계획을 알아내고 아군을 보이지 않게 하여, 병력을 집결시킬 수 있는 반면, 적은 분산되어야 한다.

❷ If I am able to determine[7] the enemy's dispositions while at the same time I conceal[8] my own then I can concentrate and he must divide.

적의 작전계획을 결정지을 수 없다면 동시에 아군을 숨겨야 하고 그런 다음 아군은 집결시킬 수 있고 적은 빠르게 분산되어야 한다.

---

1) dis · cov · er: ① 발견하다; …을 알다, 깨닫다 ② 《고어》 나타내다, 밝히다.
2) dis · po · si · tion: ① 성벽(性癖), 성질, 기질; 경향; 의향 ② 배열, 배치; (pl.) 작전계획 ③ 처분, 정리; 〖法〗 양도, 증여; 처분〔재량〕권
3) re · main: ① 남다, 남아 있다; 없어지지 않고 있다; 살아남다 ② 머무르다, 체류하다 ③ …하지 않고 남아 있다, 아직〔금후〕 …하지 않으면 안 되다 ④ …한 대로이다, 여전히 …이다
4) in · vis · i · ble: ① 눈에 보이지 않는; 감추어진; 통계〔재무 제표〕에 나타나지 않은 ② 눈에 보이지 않을 만큼 작은; 똑똑히 보이지 않는; 확실하지 않은 ③ 내밀한, 공개되지 않은. ④ 얼굴을 보이지 않는, 모습을 나타내지 않는
5) con · cen · trate: ① (광선 · 주의 · 노력 따위를) 집중〔경주〕하다; 한 점에 모으다 ② (부대 등을) 집결시키다 ③ 농축하다; 응집하다.; ① 집중하다; 한 점에 모이다 ② (부대 등이) 집결하다. ③ 전심하다, 주의〔노력 따위〕를 집중하다, 전력을 기울이다
6) di · vide: ① 나누다, 분할하다, 쪼개다; 가르다, 분계〔구획〕하다; 분류하다 ② 〖수학〗 (어떤 수를 다른 수로) 나누다; (어떤 수로 다른 수를) 나누다 ③ (의견 · 관계 등을) 분열시키다; …의 사이를 갈라놓다, 대립시키다 ④ 분배하다, (아무와) 나누다 ⑤ 분리〔격리〕하다
7) de · ter · mine: ① …에게 결심시키다, …에게 결의하게 하다 ② …을 결심하다, 결의하다 ③ 결정하다, 결정〔조건〕짓다; (규칙 · 조건 · 날짜 · 가격 등을) 정하다, 예정하다; (경제 등을) 확정하다
8) con · ceal: ① 숨기다; 숨다 ② 비밀로 하다

11

아 전 위 일 적 분 위 십
我專爲一 敵分爲十.
Wŏ zhuān wèi yī, dí fēn wèi shí.

시 이 십 공 기 일 야 칙 아 중 이 적 과
是以十共其一也 則我衆而敵寡.
Shì yǐ shí gòng qí yī yě, zé wŏ zhòng ér dí guă.

아군은 하나로 집중하고 적은 열로 분산된다.
이것은 열로 하나를 공격하는 것이니 아군은 많고 적군은 적어진다.

我	나	아	나, 우리, 외고집
專	오로지	전	오로지, 섞이지 아니하다, 독차지하다, 하나로 되다
為	할	위	하다, 되다, 다스리다, 속하다, 어기다, 있다
敵	원수	적	원수, 상대방, 대등하다, 맞서다
分	나눌	분	나누다, 구별하다, 나누어 주다
是	옳을	시	옳다, 바르다, 옳다고 하다, 바르다고 인정하다
以	써	이	써, −로써, 부터, −에서, 까닭
攻	칠	공	치다, 공격하다, 불까다, 거세(去勢)하다, 다스리다
其	그	기	그(지시 대명사), 의(관형격 조사), 그(감탄, 강세 조사)
也	어조사	야	어조사, 또, 또한, 잇달다,
則	법칙, 본받을	칙, 측	법칙, 곧, 법, 본받다, 모범으로 삼다
衆	무리	중	무리, 많은 사람, 많은 물건, 많은 일, 땅, 백성, 군신
而	말이을	이	말 이음, 순접·역접의 접속사,
寡	적을	과	적다, 나, 임금이 자기 자신을 일컫는 겸칭, 주상(主上)

❶ We can form a single[1)] united[2)] body, while the enemy must split[3)] up into fractions[4)]. Hence there will be a whole pitted against[5)] separate[6)] parts of a whole, which means that we shall be many to the enemy's few.

아군은 하나의 단결된 본대를 구성할 수 있는 반면, 적은 단편으로 쪼개져야 한다. 그러므로 전체의 분산된 부분에서, 작은 구멍이 생길 수 있어서, 소수의 적에게 아군은 대군이 될 수 있다.

❷ And if I concentrate[7)] while he divides[8)], I can use my entire strengt h[9)] to attack a fraction of his. There, I will be numerically[10)] superior[11)].

아군은 집결하고 적은 분산되면, 아군의 전체 전력을 적의 분리된 부대에 공격하는데 사용할 수 있다. 그때, 수적으로 우세할 것이다.

---

1) sin · gle: ① 단 하나의, 단 한 개의, 단지 홀로의 ② 1인용의; 한 가족용의; 외톨로 서 있는 ③ 혼자(독신)의, 외로운, 고독한 ④ 1대 1의; 개개의; 따로 따로의.

2) unit · ed: ① 하나가 된, 결합된, 맺어진 ② 합병한, 연합한. ③ (정신적으로) 화합한, 일심동체의, 일치한 ④ 제휴한, 단결된

3) split: ① 쪼개다, 찢다, 째다, 분할하다 ② 분배하다, 모두에게(둘이서) 나누다; 분담하다, 함께하다 ③ 분열시키다, 이간시키다, 불화하게 하다 ④ 떼어내다, 벗기다

4) frac · tion: ① 파편, 단편 ② 『수학』 분수 ③ 우수리, 끝수. ④ 아주 조금, 소량

5) against: ① …을 향하여, …에 대해서, …에 부딪치어 ② …와 마주 대하여. ③ …에 대비(對比)하여 ④ …에 반대하여, …에 적대하여, …에 거슬러

6) sep · a · rate: ① 잘라서 떼어 놓다, 분리하다, 가르다 ② (사람을) 떼어(갈라)놓다, 별거시키다, 불화하게 하다 ③ 식별하다, 구별하다 ④ 분류하다, 분리하여 뽑아내다; ① 분리하다, 이탈하다, 독립하다, 교제를 끊다

7) con · cen · trate: ① (광선 · 주의 · 노력 따위를) 집중(경주)하다; 한 점에 모으다 ② (부대 등을) 집결시키다 ③ 농축하다; 응집하다.; ① 집중하다; 한 점에 모이다 ② (부대 등이) 집결하다. ③ 전심하다, 주의(노력 따위)를 집중하다, 전력을 기울이다

8) di · vide: ① 나누다, 분할하다, 쪼개다; 가르다, 분계(구획)하다; 분류하다 ② 『수학』 (어떤 수를 다른 수로) 나누다; (어떤 수로 다른 수를) 나누다 ③ (의견 · 관계 등을) 분열시키다; …의 사이를 갈라놓다, 대립시키다 ④ 분배하다, (아무와) 나누다 ⑤ 분리(격리)하다

9) strength: ① 세기, 힘 ② 체력, 근력. ③ 세력, 병력, 인원수, 정원

10) nu · mer · i · cal: 수의, 수를 나타내는, 숫자상의; 숫자로 나타낸; 계산 기술의(에 관한)

11) su · pé · ri · or: ① (지위 · 계급 등이) (보다) 위의, 보다 높은, 보다 고위(상위)의, 상급의 ② (소질 · 품질 따위가) 우수한, 보다 나은, 뛰어난; 양질의, 우량한. ③ (수량적으로) 우세한, 다수의

12

능 이 중 격 과 자 　칙 오 지 소 여 전 자 　약 의

能以衆擊寡者 則吾之所與戰者 約矣.

Néng yǐ zhòng jī guǎ zhě, zé wú zhī suǒ yǔ zhàn zhě, yuē yǐ.

아군이 많아지고 적이 적어지므로 아군은 적은 병력과 싸우게 되니 싸울 병력이 줄어든다.

能	능할	능	능하다, 잘하다, 보통 정도 이상으로 잘하다, 미치다
以	써	이	써, -로써, 부터, -에서, 까닭
衆	무리	중	무리, 많은 사람, 많은 물건, 많은 일, 땅, 백성, 군신
擊	부딪칠	격	부딪치다, 배나 수레가 질서 있게 나아가다
寡	적을	과	적다, 나, 임금이 자기 자신을 일컫는 겸칭, 주상(主上)
者	놈	자	놈, 사람, 것, 일을 가리켜 이른다
則	법칙, 본받을	칙, 측	법칙, 곧, 법, 본받다, 모범으로 삼다
吾	나	오	나, 자신, 당신, 그대, 글 읽는 소리
之	갈	지	가다, 이(指示代名詞), -의(冠形格助詞)
所	바	소	바, 일정한 곳이나 지역, 지위, 자리, 위치, 경우
與	줄	여	주다, 베풀다, 동아리, 무리, 따르다, 돕다, 허락하다
戰	싸울	전	싸우다, 싸움, 전쟁, 두려워하다, 두려워서 떨다
約	묶을	약	묶다, 합치다, 따르다, 약속하다, 약속, 계약, 협정, 조약.
矣	어조사	의	어조사, 단정·결정·한정·의문·반어의 뜻을 나타냄

❶ And if we are able thus to attack an inferior[1)] force with a superior[2)] one, our opponents[3)] will be in dire[4)] straits[5)].

그리고 우세한 병력으로 열세한 병력을 공격할 수 있다면, 적군은 극단적인 곤경에 처할 것이다.

❷ Then, if I am able to use many to strike[6)] few at the selected point, those I deal with will be in dire straits.

그렇게 되면 선택된 지점에서 대군으로 소규모 적을 공격하는데 사용할 수 있다면, 상대하는 적이 극단적인 곤경에 처하도록 할 것이다.

---

1) in · fe · ri · or: ① (등위 · 등급 등이) 아래쪽의, 하위〔하급, 하층〕의; 하등의, (손)아랫사람의 ② (품질 · 정도 등이) 떨어지는, 열등한, 조악한

2) su · pé · ri · or: ① (지위 · 계급 등이) (보다) 위의, 보다 높은, 보다 고위〔상위〕의, 상급의 ② (소질 · 품질 따위가) 우수한, 보다 나은, 뛰어난; 양질의, 우량한. ③ (수량적으로) 우세한, 다수의

3) op · po · nent: ① 반대하는, 적대하는; 대립하는. ② 반대측의; (경기 · 논쟁 따위의) 적, 상대; 대항자; 반대자

4) dire: 무서운; 비참한, 음산한; 긴박한, 극단적인

5) strait: ① 해협. ② (보통 pl.) 궁상, 곤란, 궁핍; ① 《고어》 좁은, 답답한.

6) strike: ① 치다, 두드리다, 때리다 ② 두들겨 만들다(…하다), 쳐서 만들어내다 ③ (시계가 시각을) 치다, 쳐서 알리다 ④ 맞부딪치다, 부딪다, 들이받다 ⑤ 일격을 가하다, (타격을) 가하다, 주다 ⑤ 습격〔공격〕하다; ① 치다, 때리다; 공격하다; (뱀 · 호랑이가) 급습하다 ② 타격을 가하다, 침해하다

13

오 소 여 전 지 지 부 가 지 칙 적 소 비 자 다 적 소 비 자 다
吾所與戰之地 不可知 則敵所備者多 敵所備者多
Wú suǒ yǔ zhàn zhī dì, bù kě zhī, zé dí suǒ bèi zhě duō, dí suǒ bèi zhě duō,

칙 오 지 소 전 자 과 의
則吾之所戰者寡矣.
zé wú zhī suǒ zhàn zhě guǎ yǐ.

아군이 싸울 장소를 모르게 하면 적은 대비할 곳이 많아지게 되고 적이 대비할 곳이 많아지면 아군과 싸워야 할 적은 줄어들게 된다.

吾	나	오	나, 자신, 당신, 그대, 글 읽는 소리
所	바	소	바, 일정한 곳이나 지역, 지위, 자리, 위치, 경우
與	줄	여	주다, 베풀다, 동아리, 무리, 따르다, 돕다, 허락하다
戰	싸울	전	싸우다, 싸움, 전쟁, 두려워하다, 두려워서 떨다
可	옳을	가	옳다, 가히, 쯤, 정도
知	알	지	알다, 깨닫다, 느끼다, 분별하다, 기억하다
則	법칙, 본받을	칙, 측	법칙, 곧, 법, 본받다, 모범으로 삼다
敵	원수	적	원수, 상대방, 대등하다, 맞서다
所	바	소	바, 일정한 곳이나 지역, 지위, 자리, 위치, 경우
者	놈	자	놈, 사람, 것, 일을 가리켜 이른다
多	많을	다	많다, 넓다, 도량이 넓다, 겹치다, 포개지다
吾	나	오	나, 자신, 당신, 그대, 글 읽는 소리
寡	적을	과	적다, 나, 임금이 자기 자신을 일컫는 겸칭, 주상(主上)
矣	어조사	의	어조사, 단정·결정·한정·의문·반어의 뜻을 나타냄

❶ The spot[1] where we intend to fight must not be made known; for then the enemy will have to prepare[2] against a possible attack at several different points; and his forces being thus distributed[3] in many direction s[4], the numbers we shall have to face at any given point will be proportionately[5] few.

아군이 싸우려는 장소를 알지 못하게 하고, 적이 다른 여러 곳에서 가능한 공격에 대비할 준비를 해야 할 것이므로, 적의 병력이 많은 방향에서 분산되도록 하면, 주어진 어떤 장소에서 맞서야 할 적 병력의 수는 비례하여 적어질 것이다.

❷ The enemy must not know where I intend to give battle. For if he does not know where I intend[6] to give battle he must prepare in a great many places[7]. And when he prepares in a great many places, those I have to fight in any one place will be few.

적은 전투 할 장소를 몰라야 한다. 그래서 적이 어디서 전투를 할지 모른다면 상당히 많은 장소에서 준비를 해야 할 것이다. 그리고 적이 상당히 많은 장소에서 준비하면, 한 장소에서 내가 싸울 적은 적어 질 것이다.

---

1) spot: ① 반점, 점; 얼룩 ② (특정의) 장소, 지점; 현장
2) pre · pare: ① 준비하다, 채비하다《for》; …을 미리 마련하다; …을 미리 조사하다, 예습하다 ② (아무에게) 준비시키다; 가르쳐서 준비시키다《for》 ③ (…에게 …의) 각오를 갖게 하다
3) dis · trib · ute: ① 분배하다, 배포하다, 도르다, 배급하다 ② 살포하다, 분포시키다, (골고루) 퍼뜨리다, 뿌리다 ③ 분류하다, 구분하다, 분할하다; 분배〔배포〕를 행하다.
4) di · rec · tion: ① 지도, 지휘; 감독; 관리 ② (보통 pl.) 지시, 명령; 지시서, (사용법) 설명 ③ 방향, 방위; 방면
5) pro · por · tion · ate: 균형잡힌, 비례를 이룬, 적응한; 균형잡히게 하다; 비례시키다; 적응시키다 ㊕~ · ly ad.
6) in · tend: ① …할 작정이다, …하려고 생각하다 ② 의도하다, 기도하다, 고의로 하다 ③ (어떤 목적에) 쓰려고 하다, 예정하다, …으로 만들려고 하다 ④…의 뜻으로 말하다, 의미하다, (…을 목표로) (말)하다; 목적〔계획〕을 가지다, 의도하다
7) place: ① 장소, 곳; (특정의 목적을 위한) 장소, …장(場) ② (신체 따위의) 국소, 부분; (책 따위의) 한 구절; (음악의) 한 절, 악구(樂句) ③ 시, 읍, 면; 지역, 지방 ④ 건(축)물, 관(館); 실(室), 사무실; 주소, 주거; 저택

14

고 비 전 칙 후 과 비 후 칙 전 과 비 좌 칙 우 과

故備前則後寡 備後則前寡 備左則右寡

Gù bèi qián zé hòu guǎ, bèi hòu zé qián guǎ, bèi zuǒ zé yòu guǎ,

비 우 칙 좌 과 무 소 부 비 칙 무 소 부 과

備右則左寡. 無所不備 則無所不寡.

bèi yòu zé zuǒ guǎ. wú suǒ bù bèi, zé wú suǒ bù guǎ.

그러므로 전방을 대비하면 후방이 적고 후방을 대비하면 전방이 적고 좌측을 대비하면 우측이 적고 우측을 대비하면 좌측이 적다. 대비를 하지 않는 곳이 없으면 부족한 곳이 없게 된다.

故	옛	고	예, 이미 지나간 때, 옛, 예전의, 옛날의, 원래, 본래
備	갖출	비	갖추다, 갖추어지다, 준비
前	앞	전	앞, 앞서다, 나아가다, 전진하다
則	법칙, 본받을	칙, 측	법칙, 곧, 법, 본받다, 모범으로 삼다
後	뒤	후	뒤, 늦다, 능력 따위가 뒤떨어지다
左	왼	좌	왼, 왼쪽으로 하다, 그르다, 어긋나다
右	오른쪽	우	오른쪽, 숭상하다, 오른쪽에 적은 글이나 내용
無	없을	무	없다, 허무(虛無)의 도, 말라, 금지하는 말
所	바	소	바, 일정한 곳이나 지역, 지위, 자리, 위치, 경우
所	바	소	바, 일정한 곳이나 지역, 지위, 자리, 위치, 경우

❶ For should the enemy strengthen[1] his van[2], he will weaken[3] his rear; should he strengthen his rear, he will weaken his van; should he strengthen his left, he will weaken his right; should he strengthen his right, he will weaken his left. If he sends reinforcements[4] everywhere, he will everywhere be weak.

적이 선봉부대를 강화하면, 후미는 약해질 것이고, 후미를 강화하면, 선봉부대가 약해질 것이며, 좌익군(左翼軍)을 강화하면, 우익군(右翼軍)이 약해질 것이고, 우익군(右翼軍)을 강화하면, 좌익군(左翼軍)이 약해질 것이다. 모든 곳에 증원부대를 보낸다면, 모든 곳이 약해질 것이다.

❷ For if he prepares to the front[5] his rear will be weak, and if to the rear[6], his front will be fragile[7]. If he prepares to the left, his right wiU be vulnerable[8] and if to the right, there will be few on his left. And when he prepares everywhere he will be weak everywhere."

적이 전선(前線)을 대비한다면 후미는 약할 것이고, 후미를 그렇게 한다면 전선(前線)은 취약할 것이다. 좌측을 대비한다면, 우측이 공격받기 쉽고, 우측을 그렇게 한다면, 좌측에 군사가 거의 없을 것이다. 그리고 모든 곳을 대비하면 모든 곳이 취약할 것이다.

* 전선(前線): 〔군〕 전쟁터에서 적과 상대하는 맨 앞 지역을 연결한 선.

---

1) strength · en: ① 강하게[튼튼하게] 하다, 강화하다. ② 힘[기운]을 돋우다; 증원(增員)[증원(增援)]하다; 강해지다, 튼튼해지다; 기운이 나다.
2) van: ① (배달용) 대형 유개 화물 자동차. ② 소형 유개 화물 자동차, 경화물 승용차. ③ 《영국》 a) (철도의) 수하물차; 유개화차. b) (상인의 경화물 운반용) 소형 마차[트럭]. c) (집시 · 연예인의) 포장마차.
3) weak · en: 약하게 하다, 약화시키다; 약해지다.
4) reinforcement: 보강, 강화, 증원; (종종 pl.) 증원 부대[함대], 원병.
5) front: ① (the ~) 앞, 정면, 앞면; (문제 따위의) 표면; (건물의) 정면, 앞쪽 ② 【軍】 전선(前線), 전선(戰線); (대열의) 방향, 【氣】 전선(前線); 【政】 전선(戰線)
6) rear: ① 뒤, 배면, 배후, 최후부; 맨 뒤 ② 【군사】 후위, 후미, 후방.
7) frag · ile: (물체 등이) 망가지기 쉬운(brittle), (신념 등이) 무너지기 쉬운; 무른(frail).
8) vul · ner · a · ble: 상처를 입기 쉬운; 비난[공격]받기 쉬운, 약점이 있는; (유혹 · 설득 따위에) 약한

15

과 자 비 인 자 야 중 자 사 인 비 기 자 야
寡者備人者也 衆者使人備己者也.
Guǎ zhě bèi rén zhě yě, zhòng zhě shǐ rén bèi jǐ zhě yě.

고 지 전 지 지 지 전 지 일 칙 가 천 리 이 회 전
故知戰之地 知戰之日 則可千里而會戰.
Gù zhī zhàn zhī dì, zhī zhàn zhī rì, zé kě qiān lǐ ér huì zhàn.

모자란다는 것은 수비하기 때문이고, 많다는 것은 수비하도록 하기 때문이다.
그러므로 싸울 곳을 알고 전쟁할 날을 알면 천 리를 가서 싸울 수 있다.

寡	적을	과	적다, 나, 임금이 자기 자신을 일컫는 겸칭, 주상(主上)
備	갖출	비	갖추다, 갖추어지다, 준비
也	어조사	야	어조사, 또, 또한, 잇달다
衆	무리	중	무리, 많은 사람, 많은 물건, 많은 일, 땅, 백성, 군신
使	하여금	사	하여금, 시키다, 좇다
己	자기	기	자기, 여섯째 천간, 다스리다
故	옛	고	예, 이미 지나간 때, 옛, 예전의, 옛날의, 원래, 본래
知	알	지	알다, 깨닫다, 느끼다, 분별하다, 기억하다
戰	싸울	전	싸우다, 싸움, 전쟁, 두려워하다, 두려워서 떨다
之	갈	지	가다, 이(指示代名詞), ~의(冠形格助詞)
地	땅	지	땅, 토지의 신, 처지, 처해 있는 형편
則	법칙, 본받을	칙, 측	법칙, 곧, 법, 본받다, 모범으로 삼다
可	옳을	가	옳다, 가히, 쯤, 정도
千	일천	천	일천, 천 번, 많다
里	마을	리	마을, 거리, 주거(住居)
而	말이을	이	말 이음, 순접·역접의 접속사
會	모일	회	모이다, 모으다, 모임

❶ Numerical[1] weakness[2] comes from having to prepare against[3] possible attacks; numerical[4] strength[5], from compelling[6] our adversary[7] to make these preparations[8] against us.

Knowing the place[9] and the time of the coming battle, we may concentrate[10] from the greatest distances in order to fight.

수의 약세는 가능한 공격에 대비하는 것으로부터 오고, 끌어들이는 적으로부터 수의 강세로 아군에 대한 이런 대비를 하게 만든다.

다가오는 전투의 장소와 시간을 아는 것으로, 싸우기 위해 상당히 먼 거리로 부터 집결할 수 있다.

❷ One who has few must prepare against the enemy; one who has many makes the enemy prepare against him.

If one knows where and when a battle will be fought his troops[11] can march[12] a thousand li and meet on the field.

소규모 병력을 가진 자는 적을 상대할 준비를 해야 하고, 대군을 가진 자는 적으로 하여금 그에 대항할 준비를 하게 한다.

싸우게 될 장소와 때를 안다면 부대는 천 리를 행군할 수 있고 전장터에 도착하여 (적군을) 기다릴 수 있다.

---

1) nu · mer · i · cal: 수의, 수를 나타내는, 숫자상의; 숫자로 나타낸; 계산 기술의(에 관한)
2) weak · ness: ① 약함, 가냘픔; 허약. ② 우유부단, 심약. ③ (근거의) 박약. ④ 약점, 결점
3) against: ① …을 향하여, …에 대해서, …에 부딪치어 ② …와 마주 대하여. ③ …에 대비(對比)하여 ④ …에 반대하여, …에 적대하여, …에 거슬러
4) nu · mer · i · cal: 수의, 수를 나타내는, 숫자상의; 숫자로 나타낸; 계산 기술의
5) strength: ① 세기, 힘 ② 체력, 근력. ③ 세력, 병력, 인원수, 정원
6) com · pel: ① 강제하다, 억지로 …시키다 ② …하지 않을 수 없다, 할 수 없이 …하다 ③ 강요(강제)하다 ④ (강제적으로) 끌어들이다, 끌어내다; 강제하다; 항거하기 어려운 힘을 갖다.
7) ad · ver · sary: 적, 상대, 대항자
8) prep · a · ra · tion: ① 준비; 예비 조사, 예습 (시간) ② 마음의 태세, 각오. ③ 조리; (약의) 조제; 조합제
9) place: ① 장소, 곳; (특정의 목적을 위한) 장소, …장(場) ② (신체 따위의) 국소, 부분; (책 따위의) 한 구절; (음악의) 한 절, 악구(樂句) ③ 시, 읍, 면; 지역, 지방 ④ 건(축)물, 관(館); 실(室), 사무실; 주소, 주거; 저택
10) con · cen · trate: ① 집중(경주)하다; 한 점에 모으다 ② (부대 등을) 집결시키다 ③ 농축하다; 응집하다.; ① 집중하다; 한 점에 모이다 ② (부대 등이) 집결하다. ③ 전심하다, 주의(노력 따위)를 집중하다, 전력을 기울이다
11) troop: ① 대(隊), 떼, 무리《of》 ② (보통 pl.) 군대, 병력 ★ 60 troops는 '병력 60명'의 뜻.
12) march: ① 【군사】 (대열을 지어) 행진하다; (당당하게) 걷다, 빨리 전진하다 ② (사건 따위가) 진전하다 ③ (나무 따위가) 나란히 늘어서 있다. ④ (말 · 행동 따위가 …와) 일치하다, 조화되다; …을 행진시키다, 행군시키다

16

부 지 전 지 부 지 전 일 칙 좌 부 능 구 우 우 부 능 구 좌
不知戰地 不知戰日 則左不能救右 右不能救左
Bù zhī zhàn dì, bù zhī zhàn rì, zé zuǒ bu néng jiù yòu, yòu bù néng jiù zuǒ,

전 부 능 구 후 후 부 능 구 전 이 황 원 자 삭 십 리
前不能救後 後不能救前 而況遠者數十里
qián bù néng jiù hòu, hòu bù néng jiù qián, ér kuàng yuǎn zhě shù shí lǐ,

근 자 수 리 호
近者數里乎.
jìn zhě shù lǐ hū.

싸움할 곳을 모르고 싸울 날도 모른다면 좌측이 우측을 능히 도울 수 없고 우측이 좌측을 능히 도울 수 없으며 전방이 후방을 도울 수 없고 후방이 전방을 도울 수 없는데 하물며 먼 곳은 수십 리, 가까운 곳은 수리 떨어져 있으면 어찌하랴!

知	알	지	알다, 깨닫다, 느끼다, 분별하다, 기억하다
戰	싸울	전	싸우다, 싸움, 전쟁, 두려워하다, 두려워서 떨다
則	법칙, 본받을	칙, 측	법칙, 곧, 법, 본받다, 모범으로 삼다
左	왼	좌	왼, 왼쪽으로 하다, 그르다, 어긋나다
右	오른쪽	우	오른쪽, 숭상하다, 오른쪽에 적은 글이나 내용
前	앞	전	앞, 앞서다, 나아가다, 전진하다
後	뒤	후	뒤, 늦다, 능력 따위가 뒤떨어지다
而	말이을	이	말 이음, 순접역접의 접속사
況	하물며	황	하물며, 더구나, 이에, 자(玆)에, 비유하다
遠	멀	원	멀다, 아득하다, 세월이 오래다
者	놈	자	놈, 사람, 것, 일을 가리켜 이른다
近	가까울	근	가깝다, 닮다, 알기 쉽다, 천박하다, 딱 들어맞다
數	셀	수	세다, 계산하다, 셈에 넣다, 세어서 말하다
里	마을	리	마을, 거리, 주거(住居)
乎	어조사	호	어조사, 인가, 로다, 구나, –에, –보다, 부사형 어미

❶ But if neither time nor place[1)] be known, then the left wing will be impotent[2)] to succor[3)] the right, the right equally impotent to succor the left, the van[4)] unable to relieve[5)] the rear[6)], or the rear to support[7)] the van. How much more so if the furthest[8)] portions of the army are anything under a hundred LI apart[9)], and even the nearest are separated[10)] by several LI!

하지만 싸울 시간과 장소를 모른다면, 좌익군은 우익군을 돕기에 어찌할 수 없을 것이고, 동시에 우익군이 좌익군을 돕기에 어찌할 수 없을 것이며, 선봉부대는 후방부대를 구제해줄 수 없거나, 후방부대는 선봉부대를 지원할 수 없다. 군대의 가장 먼 부대가 백 리 이하 떨어져 있고, 가장 가까운 부대마저 몇 리 떨어져 있다면, 어떻게 되겠는가?

❷ But if one knows neither the battleground nor the day of battle, the left will be unable to aid the rights or the right, the left; the van to support the rear, or the rear, the van. How much more is this so when separated by several tens of li, or, indeed, by even a few!

전투 장소 혹은 전투 날짜를 모른다면, 좌익군은 우익군을 도울 수 없고, 우익군은 좌익군을 도울 수 없거나, 우익군은 좌익군을 도울 수 없으며, 선봉 부대가 후미를 지원할 수 없고, 후미가 선봉 부대를 지원할 수 없다. 몇십 리 떨어져 있거나, 실로 몇 리 떨어져 있다면 어떻게 되겠는가!

---

1) place: ① 장소, 곳; (특정의 목적을 위한) 장소, …장(場) ② (신체 따위의) 국소, 부분; (책 따위의) 한 구절; (음악의) 한 절, 악구(樂句) ③ 시, 읍, 면; 지역, 지방 ④ 건(축)물, 관(館); 실(室), 사무실; 주소, 주거; 저택
2) im · po · tent: ① 무력한, 무기력한; 능력이 없는 ② 효과가 없는, 어찌할 수도 없는 ③ 체력이 없는, 허약한.
3) suc · cor: ① 구조, 구원. ② 원조자; 구원자; 돕다, 구제하다, 구원하다.
4) van: ① (배달용) 대형 유개 화물 자동차. ② 소형 유개 화물 자동차, 경화물 승용차. ③ 《영국》 a) (철도의) 수하물차; 유개화차. b) (상인의 경화물 운반용) 소형 마차(트럭). c) (집시 · 연예인의) 포장마차.
5) re · lieve: ① a) (고통 · 부담 따위를) 경감하다, 덜다, 누이다 b) 안도케 하다; (긴장 따위를) 풀게 하다. c) (고통 · 공포 따위로부터) 해방하다, (걱정을) 덜다 ② 구원하다; 구제(구조)하다; …에 보급하다; …에게 변화를 갖게 하다
6) rear: ① 뒤, 배면, 배후, 최후부; 맨 뒤 ② 『군사』 후위, 후미, 후방.
7) sup · port: ① 지탱하다, 버티다, (주의 · 정책 등을) 지지하다 ② 쓰러지지(가라앉지) 않게 하다, 의지하다 ③ 원조하다, 후원(옹호)하다, 편들다, 찬성하다.
8) fur · thest: 〔far의 최상급〕 가장 먼(멀리 떨어진). —ad. 가장 멀리; 《미국》 가장.
9) apart: 떨어져서, 떨어지게 하여, 갈라져서《from》; 따로따로, 뿔뿔이; 서로 시간을(거리를) 두고
10) sep · a · rate: ① 잘라서 떼어 놓다, 분리하다, 가르다 ② (사람을) 떼어(갈라)놓다, 별거시키다, 불화하게 하다 ③ 식별하다, 구별하다 ④ 분류하다, 분리하여 뽑아내다; ① 분리하다, 이탈하다, 독립하다, 교제를 끊다

17

이 오 도 지　월 인 지 병 수 다　역 해 익 어 승 패 재

以吾度之 越人之兵雖多 亦奚益於勝敗哉.

Yī wú dù zhī, yuè rén zhī bīng suī duō, yì xī yì yú shèng bài zāi..

고 왈　승 가 위 야　적 수 중　가 사 무 두

故曰 勝可爲也. 敵雖衆 可使無鬥

Gù yuē, shèng kě wèi yě. Dí suī zhòng, kě shǐ wú dòu.

헤아려 보건데 월나라의 병력이 아무리 많다 하여도 또한 어찌 이기고 지는 것에 도움이 되겠는가?

그러므로 승리는 만들어진다. 적이 많을수록 싸울 수 없게 하면 된다.

以	써	이	써, -로써, 부터, -에서, 까닭
吾	나	오	나, 자신, 당신, 그대, 글 읽는 소리
度	법도	도	법도, 제도, 기량, 국량
越	넘을	월	넘다, 건너다, 앞지르다, 거치다, 달아나다, 멀어지다
雖	비록	수	비록, 그러나, =라 하더라도, =라 할지라도
亦	또	역	또, 또한, 모두, 크게, 대단히
奚	어찌	해	어찌, 어느, 무엇, 여자 종
益	더할	익	더하다, 증가, 이롭다, 유익하다
於	어조사	어	어조사, -에, 에서, 보다, 를, 에게, 있어서
勝	이길	승	이기다, 낫다, 뛰어나다, 뛰어난 것
敗	깨뜨릴	패	깨뜨리다, 부수다, 무너지다, 부서지다, 해치다
哉	어조사	재	어조사, 처음, 재난, 재앙
為	할	위	하다, 되다, 다스리다, 속하다, 어기다, 있다
敵	원수	적	원수, 상대방, 대등하다, 맞서다
衆	무리	중	무리, 많은 사람, 많은 물건, 많은 일, 땅, 백성, 군신
使	하여금	사	하여금, 시키다, 좇다
鬥	싸울	두,각,투	싸우다, 두 병사가 손에 병기를 들고 싸우다

❶ Though according to my estimate[1] the soldiers of Yueh exceed our own in number, that shall advantage[2] them nothing in the matter[3] of victory. I say then that victory can be achieved.

Though the enemy be stronger in numbers, we may prevent him from fighting.

내 의견으로는 월나라의 군사가 아군의 수보다 많을지라도, 승리의 문제에 있어 아무런 이로운 점이 되지 않을 것이다. 그래서 승리는 이루어질 수 있다고 나는 말한다.

적이 수적으로 많다고 해도, 싸움에서 적을 막을 수 있을 것이다.

❷ Although I estimate the troops[4] of Yiieh as many, of what benefit[5] is this superiority in respect[6] to the outcome[7]? Thus I say that victory can be created.

For even if the enemy is numerous[8], I can prevent him from engagin g[9].

내가 월나라 부대가 많다고 추정할지라도, 결과적으로 이익이 우위에 있을까? 그러므로 승리는 만들어질 수 있다고 나는 말한다.

적이 수가 많을지라도, 교전하여 막을 수 있다.

---

1) es · ti · mate: ① 어림잡다, 견적하다, 산정하다; 판단[추단]하다; 통계적으로 예측하다 ② …의 가치[의의 등]에 대하여 판단하다; 견적하다; 견적서를 만들다

2) ad · van · tage: ① 유리; 이익; 편의 ② 우세, 우월 ③ 이점, 장점

3) mat · ter: ① 물질; 물체. ② 사건; (pl.) 사태, 사정 ③ 내용; 제재, 주제. ④ (관심 · 고찰의) 문제, 일

4) troop: ① 대(隊), 떼, 무리《of》 ② (보통 pl.) 군대, 병력 ★ 60 troops는 '병력 60명'의 뜻. ③ 〖軍〗 기병 중대. ④ (보이스카우트의) 분대《최소 5명》; (걸 스카우트의) 단(團)《8-32명으로 구성됨》

5) ben · e · fit: ① 이익; 〖商〗 이득 ② 은혜; 은전(恩典); …의 이(利)가 되다; …에게 이롭다.; 이익을 얻다

6) re · spect: ① 존경, 경의 ② 인사, 안부를 전함 ③ 존중, 중시 ④ 주의, 관심 ⑤ 점, 개소, 세목 ⑥ 관계, 관련

7) out · come: 결과, 과정; 성과

8) nu · mer · ous: 다수의, 수많은; 많은 사람의

9) en · gage: ① 약속하다; (맹세 · 약속 따위로) 속박하다 ② 약혼시키다 ③ 교전시키다; …와 교전하다

18

고 책 지 이 지 득 실 지 계　작 지 이 지 동 정 지 리
故策之而知得失之計. 作之而知動靜之理.
Gù cè zhī ér zhī dé shī zhī jì.　Zuò zhī ér zhī dòng jìng zhī lǐ.

그러므로 계책을 알고 득실을 헤아린다. 움직이게 하고 멈추는 이치를 안다.

故	옛	고	예, 이미 지나간 때, 옛, 예전의, 옛날의, 원래, 본래
策	채찍	책	채찍, 채찍질하다, 지팡이
之	갈	지	가다, 이(指示代名詞), ~의(冠形格助詞)
而	말이을	이	말 이음, 순접·역접의 접속사
知	알	지	알다, 깨닫다, 느끼다, 분별하다, 기억하다
得	얻을	득	얻다, 이익, 이득, 덕(德)
失	잃을	실	잃다, 놓치다, 실수하다, 잘못하다
計	꾀	계	꾀, 계략, 계획, 경영, 꾀하다, 계획하다
作	지을	작	짓다, 일어나다, 일으키다
動	움직일	동	움직이다, 나다, 살다, 살아나다, 변하다
靜	고요할	정	고요하다, 맑다, 단청(丹靑)이 정밀하다
理	다스릴	리	다스리다, 옥을 갈다, 바루다, 통하다, 재판하다

❶ Scheme[1] so as to discover[2] his plans and the likelihood[3] of their success[4].

Rouse[5] him, and learn the principle[6] of his activity[7] or inactivity.

적의 계획과 성공 가능성을 알아내기 위해 계획을 세워라.

적을 화나게 하고 움직이고 멈추는 행동의 원리를 알아내라.

❷ Therefore, determine[8] the enemy's plans and you will know which strategy[9] will be successful and which will not; Agitate[10] him and ascertain[11] the pattern of his movement[12].

그러므로 적의 계획을 결론지어 전략이 성공할지 아닐지를 알아라. 적을 동요시키고 기동 방식을 알아보라.

---

1) scheme: ① 계획, 기획, 설계 ② 획책, 책략, 음모; 비현실적인 계획. ③ 개요, 대략; 요강

2) dis · cov · er: ① 발견하다; …을 알다, 깨닫다 ② 《고어》 나타내다, 밝히다.

3) like · li · hood: 있음직한 일(probability), 정말 같음; 가능성

4) suc · cess: ① 성공, 성취; 좋은 결과 ② 성공자; 히트〔성공〕한 것; 시험 합격자 ③ 《폐어》 결과.

5) rouse: ① 깨우다, 일으키다; …의 의식을 회복시키다 ② 분기(奮起)시키다; (감정을) 돋우다, 선동하다; 성나게 하다; ① 깨다, 일어나다 ② 분기하다 ③ (감정이) 격발하다

6) prin · ci · ple: ① 원리, 원칙, (물리 · 자연의) 법칙 ② 근본 방침, 주의 ③ 행동 원리, 정의; (pl.) 도의, 절조 ④ 본질, 소인(素因)

7) ac · tiv · i · ty: ① 활동, 활약; 행동 ② (여러) 활동; 활동 범위, 사업, 운동; (학교의 교과 외) 문화 활동 ③ 활발한 움직임, 활기; 호경기 ④ (시장의) 활황; (심신의) 정상적인 움직임

8) de · ter · mine: ① …에게 결심시키다, …에게 결의하게 하다 ② …을 결심하다, 결의하다 ③ 결정하다, 결정〔조건〕짓다; (규칙 · 조건 · 날짜 · 가격 등을) 정하다, 예정하다; (경제 등을) 확정하다

9) strat · e · gy: 용병학, 병법; (대규모의) 전략; 작전; 책략.

10) ag · i · tate: ① 심하게 움직이다, 흔들어대다 ② 쑤석거리다, 동요시키다; (물결 · 액체를) 휘젓다. ③ 동요시키다, 들먹이다, 흥분시키다; 초조해하다 ④ (아무를) 선동하다, 부추기다. ⑤ 심히 논하다, 검토하다, …에 관심을 환기시키다; 여론〔세상의 관심〕을 환기시키다, (…을 목적으로 하여) 선동하다, (정치) 운동을 하다

11) as · cer · tain: 확인하다; 규명하다, 알아보다

12) move · ment: ① a) 움직임; 운동, 활동; 운전(상태). b) 이동; 옮김, 이주, (인구의) 동태; 〖군사〗 기동, 작전 행동, 전개.

19

형 지 이 지 사 생 지 지　각 지 이 지 유 여 부 족 지 처

形之而知死生之地. 角之而知有餘不足之處.

Xíng zhī ér zhī sǐ shēng zhī dì. Jiǎo zhī ér zhī yǒu yú bù zú zhī chù.

드러내어 죽을 곳인지 살 곳인지를 안다. 견주어 여유가 있거나 부족한 곳을 알아야 한다.

之	갈	지	가다, 이(指示代名詞), −의(冠形格助詞)
而	말이을	이	말 이음, 순접·역접의 접속사
知	알	지	알다, 깨닫다, 느끼다, 분별하다, 기억하다
形	모양	형	모양, 몸, 육체, 형세, 세력, 나타나다, 드러나다
死	죽을	사	죽다, 죽음, 죽은 이
生	날	생	나다, 태어나다, 천생으로, 낳다, 자식을 낳다, 살다
地	땅	지	땅, 토지의 신, 처지, 처해 있는 형편
角	뿔	각	뿔, 짐승의 뿔, 달팽이나 곤충의 촉각, 모, 귀
有	있을	유	있다, 존재하다, 많다, 넉넉하다, 자재(資財)
餘	남을	여	남다, 넉넉하다, 여유가 있다, 여가, 말미
足	발	족	발, 뿌리, 근본, 산기슭, 그치다, 머무르다, 가다, 달리다
處	살	처	살다, 머물러 있다, 남아서 지키다, 묵다, 쉬다

❶ Force[1] him to reveal himself, so as to find out his vulnerable[2] spots[3].

Carefully compare[4] the opposing[5] army with your own, so that you may know where strength[6] is superabundant[7] and where it is deficient[8].

자신을 보이게 하도록 끌어내어, 취약한 지점을 찾아라.

주의 깊게 적군과 아군을 비교하여 어디가 병력이 과다하고, 어디가 부족한지를 알아야 한다.

❷ Determine his dispositions[9] and so ascertain the field of battle.

Probe him and learn where his strength is abundant[10] and where deficient.

적의 작전계획을 결론지어 전쟁터를 알아보라. 힘이 풍부한 곳과 부족한 곳을 면밀히 조사하고 알아라.

---

1) force: ① …에게 강제하다, 우격으로 …시키다, 억지로 …시키다 ② …에게 폭력을 가하다; (여자에게) 폭행하다; (진지를) 강행 돌파하다; (힘, 우격으로) 얻다, 빼앗다, 강탈하다 ③ 밀어넣다; (억지로) 떠맡기다, 강매하다 ④ (억지로) 밀어내다, 끌어내다 ⑤ …에 무리를 가하다; 억지로 일(공부)시키다; 밀고 나아가다; 강행군하다.

2) vul · ner · a · ble: 상처를 입기 쉬운; 비난(공격)받기 쉬운, 약점이 있는; (유혹 · 설득 따위에) 약한

3) spot: ① 반점, 점; 얼룩 ② (특정의) 장소, 지점; 현장

4) com · pare: ① 비교하다, 견주다, 대조하다 ② 비유하다, 비기다《to》

5) op · pose: ① …에 반대하다, …에 이의를 제기하다; …에 대항하다; 적대하다; 방해(저지)하다; (장애 따위를) 앞에 놓다 ② (시합에서) 겨루다, 다투다 ③ …에 대비(대조)시키다; …에 대립시키다, 맞서게 하다 ④ (손가락을) 맞대다; 반대(대항)하다.

6) strength: ① 세기, 힘 ② 체력, 근력. ③ 세력, 병력, 인원수, 정원

7) sùper · abúndant: 과다한; 남아돌아가는.

8) de · fi · cient: ① (…이) 모자라는, 부족한, 불충분한 ② 결함이 있는; 불완전한, 멍청한; 불완전한 것(사람)

9) dis · po · si · tion: ① 성벽(性癖), 성질, 기질; 경향; 의향 ② 배열, 배치; (pl.) 작전계획 ③ 처분, 정리; 〚法〛 양도, 증여; 처분(재량)권

10) abun · dant: 풍부한, 많은; (자원 등이) 풍부하다

20

고 형 병 지 극 지 어 무 형 무 형 칙 심 간 부 능 규
故形兵之極 至於無形 無形則深間不能窺
Gù xíng bīng zhī jí, hì yú wú xíng, wú xíng zé shēn jiān bù néng kuī,

지 자 부 능 모
智者不能謀.
zhì zhě bù néng móu.

그러므로 최정예 군대의 형세는 형세가 없는 것이고 형세가 없으면 깊숙이 들어온 첩자도 엿볼 수 없으며 지혜로운 자도 모략을 세울 수 없다.

故	옛	고	예, 이미 지나간 때, 옛, 예전의, 옛날의, 원래, 본래
形	모양	형	모양, 몸, 육체, 형세, 세력, 나타나다, 드러나다
兵	군사	병	군사 병, 싸움, 전쟁, 무기, 병기
極	다할	극	다하다, 떨어지다, 남아있지 않다, 끝나다, 그만두다, 극,
至	이를	지	이르다, 도래하다, 미치다, 닿다, 두루 미치다
於	어조사	어	어조사, –에, 에서, 보다, 를, 에게, 있어서
無	없을	무	없다, 허무(虛無)의 도, 말라, 금지하는 말
則	법칙, 본받을	칙, 측	법칙, 곧, 법, 본받다, 모범으로 삼다
深	깊을	심	깊다, 깊게 하다, 깊이, 매우
間	틈	간	틈, 閒의 俗字
能	능할	능	능하다, 잘하다, 보통 정도 이상으로 잘하다, 미치다
窺	엿볼	규	엿보다, 보다, 반걸음
智	슬기	지	슬기, 지혜, 슬기롭다, 지혜롭다, 꾀, 모략(謀略)
者	놈	자	놈, 사람, 것, 일을 가리켜 이른다
謀	꾀할	모	꾀하다, 정사를 의논하다, 헤아리다, 꾀, 술책, 계략

❶ In making tactical[1] dispositions[2], the highest pitch[3] you can attain[4] is to conceal[5] them; conceal your dispositions, and you will be safe[6] from the prying of the subtlest[7] spies, from the machinations[8] of the wisest brains[9].

전술적인 작전계획을 함에 있어, 이를 수 있는 최고의 계획은 비밀로 하는 것이고, 아군의 작전계획을 비밀로 하면, 가장 명석한 첩자의 염탐, 가장 총명한 지략가로부터 안전할 것이다.

❷ The ultimate in disposing one's troops is to be without ascertainable[10] shape[11]. Then the most penetrating[12] spies cannot pry in nor can the wise lay plans against[13] you.

부대의 작전계획에 있어 결론은 확인 가능한 형상 없이 되는 것이다. 그렇다면 가장 예리한 첩자도 염탐할 수 없고 지략가도 아군에 대비하여 계획을 세울 수 없다.

---

1) tac · ti · cal: 군학(軍學)의, 전술상의, 전술적인, 용병(用兵)상의; 책략〔술책〕이 능란한.

2) dis · po · si · tion: ① 성벽(性癖), 성질, 기질; 경향; 의향 ② 배열, 배치; (pl.) 작전계획 ③ 처분, 정리; 〖法〗 양도, 증여; 처분〔재량〕권

3) pitch: ① 던짐; 던져진 양 ② 〖야구〗 투구, 투구 솜씨〔거리, 위치〕 ③ 경사지; 경사도; 비탈, 물매

4) at · tain: ① (장소 · 위치 · 나이 등에) 이르다, 도달하다. ② (목적 · 소원을) 달성〔성취〕하다, …에 달하다; (명성 · 부귀 따위를) 획득하다, 손에 넣다

5) con · ceal: ① 숨기다; 숨다 ② 비밀로 하다

6) safe: ① 안전한, 위험(성)이 없는, 피해 입을〔가해할〕 걱정이 없는 ② 무사히, 탈없이, 손상 없이 ③ 믿을 수 있는 ④ 신중한, 주의 깊은, 소심한 ⑤ 확실한, 반드시 …하는

7) sub · tle: ① 미묘한, 포착하기 힘든, 난해한 ② (향기 · 용액 · 기체 따위가) 엷은, 희박한, 희미한 ③ (지각 · 감각 등이) 예민한, 명민한; (두뇌 등이) 명석한, 회전이 빠른 ④ 교활한, 음흉한

8) mach · i · na · tion: ① 《드물게》 음모를 획책함, 책동. ② (보통 pl.) 간계, 음모.

9) brain: ① 뇌; 뇌수(腦髓); (pl.) 골. ② (보통 pl.) 두뇌, 지력

10) as · cer · tain · a · ble: 확인〔조사〕할 수 있는.

11) shape: ① 모양, 형상, 외형 ② (사람의) 모습, 생김새, 외양 ③ (어렴풋〔기괴〕한) 모습, 유령, 곡두. ④ 뚜렷한 모양, 정리〔구체화〕된 형태 ⑤ 형세, 상태 ⑥ (개개의 것의) 구체적인 형(태) ⑦ 형식, 종류

12) pén · e · tràt · ing: ① 꿰뚫는, 관통하는. ② 통찰력이 있는, 예리한, 예민한 ③ (목소리 따위가) 잘 들리는, 새된
pen · e · trate: ① 꿰뚫다, 관통하다, 침입하다 ② (빛 · 목소리 따위가) …을 통과하다, 지나가다 ③ …에 스며들다; …에 침투하다.

13) against: ① …을 향하여, …에 대해서, …에 부딪치어 ② …와 마주 대하여. ③ …에 대비(對比)하여 ④ …에 반대하여, …에 적대하여, …에 거슬러

21

인 형 이 착 승 어 중 　중 부 능 지
因形而錯勝於衆 衆不能知.
Yīn xíng ér cuò shèng yú zhòng, zhòng bù néng zhī.

인 개 지 아 소 이 승 지 형 　이 막 지 오 소 이 제 승 지 형
人皆知我所以勝之形 而莫知吾所以制勝之形.
Rén jiē zhī wǒ suǒ yǐ shèng zhī xíng, ér mò zhī wú suǒ yǐ zhì shèng zhī xíng.

적의 형세에 따라 많은 사람들 앞에서 이겼다고 할지라도 대부분의 사람들은 승리의 형세를 알지 못한다.
사람들은 아군의 형세 때문에 이긴 것으로 알지만 이기는 형세를 만들었다고 알지 못한다.

因	인할	인	인하다, 인(因), 원인을 이루는 근본, 유래
形	모양	형	모양, 몸, 육체, 형세, 세력, 나타나다, 드러나다
而	말이을	이	말 이음, 순접역접의 접속사
錯	섞일	착	섞이다, 어지러워지다, 등지다
勝	이길	승	이기다, 낫다, 뛰어나다, 뛰어난 것
於	어조사	어	어조사, –에, 에서, 보다, 를, 에게, 있어서
衆	무리	중	무리, 많은 사람, 많은 물건, 많은 일, 땅
能	능할	능	능하다, 잘하다, 보통 정도 이상으로 잘하다
知	알	지	알다, 깨닫다, 느끼다, 분별하다, 기억하다
皆	다	개	다, 모두, 두루 미치다, 함께
我	나	아	나, 우리, 외고집
所	바	소	바, 일정한 곳이나 지역, 지위, 자리, 위치, 경우
以	써	이	써, –로써, 부터, –에서, 까닭
之	갈	지	가다, 이(指示代名詞), –의(冠形格助詞)
莫	없을, 저물	막, 모	없다, 저물다, 고요하다, 말다, 정하다
吾	나	오	나, 자신, 당신, 그대, 글 읽는 소리
所	바	소	바, 일정한 곳이나 지역, 지위, 자리, 위치, 경우
制	마를	제	마르다, 짓다, 만들다

❶ How victory may be produced for them out of the enemy's own tactics[1]– that is what the multitude[2] cannot comprehend[3].

All men can see the tactics whereby I conquer[4], but what none can see is the strategy[5] out of which victory is evolved[6].

어떻게 적의 책략에서 승리를 만들었는지 대중은 이해하지 못한다. 모든 병사들은 내가 공략한 책략을 알 수는 있지만, 승리가 전개된 전략을 아무도 알 수 없다.

❷ It is according to the shapes[7] that I lay the plans for victory, but the multitude does not comprehend this.

Although everyone can see the outward[8] aspects[9], none understands the way in which I have created victory.

승리의 계획을 세우는 형세에 따라서, 대중들은 이것을 이해하지 못한다.

모든 이들이 눈에 보이는 양상만 볼 수 있을지라도, 승리를 만들어 낸 방법을 아무도 이해하지 못한다.

---

1) tac · tic: 순서(배열, 조직)의; 전술(상)의(tactical). =TACTICS; 용병(用兵), 작전, 전법; 방책, 수단, 책략.
2) mul · ti · tude: ① 다수; 수가 많음 ② 군중, 군집(群集); (the ~) 대중.
3) com · pre · hend: ① (완전히) 이해하다, 파악하다, 깨닫다. ② 포함(내포)하다
4) con · quer: ① 정복하다, 공략하다. ② 획득하다. ③ 극복하다, …을 이겨내다; 억제하다 ④ 따르게 하다; 승리를 얻다, 이기다
5) strat · e · gy: 용병학, 병법; (대규모의) 전략; 작전; 책략.
6) evolve: ① 서서히 발전(전개)시키다, 안출(개발)하다; 도출하다, 끄집어내다; 진전시키다 ② 〖생물〗 진화시키다. ③ (열 · 빛 등을) 방출하다; 서서히 발전(전개)하다; 점진적으로 변화하다; 진화하다
7) shape: ① 모양, 형상, 외형 ② (사람의) 모습, 생김새, 외양 ③ (어렴풋(기괴)한) 모습, 유령, 곡두. ④ 뚜렷한 모양, 정리(구체화)된 형태 ⑤ 형세, 상태 ⑥ (개개의 것의) 구체적인 형(태) ⑦ 형식, 종류
8) out · ward: ① 밖을 향한, 외부로의; 밖으로 가는 ② 외부의, 바깥쪽의. ③ 외관의; 표면에 나타난, 눈에 보이는
9) as · pect: ① 양상, 모습, 외관, (사람의) 용모, 표정 ② 국면, 정세 ③ 견지, 견해; (문제를 보는) 각도 ④ (집의) 방향, 전망

22

고 기 전 승 부 복 이 응 형 어 무 궁
故其戰勝不復 而應形於無窮.
Gù qí zhàn shèng bù fù, ér yīng xíng yú wú qióng.

부 병 형 상 수 수 지 행 피 고 이 추 하
夫兵形象水 水之行避高而趨下.
Fū bīng xíng xiàng shuǐ, shuǐ zhī xíng bì gāo ér qū xià

따라서 싸움에서 승리한 방법은 되풀이하지 않고 끊임없이 다른 형세로 대응해야 한다.
무릇 군대의 형세는 물과 같아야 하고 물은 높은 곳을 피하여 낮은 곳으로 달려간다.

故	옛	고	예. 이미 지나간 때. 옛. 예전의. 옛날의. 원래. 본래
其	그	기	그(지시 대명사). 의(관형격 조사). 그(감탄. 강세 조사)
戰	싸울	전	싸우다. 싸움. 전쟁. 두려워하다. 두려워서 떨다
勝	이길	승	이기다. 낫다. 뛰어나다. 뛰어난 것
復	돌아올	복	돌아오다. 돌려보내다. 뒤집다. 되풀이하다
而	말이을	이	말 이음. 순접·역접의 접속사
應	응할	응	응하다. 받다. 거두어 가지다. 응당-하여야 하다
形	모양	형	모양. 몸. 육체. 형세. 세력. 나타나다. 드러나다
於	어조사	어	어조사. -에. 에서. 보다. 를. 에게. 있어서
窮	다할	궁	다하다. 끝나다. 말다. 그치다. 떨어지다
夫	지아비	부	지아비. 사나이. 장정. 시중하는 사람
兵	군사	병	군사 병. 싸움. 전쟁. 무기. 병기
象	코끼리	상	코끼리. 상아(象牙). 본받다. 따르다. 같다. 비슷하다
避	피할	피	피하다. 회피하다. 벗어나다. 숨다
趨	달릴	추	달리다. 빨리 가다. 성큼성큼 걷다. 쫓다. 취향. 취지

❶ Do not repeat the tactics[1] which have gained you one victory, but let your methods[2] be regulated[3] by the infinite[4] variety[5] of circumstances[6].

Military[7] tactics are like unto[8] water; for water in its natural[9] cours e[10] runs away from high places and hastens[11] downwards[12].

한번 얻은 승리에서 쓴 전술은 반복하지 말고, 부대 상황의 무수한 변화에 따라 방법을 조절하라

군사적 전술은 물과 같고, 물은 자연적인 흐름으로 높은 곳에서 낮은 곳으로 빠르게 흘러간다.

❷ Therefore, when I have won a victory I do not repeat my tactics but respond to circumstances in an infinite[13] variety of ways.

Now an army may be likened[14] to water, for just as flowing water avoids the heights[15] and hastens[16] to the lowlands,

그러므로 승리를 쟁취하면 책략을 반복하지 않고 방식을 무수히 변화시켜 상황에 부합해야 한다.

그래서 군대는 물에 비유될 수 있고, 흐르는 물처럼 고지대를 피하고 저지대로 서둘러 간다.

---

1) tac · tic: TACTICS; 용병(用兵), 작전, 전법; 방책, 수단, 책략.
2) meth · od: ① 방법, 조직적 방법, 방식 ② (일을 하는) 순서, 조리; 순서〔규율〕 바름, 질서 정연함; 체계
3) reg · u · late: ① 규정하다; 통제〔단속〕하다. ② 조절하다, 정리하다
4) in · fi · nite: ① 무한한, 무수한, 한량 없는 ② 막대한, 끝없는
5) va · ri · e · ty : ① 변화, 다양(성) ② 상이, 불일치 ③ 가지각색의 것, 잡다한 것, 주워모은 것, 잡동사니
6) cir · cum · stance: ① (보통 pl.) 상황, 환경; 주위의 사정. ② (pl.) (경제적인) 처지, 생활 형편.
7) mil · i · tary: ① 군의, 군대의, 군사(軍事)의, 군용의; 군인의; 군인다운〔같은〕. ② 육군의. ③ 호전적인, 전투적인.
8) un · to: 《고어 · 시어》 ① …에, …쪽에 ② …까지
9) nat · u · ral: ① 자연의, 자연계의, 자연계에 관한 ② 천연의, 자연 그대로의, 인공(人工)에 의하지 않은, 가공하지 않은. ③ 미개간의 ④ 타고난, 천부의. ⑤ 자연 발생적인
10) course: ① 진로, 행로; 물길, (물의) 흐름 ② 진행, 진전, 추이; (시간의) 경과; ③ 방침, 방향, 방식, 수단
11) has · ten: 서두르다, 죄어치다, 재촉하다; 빠르게 하다, 촉진하다; 서둘러 가다; 서두르다
12) down · ward: ① 내려가는, 내리받이의; 아래쪽으로의, 아래로 향한. ② 저하하는, 쇠미의
13) in · fi · nite: ① 무한한, 무수한, 한량없는 ② 막대한, 끝없는
14) lik · en: (…에) 비유하다, 견주다《to》
15) height: ① 높음. ② 높이, 키; 고도, 해발, 표고 ③ (보통 pl.) 고지, 산, 언덕, 높은 장소〔위치〕.
16) haste: ① 급함, 급속, 신속 ② 성급, 서두름, 허둥댐; 경솔; 《詩》 서두르다; 급하게 굴다, 재촉하다.

23

병 지 형 피 실 이 격 허 수 인 지 이 제 류 병 인 적 이 제 승

兵之形 避實而擊虛. 水因地而制流 兵因敵而制勝.

Bīng zhī xíng, bì Shí ér jī xū. Shuǐ yīn dì ér zhì liú, bīng yīn dí ér zhì shèng.

군대의 형세는 충실한 곳은 피하고 빈 곳을 치는 것이다.
물은 땅에 따라서 흐름이 만들어지고 군대는 적에 따라서 승리가 만들어 진다.

兵	군사	병	군사 병, 싸움, 전쟁, 무기, 병기
之	갈	지	가다, 이(指示代名詞), ~의(冠形格助詞)
形	모양	형	모양, 몸, 육체, 형세, 세력, 나타나다, 드러나다
避	피할	피	피하다, 회피하다, 벗어나다, 숨다
實	열매	실	열매, 차다, 가득 차다, 익다, 곡식이 익다
而	말이을	이	말 이음, 순접·역접의 접속사
擊	부딪칠	격	부딪치다, 배나 수레가 질서 있게 나아가다
虛	빌	허	비다, 없다, 적다, 드물다, 모자라다
因	인할	인	인하다, 인(因), 원인을 이루는 근본, 유래
地	땅	지	땅, 토지의 신, 처지, 처해 있는 형편
制	마를	제	마르다, 자료를 필요한 규격대로 베거나 자르다
流	흐를	류{유}	흐르다, 떠내려가다, 시간이 지나가다, 흘러내리다
兵	군사	병	군사 병, 싸움, 전쟁, 무기, 병기
敵	원수	적	원수, 상대방, 대등하다, 맞서다
勝	이길	승	이기다, 낫다, 뛰어나다, 뛰어난 것

❶ So in war, the way is to avoid what is strong and to strike[1] at what is weak.

Water shapes[2] its course[3] according to the nature[4] of the ground over which it flows; the soldier works out his victory in relation to the foe whom he is facing.

그래서 전쟁에서, 그 방법은 강하면 피하고 약하면 공격한다.

물은 흐르는 지형의 자연법칙에 따라 물길을 형성하고, 병사들은 마주하는 적군에 대하여 승리를 계획한다.

❷ so an army avoids strength[5] and strikes[6] weakness[7].

And as water shapes its flow in accordance with the ground, so an army manages[8] its victory in accordance with[9] the situation[10] of the enemy.

군대는 강하면 피하고 약하면 공격한다.

그리고 물은 지형에 따라서 흐름을 형성하고, 군대는 적의 형세에 따라서 승리를 실현한다.

---

1) strike: ① 치다, 두드리다, 때리다 ② 두들겨 만들다(…하다), 쳐서 만들어내다 ③ (시계가 시각을) 치다, 쳐서 알리다 ④ 맞부딪치다, 부딪다, 들이받다 ⑤ 일격을 가하다, (타격을) 가하다, 주다 ⑤ 습격(공격)하다; ① 치다, 때리다; 공격하다; (뱀 · 호랑이가) 급습하다 ② 타격을 가하다, 침해하다

2) shape: ① 모양, 형상, 외형 ② (사람의) 모습, 생김새, 외양 ③ (어렴풋(기괴)한) 모습, 유령, 곡두. ④ 뚜렷한 모양, 정리(구체화)된 형태 ⑤ 형세, 상태 ⑥ (개개의 것의) 구체적인 형(태) ⑦ 형식, 종류

3) course: ① 진로, 행로; 물길, (물의) 흐름 ② 진행, 진전, 추이; (시간의) 경과; ③ (행동의) 방침, 방향, 방식, 수단; (pl.) 행동, 행실

4) na · ture: ① (대)자연, 천지만물, 자연(현상); 자연계; 자연의 힘(법칙); (종종 N-) 조화; 조물주 ② (문명의 영향을 받지 않은) 인간의 자연의 모습; 미개 상태 ③ 천성, 인간성, (사람 · 동물 따위의) 본성; 성질, 자질; …기질의 사람 ④ (the ~) (사물의) 본질, 특질; 특징 ⑤ 본래의 모습; 현실, 진짜. ⑥ (a ~, the ~) 종류; 성질

5) strength: ① 세기, 힘 ② 체력, 근력. ③ 세력, 병력, 인원수, 정원

6) strike: ① 치다, 두드리다, 때리다 ② 두들겨 만들다(…하다), 쳐서 만들어내다 ③ (시계가 시각을) 치다, 쳐서 알리다 ④ 맞부딪치다, 부딪다, 들이받다 ⑤ 일격을 가하다, (타격을) 가하다, 주다 ⑤ 습격(공격)하다

7) weak · ness: ① 약함, 가냘픔; 허약. ② 우유부단, 심약. ③ (근거의) 박약. ④ 약점, 결점

8) man · age: ① 잘 다루다, 마음대로 움직이다; 좋(운전)하다, 잘 쓰다(사용하다); 조련하다, 길들이다 ② 처리하다, 관리하다; 경영(운용)하다; 통솔하다; 감독하다 ③ (어려운 일을) 해내다, 실현하다 ④ …을 그럭저럭 해내다, 곧잘 …하다; 겨우(가까스로) 짓다(보이다); ① 처리하다, 관리(경영)하다 ② 잘 해나가다

9) ac · cord · ance: 일치, 조화; 부합; 수여. ♣ in ~ with …에 따라, …대로, …와 일치하여.

10) sit · u · a · tion: ① 위치, 장소, 소재; 환경. ② 입장, 사정 ③ 정세, 형세, 상태, 사태

24

고 병 무 상 세 수 무 상 형
故兵無常勢 水無常形.
Gù bīng wú cháng shì, shuǐ wú cháng xíng.

능 인 적 변 화 이 취 승 자 위 지 신
能因敵變化而取勝者 謂之神.
Néng yīn dí biàn huà ér qǔs hèng zhě, wèi zhī shén.

그러므로 군대는 영원한 기세가 없고 물은 영원한 형태가 없다.
능히 적의 변화로 인하여 취하는 승리를 일컬어 '신神'이라고 한다.

故	옛	고	예, 이미 지나간 때, 옛, 예전의, 옛날의, 원래, 본래
兵	군사	병	군사 병, 싸움, 전쟁, 무기, 병기
無	없을	무	없다, 허무(虛無)의 도, 말이을라, 금지하는 말
常	항상	상	항상, 법, 전법, 불변의 도, 영원하다, 일정하다
勢	기세	세	기세, 무리, 인중(人衆), 불알
形	모양	형	모양, 몸, 육체, 형세, 세력, 나타나다, 드러나다
能	능할	능	능하다, 잘하다, 보통 정도 이상으로 잘하다, 미치다
因	인할	인	인하다, 인(因), 원인을 이루는 근본, 유래, 연유, 까닭
敵	원수	적	원수, 상대방, 대등하다, 맞서다
變	변할	변	변하다, 달라지다, 변경되다, 변해가다, 변경하다
化	될	화	되다, 모양이 바뀌다, 고쳐지다, 따르다
而	말이을	이	말 이음, 순접·역접의 접속사
取	취할	취	취하다, 골라 뽑다, 돕다, 의지하다
勝	이길	승	이기다, 낫다, 뛰어나다, 뛰어난 것
謂	이를	위	이르다, 일컫다, 알리다, 설명하다, 비평·논술하다
神	귀신	신	귀신, 불가사의한 것, 정신, 혼

❶ Therefore, just as water retains[1] no constant[2] shape[3], so in warfare[4] there are no constant conditions[5].

He who can modify his tactics[6] in relation to his opponent[7] and thereby succeed[8] in winning, may be called a heaven-born captain.

그러므로 물은 일정한 형상을 유지하지 않고, 전투에는 일정한 형세가 없다.

적에 관련된 전술을 수정하고 그것으로 승리의 결과를 얻는 자는 천부적인 재능을 타고난 명장이라고 할 수 있다.

❷ And as water has no constant form, there are in war no constant conditions.

Thus, one able to gain the victory by modifying[9] his tactics in accordance[10] with the enemy situation[11] may be said to be divine[12].

일정한 형상이 없는 물처럼, 전쟁에는 일정한 형세가 없다.

그러므로 적의 형세에 따라 책략을 수정하는 것으로 승리를 가질 수 있는 자는 하늘이 내렸다고 말한다.

---

1) re · tain: ① 보류하다, 보유〔유지〕하다 ② (변호사 · 사환을) 고용하다. ③ (폐지하지 않고) 존속시키다; 계속 사용〔실행〕하다. ④ 잊지 않고 있다

2) con · stant: ① 변치 않는, 일정한; 항구적인, 부단한. ② (뜻 따위가) 부동의, 불굴의, 견고한. ③ 성실한, 충실한

3) shape: ① 모양, 형상, 외형 ② (사람의) 모습, 생김새, 외양 ③ (어렴풋〔기괴〕한) 모습, 유령, 곡두. ④ 뚜렷한 모양, 정리〔구체화〕된 형태 ⑤ 형세, 상태 ⑥ (개개의 것의) 구체적인 형(태) ⑦ 형식, 종류

4) war · fare: 전투(행위), 교전(상태); 전쟁(war); 싸움

5) con · di · tion: ① 조건; 필요조건; (제)조건, 조목, 조항; 제약 ② 주위의 상황, 형세, 사정 ③ 상태; 《특히》 건강 상태, (경기자의) 컨디션.

6) tac · tic: 순서〔배열, 조직〕의; 〖생물〗 주성(走性)의〔을 보이는〕; 전술(상)의(tactical). =TACTICS; 용병(用兵), 작전, 전법; 방책, 수단, 책략.

7) op · po · nent: ① 반대하는, 적대하는; 대립하는. ② 반대측의; (경기 · 논쟁 따위의) 적, 상대; 대항자; 반대자

8) suc · ceed: ① 성공하다, 출세하다; 잘 되어가다, 번창하다 ② 결과를 얻다 ③ 계속되다, 잇따라 일어나다 ④ 상속인〔후임〕이 되다; 상속〔계승〕하다; ① …에 계속되다, …에 대신하다 ② …의 뒤를 잇다,

9) mod · i · fy: ① 수정〔변경〕하다 ② 완화하다; 가감하다, 조절〔제한〕하다

10) ac · cord · ance: 일치, 조화; 부합; 수여. ♣ in ~ with …에 따라, …대로, …와 일치하여.

11) sit · u · a · tion: ① 위치, 장소, 소재; 환경. ② 입장, 사정 ③ 정세, 형세, 상태, 사태

12) di · vine: ① 신의; 신성(神性)의 ② 신성한(holy); 신수(神授)의, 하늘이 준 ③ 신에게 바친, 종교적인. ④ 성스러운, 거룩한. ⑤ 신묘한, 비범한

25

고 오 행 무 상 승 사 시 무 상 위 일 유 단 장 월 유 사 생
故五行無常勝 四時無常位. 日有短長 月有死生.
Gù wǔ háng wú cháng shèng, sì shí wú cháng wèi. Rì yǒu duǎn cháng, yuè yǒu sǐ shēng.

그러므로 오행에는 항상 이기는 것은 없고 사계절은 일정한 위치가 없다. 해는 길고 짧음이 있고 달은 없어졌다 생겨난다.

* 오행(五行): 우주 만물을 이루는 금(金) · 목(木) · 수(水) · 화(火) · 토(土)의 다섯 가지의 원소.
* 생사(死生): '차고 기울다'로 번역이 많이 되어 있는데 본서에서는 '사라지고 생겨나다'로 번역함

故	옛 고	예, 이미 지나간 때, 옛, 예전의, 옛날의, 원래, 본래
行	갈 행	가다, 걷다, 나아가다, 달아나다, 돌아다니다, 겪다
無	없을 무	없다, 허무(虛無)의 도, 말라, 금지하는 말
常	항상 상	항상, 법, 전법, 불변의 도, 사람으로서 행해야 할 도
勝	이길 승	이기다, 낫다, 뛰어나다, 뛰어난 것
時	때 시	때, 때에, 때맞추다, 때를 어기지 아니하다
位	자리 위	자리, 자리하다, 품위
有	있을 유	있다, 존재하다, 많다, 넉넉하다
短	짧을 단	짧다, 오래 되지 아니하다, 적다, 부족하다, 가깝다
長	길 장	길다, 길이, 오래도록, 늘이다
月	달 월	달, 달빛, 나달, 광음(光陰)
死	죽을 사	죽다, 죽음, 죽은 이
生	날 생	나다, 태어나다, 천생으로, 낳다, 자식을 낳다, 살다

❶ The five elements[1] (water, fire, wood, metal, earth) are not always equally predominant[2]; the four seasons make way for each other in turn. There are short days and long; the moon has its periods of waning[3] and waxing[4].

다섯 요소(물, 불, 나무, 쇠, 땅)는 항상 똑같이 두드러지지는 않고, 사계절은 차례로 각자 진행된다. 낮이 짧고 길고, 달이 이지러지고 차는 기간이 있다.

❷ Of the five elements, none is always predominant; of the four seasons, none lasts forever; of the days, some are long and some short, and the moon waxes and wanes.

다섯 요소는 항상 뛰어난 것이 없고, 사계절 중에서 영구히 지속되는 것은 없으며, 어떤 날은 길고 어떤 날은 짧으며, 달도 이지러지고 찬다.

1) el · e · ment: ① 요소, 성분; (구성) 분자 ② 〖화학〗 원소 ③ 사(四)원소《흙 · 물 · 불 · 바람》의 하나
2) pre · dom · i · nant: ① 뛰어난, 탁월한 ② 유력한, 현저한, 눈에 띄는 ③ 주권을 가진, 세력 있는; 널리퍼진.
3) wane: ① (달이) 이지러지다. ② 작아지다; 적어지다, 약해지다, 쇠약해지다, 감퇴하다; 끝이 가까워지다
4) wax: …에 밀을 바르다(입히다); 밀로 닦다; ① 커지다; 증대하다. ② (해가) 길어지다; (달이) 차다. ③…상태로 되다

七篇 軍爭

❶ MANEUVERING 군사행동/기동작전 – Lionel Giles(라이오넬 자일스) 역

❷ MANEUVER 군사행동/기동작전 – Samuel B. Griffith(사무엘 비 그리피스) 역

* 군대가 다툰다

1. 우직지계의 이치를 적용한다
2. 상대를 모르면 계책을 세울 수 없다
3. 용병은 상황에 따라 변해야 한다
4. 신호수단을 활용한다
5. 적의 기세와 마음과 힘을 뺏는다
6. 진영이 당당한 적은 공격하지 않는다.

軍	군사	군	군사(軍士), 군사(軍事), 진을 치다
爭	다툴	쟁,정	다투다, 잡아끌다, 결판을 내다, 소송하다
篇	책	편	책, 완결된 책, 완결된 시문(詩文), 시문을 세는 단위

孫子兵法

Sūn zǐ bīng fǎ

Art of war

1

손 자 왈　범 용 병 지 법　장 수 명 어 군
孫子曰 凡用兵之法 將受命於君.
Sūn zǐ yuē,　fán yòng bīng zhī fǎ,　jiāng shòu mìng yú jūn.

합 군 취 중　교 화 이 사
合軍聚衆 交和而舍.
Hé jūn jù zhòng,　jiāo hé ér shě.

손자가 말했다. 대개 용병의 법칙은 장수는 임금에게 명을 받고 사람들을 모아 군대로 하나 뭉치게 하여 서로 대응한다.

* 용병(用兵): 군사를 부림. 용군(用軍)

凡	무릇	범	무릇, 모두, 다, 합계
用	쓸	용	쓰다, 베풀다, 부리다, 등용하다, 행하다
將	장차	장	장차, 막-하려 한다, 마땅히-하여야 한다
受	받을	수	받다, 얻다, 이익을 누리다, 받아들이다
命	목숨	명	목숨, 운수, 운, 명하다, 명령을 내리다
於	어조사	어	어조사, -에, 에서, 보다, 를, 에게, 있어서
君	임금	군	임금, 주권자, 세자
合	합할	합	합하다, 여럿이 모여 하나가 되다, 만나다, 맞다
軍	군사	군	군사(軍士), 군사(軍事), 진을 치다
聚	모일	취	모이다, 모여들다, 모으다, 무리
衆	무리	중	무리, 많은 사람, 많은 물건, 많은 일, 땅, 백성, 군신
交	사귈	교	사귀다, 주고받고 하다, 서로
和	화할	화	화하다, 서로 응하다, 합치다
而	말이을	이	말 이음, 순접·역접의 접속사
捨	버릴	사	버리다

❶ Sun Tzu said: In war, the general receives his commands[1)] from the sovereign[2)].

Having collected an army and concentrated[3)] his forces, he must blend[4)] and harmonize[5)] the different elements[6)] thereof before pitching[7)] his camp.

손자가 말했다. 전쟁에서, 장수는 군주로부터 지휘권을 받는다.

군대를 소집하고 병력을 집중시켜, 주둔지 위치를 정하기 전에 다른 요소와 혼합하여 조화를 이루어야 한다.

❷ Sun Tzu said: Normally, when the army is employed[8)], the general first receives his commands from the sovereign.

He assembles[9)] the troops[10)] and mobilizes[11)] the people. He blends the army into a harmonious[12)] entity[13)] and encamps[14)] it.

손자가 말했다. 보통 군대를 부릴 때, 장수는 먼저 군주로부터 지휘권을 받는다.

장수는 군대를 소집하고 사람들을 동원한다. 그는 군대를 균형 잡힌 통일체로 조화롭게 하여 진을 친다.

---

1) com · mand: ① 명령, 호령, 구령; 지령, 분부 ② 지휘(권), 지배(권), 통제 ③ 지배력, 통어력 ④ 조망
2) sov · er · eign: 주권자, 원수(元首), 군주(monarch), 국왕, 지배자.
3) con · cen · trate: ① 집중〔경주〕하다; 한 점에 모으다 ② (부대 등을) 집결시키다 ③ 농축하다; 응집하다.; ① 집중하다; 한 점에 모이다 ② 집결하다. ③ 전심하다, 주의〔노력 따위〕를 집중하다, 전력을 기울이다
4) blend: (뒤)섞다; (다른 술 · 담배 · 커피 등을) 혼합하다; ① 섞이다, 혼합되다; 뒤섞이다, ② 잘 되다, 조화되다
5) har · mo · nize: ① 조화시키다, 화합시키다, 일치시키다; ① 조화〔화합〕하다, (배색(配色) 등이) 잘 어울리다
6) el · e · ment: ① 요소, 성분; (구성) 분자 ② 〖화학〗 원소 ③ 사(四)원소《흙 · 물 · 불 · 바람》의 하나
7) pitch: ① 던지다; 내던지다 ② (천막을) 치다; (주거를) 정하다 ③ (건초를) 쌓아올리다. ④ …의 높이를 정하다 ⑤ 땅에) 단단히 고정시키다, 처박다, 세우다 ⑥ …의 위치를 정하다, …에 놓다, 세우다; ① 던지다 ② 거꾸로 떨어지다〔뛰어들다〕, 곤두박이치다; 앞으로 넘어지다 ③ 천막〔진영〕을 치다.
8) em · ploy: ① (사람을) 쓰다, 고용하다; (아무에게) 일을 주다 ② …에 종사하다, …에 헌신하다 ③ (물건 · 수단을) 쓰다, 사용하다 ④ (시간 · 정력 따위를) 소비하다, 쓰다
9) as · sem · ble: ① 모으다, 집합시키다, 소집하다. ② (물건을) 모아 정리하다. ③ (기계를) 조립하다, (부품을) 조립하여 (…으로) 만들다
10) troop: ① 대(隊), 떼, 무리《of》 ② (보통 pl.) 군대, 병력 ★ 60 troops는 '병력 60명'의 뜻. ③ 〖軍〗 기병 중대. ④ (보이스카우트의) 분대《최소 5명》; (걸 스카우트의) 단(團)《8-32명으로 구성됨》
11) mo · bi · lize: ① 〖군사〗 (군대 · 함대를) 동원하다; (산업 · 자원 따위를) 전시 체제로 바꾸다, 동원하다. ② 가동성을 부여하다; (부(富) 따위를) 유통시키다. ③ (힘 따위를) 발휘하다; (군대 · 함대가) 동원되다.
12) har · mo · ni · ous: ① 조화된, 균형 잡힌 ② 화목한, 사이 좋은, 정다운. ③ 〖음악〗 가락이 맞는, 화성의.
13) en · ti · ty: ① 실재, 존재. ② 실재물(物), 존재물 ③ 자주적〔독립적〕인 것; 통일체 ④ 자주〔독자〕성
14) en · camp: 〖군사〗 진을 치다, 야영하다〔시키다〕, 주둔시키다

2

막 난 어 군 쟁　군 쟁 지 난 자　이 우 위 직　이 환 위 리

莫難於軍爭 軍爭之難者 以迂爲直 以患爲利.

Mò nán yú jūn zhēng, jūn zhēng zhī nàn zhě, yǐ yū wèi zhí, yǐ huàn wèi lì.

군쟁보다 어려운 것은 없고 군쟁 중에서 어려운 것은 먼 길로 돌아가면서 곧바로 가는 것처럼 하고 근심거리를 유리하게 만드는 것이다.

莫	없을, 저물	막, 모	없다, 저물다, 고요하다, 말다, 정하다
難	어려울	난	어렵다, 재앙, 근심, 구슬 이름, 힐난하다
於	어조사	어	어조사, -에, 에서, 보다, 를, 에게, 있어서
軍	군사	군	군사(軍士), 군사(軍事), 진을 치다
爭	다툴	쟁,정	다투다, 잡아끌다, 결판을 내다, 소송하다
之	갈	지	가다, 이(指示代名詞), -의(冠形格助詞)
難	어려울	난	어렵다, 재앙, 근심, 구슬 이름, 힐난하다
者	놈	자	놈, 사람, 것, 일을 가리켜 이른다
以	써	이	써, -로써, 부터, -에서, 까닭
迂	멀	우	멀다, 길이 멀다, 물정에 어둡다, 먼 길, 굽히다
為	할	위	하다, 되다, 다스리다, 속하다, 어기다, 있다
直	곧을	직	곧다, 바른 도(道), 또는 바른 행위, 바루다
患	근심	환	근심, 걱정, 고통, 재난, 병(病), 근심하다
利	날카로울	리{이}	이롭다, 유익하다, 편리하다, 날카롭다, 통하다

❶ After that, comes tactical[1] maneuvering[2], than which there is nothing more difficult. The difficulty of tactical maneuvering consists in turning the devious[3] into the direct[4], and misfortune[5] into gain[6].

전술적 군사행동을 하는 그것보다, 더 어려운 것은 없다. 전술적 군사행동의 어려움은 우회에서 직진으로, 재난을 이익으로 바꾼다.

❷ Nothing is more difficult than the art of manoeuvre. What is difficult about manoeuvre is to make the devious route[7] the most direct[8] and to turn misfortune to advantage[9].

기동작전의 기교보다 어려운 것은 없다. 기동작전에 관한 어려움은 우회할 길을 최대한 직진하게 하고 재난을 이익으로 바꾸는 것이다.

* 감수자의 개인적인 문맥상의 주관적인 느낌에 따라 ❶ 의 'tactical maneuvering'에서 'maneuvering'은 '군사행동'으로 번역하고 ❷의 'art of manoeuvre'에서 'manoeuvre'는 '기동작전'으로 함.

아래 '2) ma · neu · ver' 참조

---

1) tac · ti · cal: 군학(軍學)의, 전술상의, 전술적인, 용병(用兵)상의; 책략(술책)이 능란한.
2) ma · neu · ver: ① 『軍』 **연습하다, 군사 행동을 하다.** ② (…하기 위해) 책략을 쓰다《for》; (정당 등이) 전략적으로 정책(입장) 등을 전환하다; ① (군대 · 함대를) **기동(연습)시키다; 군사 행동을 하게 하다.** ② (사람 · 물건을) 교묘하게 유도하다(움직이다); (사람을) 계략적으로 이끌다; 교묘한 방법으로 (결과를) 이끌어내다
3) de · vi · ous: 우회한, 꾸불꾸불한; 정도(正道)를 벗어난, 길 잃은; 솔직(순진)하지 않은, 속임수의, 교활한
4) di · rect: ① 똑바른; 직행(직진)의; 직계의 ② 직접의 ③ 솔직한; 노골적인; 명백한 ④ 진정한, 절대의
5) mis · for · tune: ① 불운, 불행 ② 불행한 일, 재난
6) gain: ① 이익, 이득; (종종 pl.) 수익, 수익금. ② 돈벌이; 상금; 보수 ③ (가치 · 무게 등의) 증가, 증대
7) route: ① 도로, 길. ② (일정한) 통로, 노선 ③ 수단, 방법, ④ 《口》 (우유 · 신문 따위 배달의) 배달길(구역) ⑤ [raut] 《古》 『軍』 행군 명령.
8) di · rect: ① 똑바른; 직행(직진)의; 직계의 ② 직접의 ③ 솔직한; 노골적인; 명백한 ④ 진정한, 절대의
9) ad · van · tage: ① 유리; 이익; 편의 ② 우세, 우월 ③ 이점, 장점

3

고 우 기 도 　이 유 지 이 리 　후 인 발 　선 인 지
故迂其途 而誘之以利 後人發 先人至
Gù yū qí tú, ér yòu zhī yǐ lì, hòu rén fā, xiān rén zhì,

차 지 우 직 지 계 자 야
此知迂直之計者也.
cǐ zhī yū zhí zhī jì zhě yě.

그러므로 돌아서 가지만 이로운 것처럼 유인하고 늦게 출발하여 먼저 도착하는 것이니 이는 '돌아가는 듯하며 곧바로 가는 계책(우직지계)'을 아는 것이다.

故	옛	고	예, 이미 지나간 때, 옛, 예전의, 옛날의, 원래, 본래
迂	멀	우	멀다, 길이 멀다, 물정에 어둡다, 먼 길, 굽히다
其	그	기	그(지시 대명사), 의(관형격 조사), 그(감탄, 강세 조사)
途	길	도	길, 도로
而	말이을	이	말 이음, 순접·역접의 접속사
誘	꾈	유	꾀다, 유혹하다, 유인하다, 꾀다, 미혹하게 하다
以	써	이	써, -로써, 부터, -에서, 까닭
利	날카로울	리{이}	이롭다, 유익하다, 편리하다, 날카롭다, 통하다
後	뒤	후	뒤, 늦다, 능력 따위가 뒤떨어지다
發	쏠	발	쏘다, 가다, 떠나다, 보내다, 파견하다
先	먼저	선	먼저, 나아가다, 옛날
至	이를	지	이르다, 도래하다, 미치다, 닿다, 두루 미치다
此	이	차	이, 이곳, 이것, 가까운 사물을 가리킴, 이에, 그래서
知	알	지	알다, 깨닫다, 느끼다, 분별하다, 기억하다
直	곧을	직	곧다, 바른 도(道), 또는 바른 행위, 바루다, 고치다
計	꾀	계	꾀, 계략, 계획, 경영, 꾀하다, 계획하다, 의논하다, 세다

❶ Thus, to take a long and circuitous[1] route[2], after enticing[3] the enemy out of the way, and though starting after him, to contrive[4] to reach the goal before him, shows knowledge[5] of the artifice[6] of DEVIATION[7].

그러므로 멀고 우회로를 택하여, 길을 벗어나 적을 유인한 다음 적보다 늦게 출발할지라도, 먼저 목적지에 도착하도록 하는 것이, '행로변경 전술(우직지계迂直之計: 돌아가면서도 빨리 가는 전략)'이라는 학식을 보여준다.

❷ Thus, march[8] by an indirect[9] route and divert[10] the enemy by enticing him with a bait[11]. So doing, you may set out after he does and arrive before him. One able to do this understands the strategy[12] of the direct[13] and the indirect[14].

그러므로 우회하는 길로 행군하고 미끼로 부추겨 적의 관심을 돌려라. 그렇게 적이 출발한 후 출발을 하고 적보다 앞서 도착한다. 이렇게 할 수 있는 자는 질러서 가고 우회해서 가는 전략(우직지계迂直之計: 돌아가면서도 빨리 가는 전략)'을 이해하는 것이다.

---

1) cir · cu · i · tous: 에움길의, 우회(로)의; (말 따위가) 에두르는, 완곡한.
2) route: ① 도로, 길. ② (일정한) 통로, 노선 ③ 수단, 방법, ④ 《口》 (우유 · 신문 따위 배달의) 배달길(구역) ⑤ [raut] 《古》 〖軍〗 행군 명령.
3) en · tice: 꾀다, 유혹하다; 부추기다; (아무를) 부추겨 …시키다
4) con · trive: ① 연구하다; 고안(발명)하다; 설계하다 ②용케 …하다, 이럭저럭 (…을) 해내다 ③ 꾀하다, 하고자 획책(도모)하다; ① 궁리하다, 고안하다; 획책하다. ② (살림 따위를) 잘 꾸려나가다
5) knowl · edge: ① 지식 ② 학식, 학문; 정통(精通), 숙지; 견문 ③ 인식; 이해 ④ 경험 ⑤ 보도, 소식
6) ar · ti · fice: 고안(考案), 교묘한 솜씨; 책략, 술책
7) de · vi · a · tion: ① 벗어남, 탈선, 일탈; 편의(偏倚), 편향. ② (정치 신조로부터의) 일탈 행위. ③ 편차; 항로 변경
8) march: ① 〖군사〗 (대열을 지어) 행진하다; (당당하게) 걷다, 빨리 전진하다 ② (사건 따위가) 진전하다 ③ (나무 따위가) 나란히 늘어서 있다. ④ (말 · 행동 따위가 …와) 일치하다, 조화되다; …을 행진시키다, 행군시키다
9) in · di · rect: ① 곧바르지 않은《길 따위》, 우회하는, 멀리 도는; 방계의 ② 간접적인; 2차적인, 부차적인 ③ 우회적인; 에두른 ④ 〖문법〗 간접의 ⑤ 솔직하지 않은, 정직하지 않은
10) di · vert: ① (딴 데로) 돌리다, (물길 따위를) 전환하다 ② 전용(유용)하다 ③ (주의 · 관심을) 돌리다
11) bait: ① 미끼, 먹이 ② 유혹(물)
12) strat · e · gy: 용병학, 병법; (대규모의) 전략; 작전; 책략.
13) di · rect: ① 똑바른; 직행(직진)의; 직계의 ② 직접의 ③ 솔직한; 노골적인; 명백한 ④ 진정한, 절대의
14) in · di · rect: ① 곧바르지 않은《길 따위》, 우회하는, 멀리 도는; 방계의 ② 간접적인; 2차적인, 부차적인 ③ 우회적인; 에두른 ④ 〖문법〗 간접의 ⑤ 솔직하지 않은, 정직하지 않은

4

고 군 쟁 위 리 군 쟁 위 위

故軍爭爲利 軍爭爲危.

Gù jūn zhēng wèi lì, jūn zhēng wèi wēi.

그러므로 군쟁은 유리하기도 하고 군쟁은 위험한 것도 있다.

軍	군사	군	군사(軍士), 군사(軍事), 진을 치다
爭	다툴	쟁,정	다투다, 잡아끌다, 결판을 내다, 소송하다
為	할	위	하다, 되다, 다스리다, 속하다, 어기다, 있다
利	날카로울	리{이}	이롭다, 유익하다, 편리하다, 날카롭다, 통하다
危	위태할	위	위태하다, 위태롭게 하다, 두려워하다

❶ Maneuvering[1] with an army is advantageous[2]; with an undisciplined[3] multitude[4], most dangerous.

군대가 군사행동을 하는 것은 이롭고, 훈련이 되지 않은 대중이 하면, 가장 위험하다.

❷ Now both advantage[5] and danger are inherent[6] in manoeuvre.

이익과 위험 둘, 모두 군사행동에서 타고난 것이다.

1) ma · neu · ver: ① 〖軍〗 연습하다, 군사 행동을 하다. ② (…하기 위해) 책략을 쓰다《for》; (정당 등이) 전략적으로 정책〔입장〕 등을 전환하다; ① (군대 · 함대를) 기동〔연습〕시키다; 군사 행동을 하게 하다.
2) ad · van · ta · geous: 유리한; 형편이 좋은
3) un · dísciplined: 훈련이 없는, 수련이 부족한; 수양이 없는, 미숙한; 규율이 없는, 군기(軍紀)가 없는.
4) mul · ti · tude: ① 다수; 수가 많음 ② 군중, 군집(群集); (the ~) 대중
5) ad · van · tage: ① 유리; 이익; 편의 ② 우세, 우월 ③ 이점, 장점
6) in · her · ent: 본래부터 가지고 있는, 고유의, 본래의, 타고난; 선천적인

5

거 군 이 쟁 리 칙 부 급 위 군 이 쟁 리 칙 치 중 연

學軍而爭利 則不及. 委軍而爭利 則輜重捐.

Jǔ jūn ér zhēng lì, zé bù jí. Wěi jūn ér zhēng lì, zé zī zhòng juān.

군대를 움직여 이익을 다투면 목적에 이르지 못한다. 군을 내버려두고 이익을 얻기 위해 가득 채운 보급 수레를 버리게 된다.

擧	들	거	들다, 날다, 키우다
軍	군사	군	군사(軍士), 군사(軍事), 진을 치다
爭	다툴	쟁, 정	다투다, 잡아끌다, 결판을 내다, 소송하다
而	말이을	이	말 이음, 순접·역접의 접속사.
則	법칙, 본받을	칙, 측	법칙, 곧, 법, 본받다, 모범으로 삼다
及	미칠	급	미치다, 이르다, 미치게 하다, 끼치다, 및, 와
委	맡길	위	맡기다, 버리다, 내버려두다, 막히다, 메이다, 밀리다
輜	짐수레	치	짐수레, 관(棺)을 싣는 수레, 수레의 범칭
重	무거울	중	무겁다, 무겁게 하다, 무게
捐	버릴	연	버리다, 없애다, 주다, 바치다, 내놓다, 기부하다

❶ If you set a fully[1] equipped[2] army in march[3] in order to snatch[4] an advantage, the chances are that you will be too late. On the other hand, to detach[5] a flying[6] column[7] for the purpose involves[8] the sacrifice[9] of its baggage and stores.

이익을 잡으려고 행군에 있어 완전무장한 군대를 배치한다면, 그 가능성은 너무 늦을 것이다. 반면, 그 목적으로 별동대를 파견하면 휴대장비와 비축물은 제물이 된다.

❷ One who sets the entire army in motion[10] to chase an advantage will not attain[11] it. If he abandons[12] the camp to contend[13] for advantage the stores will be lost.

이익을 좇기 위해 움직이고 전체 군대를 배치하는 자는 이익을 손에 넣지 못할 것이다. 이익을 다투기 위해 주둔지를 포기한다면 비축물을 잃을 것이다.

---

1) ful · ly: 충분히, 완전히; 전혀.
2) equip: ① (…에 필요물을) 갖추다, …에 설비하다, 장비하다; (배를) 의장(艤裝)하다 ② …에게 가르쳐 주다, …에게 갖추게 하다 ③ (…을 위해) 채비를 하다, 몸차림을 하다; (옷 · 장비 따위를) 갖추다, 입다
3) march: ① 행진, 행군; 행진거리 ② 〖군사〗 (행군의) 보조 ③ 〖음악〗 행진곡. ④ 길고 괴로운 노정(행로).
4) snatch: ① 와락 붙잡다, 움켜쥐다, 잡아(낚아)채다, 강탈하다 ② (이 세상에서) 앗아가다, 갑자기 모습을 감추게 하다, 죽이다 ③ 뜻밖에(겨우, 운좋게) 얻다; (기회를 보고) 급히 덤벼들다
5) de · tach: ① 떼어내다, 떨어지게 하다, 분리하다 ② (군대 등을) 파견(분견)하다 ③ …로부터 이탈하다, 떠나다
6) flý · ing: ① 나는, 비행하는; 비행기의, 항공의. ② (깃발 · 머리털 따위가) 나부끼는, 휘날리는, 펄럭이는. ③ 나는 듯이 빠른; 날쌔게 행동하는. ④ 몹시 급한, 허둥지둥하는 ⑤ 급작스레 마련한, 임시변통의, 일시적인.
7) col · umn: ① 기둥, 원주, 지주; 기둥 모양의 물건 ② 〖인쇄〗 단(段), 세로줄; 〖신문〗 칼럼, 난, 특별 기고란 ③ 〖수학〗 (행렬식의) 열. ④ 〖군사〗 종대; (함선의) 종렬
8) in · volve: ① 말아 넣다, 싸다, 감싸다; 나사 모양으로 말다(감다) ② 연좌(연루)시키다; 관련(관계)시키다, 말려들게 하다, 휩쓸리게 하다; …에 영향을 끼치다 ③ (필연적으로) 수반하다, 필요로 하다, 포함하다 ④ 몰두시키다, 열중시키다 ⑤ (일을) 복잡하게 하다.
9) sac · ri · fice: ① 희생, 산 제물, 제물 ② 희생적인 행위, 헌신; 〖종교〗 예수의 십자가에 못박힘; 성찬.
10) mo · tion: ① 운동, 활동; (기계 따위의) 운전 ② 이동; (천체 따위의) 운행. ③ 동작, 거동, 몸짓 ④ 동의, 발의(發議), 제의, 제안
11) at · tain: ① (장소 · 위치 · 나이 등에) 이르다, 도달하다. ② (목적 · 소원을) 달성(성취)하다, …에 달하다; (명성 · 부귀 따위를) 획득하다, 손에 넣다
12) aban · don: ① 버리다, 버려 두다; 버리고 떠나다 ② 단념하다, 그만두다 ③ 를 (…에게) 명도하다
13) con · tend: ① 다투다, 경쟁하다; (적 · 곤란 따위와) 싸우다 ② 논쟁하다; 주장(옹호)하다; (강력히) 주장하다

6

시 고 권 갑 이 추 일 야 부 처 배 도 겸 행

是故卷甲而趨 日夜不處 倍道兼行

Shì gù juǎn jiǎ ér qū, rì yè bù chù, bèi dào jiān xíng,

백 리 이 쟁 리 칙 금 삼 장 군

百里而爭利 則擒三將軍.

bǎi lǐ ér zhēng lì, zé qín sān jiāng jūn.

이 때문에 갑옷을 걷어 올리고 달려 밤낮 쉬지 않고 두 배의 길을 가도록 하여 백 리를 가서 이로움을 다툰다면 삼장군이 생포된다.

卷	쇠뇌	권	쇠뇌, 돌을 쏘는 힘이 센 활
甲	첫째, 천간	갑	첫째 천간, 십간(十干)의 첫째, 거북의 등딱지, 조가비
而	말이을	이	말 이음, 순접·역접의 접속사
趨	달릴	추	달리다, 빨리 가다, 성큼성큼 걷다, 쫓다
夜	밤	야	밤, 성(姓), 고을 이름
處	살	처	머물러 있다, 남아서 지키다, 묵다, 쉬다, 거처하다
倍	곱	배	곱, 갑절, 등지다, 배반하다, 더하다
道	길	도	길, 이치, 근원, 기능, 방법, 사상, 인의,
兼	겸할	겸	겸하다, 아울러, 쌓다
行	갈	행	가다, 걷다, 나아가다, 달아나다, 돌아다니다, 겪다,
百	일백	백	일백, 모든, 백 번 하다
里	마을	리	마을, 거리, 주거(住居)
爭	다툴	쟁,정	다투다, 잡아끌다, 결판을 내다, 소송하다, 따져 말하다
利	날카로울	리{이}	이롭다, 유익하다, 편리하다, 날카롭다, 통하다
則	법칙, 본받을	칙, 측	법칙, 곧, 법, 본받다, 모범으로 삼다
擒	사로잡을	금	사로잡다, 생포하다
將	장차	장	장차, 막-하려 한다, 마땅히-하여야 한다, 어찌(何)
軍	군사	군	군사(軍士), 군사(軍事), 진을 치다

❶ Thus, if you order[1)] your men to roll up their buff-coats[2)], and make forced[3)] marches[4)] without halting[5)] day or night, covering double the usual distance at a stretch[6)], doing a hundred LI in order to wrest[7)] an advantage[8)], the leaders of all your three divisions[9)] will fall into the hands of the enemy.

그러므로 병사들에게 가죽 코트(갑옷)를 감싸라고 명령하여, 멈추지 않고 한달음에 보통 거리의 두 배를 가는 것으로 밤낮 행군을 강요하여, 애써 이익을 손에 넣으려고 백 리를 간다면, 세 개 사단의 지휘관들이 적의 손에 떨어질 것이다.

❷ It follows that when one rolls up the armour[10)] and sets out speedily, stopping neither day nor night and marching at double time for a hundred li, the three commanders will be captured[11)].

갑옷과 투구를 감싸고 빠르게 배치하여, 밤낮 멈추지 않고 백 리를 두 배로 행군하면, 세 명의 사령관/지휘관이 사로잡히게 될 것은 당연하다.

---

1) or · der: ① …에게 명령하다, …에게 지시하다; (특정 장소)에 가〔오〕도록 …에게 명하다 ② (의사가 환자에게) (약 · 요법 등을) 명하다, 지시하다 ③ 주문하다, 주문해 가져오게 하다, 주문해 주다
2) búff còat: 가죽 코트.
3) force: ① …에게 강제하다, 우격으로 …시키다, 억지로 …시키다 ② …에게 폭력을 가하다; (여자에게) 폭행하다; (진지를) 강행 돌파하다; (힘, 우격으로) 얻다, 빼앗다, 강탈하다 ③ 밀어넣다; (억지로) 떠맡기다, 강매하다 ④ (억지로) 밀어내다, 끌어내다 ⑤ …에 무리를 가하다; 억지로 일〔공부〕시키다; 밀고 나아가다; 강행군하다.
4) march: ① 행진, 행군; 행진거리 ② 〖군사〗 (행군의) 보조 ③ 〖음악〗 행진곡. ④ 길고 괴로운 노정〔행로〕. ⑤ (사물의) 진전, 진행, 발달
5) halt: 멈춰서다, 정지〔휴지〕하다; 부대가 정지하다; 멈추다, 정지〔휴지〕시키다; 군대를 머무르게 하다.
6) stretch: ① 뻗기, 질펀함; 확장; 신축성 ② 한 연속, 단숨; 한 연속의 시간〔일, 노력〕 ③ 신장(伸張), 팽팽함; 무리한 사용. ④ 긴장 ⑤ 과장; 남용. ⑥ ⑧ 범위, 한도;
7) wrest: ① 비틀다. ② 비틀어 떼다, 잡아 떼다, 억지로 빼앗다 ③ …을 노력하여 얻다, 애써서 손에 넣다
8) ad · van · tage: ① 유리; 이익; 편의 ② 우세, 우월 ③ 이점, 장점
9) di · vi · sion: ① 분할; 분배; 구획, 배당; 분열. ② 〖원예〗 포기나누기. ③ 〖수학〗 나눗셈, 제법. ④ 구분, 부분; 구(區), 부(部), 단(段), 절(節). ⑤ 경계(선); 칸막이, 격벽; (저울 따위의) 눈금. ⑥ 〖육군〗 사단; 〖해군〗 분함대
10) ar · mor ① 〔 집합적 〕 갑옷과 투구, 갑주(甲冑) ② (군함 등의) 장갑(강판). ③ 〖軍〗 기갑 부대.
11) cap · ture: 붙잡다, 생포하다; 점령〔공략〕하다; 획득하다, 손에 넣다.

7

경 자 선 파 자 후 기 법 십 일 이 지
勁者先 罷者後 其法十一而至.
Jìn zhě xiān, bà zhě hòu, qí fǎ shí yī ér zhì.

오 십 리 이 쟁 리 칙 궐 상 장 군 기 법 반 지
五十里而爭利 則蹶上將軍 其法半至.
Wǔ shí lǐ ér zhēng lì, zé guē shàng jiàng jūn, qí fǎ bàn zhì.

굳센 자는 먼저 가고 고달픈 자는 지치게 되니 십분의 일만 이르게 된다. 오십 리에 걸쳐 유리함을 다툰다면 상장군이 쓰러지고 절반만 도착하게 된다.

勁	굳셀	경	굳세다, 힘, 예리하다, 굳세고 날카롭다
者	놈	자	놈, 사람, 것, 일을 가리켜 이른다
先	먼저	선	먼저, 나아가다, 옛날
疲	지칠	피	지치다, 피로, 힘이 없다, 병들고 괴로워하다
後	뒤	후	뒤, 늦다, 능력 따위가 뒤떨어지다
其	그	기	그(지시 대명사), 의(관형격 조사), 그(감탄, 강세 조사)
法	법	법	법, 예의, 도리, 모범, 모형, 품등, 본받다
而	말이을	이	말 이음, 순접·역접의 접속사
里	마을	리	마을, 거리, 주거(住居)
爭	다툴	쟁,정	다투다, 잡아끌다, 결판을 내다, 소송하다, 다툼, 싸움
利	날카로울	리{이}	이롭다, 유익하다, 편리하다, 날카롭다, 통하다
則	법칙, 본받을	칙, 측	법칙, 곧, 법, 본받다, 모범으로 삼다
蹶	넘어질	궐	넘어지다, 엎어지다, 기울어져 다하다, 탕진하다
將	장차	장	장차, 막-하려 한다, 마땅히-하여야 한다
半	반	반	반, 한창, 절정, 조각, 떨어진 한 부분
至	이를	지	이르다, 도래하다, 미치다, 닿다, 두루 미치다

❶ The stronger men will be in front, the jaded[1] ones will fall behind, and on this plan only one-tenth of your army will reach its destination[2].

If you march fifty LI in order to outmaneuver[3] the enemy, you will lose the leader of your first division[4], and only half your force will reach the goal.

강한 병사들은 선두에 있지만, 지친 병사들은 낙오하여, 군대의 십분의 일이 목적지에 도착할 것이다.

적의 허를 찌르기 위해 오십 리를 행군한다면, 첫 번째 사단(선봉부대)의 지휘관을 잃고, 병력의 절반만 목적지에 도착할 것이다.

❷ For the vigorous[5] troops will arrive first and the feeble[6] straggle[7] along behind, so that if this method[8] is used only one-tenth of the army will arrive.

In a forced[9] march of fifty li the commander of the van[10] will fall, and using this method but half the army will arrive.

강건한 부대는 먼저 도착할 것이고 약한 부대는 도중에 뒤쳐져서 낙오할 것이니, 최상의 방법을 최상으로 사용한다면 군대의 십분의 일이 도착할 것이다.

무리한 오십 리 행군에서 선봉부대의 사령관(지휘관)은 죽을 것이고, 이 방법을 사용함에 있어 군대의 절반만 도착할 것이다.

---

1) jade: 매우 피곤하게 하다; (말을) 혹사하다; 녹초가 되다.
2) des · ti · na · tion: ① (여행 등의) 목적지, 행선지; 도착지(항) ② 목적, 의도; 용도.
3) òut · manéuver: 책략으로 …에게 이기다, …의 허를 찌르다.
4) di · vi · sion: ① 분할; 분배; 구획, 배당; 분열. ② 〖원예〗 포기나누기. ③ 〖수학〗 나눗셈, 제법. ④ 구분, 부분; 구(區), 부(部), 단(段), 절(節). ⑤ 경계(선); 칸막이, 격벽; (저울 따위의) 눈금. ⑥ 〖육군〗 사단; 〖해군〗 분함대
5) vig · or · ous: ① 정력 왕성한, 원기 왕성한, 활발한, 박력 있는, 강건한 ② 강력한; 강경한, 단호한
6) fee · ble: ① 연약한, 약한, 힘없는. ② 박약한, 나약한, 기력이 없는; 저능의
7) strag · gle: (뿔뿔이) 흩어지다; 무질서하게 가다(오다); 일행에서 뒤떨어지다, 낙오(탈락)하다
8) meth · od: ① 방법, 조직적 방법, 방식 ② (일을 하는) 순서, 조리; 순서(규율) 바름, 질서 정연함; 체계
9) force: ① …에게 강제하다, 우격으로 …시키다, 억지로 …시키다 ② …에게 폭력을 가하다; (여자에게) 폭행하다; (진지를) 강행 돌파하다; (힘, 우격으로) 얻다, 빼앗다, 강탈하다 ③ 밀어넣다; (억지로) 떠맡기다, 강매하다 ④ (억지로) 밀어내다, 끌어내다 ⑤ …에 무리를 가하다; 억지로 일(공부)시키다; 밀고 나아가다; 강행군하다.
10) van: ① (배달용) 대형 유개 화물 자동차. ② 소형 유개 화물 자동차, 경화물 승용차. ③ 《영국》 a) (철도의) 수하물차; 유개화차. b) (상인의 경화물 운반용) 소형 마차(트럭). c) (집시 · 연예인의) 포장마차.

8

삼 십 리 이 쟁 리 칙 삼 분 지 이 지
三十里而爭利 則三分之二至.
Sān shí lǐ ér zhēng lì, zé sān fēn zhī èr zhì.

시 고 군 무 치 중 칙 망 무 량 식 칙 망 무 위 적 칙 망
是故軍無輜重則亡 無糧食則亡 無委積則亡.
Shì gù jūn wú zī zhòng zé wáng, wú liáng shí zé wáng, wú wěi jī zé wáng.

삼십 리에 걸쳐 이로움을 다툰다면 삼분의 이만 이르게 된다.
그러므로 군대는 보급 수레가 없어서 망하고 쌓아둔 물자가 없어 망한다.

里	마을	리	마을, 거리, 주거(住居)
而	말이을	이	말 이음, 순접·역접의 접속사
爭	다툴	쟁,정	다투다, 잡아끌다, 결판을 내다, 소송하다
利	날카로울	리{이}	이롭다, 유익하다, 편리하다, 날카롭다, 통하다
則	법칙, 본받을	칙, 측	법칙, 곧, 법, 본받다, 모범으로 삼다
分	나눌	분	나누다, 구별하다, 나누어 주다
至	이를	지	이르다, 도래하다, 미치다, 닿다, 두루 미치다
軍	군사	군	군사(軍士), 군사(軍事), 진을 치다
輜	짐수레	치	짐수레, 관(棺)을 싣는 수레, 수레의 범칭
重	무거울	중	무겁다, 무겁게 하다, 무게
亡	망할	망	망하다, 달아나다, 죽다
糧	양식	량{양}	양식, 식량의 총칭, 여행 또는 행군에 쓰는 식량
食	밥	식	밥, 먹을거리, 먹다, 갉다, 새김질하다, 식언하다
委	맡길	위	맡기다, 버리다, 내버려두다, 막히다, 메이다
積	쌓을	적	쌓다, 모으다, 저축하다, 포개다, 쌓이다

❶ If you march[1] thirty LI with the same object[2], two-thirds of your army will arrive.

We may take it then that an army without its baggage-train is lost; without provisions[3] it is lost; without bases of supply it is lost.

같은 목표로 삼십 리를 행군한다면, 군대의 삼분의 이가 도착할 것이다.

수송부대 없이 군대를 떠맡으면 패할 수 있고, 보급이 없어도 패할 것이고, 보급의 기지가 없어도 패할 것이다.

❷ In a forced march of thirty li, but two-thirds will arrive.

It follows that an army which lacks heavy equipment[4], fodder, food and stores will be lost.

무리한 삽십 리 행군에서는 삼분의 이가 도착할 것이다.

대량의 병기, 마초, 식량과 비축물이 부족한 군대가 패할 것은 당연하다.

---

1) march: ① 〖군사〗 (대열을 지어) 행진하다; (당당하게) 걷다, 빨리 전진하다 ② (사건 따위가) 진전하다 ③ (나무 따위가) 나란히 늘어서 있다. ④ (말 · 행동 따위가 …와) 일치하다, 조화되다; …을 행진시키다, 행군시키다

2) ob · ject: ① 물건, 물체, 사물 ② (동작 · 감정 등의) 대상 ③ 목적, 목표(goal); 동기

3) pro · vi · sion: ① 예비, 준비, 설비 ② 공급, 지급; 지급량(量); (pl.) 양식, 식량; 저장 품③ 〖法〗 규정, 조항 : …에게 양식을 공급하다

4) equip · ment: ① 장비, 설비, 비품; 의장(艤裝)(품); 〖컴퓨터〗 장비 ② 준비, 채비; 여장 ③ (일에 필요한) 능력, 자질, 소질, 소양, 지식, 기술

9

고 부 지 제 후 지 모 자 부 능 예 교
故不知諸侯之謀者 不能豫交.
Gù bù zhī zhū hóu zhī móu zhě, bù néng yù jiāo.

부 지 산 림 험 조 저 택 지 형 자 부 능 행 군
不知山林 險阻 沮澤之形者 不能行軍.
Bù zhī shān lín, xiǎn zǔ, jǔ zé zhī xíng zhě, bù néng xíng jūn.

그러므로 제후들의 모략을 알지 못하면 능히 미리 외교를 맺을 수 없다. 산림, 험지, 늪지의 형태를 알지 못하면 능히 행군을 하지 못한다.

故	옛	고	예, 이미 지나간 때, 옛, 예전의, 옛날의, 원래, 본래
知	알	지	알다, 깨닫다, 느끼다, 분별하다, 기억하다
諸	모든	제	모든, 여러, 어조사, -은는, -에게, -에서
侯	과녁	후	과녁, 제후, 후작, 임금, 오등작(五等爵)의 둘째
謀	꾀할	모	꾀하다, 정사를 의논하다, 헤아리다
能	능할	능	능하다, 잘하다, 보통 정도 이상으로 잘하다, 미치다
豫	미리	예	미리, 미리 하다, 즐기다
交	사귈	교	사귀다, 주고받고 하다, 서로
險	험할	험	험하다, 높다, 깊다, 기울다, 위태롭다, 거짓, 나쁘다
阻	험할	조	험하다, 사이가 멀다, 걱정하다
沮	막을	저	막다, 저지하다, 그치다, 그만두다, 방해하다, 가로막다
澤	못	택	못, 진펄, 늪, 윤, 윤이 나다
形	모양	형	모양, 몸, 육체, 형세, 세력, 나타나다, 드러나다
行	갈	행	가다, 걷다, 나아가다, 달아나다, 돌아다니다, 겪다

❶ We cannot enter[1] into alliances until we are acquainted[2] with the designs[3] of our neighbors.

We are not fit to lead an army on the march[4] unless we are familiar with the face of the country[5]--its mountains and forests, its pitfalls[6] and precipices[7], its marshes[8] and swamps[9].

이웃 나라의 계획을 알기 전까지는 동맹을 맺을 수 없다.

산과 숲, 함정, 절벽, 습지와 늪 등 그 나라의 지형에 익숙하지 않으면, 군대의 행군을 지휘하기에 적합하지 않다.

❷ Those who do not know the conditions[10] of mountains and forests, hazardous defiles[11], marshes and swamps, cannot conduct the march of an army;

산과 숲, 위험한 좁은 골짜기, 습지와 늪 등의 주변 상황을 모르는 자는 군대의 행군을 지휘할 수 없다.

---

1) en · ter into: ① (관계 따위를) 맺다, …에 들어가다 ② (일 · 담화 · 교섭 등)을 시작하다, 개시하다 ③…의 일부가 되다, 일부를 이루다, … 의 요소가[성원이] 되다 ④ (남의 마음 · 기분)에 공감[동정]하다, 관여하다; (분위기 · 재미 등)을 맛보다, …을 이해하다 ⑤ (세세한 점까지) 깊이 파고 들다, 조사하다
2) ac · quaint: ① 숙지[정통]시키다, 알리다, 고하다; 익숙하다, 정통하다《with》 ② 알려 주다《with》
3) de · sign: ① 디자인, 도안; 밑그림, 소묘 ② 설계(도); 계획 ③ 기도, 의도, 목적. ④ 속마음, 음모
4) march: ① 행진, 행군; 행진거리 ② 【군사】 (행군의) 보조 ③ 【음악】 행진곡. ④ 길고 괴로운 노정[행로]. ⑤ (사물의) 진전, 진행, 발달
5) coun · try: ① 나라, 국가; 국토 ② 시골, 교외, 지방, 전원 ③ 조국, 고국; 고향 ④ 지역, 고장 ⑤ (어떤) 영역, 분야, 방면.
6) pít · fàll: (사람 · 동물 등을 잡는) 함정.
7) prec · i · pice : ① (거의 수직의) 절벽, 벼랑. ② 위기
8) marsh: 습지, 소택지, 늪
9) swamp: 늪, 소택(沼澤), 습지.
10) con · di · tion: ① 조건; 필요조건; (제)조건, 조목, 조항; 제약 ② 주위의 상황, 형세, 사정 ③ 상태; 《특히》 건강 상태, (경기자의) 컨디션.
11) de · file: (종대가 지나갈 정도의) 애로(隘路), 좁은 골짜기.

10

부 용 향 도 자 부 능 득 지 리
不用鄕導者 不能得地利.
Bù yòng xiāng dǎo zhě, bù néng dé dì lì.

고 병 이 사 립 이 리 동 이 분 합 위 변 자 야
故兵以詐立 以利動. 以分合爲變者也.
Gù bīng yǐ zhà lì, yǐ lì dòng. Yǐ fēn hé wèi biàn zhě yě.

길잡이를 쓰지 않는다면 능히 지리적인 이익을 얻지 못한다.
그러므로 전쟁은 속이고 이로움으로 움직이며 분산하거나 집중하여 변화를 만든다.

用	쓸	용	쓰다, 베풀다, 부리다, 등용하다, 행하다, 다스리다
鄕	시골	향	고을
導	이끌	도	이끌다, 간하다, 충고하다, 통하게 하다
能	능할	능	능하다, 잘하다, 보통 정도 이상으로 잘하다, 미치다
得	얻을	득	얻다, 이익, 이득, 덕(德)
地	땅	지	땅, 토지의 신, 처지, 처해 있는 형편
利	날카로울	리{이}	이롭다, 유익하다, 편리하다, 날카롭다, 통하다
以	써	이	써, -로써, 부터, -에서, 까닭
詐	속일	사	속이다, 거짓말하다, 기롱하다, 말을 꾸미다
立	설	립{입}	서다, 확고히 서다, 정해지다, 이루어지다, 존재하다
動	움직일	동	움직이다, 나다, 살다, 살아나다, 변하다
分	나눌	분	나누다, 구별하다, 나누어 주다
和	화할	화	화하다, 서로 응하다, 합치다
為	할	위	하다, 되다, 다스리다, 속하다, 어기다, 있다
變	변할	변	변하다, 달라지다, 변경되다, 변해가다, 변경하다, 바꾸다
者	놈	자	놈, 사람, 것, 일을 가리켜 이른다
也	어조사	야	어조사, 또, 또한, 잇닿다

❶ We shall be unable to turn natural[1)] advantage to account[2)] unless we make use of local guides[3)].

In war, practice[4)] dissimulation[5)], and you will succeed[6)]. Whether to concentrate or to divide[7)] your troops, must be decided by circumstances[8)].

그 지역의 향도(안내인)를 쓰지 않는다면 자연적인 이로운 점을 유리하게 바꿀 수 없다.

전쟁에서 감정을 숨기면, 성공할 것이다. 부대를 집결시키든지 아니면, 나누든지 주변 상황으로 결정해야 한다.

❷ Those who do not use local guides are unable to obtain[9)] the advantages[10)] of the ground. Now war is based on deception[11)]. Move when it is advantageous[12)] and create changes in the situation[13)] by dispersal[14)] and concentration of forces.

지역 향도(안내인)를 쓰지 않는 자는 지형에서 이로운 점을 얻을 수 없다. 그래서 전쟁은 기만에 근거한다. 유리하면 움직이고 병력을 분산하고 집중된 상황에서 변화를 만들어라.

---

1) nat · u · ral: ① 자연의, 자연계의, 자연계에 관한 ② 천연의, 자연 그대로의, 인공(人工)에 의하지 않은, 가공하지 않은. ③ 미개간의 ④ 타고난, 천부의. ⑤ 자연 발생적인
2) ac · count: ① 계산, 셈; 계산서, 청구서 ② 계정; 예금 계좌 ③ 이유, 근거; 원인, 동기. ④ 고객, 단골 ⑤ 고려, 감안; 평가, 판단; (곡 따위의) 해석 연주 ⑥ 가치, 중요성; 이익, 유익.
3) guide: ① 안내자, 가이드 ② 지도자, 선구자. ③ 『군사』 향도; 향도함(艦); (pl.) 정찰대
4) prac · tice: ① 실행하다, (항상) 행하다; 실천하다, 신봉하다 ② 연습하다, 실습하다 ③ 훈련하다, 가르치다
5) dis · sìm · u · lá · tion: (감정을) 감춤; 시치미뗌; 위선;
6) suc · ceed: ① 성공하다, 출세하다; 잘 되어가다, 번창하다 ② 결과를 얻다 ③ 계속되다, 잇따라 일어나다 ④ 상속인〔후임〕이 되다; 상속〔계승〕하다; ① …에 계속되다, …에 대신하다 ② …의 뒤를 잇다.
7) di · vide: ① 나누다, 분할하다, 쪼개다; 가르다, 분계〔구획〕하다; 분류하다 ② (의견 · 관계 등을) 분열시키다; …의 사이를 갈라놓다, 대립시키다 ③ ④ 분배하다, (아무와) 나누다 ⑤ 분리〔격리〕하다
8) cir · cum · stance: ① (보통 pl.) 상황, 환경; 주위의 사정. ② (pl.) (경제적인) 처지, 생활 형편.
9) ob · tain: ① 얻다, 손에 넣다, 획득하다 ② (명성 · 지위 등을) 얻게 하다 ③ 《고어》 달성하다
10) ad · van · tage: ① 유리; 이익; 편의 ② 우세, 우월 ③ 이점, 장점
11) de · cep · tion: 사기, 기만, 협잡; 속임수, 현혹시키는 것; 가짜
12) ad · van · ta · geous: 유리한; 형편이 좋은
13) sit · u · a · tion: ① 위치, 장소, 소재; 환경. ② 입장, 사정 ③ 정세, 형세, 상태, 사태
14) dis · per · sal: 전파; 분산 (작용)(dispersion), (인구의) 소개; 해산.

11

고 기 질 여 풍 기 서 여 림 침 략 여 화 부 동 여 산

故其疾如風 其徐如林. 侵掠如火 不動如山.

Gù qí jí rú fēng, qí xú rú lín. Qīn lüè rú huǒ, bù dòng rú shān.

난 지 여 음 동 여 뇌 정

難知如陰 動如雷霆.

Nán zhī rú yīn, dòng rú léi tíng.

그러므로 빠르기가 바람과 같고 평온함이 숲속과 같다. 침노하고 약탈하는 것이 불과 같고 움직이지 않는 것이 산과 같다. 어둠처럼 알기 어렵고 우레와 천둥소리처럼 움직인다.

* 침노: 남의 나라에 불법으로 쳐들어감.

其	그	기	그(지시 대명사), 의(관형격 조사), 그(감탄, 강세 조사)
疾	병	질	병, 괴로움, 버릇, 성벽(性癖), 흠, 하자, 앓다, 괴로워하다
如	같을	여	같다, 같게 하다, 따르다
風	바람	풍	바람, 불다, 바람이 불다, 바람을 쐬다
徐	천천할	서	천천하다, 평온하다, 다, 모두
侵	침노할	침	침노하다, 습격하다
掠	노략질할	략{약}	노략질하다, 스쳐 지나가다, 서법(書法)의 한 가지
動	움직일	동	움직이다, 나다, 살다, 살아나다, 변하다
難	어려울	난	어렵다, 재앙, 근심, 구슬 이름, 힐난하다, 꾸짖다
知	알	지	알다, 깨닫다, 느끼다, 분별하다, 기억하다
如	같을	여	같다, 같게 하다, 따르다
陰	응달	음	응달, 음(陰), 습기, 축축함, 어둠
雷	우레	뢰{뇌}	우레, 천둥, 큰 소리의 형용, 사나운 모양의 비유
霆	벼락	정	벼락, 천둥, 떨다, 벼락 치다, 놀라다

❶ Let your rapidity[1] be that of the wind, your compactness[2] that of the forest. In raiding[3] and plundering[4] be like fire, in immovability[5] like a mountain.

Let your plans be dark[6] and impenetrable[7] as night, and when you move, fall like a thunderbolt.

바람처럼 빠르고, 숲처럼 밀집하라. 불처럼 습격과 약탈하고, 산처럼 움직이지 않는다.

밤처럼 어둡고 지나가지 못하게 계획하고, 움직이면, 천둥번개처럼 내리쳐라.

❷ When campaigning[8], be swift[9] as the wind; in leisurely[10] march[11], majestic[12] as the forest; in raiding and plundering, like fire; in standing, firm[13] as the mountains.

As unfathomable[14] as the clouds, move like a thunderbolt.

종군할 때 바람처럼 날래고, 유유하게 행군, 숲처럼 장엄, 습격과 약탈에 있어, 불같이, 움직이지 않을 때, 흔들리지 않는 산처럼 되어라.

구름만큼 잴 수 없고, 천둥번개처럼 움직여라.

---

1) ra · pid · i · ty: 신속, 급속; 민첩; 속도
2) com · pact: ① 빽빽하게 찬, 밀집한. ② (천 따위가) 날이 촘촘한, 바탕이 치밀한; (체격이) 꽉 짜인. ③ (집 따위가) 아담한; ④ (문체 따위가) 간결한. ~ · ness n.
3) raid: ① 급습하다; 쳐들어가다; (경찰이) 수색하다. ② (투기꾼이 시장을) 어지럽히다; ① 침입(급습)하다; (경관이) 들이닥치다 ② 시장을 어지럽히다.
4) plun · der: ① (사람 · 장소)로부터 약탈(수탈)하다《of》 ② (물건을) 약탈하다, 빼앗다, 훔치다; (공공의 금품을) 횡령하다, 사적(私的)으로 소비하다. ③ 무단 사용하다, 표절하다; 노략질하다.
5) im · mov · a · ble: ① 동요되지 않는, 움직이지 않는, 부동의. ② 확고한, 흔들리지 않는; 냉정한.
6) dark: ① 어두운, 암흑의. ② 거무스름한; (피부 · 머리털 · 눈이) 검은; 가무잡잡한. ③ 짙은 ④ 비밀의, 은밀한; 모호한, 알기 어려운 ⑤ 무지한, 어리석은 ⑥ (안색이) 흐린, 슬픈 듯한; 음울한, 음산한.
7) im · pen · e · tra · ble: ① (꿰)뚫을 수 없는; (삼림 등) 지날 수 없는, 발을 들여놓을 수 없는. ② 앞을 내다볼 수 없는, 헤아릴 수 없는, 불가해한. ③ (사상 · 요구 등을) 받아들이지 않는, 완고한, 무감각한, 둔감한
8) cam · paign: 종군하다
9) swift: ① 날랜, 빠른, 신속한 ② 순식간의. ③ 즉석의, 즉각적인 ④ 곧 하는, …하기 쉬운
10) léi · sure · ly: 느긋한, 유유한, 여유 있는.
11) march: ① 행진, 행군; 행진거리 ② 『군사』 (행군의) 보조 ③ 『음악』 행진곡. ④ 길고 괴로운 노정(행로). ① 『군사』 (대열을 지어) 행진하다; (당당하게) 걷다, 빨리 전진하다 ② (사건 따위가) 진전하다 ③ (나무 따위가) 나란히 늘어서 있다. ④ (말 · 행동 따위가 …와) 일치하다, 조화되다; …을 행진시키다, 행군시키다
12) ma · jes · tic: 장엄한, 위엄 있는(dignified), 웅대한, 당당한.
13) firm: ① 굳은, 단단한, 튼튼한, 견고한 ② (장소에) 고정된, 흔들리지 않는
14) un · fáthomable: 잴 수 없는, 깊이를 헤아릴 수 없는(알 수 없는); 불가해한.

12

략 향 분 중 곽 지 분 리 현 권 이 동
掠鄕分衆 廓地分利 懸權而動.
Lüè xiāng fēn zhòng, kuò dì fèn lì, xuán quán ér dòng.

선 지 우 직 지 계 자 승 차 군 쟁 지 법 야
先知迂直之計者勝 此軍爭之法也.
Xiān zhī yū zhí zhī jì zhě shèng, cǐ jūn zhēng zhī fǎ yě.

고을을 빼앗아 병사들에게 나누어주고 넓힌 땅을 나누어 이익을 주고 권세 걸고 싸우게 한다.
먼저 '돌아가는 듯하며 곧바로 가는 계책(우직지계)'을 아는 자가 이길 것이니 이것이 군쟁의 법칙이다.

掠	노략질할	략{약}	노략질하다. 스쳐 지나가다. 서법(書法)의 한 가지
鄕	시골	향	고을
分	나눌	분	나누다. 구별하다. 나누어 주다
衆	무리	중	무리. 많은 사람. 많은 물건. 많은 일. 땅
廓	둘레	곽	둘레. 외성. 성·요새 따위를 두른 울타리. 크다
利	날카로울	리{이}	이롭다. 유익하다. 편리하다. 날카롭다. 통하다
懸	매달	현	매달다. 달아매다. 매달리다. 늘어지다. 걸다. 상을 걸다
權	저울추	권	저울추. 저울질하다. 권력. 권한. 싸우다. 일어나다
動	움직일	동	움직이다. 나다. 살다. 살아나다. 변하다
先	먼저	선	먼저. 나아가다. 옛날
知	알	지	알다. 깨닫다. 느끼다. 분별하다. 기억하다
迂	멀	우	멀다. 길이 멀다. 물정에 어둡다. 먼 길. 굽히다
直	곧을	직	곧다. 바른 도(道). 또는 바른 행위. 바루다
計	꾀	계	꾀. 계략. 계획. 경영. 꾀하다. 계획하다. 의논하다. 세다
勝	이길	승	이기다. 낫다. 뛰어나다. 뛰어난 것
此	이	차	이. 이곳. 이것. 가까운 사물을 가리킴. 이에. 그래서
爭	다툴	쟁,정	다투다. 잡아끌다. 결판을 내다. 소송하다. 다툼. 싸움

❶ When you plunder[1] a countryside, let the spoil[2] be divided amongst your men; when you capture[3] new territory[4], cut[5] it up into allotments[6] for the benefit[7] of the soldiery[8].

Ponder[9] and deliberate[10] before you make a move[11]. He will conquer who has learnt the artifice[12] of deviation[13]. Such is the art of maneuverin g[14].

시골의 한 지방을 약탈하면, 전리품을 병사들에게 나누고, 새로운 지역을 공략했을 때는, 군사들의 이익을 위해 배당량을 분배하라.

이동하기 전에 깊이 생각하고 숙고하라. 일탈의 책략(우직지계)을 배운 자가 적을 공략할 것이다. 그것이 군사행동의 기교이다.

❷ When you plunder the countryside, divide your forces. When you conquer territory, divide the profits[15]. Weigh the situation, then move.

He who knows the art of the direct and the indirect approach will be victorious[16]. Such is the art of maneuvering.

시골의 한 지방을 약탈할 때는 병력을 나누어라. 지역을 공략하면, 이익을 나누어라. 상황을 숙고하여 움직여라.

직진 혹은 우회적 접근의 기교를 아는 자는 승리할 것이다. 그러한 것이 군사행동의 술책이다.

---

1) plun · der: ① (사람 · 장소)로부터 약탈〔수탈〕하다 ② 빼앗다, 훔치다 ③ 무단 사용하다, 표절하다; 노략질하다.
2) spoil: ① (종종 pl.) 전리품, 약탈품, 탈취한 물건; (수집가가) 발굴해 낸 물건. ② (pl.) (노력 따위의) 성과.
3) cap · ture: 붙잡다, 생포하다; 점령〔공략〕하다; 획득하다, 손에 넣다.
4) ter · ri · to · ry: ① (영해를 포함한) 영토, 영지; (본토에서 떨어져 있는) 속령, 보호〔자치〕령 ② 땅; 지역, 지방
5) cut up: ① 분할하다. ② 째다; 잘게 썰다; 난도질하다. ③ (적군을) 괴멸시키다.
6) al · lót · ment: ① 분배, 할당; 배당, 몫. ②《미국》 특별 수당; 지정, 배치. ③《영국》 분할 대여된 농지.
7) ben · e · fit: ① 이익; 〖商〗 이득 ② 은혜; 은전(恩典); …의 이(利)가 되다; …에게 이롭다.; 이익을 얻다
8) sol · diery: ① 〔집합적〕 (특히, 나쁜) 군인, 군대; 군직(軍職). ② 군사 교련
9) pon · der: 숙고하다, 깊이 생각하다, 신중히 고려하다
10) de · lib · er · ate: 잘 생각하다, 숙고하다; …을 심의하다; ① 숙고하다 ② 심의하다, 협의하다
11) move: ① 움직임, 동작, 운동. ② 행동, 조처 ③ 이동; 이사. ④ 진행, 추이(推移).
12) ar · ti · fice: 고안(考案), 교묘한 솜씨; 책략, 술책
13) de · vi · a · tion: ① 벗어남, 탈선, 일탈; 편의(偏倚), 편향. ② (정치 신조로부터의) 일탈 행위. ③ 편차; 항로 변경
14) ma · neu · ver: ① 〖軍〗 연습하다, 군사 행동을 하다. ② 책략을 쓰다; ①기동〔연습〕시키다; 군사 행동을 하게 하다.
15) prof · it: ① (종종 pl.) (금전상의) 이익, 수익, 이윤, 소득 ② 득(得), 덕.
16) vic · to · ri · ous: ① 승리를 거둔, 이긴 ② 승리의, 전승의. ③ 이겨서 의기양양한.

13

군정왈 언불상문 고위금고 시불상견 고위정기
軍政曰 言不相聞 故爲金鼓 視不相見 故爲旌旗.
Jūn zhèng yuē: Yán bù xiāng wén, gù wèi jīn gǔ, shì bù xiāng jiàn, gù wèi jīng qí.

부금고정기자 소이일민지이목야
夫金鼓旌旗者 所以一民之耳目也.
Fū jīn gǔ jīng qí zhě, suǒ yǐ yī mín zhī ěr mù yě.

〈군정軍政〉에서 말했다. 말을 해도 서로 들리지 않으므로 징과 북을 만들었고 서로 볼 수 없으므로 기와 깃발을 만들었다.
무릇 징과 북과 기과 깃발은 사람의 눈과 귀를 하나로 만든다.

軍	군사	군	군사(軍士), 군사(軍事), 진을 치다
政	정사	정	정사(政事), 나라를 다스리는 일, 바루다
言	말씀	언	말씀, 언어, 가르치는 말, 맹세하는 말, 말하다
聞	들을	문	듣다, 삼가 받다, 가르침을 받다, 알다
為	할	위	하다, 되다, 다스리다, 속하다, 어기다, 있다
金	성, 쇠	김, 금	성, 쇠, 금속 광물의 총칭, 돈, 황금
鼓	북	고	북, 치다, 두드리다, 맥박
視	볼	시	보다, 자세히 살피다, 조사하여 보다, 맡아보다
相	서로	상	서로, 보다, 자세히 보다, 바탕
見	볼	견	보다, 눈으로 보다, 돌이켜 보다, 변별하다, 보이다
旌	기	정	기, 천자(天子)가 사기를 고무할 때 쓰던 기
旗	기	기	기, 곰과 범을 그린 붉은 기, 표, 표지, 덮다
夫	지아비	부	지아비, 사나이, 장정, 시중하는 사람
旗	기	기	기, 곰과 범을 그린 붉은 기, 표, 표지, 덮다
者	놈	자	놈, 사람, 것, 일을 가리켜 이른다
所	바	소	바, 일정한 곳이나 지역, 지위, 자리, 위치, 경우
以	써	이	써, -로써, 부터, -에서, 까닭
也	어조사	야	어조사, 또, 또한, 잇달다

❶ The Book of Army Management says: On the field of battle, the spoken word does not carry far enough: hence the institution[1] of gongs and drums. Nor can ordinary[2] objects[3] be seen clearly enough: hence the institution of banners and flags.

Gongs and drums, banners and flags, are means whereby the ears and eyes of the host may be focused on one particular point.

군대 운용(군정)의 책에서 말한다. 전쟁터에서, 말한 것은 아주 멀리 전달되지 않으므로, 징과 북의 제도가 있다. 보통의 물체가 분명하고 명확히 보이지 않으므로, 기와 깃발의 제도가 있다.

징과 북, 기와 깃발은 군대의 눈과 귀를 하나의 특정한 지점에 집중시킬 수 있다는 것을 의미한다.

❷ The Book of Military[4] Administration[5] says : 'As the voice cannot be heard in battle, drums and bells are used. As troops[6] cannot see each other clearly in battle, flags and banners are used.'

Now gongs and drums, banners and flags are used to focus the attention[7] of the troops.

군대 운용(군정)의 책에서 말한다. '전투에서 목소리를 들을 수 없으므로, 북과 징을 사용한다. 부대가 전투에서 각각 다른 것들을 명확하게 볼 수 없으므로, 기와 깃발을 사용한다.'

그래서 징과 북, 기와 깃발은 군대의 주의력에 초점을 맞춘다.

---

1) in · sti · tu · tion: ① (학술 · 사회적) 회, 학회, 협회, (공공) 시설, (공공) 기관(단체); 그 건물 ② (확립된) 제도, 관례, 관습

2) or · di · nary: ① 보통의, 통상의, 정규의 ② 범상한, 평범한(commonplace); 좀 못해 보이는

3) ob · ject: ① 물건, 물체, 사물 ② (동작 · 감정 등의) 대상 ③ 목적, 목표(goal); 동기

4) mil · i · tary: ① 군의, 군대의, 군사(軍事)의, 군용의; 군인의; 군인다운(같은). ② 육군의. ③ 호전적인, 전투적인.

5) ad · min · is · tra · tion: ① 관리, 경영, 집행부, 경영진 ② 행정, 통치; 행정(통치) 기간

6) troop: ① 대(隊), 떼, 무리《of》 ② (보통 pl.) 군대, 병력 ★ 60 troops는 '병력 60명'의 뜻. ③ 【軍】 기병 중대. ④ (보이스카우트의) 분대《최소 5명》; (걸 스카우트의) 단(團)《8-32명으로 구성됨》

7) at · ten · tion: ① 주의, 유의; 주의력 ② 배려, 고려; 손질; 돌봄

14

인 기 전 일　칙 용 자 부 득 독 진　겁 자 부 득 독 퇴
人既專一 則勇者不得獨進 怯者不得獨退
Rén jì zhuān yī, zé yǒng zhě bù dé dú jìn, qiè zhě bù dé dú tuì,

차 용 중 지 법 야
此用衆之法也.
cǐ yòng zhòng zhī fǎ yě.

사람(군사)들이 하나가 되면 과감한 자라도 혼자 나아가지 못하고 겁이 많은 자라도 혼자 물러나지 못하므로 이것이 많은 무리(병력)를 쓰는 법이다.

既	이미	기	이미
專	오로지	전	오로지, 섞이지 아니하다, 독차지하다, 하나로 되다
則	법칙, 본받을	칙, 측	법칙, 곧, 법, 본받다, 모범으로 삼다
勇	날쌜	용	날쌔다, 과감하다, 결단력이 있다
得	얻을	득	얻다, 이익, 이득, 덕(德)
獨	홀로	독	홀로, 홀몸, 늙어서 자식이 없는 사람, 홀어미
進	나아갈	진	나아가다, 벼슬하다, 전진하다, 추천하다, 다하다
怯	겁낼	겁	겁내다, 무서워하다, 약하다, 비겁하다, 피하다
退	물러날	퇴	물러나다, 그만두다, 피하다, 떠나가다, 돌아가다
此	이	차	이, 이곳, 이것, 가까운 사물을 가리킴, 이에, 그래서
用	쓸	용	쓰다, 베풀다, 부리다, 등용하다, 행하다
衆	무리	중	무리, 많은 사람, 많은 물건, 많은 일, 땅
法	법	법	법, 예의, 도리, 모범, 모형, 품등, 본받다
也	어조사	야	어조사, 또, 또한, 잇닿다

❶ The host thus forming a single[1] united[2] body, is it impossible[3] either for the brave to advance[4] alone, or for the cowardly to retreat[5] alone. This is the art of handling large masses of men.

그러므로 하나의 단결된 본대를 형성한 군대는 용감한 자도 홀로 진격할 수 없고, 겁 많은 자도 홀로 후퇴할 수 없다. 이것이 대규모 병사들을 다루는 기교이다.

❷ When the troops[6] can be thus united[7], the brave cannot advance alone, nor can the cowardly withdraw[8]. This is the art of employing[9] a host.

부대가 단결할 수 있으면, 용감한 자는 홀로 전진하지 못하고, 겁 많은 자는 물러서지 못한다. 이것이 군대를 사용하는 기교이다.

---

1) sin · gle: ① 단 하나의, 단 한 개의, 단지 홀로의 ② 1인용의; 한 가족용의; 외톨로 서 있는 ③ 혼자[독신]의, 외로운, 고독한 ④ 1대 1의; 개개의; 따로 따로의.

2) unit · ed: ① 하나가 된, 결합된, 맺어진 ② 합병한, 연합한. ③ (정신적으로) 화합한, 일심동체의, 일치한 ④ 제휴한, 단결된

3) im · pos · si · ble: ① 불가능한, …할 수 없는, …하기 어려운 ② (the ~) 〔명사적; 단수취급〕 불가능한 일 ③ 믿기 어려운, 있을 수 없는

4) ad · vance: ① 나아가게 하다, 앞으로 내보내다, 전진[진출]시키다 ② (기일 따위를) 앞당기다 ③ (작업 따위를) 진척시키다, 촉진시키다, 증진하다 ⑤ (값 따위를) 올리다 ⑥ 진급[승급]시키다; 끌어 올리다, …의 뒤를 밀다 ⑦ 선불하다, 선대(先貸)하다; ① 앞으로 나아가다, 전진하다 ② 『군사』 전진[진격]하다

5) re · treat: ① 물러가다, 후퇴하다, 퇴각하다 ② 틀어박히다, 숙치다, 은퇴하다 ③ 움쑥 들어가다, 움푹해지다 ④ 그만두다, 물러나다, 손을 떼다 ⑤ 『항공』 뒤쪽으로 기울다

6) troop: ① 대(隊), 떼, 무리《of》 ② (보통 pl.) 군대, 병력 ★ 60 troops는 '병력 60명'의 뜻. ③ 『軍』 기병 중대. ④ (보이스카우트의) 분대《최소 5명》; (걸 스카우트의) 단(團)《8-32명으로 구성됨》

7) unite: ① 결합하다, 하나로 묶다, 합하다, 접합하다; 합병하다 ② 맺다, 결혼시키다 ③ 아울러 갖추다, 겸비하다; ① 하나[일체]가 되다, 결합하다, 연합하다, 합병하다 ② 일치하다, 협력하다, 결속하다

8) with · draw: ① 움츠리다 ② 회수하다 ③ 거두다, 물러나게 하다, 철수하다; (군대를) 철수시키다; 인출하다; 딴 데로 돌리다 ④ 철회하다; 취소하다; 취하하다 ⑤ 박탈하다; ① 물러나다, 퇴출하다 ② (군대가) 철수하다, 거두어 물러나다 ③ 탈퇴하다, 탈회하다 ④ 사용을 그만두다 ⑤ 동의(動議)를[제안을] 철회하다.

9) em · ploy: ① (사람을) 쓰다, 고용하다; (아무에게) 일을 주다 ② …에 종사하다, …에 헌신하다 ③ (물건 · 수단을) 쓰다, 사용하다 ④ (시간 · 정력 따위를) 소비하다, 쓰다

15

고 야 전 다 화 고 주 전 다 정 기 소 이 변 민 지 이 목 야

故夜戰多火鼓 晝戰多旌箕 所以變民之耳目也.

Gù yè zhàn duō huǒ gǔ, zhòu zhàn duō jīng jī, suǒ yǐ biàn mín zhī ěr mù yě.

그러므로 밤에 전투할 때는 불과 북이 많고 낮에 싸울 때는 깃발이 많으니 병사들의 눈과 귀에 변화가 있기 때문이다.

故	옛	고	예, 이미 지나간 때, 옛, 예전의, 옛날의, 원래, 본래
夜	밤	야	밤, 성(姓), 고을 이름
戰	싸울	전	싸우다, 싸움, 전쟁, 두려워하다, 두려워서 떨다
多	많을	다	많다, 넓다, 도량이 넓다, 겹치다, 포개지다
金	성, 쇠	김, 금	성, 쇠, 금속 광물의 총칭, 돈, 황금
晝	낮	주	낮
旌	기	정	기, 천자(天子)가 사기를 고무할 때 쓰던 기
旗	기	기	기, 곰과 범을 그린 붉은 기, 표, 표지, 덮다
所	바	소	바, 일정한 곳이나 지역, 지위, 자리, 위치, 경우
以	써	이	써, –로써, 부터, –에서, 까닭
變	변할	변	변하다, 달라지다, 변경되다, 변해가다, 변경하다, 바꾸다
耳	귀	이	귀, 청각 기관, 오관(五官)의 하나
目	눈	목	눈, 눈알, 안구, 보다, 눈여겨보다
也	어조사	야	어조사, 또, 또한, 잇달다

❶ In night-fighting, then, make much use of signal[1]-fires and drums, and in fighting by day, of flags and banners, as a means of influencing[2] the ears and eyes of your army.

그래서 야간 전투에서 횃불과 북을 많이 사용하고, 주간 전투에는, 군대의 눈과 귀에 감화를 시키는 수단으로 기와 깃발을 사용한다.

❷ In night fighting use many torches and drums, in day fighting many banners and flags in order to influence the sight and hearing of our troops.[3]'

야간 전투에서는 횃불과 북을 많이 사용하고, 주간 전투에서는 아군의 시각과 청력에 영향을 주기 위해 기와 깃발을 많이 사용한다.

---

1) sig · nal: ① 신호, 군호; 암호 ② 신호기(機). ③ 《고어》 전조, 징후, 조짐 ④ 계기, 도화선, 동기
2) in · flu · ence: ① …에게 영향을 미치다, 감화하다 ② 좌우하다, 지배하다 ③ 움직이다; 강요하다, 촉구하다
3) troop: ① 대(隊), 떼, 무리《of》 ② (보통 pl.) 군대, 병력 ★ 60 troops는 '병력 60명'의 뜻. ③ 【軍】 기병 중대. ④ (보이 스카우트의) 분대《최소 5명》; (걸 스카우트의) 단(團)《8-32명으로 구성됨》

16

고 삼 군 가 탈 기 장 군 가 탈 심
故三軍可奪氣 將軍可奪心.
Gù sān jūn kě duó qì, jiāng jūn kě duó xīn.

시 고 조 기 예 주 기 타 모 기 귀
是故朝氣銳 晝氣惰 暮氣歸.
Shì gù zhāo qì ruì, zhòu qì duò, mù qì guī.

그러므로 삼군(전군全軍)은 사기를 잃게 할 수 있고 장군은 마음을 빼앗을 수 있다.
이 때문에 아침에는 기氣가 예리하고 낮에는 기氣가 태만하고 저녁에는 기氣가 돌아가려 한다.

* 삼군: 군대. 전군(全軍). 주대(周代)의 제도에서 대제후(大諸侯)가 거느리는 군대. [상군(上軍) ·중군(中軍) ·하군(下軍)의 총칭]

軍	군사	군	군사(軍士), 군사(軍事), 진을 치다
可	옳을	가	옳다, 가히, 쯤, 정도
奪	빼앗을	탈	빼앗다, 잃다, 없어지다, 탈진하다
氣	기운	기	기운, 공기, 대기, 숨, 숨 쉴 때 나오는 기운
將	장차	장	장차, 막-하려 한다, 마땅히-하여야 한다, 어찌(何)
是	옳을	시	옳다, 바르다, 옳다고 하다, 바르다고 인정하다
故	옛	고	예, 이미 지나간 때, 옛, 예전의, 옛날의
朝	아침	조	아침, 처음, 시작의 때, 뵙다, 알현하다
氣	기운	기	기운, 공기, 대기, 숨, 숨 쉴 때 나오는 기운
銳	날카로울	예	날카롭다, 예민/예리하다, 군대가 날래고 용맹하다
晝	낮	주	낮
氣	기운	기	기운, 공기, 대기, 숨, 숨 쉴 때 나오는 기운
惰	게으를	타	게으르다, 삼가지 아니하다, 불경(不敬)스럽다
暮	저물	모	저물다, 해 질 무렵, 저물 무렵, 밤
氣	기운	기	기운, 공기, 대기, 숨, 숨 쉴 때 나오는 기운
歸	돌아갈	귀	돌아가다, 돌아오다, 돌려보내다, 반환하다

❶ A whole army may be robbed[1] of its spirit[2]; a commander-in-chief may be robbed of his presence[3] of mind.

Now a soldier's spirit is keenest[4] in the morning; by noonday it has begun to flag; and in the evening, his mind is bent[5] only on returning to camp.

전군이 정신을 빼앗길 수도 있고, 총사령관/총지휘관이 평정을 잃을 수도 있다.

병사의 정신은 아침에 가장 명민하고, 대낮에는 시들해지기 시작하고, 저녁에는 기질이 주둔지로 돌아가려고 꺾인다.

❷ Now an army may be robbed of its spirit and its commander deprived[6] of his courage.

During the early morning spirits are keen, during the day they flag, and in the evening thoughts turn toward home.

그래서 군대는 정신을 빼앗길 수 있고 사령관/지휘관은 용기를 빼앗길 수 있다.

이른 아침 동안에는 정신이 명민하고, 낮 동안에는 시들해지고, 저녁에는 생각이 집쪽으로 돌아간다.

---

1) rob: ① …에서 훔치다, …에게서 강탈〔약탈〕하다, 빼앗다《of》; (권리 등을) 잃게 하다 ② …의 알맹이를 빼앗다, 유린하다; 약탈하다, 강도질을 하다

2) spir · it: ① 정신, 영(靈), ② 마음. 신령; 신, 성령. ③ (육체를 떠난) 혼, 영혼; 유령, 망령 ④ …의 성격〔기질〕을 가진) 사람, 인물 ⑤ 활기, 기백, 기운; 용기, 열심 ⑥ 기분 ⑦ 성품, 기질, 기풍; 시대 정신, 풍조, 시류

3) pres · ence: ① 존재, 현존, 실재 ② 출석, 임석; 참석; (군대 등의) 주둔 ③ (사람이) 있는 자리, 면전

4) keen: ① 날카로운, 예리한 ② (바람이) 몸을 에는 듯한 ③ (빛 · 음 · 목소리 · 냄새 등이) 강렬한, 강한, 선명한. ④ (경쟁 · 고통 · 식욕 따위가) 격렬한, 격심한 ⑤ (지력 · 감각 · 감정 따위가) 예민한, 명민한, 민감한

5) bent: ① 굽은, 구부러진, 뒤틀린 ② 열중한, 결심한《on》

6) de · prive: ① …에게서 빼앗다, 박탈하다 ② …에게 거절하다, …에게 주지 않다 ③ 해임〔해직〕시키다, (특히 성직자를) 파문하다.

17

고 선 용 병 자 피 기 예 기 격 기 타 귀 차 치 기 자 야
故善用兵者 避其銳氣 擊其惰歸 此治氣者也.
Gù shàn yòng bīng zhě, bì qí ruì qì, jī qí duò guī, cǐ zhì qì zhě yě.

이 치 대 난 이 정 대 화 차 치 심 자 야
以治待亂 以靜待嘩 此治心者也.
Yǐ zhì dài luàn, yǐ jìng dài huā, cǐ zhì xīn zhě yě.

그러므로 용병을 잘하는 자는 기氣가 예리할 때는 피하고 태만하거나 돌아가려 할 때 공격하니 이것이 기氣를 다스리는 것이다.
정비된 상태에서 혼란한 적을 기다리고 고요한 상태에서 떠들썩한 적을 기다린다.

* 용병(用兵): 군사를 부림. 용군(用軍)

善	착할	선	착하다, 좋다, 훌륭하다, 잘하다
用	쓸	용	쓰다, 베풀다, 부리다, 등용하다, 행하다, 다스리다
避	피할	피	피하다, 회피하다, 벗어나다, 숨다
其	그	기	그(지시 대명사), 의(관형격 조사), 그(감탄, 강세 조사)
銳	날카로울	예	날카롭다, 예민하다, 군대가 날래고 용맹하다, 재빠르다
氣	기운	기	기운, 공기, 대기, 숨, 숨 쉴 때 나오는 기운
擊	부딪칠	격	부딪치다, 배나 수레가 질서 있게 나아가다
惰	게으를	타	게으르다, 삼가지 아니하다, 불경(不敬)스럽다
歸	돌아갈	귀	돌아가다, 돌아오다, 돌려보내다, 반환하다
此	이	차	이, 이곳, 이것, 가까운 사물을 가리킴, 이에, 그래서
治	다스릴	치	다스리다, 관리하다, 바로잡다, 평정하다, 수리하다
以	써	이	써, -로써, 부터, -에서, 까닭
待	기다릴	대	기다리다, 갖추다, 대비하다, 막다, 방비하다
亂	어지러울	란(난)	어지럽다, 다스리다, 반역(反逆)
靜	고요할	정	고요하다, 맑다, 단청(丹靑)이 정밀하다
嘩	시끄러울	화	시끄럽다, 바뀌다, 떠들썩하다

❶ A clever general, therefore, avoids an army when its spirit is keen[1], but attacks it when it is sluggish[2] and inclined[3] to return. This is the art of studying[4] moods[5].

Disciplined[6] and calm, to await the appearance[7] of disorder[8] and hubbub[9] amongst the enemy:--this is the art of retaining[10] self-possession.

그러므로, 현명한 장군은 적의 정신이 명민할 때는 피하지만, 나태하고 돌아가고 싶은 마음이 들 때는 공격한다. 이것은 기분을 살피는 술책이다.

통제하여 침착하게, 적군들 사이에서 혼란스럽고 소란스러운 상황을 기다리는데--이것이 냉정함을 유지하는 술책이다.

❷ And therefore those skilled in war avoid the enemy when his spirit is keen and attack him when it is sluggish and his soldiers homesick. This is control[11] of the moral factor.

In good order[12] they await a disorderly[13] enemy; in serenity[14], a clamorous[15] one. This is control of the mental[16] factor.

그러므로 전쟁에 능숙한 자는 적의 정신이 명민할 때는 피하고 나태하고 향수병에 걸렸을 때는 공격한다. 이것이 정신적 요소의 관리이다.

좋은 태세로 무질서하고 차분하게 소란스러운 적을 기다린다. 이것이 심적 요인의 관리이다.

---

1) keen: ① 날카로운, 예리한 ② 몸을 에는 듯한 ③ 강렬한, 강한 ④ 격렬한, 격심한 ⑤ 예민한, 명민한, 민감한
2) slug · gish: 게으른, 나태한《사람 등》; 동작이 느린, 굼뜬; 완만한《흐름 따위》; 부진(不振)한, 불경기의.
3) in · cline: ① 기울이다, 경사지게 하다. ② (몸을) 굽히다; (머리를) 숙이다; (귀를) 기울이다 ③ (마음을) 내키게 하다, …할 마음이 일게 하다, …하고 싶어하다; …경향이 있다, …하기 쉽다
4) study: ① 배우다, 공부하다 ② 연구하다, 고찰〔검토〕하다; 조사하다 ③ 눈여겨〔유심히〕 보다 ④ 생각해 내다 ⑤ …에 마음을 쓰다, …을 돌보다 ⑥ 고려하다, …을 위해 애쓰다, 도모하다, ⑦ 살피다
5) mood: ① (일시적인) 기분, 마음 가짐 ② (세상 일반의) 분위기, 풍조.
6) dis · ci · pline: ① 훈련〔단련〕하다. ② 훈계〔징계〕하다, 징벌하다 ③ (집단을) 통제하다, 질서를 정리하다.
7) ap · pear · ance: ① 출현; 출두; 출연 ② 기색, 징조; 현상 ③ 외관, 겉보기; 체면 ④ (외면적인) 형세, 정세
8) dis · or · der: ① 무질서, 어지러움, 혼란 ② (pl.) 소요(騷擾), 불온. ③ Ⓒ (심신의) 부조(不調), 장애, 질환, 이상.
9) hub · bub: 왁자지껄, 소음; 함성; 소동, 소란.
10) re · tain: ① 보류하다, 보유〔유지〕하다 ② 고용하다. ③ 존속시키다; 계속 사용〔실행〕하다. ④ 잊지 않고 있다
11) con · trol: 지배(력); 관리, 통제, 다잡음, 단속, 감독
12) or · der: ① 명령, 지휘; 훈령 ② 질서, 치안; 체제, 제도 ③ 순서, 순; 서열 ④ 정돈, 정리, 정열
13) dis · ór · der · ly: 무질서한, 난잡한; 난폭한, 무법의; 안녕을 해치는; 풍기를 문란케 하는; 『법률학』 공안 방해의.
14) se · ren · i · ty: ① (자연 · 바다 · 하늘) 고요함; 평온; 청명, 화창함 ② (인격 · 인생) 평온, 차분함; 침착, 태연.
15) clam · or · ous: ① 시끄러운, 소란스런, 떠들썩한 ② 《비유적》 불만이 많은, 요구가 강력한.
16) men · tal: ① 마음의, 정신의, 심적인, 내적인 ② 이지의, 이지적인, 지능의 ③ 마음으로〔머리로〕 하는

18

이 근 대 원 이 일 대 노 이 포 대 기 차 치 력 자 야

以近待遠 以佚待勞 以飽待飢 此治力者也.

Yǐ jìn dài yuǎn, yǐ yì dài láo, yǐ bǎo dài jī, cǐ zhì lì zhě yě.

가까운 장소에서 멀리서 오는 적을 기다리고 편안하게 지친 적을 기다리며 배불리 먹여 굶주린 적을 기다리니 이것이 힘을 다스리는 것이다.

以	써	이	써, -로써, 부터, -에서, 까닭
近	가까울	근	가깝다, 닮다, 알기 쉽다, 천박하다, 딱 들어맞다,
待	기다릴	대	기다리다, 갖추다, 대비하다, 막다, 방비하다
遠	멀	원	멀다, 아득하다, 세월이 오래다, 이목이 미치지 못하다
佚	편안할	일	편안하다, 숨다, 실수
勞	일할	로{노}	일하다, 노력하다, 힘쓰다, 근심하다, 피로하다
飽	물릴	포	물리다, 싫증이 나다, 배부르다, 가득 차다, 만족하다
飢	주릴	기	주리다, 주리게 하다, 주림, 기아(飢餓)
此	이	차	이, 이곳, 이것, 가까운 사물을 가리킴, 이에, 그래서
力	힘	력{역}	힘, 힘쓰다, 부지런히 일하다, 있는 힘을 다하여
者	놈	자	놈, 사람, 것, 일을 가리켜 이른다
也	어조사	야	어조사, 또, 또한, 잇달다

❶ To be near the goal while the enemy is still far from it, to wait at ease[1] while the enemy is toiling[2] and struggling[3], to be well-fed while the enemy is famished[4]:--this is the art of husbanding[5] one's strength[6].

적이 아직 멀리 있는 동안 목적지 근처에 있고, 적이 고생하고 고전하는 동안 쉬면서 기다리고, 적이 굶주리는 동안 잘 먹이는 것--이것이 힘을 효율적으로 활용하는 것이다.

❷ Close to the field of battle, they await an enemy coming from afar[7]; at rest, an exhausted[8] enemy; with well-fed troops[9], hungry ones. This is control of the physical factor[10].

전장터 가까이에서, 멀리서 오는 적을, 쉬면서, 지친 적을, 잘 먹인 부대로, 굶주린 부대를 기다린다. 이것이 신체적(물리적) 요인의 관리이다.

---

1) ease: ① 안락, 편안; 여유 ② 평정, 안심. ③ 한가, 태평. ④ 홀가분함, 쇄락 ⑤ 편함, 편안함, 경감
2) toil: ① 수고하다, 고생하다, 애써[힘써] 일하다 ② 애써 나아가다; 애써서 성취하다
3) strug · gle: ① 버둥[허우적]거리다 ② 애쓰며 가다[나아가다], 그럭저럭 해나가다 ③ 노력[분투]하다, 고투하다 ④ 싸우다; 노력해서 …을 해내다[움직이다]; 애써서 …을 (어떤) 상태로 만들다
4) fam · ish: 굶주리게 하다(starve); 아사(餓死)시키다; 굶주리다; 아사하다
5) hus · band: 절약하다(economize), 절약하여 쓰다
6) strength: ① 세기, 힘 ② 체력, 근력. ③ 세력, 병력, 인원수, 정원
7) afar: 멀리, 아득히(far)
8) ex · haust: ① 다 써버리다; 고갈시키다; 소모하다; 피폐시키다 ② 지쳐빠지게 하다, 피로(疲勞)하게 하다; 지쳐빠지다, 녹초가 되다 ③ 완전히 빼다; ⑤ (엔진이) 배기하다 (가스 · 증기 등이) 배출되다.
9) troop: ① 대(隊), 떼, 무리《of》 ② (보통 pl.) 군대, 병력 ★ 60 troops는 '병력 60명'의 뜻. ③ 〖軍〗 기병 중대. ④ (보이스카우트의) 분대《최소 5명》; (걸 스카우트의) 단(團)《8-32명으로 구성됨》
10) fac · tor: ① 요인, 인자, 요소 ② 〖수학〗 인자(因子), 인수, 약수 ③ 〖기계〗 계수, 율 ④ 〖생물〗 인자(gene), 《특허》 유전인자; 〖화학〗 역가(力價).

19

무 요 정 정 지 기 물 격 당 당 지 진 차 치 변 자 야

無要正正之旗 勿擊堂堂之陣 此治變者也.

Wú yào zhèng zhèng zhī qí, wù jī táng táng zhī zhèn, cǐ zhì biàn zhě yě.

깃발이 단정하면 싸우지 말고 당당한 진을 친 적은 공격하지 말아야 하니 이것은 변화를 다스리는 것이다.

無	없을	무	없다, 허무(虛無)의 도, 말라, 금지하는 말
邀	맞을	요{료}	맞다, 오는 것을 기다리다, 부르다, 초대하다, 구하다
正	바를	정	바르다, 바로잡다, 갖추어지다
旗	기	기	기, 곰과 범을 그린 붉은 기, 표, 표지, 덮다
擊	부딪칠	격	부딪치다, 배나 수레가 질서 있게 나아가다, 거리끼다
堂	집	당	집, 향(鄕)의 학교, 평평하다
陣	줄	진	줄, 열, 방비, 포병(布兵), 진영, 둔영(屯營)
此	이	차	이, 이곳, 이것, 가까운 사물을 가리킴, 이에, 그래서
治	다스릴	치	다스리다, 관리하다, 바로잡다, 평정하다, 수리하다
變	변할	변	변하다, 달라지다, 변경되다, 변해가다, 변경하다, 바꾸다
者	놈	자	놈, 사람, 것, 일을 가리켜 이른다, 물건을 가리켜 이른다
也	어조사	야	어조사, 또, 또한, 잇달다

❶ To refrain[1)] from intercepting[2)] an enemy whose banners are in perfect order[3)], to refrain from attacking an army drawn[4)] up in calm and confident array[5)]:--this is the art of studying circumstances[6)].

깃발이 완벽하게 정렬된 적은 저지하지 말고, 침착하고 자신감 있는 대열로 정열된 군대를 공격하는 것을 삼가하는 것-이것이 상황을 고려한 술책이다.

❷ They do not engage[7)] an enemy advancing[8)] with well-ordered banners nor one whose formations[9)] are in impressive[10)] array. This is control[11)] of the factor[12)] of changing circumstances.

질서정연한 배너 혹은 진형이 인상적인 정렬로 진격하는 적과 교전하지 말라. 이것은 변화하는 상황적 요소의 관리이다.

---

1) re · frain: 그만두다, 삼가다, 참다
2) in · ter · cept: ① 도중에서 빼앗다(붙잡다), 가로채다. ② (빛 · 물 따위를) 가로막다; 차단(저지)하다
3) or · der: ① (종종 pl.) 명령, 지휘; 훈령; (법원의) 지시; 명령서 ② (집회 등의) 규칙; 준법; (정치 · 사회적) 질서, 치안; 체제, 제도; (관례상의) 의사진행 절차 ③ 순서, 순; 서열, 석차 ④ 정돈, 정리, 정열; 태세
4) draw: ① 끌다, 당기다, 끌어당기다; 끌어당겨서 …하다 ② (마음을) 끌다; 꾀어들이다;끌어들이다; (사람의 주의를) 끌다; 꾀어서 …시키다 ③ 빨아들이다; 당기다; 흡수하다; 초래하다; 생기게 하다
5) ar · ray: ① 정렬, 배진(配陣), 군세(의 정비) ② 배열된 것; 세트
6) cir · cum · stance: ① (보통 pl.) 상황, 환경; 주위의 사정. ② (pl.) (경제적인) 처지, 생활 형편.
7) en · gage: ① 약속하다; (맹세 · 약속 따위로) 속박하다; 보증하다, 맡다 ② 〔수동태로〕 약속(예약)이 있다 ③ 〔흔히 수동태〕 약혼시키다 ④ (아무를) 고용하다, 계약하다 ⑤ (시간을) 투입(충당)하다, 쓰다; 〔수동태로〕 종사하다, 바쁘다 ⑦ 끌어들이다; 끌다 ⑧ …의 마음을 〔호의를〕 끌다 ⑨ 교전시키다; …와 교전하다
8) ad · vance: ① 나아가게 하다, 앞으로 내보내다, 전진(진출)시키다 ② (기일 따위를) 앞당기다 ③ (작업 따위를) 진척시키다, 촉진시키다, 증진하다 ⑤ (값 따위를) 올리다 ⑥ 진급(승급)시키다; 끌어 올리다, …의 뒤를 밀다 ⑦ 선불하다, 선대(先貸)하다; ① 앞으로 나아가다, 전진하다 ② (밤이) 이슥해지다 ③ (나이를) 먹다 ④ 진보(발전, 향상)하다 ⑤ 승진하다 ⑥ (값이) 오르다; (주가가) 오르다. ⑦ 『군사』 전진(진격)하다
9) for · ma · tion: ① 형성; 성립; 설립; 편제 ② 구성, 조직, 구조; 형성물, 구성물. ③ 『軍』 대형(隊形), 진형, 편대
10) im · pres · sive: 인상에 남는, 인상적인, 감동을 주는
11) con · trol: 지배(력); 관리, 통제, 다잡음, 단속, 감독
12) fac · tor: ① 요인, 인자, 요소 ② 『수학』 인자(因子), 인수, 약수 ③ 『기계』 계수, 율 ④ 『생물』 인자(gene), 《특히》 유전인자; 『화학』 역가(力價).

20

고 용 병 지 법 　고 능 물 향 　배 구 물 역

故用兵之法 高陵勿向 背邱勿逆.

Gù yòng bīng zhī fǎ, gāo líng wù xiàng, bèi qiū wù nì.

그러므로 용병의 법칙은 높은 언덕에 있는 적을 향하지 말고 언덕을 등진 적과 싸우면 안 된다.

* 용병(用兵): 군사를 부림. 용군(用軍)

故	옛	고	예, 이미 지나간 때, 옛, 예전의, 옛날의
用	쓸	용	쓰다, 베풀다, 부리다, 등용하다, 행하다, 다스리다
兵	군사	병	군사 병, 싸움, 전쟁, 무기, 병기
之	갈	지	가다, 이(指示代名詞), ~의(冠形格助詞)
法	법	법	법, 예의, 도리, 모범, 모형, 품등, 본받다
高	높을	고	높다, 높아지다, 뽐내다
陵	큰언덕	릉{능}	큰 언덕, 언덕, 무덤, 임금의 무덤
勿	말	물	말다, 말라, 말아라, 아니다, 없다, 깃발
向	향할	향	향하다, 구(救)하다, 창, 북향(北向)의 창
背	등	배	등, 뒤, 등 쪽, 양(陽)
丘	언덕	구	언덕, 무덤, 모으다
逆	거스를	역	거스르다, 배반하다, 어기다, 어지러워지다

❶ It is a military[1)] axiom[2)] not to advance[3)] uphill[4)] against[5)] the enemy, nor to oppose[6)] him when he comes downhill[7)].

적을 향해서 오르막을 오르지 말고, 적이 내리막을 내려오면 대항하지 않는 것이 군사적 원칙이다.

❷ Therefore, the art of employing[8)] troops[9)] is that when the enemy occupies[10)] high ground, do not confront[11)] him; with his back resting[12)] on hills, do no oppose[13)] him.

그러므로 부대를 사용하는 술책은 적이 고지대를 차지할 때는 맞서지 않는다. 언덕을 등지고 있는 적은 대항하지 않는다.

---

1) mil · i · tary: ① 군의, 군대의, 군사(軍事)의, 군용의; 군인의; 군인다운(같은). ② 육군의. ③ 호전적인, 전투적인.

2) ax · i · om: 자명한 이치, 원리, 원칙, 통칙; 격언, 금언; 〖논리학 · 수학〗 공리(公理).

3) ad · vance: ① 나아가게 하다, 앞으로 내보내다, 전진(진출)시키다 ② (기일 따위를) 앞당기다 ③ (작업 따위를) 진척시키다, 촉진시키다, 승진하다 ; ① 앞으로 나아가다, 전진하다 ② (밤이) 이슥해지다 ③ (나이를) 먹다 ④ 진보(발전, 향상)하다 ⑤ 승진하다 ⑥ (값이) 오르다; (주가가) 오르다. ⑦ 〖군사〗 전진(진격)하다 ⑧ (평평한 것이 입체적으로) 솟아오르다.

4) up · hill: 오르막의, 올라가는, 치받이의《길 따위》; 높은 곳에 있는; 높은 쪽의

5) against: ① …을 향하여, …에 대해서, …에 부딪치어 ② …와 마주 대하여. ③ …에 대비(對比)하여

6) op · pose: ① …에 반대하다, …에 이의를 제기하다; …에 대항하다; 적대하다; 방해(저지)하다; (장애 따위를) 앞에 놓다 ② (시합에서) 겨루다, 다투다 ③ …에 대비(대조)시키다; …에 대립시키다, 맞서게 하다 ④ (손가락을) 맞대다; 반대(대항)하다.

7) dówn · hill: 내리받이; 〖스키〗 활강 내리막의; 영락해 가는, 한층 나빠진

8) em · ploy: ① (사람을) 쓰다, 고용하다 ② …에 종사하다, ③ (물건 · 수단을) 쓰다, 사용하다 ④ (시간 · 정력 따위를) 소비하다, 쓰다

9) troop: ① 대(隊), 떼, 무리《of》 ② (보통 pl.) 군대, 병력 ★ 60 troops는 '병력 60명'의 뜻. ③ 〖軍〗 기병 중대. ④ (보이스카우트의) 분대《최소 5명》; (걸 스카우트의) 단(團)《8–32명으로 구성됨》

10) oc · cu · py: ① (시간 · 장소 따위를) 차지하다; (시간을) 요하다 ② 점령(점거)하다, 영유하다 ③ …에 거주하다, 점유하다; 사용하다; 차용하다 ④ (지위 · 일자리를) 차지하다

11) con · front: ① …에 직면하다, …와 마주 대하다; …와 만나다 ② (적 · 위험 따위에) 대항하다, …와 맞서다. ③ (아무를) 마주 대하게 하다, 맞서게 하다; (법정에서) 대결시키다; (증거 등을) 들이대다 ④ 대조하다, 비교하다

12) rest: ① 쉬다, 휴식하다 ② 눕다, 자다; 영면하다, 지하에 잠들다 ③ 안심하다, 안심하고 있다 ④ 휴지(정지) 하다.⑤ (…에) 있다, 놓여 있다, 얹혀 있다, 기대다; 앉다; (시선 따위가) 쏠리다, 멈추다 ⑥ 신뢰를 두다; 의지하다; ① 쉬게 하다, 휴식시키다; 휴양시키다; 그대로(사용하지 않고) 놔두다; 쉬다 ② 안식(安息)시키다 ③ 놓다, 얹다; 세워 놓다, 기대게 하다 ④ (시선 등을) 멈추다 ⑤ …에 기초를 두다; …에 의거하다

13) op · pose: ① …에 반대하다, …에 이의를 제기하다; …에 대항하다; 적대하다; 방해(저지)하다; (장애 따위를) 앞에 놓다 ② (시합에서) 겨루다, 다투다 ③ …에 대비(대조)시키다; …에 대립시키다, 맞서게 하다 ④ (손가락을) 맞대다; 반대(대항)하다.

21

양 배 물 종 예 졸 물 공 이 병 물 식 귀 사 물 알

佯北勿從 銳卒勿攻. 餌兵勿食 歸師勿遏.

Yáng běi wù cóng, ruì zú wù gōng. Ěr bīng wù shí, guī shī wù è.

거짓으로 달아나는 적을 쫓지 않으며 날래고 용맹한 부대는 공격하지 말라. (적의) 병사를 미끼로 하면 물지 않고 돌아가는 군대는 막지 않는다.

佯	거짓	양	거짓, –한 체하다, 헤매다
北	북녘	북	북녘, 북쪽으로 가다, 달아나다, 도망치다
從	좇을	종	좇다, 순직하다, 숙부드럽다, 나아가다
勿	말	물	말다, 말라, 말아라, 아니다, 없다, 깃발
銳	날카로울	예	날카롭다, 예민하다, 군대가 날래고 용맹하다
卒	군사	졸	군사, 하인, 심부름꾼, 집단, 무리
攻	칠	공	치다, 공격하다, 불까다, 거세(去勢)하다, 다스리다
餌	먹이	이	먹이, 먹다, 이익
食	밥	식	밥, 먹을거리, 먹다, 갉다, 새김질하다, 식언하다
歸	돌아갈	귀	돌아가다, 돌아오다, 돌려보내다, 반환하다
師	스승	사	스승, 군사(軍士), 군대(軍隊)
遏	막을	알	막다, 저지하다, 금하다, 끊다, 중지하다, 누르다

❶ Do not pursue[1] an enemy who simulates[2] flight; do not attack soldiers whose temper[3] is keen[4]. Do not swallow bait[5] offered[6] by the enemy. Do not interfere[7] with an army that is returning home.

도주하는 척하는 적을 추격하지 않고, 기질이 명민한 적을 공격하지 말라. 적이 주는 미끼를 삼키지 말라. 본국으로 돌아가는 군대는 방해하지 말라.

❷ When he pretends[8] to flee[9], do not pursue[10]. Do not attack his elite troops. Do not gobble[11] preferred[12] baits[13]. Do not thwart[14] an enemy returning homewards[15].

적이 도망치는 척하면, 추격하지 않는다. 정예부대는 공격하지 않는다. 우선의 미끼는 탐내지 않는다. 본국으로 향하여 돌아가는 적은 방해하지 않는다.

---

1) pursue: ① 뒤쫓다, 추적하다; 〖군사〗 추격하다 ② 추구하다 ③ a) (아무에게) 귀찮게 따라다니다, (아무를) 끊임없이 괴롭히다 ④ (일 · 연구 등을) 수행하다, 종사하다, 속행하다 ⑤ 가다, (길을) 찾아가다; (방침 등에) 따르다; ① 쫓아가다, 따라가다, 속행하다
2) sim · u · late: …을 가장하다, (짐짓) …체하다〔시늉하다〕; 흉내내다; (…로) 분장〔扮裝〕하다
3) tem · per: ① a) 기질, 천성, 성질. b) 기분; 《비유적》 (시대 등의) 경향, 추세 c) 화, 짜증, 노기 ② a) 침착, 평정; 참음 b) 용기, 예기, 기개.
4) keen: ① 날카로운, 예리한 ② (바람이) 몸을 에는 듯한 ③ (빛 · 음 · 목소리 · 냄새 등이) 강렬한, 강한, 선명한. ④ (경쟁 · 고통 · 식욕 따위가) 격렬한, 격심한 ⑤ (지력 · 감각 · 감정 따위가) 예민한, 명민한, 민감한
5) bait: ① 미끼, 먹이 ② 유혹(물)
6) of · fer: ① …을 권하다, 제공하다 ② (신 등에) 바치다; (기도를) 드리다 ③ (감사 · 동정 · 복종 · 존경 따위를) 표현하다《to》 ④ (안(案) · 회답 등을) 제출하다, 제의하다, 제안하다; 신청하다 ⑤ (…하겠다고) 말하다; (…하려고) 시도하다 ⑥ (싸움 · 저항 따위를) 하다 ⑦ 야기하다, 생기게 하다; 나타나게 하다
7) in · ter · fere: ① 간섭하다, 말참견하다《in》 ② 훼방놓다, 방해하다; 저촉하다《with》; (남의 물건에) 손대다; 해를 끼치다《with》 ③ (이해 따위가) 충돌〔대립〕하다《with》
8) pre · tend: ① …인 체하다, …같이 꾸미다, 가장하다 ② (…라고) 속이다, 거짓말하다, 핑계하다 ③ 감히 …하다, 주제넘게 …하려고 하다
9) flee: ① 달아나다, 도망하다, 내빼다; 피하다② 사라져 없어지다, 소산하다; ① …에서 도망치다, 떠나다
10) pursue: ① 뒤쫓다, 추적하다; 〖군사〗 추격하다 ② 추구하다 ③ a) (아무에게) 귀찮게 따라다니다, (아무를) 끊임없이 괴롭히다 ④ (일 · 연구 등을) 수행하다, 종사하다, 속행하다 ⑤ 가다, (길을) 찾아가다; (방침 등에) 따르다; ① 쫓아가다, 따라가다, 속행하다
11) gob · ble: 게걸스레 먹다; 꿀떡 삼키다; 게걸스럽게 먹다
12) pre · fer: ① (오히려) …을 좋아하다, 차라리 …을 택하다 ② (고소장 등을) 제출〔제기〕하다 ③ 등용하다, 승진시키다, 발탁하다, 임명하다
13) bait: ① 미끼, 먹이 ② 유혹(물)
14) thwart: ① (사람 · 계획 · 목적 등을) 훼방 놓다, 방해하다, 반대하다; 좌절시키다, 꺾다; 반대〔충돌〕하다.
15) home · ward: 귀로의, 집〔모국〕으로 향하는; 집〔모국〕을 향하여.

22

위 사 필 궐　궁 구 물 박　차 용 병 지 법 야

圍師必闕. 窮寇勿迫. 此用兵之法也.

Wéi shī bì què, qióng kòu wù pò, cǐ yòng bīng zhī fǎ yě.

(적의) 군대를 포위하면 반드시 구멍은 만들어준다. 궁지에 몰린 적은 핍박하지 말라. 이것이 용병 있어 법칙이다.

* 용병(用兵): 군사를 부림. 용군(用軍)

圍	둘레	위	둘레, 두르다, 둘러싸다, 에우다, 사냥하다
師	스승	사	스승, 군사(軍士), 군대(軍隊)
遺	끼칠	유	끼치다, 후세에 전하다, 잃다, 버리다
闕	대궐	궐	대궐, 궁문(宮門)의 양옆에 베푼 두 개의 대(臺), 문(門)
窮	다할	궁	다하다, 끝나다, 말다, 그치다, 떨어지다, 막히다
寇	도둑	구	도둑, 떼를 지어 백성의 재물을 약탈하는 사람, 원수
勿	말	물	말다, 말라, 말아라, 아니다, 없다, 깃발
迫	닥칠	박	닥치다, 다그치다, 좁혀지다, 접근하다, 궁하다, 궁색하다
此	이	차	이, 이곳, 이것, 가까운 사물을 가리킴, 이에, 그래서
用	쓸	용	쓰다, 베풀다, 부리다, 등용하다, 행하다, 다스리다, 작용
兵	군사	병	군사 병, 싸움, 전쟁, 무기, 병기
法	법	법	법, 예의, 도리, 모범, 모형, 품등, 본받다, 법을 지키다
也	어조사	야	어조사, 또, 또한, 잇달다

❶ When you surround[1)] an army, leave[2)] an outlet[3)] free. Do not press[4)] a desperate[5)] foe[6)] too hard. Such is the art of warfare[7)].

군대를 포위하면, 달아날 출구를 남겨두어라. 자포자기한 적을 너무 맹렬하게 압박하지 말라. 그것이 전쟁의 기교이다.

❷ To a surrounded enemy you must leave a way of escape[8)]. Do not press an enemy at bay[9)]. This is the method[10)] of employing[11)] troops[12)].

포위된 적에게는 도주할 길을 남겨주어야 한다. 궁지에 몰린 적을 압박하지 말라. 이것이 군대를 사용하는 방법이다.

---

1) sur · round: ① 에워싸다, 둘러싸다. ② 〖군사〗 포위하다; 에두르다, 에우다.

2) leave: ① a) (뒤에) 남기다, 남기고〔두고〕 가다, 놓아 두다 b) (우편 집배원이) 배달하다 c) 둔 채 잊다 d) 남겨 둔 채(로) 가다, 버리다, (아무를) 남기고 죽다 e) 남기다, 남기고 죽다 ② a) 떠나다, 출발하다; 헤어지다 b) 지나가다, 통과하다 ③ a) (업무 따위를) 그만두다, 탈회〔탈퇴〕하다b) 그치다, 중지하다 ④ …한 채로 놔 두다, 방치하다, …인 채로 남겨 두다, (결과로서) …상태로 되게 하다 ; ① 떠나다, 출발하다, 뜨다, 물러가다

3) out · let: ① 배출구, 출구; 배수구; 하구(河口). ② 팔 곳, 판로; 대리점, 직판장, 특약점.

4) press: ① 누르다, 밀어붙이다 ② …을 눌러 펴다, 프레스하다 ③ 껴안다, 꽉 쥐다 ④ (짓눌러) …에서 즙을 내다, (즙을) 짜내다 ⑤ 강조〔역설〕하다, 주장하다 ⑥ …에게 강요하다, …을 조르다 ⑦ (계획 · 행동 등을) 추진하다; (적 등을) 공격하다, 압박하다; (공격 등을) 강행하다; ① 내리누르다, 밀다, 압박하다; 몸을 기대다 ② (마음에) 무겁게 걸리다 ③ 밀어 제치며 나아가다, 밀어닥치다; 밀려오다; 몰려들다 ④ 서두르다, 급히 가다

5) des · per · ate: ① 자포자기의; 무모한, 될 대로 되라는 식의 ② 필사적인; 혈안이 된, 열중한; …하고 싶어 못 견디는 ③ 절망적인; (좋아질) 가망이 없는 ④ 맹렬한; 지독한.

6) foe: 《시어 · 문어》 적, 원수; 적군, 적대자, 경쟁〔대항〕자(adversary); 장애, 손상하는 것

7) war · fare: 전투(행위), 교전(상태); 전쟁(war); 싸움

8) es · cape: ① 탈출, 도망; (죄 · 재난 · 역병 등을) 면함, 벗어남 ② 벗어나는 수단; 도망갈 길, 피난장치; 배기〔배수〕관, 비상구

9) bay: ① 만(灣), 내포 ② 산으로 삼면이 둘러싸인 평지.

10) meth · od: ① 방법, 《특히》 조직적 방법, 방식 ② (일을 하는) 순서, (생각 따위의) 조리; 순서〔규율〕 바름, 질서 정연함; 체계

11) em · ploy: ① (사람을) 쓰다, 고용하다; (아무에게) 일을 주다 ② …에 종사하다, …에 헌신하다 ③ (물건 · 수단을) 쓰다, 사용하다 ④ (시간 · 정력 따위를) 소비하다, 쓰다

12) troop: ① 대(隊), 떼, 무리《of》 ② (보통 pl.) 군대, 병력 ★ 60 troops는 '병력 60명'의 뜻. ③ 〖軍〗 기병 중대. ④ (보이스카우트의) 분대《최소 5명》; (걸 스카우트의) 단(團)《8–32명으로 구성됨》

八篇 九變

❶ VARIATION IN TACTICS 작전의 변형

– Lionel Giles(라이오넬 자일스) 역

❷ THE NINE VARIABLES 아홉 가지 변형

– Samuel B. Griffith(사무엘 비 그리피스) 역

* 아홉 가지 변형

1. 고정적 준수사항
2. 가변적 준수사항
3. 주변의 이치를 통달한다
4. 항상 이로움과 해로움을 같이 생각한다
5. 적에 대비하는 태세가 되어있음을 믿는다
6. 장수에게 위태로운 5가지 일

九	아홉	구	아홉, 아홉 번, 수효의 끝
變	변할	변	변하다, 달라지다, 변경되다, 변해가다, 변경하다, 바꾸다
篇	책	편	책, 완결된 책, 완결된 시문(詩文), 시문을 세는 단위

孫子兵法

Sūn zǐ bīng fǎ

Art of war

1

손 자 왈 범 용 병 지 법 장 수 명 어 군 합 군 취 중

孫子曰: 凡用兵之法 將受命於君 合軍聚衆.

Sūn zǐ yuē: Fán yòng bīng zhī fǎ, jiāng shòu mìng yú jūn, hé jūn jù zhòng.

손자가 말했다. 대체로 용병에 있어 법칙은 장수가 군주로부터 명을 받고 사람을 모아 군대를 편성한다.

* 용병(用兵): 군사를 부림. 용군(用軍)

凡	무릇 범	무릇, 모두, 다, 합계
用	쓸 용	쓰다, 베풀다, 부리다, 등용하다, 행하다, 다스리다, 작용
兵	군사 병	군사 병, 싸움, 전쟁, 무기, 병기
之	갈 지	가다, 이(指示代名詞), -의(冠形格助詞)
法	법 법	법, 예의, 도리, 모범, 모형, 품등, 본받다
將	장차 장	장차, 막-하려 한다, 마땅히-하여야 한다, 어찌(何)
受	받을 수	받다, 얻다, 이익을 누리다, 받아들이다, 받아들여 쓰다
命	목숨 명	목숨, 운수, 운, 명하다, 명령을 내리다
於	어조사 어	어조사, -에, 에서, 보다, 를, 에게, 있어서
君	임금 군	임금, 주권자, 세자
合	합할 합	합하다, 여럿이 모여 하나가 되다, 만나다, 맞다
軍	군사 군	군사(軍士), 군사(軍事), 진을 치다
聚	모일 취	모이다, 모여들다, 모으다, 무리
衆	무리 중	무리, 많은 사람, 많은 물건, 많은 일, 땅, 백성, 군신

❶ Sun Tzu said: In war, the general receives his commands[1] from the sovereign[2], collects his army and concentrates[3] his forces.

손자가 말했다. 전쟁에서 장수는 군주로부터 지휘권을 받고 군대를 소집하여 병력을 집결시킨다.

❷ Sun Tzu said: In general, the system of employing[4] troops[5] is that the commander receives his mandate[6] from the sovereign to mobilize[7] the people and assemble[8] the army.

손자가 말했다. 대체로 군대를 운용하는 체계는 사령관(지휘관)이 군주로부터 백성들을 동원하도록 위임을 받고 군대를 소집한다.

---

1) com · mand: ① 명령, 호령, 구령; 지령, 분부 ② 지휘(권), 지배(권), 통제 ③ 지배력, 통어력 ④ 조망 ⑤ 〖군사〗 관구, 예하 부대

2) sov · er · eign: 주권자, 원수(元首), 군주(monarch), 국왕, 지배자.

3) con · cen · trate: ① (광선 · 주의 · 노력 따위를) 집중〔경주〕하다; 한 점에 모으다 ② (부대 등을) 집결시키다 ③ 농축하다; 응집하다.; ① 집중하다; 한 점에 모이다 ② (부대 등이) 집결하다. ③ 전심하다, 주의〔노력 따위〕를 집중하다, 전력을 기울이다

4) em · ploy: ① (사람을) 쓰다, 고용하다; (아무에게) 일을 주다 ② …에 종사하다, …에 헌신하다 ③ (물건 · 수단을) 쓰다, 사용하다 ④ (시간 · 정력 따위를) 소비하다, 쓰다

5) troop: ① 대(隊), 떼, 무리《of》 ② (보통 pl.) 군대, 병력 ★ 60 troops는 '병력 60명'의 뜻. ③ 〖軍〗 기병 중대. ④ (보이스카우트의) 분대《최소 5명》; (걸 스카우트의) 단(團)《8-32명으로 구성됨》

6) man · date: ① (공식의) 명령, 지령 ② (선거 구민이 의원에게 내는) 요구. ③ 위임, 위탁; 통치의 위임; 위임 통치령.

7) mo · bi · lize: ① 〖군사〗 (군대 · 함대를) 동원하다; (산업 · 자원 따위를) 전시 체제로 바꾸다, 동원하다. ② 가동성을 부여하다; (부(富) 따위를) 유통시키다. ③ (힘 따위를) 발휘하다; (군대 · 함대가) 동원되다.

8) as · sem · ble: ① 모으다, 집합시키다, 소집하다. ② (물건을) 모아 정리하다. ③ (기계를) 조립하다, (부품을) 조립하여 (…으로) 만들다

2

비 지 무 사 구 지 합 교 절 지 무 류 위 지 칙 모
圮地無舍 衢地合交 衢地無留 圍地則謀
Pǐ dì wú shě, qú de hé jiāo, jué dì wú liú, wéi de zé móu,

사 지 칙 전
死地則戰.
sǐ dì zé zhàn.

비지(圮地, 붕괴될 땅)에서는 쉬지 말고 구지(衢地, 네거리 땅)에서는 (인근 국과) 교류를 하고 절지(衢地, 가로막힌 땅)에서는 머물지 말고 위지(圍地, 에워싸인 땅)에서는 술책을 쓰며 사지(死地죽음의 땅)에서는 싸운다.

圮	무너질	비	무너지다, 무너뜨리다
無	없을	무	없다, 허무(虛無)의 도, 말라, 금지하는 말
捨	버릴	사	버리다, 쉬다
衢	네거리	구	네거리, 길, 도로, 갈림길
地	땅	지	땅, 토지의 신, 처지, 처해 있는 형편
交	사귈	교	사귀다, 주고받고 하다, 서로
合	합할	합	합하다, 여럿이 모여 하나가 되다, 만나다, 맞다
絶	끊을	절	끊다, 단절하다, 막히다
留	머무를	류{유}	머무르다, 기다리다, 변하지 아니하다, 지체하다
圍	둘레	위	둘레, 두르다, 둘러싸다, 에우다, 사냥하다
則	법칙, 본받을	칙, 측	법칙, 곧, 법, 본받다, 모범으로 삼다
謀	꾀할	모	꾀하다, 정사를 의논하다, 헤아리다, 꾀, 술책, 계략
死	죽을	사	죽다, 죽음, 죽은 이
戰	싸울	전	싸우다, 싸움, 전쟁, 두려워하다, 두려워서 떨다

❶ When in difficult country[1], do not encamp[2]. In country where high roads intersect[3], join hands with[4] your allies[5]. Do not linger[6] in dangerously isolated positions[7]. In hemmed[8]-in situations[9], you must resort to stratagem[10]. In desperate[11] position[12], you must fight.

불리한 지역에서는 주둔하지 말라. 큰길이 교차하는 지역에서는 동맹국과 손을 잡아라. 위험하게 격리된 곳에서는 오래 머물지 말라. 둘러싸인 상황에서는 책략을 쓴다. 절망적인 상황에서는 싸워야 한다.

❷ You should not encamp in low-lying ground. In communicating[13] ground, unite[14] with your allies. You should not linger in desolate[15] ground. In enclosed[16] ground, resourcefulness[17] is required. In death ground, fight.

낮게 누운 지형에서는 주둔하지 말라. 이어지는 지형에서는 동맹국과 연합하라. 황량한 지형에서는 오래 머물지 말라. 둘러싸인 지형에서는 책략이 필요하다. 죽음의 지형에서는 싸운다.

---

1) coun · try: ① 나라, 국가; 국토 ② 시골, 교외, 지방 ③ 조국, 고국; 고향 ④ 지역, 고장
2) en · camp: 【군사】 진을 치다, 야영하다(시키다), 주둔시키다
3) in · ter · sect: 가로지르다, …와 교차하다; (선 · 면 등이) 엇갈리다, 교차하다.
4) join hands with …와 손을 맞잡다; …와 제휴하다.
5) Al · lies: (a-) 동맹국(자); (the ~) (제 1 · 2차 세계 대전 때의) 연합국.
6) lin · ger: ① (우물쭈물) 오래 머무르다, 떠나지 못하다 ② 좀처럼 사라지지(떠나지, 가시지) 않다; (습관이) 남다, 좀처럼 없어지지 않다; (병 · 전쟁이) 질질 (오래) 끌다 ③ (꾸물거려) 시간이 걸리다
7) po · si · tion: ① a) 위치, 장소, 소재지; 적소 b) (사회적) 처지, 입장 ② 지위, 신분; 높은 지위 ③ 직책, 근무처 ④ 태도, 자세; 심적 태도; (문제 등에 대한) 입장, 견해, 주장 ⑤ 상태, 형세, 국면
8) hem: ① …의 가장자리를 감치다, …에 가선을 대다. ② 에워싸다, 둘러싸다; 가두다; 에헴하다, 헛기침하다
9) sit · u · a · tion: ① 위치, 장소, 소재; 환경. ② 입장, 사정 ③ 정세, 형세, 상태, 사태
10) strat · a · gem: 전략, 군략; 책략(trick), 계략, 술책, 모략
11) des · per · ate: ① 자포자기의; 무모한, 될 대로 되라는 식의 ② 필사적인; 혈안이 된, 열중한; …하고 싶어 못 견디는 ③ 절망적인; (좋아질) 가망이 없는 ④ 맹렬한; 지독한.
12) po · si · tion: ① a) 위치, 장소, 소재지; 적소 b) (사회적) 처지, 입장 ② 지위, 신분; 높은 지위 ③ 직책, 근무처 ④ 태도, 자세; 심적 태도; (문제 등에 대한) 입장, 견해, 주장 ⑤ 상태, 형세, 국면
13) com · mu · ni · cate: ① 전달하다, 통보하다 ② 전도하다, 전하다; 감염시키다; 전해지다, 분명히 알다; ① (길 · 방 따위가) 통해 있다, 이어지다 ② 통신하다, 교통하다, 의사를 서로 통하다
14) unite: ① 결합하다, 하나로 묶다, 합하다, 접합하다; 합병하다 ② 맺다, 결혼시키다 ③ 아울러 갖추다, 겸비하다; ① 하나(일체)가 되다, 결합하다, 연합하다, 합병하다 ② 일치하다, 협력하다, 결속하다
15) des · o · late: ① 황폐한; 황량한. ② 사는 사람이 없는; 쓸쓸한, 외로운, 고독한. ③ 우울한, 어두운.
16) en · close: ① 둘러싸다, 에워싸다, …에 울을 하다 ② (상자 따위에) 넣다; (틀에) 끼워 넣다, 뚜껑을 하다 ③ (편지 따위에) 동봉하다, 봉해 넣다 ④ (공유지를 사유지로 하기 위해) 둘러막다
17) re · source · ful: 꾀바른, 기략이 풍부한, 책략이 있는; 자력(자원)이 풍부한. ㊥~ · ly ad. ~ · ness n.

3

도 유 소 부 유　군 유 소 부 격　성 유 소 부 공　지 유 소 부 쟁
塗有所不由 軍有所不擊 城有所不攻 地有所不爭
Tú yǒu suǒ bù yóu, jūn yǒu suǒ bù jī, chéng yǒu suǒ bù gōng, dì yǒu suǒ bù zhēng,

군 명 유 소 부 수
君命有所不受.
jūn mìng yǒu suǒ bù shòu.

가지 말아야 할 길이 있고 부딪히면 안 될 군대가 있으며 공격하면 안 될 성城이 있고 다투어서는 안 될 땅이 있으며 받아들이지 말아야 할 군주의 명령도 있다.

塗	진흙	도	진흙, 칠하다, 길
有	있을	유	있다, 존재하다, 많다, 넉넉하다, 자재, 소유물
所	바	소	바, 일정한 곳이나 지역, 지위, 자리, 위치, 경우
由	말미암을	유	말미암다, 인연하다, 따르다, 본으로 하다, 에서
軍	군사	군	군사(軍士), 군사(軍事), 진을 치다
所	바	소	바, 일정한 곳이나 지역, 지위, 자리, 위치, 경우
擊	부딪칠	격	부딪치다, 배나 수레가 질서 있게 나아가다
城	성	성	성, 나라, 도읍, 구축하다, 성을 쌓다
所	바	소	바, 일정한 곳이나 지역, 지위, 자리, 위치, 경우
攻	칠	공	치다, 공격하다, 불까다, 거세(去勢)하다, 다스리다
地	땅	지	땅, 토지의 신, 처지, 처해 있는 형편
爭	다툴	쟁,정	다투다, 잡아끌다, 결판을 내다, 소송하다, 따져 말하다
君	임금	군	임금, 주권자, 세자
命	목숨	명	목숨, 운수, 운, 명하다, 명령을 내리다
受	받을	수	받다, 얻다, 이익을 누리다, 받아들이다, 받아들여 쓰다

❶ There are roads which must not be followed, armies which must be not attacked, towns which must not be besieged[1], positions[2] which must not be contested[3], commands[4] of the sovereign[5] which must not be obeyed[6].

가서는 안 될 길이 있고, 공격하면 안 되는 군대가 있으며, 포위공격을 하지 말아야 할 도시가 있고, 다투지 말아야 할 장소가 있으며, 따르지 않아야 할 군주의 명령이 있다.

❷ There are some roads not to follow; some troops[7] not to strike[8]; some cities not to assault[9]; and some ground which should not be contested. There are occasions[10] when the commands of the sovereign need not be obeyed.

가지 말아야 할 몇 가지 길이 있고, 일격을 가하지 말아야 할 몇 개의 부대가 있으며, 다투지 말아야 할 몇 가지 지형이 있다. 군주의 명령에 따를 필요가 없을 때도 있다.

---

1) be · siege: ① …을 포위 공격하다; …을 에워싸다; …에 몰려들다〔쇄도하다〕 ② (요구 · 질문 따위로) 공세를 퍼붓다, 괴롭히다《with》
2) po · si · tion: ① a) 위치, 장소, 소재지; 적소 b) (사회적) 처지, 입장 ② 지위, 신분; 높은 지위 ③ 직책, 근무처 ④ 태도, 자세; 심적 태도; (문제 등에 대한) 입장, 견해, 주장 ⑤ 상태, 형세, 국면
3) con · test: ① (…을 목표로) 싸우다; 논쟁하다, (의론으로) 다투다 ② (…에) 이의를 제기하다, 의문시하다 ③ (얻고자) 겨루다; 다투다; 겨루다, 경쟁하다; 논쟁하다
4) com · mand: ① 명령, 호령, 구령; 지령, 분부 ② 지휘(권), 지배(권), 통제 ③ 지배력, 통어력 ④ 조망 ⑤ 〚군사〛 관구, 예하 부대
5) sov · er · eign: 주권자, 원수(元首), 군주(monarch), 국왕, 지배자.
6) obey: …에 복종하다, …에 따르다; …의 명령〔가르침, 소원〕에 따르다; (이성 따위)에 따라 행동하다, (힘 · 충동)대로 움직이다; (기계장치가) …에 반응하다 말을 잘 듣다
7) troop: ① 대(隊), 떼, 무리《of》 ② (보통 pl.) 군대, 병력 ★ 60 troops는 '병력 60명'의 뜻. ③ 〚軍〛 기병 중대. ④ (보이스카우트의) 분대《최소 5명》; (걸 스카우트의) 단(團)《8–32명으로 구성됨》
8) strike: ① 치다, 두드리다, 때리다 ② 두들겨 만들다〔…하다〕, 쳐서 만들어내다 ③ (시계가 시각을) 치다, 쳐서 알리다 ④ 맞부딪치다, 부딪다, 들이받다 ⑤ 일격을 가하다, (타격을) 가하다, 주다 ⑤ 습격〔공격〕하다; ① 치다, 때리다; 공격하다; (뱀 · 호랑이가) 급습하다 ② 타격을 가하다, 침해하다
9) as · sault: ① (사람 · 진지를) 습격〔강습〕하다. ② (사람을) 폭행하다; (여성을) 폭행〔강간〕하다.
10) oc · ca · sion: ① (특정한) 경우, 때, 시(時); 일 ② (…할) 기회, 호기, 알맞은 때 ③ 중요한 때, 경사스러운 때
④ (직접적인) 이유, 근거; 유인(誘因), 원인 ⑤ 《고어》 필요; (pl.) 용무, 업무.

4

고 장 통 어 구 변 지 리 자 지 용 병 의
故將通於九變之利者 知用兵矣.
Gù jiāng tōng yú jiǔ biàn zhī lì zhě, zhī yòng bīng yǐ.

장 부 통 어 구 변 지 리 수 지 지 형 부 능 득 지 지 리 의
將不通於九變之利 雖知地形 不能得地之利矣.
Jiāng bù tōng yú jiǔ biàn zhī lì, suī zhī dì xíng, bù néng dé de zhī lì yǐ.

그러므로 장수는 아홉 가지 변화와 이로움에 정통해야만 용병을 안다고 할 수 있다.
장수가 아홉 가지 변화의 이로움에 정통하지 못하면 비록 지형을 알지라도 지리의 이로운 점을 능히 얻지 못한다.

* 용병(用兵): 군사를 부림. 용군(用軍)

故	옛	고	예, 이미 지나간 때, 옛, 예전의, 옛날의, 원래, 본래
將	장차	장	장차, 막-하려 한다, 마땅히-하여야 한다
通	통할	통	통하다, 꿰뚫다, 두루 미치다, 탈 없이 통하다
於	어조사	어	어조사, -에, 에서, 보다, 를, 에게, 있어서
變	변할	변	변하다, 달라지다, 변경되다, 변해가다, 변경하다, 바꾸다
之	갈	지	가다, 이(指示代名詞), -의(冠形格助詞)
利	날카로울	리{이}	이롭다, 유익하다, 편리하다, 날카롭다, 통하다
者	놈	자	놈, 사람, 것, 일을 가리켜 이른다
知	알	지	알다, 깨닫다, 느끼다, 분별하다, 기억하다
用	쓸	용	쓰다, 베풀다, 부리다, 등용하다, 행하다, 다스리다
兵	군사	병	군사 병, 싸움, 전쟁, 무기, 병기
雖	비록	수	비록, 그러나, =라 하더라도, =라 할지라도
形	모양	형	모양, 몸, 육체, 형세, 세력, 나타나다, 드러나다
能	능할	능	능하다, 잘하다, 보통 정도 이상으로 잘하다, 미치다
得	얻을	득	얻다, 이익, 이득, 덕(德)

❶ The general who thoroughly understands the advantages that accompany[1)] variation[2)] of tactics[3)] knows how to handle[4)] his troops[5)].

The general who does not understand these, may be well acquainted[6)] with the configuration[7)] of the country[8)], yet he will not be able to turn his knowledge[9)] to practical[10)] account[11)].

전술의 변화를 수반하여 얻는 이로운 점을 완전히 이해하는 장군은 부대를 어떻게 지휘해야 할지를 안다.

이러한 점에 정통하지 못한 장수는 그 지역의 지형이 익숙할지라도, 자신이 아는 것을 실질적인 이익으로 변화시킬 수 없다.

❷ A general thoroughly versed[12)] in the advantages of the nine variable[13)] factors[14)] knows how to employ[15)] troops.

The general who does not understand the advantages of the nine variable factors will not be able to use the ground to his advantage even though familiar with it.

변하기 쉬운 아홉 가지의 요소의 이로운 점을 완전히 정통한 장수는 부대를 어떻게 쓸지를 안다. 변하기 쉬운 아홉 가지의 이로운 점을 이해하지 못하는 장수는 그 지형에 익숙할지라도 그 이로운 점을 지형에 사용할 수 없다.

---

1) ac · com · pa · ny: ① …에 동반하다, …와 함께 가다 ② (현상 따위가) …에 수반하여 일어나다
2) var · i · a · tion: ① 변화(change), 변동, 변이 ② 변화의 양[정도] ③ 변형물, 이체(異體)
3) tac · tic: 순서[배열, 조직]의; 전술(상)의(tactical). =TACTICS; 용병(用兵), 작전, 전법; 방책, 수단, 책략.
4) han · dle: ① …에 손을 대다, 다루다, 사용하다, 조종하다. 취급하다, 처리하다; 논하다. ③ 대우하다; (군대 따위를) 지휘하다 ④ (상품을) 다루다, 장사하다. ⑤ (말을) 길들이다; 취급[조종]되다, 다루기가 …하다
5) troop: ① 대(隊), 떼, 무리《of》 ② (보통 pl.) 군대, 병력 ★ 60 troops는 '병력 60명'의 뜻. ③ 【軍】 기병 중대. ④ (보이스카우트의) 분대《최소 5명》; (걸 스카우트의) 단(團)《8-32명으로 구성됨》
6) ac · quaint: ① 숙지[정통]시키다, 알리다, 고하다; 익숙하다, 정통하다《with》 ② 알려 주다《with》
7) con · fig · u · ra · tion: ① 배치, 지형(地形); (전체의) 형태, 윤곽. ② 【천문학】 천체의 배치, 성위, 성단.
8) coun · try: ① 나라, 국가; 국토 ② 시골, 교외, 지방, 전원 ③ 조국, 고국; 고향 ④ 지역, 고장
9) knowl · edge: ① 지식 ② 학식, 학문; 정통(精通), 숙지; 견문 ③ 인식; 이해 ④ 경험 ⑤ 보도, 소식
10) prac · ti · cal: ① 실제의, 실제상의; 실리상의. ② 실용적인, 실무적인, 쓸모 있는 ③ 사실상의, 실질적인
11) ac · count: ① 계산, 셈; 계산서, 청구서 ② 계정; 예금 계좌 ③ 이유, 근거; 원인, 동기. ④ 고객, 단골 ⑤ 고려, 감안; 평가, 판단; (곡 따위의) 해석 연주 ⑥ 가치, 중요성; 이익, 유익.
12) versed: 숙달한, 정통한, 조예가 깊은
13) var · i · a · ble: ① 변하기 쉬운, 일정치 않은, 변덕스러운 ② 변화무쌍한 ③ (임의로) 변경할 수 있는, 가변성의
14) fac · tor: ① 요인, 인자, 요소 ② 【수학】 인자(因子), 인수, 약수 ③ 【기계】 계수, 율
15) em · ploy: ① 쓰다, 고용하다; 일을 주다 ② …에 종사하다, …에 헌신하다 ③ 사용하다 ④ 소비하다, 쓰다

5

치 병 부 지 구 변 지 술 　수 지 오 리 　부 능 득 인 지 용 의
治兵不知九變之術 雖知五利 不能得人之用矣.
Zhì bīng bù zhī jiǔ biàn zhī shù, suī zhī wǔ lì, bù néng dé rén zhī yòng yǐ.

시 고 지 자 지 려 　필 잡 어 리 해
是故智者之慮 必雜於利害.
Shì gù zhì zhě zhī lǜ, bì zá yú lì hài.

군대를 다스리는 아홉 가지 변화의 법칙을 알지 못하면 비록 다섯 가지의 이로움을 알지라도 군사를 부림에 있어 능히 얻지 못한다.
그러므로 지혜로운 자의 생각은 반드시 이익과 손해가 뒤섞인다.

治	다스릴	치	다스리다, 관리하다, 바로잡다, 평정하다
兵	군사	병	군사 병, 싸움, 전쟁, 무기, 병기
知	알	지	알다, 깨닫다, 느끼다, 분별하다, 기억하다
變	변할	변	변하다, 달라지다, 변경되다, 변해가다, 화(化)하다
術	꾀	술	꾀, 계략, 길, 통로, 규칙, 법칙, 수단, 방법
雖	비록	수	비록, 그러나, =라 하더라도, =라 할지라도
利	날카로울	리{이}	이롭다, 유익하다, 편리하다, 날카롭다, 통하다
能	능할	능	능하다, 잘하다, 보통 정도 이상으로 잘하다
得	얻을	득	얻다, 이익, 이득, 덕(德)
用	쓸	용	쓰다, 베풀다, 부리다, 등용하다, 행하다, 다스리다
矣	어조사	의	어조사, 단정·결정·한정·의문·반어의 뜻을 나타냄
是	옳을	시	옳다, 바르다, 옳다고 하다, 바르다고 인정하다
智	슬기	지	슬기, 지혜, 슬기롭다, 지혜롭다, 꾀, 모략(謀略)
慮	생각할	려{여}	생각하다, 꾀하다, 근심하다, 걱정하다
雜	섞일	잡	섞이다, 뒤섞이다, 장황하고 번거롭다, 흩어지다
於	어조사	어	어조사, ―에, 에서, 보다, 를, 에게, 있어서, 있어서 하다, 이에
害	해칠	해	해치다, 손해, 훼방하다, 방해하다

❶ So, the student of war who is unversed[1] in the art of war of varying his plans, even though he be acquainted[2] with the Five Advantages[3], will fail to make the best use of his men.

Hence in the wise leader's plans, considerations of advantage and of disadvantage will be blended[4] together.

그래서 계략을 다양하게 해야 할 전쟁의 병법에 밝지 못한 전쟁 연구자는 다섯 가지 이로운 점에 정통할지라도, 병사들을 최대한 활용하지 못할 것이다.

그러므로 현명한 지휘관의 계략에 있어 유리하고, 불리한 점을 고려해야 할 사정은 함께 조화될 것이다.

❷ In the direction[5] of military operations one who does not understand the tactics[6] suitable to the nine variable[7] situations[8] will be unable to use his troops[9] effectively[10], even if he understands the 'five advantages'.

And for this reason, the wise general in his deliberations[11] must consider both favourable[12] and unfavourable factors[13].

군사작전의 지휘에 있어 아홉 가지 변화무쌍한 형세에 적합한 책략을 이해하지 못한 자는 '다섯 가지 이로운 점'을 알고 있을지라도, 자신의 부대를 효율적으로 사용할 수 없을 것이다.

그리고 이런 이유로, 세심하게 현명한 장수는 유리하고 불리한 요소 모두 생각해야 한다.

---

1) un · vérsed: 통달(숙달)하지 못한, …에 밝지 못한
2) ac · quaint: ① 숙지(정통)시키다, 알리다, 고하다; 익숙하다, 정통하다 ② 알려 주다
3) ad · van · tage: ① 유리; 이익; 편의 ② 우세, 우월 ③ 이점, 장점
4) blend: (뒤)섞다; 혼합하다; 섞이다, 혼합되다; 뒤섞이다, 융합하다, 잘 되다, 조화되다
5) di · rec · tion: ① 지도, 지휘; 감독; 관리 ② (보통 pl.) 지시, 명령; 지시서, (사용법) 설명 ③ 방향, 방위; 방면
6) tac · tic: 순서(배열, 조직)의; 전술(상)의(tactical). =TACTICS; 용병(用兵), 작전, 전법; 방책, 수단, 책략.
7) var · i · a · ble: ① 변하기 쉬운, 일정치 않은, 변덕스러운 ② 변화무쌍한 ③ (임의로) 변경할 수 있는, 가변성의
8) sit · u · a · tion: ① 위치, 장소, 소재; 환경. ② 입장, 사정 ③ 정세, 형세, 상태, 사태
9) troop: ① 대(隊), 떼, 무리《of》 ② (보통 pl.) 군대, 병력 ★ 60 troops는 '병력 60명'의 뜻.
10) ef · fec · tive: ① 유효한, 효력이 있는 ② 효과적인, 인상적인, 눈에 띄는 ③ 실제의, 사실상의 ④ 실전에 쓸 수 있는, (전투 등에) 동원할 수 있는 ⑤ 유력한, 유능한.
11) de · lib · er · a · tion: ① 숙고; 협의, 심의, 토의 ② 신중, 세심; 유장(悠長), 침착
12) fa · vour · able: 좋은, 호의적인, 유리한. un · fa · vor · a · ble: 형편이 나쁜, 불리한, 거슬리는
13) fac · tor: 요인, 인자, 요소

6

잡 어 리 이 무 가 신 야 잡 어 해 이 환 가 해 야

雜於利而務可信也 雜於害而患可解也.

Zá yú lì ér wù kě xìn yě, zá yú hài ér huàn kě jiě yě.

이로움을 더하면 더욱 믿을 수 있도록 힘을 쓸 수 있고 해로움을 더하면 근심도 풀 수 있다.

雜	섞일	잡	섞이다, 뒤섞이다, 장황하고 번거롭다, 흩어지다
於	어조사	어	어조사, -에, 에서, 보다, 를, 에게, 있어서
利	날카로울	리{이}	이롭다, 유익하다, 편리하다, 날카롭다, 통하다
而	말이을	이	말 이음, 순접·역접의 접속사
務	일	무	일, 힘쓰다, 힘써 하다, 힘쓰게 하다, 권장하다
可	옳을	가	옳다, 가히, 쯤, 정도
信	믿을	신	믿다, 진실, 분명히 하다
也	어조사	야	어조사, 또, 또한, 잇달다
雜	섞일	잡	섞이다, 뒤섞이다, 장황하고 번거롭다, 흩어지다
害	해칠	해	해치다, 손해, 훼방하다, 방해하다
患	근심	환	근심, 걱정, 고통, 재난, 병(病), 근심하다, 앓다, 병들다
解	풀	해	풀다, 가르다, 해부하다, 벗기다, 흩뜨리다, 열다

❶ If our expectation[1] of advantage[2] be tempered[3] in this way, we may succeed[4] in accomplishing[5] the essential[6] part of our schemes[7]. If, on the other hand, in the midst of difficulties we are always ready to seize an advantage, we may extricate[8] ourselves from misfortune[9].

이렇게 하여 예상되는 유리한 점을 조절한다면, 계획의 가장 중요한 부분을 완성함에 있어 결과를 얻을 것이다. 반면, 난국에서도 주도권을 잡을 준비가 이미 되어있고, 우리 자신을 재난에서 구출할 수 있다.

❷ By taking into account[10] the favourable[11] factors[12], he makes his plan feasible[13]; by taking into account the unfavourable, he may resolve[14] the difficulties.

유리한 요소의 원인을 아는 것으로 가능한 계략을 성공시킬 수 있고, 불리한 요소의 원인을 아는 것으로, 어려움을 풀어갈 수 있다.

---

1) ex · pec · ta · tion: ① 예상, 예기; 기대, 대망 ② 예상되는 ③ 가능성, 공산, 확률, (특히 통계에 의한) 예측 수량
2) ad · van · tage: ① 유리; 이익; 편의 ② 우세, 우월 ③ 이점, 장점
3) tem · per: ① 부드럽게 하다, 진정시키다, 누르다, 경감하다 ② (적당히) 섞다, 조합(調合)하다; 조화시키다, 조절하다; 적당[유연]해지다, 부드러워지다.
4) suc · ceed: ① 성공하다, 출세하다; 잘 되어가다, 번창하다 ② 결과를 얻다 ③ 계속되다, 잇따라 일어나다 ④ 상속인[후임]이 되다; 상속[계승]하다; ① …에 계속되다, …에 대신하다 ② …의 뒤를 잇다,
5) ac · com · plish: ① 이루다, 성취하다, 완성하다; 달성하다 ② 만료하다, 지내다; 답파[주파]하다
6) es · sen · tial: ① 근본적인, 필수의, 불가결한, 가장 중요한 ② 본질적인, 본질의 ③ 정수의, 정수를 모은.
7) scheme: ① 계획, 기획, 설계 ② 획책, 책략, 음모; 비현실적인 계획. ③ 개요, 대략; 요강
8) ex · tri · cate: ① (위험 · 곤경에서) 구출(救出)하다, 탈출시키다, 해방하다 ② 식별하다, 구별하다
9) mis · for · tune: ① 불운, 불행 ② 불행한 일, 재난
10) ac · count: ① 계산, 셈; 계산서, 청구서 ② 계정; 예금 계좌 ③ 이유, 근거; 원인, 동기. ④ 고객, 단골 ⑤ 고려, 감안; 평가, 판단; (곡 따위의) 해석 연주 ⑥ 가치, 중요성; 이익, 유익.
11) fa · vour · able: 좋은, 호의적인, 유리한. un · fa · vor · a · ble: 형편이 나쁜, 불리한, 거슬리는
12) fac · tor: ① 요인, 인자, 요소 ② 〖수학〗 인자(因子), 인수, 약수 ③ 〖기계〗 계수, 율
13) fea · si · ble: ① 실행할 수 있는, 가능한; 그럴 듯한, 있을 법한 ② 적합한, 편리한
14) re · solve: ① 용해하다, 녹이다. ② 분해하다, 분석하다 ③ (…로) 화하다, …으로 변형시키다 ④ 풀다, 해결하다, 해소하다 ⑤ 결의하다, 결정하다 ⑥ (…에게) 결심[결정]시키다 ⑦ 결심하다; ① 결심하다, 결정하다 ② 분해하다, 변하다; 환원하다, 귀착하다

7

시 고 굴 제 후 자 이 해 역 제 후 자 이 업 추 제 후 자 이 리

是故屈諸侯者以害 役諸侯者以業 趨諸侯者以利.

Shì gù qū zhū hóu zhě yǐ hài, yì zhū hóu zhě yǐ yè, qū zhū hóu zhě yǐ lì.

그러므로 제후를 굴복시키는 것은 해를 주어 제후에게 일을 시키고 제후가 뛰어다니게 하려면 제후에게 이익을 주어야 한다.

是	옳을	시	옳다, 바르다, 옳다고 하다, 바르다고 인정하다
故	옛	고	예, 이미 지나간 때, 옛, 예전의, 옛날의, 원래, 본래
屈	굽을	굴	굽다, 굽히다, 물러나다, 베다, 자르다
諸	모든	제	모든, 여러, 어조사, -은·는, -에게, -에서
者	놈	자	놈, 사람, 것, 일을 가리켜 이른다
以	써	이	써, -로써, 부터, -에서, 까닭
害	해칠	해	해치다, 손해, 훼방하다, 방해하다
役	부릴	역	부리다, 일을 시키다, 수자리, 싸움
侯	과녁	후	과녁, 제후, 후작, 임금, 오등작(五等爵)의 둘째
業	업	업	업, 일, 사업, 학문, 기예, 직업, 생계(生計), 생업, 기초
趨	달릴	추	달리다, 빨리 가다, 성큼성큼 걷다, 쫓다, 취향, 취지
利	날카로울	리{이}	이롭다, 유익하다, 편리하다, 날카롭다, 통하다

❶ Reduce the hostile[1] chiefs by inflicting[2] damage on them; and make trouble[3] for them, and keep them constantly[4] engaged[5]; hold out specious[6] allurements[7], and make them rush[8] to any given point.

피해를 입히는 것으로 적장을 몰아넣고, 분쟁을 일으키게 하여 계속 지속되도록 하고, 그럴듯한 미끼를 내밀어 의도한 곳으로 달려오도록 한다.

❷ He who intimidates[9] his neighbours does so by inflicting[10] injury[11] upon them. He wearies[12] them by keeping them constantly occupied[13], and makes them rush about by offering[14] them ostensible[15] advantages[16].

이웃 나라를 위협하는 자는 위해를 가한다. 그는 끊임없이 이웃 나라를 지속적으로 차지하려고, 표면상의 이익을 주며 몰아댄다.

---

1) hos · tile: ① 적의 있는, 적개심에 불타는 ② 반대의, 호의적이 아닌 ③ 냉담한, 성미에 맞지 않는 ④ 적의
2) in · flict: ① (타격 · 상처 · 고통 따위를) 주다, 입히다, 가하다 ② (형벌) 과하다 ③ 폐를 끼치다, 번거롭게 하다
3) trou · ble: ① 고생, 근심, 걱정, 고민 ② 두통(고생)거리 ③ 수고, 노고, 폐 ④ 불화, 사건; 분쟁, 동란
4) con · stant · ly: 변함없이; 항상; 끊임없이; 빈번히.
5) en · gage: ① 약속하다; 속박하다; 보증하다, 맡다 ② 약속(예약)이 있다 ③ 약혼시키다 ④ 고용하다, 계약하다 ⑤ 투입(충당)하다, 쓰다; 종사하다, 바쁘다 ⑦ 끌어들이다; 끌다 ⑧ …의 마음을 (호의를) 끌다 ⑨ 교전시키다; …와 교전하다
6) spe · cious: 허울(외양)만 좋은, 진실 같은; 그럴 듯한(plausible); 가면을 쓴.
7) al · lurement: 매력; 매혹; 유혹(물)
8) rush: ① 돌진하다, 맥진(쇄도)하다, 힘차게(급히) …하다 ② 달려들다 ③ 급하게(무모하게) 행동하다, 덤비다; ① 몰아대다; 좨치다 ② 부랴부랴 보내다(운반하다, 데리고 가다), 부리나케(급히) 해치우다 ③ (장애물 등을) 돌파하다 ④ …을 향해 돌진하다; 급습(돌격)하다, 급습하여 점령하다
9) in · tim · i · date: 으르다, 위협하다, 협박하다.
10) in · flict: ① 주다, 입히다, 가하다 ② (형벌 따위를) 과하다 ③ 폐를 끼치다, 번거롭게 하다
11) in · ju · ry: ① 상해, 부상, 위해 ② 손상, 손해 ③ (감정 따위를) 해치기, 모욕, 무례; 명예훼손
12) wea · ry: ① 지치게 하다 ② 싫증(진저리)나게 하다; 지루하게 하다; ① 피로하다; 싫증나다; 싫어지다 ② 간절히 바라다, 동경하다; (없는 것을) 몹시 쓸쓸히 여기다
13) oc · cu · py: ① (시간 · 장소 따위를) 차지하다; (시간을) 요하다 ② 점령(점거)하다, 영유하다 ③ …에 거주하다, 점유하다; 사용하다; 차용하다 ④ (지위 · 일자리를) 차지하다
14) of · fer: ① …을 권하다, 제공하다 ② (싸움 · 저항 따위를) 하다 ③ 표현하다 ④ 제출하다, 제의하다, 제안하다; 신청하다 ⑤ 야기하다, 생기게 하다; 나타나게 하다; ① 제언(제안)하다. ② 생기다, 나타나다
15) os · ten · si · ble: 외면(상)의; 표면의, 거죽만의, 겉치레의.
16) ad · van · tage: ① 유리; 이익; 편의 ② 우세, 우월 ③ 이점, 장점

8

고 용 병 지 법 무 시 기 부 내
故用兵之法 無恃其不來;
Gù yòng bīng zhī fǎ wú shì qí bù lái;

시 오 유 이 대 야 무 시 기 부 공 시 오 유 소 부 가 공 야
恃吾有以待也 無恃其不攻 恃吾有所不可攻也.
Shì wú yǒu yǐ dài yě, wú shì qí bù gōng, shì wú yǒu suǒ bù kě gōng yě.

그러므로 용병의 법칙은 적이 오지 않을 것이라고 믿지 않고 아군이 대비할 수 있다고 믿으며 공격하지 않는다고 믿지 않으며 아군을 공격할 수 없다고 믿도록 하는 것이다.

* 용병(用兵): 군사를 부림. 용군(用軍)

故	옛	고	예, 이미 지나간 때, 옛, 예전의, 옛날의, 원래, 본래
用	쓸	용	쓰다, 베풀다, 부리다, 등용하다, 행하다, 다스리다
兵	군사	병	군사 병, 싸움, 전쟁, 무기, 병기
法	법	법	법, 예의, 도리, 모범, 모형, 품등, 본받다, 법을 지키다
無	없을	무	없다, 허무(虛無)의 도, 말라, 금지하는 말
恃	믿을	시	믿다
其	그	기	그(지시 대명사), 의(관형격 조사), 그(감탄, 강세 조사)
來	올	래{내}	오다, 장래, 부르다
吾	나	오	나, 자신, 당신, 그대, 글 읽는 소리
有	있을	유	있다, 존재하다, 많다, 넉넉하다, 자재, 소유물
以	써	이	써, -로써, 부터, -에서, 까닭
待	기다릴	대	기다리다, 갖추다, 대비하다, 막다, 방비하다
也	어조사	야	어조사, 또, 또한, 잇달다
攻	칠	공	치다, 공격하다, 불까다, 거세(去勢)하다, 다스리다
所	바	소	바, 일정한 곳이나 지역, 지위, 자리, 위치, 경우
可	옳을	가	옳다, 가히, 쯤, 정도

❶ The art of war teaches[1] us to rely not on the likelihood[2] of the enemy's not coming, but on our own readiness[3] to receive him; not on the chance of his not attacking, but rather on the fact that we have made our position unassailable[4].

전쟁의 병법은 적이 오지 않을 것이라는 가능성에 신뢰를 두지 않지만, 적을 맞을 준비가 되어 있어야 하고, 사실상 난공불락의 형세를 만들어야 한다.

❷ It is a doctrine[5] of war not to assume[6] the enemy will not come, but rather to rely on one's readiness to meet[7] him; not to presume[8] that he will not attack, but rather to make one's self invincible[9].

전쟁의 원칙은 적이 오지 않을 것이라고 추정하지 않고, 오히려 적을 맞이할 준비가 되어 있어야 하며, 적이 공격하지 않을 것이라고 생각하지 말고, 오히려 아무도 대적할 수 없는 자신을 만들어야 한다.

---

1) teach: ① (학과 · 학급을) 가르치다, 교수하다, 교육하다, 훈육하다 ② (사람 · 짐승에게)(…의 방법을) 가르치다, 훈련하다, 길들이다 ③《구어》(협박적으로) 깨닫게 하다, 혼내 주다

2) like · li · hood: 있음직한 일(probability), 정말 같음; 가능성

3) read · i · ness: ① 준비, 채비 ② 용이; 신속 ③ 〖군사〗 즉응력《즉시 작전에 투입할 수 있는》.

4) ùn · assáilable: 공격할 틈이 없는, 난공불락의; 논쟁〔비판〕의 여지가 없는, 논파할 수 없는; 불멸의

5) doc · trine: ① 교의, 교리. ② 주의, (정치 · 종교 · 학문상의) 신조, 학설; 공식(외교)정책 ③《고어》가르침, 교훈.

6) as · sume: ① 당연한 것으로 여기다, 당연하다고 생각하다 ② (태도를) 취하다; (임무 · 책임 따위를) 떠맡다 ③ (성질 · 양상을) 띠다, 나타내다 ④ 짐짓 가장하다, …인 체하다, 꾸미다 ⑤ 추정하다, 추측〔가정〕하다

7) meet: ① …을 만나다, …와 마주치다; …와 스쳐 지나가다, …와 얼굴을 대하다 ② 처음으로 만나다, …와 아는 사이가 되다 ③ 마중하다, …의 도착을 기다리다 ④ 직면하다, 겪다; 조우하다 ⑤ 맞서다, …에 대처하다, …에 대항하다 ⑥ 응하다, 채우다, 충족시키다 ⑦ …에 동의하다 ⑧ …에서 만나다, …에서 교차하다, …와 합치다, …에 합류하다 ⑨ …에 부딪치다, …와 충돌하다 : ① 하나로 합쳐지다, 교차하다; 상접하다 ② 회견〔회담〕하다. ③ 회합하다; 열리다 ④ 서로 아는 사이가 되다 ⑤ 합의하다, 의견이 일치하다, 합치하다. ⑥ 대전하다, 교전하다. ⑦ 하나로 결합하다, 조화되다; 겸비하다

8) pre · sume: ① 추정하다, 상상하다, …인가 하고 생각하다 ② 기대하다, (앞뒤 생각 없이) 믿다 ④(남의 약점 따위를) 이용하다, 편승하다 ⑤ a) 감히 〔대담하게도〕 …하다 b) 주제 넘게 나서다

9) in · vin · ci · ble: 정복할 수 없는, 무적의; 극복할 수 없는

9

고 장 유 오 위 　필 사 가 살 　필 생 가 노 　분 속 가 모

故將有五危; 必死可殺. 必生可虜. 忿速可侮.

Gù jiāng yǒu wǔ wēi; Bì sǐ kě shā, Bì shēng kě lǔ, Fèn sù kě wǔ,

렴 결 가 욕 　애 민 가 번

廉潔可辱. 愛民可煩.

Lián jié kě rǔ, Ài mín kě fán.

그러므로 장수를 위태롭게 하는 다섯 가지가 있다. 반드시 죽고자 한다면 죽을 수 있다. 반드시 살고자 한다면 사로잡힐 수 있다. 빨리 화를 내면 업신여겨진다. 청렴하고 깨끗하고자 하면 욕될 수 있다. 백성을 사랑하면 번거러울 수 있다.

故	옛	고	예, 이미 지나간 때, 옛, 예전의, 옛날의, 원래, 본래
將	장차	장	장차, 막-하려 한다, 마땅히-하여야 한다, 어찌(何)
有	있을	유	있다, 존재하다, 많다, 넉넉하다
危	위태할	위	위태하다, 위태롭게 하다, 두려워하다
死	죽을	사	죽다, 죽음, 죽은 이
可	옳을	가	옳다, 가히, 쯤, 정도
殺	죽일	살	죽이다, 죽다, 베다
也	어조사	야	어조사, 또, 또한, 잇달다
必	반드시	필	반드시, 틀림없이, 꼭, 기필하다, 이루어내다
虜	포로	로{노}	포로, 사로잡다, 종, 하인, 화외(化外)의 사람, 오랑캐
忿	성낼	분	성내다, 분한 마음, 원망하다
速	빠를	속	빠르다, 빨리 하다, 빨리

❶ There are five dangerous faults which may affect a general:

(1) Recklessness[1], which leads to destruction;

(2) cowardice[2], which leads to capture;

(3) a hasty temper[3], which can be provoked[4] by insults[5];

(4) a delicacy[6] of honor which is sensitive to shame;

(5) over-solicitude for his men, which exposes[7] him to worry and trouble[8].

장수에게 악영향을 줄 수 있는 다섯 가지 위험한 허물이 있다.

(1) 파멸에 이르게 하는 무모함

(2) 포로가 되게 할 비겁함

(3) 모욕으로 유발될 수 있는 조급한 성질

(4) 수치심에 민감한 명예심

(5) 걱정과 근심으로 보이는 병사에 대한 과도한 배려

❷ There are five qualities[9] which are dangerous in the character of a general. If reckless, he can be killed; If cowardly, captured; If quick-tempered you can make a fool of him; If he has too delicate[10] a sense of honour you can calumniate[11] him; If he is of a compassionate[12] nature you can harass[13] him.

장수의 기질에서 위험한 다섯 가지 특성이 있다. 무모하다면 죽을 것이다. 겁이 많다면 사로잡힐 것이다. 급한 성질이라면 어리석은 사람이 된다. 명예를 의식함에 너무 민감하다면 비방을 당할 수 있다. 기질이 온정적이라면 애를 먹을 수 있다.

---

1) reck · less: ① 분별 없는, 무모한 ② 염두에 두지 않는, 개의치 않는 ㊕~ · ly ad. ~ · ness n.
2) cow · ard · ice: 겁, 소심, 비겁.
3) tem · per: ① a) 기질, 천성, 성질. b) 기분; c) 화, 짜증, 노기 ② a) 침착, 평정; 참음 b) 용기, 예기, 기개.
4) pro · voke: ① (감정 따위를) 일으키다, 일으키게 하다 ② 성나게 하다, 신경질나게 하다 ③ 유발시키다, 이끌다, 자극하여 …시키다
5) in · sult: 모욕, 무례《to》; 모욕 행위, 무례한 짓
6) del · i · ca · cy: ① 섬세(함), 정교함; 정밀함. ② 우미, 우아함. ③ 민감, 예민; 동정(심), 걱정, ④ 부드러움, 얌전함.
7) ex · pose: ① 쐬다, 맞히다, 노출시키다 ② 폭로하다, 까발리다 ③ 보이다; 진열하다 ④ 표시하다, 발표하다, 밝히다.
8) trou · ble: ① 고생, 근심, 걱정, 고민 ② 두통〔고생〕거리 ③ 수고, 노고, 폐 ④ 시끄러운 일, 불화, 사건, ; 분쟁, 동란
9) qual · i · ty: ① 질, 품질. ② 성질, 특성, 속성, 자질 ③ 양질(fineness), 우수성; 재능
10) del · i · cate: ① 섬세한, 우아한, 고운 ② 민감한, 예민한; 세심한 이해심이 있는, 자상한 ③ 미묘한(subtle)
11) ca · lum · ni · ate: 비방하다, 중상하다
12) com · pas · sion · ate: 자비로운, 동정심이 있는; 정상을 참작한, 온정적인; 〖영국군사〗 특별 배려에 의한
13) har · ass: 괴롭히다, 애먹이다; 〖군사〗 (적을) 쉴새없이 공격하여 괴롭히다

10

범차오자 장지과야 용병지재야
凡此五者 將之過也 用兵之災也.
Fán cǐ wǔ zhě, jiāng zhī guò yě, yòng bīng zhī zāi yě.

복군살장 필이오위 불가불찰야
覆軍殺將 必以五危 不可不察也.
Fù jūn shā jiāng, bì yǐ wǔ wēi, bù kě bù cha yě.

무릇 이 다섯 가지는 장수의 허물이고 용병의 재앙이다.
군대가 무너지고 장수를 죽게 하는 것은 반드시 다섯 가지 위태로운 점에서 살피지 않을 수 없다.

* 용병(用兵): 군사를 부림. 용군(用軍)

凡	무릇	범	무릇, 모두, 다, 합계
此	이	차	이, 이곳, 이것, 가까운 사물을 가리킴, 이에, 그래서
者	놈	자	놈, 사람, 것, 일을 가리켜 이른다
將	장차	장	장차, 막-하려 한다, 마땅히-하여야 한다, 어찌
過	지날	과	지나다, 초월하다, 낫다, 빠져나가다, 여유가 있다, 심하다
用	쓸	용	쓰다, 베풀다, 부리다, 등용하다, 행하다, 다스리다, 작용
災	재앙	재	재앙, 화재, 주벌(誅伐)하다
覆	뒤집힐	복	뒤집히다, 반전하다, 넘어지다, 전도되다
軍	군사	군	군사(軍士), 군사(軍事), 진을 치다
殺	죽일	살	죽이다, 죽다, 베다
將	장차	장	장차, 막-하려 한다, 마땅히-하여야 한다
必	반드시	필	반드시, 틀림없이, 꼭, 기필하다, 이루어내다
以	써	이	써, -로써, 부터, -에서, 까닭
危	위태할	위	위태하다, 위태롭게 하다, 두려워하다
可	옳을	가	옳다, 가히, 쯤, 정도
察	살필	찰	살피다, 알다, 살펴서 알다, 조사하다, 생각하여 보다

❶ These are the five besetting[1)] sins of a general, ruinous[2)] to the conduct[3)] of war.

When an army is overthrown[4)] and its leader slain, the cause will surely be found among these five dangerous faults[5)]. Let them be a subject[6)] of meditation[7)].

이 다섯 가지는 전쟁의 지휘에 있어, 파멸을 초래하는 장군의 과실이다.

군대가 무너지고 지휘관이 살해되면, 그 원인은 이런 다섯 가지 위험한 허물 중에서 반드시 발견될 것이다. 이 다섯 가지를 주체로 하여 심사숙고하도록 한다.

❷ Now these five traits[8)] of character[9)] are serious[10)] faults in a general and in military[11)] operations[12)] are calamitous[13)].

The ruin of the army and the death of the general are inevitable[14)] results of these shortcomings[15)]. They must be deeply pondered[16)].

이 다섯 가지 특징적 성격은 장수에게 심각한 허물이고 군사행동에 있어서는 재난을 초래한다.

군대의 파멸과 장수의 죽음은 이런 결점의 부득이한 결과이다. 그 다섯 가지는 철저하게 깊이 생각해야 한다.

---

1) be · set: ① 포위하다, 에워싸다; (도로 따위를) 막다, 봉쇄하다 ② 《비유적》 (위험 · 유혹 등이) …에 따라다니다, 괴롭히다 ③ 꾸미다, 박아넣다《with》
2) ru · in · ous: 파괴적인, 파멸을 초래하는; 영락〔파산〕한; 황폐한; 폐허의
3) con · duct: ① 행위; 행동, 품행, 행상(行狀) ② 지도, 지휘, 안내; 《드물게》 안내인 ③ 경영, 조처, 관리
4) over · throw: 뒤집어엎다, 타도하다, 무너뜨리다; 파괴하다; (정부 등을) 전복시키다, (제도 등을) 폐지하다
5) fault: ① 과실, 잘못, 허물, 실책 ② 결점, 결함, 단점, 흠
6) sub · ject: ① 국민; 신하, 신(臣) ② 주제, 문제, 제목, 연제, 화제 ③ 학과, 과목 ④ 주관, 자아. 주체, 실체.
7) med · i · ta · tion: 묵상, (종교적) 명상; 숙고, 고찰; (pl.) 명상록
8) trait: 특색, 특성, 특징, 버릇; 얼굴 생김새, 모습
9) char · ac · ter: ① 특성, 특질, 개성, 특색 ② 인격, 성격, 기질, 품성 ③ 성망, 명성; 평판 ⑤ 신분, 자격, 지위.
10) se · ri · ous: ① 진지한, 진정인, 엄숙한, 심각한, 정색을 한 ② 중대한, 심각한, 용이치 않은, 심상치 않은
11) mil · i · tary: ① 군의, 군대의, 군사(軍事)의, 군용의; 군인의; 군인다운〔같은〕. ② 육군의. ③ 호전적인, 전투적인.
12) op · er · a · tion: ① 가동, 작용, 작업 ② (약 따위의) 효력, 효과; 유효 범위〔기간〕 ③ (기계 따위의) 조작, 운전 ④ (사업 따위의) 운영, 경영, 조업; 회사, 기업 ⑤ (보통 pl.) 군사행동, 작전; 작전본부
13) ca · lam · i · tous: 재난의; 몹시 불행한(disastrous), 비참한; 재난을 초래하는.
14) in · ev · i · ta · ble: ① 피할 수 없는, 면할 수 없는; 부득이한 ② 필연의, 당연한 ③ 납득이 가는, 지당한.
15) shórt · còming: ① 결점, 단점, 모자라는 점 ② 결핍, 부족. ③ 흉작.
16) pon · der: 숙고하다, 깊이 생각하다, 신중히 고려하다

九篇 行軍

❶ THE ARMY ON THE MARCH 군대의 행군

– Lionel Giles(라이오넬 자일스) 역

❶ MARCHES 행군

– Samuel B. Griffith(사무엘 비 그리피스) 역

* 진군하라!

1. 산악 및 하천에서의 전투요령
2. 군대는 높은 곳에 배치해야 한다
3. 적 징후 분석 방법
4. 군사가 많다고 좋은 것이 아니다
5. 평소에 법령이 엄정해야 한다

行	갈	행	가다, 걷다, 나아가다, 달아나다, 돌아다니다, 겪다, 움직이다, 행하다
軍	군사	군	군사(軍士), 군사(軍事), 진을 치다, 송대(宋代)의 행정 구획의 이름
篇	책	편	책, 완결된 책, 완결된 시문(詩文), 시문을 세는 단위

孫子兵法

Sūn zǐ bīng fǎ

Art of war

1

손 자 왈 범 처 군 상 적 절 산 의 곡 시 생 처 고

孫子曰: 凡處軍相敵 絶山依谷 視生處高.

Sūn zǐ yuē, fán chù jūn xiāng dí, jué shān yī gǔ, shì shēng chù gāo.

전 륭 무 등 차 처 산 지 군 야 절 수 필 원 수

戰隆無登. 此處山之軍也. 絶水必遠水.

Zhàn lóng wú dēng, Cǐ chù shān zhī jūn yě, Jué shuǐ bì yuǎn shuǐ.

손자가 말했다. 무릇 군대가 주둔하여 적을 관찰 할 때는 산에 막힌 계곡에 의지해야 하고 살 수 있는 곳에 머무르기 위해 높은 곳을 자세히 살펴야 한다. 싸우려고 높은 곳으로 오르지 않는다. 이것이 산에 주둔하는 군대에게 중요하다. 물을 건너면 반드시 멀리 떨어져라.

凡	무릇	범	무릇, 모두, 다, 합계
處	살	처	살다, 머물러 있다, 남아서 지키다, 묵다, 쉬다
軍	군사	군	군사(軍士), 군사(軍事), 진을 치다
相	서로	상	서로, 보다, 자세히 보다, 바탕
敵	원수	적	원수, 상대방, 대등하다, 맞서다
絶	끊을	절	끊다, 단절하다, 막히다
依	의지할	의	의지하다, 돕다, 힘이 되다
谷	골	곡	골, 골짜기, 홈, 홈통, 좁은 길
視	볼	시	보다, 자세히 살피다, 조사하여 보다, 맡아보다
處	살	처	살다, 머물러 있다, 남아서 지키다, 묵다, 쉬다
戰	싸울	전	싸우다, 싸움, 전쟁, 두려워하다, 두려워서 떨다
隆	클	륭{내}	크다, 풍성하고 크다, 두텁다, 극진하다, 높다, 높이다
登	오를	등	오르다, 지위에 오르다, 높은 곳을 오르다
此	이	차	이, 이곳, 이것, 가까운 사물을 가리킴, 이에
處	살	처	살다, 머물러 있다, 남아서 지키다, 묵다, 쉬다
也	어조사	야	어조사, 또, 또한, 잇달다
絶	끊을	절	끊다, 단절하다, 막히다
必	반드시	필	반드시, 틀림없이, 꼭, 기필하다, 이루어내다, 오로지
遠	멀	원	멀다, 아득하다, 세월이 오래다, 이목이 미치지 못하다

❶ Sun Tzu said: We come now to the question of encamping[1] the army, and observing signs[2] of the enemy. Pass quickly over mountains, and keep in the neighborhood of valleys.

Camp in high places[3], facing the sun. Do not climb heights[4] in order to fight. So much for mountain warfare[5]. After crossing a river, you should get far away from it.

손자가 말했다. 이제 군대를 주둔시키고, 적의 징후를 관찰하는 질문에 이른다. 산은 빠르게 넘어가고, 골짜기 인근을 계속 걸어라.

해를 마주보며, 고지대에 주둔하라. 싸우려고 고지에 올라가지 말라. 산악 전투에서 매우 중요하다. 강을 건넌 다음, 멀리 떨어져야 한다.

❷ Sun Tzu said: Generally when taking up a position[6] and confronting[7] the enemy, having crossed the mountains, stay close to valleys. Encamp[8] on high ground facing the sunny side.'

Fight downhill; do not ascend[9] to attack. So much for taking position in mountains. After crossing a river you must move some distance away from it.

손자가 말했다. 대체로 진지를 차지하고 적에 맞서면 산을 지나가고, 골짜기에 가까이 머물러라. 햇볕이 드는 쪽을 마주 보며, 높은 장소에 주둔하라.

비탈 아래로 싸우며, 오르막을 오르며 싸우지 말라. 산에서 유리한 지점을 점령하는데 중요하다. 강을 건넌 후에는 강에서 멀리 이동해야 한다.

---

1) en · camp: 〖군사〗 진을 치다, 야영하다〔시키다〕, 주둔시키다

2) sign: ① a) 기호, 표시, 부호. b) 신호, 군호; 암호, 변말; 손짓, 몸짓 c) 표지, 길잡이, 도표; 간판 ② a) 기미, 징후; 조짐, 전조; 모습, 기색 b) 〔 보통 부정어와 더불어 〕 흔적, 자취, 형적

3) place: ① 장소, 곳; (특정의 목적을 위한) 장소, …장(場) ② (신체 따위의) 국소, 부분; (책 따위의) 한 구절; (음악의) 한 절, 악구(樂句) ③ 시, 읍, 면; 지역, 지방 ④ 건(축)물, 관(館); 실(室), 사무실; 주소, 주거; 저택

4) height: ① 높음. ② 높이, 키; 고도, 해발, 표고 ③ (보통 pl.) 고지, 산, 언덕, 높은 장소〔위치〕.

5) war · fare: 전투(행위), 교전(상태); 전쟁(war); 싸움

6) po · si · tion: ① a) 위치, 장소, 소재지; 적소 b) (사회적) 처지, 입장 ② 지위, 신분; 높은 지위 ③ 직책, 근무처 ④ 태도, 자세; 심적 태도; (문제 등에 대한) 입장, 견해, 주장 ⑤ 상태, 형세, 국면

7) con · front: ① …에 직면하다, …와 마주 대하다; …와 만나다 ② (적 · 위험 따위에) 대항하다, …와 맞서다. ③ (아무를) 마주 대하게 하다, 맞서게 하다; (법정에서) 대결시키다; (증거 등을) 들이대다 ④ 대조하다, 비교하다

8) en · camp: 〖군사〗 진을 치다, 야영하다〔시키다〕, 주둔시키다

9) as · cend: ① 올라가다, 기어오르다; 오르다 ② 오르막이 되다 ③ 높아지다; 올라가다; 승진하다 ④ (물가 등이) 올라가다; (소리가) 높아지다. ⑤ 거슬러 올라가다

2

객 절 수 이 내 물 영 지 어 수 내 령 반 제 이 격 지 리
客絶水而來 勿迎之於水內 令半濟而擊之利.
Kè jué shuǐ ér lái, wù yíng zhī yú shuǐ nèi, lìng bàn jì ér jī zhī lì.

욕 전 자 무 부 어 수 이 영 객
欲戰者 無附於水而迎客.
Yù zhàn zhě, wú fù yú shuǐ ér yíng kè.

적이 물을 건너오면 물속에서 싸우지 말고 절반쯤 건널 때 공격하는 것이 유리하다.

(물을 건너는 적과) 싸울 때는 물 가까이에서 적을 맞이하면 안 된다.

客	손	객	손님, 붙이다, 의탁하다, 상객(上客), 한 자리의 공경 받는 사람
絶	끊을	절	끊다, 단절하다, 막히다
而	말이을	이	말 이음, 순접·역접의 접속사
來	올	래{내}	오다, 장래, 부르다
勿	말	물	말다, 말라, 말아라, 아니다, 없다, 깃발
迎	맞이할	영	맞이하다, 마음으로 따르다, 헤아리다, 추산하다
於	어조사	어	어조사, -에, 에서, 보다, 를, 에게, 있어서
內	안	내	안, 들다, 들이다, 어머니
令	영	령{영}	영, 우두머리, 좋다, 법령, 규칙
半	반	반	반, 한창, 절정, 조각, 떨어진 한 부분
濟	건널	제	건너다, 나루, 건지다
擊	부딪칠	격	부딪치다, 배나 수레가 질서 있게 나아가다
利	날카로울	리{이}	이롭다, 유익하다, 편리하다, 날카롭다, 통하다
欲	하고자할	욕	하고자 하다, 하려고 하다, -할 것 같다, 바라다
戰	싸울	전	싸우다, 싸움, 전쟁, 두려워하다, 두려워서 떨다
無	없을	무	없다, 허무(虛無)의 도, 말라, 금지하는 말
附	붙을	부	붙다, 기대다, 의지하다, 친근히 지내다, 붙이다

❶ When an invading force crosses[1] a river in its onward march[2], do not advance[3] to meet[4] it in mid-stream[5]. It will be best to let half the army get across, and then deliver[6] your attack.

If you are anxious[7] to fight, you should not go to meet the invader near a river which he has to cross.

침략하는 군대가 앞으로 진군하며 강을 건너면, 강 한가운데서 맞서려고 전진하지 말라. 적이 반쯤 건너왔으면, 공격을 가하는 것이 최선이 될 것이다.

매우 싸우고 싶다면, 적이 건너야 할 강 근처에서 교전하기 위해 가지 말라.

❷ When an advancing enemy crosses water do not meet him at the water's edge. It is advantageous[8] to allow half his force to cross and then strike[9].

If you wish to give battle, do not confront[10] your enemy close to the water.

진군하는 적이 물을 건널 때는 물가에서 맞서지 말라. 적이 절반쯤 건너도록 한 다음 공격하는 것이 유리하다.

전투를 바란다면, 물 근처에서 적에 맞서지 말라.

---

1) cross: ① 교차시키다; (손 · 발 따위를) 엇걸다 ② …와 교차하다; …와 서로 엇갈리다 ③ 가로지르다《도로 · 사막 따위》; (강 · 바다 · 다리 따위를) 건너다

2) march: ① 행진, 행군; 행진거리 ② 〖군사〗 (행군의) 보조 ③ 〖음악〗 행진곡. ④ 길고 괴로운 노정(행로). ⑤ (사물의) 진전, 진행, 발달

3) ad · vance: ① 나아가게 하다, 앞으로 내보내다, 전진(진출)시키다 ② (기일 따위를) 앞당기다 ③ (작업 따위를) 진척시키다, 촉진시키다, 증진하다 ⑤ (값 따위를) 올리다 ⑥ 진급(승급)시키다; 끌어 올리다, …의 뒤를 밀다 ⑦ 선불하다, 선대(先貸)하다; ① 앞으로 나아가다, 전진하다 ② 〖군사〗 전진(진격)하다

4) meet: ① …을 만나다, …와 마주치다 ② …와 아는 사이가 되다 ③ 마중하다 ④ 직면하다, 겪다; 조우하다 ⑤ 맞서다, …에 대처하다, …에 대항하다 ⑥ 응하다, 채우다, 충족시키다; ① 하나로 합쳐지다; 상접하다 ② 회견(회담)하다. ③ 회합하다; 열리다 ④ 대전하다, 교전하다

5) míd · stréam: 강의 한가운데, 중류; (일의) 도중; (기간의) 중간쯤.

6) de · liv · er: ① 인도하다, 교부하다 ② (물품 · 편지를) 배달(송달)하다. (전언(傳言) 따위를) 전하다. ③ (의견을) 말하다; (연설을) 하다 ④ (공격 · 포격을) 가하다, (타격 등을) 주다; (공을) 던지다

7) anx · ious: ① 걱정스러운, 불안한, 염려되는; 걱정하여, 염려하여 ② 열망하는, 매우 …하고 싶어하는 ③ 마음 죄게 하는, 조마조마하게 하는

8) ad · van · ta · geous: 유리한; 형편이 좋은

9) strike: ① 치다, 두드리다, 때리다 ② 두들겨 만들다(…하다), 쳐서 만들어내다 ③ (시계가 시각을) 치다, 쳐서 알리다 ④ 맞부딪치다, 부딪다, 들이받다 ⑤ 일격을 가하다, (타격을) 가하다, 주다 ⑤ 습격(공격)하다

10) con · front: ① …에 직면하다, …와 마주 대하다; …와 만나다 ② (적 · 위험 따위에) 대항하다, …와 맞서다. ③ (아무를) 마주 대하게 하다, 맞서게 하다; (법정에서) 대결시키다; (증거 등을) 들이대다 ④ 대조하다, 비교하다

3

시 생 처 고 무 영 수 류 차 처 수 상 지 군 야
視生處高. 無迎水流. 此處水上之軍也.
Shì shēng chù gāo, Wú íng shuǐ liú, Cǐ chù shuǐ shàng zhī jūn yě.

절 척 택 유 극 거 무 류
絶斥澤 惟亟去無留.
Jué chì zé, wéi jí qù wú liú.

살 수 있는 곳을 보고 높은 곳에 주둔한다. 물의 흐름을 거스르지 않는다. 이것이 강물에서 주둔하는 군대 법칙이다.
척택(斥澤, 염분이 많은 땅과 늪지대)을 지날 때는 오로지 빠르게 지나가고 머무르지 않는다.

視	볼	시	보다, 자세히 살피다, 조사하여 보다, 맡아보다
處	살	처	살다, 머물러 있다, 남아서 지키다, 묵다, 쉬다
無	없을	무	없다, 허무(虛無)의 도, 말라, 금지하는 말
迎	맞이할	영	맞이하다, 마음으로 따르다, 헤아리다, 추산하다
流	흐를	류{유}	흐르다, 떠내려가다, 시간이 지나가다, 흘러내리다
此	이	차	이, 이곳, 이것, 가까운 사물을 가리킴
軍	군사	군	군사(軍士), 군사(軍事), 진을 치다
也	어조사	야	어조사, 또, 또한, 잇달다
絶	끊을	절	끊다, 단절하다, 막히다
斥	물리칠	척	물리치다, 가리키다, 지적하다, 나타나다, 드러나다
澤	못	택	못, 진펄, 늪, 윤, 윤이 나다
惟	생각할	유	생각하다, 도모하다, 꾀하다, 오로지
亟	빠를	극	빠르다, 삼가다, 사랑하다
去	갈	거	가다, 떠나다, 잃다, 잃어버리다, 배반하다
留	머무를	류{유}	머무르다, 기다리다, 변하지 아니하다, 지체하다

❶ Moor[1] your craft[2] higher up than the enemy, and facing the sun. Do not move up-stream[3] to meet[4] the enemy. So much for river warfare[5].

In crossing[6] salt-marshes[7], your sole[8] concern[9] should be to get over them quickly, without any delay[10].

적보다 상류에 배를 계류하고, 해를 마주하라. 적과 맞서려고 상류로 이동하지 말라. 강 전투에서 중요하다.

소택지를 건너면, 유일한 관심사는 조금도 지체없이 빠르게 지나가야 하는 것이다.

❷ Take position[11] on high ground facing the sunlight. Do not take position downstream[12]. This relates to taking up positions near a river.

Cross salt marshes speedily. Do not linger[13] in them.

햇볕을 마주보며 높은 장소에 진지를 구축하라. 하류에 진지를 구축하지 말라. 이것은 강 근처 유리한 지점을 점거하는 것과 관련이 있다.

소택지는 신속하게 건너가라. 그곳에서는 오래 머물지 말라.

---

1) moor: (배 · 비행선 등을) 잡아매다, 정박시키다[하다], 계류하다; 〔일반적〕 단단히 고정하다

2) craft: ① 기능; 기교; 솜씨 ② 직업; 기술, 재간; 수공업; 공예 ③ 선박, 항공기; 우주선

3) stream: ① 시내, 개울. ② 흐름, 조류 ③ (액체 · 기체 · 광선 · 사람 · 차량 · 물자 등의) 흐름, 움직임

4) meet: ① …을 만나다, …와 마주치다; …와 스쳐 지나가다, …와 얼굴을 대하다 ② 처음으로 만나다, …와 아는 사이가 되다 ③ 마중하다, …의 도착을 기다리다 ④ 직면하다, 겪다; 조우하다 ⑤ 맞서다, …에 대처하다, …에 대항하다 ⑥ 응하다, 채우다, 충족시키다 ⑦ …에 동의하다 ⑧ …에서 만나다 ⑨ …에 부딪치다, …와 충돌하다 : ① 하나로 합쳐지다, 교차하다; 상접하다 ② 회견[회담]하다. ③ 회합하다; 열리다 ④ 대전하다, 교전하다.

5) war · fare: 전투(행위), 교전(상태); 전쟁(war); 싸움

6) cross: ① 교차시키다; (손 · 발 따위를) 엇걸다 ② …와 교차하다; …와 서로 엇갈리다 ③ 가로지르다《도로 · 사막 따위》; (강 · 바다 · 다리 따위를) 건너다

7) sált màrsh: 바닷물이 드나드는 늪지, 염성(塩性) 소택(沼澤)(지).

8) sole: ① 오직 하나[혼자]의, 유일한 ② 《고어》 혼자의, 고독한, 친구가 없는. ③ 단독의, 독점적인

9) con · cern: ① 관계, 관련; 이해 관계 ② 중대한 관계, 중요성 ③ 관심; 염려, 걱정 ④ 관심사, 용건, 사건

10) de · lay: 지연, 지체; 연기, 유예

11) po · si · tion: ① a) 위치, 장소, 소재지; 적소 b) (사회적) 처지, 입장 ② 지위, 신분; 높은 지위 ③ 직책, 근무처 ④ 태도, 자세; 심적 태도; (문제 등에 대한) 입장, 견해, 주장 ⑤ 상태, 형세, 국면 ⑥ 〖軍〗 진지, 유리한 지점.

12) dówn · stréam: 하류로, 강 아래로. —a. 하류의.

13) lin · ger: ① (우물쭈물) 오래 머무르다, 떠나지 못하다 ② 좀처럼 사라지지[떠나지, 가시지] 않다; (습관이) 남다, 좀처럼 없어지지 않다 ③ (꾸물거려) 시간이 걸리다 ④ 근처를 서성거리다; 어슬렁거리다

4

야 교 군 어 척 택 지 중 필 의 수 초 이 배 중 수

若交軍於斥澤之中 必依水草 而背衆樹.

Ruò jiāo jūn yú chì zé zhī zhōng, bì yī shuǐ cǎo, ér bèi zhòng shù,

차 처 척 택 지 군 야

此處斥澤之軍也.

Cǐ chù chì zé zhī jūn yě.

만일 척택에서 교전하게 되면 반드시 수초에 의지하고 나무를 등져야 한다. 이것이 척택에서 주둔하는 군대의 법칙이다.

若	같을 약	같다, 너, 만일
交	사귈 교	사귀다, 주고받고 하다, 서로
軍	군사 군	군사(軍士), 군사(軍事), 진을 치다
於	어조사 어	어조사, —에, 에서, 보다, 를, 에게, 있어서
斥	물리칠 척	물리치다, 가리키다, 지적하다, 나타나다, 드러나다
澤	못 택	못, 진펄, 늪, 윤, 윤이 나다
必	반드시 필	반드시, 틀림없이, 꼭, 기필하다, 이루어내다
依	의지할 의	의지하다, 돕다, 힘이 되다
草	풀 초	풀, 초원(草原), 거친 풀, 잡초
而	말이을 이	말 이음, 순접·역접의 접속사
背	등 배	등, 뒤, 등 쪽, 양(陽)
衆	무리 중	무리, 많은 사람, 많은 물건, 많은 일
樹	나무 수	나무, 자라고 있는 나무, 초목, 담, 담장
此	이 차	이, 이곳, 이것, 가까운 사물을 가리킴
處	살 처	살다, 머물러 있다, 남아서 지키다, 묵다, 쉬다
也	어조사 야	어조사, 또, 또한, 잇달다

❶ If forced[1] to fight in a salt-marsh[2], you should have water and grass near you, and get your back to a clump[3] of trees. So much for operations[4] in salt- marches[5].

소택지에서 싸워야만 한다면, 수초가 가까이 있어야 하고, 나무 덤불을 등져야 한다. 소택지에서 군사행동의 중요성이다.

❷ If you encounter[6] the enemy in the middle of a salt marsh you must take position[7] close to grass and water with trees to your rear[8]. This has to do with taking up position in salt marshes.

소택지의 한 가운데에서 적과 교전한다면 뒤에는 나무와 물풀이 가까운 곳으로 유리한 지점을 점거해야 한다. 이것이 소택지에서 유리한 지점을 차지해야 하는 것이다.

---

1) force: ① …에게 강제하다, 우격으로 …시키다, 억지로 …시키다 ② …에게 폭력을 가하다; (여자에게) 폭행하다; (진지를) 강행 돌파하다; (힘, 우격으로) 얻다, 빼앗다, 강탈하다 ③ 밀어넣다; (억지로) 떠맡기다, 강매하다 ④ (억지로) 밀어내다, 끌어내다 ⑤ …에 무리를 가하다; 억지로 일〔공부〕시키다; 밀고 나아가다; 강행군하다.
2) sált màrsh: 바닷물이 드나드는 늪지, 염성(塩性) 소택(沼澤)(지).
3) lump : ① 수풀, (관목의) 덤불. ② (구두의) 두꺼운 이중창. ③ (흙 등의) 덩어리; 세균 덩어리.
4) op · er · a · tion: ① 가동, 작용, 작업 ② (약 따위의) 효력, 효과; 유효 범위〔기간〕 ③ (기계 따위의) 조작, 운전 ④ (사업 따위의) 운영, 경영, 조업; 회사, 기업 ⑤ (보통 pl.) 군사행동, 작전; 작전본부
5) march: ① 행진, 행군; 행진거리 ② 〚군사〛 (행군의) 보조 ③ 〚음악〛 행진곡. ④ 길고 괴로운 노정〔행로〕; ① 〚군사〛 (대열을 지어) 행진하다; (당당하게) 걷다, 빨리 전진하다 ② …을 행진시키다, 행군시키다
6) en · coun · ter: ① …와 우연히 만나다, 마주치다, 조우하다 ② (적과) 교전하다, …와 맞서다, …에 대항하다 ③ (곤란 · 반대 · 위험 등에) 부닥치다; ① 해후하다, 만나다 ② (적과) 조우하다, 회전하다
7) po · si · tion: ① a) 위치, 장소, 소재지; 적소 b) (사회적) 처지, 입장 ② 지위, 신분; 높은 지위 ③ 직책, 근무처 ④ 태도, 자세; 심적 태도; (문제 등에 대한) 입장, 견해, 주장 ⑤ 상태, 형세, 국면 ⑥ 〚軍〛 진지, 유리한 지점.
8) rear: ① 뒤, 배면, 배후, 최후부; 맨 뒤 ② 〚군사〛 후위, 후미, 후방.

5

평 륙 처 역 이 우 배 고 전 사 후 생 차 처 평 륙 지 군 야
平陸處易 而右背高 前死後生. 此處平陸之軍也.
Píng lù chù yì, ér yòu bèi gāo, qián sǐ hòu shēng. Cǐ chù píng lù zhī jūn yě.

평지에 주둔하면 오른쪽이 높은 곳을 등지게 하고 앞쪽은 죽을 수 있고 뒤쪽은 살 수 있는 지형이어야 한다. 이것이 평지에서 군대의 법칙이다.

平	평평할	평	평평하다, 다스리다, 바르다, 곧다, 바로잡다
陸	뭍	륙{육}	뭍, 육지, 언덕, 높고 평평한 산의 꼭대기
處	살	처	살다, 머물러 있다, 남아서 지키다, 묵다, 쉬다
易	바꿀/쉬울	역/이	바꾸다, 고치다, 교환하다, 바뀌다, 새로워지다
而	말이을	이	말 이음, 순접·역접의 접속사
右	오른쪽	우	오른쪽, 숭상하다, 오른쪽에 적은 글이나 내용
背	등	배	등, 뒤, 등 쪽, 양(陽)
前	앞	전	앞, 앞서다, 나아가다, 전진하다
死	죽을	사	죽다, 죽음, 죽은 이
後	뒤	후	뒤, 늦다, 능력 따위가 뒤떨어지다
生	날	생	나다, 태어나다, 천생으로, 낳다, 자식을 낳다
此	이	차	이, 이곳, 이것, 가까운 사물을 가리킴
之	갈	지	가다, 이(指示代名詞), —의(冠形格助詞)
軍	군사	군	군사(軍士), 군사(軍事), 진을 치다
也	어조사	야	어조사, 또, 또한, 잇달다

❶ In dry, level[1] country[2], take up an easily accessible[3] position[4] with rising ground to your right and on your rear[5], so that the danger may be in front[6], and safety[7] lie behind.

So much for campaigning[8] in flat[9] country.

마른 평지 지역에서는 우측과 뒤쪽에 언덕 지형으로 쉽게 접근하기 쉬운 유리한 지점을 차지하여, 위험에 직면하면 안전하게 뒤로 물러난다.

평지 지역에서 전투의 중요성이다.

❷ In level ground occupy[10] a position which facilitates[11] your action. With heights[12] to your rear and right, the field of battle is to the front and the rear is safe[13].

This is how to take up position in level ground.

평지 지형에서는 교전을 돕는 유리한 지점을 차지하라. 후미와 우측은 언덕지형으로, 전투 장소는 전면이고 후미는 위험이 없다.

이것이 평지 지형에서 유리한 지점을 차지하는 방법이다.

---

1) lev · el: ① 수평의; 평평한, 평탄한. ② 같은 수준〔높이, 정도〕의, 동등한, 동위의; 호각(互角)의, 대등한 ③ 똑같은, 한결같은, 균형 잡힌, 고른, 움직이지 않는, 흔들리지 않는; 온건한; 공평한

2) coun · try: ① 나라, 국가; 국토 ② 시골, 교외, 지방, 전원 ③ 조국, 고국; 고향 ④ 지역, 고장 ⑤ (어떤) 영역, 분야, 방면.

3) ac · ces · si · ble: ① 접근〔가까이〕하기 쉬운, 가기 쉬운〔편한〕, 면회하기 쉬운 ② 입수하기 쉬운, 이용할 수 있는; 이해하기 쉬운 ③ 영향받기 쉬운, 감동되기 쉬운

4) po · si · tion: ① a) 위치, 장소, 소재지; 적소 b) (사회적) 처지, 입장 ② 지위, 신분; 높은 지위 ③ 직책, 근무처 ④ 태도, 자세; 심적 태도; (문제 등에 대한) 입장, 견해, 주장 ⑤ 상태, 형세, 국면 ⑥ 〖軍〗 진지, 유리한 지점.

5) rear: ① 뒤, 배면, 배후, 최후부; 맨 뒤 ② 〖군사〗 후위, 후미, 후방.

6) front: ① (the ~) 앞, 정면, 앞면; (문제 따위의) 표면; (건물의) 정면, 앞쪽 ② 바다〔호수, 강, 도로 등〕에 면한 장소; (the ~) 바닷가〔호숫가〕의 산책길. ③ 앞 부분에 붙인 것 ④ 이마; 얼굴, 용모. ⑤ (a ~) 태도; 침착함, 뻔뻔함 ⑥ 〖軍〗 전선(前線), 전선(戰線); (대열의) 방향, 〖氣〗 전선(前線); 〖政〗 전선(戰線

7) safe · ty: ① 안전, 무사; 무난, 무해; 안전하게 하다, …에 안전 장치를 하다.

8) cam · paign: 종군하다

9) flat: ① 편평한, 납작한; 평탄한, ② 편, 펼친, 벌린 ③ a) 길게 누운 b) 바싹 붙어 있는 c) (수목 · 건물이) 쓰러진, 도괴된 ④ 전면적인, 절대의, 순전한 ⑤ 단호한, 쌀쌀한, 노골적인

10) oc · cu · py: ① (시간 · 장소 따위를) 차지하다; (시간을) 요하다 ② 점령〔점거〕하다, 영유하다 ③ …에 거주하다, 점유하다; 사용하다; 차용하다 ④ (지위 · 일자리를) 차지하다

11) fa · cil · i · tate: ① (손)쉽게 하다. ② (행위 따위를) 돕다; 촉진〔조장〕하다.

12) height: ① 높음. ② 높이, 키; 고도, 해발, 표고 ③ (보통 pl.) 고지, 산, 언덕, 높은 장소〔위치〕.

13) safe: ① 안전한, 위험(성)이 없는, 피해 입을〔가해할〕 걱정이 없는 ② 무사히, 탈없이, 손상 없이 ③ 믿을 수 있는 ④ 신중한, 주의 깊은, 소심한 ⑤ 확실한, 반드시 …하는

6

범 차 사 군 지 리 황 제 지 소 이 승 사 제 야
凡此四軍之利 黃帝之所以勝四帝也.
Fán cǐ sì jūn zhī lì, huáng dì zhī suǒ yǐ shèng sì dì yě.

무릇 군사적으로 유리한 이 네 가지는 황제가 사방의 제후를 이긴 방법이다.

凡	무릇	범	무릇, 모두, 다, 합계
此	이	차	이, 이곳, 이것, 가까운 사물을 가리킴, 이에
四	넉	사	넉, 넷, 네, 네 번, 사방(四方)
軍	군사	군	군사(軍士), 군사(軍事), 진을 치다
之	갈	지	가다, 이(指示代名詞), -의(冠形格助詞)
利	날카로울	리{이}	이롭다, 유익하다, 편리하다, 날카롭다, 통하다
黃	누를	황	누르다, 누른 빛, 누레지다, 어린아이
帝	임금	제	임금, 하느님, 오제(五帝)의 약칭
所	바	소	바, 일정한 곳이나 지역, 지위, 자리, 위치, 경우
以	써	이	써, -로써, 부터, -에서, 까닭
勝	이길	승	이기다, 낫다, 뛰어나다, 뛰어난 것
也	어조사	야	어조사, 또, 또한, 잇달다

❶ These are the four useful branches[1] of military[2] knowledge[3] which enabled[4] the Yellow Emperor to vanquish[5] four several sovereigns[6].

이러한 것들이 황제가 네 명의 군주를 이길 수 있게 한 유용한 군사적 학식의 네 가지이다.

❷ Generally, these are advantageous[7] for encamping[8] in the four situations[9] named[10]. By using them the Yellow Emperor conquered[11] four sovereigns.

보편적으로 이런 것들이 유명한 네 가지 상황에서 주둔시키는 유리한 점이다. 그런 것들을 사용함으로써 황제는 네 명의 군주를 이겼다.

---

1) branch: ① 가지, 분지(分枝); 가지 모양의 것 ② 파생물, 분파; 지맥(支脈); 지류(支流); 지선(支線); 분가(分家); 분관(分館); 지부, 지국, 지점, 출장소 ③ 분과(分科), 분과(分課), 부문
2) mil · i · tary: ① 군의, 군대의, 군사(軍事)의, 군용의; 군인의; 군인다운(같은). ② 육군의. ③ 호전적인, 전투적인.
3) knowl · edge: ① 지식 ② 학식, 학문; 정통(精通), 숙지; 견문 ③ 인식; 이해 ④ 경험 ⑤ 보도, 소식
4) en · a · ble: …에게 힘(능력)을 주다, …에게 가능성을 주다; …에게 권한(자격)을 주다; 가능(용이)하게 하다
5) van · quish: …에게 이기다, 정복하다; (감정 등을) 극복하다.
6) sov · er · eign: 주권자, 원수(元首), 군주(monarch), 국왕, 지배자.
7) ad · van · ta · geous: 유리한; 형편이 좋은
8) en · camp: 『군사』 진을 치다, 야영하다(시키다), 주둔시키다
9) sit · u · a · tion: ① 위치, 장소, 소재; 환경. ② 입장, 사정 ③ 정세, 형세, 상태, 사태
10) name: ① …에(이라고) 이름을 붙이다(짓다), 명명하다 ② 지명하다, 임명하다 ③ …의 (올바른) 이름을 말하다, …의 이름을 생각해 내다 ④ 고발하다 ⑤ 지정하다; 지적하다, 가리키다
11) con · quer: ① 정복하다, 공략하다. ② 획득하다. ③ 극복하다, …을 이겨내다; 억제하다 ④ 따르게 하다; 승리를 얻다, 이기다

7

범 군 희 고 이 악 하 귀 양 이 천 음
凡軍喜高而惡下 貴陽而賤陰.
Fán jūn xǐ gāo ér è xià, guì yáng ér jiàn yīn.

양 생 이 처 실 군 무 백 질 시 위 필 승
養生而處實 軍無百疾 是謂必勝.
Yǎng shēng ér chǔ shí, jūn wú bǎi jí shì wèi bì shèng.

무릇 군대란 높은 곳을 좋아하고 낮은 곳을 싫어하며 볕이 드는 곳을 귀하게 여기고 그늘진 곳을 천하게 여긴다.
양생을 위해 곡식이 익는 곳에 머물면 군대에 온갖 질병이 없어지므로 이를 '반드시 이긴다(필승)'이라 한다.

양생(養生) : ① 몸과 마음을 건강하게 해서 오래 살기를 꾀함. ② 병이 낫게 조리를 함.

凡	무릇	범	무릇, 모두, 다, 합계
軍	군사	군	군사(軍士), 군사(軍事), 진을 치다
好	좋을	호	좋다, 옳다, 마땅하다, 아름답다, 자상하다
而	말이을	이	말 이음, 순접·역접의 접속사
惡	악할	악	악하다, 추하다, 불길하다
貴	귀할	귀	귀하다, 신분이 높다, 값이 비싸다, 소중하다
陽	볕	양	볕, 양지, 양(陽), 밝다
賤	천할	천	천하다, 값이 싸다, 신분이 낮다, 천히 여기다
陰	응달	음	응달, 음(陰), 습기, 축축함
養	기를	양	기르다, 성장을 시키다, 사육하다, 양생(養生)하다
處	살	처	살다, 머물러 있다, 남아서 지키다, 묵다, 쉬다
實	열매	실	열매, 차다, 가득 차다, 익다, 곡식이 익다
百	일백	백	일백, 모든, 백 번 하다
疾	병	질	병, 괴로움, 버릇, 성벽(性癖), 틈, 하자, 앓다
謂	이를	위	이르다, 일컫다, 알리다, 설명하다, 비평·논술하다, 가리키다, 생각하다
勝	이길	승	이기다, 낫다, 뛰어나다, 뛰어난 것

❶ All armies prefer[1] high ground to low and sunny places[2] to dark. If you are careful of your men, and camp on hard ground, the army will be free from disease of every kind, and this will spell[3] victory.

모든 군대는 저지대보다는 고지대를, 음지보다는 양지를 더 선호한다. 병사들이 염려되고 견고한 지형에서 진을 친다면, 군대는 모든 질병에 시달리지 않고, 이것은 승리의 결과가 될 것이다.

❷ An army prefers[4] high ground to low; esteems[5] sunlight and dislikes shade[6]. Thus, while nourishing[7] its health, the army occupies[8] a firm[9] position[10]. An army that does not suffer[11] from countless[12] diseases is said to be certain[13] of victory.

군대는 저지대보다는 고지대를 더 선호하고, 햇빛을 중히 여기고 그늘진 곳을 싫어한다. 그러므로, 위생 상태를 보전하고, 군대는 견고한 위치를 차지한다. 무수한 질병으로 고통받지 않는 군대는 승리를 확신한다고 말한다.

---

1) pre · fer: ① (오히려) …을 좋아하다, 차라리 …을 택하다 ② (고소장 등을) 제출(제기)하다 ③ 등용하다, 승진시키다, 발탁하다, 임명하다
2) place: ① 장소, 곳; (특정의 목적을 위한) 장소, …장(場) ② (신체 따위의) 국소, 부분; (책 따위의) 한 구절; (음악의) 한 절, 악구(樂句) ③ 시, 읍, 면; 지역, 지방 ④ 건(축)물, 관(館); 실(室), 사무실; 주소, 주거; 저택
3) spell: ① 철자하다; …의 철자를 말하다(쓰다) ② (글을) 뜯어보다, 판독(해석)하다 ③ …라는 철자가 —이 되다, …라고 읽다 ④ 의미하다, …한 결과가 되다, 가져오다, 따르다, 이끌다; 철자하다, 정식으로(정확하게) 쓰다
4) pre · fer: ① (오히려) …을 좋아하다, 차라리 …을 택하다 ② (고소장 등을) 제출(제기)하다 ③ 등용하다, 승진시키다, 발탁하다, 임명하다
5) es · teem: ① 존경하다, 존중하다 ② …으로 간주하다, …으로 생각하다 ③ 《고어》 평가하다
6) shade: ① 그늘, 응달, 그늘진 곳 ② (pl.) 땅거미, 어스름, (저녁때의) 어둠.
7) nour · ish: ① …에 자양분을 주다, 기르다, 살지게 하다 ② 육성하다, 조성하다 ③ 마음에 품다
8) oc · cu · py: ① (시간 · 장소 따위를) 차지하다; (시간을) 요하다 ② 점령(점거)하다, 영유하다 ③ …에 거주하다, 점유하다; 사용하다; 차용하다 ④ (지위 · 일자리를) 차지하다
9) firm: ① 굳은, 단단한, 튼튼한, 견고한 ② (장소에) 고정된, 흔들리지 않는 ③ 《비유적》 굳은, (신념 · 주의 등이) 변치 않는, 견실한; 단호한
10) po · si · tion: ① a) 위치, 장소, 소재지; 적소 b) (사회적) 처지, 입장 ② 지위, 신분; 높은 지위 ③ 직책, 근무처 ④ 태도, 자세; 심적 태도; (문제 등에 대한) 입장, 견해, 주장 ⑤ 상태, 형세, 국면 ⑥ 〖軍〗 진지, 유리한 지점.
11) suf · fer: ① (고통 · 변화 따위를) 경험하다, 입다, 받다 ② 〔종종 의문 · 부정문에 쓰여〕 《문어》 …에 견디다, 참다; ① 괴로워하다, 고민하다, 고생하다; 상처입다 ② 앓다, 병들다 ③ 방치되다
12) count · less: 셀 수 없는, 셀 수 없을 정도로 많은, 무수한
13) cer · tain: ① 〔서술적〕 (아무가) 확신하는, 자신하는 ② (일이) 확실한, 신뢰할 수 있는, 반드시 일어나는; (지식 · 기술이) 정확한 ③ 반드시 …하는, …하게 정해져 있는

8

구 능 제 방　필 처 기 양　이 우 배 지

邱陵隄防 必處其陽 而右背之.

Qiū líng dī fáng,　bì chù qí yáng,　ér yòu bèi zhī,

차 병 지 리　지 지 조 야

此兵之利 地之助也.

Cǐ bīng zhī lì,　de zhī zhù yě.

구릉과 제방이 있는 곳에서는 반드시 양지바른 곳에 머무르고 오른쪽 뒤편에 둔다.

이것이 군대에 이익이 되고 지리적 도움을 받는다.

丘	언덕	구	언덕, 무덤, 모으다
陵	큰언덕	릉{능}	큰 언덕, 언덕, 무덤, 임금의 무덤
堤	둑, 대략	제, 시	둑, 제방, 둑을 쌓다, 밑, 병 따위의 밑바닥
防	둑	방	둑, 막다, 말리다, 대비하다, 방호하다, 덮다, 가리다
必	반드시	필	반드시, 틀림없이, 꼭, 기필하다, 이루어내다
處	살	처	살다, 머물러 있다, 남아서 지키다, 묵다, 쉬다
其	그	기	그(지시 대명사), 의(관형격 조사), 그(감탄, 강세 조사)
陽	볕	양	볕, 양지, 양(陽), 밝다
而	말이을	이	말 이음, 순접·역접의 접속사
右	오른쪽	우	오른쪽, 숭상하다, 오른쪽에 적은 글이나 내용
背	등	배	등, 뒤, 등 쪽, 양(陽)
此	이	차	이, 이곳, 이것, 가까운 사물을 가리킴, 이에, 그래서
兵	군사	병	군사 병, 싸움, 전쟁, 무기, 병기
利	날카로울	리{이}	이롭다, 유익하다, 편리하다, 날카롭다, 통하다
地	땅	지	땅, 토지의 신, 처지, 처해 있는 형편
助	도울	조	돕다, 도움, 구조, 구원, 유익하다

❶ When you come to a hill or a bank[1], occupy[2] the sunny side, with the slope[3] on your right rear[4].

Thus you will at once act for the benefit[5] of your soldiers and utilize[6] the natural[7] advantages[8] of the ground.

작은 산이나 제방으로 가게 되었으면, 비탈을 우측 후방으로 하여, 양지바른 쪽을 차지하라.

그러면 병사들이 활동하기에 당장 이롭고 지형의 자연적인 장점을 활용할 것이다.

❷ When near mounds[9], foothills[10], dikes[11] or embankments[12], you must take position[13] on the sunny side and rest[14] your right and rear on them.

These methods[15] are all advantageous[16] for the army, and gain[17] the help the ground affords[18].

작은 산, 산기슭의 작은 언덕, 제방 혹은 둑 근처이면, 양지바른 쪽에 장소를 차지하고 그곳의 우측과 후방에서 휴식을 취한다.

이러한 방법은 군대에 모두 이익이 되고, 지형이 주는 도움을 얻을 수 있다.

---

1) bank: ① 둑, 제방; (강 · 늪 따위의) 가, 기슭 ② (둑 모양의) 퇴적, 덮쳐 쌓임; 구름의 층. ③ 모래톱
2) oc · cu · py: ① (시간 · 장소 따위를) 차지하다; (시간을) 요하다 ② 점령[점거]하다, 영유하다 ③ …에 거주하다, 점유하다; 사용하다; 차용하다 ④ (지위 · 일자리를) 차지하다
3) slope: ① 경사면, 비탈; 스키장; (종종 pl.) 경사지; 대륙내의 지역, 사면(斜面). ② 경사(도), 물매
4) rear: ① 뒤, 배면, 배후, 최후부; 맨 뒤 ② 【군사】 후위, 후미, 후방.
5) ben · e · fit: ① 이익; 【商】 이득 ② 은혜; 은전(恩典); …의 이(利)가 되다; …에게 이롭다.; 이익을 얻다
6) uti · lize: 활용하다, 소용되게 하다
7) nat · u · ral: ① 자연의, 자연계의, 자연계에 관한 ② 천연의, 자연 그대로의, 인공(人工)에 의하지 않은, 가공하지 않은. ③ 미개간의 ④ 타고난, 천부의. ⑤ 자연 발생적인
8) ad · van · tage: ① 유리; 이익; 편의 ② 우세, 우월 ③ 이점, 장점
9) mound: ① 토루(土壘); 둑, 제방. ② 흙무덤; 석가산) ③ 작은 언덕, 작은 산. ④ 산더미처럼 쌓아올린 것
10) fóot · hil: (보통 pl.) 산기슭의 작은 언덕.
11) dike: ① 둑, 제방; 도랑, 해자, 수로; 둑길; 《비유적》 방벽(防壁), 방어 수단; 장벽, 장애물
12) em · bánk · ment: 제방쌓기; 둑, 제방; 축제(築堤)
13) po · si · tion: ① a) 위치, 장소, 소재지; 적소 b) (사회적) 처지, 입장 ② 지위, 신분; 높은 지위 ③ 직책, 근무처 ④ 태도, 자세; 심적 태도; (문제 등에 대한) 입장, 견해, 주장 ⑤ 상태, 형세, 국면 ⑥ 【軍】 진지, 유리한 지점.
14) rest: ① 쉬다, 휴식하다 ② 눕다, 자다; 영면하다, 지하에 잠들다 ③ 안심하다, 안심하고 있다 ④ 휴지[정지] 하다. ⑤ (…에) 있다, 놓여 있다, 얹혀 있다, 기대다; 앉다;
15) meth · od: ① 방법, 《특히》 조직적 방법, 방식 ② 순서, 조리; 순서[규율] 바름, 질서 정연함; 체계
16) ad · van · ta · geous: 유리한; 형편이 좋은
17) gain: ① 이익, 이득; (종종 pl.) 수익, 수익금. ② 돈벌이; 상금; 보수 ③ (가치 · 무게 등의) 증가, 증대
18) af · ford: ① a) …의 여유가 있다, …을 살[지급할, 소유할] 돈이 있다, …을 참을 여유가 있다 b) …할 여유가 있다, …할 수 있다 ② 주다, 제공하다, 산출하다, 낳다

9

상 우 수 말 지 욕 섭 자 대 기 정 야

上雨 水沫至 欲涉者 待其定也.

Shàng yǔ, shuǐ mò zhì, yù shè zhě, dài qí dìng yě.

상류에 비가 와서 물거품이 떠내려오면 건너려고 하는 자는 물거품이 가라앉을 때까지 기다린다.

上	위	상	위, 하늘, 임금
雨	비	우	비, 많은 모양의 비유, 흩어지는 모양의 비유
水	물	수	물, 물의 범람, 홍수, 오행(五行)의 하나
沫	거품	말	거품, 물방울, 거품이 일다, 물방울이 튀다
至	이를	지	이르다, 도래하다, 미치다, 닿다, 두루 미치다
欲	하고자할	욕	하고자 하다, 하려고 하다, ~할 것 같다, 바라다
涉	건널	섭	건너다, 거닐다, 걸어서 돌아다니다, 미치다
者	놈	자	놈, 사람, 것, 일을 가리켜 이른다
待	기다릴	대	기다리다, 갖추다, 대비하다, 막다, 방비하다
定	정할	정	정하다, 정해지다, 반드시
也	어조사	야	어조사, 또, 또한, 잇달다

❶ When, in consequence[1] of heavy rains up-country[2], a river which you wish to ford[3] is swollen[4] and flecked[5] with foam[6], you must wait until it subsides[7].

폭우가 내린 상류 지역에서 건너가려는 강물이 불어나, 거품 덩어리로 얼룩져 있으면, 물이 빠질 때까지 기다려야 한다.

❷ 생략됨.

---

1) con · se · quence: ① 결과; 결말 ② 영향(력). ③ (영향의) 중대성, 중요함
2) coun · try: ① 나라, 국가; 국토 ② 시골, 교외, 지방, 전원 ③ 조국, 고국; 고향 ④ 지역, 고장
3) ford: (개울 · 여울목을) 걸어서 건너다
4) swell: ① 부풀다, 팽창하다; 부어오르다 ② (땅 · 바다 따위가) 솟아오르다, 융기하다 ③ (강이) 증수하다, (물의 양이) 붇다, 늘다; (밀물이) 들다, 차다; (샘 · 눈물이) 솟아나오다 ④ (수량이) 증대하다; 커지다; (소리가) 높아지다, 격해지다 ⑤ (울화 따위가) 치밀어 오르다, 부글부글 끓다 ⑥ (감정이) 끓어오르다; (가슴이) 벅차지다, 부풀다. ⑦ 의기양양해 하다, 뽐내다; 오만하게 거동하다[말하다]; ① 부풀리다, 팽창시키다; 부어오르게 하다 ② (수량 · 정도 따위를) 늘리다, 불리다, 크게 하다 ③ 〔주로 과거분사형으로〕 가슴 벅차게 하다, 흥분시키다; 으스대게 하다; (일시적으로) (목소리 따위를) 높이다
5) fleck: …에 점점이 있다; (…로) 얼룩덜룩해 있다
6) foam: ① 거품(덩어리); 게거품. ② (말 따위의) 비지땀; 소화기의 거품
7) sub · side: ① 가라앉다, 침강(沈降)하다, 침전하다; (홍수 · 부기 따위가) 빠지다. ② 움푹 들어가다, (땅이) 꺼지다; (건물이 땅 속으로) 내려앉다. ③《구어 · 우스개》 앉다, 주저앉다, 무릎 꿇다 ④ 잠잠해지다, (비바람 · 소동 따위가) 진정되다, (논쟁자 등이) 침묵하다.

10

범 지 유 절 간 천 정 천 뇌 천 나 천 함 천 정
凡地有絶澗 天井 天牢 天羅 天陷 天隙
Fán dì yǒu jué jiàn, tiān jǐng, tiān láo, tiān luó, tiān xiàn, tiān xì,

필 극 거 지 물 근 야
必亟去之 勿近也.
bì jí qù zhī, wù jìn yě.

무릇 지형상으로 절간(絶澗, 험한 절벽 사이의 골짜기) · 천정(天井, 사방이 높고 복판이 푹 꺼진 지형) · 천뢰(天牢, 지세가 낮고 진흙탕 모양으로 쉽게 빠지는 지형) · 천함(天陷, 지세가 낮고 진흙탕 모양으로 쉽게 빠지는 지형) · 천극(天隙, 좁은 계곡 사이에 장애가 많아 행군하기 어려운 골짜기) 등이 있고 빠르게 지나가야 하고 가까이 가면 안 된다.

* 천정, 천뇌, 천나, 천함, 천정의 설명은 〈시공을 초월한 전쟁론의 고전 손자병법, 김원중 옮김〉에서 발췌함.

凡	무릇	범	무릇, 모두, 다, 합계
地	땅	지	땅, 토지의 신, 처지, 처해 있는 형편
有	있을	유	있다, 존재하다, 많다, 넉넉하다
絶	끊을	절	끊다, 단절하다, 막히다
澗	시내	간	계곡의 시내, 큰 수를 나타내는 말, 간수
井	우물	정	우물, 정자형(井字形), 일리사방의 땅(周代의 제도)
牢	우리	뢰{뇌}	우리, 가축을 기르는 곳, 둘러싸다, 속에 넣다
羅	새그물	라{나}	새그물, 김, 벌다, 벌리다, 지남철
陷	빠질	함	빠지다, 떨어지다, 추락하다, 가라앉다, 파묻히다
隙	틈	극	틈, 구멍, 겨를, 여가, 사이가 틀어짐, 흠, 결점
必	반드시	필	반드시, 틀림없이, 꼭, 기필하다, 이루어내다
亟	빠를	극	빠르다, 삼가다, 사랑하다
去	갈	거	가다, 떠나다, 잃다, 잃어버리다, 배반하다
勿	말	물	말다, 말라, 말아라, 아니다, 없다, 깃발
近	가까울	근	가깝다, 닮다, 알기 쉽다, 천박하다, 딱 들어맞다
也	어조사	야	어조사, 또, 또한, 잇달다

❶ Country in which there are precipitous[1] cliffs with torrents[2] running between, deep natural[3] hollows[4], confined places[5], tangled[6] thickets[7], quagmires[8] and crevasses[9], should be left with all possible speed and not approached.

양쪽 가파른 절벽 사이로 급류가 흐르고, 자연적으로 깊이 생긴 분지, 뒤엉킨 잡목 숲, 진구릉, 갈라진 곳 등의 지역에서는 가능한 최고의 빠른 속도로 벗어나야 하고 접근하면 안 된다.

❷ Where there are precipitous torrents[10], 'Heavenly[11] Wells', 'Heavenly Prisons', 'Heavenly Nets', 'Heavenly Traps', and 'Heavenly Cracks', you must march speedily away from them. Do not approach them.

'매우 둘러싸인 (사방이 막힌) 깊은 공간', '감옥같은 곳', '매우 올가미 같은 곳', '매우 덫 같은 곳' 그리고 '매우 균열이 간 곳' 등의 가파른 급류가 있는 곳이 있는데, 그런 곳은 신속하게 행군시켜야 한다. 그곳에 접근하지 말라.

---

1) pre · cip · i · tous: ① 험한, 가파른, 절벽의; 직하(直下)하는. ② 황급한, 경솔한, 무모한.
2) tor · rent: ① 급류, 여울 ② (pl.) 억수 ③ (질문 · 욕 따위의) 연발; (감정 따위의) 분출
3) nat · u · ral: ① 자연의, 자연계의, ② 천연의, 자연 그대로의 ③ 미개간의 ④ 타고난, 천부의. ⑤ 자연 발생적인
4) hol · low: 우묵한 곳; 계곡, 분지; 구멍(hole); 도랑; (통나무 · 바위의) 공동(空洞)
5) place: ① 장소, 곳; (특정의 목적을 위한) 장소, …장(場) ② 시, 읍, 면; 지역, 지방 ④ 건(축)물, 관(館); 실(室), 사무실
6) tan · gle: ① 엉키게 하다, 얽히게 하다 ② 꼬이게 하다, 혼란시키다. ③ 빠뜨리다, 올가미에 걸려들게 하다
7) thick · et: 수풀, 덤불, 총림, 잡목 숲; 복잡하게 얽힌 것.
8) quag · mire: ① =QUAG. ② 꼼짝할 수 없는 곤경, 진구렁
9) cre · vasse: 《F.》 갈라진 틈, (빙하의) 균열, 크레바스; 《미국》 (둑의) 터진[파손된] 곳.
10) tor · rent: ① 급류, 여울 ② (pl.) 억수
11) heav · en · ly: ① 하늘의, 천상(天上)의. ② 천국과 같은, 신성한, 거룩한, 천래의, 지상(至上)의.

11

오 원 지 적 근 지 오 영 지 적 배 지

吾遠之 敵近之 吾迎之 敵背之.

Wú yuǎn zhī, dí jìn zhī, wú yíng zhī, dí bèi zhī.

아군은 멀리 떨어지게 하고 적은 가까이 가도록 하며 아군은 (방향을) 향하도록 하고 적은 등지게 한다.

吾	나	오	나, 자신, 당신, 그대, 글 읽는 소리
遠	멀	원	멀다, 아득하다, 세월이 오래다
迎	맞이할	영	맞이하다, 마음으로 따르다, 헤아리다, 향하다
敵	원수	적	원수, 상대방, 대등하다, 맞서다
背	등	배	등, 뒤, 등 쪽, 양(陽), 물러나다, 달아나다

❶ While we keep away from such places, we should get the enemy to approach them; while we face them, we should let the enemy have them on his rear.

아군은 그런 장소를 멀리하면서도, 적은 그곳으로 접근하도록 하고, 아군은 이 장소를 마주보되, 적은 그곳을 등지도록 한다.

❷ I keep a distance from these and draw[1)] the enemy toward them. I face them and cause[2)] him to put his back to them.

아군은 이런 곳에서 떨어지고 적은 그쪽으로 끌어들인다. 아군은 그곳을 마주보고 적은 그곳을 등지도록 하게 한다.

---

1) draw: ① 끌다, 당기다, 끌어당기다; 끌어당겨서 …하다 ② (마음을) 끌다; 꾀어들이다;끌어들이다; (사람의 주의를) 끌다; 꾀어서 …시키다 ③ 빨아들이다; 당기다; 흡수하다; 초래하다; 생기게 하다

2) cause: ① …의 원인이 되다; 일으키다. ② …로 하여금 —하게 하다 ③ 끼치다

12

군 방 유 험 조 황 정 가 위 산 림 예 회

軍旁有險阻 潢井 葭葦 山林蘙薈

Jūn páng yǒu xiǎn zǔ, huáng jǐng, jiā wěi, shān lín yì huì,

필 근 복 삭 지 차 복 간 지 소 처 야

必謹覆索之 此伏姦之所處也.

bì jǐn fù suǒ zhī, cǐ fú jiān zhī suǒ chù yě.

군대의 주둔지 근처에 지세가 가파르고 험하여 막힌 곳, 웅덩이, 갈대숲, 숲이 무성한 산이 있다면 반드시 경계하고 거듭 수색해야 하는데 이런 곳은 복병이나 간첩이 머물러 있다.

軍	군사	군	군사(軍士), 군사(軍事), 진을 치다
行	갈	행	가다, 걷다, 나아가다, 돌아다니다, 겪다
險	험할	험	험하다, 높다, 깊다, 멀다, 기울다, 위태롭다, 비끼
阻	험할	조	험하다, 사이가 멀다, 걱정하다
潢	웅덩이	황	웅덩이, 날랜 모양, 나루터
葭	갈대	가	갈대, 어린 갈대, 갈잎 피리, 강 이름
葦	갈대	위	갈대, 작은 배, 변동하는 모양
蘙	무성한 모양	예	무성한 모양
薈	무성할	회	무성하다, 덮다, 막다, 가리다
必	반드시	필	반드시, 틀림없이, 꼭, 기필하다, 이루어내다, 오로지
謹	삼갈	근	삼가다, 경계하다, 금지하다, 엄하게 하다
覆	뒤집힐	복	뒤집히다, 반전하다, 넘어지다, 전도되다, 무너지다
索	찾을, 동아줄	색, 삭	찾다, 탐색하다, 동아줄, 노, 어질다, 다하다, 꼬다
此	이	차	이, 이곳, 이것, 가까운 사물을 가리킴, 이에, 그래서
伏	엎드릴	복	엎드리다, 숨다, 굴복하다
奸	범할	간	범하다, 간통하다, 구하다, 요구하다
所	바	소	바, 일정한 곳이나 지역, 지위, 자리, 위치, 경우
處	살	처	살다, 머물러 있다, 남아서 지키다, 묵다, 쉬다

❶ If in the neighborhood of your camp there should be any hilly country, ponds[1] surrounded by aquatic[2] grass, hollow[3] basins[4] filled with reeds[5], or woods with thick[6] undergrowth[7], they must be carefully routed[8] out and searched; for these are places[9] where men in ambush or insidious[10] spies are likely to be lurking[11].

주둔지 인근에 산이 많은 지역, 수초로 둘러싸인 늪, 갈대로 가득한 움푹 꺼진 웅덩이 혹은 우거진 덤불이 있다면, 신중하게 절차를 정하여 수색해야 하는데, 그 이유는 이런 곳은 매복 공격의 틈을 엿보는 첩자가 숨어 있을 수 있는 곳이다.

❷ When on the flanks of the army there are dangerous defiles[12] or ponds covered with aquatic grasses where reeds and rushes[13] grow, or forested mountains with dense[14] tangled[15] undergrowth you must carefully search them out, for these are places where ambushes[16] are laid and spies are hidden.

군대의 측면에 위험한 좁은 골짜기 혹은 갈대와 돌풀이 자라는 수초로 둘러싸인 웅덩이 또는 밀집하여 우거진 덤불로 식림된 산이 있다면, 신중하게 그곳을 수색해야 하는데 그 이유는 이런 곳은 매복 공격을 당할 수 있고, 첩자가 숨어 있을 곳이기 때문이다.

---

1) pond: 못; 늪; 샘물; 양어지.
2) aquat · ic: 수생(水生)의; 물의, 물 속의, 물 위의
3) hol · low: 우묵한 곳; 계곡, 분지; 구멍(hole); 도랑; (통나무 · 바위의) 공동(空洞)
4) ba · sin: ① a) 물동이, 수반; 대야; b) 한 동이[대야] 가득한 분량 ② 웅덩이, 풀; 내포(內浦), 내만(內灣)
5) reed: ① 갈대; 갈대밭; (pl.) (지붕의) 갈대 이엉.
6) thick: ① 두꺼운; 두께가 …인 ② 굵은, 뚱뚱한 ③ (액체 따위가) 진한, 걸쭉한; (냇물이) 흐린; (안개 등이) 짙은
7) únder · grówth: (큰 나무 밑의) 관목, 총림; 덤불; 긴 양털 밑에 나는 품질 좋은 짧은 털; 발육[성장] 불충분.
8) route: ① …의 순서[절차]를 정하다. ② (어떤 경로 · 노선에 의해) 발송[송달]하다; (어떤 방향으로) 돌리다
9) place: ① 장소, 곳; (특정의 목적을 위한) 장소, …장(場) ② (신체 따위의) 국소, 부분; (책 따위의) 한 구절; (음악의) 한 절, 악구(樂句) ③ 시, 읍, 면; 지역, 지방 ④ 건(축)물, 관(館); 실(室), 사무실; 주소, 주거; 저택
10) in · sid · i · ous: 틈을 엿보는, 음험한, 교활한, 방심할 수 없는
11) lurk: ① 숨다, 잠복하다; 숨어 기다리다 ② 남몰래 가다, 잠행하다, 살금살금 걷다
12) de · file: (일렬) 종대로 행진하다[시키다]. (종대가 지나갈 정도의) 애로(隘路), 좁은 골짜기.
13) rush: ① 돌진, 돌격; 쇄도 ② (사람의) 쇄도; 붐빔 ③ 분망, 몹시 바쁨; 대수요(需要), 주문의 쇄도
14) dense: ① 밀집[밀생]한 《with》; (인구가) 조밀한. ② 밀도가 높은, 짙은; 농후한
15) tan · gle: ① 엉키게 하다, 얽히게 하다 ② 꼬이게 하다, 혼란시키다. ③ 빠뜨리다, 올가미에 걸려들게 하다
16) am · bush: ① 잠복; 매복 ② 매복한 장소; 매복 공격. ③ 집합적) 복병

13

적 근 이 정 자 시 기 험 야
敵近而靜者 恃其險也.
Dí jìn ér jìng zhě, shì qí xiǎn yě.

원 이 도 전 자 욕 인 지 진 야
遠而挑戰者 欲人之進也.
Yuǎn ér tiǎo zhàn zhě, yù rén zhī jìn yě.

적이 가까이 있으면서 고요한 것은 험한 지형을 믿기 때문이다.
멀리서 싸움을 걸어오면 전진하기를 바라는 것이다.

敵	원수	적	원수, 상대방, 대등하다, 맞서다
近	가까울	근	가깝다, 닮다, 알기 쉽다, 천박하다, 요사이, 가까이
而	말이을	이	말 이음, 순접·역접의 접속사
靜	고요할	정	고요하다, 맑다, 단청(丹靑)이 정밀하다
者	놈	자	놈, 사람, 것, 일을 가리켜 이른다
恃	믿을	시	믿다
其	그	기	그(지시 대명사), 의(관형격 조사), 그(감탄, 강세 조사)
險	험할	험	험하다, 높다, 깊다, 기울다, 위태롭다, 거짓
也	어조사	야	어조사, 또, 또한, 잇달다
遠	멀	원	멀다, 아득하다, 세월이 오래다, 이목이 미치지 못하다
挑	휠	도	휘다, 굽다, 돋우다, 심지, 의욕을 돋우다
戰	싸울	전	싸우다, 싸움, 전쟁, 두려워하다, 두려워서 떨다
欲	하고자할	욕	하고자 하다, 하려고 하다, –할 것 같다, 바라다
之	갈	지	가다, 이(指示代名詞), –의(冠形格助詞)
進	나아갈	진	나아가다, 벼슬하다, 전진하다, 추천하다, 다하다

❶ When the enemy is close at hand and remains[1] quiet, he is relying on the natural[2] strength[3] of his position[4]. When he keeps aloof and tries to provoke[5] a battle, he is anxious[6] for the other side to advance[7].

적이 가까이 있으면서 조용하면, 천연의 유리한 위치적 장점을 믿고 있는 것이다. 적이 멀리 떨어져 있고, 싸움을 유발하려는 것은 적이 상대가 진격해오기를 바라는 것이다.

❷ When the enemy is near by but lying low he is depending on a favourable[8] position. When he challenges[9] to battle from afar[10] he wishes to lure[11] you to advance, for when he is in easy ground he is in an advantageous[12] position.

적이 가까이 있지만 저자세로 있다면 진지가 유리하다고 믿는 것이다. 적이 멀리서 싸움을 걸어오면 아군이 진격해 오라고 유인하는 것인데, 그 이유는 용이한 지형에 있을 때는 유리한 위치에 있다.

---

1) re · main: ① 남다, 남아 있다; 없어지지 않고 있다; 살아남다 ② 머무르다, 체류하다 ③ …하지 않고 남아 있다, 아직(금후) …하지 않으면 안 되다 ④ …한 대로이다, 여전히 …이다
2) nat · u · ral: ① 자연의, 자연계의, 자연계에 관한 ② 천연의, 자연 그대로의, 인공(人工)에 의하지 않은, 가공하지 않은. ③ 미개간의 ④ 타고난, 천부의. ⑤ 자연 발생적인
3) strength: ① 세기, 힘 ② 체력, 근력. ③ 세력, 병력, 인원수, 정원
4) po · si · tion: ① a) 위치, 장소, 소재지; 적소 b) (사회적) 처지, 입장 ② 지위, 신분; 높은 지위 ③ 직책, 근무처 ④ 태도, 자세; 심적 태도; (문제 등에 대한) 입장, 견해, 주장 ⑤ 상태, 형세, 국면 ⑥ 〖軍〗 진지, 유리한 지점.
5) pro · voke: ① (감정 따위를) 일으키다, 일으키게 하다 ② 성나게 하다, 신경질나게 하다 ③ 유발시키다, 이끌다, 자극하여 …시키다 ④ 선동(도발)하다; 야기시키다, 생기게 하다
6) anx · ious: ① 걱정스러운, 불안한, 염려되는; 걱정하여, 염려하여 ② 열망하는, 매우 …하고 싶어하는 ③ 마음 죄게 하는, 조마조마하게 하는
7) ad · vance: ① 나아가게 하다, 앞으로 내보내다, 전진(진출)시키다 ② (기일 따위를) 앞당기다 ③ (작업 따위를) 진척시키다, 촉진시키다, 증진하다 ⑤ (값 따위를) 올리다 ⑥ 진급(승급)시키다; 끌어 올리다, …의 뒤를 밀다 ⑦ 선불하다, 선대(先貸)하다; ① 앞으로 나아가다, 전진하다 ② 〖군사〗 전진(진격)하다
8) fa · vour · able: ① 좋은 ② 호의적인 ③ 유리한
9) chal · lenge: ① …에 도전하다; (논전 · 경기 따위를) 신청하다; ② (설명 · 칭찬 따위를) 요구하다 ③ 〖군사〗 (아무를) 수하하다. ④ (정당성 · 가치 등을) 의심하다; …에 이의를 제기하다
10) afar: 멀리, 아득히(far)
11) lure: (매를) 불러들이다; 유혹하다, 유인해(꾀어)내다, 불러내다
12) ad · van · ta · geous: 유리한; 형편이 좋은

14

기 소 거 이 자 이 야
其所居易者 利也.
Qí suǒ jū yì zhě, lì yě

중 수 동 자 내 야 중 초 다 장 자 의 야
衆樹動者 來也 衆草多障者 疑也.
Zhòng shù dòng zhě lái yě Zhòng cǎo duō zhàng zhě, yí yě.

평지를 차지하면 유리하다.
많은 나무가 움직이면 (적이) 오고 있는 것이고 많은 풀이 가리고 있으면 의심스럽다.

其	그	기	그(지시 대명사), 의(관형격 조사), 그(감탄, 강세 조사)
所	바	소	바, 일정한 곳이나 지역, 지위, 자리, 위치, 경우
居	있을	거	있다, 살다, 거주하다, 앉다, 차지하다
易	바꿀/쉬울	역/이	바꾸다, 고치다, 교환하다/ 쉽다, 편안하다, 평온하다
者	놈	자	놈, 사람, 것, 일을 가리켜 이른다
利	날카로울	리{이}	이롭다, 유익하다, 편리하다, 날카롭다, 통하다
也	어조사	야	어조사, 또, 또한, 잇달다
衆	무리	중	무리, 많은 사람, 많은 물건, 많은 일
樹	나무	수	나무, 자라고 있는 나무, 초목, 담, 담장
動	움직일	동	움직이다, 나다, 살다, 살아나다, 변하다
來	올	래{내}	오다, 장래, 부르다
衆	무리	중	무리, 많은 사람, 많은 물건, 많은 일
草	풀	초	풀, 초원(草原), 거친 풀, 잡초
障	가로막을	장	가로막다, 막다, 구멍으로 물건이 통하지 못하게 하다
疑	의심할	의	의심하다, 의혹하다, 정해지지 아니하다

❶ If his place[1)] of encampment[2)] is easy of access[3)], he is tendering[4)] a bait[5)].

Movement[6)] amongst the trees of a forest shows that the enemy is advancing[7)]. The appearance[8)] of a number of screens[9)] in the midst[10)] of thick[11)] grass means that the enemy wants to make us suspicious[12)].

적의 주둔지 장소가 접근하기 쉽다면, 미끼를 내미는 것이다. 숲 나무 사이에서 움직임은 적이 전진하고 있는 것을 알 수 있다. 우거진 풀의 한가운데에서 장애물이 나타나는 것은 적이 아군을 의심하게 하려는 것이다.

❷ 생략

When the trees are seen to move the enemy is advancing. When many obstacles[13)] have been placed[14)] in the undergrowth[15)], it is for the purpose of deception[16)].

생략함.

나무가 움직이는 것으로 보이면 적이 전진하고 있는 것이다. 많은 장애물이 덤불에 배치되어 있으면, 속임수가 목적이다.

---

1) place: ① 장소, 곳; (특정의 목적을 위한) 장소, …장(場) ② (신체 따위의) 국소, 부분; (책 따위의) 한 구절; (음악의) 한 절, 악구(樂句) ③ 시, 읍, 면; 지역, 지방 ④ 건(축)물, 관(館); 실(室), 사무실; 주소, 주거; 저택
2) en · cámp · ment: 진을 침; 야영(지); 〔집합적〕 야영자
3) ac · cess: 접근, 면접, 출입《to》; 접근〔출입 · 입수 · 이용〕하는 방법〔수단 · 권리 · 자유〕; 진입로, 통로, 입구
4) ten · der: 부드럽게 하다.
5) bait: ① 미끼, 먹이 ② 유혹(물)
6) move · ment: ① a) 움직임; 운동, 활동; 운전(상태). b) 이동; 옮김, 이주; 【군사】 기동, 작전 행동, 전개.
7) ad · vance: ① 나아가게 하다, 앞으로 내보내다, 전진〔진출〕시키다 ② (기일 따위를) 앞당기다 ③ (작업 따위를) 진척시키다, 촉진시키다, 증진하다; ① 앞으로 나아가다, 전진하다 ② 【군사】 전진〔진격〕하다
8) ap · pear · ance: ① 출현; 출두; 출연; 출장(出場); 발표, 출판. ② 기색, 징조; 현상 ③ (종종 pl.) 외관, 겉보기; 체면; 모습, 생김새, 풍채(風采) ④ (pl.) (외면적인) 형세, 정세, 상황
9) screen: ① 칸막이; 차폐물; 칸막이 커튼〔장지〕, 막; 눈가리개 ② 【군사】 차폐; 연막; 호위 함대; 전위 부대
10) midst: ① 중앙, (한)가운데 ② 한창. —ad. 중간에, 한가운데에.
11) thick: ① 두꺼운; 두께가 …인 ② 굵은, 뚱뚱한 ③ (액체 따위가) 진한, 걸쭉한 ④ (밤 · 어둠이) 깊은, 짙은, 쥐죽은 듯 고요한. ⑤ 빽빽한, 우거진; 털이 많은 ⑥ 혼잡한, 밀집한, 많은, 끊임없는
12) sus · pi · cious: ① 의심스러운, 괴이쩍은, 미심한, (거동이) 수상쩍은 ② 의심 많은, 공연히 의심하는
13) ob · sta · cle: 장애(물), 방해(물)
14) place: 두다, 놓다; 명중시키다; 배치〔배열〕하다, 정돈하다; (광고를) 신문〔잡지〕에 싣다;
15) únder · gròwth: (큰 나무 밑의) 관목, 총림; 덤불; 긴 양털 밑에 나는 품질 좋은 짧은 털; 발육〔성장〕 불충분.
16) de · cep · tion: 사기, 기만, 협잡; 속임수, 현혹시키는 것; 가짜

15

조 기 자 복 야 수 해 자 복 야
鳥起者 伏也 獸駭者 覆也.
Niǎo qǐ zhě, fú yě, shòu hài zhě, fù yě.

진 고 이 예 자 거 내 야 비 이 광 자 도 내 야
塵高而銳者 車來也 卑而廣者 徒來也.
Chén gāo ér ruì zhě, chē lái yě, bēi ér guǎng zhě, tú lái yě.

새가 날아오르면 복병이 있고 짐승이 놀라 달아나도 복병이 있다. 흙먼지가 높고 날카롭다면 바퀴가 달린 기구가 오고 있는 것이고 낮고 넓게 퍼지면 보병이 오고 있는 것이다.

鳥	새	조	새, 봉황, 별 이름
起	일어날	기	일어나다, 날아오르다, 내닫다, 가다, 기동하다
者	놈	자	놈, 사람, 것, 일을 가리켜 이른다
伏	엎드릴	복	엎드리다, 숨다, 굴복하다, 복병
獸	짐승	수	짐승, 포, 말린 고기
駭	놀랄	해	놀라다, 놀라게 하다, 어지러워지다, 소란
覆	뒤집힐	복	뒤집히다, 반전하다, 넘어지다, 전도되다, 복병
塵	티끌	진	티끌, 흙먼지, 속사(俗事), 속세(俗世)
而	말이을	이	말 이음, 순접·역접의 접속사
銳	날카로울	예	날카롭다, 예민하다, 군대가 날래고 용맹하다
來	올	래{내}	오다, 장래, 부르다
卑	낮을	비	낮다, 낮은 사람, 천하다, 저속하다
廣	넓을	광	넓다, 넓히다, 넓어지다
徒	무리	도	무리, 동아리, 걷다, 보병(步兵)

❶ The rising of birds in their flight is the sign[1] of an ambuscade[2]. Startled beasts indicate[3] that a sudden attack is coming. When there is dust rising in a high column[4], it is the sign of chariots advancing[5]; when the dust is low, but spread over a wide area, it betokens the approach of infantry.

날고 있는 새가 상승하는 것은 매복의 신호이다. 놀란 짐승은 갑작스런 공격이 있을 것이라고 암시한다. 높은 먼지 기둥이 일어나면, 전차부대가 전진 중이라는 징후이고, 먼지가 낮지만 넓은 범위로 퍼지면, 보병대의 접근을 나타낸다.

❷ Birds rising in flight is a sign that the enemy is lying in ambush[6]; when the wild animals are startled[7] and flee[8] he is trying to take you unaware.

Dust spurting[9] upward in high straight columns indicates the approach of chariots. When it hangs[10] low and is widespread infantry[11] is approaching.

날고 있는 중 높이 올라가는 새는 적이 매복상태로 엎드려 있다는 신호이고, 야생동물이 놀라서 도망가면 아군이 눈치채지 못하도록 애쓰는 것이다.

높은 일직선 기둥 같이 위로 뿜어나오는 먼지는 전차부대의 접근을 암시한다. 먼지가 낮게 내리면 광대한 보병대가 접근하고 있는 것이다.

---

1) sign: ① a) 기호, 표시, 부호. b) 신호, 군호; 암호, 변말; 손짓, 몸짓 c) 표지, 길잡이, 도표; 간판 ② a) 기미, 징후; 조짐, 전조; 모습, 기색 b) 〔 보통 부정어와 더불어 〕 흔적, 자취, 형적

2) am · bus · cade: =AMBUSH.

3) in · di · cate: ① 가리키다, 지적하다, 보이다 ② 표시하다, 나타내다; …의 징후이다 ③ (몸짓 따위로) 암시하다

4) col · umn: ① 기둥, 원주, 지주; 기둥 모양의 물건 ② 『군사』 종대; (함선의) 종렬 ③ 『수학』 (행렬식의) 열.

5) ad · vance: ① 나아가게 하다, 앞으로 내보내다, 전진〔진출〕시키다 ② (기일 따위를) 앞당기다 ③ 『군사』 전진〔진격〕하다

6) am · bush: ① 잠복; 매복 ② 매복한 장소; 매복 공격. ③ 〔 집합적 〕 복병

7) star · tle: 깜짝 놀라다; 펄쩍 뛰다; 깜짝 놀라게 하다; 펄쩍 뛰게 하다

8) flee: ① 달아나다, 도망하다, 내빼다; 피하다② 사라져 없어지다, 소산하다; ① …에서 도망치다, 떠나다

9) spurt: ① 뿜어 나오다, 분출(噴出)하다 ② (단기간) 버티다, 분발하다; 뿜어내다

10) hang: ① 매달다, 걸다, 늘어뜨리다, 내리다 ② 목매달다 ③ 숙이다; ④ 허공에 뜨다, 공중에 떠돌다; (연기 · 안개 따위가) 자욱이 끼다, (…위에) 드리우다; (냄새 따위가) 주위에 감돌다〔자욱하다〕, 뜨다

11) in · fan · try: 〔 집합적 〕 보병, 보병대.

16

산 이 조 달 자 초 채 야 소 이 왕 내 자 영 군 야

散而條達者 樵採也. 少而往來者 營軍也.

Sàn ér tiáo dá zhě, qiáo cǎi yě, Shǎo ér wǎng lái zhě, yíng jūn yě.

(흙먼지가) 흩어지고 나뭇가지에 다다르면 땔나무를 캐는 것이다.
(흙먼지가) 적게 왔다 갔다가 하면 진지를 짓는 것이다.

散	흩을	산	흩다, 흩뜨리다, 흩어지다, 헤어지다, 내치다, 풀어놓다
而	말이을	이	말 이음, 순접·역접의 접속사
條	가지	조	가지, 나뭇가지, 개오동나무, 유자나무(柚)
達	통달할	달	통달하다, 다다르다, 미치다, 나오다, 꿰뚫다
者	놈	자	놈, 사람, 것, 일을 가리켜 이른다
採	캘	채	캐다, 따다, 묻힌 것을 파내다, 가리다, 가려내다
也	어조사	야	어조사, 또, 또한, 잇달다
少	적을	소	적다, 약간, 조금, 얼마간, 적다고 여기다
往	갈	왕	가다, 옛, 예, 이따금
來	올	래{내}	오다, 장래, 부르다
營	경영할	영	경영하다, 짓다, 만들다, 다스리다, 경작하다
軍	군사	군	군사(軍士), 군사(軍事), 진을 치다

❶ When it branches out in different directions[1], it shows that parties have been sent to collect firewood. A few clouds of dust moving to and fro signify[2] that the army is encamping[3].

먼지가 다른 여러 방향으로 퍼져나가면, 장작을 모으려고 분견대를 보냈다는 것을 보여주는 것이다. 이리저리로 작은 먼지구름이 움직이는 것은 군대가 진을 치고 있다는 것을 나타낸다.

❷ When dust rises[4] in scattered[5] areas the enemy is bringing in firewood; when there are numerous[6] small patches which seem to come and go he is encamping[7] the army.

흐트러진 영역에서 먼지가 일어나면 적이 장작을 가져오고 있는 것이고, 오고 간 것처럼 보이는 작은 천조각이 많으면 적이 진을 치고 있는 것이다.

---

1) di · rec · tion: ① 지도, 지휘; 감독; 관리 ② (보통 pl.) 지시, 명령; 지시서, (사용법) 설명 ③ 방향, 방위; 방면
2) sig · ni · fy: ① 의미하다, 뜻하다 ② 표시하다; 나타내다 ③ 알리다, 보이다 ④ …의 전조가[조짐이] 되다.
3) en · camp: 【군사】 진을 치다, 야영하다(시키다), 주둔시키다
4) rise: ① 일어서다, 일어나다 ② 폐회하다, 산회하다 ③ 기상하다 ④ 다시 살아나다 ⑤ 오르다; 떠오르다 ⑥ 오르막이 되다, 치받이가 되다. ⑦ 높아지다, 증대하다; 출세하다, 승진하다 ⑧ 상승하다 ⑨ 치솟다
5) scat · ter: ① 뿔뿔이 흩어버리다, 쫓아버리다(dispel); 흩뿌리다, (씨 따위를) 뿌리다 ② …에 흩뜨려 놓다.
6) nu · mer · ous: 다수의, 수많은; 많은 사람의
7) en · camp: 【군사】 진을 치다, 야영하다(시키다), 주둔시키다

17

사 비 이 익 비 자 진 야 사 궤 이 강 진 구 자 퇴 야

辭卑而益備者 進也. 辭詭而强進驅者 退也.

Cí bēi ér yì bèi zhě, jìn yě Cí guǐ ér qiáng jìn qū zhě, tuì yě.

(적이) 말할 때 (자신을) 낮추는 듯하면서도 (병력 등이) 늘어나고 대비를 하면 진격하려고 하는 것이다.

(적이) 말할 때 꾸짖듯 강경하면서도 빠르게 진격하려고 하면 퇴각하려는 것이다.

辭	말	사	말, 논술, 하소연하다, 말하다
卑	낮을	비	낮다, 낮은 사람, 천하다, 저속하다
而	말이을	이	말 이음, 순접·역접의 접속사
益	더할	익	더하다, 증가, 이롭다, 유익하다
備	갖출	비	갖추다, 갖추어지다, 준비, 늘어나다, 증가하다, 더하다
者	놈	자	놈, 사람, 것, 일을 가리켜 이른다
進	나아갈	진	나아가다, 벼슬하다, 전진하다, 추천하다, 다하다
強	굳셀	강	굳세다
驅	몰	구	몰다, 말을 채찍질하여 달리게 하다, 달리다
退	물러날	퇴	물러나다, 그만두다, 피하다, 떠나가다, 돌아가다

❶ Humble[1] words and increased preparations[2] are signs[3] that the enemy is about to advance[4].

Violent[5] language and driving forward as if to the attack are signs that he will retreat[6].

공손한 말과 준비를 강화하면 적이 이제 진격하겠다는 징후이다.

극단적인 어투와 마치 공격할 것처럼 앞으로 몰아치는 것은 후퇴할 것이라는 징후이다.

❷ When the enemy's envoys[7] speak in humble terms[8], but he continues his preparations, he will advance.

When their language is deceptive[9] but the enemy pretentiously[10] advances, he will retreat[11].

적의 사절이 공손하게 말을 하지만, 준비를 계속한다면, 진격할 것이다.

적의 사절이 현혹되게 말하지만 적이 자만하며 진격한다면, 후퇴할 것이다.

---

1) hum · ble: ① (신분 등이) 천한, 비천한 ② 시시한, 변변찮은; 작은 ③ 겸손한, 겸허한, 조심성 있는
2) prep · a · ra · tion: ① 준비; 예비 조사, 예습 (시간) ② 마음의 태세, 각오. ③ 조리; (약의) 조제; 조합제
3) sign: ① a) 기호, 표시, 부호. b) 신호, 군호; 암호, 변말; 손짓, 몸짓 c) 표지, 길잡이, 도표; 간판 ② a) 기미, 징후; 조짐, 전조; 모습, 기색 b) 〔보통 부정어와 더불어〕 흔적, 자취, 형적
4) ad · vance: ① 나아가게 하다, 앞으로 내보내다, 전진(진출)시키다 ② (기일 따위를) 앞당기다 ③ 앞으로 나아가다, 전진하다 ② 『군사』 전진(진격)하다
5) vi · o · lent: ① 격렬한, 맹렬한 ② 극단적인, 비상한; 강력한, 심한 ③ 광포한, 폭력적인
6) re · treat: ① 물러가다, 후퇴하다, 퇴각하다 ② 틀어박히다, 죽치다, 은퇴하다 ③ 움쑥 들어가다, 움푹해지다 ④ 그만두다, 물러나다, 손을 떼다 ⑤ 『항공』 뒤쪽으로 기울다
7) en · voy: (외교) 사절, 특사(特使); 특명 전권 공사
8) term: ① 기간; 임기; 학기; 형기(刑期) ② 말; 《특히》 술어, 용어, 전문어; (pl.) 말투, 말씨, 표현
9) de · cep · tive: (사람을) 현혹시키는, 거짓의; 사기의; 믿지 못할; 실망을 주는.
10) pre · ten · tious: 자부(자만)하는, 우쭐하는; 뽐내는, 허세부리는, 과장된; 거짓의.
11) re-treat: 재처리하다; ① 물러가다, 후퇴하다, 퇴각하다 ② 틀어박히다, 죽치다, 은퇴하다

18

경 거 선 출 거 기 측 자 진 야 무 약 이 청 화 자 모 야

輕車先出居其側者 陳也. 無約而請和者 謀也.

Qīng chē xiān chū jū qí cè zhě, chén yě Wú yuē ér qǐng hé zhě, móu yě.

가벼운 전차가 먼저 나와 그 측면을 차지하는 것은 진을 갖추는 것이다. 협정도 없이 화의를 청하는 것은 모략이 있는 것이다.

輕	가벼울	경	가볍다, 무게가 적다, 모자라다, 신분이 낮다, 경솔하다
車	수레	차{거}	수레, 수레의 바퀴, 도르래
先	먼저	선	먼저, 나아가다, 옛날
出	날	출	나다, 나타나다, 나가다, 내다, 내보내다, 간행하다
居	있을	거	있다, 살다, 거주하다, 앉다, 차지하다, 자리잡다
其	그	기	그(지시 대명사), 의(관형격 조사), 그(감탄, 강세 조사)
側	곁	측	곁, 옆, 가
者	놈	자	놈, 사람, 것, 일을 가리켜 이른다
陳	늘어놓을	진	늘어놓다, 늘어서다, 펴다, 넓게 깔다
也	어조사	야	어조사, 또, 또한, 잇달다
無	없을	무	없다, 허무(虛無)의 도, 말라, 금지하는 말
約	묶을	약	묶다, 합치다, 따르다, 약속하다, 약속, 계약, 협정, 조약.
而	말이을	이	말 이음, 순접·역접의 접속사
請	청할	청	청하다, 빌다, 고하다, 여쭈다, 구하다, 부르다, 초청하다
和	화할	화	화하다, 서로 응하다, 합치다
謀	꾀할	모	꾀하다, 정사를 의논하다, 헤아리다, 꾀, 술책, 계략

❶ When the light chariots come out first and take up a position[1] on the wings, it is a sign[2] that the enemy is forming for battle. Peace proposals unaccompanied by a sworn[3] covenant[4] indicate[5] a plot[6].

가벼운 전차가 먼저 나오고 양쪽 날개 위치에 배치되면, 적이 전투를 위해 정렬하고 있는 조짐이다.

공공연한 서약에 따르지도 않은 화친 제의는 책략을 암시한다.

❷ When light chariots first go out and take position on the flanks[7] the enemy is forming for battle.

When without a previous[8] understanding the enemy asks for a truce[9], he is plotting.

가벼운 전차가 먼저 나타나서 양 측면의 위치에 배치되면 적은 전투를 위해 정렬하고 있는 것이다.

사전에 합의 없이 적이 휴전을 요청하면, 작당하는 것이다.

---

1) po · si · tion: ① a) 위치, 장소, 소재지; 적소 b) (사회적) 처지, 입장 ② 지위, 신분; 높은 지위 ③ 직책, 근무처 ④ 태도, 자세; 심적 태도; (문제 등에 대한) 입장, 견해, 주장 ⑤ 상태, 형세, 국면 ⑥ 〖軍〗 진지, 유리한 지점.

2) sign: ① a) 기호, 표시, 부호. b) 신호, 군호; 암호, 변말; 손짓, 몸짓 c) 표지, 길잡이, 도표; 간판 ② a) 기미, 징후; 조짐, 전조; 모습, 기색 b) 〔보통 부정어와 더불어〕 흔적, 자취, 형적

3) sworn: 맹세한, 선서를 마친, 언약한; 공공연한

4) cov · e · nant: 계약, 서약, 맹약; 계약서, 날인 증서, 계약 조항

5) in · di · cate: ① 가리키다, 지적하다, 보이다 ② 표시하다, 나타내다; …의 징후이다 ③ (몸짓 따위로) 암시하다; 간단히 말(진술)하다

6) plot: ① 음모; (비밀) 계획; 책략 ② (극 · 소설 따위의) 줄거리, 각색, 구상 ③ 소구획, 작은 지면(地面), 소지구

7) flank: ① 옆구리; 옆구리 살《쇠고기 따위의》. ② (산 · 건물의) 측면; 〖군사〗 (좌우의) 익(翼)《부대 · 함대의》, 측면

8) pre · vi · ous: ① 앞의, 이전의 ② 사전의, 앞서의

9) truce: 정전(휴전)(협정), 쉼, 휴지, 일시적 중지

19

분 주 이 진 병 거 자 기 야 반 진 반 퇴 자 유 야

奔走而陳兵車者 期也. 半進半退者 誘也.

Bēn zǒu ér chén bīng chē zhě, qī yě. Bàn jìn bàn tuì zhě, yòu yě.

분주하게 뛰어다니며 전차를 진열하는 것은 기다리는 것이다. 반쯤 진격하고 반쯤 퇴각하는 것은 유인하는 것이다.

奔	달릴	분	달리다, 달아나다, 패주하다, 예를 갖추지 않고 결혼하다
走	달릴	주	달리다, 빨리 가다, 가다, 향하여 가다, 달아나다
而	말이을	이	말 이음, 순접·역접의 접속사
兵	군사	병	군사 병, 싸움, 전쟁, 무기, 병기
期	기약할	기	만나다, 약속에 따라 만나다, 정하다, 단단히 결심하다
也	어조사	야	어조사, 또, 또한, 잇달다
半	반	반	반, 한창, 절정, 조각, 떨어진 한 부분
進	나아갈	진	나아가다, 벼슬하다, 전진하다, 추천하다, 다하다
退	물러날	퇴	물러나다, 그만두다, 피하다, 떠나가다, 돌아가다
誘	꾈	유	꾀다, 유혹하다, 유인하다, 꾀다, 미혹하게 하다

❶ When there is much running about and the soldiers fall into rank[1]. When some are seen advancing[2] and some retreating[3], it is a lure[4].

병사들이 무척이나 뛰어다니고 대열을 갖추면 결정적인 순간이 왔다는 것을 의미한다.

일부는 전진하고 일부는 후퇴하는 것이 보이면, 가짜 미끼이다.

❷ When his troops[5] march[6] speedily and he parades[7] his battle chariots, he is expecting[8] to rendezvous[9] with reinforcements[10]. When half his force advances and half withdraws[11], he is attempting to decoy[12] you.

적의 부대가 신속하게 행군하고 전차가 줄지어 다니면, 지정 집결지에 증원을 하려는 것이다.

적군의 절반은 전진하고 절반은 후퇴하면, 유인하려는 것이다.

---

1) rank: ① a) 열, 행렬 b) (특히 군대의) 횡렬, 횡대로 줄지은 병사. ② (pl.) 계급, 사회층, 신분 ③ 지위, 등급 ④ 높은 지위, 상류 사회 ⑤ (pl.) (장교 이외의) 군대 구성원, 병사; 〔집합적〕 부사관, 병졸; 군대

2) ad · vance: ① 나아가게 하다, 앞으로 내보내다, 전진〔진출〕시키다 ② (기일 따위를) 앞당기다 ③ (작업 따위를) 진척시키다, 촉진시키다, 승진하다 ⑤ (값 따위를) 올리다 ⑥ 진급〔승급〕시키다; 끌어 올리다, …의 뒤를 밀다 ⑦ 선불하다, 선대(先貸)하다; ① 앞으로 나아가다, 전진하다 ② 〖군사〗 전진〔진격〕하다

3) re · treat: ① 물러가다, 후퇴하다, 퇴각하다 ② 틀어박히다, 죽치다, 은퇴하다 ③ 움쑥 들어가다, 움푹해지다 ④ 그만두다, 물러나다, 손을 떼다 ⑤ 〖항공〗 뒤쪽으로 기울다

4) lure: ① 유혹물; 매혹, 매력, 사람의 마음을 끄는 것 ② 가짜 미끼; 후림새

5) troop: ① 대(隊), 떼, 무리《of》 ② (보통 pl.) 군대, 병력 ★ 60 troops는 '병력 60명'의 뜻. ③ 〖軍〗 기병 중대. ④ (보이스카우트의) 분대《최소 5명》; (걸 스카우트의) 단(團)《8-32명으로 구성됨》

6) march: ① 〖군사〗 (대열을 지어) 행진하다; (당당하게) 걷다, 빨리 전진하다 ② (사건 따위가) 진전하다 ③ (나무 따위가) 나란히 늘어서 있다. ④ (말 · 행동 따위가 …와) 일치하다, 조화되다; …을 행진시키다, 행군시키다

7) pa · rade: ① 열병하다; 정렬시키다, 줄지어 행진시키다. ② 줄지어 돌아다니다. ③ 자랑해 보이다, 과시하다; ① 정렬하다. ② 행진하다 ③ 줄지어 돌아다니다, 활보하다.

8) ex · pect: ① 기대〔예기, 예상〕하다; 기다리다; …할 작정이다 ② 예정되어 있다, …하기로 되어 있다; …하도록 요청되어 있다, 〔완곡히〕 …하지 않으면 안 되다 ③ (당연한 일로) …을 요구하다, 기대하다, 바라다

9) ren · dez · vous: 약속 장소에서 만나다〔만나게 하다〕; 집결하다〔시키다〕.

10) reinforcement: 보강, 강화, 증원; (종종 pl.) 증원 부대〔함대〕, 원병.

11) with · draw: ① 움츠리다 ② 회수하다 ③ 거두다, 물러나게 하다, 철수하다; (군대를) 철수시키다; 인출하다; 딴 데로 돌리다 ④ 철회하다; 취소하다; 취하하다 ⑤ 박탈하다; ① 물러나다, 퇴출하다 ② (군대가) 철수하다, 거두어 물러나다 ③ 탈퇴하다, 탈회하다 ④ 사용을 그만두다 ⑤ 동의(動議)를〔제안을〕 철회하다.

12) de · coy: (미끼로) 유혹〔유인〕하다; 꾀어내다〔들이다〕, 미끼에 걸리다, 유혹당하다.

20

급 이 선 음 자 길 야 의 장 이 립 자 기 야

倚仗而立者 飢也. 汲而先飮者 渴也.

Yǐ zhàng ér lì zhě, jī yě. Jí ér xiān yǐn zhě, kě yě.

무기에 의지하여 서 있는 것은 굶주리고 있는 것이다. 물을 길어 먼저 마시려고 하는 것은 목이 마르다는 것이다.

杖	지팡이	장	지팡이, 짚다, 지팡이를 짚다, 잡다, 쥐다
而	말이을	이	말 이음, 순접·역접의 접속사, 구 말에 붙여 어세를 돕는 조사, 너
立	설	립{입}	서다, 확고히 서다, 정해지다, 이루어지다
者	놈	자	놈, 사람, 것, 일을 가리켜 이른다
飢	주릴	기	주리다, 주리게 하다, 주림, 기아(飢餓)
也	어조사	야	어조사, 또, 또한, 잇달다
汲	길을	급	긷다, 물을 긷다, 당기다, 분주하다
先	먼저	선	먼저, 나아가다, 옛날
飮	마실	음	마시다, 양치질하다
渴	목마를	갈	목이 마르다, 갈증, 서두르다

❶ When the soldiers stand leaning[1] on their spears, they are faint[2] from want of food. If those who are sent to draw[3] water begin by drinking themselves, the army is suffering[4] from thirst.

병사들이 창에 기대어 서 있으면, 식량 부족으로 기력이 약해진 것이다. 물을 길러 간 자들이 자기들이 마시기 시작한다면, 그 군대는 갈증으로 고통받고 있다.

❷ When his troops[5] lean on their weapons, they are famished[6]. When drawers of water drink before carrying it to camp, his troops are suffering from thirst.

적 부대가 병장기에 기대어 있으면, 굶주린 것이다. 물 길러 간 자들이 막사로 옮기기 전에 물을 마시면, 적 부대가 갈증으로 고통받고 있는 것이다.

---

1) lean:① a) 기대다 b) 의지하다, 기대다 ② 기울다, 구부러지다, 경사지다
2) faint: ① 어렴풋한, (빛이) 희미한, (색이) 엷은, (소리가) 약한, ② 약한, 부족한. ③ 힘없는, 무기력한
3) draw: ① 끌다, 당기다, 끌어당기다; 끌어당겨서 …하다 ② (마음을) 끌다; 꾀어들이다; 끌어들이다; (사람의 주의를) 끌다; 꾀어서 …시키다 ③ 빨아들이다; 당기다; 흡수하다; 초래하다; 생기게 하다
4) suf · fer: ① (고통 · 변화 따위를) 경험하다, 입다, 받다 ② 〔 종종 의문 · 부정문에 쓰여 〕《문어》 …에 견디다, 참다. ③《고어 · 문어》 (굳이) …하게 하다, (묵묵히) …하게 내버려두다; ① 괴로워하다, 고민하다, 고생하다; 상처입다 ② 앓다, 병들다 ③ 방치되다 ④ 벌받다; (기결수가) 사형에 처해지다
5) troop: ① 대(隊), 떼, 무리《of》 ② (보통 pl.) 군대, 병력 ★ 60 troops는 '병력 60명'의 뜻. ③ 〚軍〛 기병 중대. ④ (보이스카우트의) 분대《최소 5명》; (걸 스카우트의) 단(團)《8-32명으로 구성됨》
6) fam · ish: 〔 보통 수동태 〕 굶주리게 하다; 아사(餓死)시키다 굶주리다; 아사하다

21

견리이부진자 노야 조집자 허야 야호자 공야
見利而不進者 勞也. 鳥集者 虛也. 夜呼者 恐也.
Jiàn lì ér bù jìn zhě, láo yě. Niǎo jí zhě, xū yě, Yè hū zhě, kǒng yě.

이익을 보는데도 진격하지 않는 것은 피로하기 때문이다. 새가 모여든다는 것은 비어있다는 것이다. 밤에 부르짖는 것은 두려움 때문이다.

見	볼	견	보다, 눈으로 보다, 생각해 보다, 변별하다, 보는 바
利	날카로울	리{이}	이롭다, 유익하다, 편리하다, 날카롭다, 통하다
不	아닐	부, 불	아닌가, 아니다, 크다, 말라(금지의 뜻), 새 이름
進	나아갈	진	나아가다, 벼슬하다, 전진하다, 추천하다, 다하다
勞	일할	로{노}	일하다, 노력하다, 힘쓰다, 근심하다, 피로하다
鳥	새	조	새, 봉황, 별 이름
集	모일	집	모이다, 만나다, 모으다, 이르다, 도착하다
虛	빌	허	비다, 없다, 적다, 드물다, 모자라다, 준비가 없다
夜	밤	야	밤, 성(姓), 고을 이름
呼	부를	호	부르다, 숨을 내쉬다, 호통 치다, 부르짖다
恐	두려울	공	두려워하다, 두려움, 협박하다, 으르대다, 아마, 의심컨대

❶ If the enemy sees an advantage[1] to be gained and makes no effort[2] to secure[3] it, the soldiers are exhausted[4]. If birds gather on any spot[5], it is unoccupied. Clamor[6] by night betokens[7] nervousness.

적이 이익을 보고 가질 수 있는데 가지려고 하지 않는다면, 병사들이 지쳐 빠진 것이다. 어떠한 장소에 새가 모인다면, 그곳은 점거되지 않았다. 밤 동안에 소란은 불안한 조짐이다.

❷ When the enemy sees an advantage but does not advance[8] to seize it, he is fatigued[9]. When birds gather above his camp sites, they are empty. When at night the enemy's camp is clamorous[10], he is fearful.

적이 이익을 보고도 잡으려고 진군하지 않으면, 피로한 것이다. 주둔지 부지에 새가 모이면, 그곳은 비어있다. 밤중에 적의 주둔지가 소란스러우면, 두려워하는 것이다.

---

1) ad · van · tage: ① 유리; 이익; 편의 ② 우세, 우월 ③ 이점, 장점
2) ef · fort: ① 노력, 수고, 진력(盡力) ② 노력의 결과; 역작, 노작
3) se · cure: ① 안전하게 하다, 굳게 지키다, 굳게 하다 ② 확실하게 하다, 확고히 하다 ③ 보증하다, 책임지다, …에 담보를 제공하다〔잡히다〕; …을 보험에 넣다 ④ 인수하다, 보호하다. ⑤ 확보〔획득〕하다, 얻다, 손에 넣다; 간신히 얻다 ⑥ 붙잡다; 도망치지 못하게 하다, 가두다, 감금하다.
4) ex · haust: ① 다 써버리다; 고갈시키다; 소모하다; 피폐시키다 ② 지쳐빠지게 하다, 피로(疲勞)하게 하다; 지쳐빠지다, 녹초가 되다 ③ 완전히 빼다; ⑤ (엔진이) 배기하다; (가스 · 증기 등이) 배출되다.
5) spot: ① 반점, 점; 얼룩 ② (특정의) 장소, 지점; 현장
6) clam · or: 외치는 소리; 왁자지껄 떠듦, 소란; 소리 높은 불평〔항의〕; (여론의) 아우성 소리
7) be · to · ken: …의 조짐이〔전조가〕 되다; 보이다; 나타내다.
8) ad · vance: ① 나아가게 하다, 앞으로 내보내다, 전진〔진출〕시키다 ② (기일 따위를) 앞당기다 ③ (작업 따위를) 진척시키다, 촉진시키다, 증진하다 ⑤ (값 따위를) 올리다 ⑥ 진급〔승급〕시키다; 끌어 올리다, …의 뒤를 밀다 ⑦ 선불하다, 선대(先貸)하다; ① 앞으로 나아가다, 전진하다 ② 〖군사〗 전진〔진격〕하다
9) fa · tigue: 지치게〔피로케〕 하다; 약화시키다
10) clam · or · ous: ① 시끄러운, 소란스런, 떠들썩한 ② 《비유적》 불만이 많은, 요구가 강력한.

22

군 요 자 장 부 중 야 정 기 동 자 난 야 리 노 자 권 야
軍擾者 將不重也. 旌旗動者 亂也. 吏怒者 倦也.
Jūn rǎo zhě, jiāng bù chóng yě, Jīng qí dòng zhě, luàn yě, Lì nù zhě, juàn yě.

군이 어지러우면 장수가 무게가 없다는 것이다. 깃발이 움직이는 것은 혼란스럽다는 것이다. 관리가 화를 내는 것은 게으르기 때문이다.

軍	군사	군	군사(軍士), 군사(軍事), 진을 치다
擾	어지러울	요	어지럽다, 어지럽히다, 흐려지다, 탁해지다, 길들이다
者	놈	자	놈, 사람, 것, 일을 가리켜 이른다
將	장차	장	장차, 막-하려 한다, 마땅히-하여야 한다, 어찌(何)
重	무거울	중	무겁다, 무겁게 하다, 무게
旌	기	정	기, 천자(天子)가 사기를 고무할 때 쓰던 기
旗	기	기	기, 곰과 범을 그린 붉은 기, 표, 표지, 덮다
動	움직일	동	움직이다, 나다, 살다, 살아나다, 변하다
亂	어지러울	란{난}	어지럽다, 다스리다, 반역(反逆)
也	어조사	야	어조사, 또, 또한, 잇달다
吏	벼슬아치	리{이}	벼슬아치, 다스리다, 벼슬아치로서 정사를 돌보다
怒	성낼	노	성내다, 화내다, 성, 화, 힘쓰다, 떨쳐 일어나다
倦	게으를	권	게으르다, 피로하다, 쉬다

❶ If there is disturbance[1] in the camp, the general's authority[2] is weak. If the banners and flags are shifted[3] about, sedition[4] is afoot[5]. If the officers are angry, it means that the men are weary[6].

주둔지가 혼란하다면 장수의 권위가 약하다. 깃발이 방향과 위치가 바뀐다면, 난동이 일어난 것이다. 중간 장수들이 화를 낸다면, 병사들이 지쳐있다는 의미이다.

❷ When his troops[7] are disorderly[8], the general has no prestige[9]. When his flags and banners move about constantly[10] he is in disarray[11]. If the officers are short-tempered they are exhausted[12].

적의 부대가 난잡하면, 장수는 신망이 없다. 적의 깃발이 빈번히 옮겨지면 혼란한 상태이다. 중간 장수들이 참을성이 없고 성질이 급하다면 병사들이 지친 것이다.

---

1) dis · turb · ance: ① 소동, 평화(질서)를 어지럽히기 ② 방해, 교란; 〖의학〗 장애. ③ 혼란, 동요.
2) au · thor · i · ty: ① 권위, 권력, 위신 ② 권한, 권능, 직권; 허가, 인가 ③ 당국, 관헌; 소식통 ④ 근거, 전거
3) shift: ① 이동하다, 자리를 옮기다(바꾸다, 뜨다) ② (방향이) 바뀌다 ③ (장면 · 상황 등이) 바뀌다, 변화하다
4) se · di · tion: 난동, 선동, 치안 방해(죄), 폭동 교사 (행위); 《고어》 소란, 폭동.
5) afoot: 〔형용사로서는 서술적〕 ① 진행중(에); 계획되어; 활동하여 ② 《문어》 도보로. ③ 일어서서; 일어나서
6) wea · ry: ① 피로한, 지쳐 있는; 녹초가 된 ② 싫증나는, 따분한, 진저리나는 ③ (일 등이) 사람을 지치게 하는
7) troop: ① 대(隊), 떼, 무리《of》 ② (보통 pl.) 군대, 병력 ★ 60 troops는 '병력 60명'의 뜻. ③ 〖軍〗 기병 중대. ④ (보이 스카우트의) 분대《최소 5명》; (걸 스카우트의) 단(團)《8-32명으로 구성됨》
8) dis · ór · der · ly: 무질서한, 난잡한; 난폭한, 무법의; 안녕을 해치는; 풍기를 문란케 하는; 〖법률학〗 공안 방해의.
9) pres · tige: 위신, 위광(威光), 명성, 신망, 세력
10) con · stant · ly: 변함없이; 항상; 끊임없이; 빈번히.
11) dis · ar · ray: 무질서, 혼란, 난잡; 단정치 못한 복장
12) ex · haust: ① 다 써버리다; 고갈시키다; 소모하다; 피폐시키다 ② 지쳐빠지게 하다, 피로(疲勞)하게 하다; 지쳐빠지다, 녹초가 되다 ③ 완전히 빼다; ⑤ (엔진이) 배기하다; (가스 · 증기 등이) 배출되다.

23

속 마 육 식 자 군 무 량 야 현 부 부 반 기 사 자 궁 구 야
粟馬肉食者 軍無糧也. 懸缶不返其舍者 窮寇也.
Sù mǎ ròu shí zhě jūn wú liáng yě. Xuán fǒu bù fǎn qí shě zhě. qióng kòu yě.

곡류와 말고기를 먹는 것은 군대에 식량이 없는 것이다. 장군(배가 불룩하고 목 좁은 아가리가 있는 질그릇)을 달아매지 않고 막사로 돌아가지 않는 것은 적이 궁지에 빠진 것이다.

* 궁구窮寇: 궁지에 빠진 적.

粟	조	속	조, 오곡의 총칭, 벼, 찧지 아니한 곡식
肉	고기	육	고기, 베어낸 고기, 동물의 살
食	밥	식	밥, 먹을거리, 먹다, 갉다, 새김질하다, 식언하다
軍	군사	군	군사(軍士), 군사(軍事), 진을 치다
無	없을	무	없다, 허무(虛無)의 도, 말라, 금지하는 말
懸	매달	현	매달다, 달아매다, 매달리다, 늘어지다, 걸다, 상을 걸다
缻	질장구	부	질장구
返	돌아올	반	돌아오다, 되돌아오다, 돌려주다, 바꾸다, 새롭게 하다
其	그	기	그(지시 대명사), 의(관형격 조사), 그(감탄, 강세 조사)
捨	버릴	사	버리다
者	놈	자	놈, 사람, 것, 일을 가리켜 이른다
窮	다할	궁	다하다, 끝나다, 말다, 그치다, 떨어지다, 막히다
寇	도둑	구	도둑, 떼를 지어 백성의 재물을 약탈하는 사람
也	어조사	야	어조사, 또, 또한, 잇달다

❶ When an army feeds its horses with grain and kills its cattle for food, and when the men do not hang their cooking-pots over the camp-fires, showing that they will not return to their tents, you may know that they are determined[1] to fight to the death.

군대가 곡물로 말을 먹이고 식량 때문에 소를 잡고, 병사들이 모닥불 위에 솥을 걸지 않으면, 막사로 돌아오지 않을 것임을 보여주는 것으로, 죽을 때까지 싸우기를 결심했다고, 알 수 있을 것이다.

❷ When the enemy feeds grain to the horses and his men meat and when his troops[2] neither hang up their cooking pots nor return to their shelters[3], the enemy is desperate[4].

적이 말에게 곡물을 먹이고 병사들이 육류를 먹고 부대가 솥을 걸지도 않고 은신처로 돌아오지 않으면, 적이 자포자기한 것이다.

---

1) de · ter · mine: ① …에게 결심시키다, …에게 결의하게 하다 ② …을 결심하다, 결의하다 ③ 결정하다, 결정〔조건〕짓다; (규칙 · 조건 · 날짜 · 가격 등을) 정하다, 예정하다; (경제 등을) 확정하다

2) troop: ① 대(隊), 떼, 무리《of》 ② (보통 pl.) 군대, 병력 ★ 60 troops는 '병력 60명'의 뜻. ③ 〚軍〛 기병 중대. ④ (보이스카우트의) 분대《최소 5명》; (걸 스카우트의) 단(團)《8-32명으로 구성됨》

3) shel · ter: ① 피난 장소, 은신처; 대합실; 〚군사〛 대피호, 방공호 ② 차폐물, 엄호물 ③ 보호, 비호, 옹호 ④ 차폐; 피난 ⑤ (비바람을 피하는) 오두막, 숙소, 집

4) des · per · ate: ① 자포자기의; 무모한, 될 대로 되라는 식의 ② 필사적인; 혈안이 된, 열중한; …하고 싶어 못 견디는 ③ 절망적인; (좋아질) 가망이 없는 ④ 맹렬한; 지독한.

24

순 순 흡 흡 서 언 입 입 자 실 중 야

諄諄翕翕 徐言入入者 失衆也.

Zhūn zhūn xī xī, xú yán rù rù zhě, shī zhòng yě.

삭 상 자 군 야 삭 벌 자 곤 야

數賞者 窘也 數罰者 困也.

Shù shǎng zhě, jiǒng yě, shù fá zhě, kùn yě.

타이르듯 상냥하게 천천히 말하면 병사들에게 (신뢰를) 잃었다.
자주 상을 주는 것은 궁색하기 때문이고, 자주 벌을 주면 궁지에 빠진 것이다.

諄	타이를	순	타이르다, 알뜰하다, 매우 정성스럽다, 돕다
翕	합할	흡	합하다, 화합하다, 일다, 새가 날아오르다, 상냥한
徐	천천할	서	천천하다, 평온하다, 다, 모두
與	줄	여	주다, 베풀다, 동아리, 무리, 동아리가 되다
言	말씀	언	말씀, 언어, 가르치는 말, 호령하는 말
者	놈	자	놈, 사람, 것, 일을 가리켜 이른다
失	잃을	실	잃다, 놓치다, 실수하다, 잘못하다
衆	무리	중	무리, 많은 사람, 많은 물건, 많은 일
也	어조사	야	어조사, 또, 또한, 잇달다
數	셀	수	세다, 계산하다, 셈에 넣다, 세어서 말하다
賞	상줄	상	상을 주다, 기리다, 찬양하다, 상(賞)
窘	막힐	군	막히다, 궁해지다, 닥쳐오다, 고생하다
罰	죄	벌	죄, 가벼운 죄, 벌, 형벌, 죄를 속(贖)하다
困	괴로울	곤	괴롭다, 부족하다, 곤궁하다, 궁지에 빠지다

❶ The sight of men whispering together in small knots or speaking in subdued[1] tones points to disaffection[2] amongst the rank[3] and file.

Too frequent rewards[4] signify[5] that the enemy is at the end of his resources[6]; too many punishments betray[7] a condition[8] of dire[9] distres s[10].

작은 무리에서 함께 속삭이는 병사들의 목격 혹은 억제된 어조로 말하는 것은 병졸들 사이에서 불만의 증거이다.

너무 빈번한 포상은 적이 물자가 거의 없다는 것을 의미하고, 너무 많은 처벌은 비참하게 고통받는 상황이라고 드러내는 것이다.

❷ When the troops[11] continually gather in small groups and whisper together the general has lost the confidence[12] of the army.

Too frequent rewards indicate[13] that the general is at the end of his resources; too frequent punishments that he is in acute[14] distress[15].

부대가 지속적으로 소규모 집단으로 모이고 함께 밀담을 나누면 장군이 군대의 신뢰를 잃었다는 것이다.

너무 빈번한 포상은 장수 자신의 기지가 거의 없다는 것을 암시하고, 너무 빈번한 처벌은 장수가 심각하게 곤궁하다는 것이다.

---

1) sub · due: ① 정복하다, 위압(압도)하다; 진압(제압)하다. ② 억제하다; 가라앉히다, 경감하다
2) dis · af · féc · tion: (특히 정부에 대한) 불만, 불평; (인심의) 이반; 모반심.
3) rank: ① a) 열, 행렬 b) (특히 군대의) 횡렬, 횡대로 줄지은 병사. ② (pl.) 계급, 사회층, 신분 ③ 지위, 등급 ④ 높은 지위, 상류 사회 ⑤ (pl.) (장교 이외의) 군대 구성원, 병사; 〔집합적〕 부사관, 병졸; 군대
4) re · ward: ① 보수, 포상; 현상금; 사례금 ② 보답, 응보
5) sig · ni · fy: ① 의미하다, 뜻하다 ② 표시하다; 나타내다 ③ 알리다, 보이다 ④ …의 전조가(조짐이) 되다.
6) re · source: ① (보통 pl.) 자원; 물자; 재원, 자력 ② (의지하는) 수단, 방책, 둘러맞춤
7) be · tray: ① 배반(배신)하다; (조국 · 친구 등을) 팔다; 속이다 ② (신뢰 · 기대 · 희망 따위를) 저버리다, 어기다 ③ (비밀을) 누설하다, 밀고하다 ④ (감정 · 무지 · 약점 · 특징 따위를) 무심코 드러내다
8) con · di · tion: ① 조건; 필요조건; (제)조건, 조목, 조항; 제약 ② 주위의 상황, 형세, 사정 ③ 상태
9) dire: 무서운; 비참한, 음산한; 긴박한, 극단적인
10) dis · tress: ① 심통(心痛), 비탄(grief), 고민, 걱정(worry); Ⓒ 걱정거리. ② 고통(pain); Ⓒ 피로. ③ 가난, 곤궁; 고난, 재난, 불행; (배 · 비행기의) 조난. ④ 『法』 동산 압류; 압류물.
11) troop: ① 대(隊), 떼, 무리《of》 ② (보통 pl.) 군대, 병력 ★ 60 troops는 '병력 60명'의 뜻.
12) con · fi · dence: ① (남에 대한) 신용, 신뢰 ② 속내 말; 비밀, 내밀한 일 ③ 자신, 확신 ④ 대담, 배짱; 사기
13) in · di · cate: ① 가리키다, 지적하다, 보이다 ② 표시하다, 나타내다; …의 징후이다 ③ 암시하다
14) acute: ① 날카로운, 뾰족한. ② 민감한; 빈틈없는; 혜안의, 명민한
15) dis · tress: ① 심통(心痛), 비탄, 고민, 걱정; 걱정거리. ② 고통; 피로. ③ 가난, 곤궁; 고난, 재난, 불행

25

선 포 이 후 외 기 중 자 부 정 지 지 야
先暴而後畏其衆者 不精之至也.
Xiān bào ér hòu wèi qí zhòng zhě, bù jīng zhī zhì yě.

내 위 사 자 욕 휴 식 야
來委謝者 欲休息也.
Lái wěi xiè zhě, yù xiū xí yě.

앞서 난폭하다가 이후 병사들을 두려워하면 정련함에 이르지 못했다는 것이다.

(사자가) 와서 사죄하는 것은 휴식을 하고자 함이다.

先	먼저	선	먼저, 앞서, 나아가다, 옛날
暴	사나울	폭	사납다, 해치다, 난폭하다, 흉포하다, 흉악하다.
而	말이을	이	말 이음, 순접·역접의 접속사, 구 말에 붙여 어세를 돕는 조사, 너
後	뒤	후	뒤, 늦다, 능력 따위가 뒤떨어지다
畏	두려워할	외	두려워하다, 으르다, 협박하다, 죽다
其	그	기	그(지시 대명사), 의(관형격 조사), 그(감탄, 강세 조사)
衆	무리	중	무리, 많은 사람, 많은 물건, 많은 일
者	놈	자	놈, 사람, 것, 일을 가리켜 이른다
精	쓿은쌀	정	쓿은 쌀, 정미, 정련하다, 훌륭한, 자세하다, 면밀하다
至	이를	지	이르다, 도래하다, 미치다, 닿다, 두루 미치다
也	어조사	야	어조사, 또, 또한, 잇달다
來	올	래{내}	오다, 장래, 부르다
委	맡길	위	맡기다, 버리다, 내버려두다, 막히다, 메이다, 밀리다
謝	사례할	사	사례하다, 사죄하다, 용서를 빌다, 물러나다
欲	하고자	욕	하고자 하다, 하려고 하다, -할 것 같다, 바라다
休	쉴	휴	쉬다, 그치다, 그만두다, 휴가
息	숨쉴	식	숨 쉬다, 숨, 호흡, 숨 한 번 쉬는 동안, 쉬다

❶ To begin by bluster[1]), but afterwards to take fright at the enemy's numbers, shows a supreme[2]) lack of intelligence.

When envoys are sent with compliments[3]) in their mouths, it is a sign[4]) that the enemy wishes for a truce[5]).

호통치는 것으로 시작하지만, 그 후 적의 수적인 우위에 겁을 먹으면, 가장 중요한 지략이 없음을 보여준다.

사절이 치하를 하는 어조이면, 적이 휴전을 바란다는 징후이다.

❷ If the officers at first treat the men violently[6]) and later are fearful of them, the limit[7]) of indiscipline[8]) has been reached.

When the envoys[9]) speak in apologetic[10]) terms[11]), he wishes a respite[12]).

중간 장수들이 처음에는 병사들을 과격하게 다루고 후에 두려워한다면, 규율이 무너진 한계까지 도달한 것이다.

사절이 사죄하는 말투로 말하면, 휴식을 바라는 것이다.

---

1) blus · ter: (바람이) 사납게 휘몰아침, (파도의) 거센 움직임; 고함, 호통; 시끄러움; 허세.
2) su · preme: ① 최고의, 최상의 ② 가장 중요한; 극상의, 무상(無上)의; 궁극의, 최후의 ③ 주권을 갖는.
3) com · pli · ment: ① 경의, 칭찬 ② 경의의 표시; 영광스러운 일 ③ 아첨, 따리. ④ 치하, 축사; (의례적인) 인사
4) sign: ① a) 기호, 표시, 부호. b) 신호, 군호; 암호, 변말; 손짓, 몸짓 c) 표지, 길잡이, 도표; 간판 ② a) 기미, 징후; 조짐, 전조; 모습, 기색 b) 〔보통 부정어와 더불어〕 흔적, 자취, 형적
5) truce: 정전(휴전)(협정), 쉼, 휴지, 일시적 중지
6) vi · o · lent: ① 격렬한, 맹렬한 ② 극단적인, 비상한; 강력한, 심한 ③ 광포한, 폭력적인
7) lim · it: ① 한계(선), 한도, 극한 ② (종종 pl.) 경계; (pl.) 범위, 구역, 제한
8) in · dis · ci · pline: 규율 없음, 무질서, 훈련(자제심)의 결여
9) en · voy: (외교) 사절, 특사(特使); 특명 전권 공사
10) apol · o · get · ic: 변명의, 해명의; 사과(사죄)의; 변명하는 듯한, 미안해하는
11) term: ① 기간; 임기; 학기; 형기(刑期) ② 말; 《특히》 술어, 용어, 전문어; (pl.) 말투, 말씨, 표현
12) res · pite: ① 연기; 유예; 〖법률학〗 (사형의) 집행 유예(기간). ② 휴식, 중간 휴식.

26

병 노 이 상 영 구 이 부 합 우 부 상 거 필 근 찰 지

兵怒而相迎 久而不合 又不相去 必謹察之.

Bīng nù ér xiāng yíng, jiǔ ér bù hé, yòu bù xiāng qù, bì jǐn chá zhī.

적이 분노하며 서로 마주하면서 오래 싸우지 않고 또한 떠나지도 않고 서로 마주하면 반드시 경계하며 살펴야 한다.

兵	군사	병	군사 병, 싸움, 전쟁, 무기, 병기
怒	성낼	노	성내다, 화내다, 성, 화, 힘쓰다, 떨쳐 일어나다
而	말이을	이	말 이음, 순접·역접의 접속사
相	서로	상	서로, 보다, 자세히 보다, 바탕
迎	맞이할	영	맞이하다, 마음으로 따르다, 헤아리다, 추산하다
久	오랠	구	오래다, 변하지 아니하다, 오래 기다리다
合	합할	합	합하다, 만나다, 맞다, 싸우다
又	또	우	또, 다시, 용서하다, 오른손, 오른쪽(右)
去	갈	거	가다, 떠나다, 잃다, 잃어버리다, 배반하다
必	반드시	필	반드시, 틀림없이, 꼭, 기필하다, 이루어내다, 오로지
謹	삼갈	근	삼가다, 경계하다, 금지하다, 삼가는 일, 삼가, 정중하게
察	살필	찰	살피다, 알다, 살펴서 알다, 조사하다, 생각하여 보다

❶ If the enemy's troops[1] march[2] up angrily and remain[3] facing ours for a long time without either joining battle or taking themselves off again, the situation[4] is one that demands[5] great vigilance[6] and circumspection[7].

적의 부대가 화를 내며 행군을 하고 장기간 전투를 하지 않거나 다시 물러서지 않은 채 대치한다면, 그 상황은 대단히 조심하고 경계를 요하는 것이다.

❷ When the enemy troops are in high spirits[8], and, although facing you, do not join battle for a long time, nor leave[9], you must thoroughly investigate[10] the situation.

적의 부대가 진취적인 기상에 있고, 장기간 전투를 하지 않으며, 떠나지도 않는다면, 철저히 조사해야 한다.

---

1) troop: ① 대(隊), 떼, 무리《of》 ② (보통 pl.) 군대, 병력 ★ 60 troops는 '병력 60명'의 뜻. ③ 〖軍〗 기병 중대. ④ (보이스카우트의) 분대《최소 5명》; (걸 스카우트의) 단(團)《8–32명으로 구성됨》

2) march: ① 〖군사〗 (대열을 지어) 행진하다; (당당하게) 걷다, 빨리 전진하다 ② (사건 따위가) 진전하다 ③ (나무 따위가) 나란히 늘어서 있다. ④ (말 · 행동 따위가 …와) 일치하다, 조화되다; …을 행진시키다, 행군시키다

3) re · main: ① 남다, 남아 있다; 없어지지 않고 있다; 살아남다 ② 머무르다, 체류하다 ③ …하지 않고 남아 있다, 아직〔금후〕 …하지 않으면 안 되다 ④ …한 대로이다, 여전히 …이다

4) sit · u · a · tion: ① 위치, 장소, 소재; 환경. ② 입장, 사정 ③ 정세, 형세, 상태, 사태

5) de · mand: ① 요구하다, 청구하다 ② (사물이) …을 요하다, 필요로 하다 ③ (권위를 갖고) 묻다, 힐문하다, 말하라고 다그치다; 요구하다; 묻다.

6) vig · i · lance: 조심, 경계; 불침번 서기

7) cir · cum · spec · tion: 주의 깊음; 용의주도함; 신중함.

8) spir · it: ① 정신, 영(靈), ② 마음. 신령; 신, 성령. ③ (육체를 떠난) 혼, 영혼; 유령, 망령 ④ …의 성격〔기질〕을 가진) 사람, 인물 ⑤ 활기, 기백, 기운; 용기, 열심 ⑥ 기분 ⑦ 성품, 기질, 기풍; 시대 정신, 풍조, 시류

9) leave: ① a) (뒤에) 남기다, 남기고〔두고〕 가다, 놓아 두다 b) (우편 집배원이) 배달하다 c) 둔 채 잊다 d) 남겨 둔 채(로) 가다, 버리다, (아무를) 남기고 죽다 ② a) 떠나다, 출발하다; 헤어지다 b) 지나가다, 통과하다 ③ a) (업무 따위를) 그만두다, 탈회〔탈퇴〕하다; b) 그치다, 중지하다 ④ …한 채로 놔 두다, 방치하다, …인 채로 남겨 두다, (결과로서) …상태로 되게 하다 ; ① 떠나다, 출발하다, 뜨다, 물러가다

10) in · ves · ti · gate: 조사하다, 연구하다, 수사하다, 조사〔연구, 심사〕하다.

27

병 비 익 다 야　유 무 무 진　족 이 병 력 료 적　취 인 이 이

兵非益多也 惟無武進 足以併力料敵 取人而已.

Bīng fēi yì duō yě, wéi wú wǔ jìn, zú yǐ bìng lì liào dí qǔ rén ér yǐ.

부 유 무 려 이 이 적 자　필 금 어 인

夫惟無慮而易敵者 必擒於人.

Fū wéi wú lǜ ér yì dí zhě, bì qín yú rén.

병사의 수가 많다고 이롭지 않고 생각없이 용맹하게 진격해서도 아니 되며 병사들의 힘을 합하여 적을 판단하고 인재를 골라 쓰면 된다.
무릇 깊은 생각 없이 쉽게 적을 여기면 필시 사로잡힌다.

* 취인(取人): 인재를 골라 씀.

兵	군사	병	군사 병, 싸움, 전쟁, 무기, 병기
非	아닐	비	아니다, 부정(否定)의 조사, 등지다, 배반하다
益	더할	익	더하다, 증가, 이롭다, 유익하다
惟	생각할	유	생각하다, 도모하다, 꾀하다, 늘어서다, 벌여 놓다
武	굳셀	무	굳세다, 용맹하다, 자만하다, 남을 업신여기다
進	나아갈	진	나아가다, 벼슬하다, 전진하다, 추천하다, 다하다
足	발	족	발, 뿌리, 근본, 산기슭, 그치다, 머무르다, 가다, 달리다
以	써	이	써, -로써, 부터, -에서, 까닭
併	아우를	병	나란히 하다
料	되질할	료{요}	되질하다, 세다, 헤아리다, 생각하다
敵	원수	적	원수, 상대방, 대등하다, 맞서다
取	취할	취	취하다, 골라 뽑다, 돕다, 의지하다
已	이미	이	이미, 말다, 그치다, 버리다, 버려두다
夫	지아비	부	지아비, 사나이, 장정, 시중하는 사람
慮	생각할	려{여}	생각하다, 꾀하다, 근심하다, 걱정하다
易	바꿀	역	바꾸다, 고치다, 교환하다, 바뀌다, 새로워지다
擒	사로잡을	금	사로잡다, 생포하다
於	어조사	어	어조사, -에, 에서, 보다, 를, 에게, 있어서, 있어서 하다

❶ If our troops are no more in number than the enemy, that is amply sufficient; it only means that no direct attack can be made. What we can do is simply to concentrate[1] all our available strength[2], keep a close watch on the enemy, and obtain[3] reinforcements[4].

He who exercises no forethought but makes light of his opponents[5] is sure to be captured[6] by them.

아군 부대가 적보다 수에 있어서 많지 않아도, 충분히 족하고, 단지 직접적인 공격을 할 수 없다는 것을 의미할 뿐이다. 가능한 모든 병력을 단순히 집중하고, 적을 면밀히 주시하며, 병력을 증원받는다.

미리 생각하지 않고 적을 가볍게 여기는 자는 틀림없이 사로잡힌다.

❷ In war, numbers alone confer[7] no advantage[8]. Do not advance relying on sheer military power. It is sufficient to estimate[9] the enemy situation[10] correctly and to concentrate your strength to capture him. There is no more to it than this.

He who lacks foresight[11] and underestimates[12] his enemy will surely be captured by him.

전쟁에서 단지 병사의 숫자만으로는 유리하지 않다. 완전한 병력에 기대어 전진하지 않는다. 적의 형세가 완전히 판단되고 적을 생포하기 위해 힘을 집중해야 한다. 이것보다 더 중요한 것은 없다.

예측이 부족하고 적을 과소평가하는 자는 반드시 적에게 사로잡힐 것이다.

---

1) con · cen · trate: ① (광선 · 주의 · 노력 따위를) 집중(경주)하다; 한 점에 모으다 ② (부대 등을) 집결시키다; ① 집중하다; 한 점에 모이다 ② (부대 등이) 집결하다. ③ 전심하다, 주의(노력 따위)를 집중하다, 전력을 기울이다

2) strength: ① 세기, 힘 ② 체력, 근력. ③ 세력, 병력, 인원수, 정원

3) ob · tain: ① 얻다, 손에 넣다, 획득하다 ② (명성 · 지위 등을) 얻게 하다 ; ① (널리) 행해지다, 유행하다, 통용되다

4) reinforcement: 보강, 강화, 증원; (종종 pl.) 증원 부대(함대), 원병.

5) op · po · nent: ① 반대하는, 적대하는; 대립하는. ② 반대측의; (경기 · 논쟁 따위의) 적, 상대; 대항자; 반대자

6) cap · ture: 붙잡다, 생포하다; 점령(공략)하다; 획득하다, 손에 넣다.

7) con · fer: (칭호 · 학위 등을) 수여하다, (선물 · 영예 등을) 증여하다, (은혜 등을) 베풀다, 의논하다, 협의하다

8) ad · van · tage: ① 유리; 이익; 편의 ② 우세, 우월 ③ 이점, 장점

9) es · ti · mate: ① 어림잡다, 견적하다, 산정하다; 판단(추단)하다; 통계적으로 예측하다 ② …의 가치(의의 등)에 대하여 판단하다; 견적하다; 견적서를 만들다

10) sit · u · a · tion: ① 위치, 장소, 소재; 환경. ② 입장, 사정 ③ 정세, 형세, 상태, 사태

11) fore · sight: ① 선견, 예지, 예측. ② 선견지명; 심려(深慮), 조심.

12) ùnder · éstimate: 싸게 어림하다, 실제보다 낮게(적게) 어림하다, 과소평가(판단)하다; 얕보다

28

졸 미 친 부 이 벌 지 칙 부 복 부 복 칙 난 용 야
卒未親附而罰之 則不服 不服則難用也.
Zú wèi qīn fù ér fá zhī, zé bù fú, bù fú zé nán yòng yě.

졸 이 친 부 이 벌 부 행 칙 부 가 용 야
卒已親附而罰不行 則不可用也.
Zú yǐ qīn fù ér fá bù xíng, zé bù kě yòng yě.

군사들이 아직 친하지도 않고 따르지도 않는데 벌을 내리면 복종하지 않고 복종하지 않으면 쓰기가 어렵다.
군사들이 이미 친하고 따르는데도 체벌을 하지 않으면 쓸 수 없다.

卒	군사	졸	군사, 하인, 심부름꾼, 집단, 무리
未	아닐	미	아니다, 아직-하지 못하다, 아직 그러하지 아니하다
親	친할	친	친하다, 사랑하다, 사이좋게 지내다, 가까이하다
附	붙을	부	붙다, 기대다, 의지하다, 친근히 지내다, 붙이다
而	말이을	이	말 이음, 순접역접의 접속사
罰	죄	벌	죄, 가벼운 죄, 벌, 형벌, 죄를 속(贖)하다
則	법칙, 본받을	칙, 측	법칙, 곧, 법, 본받다, 모범으로 삼다
服	옷	복	옷, 의복, 입다, 옷을 입다, 복종하다, 굽히다
難	어려울	난	어렵다, 재앙, 근심, 구슬 이름, 힐난하다, 꾸짖다
用	쓸	용	쓰다, 베풀다, 부리다, 등용하다, 행하다, 다스리다
也	어조사	야	어조사, 또, 또한, 잇달다
卒	군사	졸	군사, 하인, 심부름꾼, 집단, 무리
已	이미	이	이미, 말다, 그치다, 버리다, 버려두다
行	갈	행	가다, 걷다, 나아가다, 달아나다, 돌아다니다, 겪다
可	옳을	가	옳다, 가히, 쯤, 정도

❶ If soldiers are punished[1] before they have grown attached[2] to you, they will not prove[3] submissive[4]; and, unless submissive, then will be practically[5] useless.

If, when the soldiers have become attached to you, punishments are not enforced[6], they will still be useless.

병사들이 가까워지기 전에 처벌받으면, 복종하지 않게 될 것이고, 복종하지 않는다면, 사실상 쓸모가 없다.

병사들이 가까워졌는데도, 처벌하지 않는다면, 여전히 쓸모가 없다.

❷ If troops[7] are punished before their loyalty[8] is secured[9] they will be disobedient[10]. If not obedient[11], it is difficult to employ them.

If troops are loyal, but punishments are not enforced[12], you cannot employ them.

부대가 충성심이 확고해지기도 전에 처벌을 받는다면 순종하지 않을 것이다. 순종하지 않는다면, 부대를 쓰기가 어렵다.

부대가 충성하는데도, 처벌하지 않는다면, 쓸 수가 없다.

---

1) pun · ish: ① (사람 또는 죄를) 벌하다; 응징하다 ② …을 혼내주다, 난폭히 다루다; 혹사하다.
2) at · tach: ① 붙이다, 달다; 바르다 ② 부속(소속, 참가)시키다; 〖군사〗 (부대 · 군사 등을) 일시적으로 타부대에 배속하다
3) prove: 증명하다, 입증(立證)하다; 〔 ~ oneself 〕 자기가 …임을 증명하다
4) sub · mis · sive: 복종하는, 순종하는, 유순한, 온순한
5) prac · ti · cal · ly: ① 실제적으로, 실용적으로, 실지로 ② 사실상, 거의 …나 다름없이
6) en · force: ① (법률 등을) 실시(시행)하다, 집행하다 ② (지불 · 복종 등을) 강요(강제)하다; 강행하다
7) troop: ① 대(隊), 떼, 무리《of》 ② (보통 pl.) 군대, 병력 ★ 60 troops는 '병력 60명'의 뜻. ③ 〖軍〗 기병 중대. ④ (보이스카우트의) 분대《최소 5명》; (걸 스카우트의) 단(團)《8-32명으로 구성됨》
8) loy · al · ty: ① 충의, 충절. ② 충성, 성실, 충실.
9) se · cure: ① 안전하게 하다, 굳게 지키다, 굳게 하다 ② 확실하게 하다, 확고히 하다 ③ 보증하다, 책임지다 ④ 인수하다, 보호하다. ⑤ 확보(획득)하다, 얻다, 손에 넣다
10) dis · o · be · di · ent: 순종치 않는; 불효의《to》; 위반하는《to》.
11) obe · di · ent: 순종하는, 유순한, 고분고분한, 말 잘 듣는
12) en · force: ① (법률 등을) 실시(시행)하다, 집행하다 ② (지불 · 복종 등을) 강요(강제)하다, 억지로 시키다; 강행하다 ③ (요구 · 의견 등을) 강경하게 주장하다, 역설(강조)하다.

29

고 령 지 이 문 제 지 이 무 시 위 필 취

故令之以文 齊之以武 是謂必取.

Gù lìng zhī yǐ wén, qí zhī yǐ wǔ, shì wèi bì qǔ.

그러므로 문文으로 명하고 무武를 갖추면 반드시 (승리를) 얻는다.

故	옛	고	예, 이미 지나간 때, 옛, 예전의, 옛날의, 원래, 본래
令	영	령{영}	영, 우두머리, 좋다, 법령, 규칙
之	갈	지	가다, 이(指示代名詞), –의(冠形格助詞)
以	써	이	써, –로써, 부터, –에서, 까닭
文	글월	문	무늬, 채색, 얼룩
齊	가지런할	제	가지런하다, 같다, 같게 하다, 갖추다, 다, 똑같이, 모두
武	굳셀	무	굳세다, 용맹하다, 자만하다, 남을 업신여기다, 군인
是	옳을	시	옳다, 바르다, 옳다고 하다, 바르다고 인정하다
謂	이를	위	이르다, 일컫다, 알리다, 설명하다, 비평·논술하다
必	반드시	필	반드시, 틀림없이, 꼭, 기필하다, 이루어내다, 오로지
取	취할	취	취하다, 골라 뽑다, 돕다, 의지하다

❶ Therefore soldiers must be treated in the first instance[1] with humanity[2], but kept under control[3] by means of iron discipline[4]. This is a certain[5] road to victory.

그러므로 병사들은 우선 인정으로 다루어야 하지만, 강한 규율을 수단으로 감독을 지속적으로 한다. 이것이 승리로 가는 확실한 길이다.

❷ Thus, command[6] them with civility[7] and imbue[8] them uniformly[9] with martial[10] ardour[11] and it may be said that victory is certain.

그러므로 정중한 말로 명하고 군인다운 열의를 가지고 획일적으로 고취시키면 승리는 확실하다고 말할 수 있다.

---

1) in · stance: ① 실례, 사례, 예증 ② 사실, 경우; 단계 ③ 요구, 의뢰; 권고, 제의.
2) hu · man · i · ty: ① 인류 ② 인간성, 인도; (pl.) 인간의 속성, 인간다움. ③ 인간애, 박애, 자애, 인정
3) con · trol: 지배(력); 관리, 통제, 다잡음, 단속, 감독
4) dis · ci · pline: ① 훈련, 훈육; 단련, 수양 ② 규율, 풍기; 자제. ③ 『종교』 고행; 종규, 계율. ④ 훈계, 징계, 처벌.
5) cer · tain: ① 〔서술적〕 (아무가) 확신하는, 자신하는 ② (일이) 확실한, 신뢰할 수 있는, 반드시 일어나는; (지식 · 기술이) 정확한 ③ 반드시 …하는, …하게 정해져 있는
6) com · mand: ① …에게 명(령)하다, …에게 호령〔구령〕하다, 요구하다. ② 지휘하다, …의 지휘권을 갖다; 통솔하다 ③ (감정 따위를) 지배하다, 누르다, 억제하다
7) ci · vil · i · ty: (형식적인) 정중함, 공손함; 예의바름; (pl.) 정중한 말〔행위〕
8) im · bue: ① …에게 감염〔감화〕시키다, 불어넣다 ② 빨아들이게 하다, 스며들게 하다; …에 물들이다
9) uni · form: ① 동일한, 동형의, 같은 ② 동일 표준의, 획일적인 ③ (시간 · 장소에 따라) 변화하지 않는, 일정 불변의 ④ 균등한, 균질의, 균일한, 한결같은, 고른
10) mar · tial: 전쟁의, 군사(軍事)의; 용감한, 호전적인; 군인다운
11) ar · dor: 열정, 열의, 열성; 충정; 작열(灼熱).

30

영 소 행 이 교 기 민 칙 민 복 영 부 소 행 이 교 기 민
令素行以教其民 則民服 令不素行以教其民
Lìng sù xíng yǐ jiào qí mín, zé mín fú, lìng bù sù xíng yǐ jiào qí mín,

칙 민 부 복 영 소 행 자 여 중 상 득 야
則民不服. 令素行者 與衆相得也.
zé mín bù fú. Lìng sù xíng zhě, yǔ zhòng xiāng dé yě.

명령을 평소 하던 대로 하며 병사들을 가르치면 복종하고 평소 하지 않던 명령을 하여 가르치면 복종하지 않는다. 명령이 평소에도 잘 행해지는 것은 병사들과 서로 마음이 맞아 통하는 상태에 있다

* 상득하다(相得—): 두 사람이 서로 마음이 맞아 잘 통하는 상태에 있다

令	영	령{영}	영, 우두머리, 좋다, 법령, 규칙
素	흴	소	희다, 흰빛, 생명주, 한 빛깔의 무늬가 없는 피륙,
行	갈	행, 항	가다, 걷다, 나아가다, 달아나다, 돌아다니다, 겪다
以	써	이	써, -로써, 부터, -에서, 까닭
教	본받을	교	본받다, 가르치다
其	그	기	그(지시 대명사), 의(관형격 조사), 그(감탄, 강세 조사)
民	백성	민	백성, 역(易)에서의 곤(坤)
則	법칙, 본받을	칙, 측	법칙, 곧, 법, 본받다, 모범으로 삼다
服	옷	복	옷, 의복, 입다, 옷을 입다, 복종하다, 굽히다
者	놈	자	놈, 사람, 것, 일을 가리켜 이른다
與	줄	여	주다, 베풀다, 동아리, 무리, 따르다, 돕다, 허락하다
衆	무리	중	무리, 많은 사람, 많은 물건, 많은 일
相	서로	상	서로, 보다, 자세히 보다, 바탕
得	얻을	득	얻다, 이익, 이득, 덕(德)
也	어조사	야	어조사, 또, 또한, 잇달다

❶ If in training soldiers commands[1] are habitually[2] enforced[3], the army will be well-disciplined; if not, its discipline[4] will be bad.

If a general shows confidence[5] in his men but always insists on his orders[6] being obeyed[7], the gain[8] will be mutual[9].

병사 훈련에 있어서 명령이 끊임없이 집행된다면, 그 군대는 기강이 설 것이고, 그렇지 않다면, 기강이 나빠질 것이다.

장수가 병사들에게 확신을 보여주면서 항상 명령에 따르라고 한다면, 공동의 이익이 된다.

❷ If orders which are consistently effective[10] are used in instructing[11] the troops[12], they will be obedient[13]. If orders which are not consistently[14] effective are used in instructing them, they will be disobedient[15].

When orders are consistently trustworthy[16] and observed, the relationship of a commander with his troops is satisfactory.

지조있게 효과적인 명령으로 부대를 훈련시킨다면 순종할 것이다. 지조있게 효과적이지 않은 명령으로 부대를 훈련시킨다면, 순종치 않을 것이다. 명령이 지속적으로 신뢰할 수 있고 준수하면, 그 부대 사령관/지휘관과의 관계는 만족할 만하다.

---

1) com · mand: ① 명령, 호령, 구령; 지령, 분부 ② 지휘(권), 지배(권), 통제 ③ 지배력, 통어력
2) ha · bit · u · al: ① 습관적인(customary), 습성적인; 버릇의〔이 된〕 ③ 평소의, 여느때와 같은, 예(例)의
3) en · force: ① (법률 등을) 실시〔시행〕하다, 집행하다 ② (지불 · 복종 등을) 강요〔강제〕하다; 강행하다
4) dis · ci · pline: ① 훈련, 훈육; 단련, 수양 ② 규율, 풍기; 자제. ③ 『종교』 고행; 종규, 계율. ④ 훈계, 징계, 처벌; ① 훈련〔단련〕하다. ② 훈계〔징계〕하다, 징벌하다 ③ (집단을) 통제하다, 질서를 정리하다.
5) con · fi · dence: ① (남에 대한) 신용, 신뢰 ② 속내 말; 비밀, 내밀한 일 ③ 자신, 확신 ④ 대담, 배짱; 사기
6) or · der: ① (종종 pl.) 명령, 지휘; 훈령; (법원의) 지시; 명령서 ② (집회 등의) 규칙; 준법; (정치 · 사회적) 질서, 치안; 체제, 제도; (관례상의) 의사진행 절차 ③ 순서, 순; 서열, 석차 ④ 정돈, 정리, 정열; 태세
7) obey: …에 복종하다, …에 따르다; …의 명령〔가르침, 소원〕에 따르다; (이성 따위)에 따라 행동하다, (힘 · 충동)대로 움직이다; (기계장치가) …에 반응하다 말을 잘 듣다
8) gain: ① 이익, 이득; (종종 pl.) 수익, 수익금. ② 돈벌이; 상금; 보수
9) mu · tu · al: ① 서로의, 상호 관계가 있는 ② 공동의, 공통의 ㉺ *~ · ly ad. 서로, 공동으로.
10) ef · fec · tive: ① 유효한, 효력이 있는 ② 효과적인, 인상적인, 눈에 띄는 ③ 실제의, 사실상의 ④ 실전에 쓸 수 있는, (전투 등에) 동원할 수 있는 ⑤ 유력한, 유능한.
11) in · struct: ① 가르치다, 교육〔교수〕하다, 훈련하다 ② …에게 지시하다, …에게 지령하다, …에게 명령하다
12) troop: ① 대(隊), 떼, 무리《of》 ② (보통 pl.) 군대, 병력 ★ 60 troops는 '병력 60명'의 뜻. ③ 『軍』 기병 중대.
13) obe · di · ent: 순종하는, 유순한, 고분고분한, 말 잘 듣는
14) con · sist · ently: ① 시종일관하게, 조리 있게, 모순 없이 ② 언행 일치하여, 지조 있게.
15) dis · o · be · di · ent: 순종치 않는; 불효의《to》; 위반하는
16) trust · wor · thy: 신용〔신뢰〕할 수 있는, 확실한, 믿을 수 있는.

十篇
地形

❶ Terrain 지형 – Lionel Giles(라이오넬 자일스) 역
❷ Terrain 지형 – Samuel B. Griffith(사무엘 비 그리피스) 역

* 땅의 형세
1. 여섯 가지 지형– 통형, 괘형, 지형, 애형, 험형, 원형
2. 여섯 가지 지형 활용법
3. 패배에 이르는 여섯 가지 길
4. 독단적 활용
5. 엄정한 지휘통솔
6. 적을 알고 나를 알면 승리는 위태롭지 않고
하늘을 알고 땅을 알면 승리는 온전하다.

十	열	십	열, 열 번, 열 배
篇	책	편	책, 완결된 책, 완결된 시문(詩文), 시문을 세는 단위
地	땅	지	땅, 토지의 신, 처지, 처해 있는 형편
形	모양	형	모양, 몸, 육체, 형세, 세력

孫子兵法

Sūn zǐ bīng fǎ

Art of war

1

손 자 왈 지형 유통자 유괘자 유지자 유애자
孫子曰: 地形 有通者 有掛者 有支者 有隘者
Sūn zǐ yuē: Dì xíng, yǒu tōng zhě, yǒu guà zhě, yǒu zhī zhě, yǒu ài zhě,

유 험 자 유 원 자
有險者 有遠者
yǒu xiǎn zhě, yǒu yuǎn zhě.

손자가 말했다. 지형에는 '통형'이 있고, '괘형'이 있으며, '지형'이 있고, '애형'이 있으며, '험형'이 있고, '원형'이 있다.

孫	손자	손	손자, 자손, 후손, 움, 새싹
子	아들	자	아들, 맏아들, 자식, 어조사
曰	가로	왈	가로되, 말하기를, 이르다, 말하다, 일컫다
地	땅	지	땅, 토지의 신, 처지, 처해 있는 형편
形	모양	형	모양, 몸, 육체, 형세, 세력,나타나다, 드러나다
有	있을	유	있다, 존재하다, 많다, 넉넉하다
通	통할	통	통하다, 꿰뚫다, 두루 미치다, 탈 없이 통하다
者	놈	자	놈, 사람, 것, 일을 가리켜 이른다
掛	걸	괘	걸다, 걸어 놓다, 마음에 걸리다
支	가를	지	가르다, 가지, 지탱하다
隘	좁을	애	좁다, 땅이 좁다, 기량이 좁다, 험하다, 작다
險	험할	험	험하다, 높다, 깊다, 기울다, 위태롭다
遠	멀	원	멀다, 아득하다, 세월이 오래다.

❶ Sun Tzu said: We may distinguish[1] six kinds of terrain[2], to wit[3]: 1 accessible[4] ground; 2 entangling[5] ground; 3 temporizing[6] ground; 4 narrow passes[7]; 5 precipitous[8] heights[9]; 6 positions[10] at a great distance[11] from the enemy.

손자가 말했다. 지형을 여섯 가지 종류로 구분할 수 있는데, 알기로는 1. 접근이 쉬운 지형(通, 통형), 2. 뒤얽힌 지형(挂, 괘형), 3. 임시변통적 지형(支, 지형), 4. 좁은 통로(隘, 애형), 5. 가파른 고지(險, 험형), 6. 적과 멀리 아주 떨어져 있는 위치(遠, 원형) 등이다.

❷ Sun Tzu said: Ground may be classified according to its nature[12] as accessible, entrapping[13], indecisive[14], constricted[15], precipitous[16], and distant.

손자가 말했다. 지형은 특징에 따라 접근이 쉽고(통형, 通), 덫으로 옭아맨 듯 하고(괘형, 挂), 막연하고(지형, 支), 압축된 듯하고(애형, 隘), 가파르고(험형, 險), 거리가 먼 것(원형, 遠) 등으로 분류할 수 있다.

---

1) dis · tin · guish: ① 구별하다, 분별(식별)하다; 분류하다 ② …을 특징지우다; …의 차이를 나타내다
2) ter · rain: 지대, 지역; 『군사』 지형; 지세
3) wit: ① 기지, 재치, 꾀바름, 위트 ② 재치있는 사람, 재사. 《고어》 알다.
4) ac · ces · si · ble: ① 접근(가까이)하기 쉬운, 가기 쉬운(편한) ② 입수하기 쉬운, 이용할 수 있는; 이해하기 쉬운
5) en · tan · gle: ① 엉클어지게 하다, 얽히게 하다 ② (함정 · 곤란 따위에) 빠뜨리다, 휩쓸려(말려)들게 하다 ③ 뒤얽히게 하다, 분규를 일으키게 하다, 혼란시키다; 곤란케 하다.
6) tem · po · rize: ① 고식적인 수단을 취하다, 임시변통하다, 미봉책을 쓰다; 우물쭈물하다;
tém · po · riz · ing=**temporization**: 임시변통의, 타협적인; 방관적인; 영합적인
7) pass: ① 통행, 통과 ② 통로, 좁은 길, 샛길. ⑧ 산길, 고갯길(mountain ~); …재; 『軍』 요충지.
8) pre · cip · i · tous: ① 험한, 가파른, 절벽의; 직하(直下)하는. ② 황급한, 경솔한, 무모한.
9) height: ① 높음. ② 높이, 키; 고도, 해발, 표고 ③ (보통 pl.) 고지, 산, 언덕, 높은 장소(위치).
10) po · si · tion: ① 위치, 장소, 소재지; 적소 ② 지위, 신분; 높은 지위 ③ 직책, 근무처 ④ 태도, 자세; 심적 태도; (문제 등에 대한) 입장, 견해, 주장 ⑤ 상태, 형세, 국면 ⑥ 『軍』 진지, 유리한 지점.
11) dis · tance: ① 거리, 간격. ② 원거리, 먼데 * dis · tant: (거리적으로) 먼, 떨어진
12) na · ture: ① (대)자연, 천지만물, 자연(현상); 자연계; 자연의 힘(법칙); (종종 N–) 조화; 조물주 ② (문명의 영향을 받지 않은) 인간의 자연의 모습; 미개 상태 ③ 천성, 인간성, (사람 · 동물 따위의) 본성; 성질, 자질; …기질의 사람 ④ (the ~) (사물의) 본질, 특질; 특징 ⑤ 본래의 모습; 현실, 진짜. ⑥ (a ~, the ~) 종류; 성질
13) en · trap: 올가미에 걸다; 속여서 빠져들게 하다, 함정에 빠뜨리다
14) in · de · ci · sive: 결단성이 없는, 엉거주춤한, 우유부단한; 또렷하지 않은.
15) con · strict: 압축하다; 죄다; 수축시키다.
16) pre · cip · i · tous: ① 험한, 가파른, 절벽의; 직하(直下)하는. ② 황급한, 경솔한, 무모한.

2

我可以往 彼可以來 曰通.

Wǒ kě yǐ wǎng bǐ kě yǐ lá, yuē tōng.

通形者 先居高陽 利糧道 以戰則利.

Tōng xíng zhě, xiān jū gāo yáng, lì liáng dào, yǐ zhàn zé lì.

아군이 갈 수 있고 적이 올 수 있는 곳을 '통형'이라고 한다.
'통형'이란 먼저 높고 양지바른 곳을 차지하고 보급로를 이로운 점으로 하여 유리한 싸움을 한다.

我	나	아	나, 우리, 외고집
可	옳을	가	옳다, 가히, 쯤, 정도
以	써	이	써, -로써, 부터, -에서, 까닭
往	갈	왕	가다, 옛, 예, 이따금
彼	저	피	저, 저 사람, 삼인칭 대명사, 그, 그이
來	올	래{내}	오다, 장래, 부르다
通	통할	통	통하다, 꿰뚫다, 두루 미치다
形	모양	형	모양, 육체, 형세, 세력, 나타나다, 드러나다
者	놈	자	놈, 사람, 것, 일을 가리켜 이른다
先	먼저	선	먼저, 나아가다, 옛날
居	있을	거	있다, 살다, 거주하다, 앉다, 차지하다
陽	볕	양	볕, 양지, 양(陽), 밝다
利	날카로울	리{이}	이롭다, 유익하다, 편리하다, 날카롭다, 통하다
糧	양식	량{양}	양식, 식량의 총칭
道	길	도	길, 이치, 근원, 기능, 방법, 사상, 인의
戰	싸울	전	싸우다, 싸움, 전쟁, 두려워하다
則	법칙, 본받을	칙, 측	법칙, 곧, 법, 본받다, 모범으로 삼다

❶ Ground which can be freely[1)] traversed[2)] by both sides is called accessible[3)].

With regard[4)] to ground of this nature[5)], be before the enemy in occupying[6)] the raised[7)] and sunny spots[8)], and carefully guard[9)] your lin e[10)] of supplies. Then you will be able to fight with advantage[11)].

양쪽 모두 마음대로 통과할 수 있는 지형은 〈접근이 쉬운 지형(통형 通)〉이라고 한다.

이런 특징의 지형에 관하여 적보다 앞서 높고, 햇볕이 잘 드는 장소를 차지하고, 보급로를 주의 깊게 지킨다. 그래서 유리하게 싸울 수 있다.

❷ Ground which both we and the enemy can traverse with equal ease[12)] is called accessible.

In such ground, he who first takes high sunny positions convenient[13)] to his supply routes can fight advantageously[14)].

아군과 적군 양쪽 모두 쉽게 통과할 수 있는 지형은 〈접근이 쉬운 지형(통형, 通)〉이라고 한다.

그런 지형에서는 높고 햇볕이 잘 드는 가까운 장소를 먼저 차지한 자는 유리하게 싸운다.

---

1) free · ly: ① 자유로이; 마음대로. ② 거리낌 없이, 마음 가벼이. ③ 아낌없이; 활수하게. ④ 무료〔공짜〕로.
2) trav · erse: ① 가로지르다, 횡단〔통과, 관통〕하다 ② …의 여기저기를 걷다, 구석구석을 걷다 ③ 주의깊게〔전면적으로, 자세히〕 고찰〔음미〕하다 ④ …에 반대하다, 방해하다
3) ac · ces · si · ble: ① 접근〔가까이〕하기 쉬운, 가기 쉬운〔편한〕, 면회하기 쉬운 ② 입수하기 쉬운, 이용할 수 있는; 이해하기 쉬운 ③ 영향받기 쉬운, 감동되기 쉬운
4) re · gard: ① a) 주목해서 보다, 주시〔응시〕하다 b) (애정 · 증오 따위의 감정을 가지고) 보다, 대하다 ② 중시하다, 존중〔존경〕하다; 주의하다 ③ (…을) 고려〔참작〕하다, (…에) 주의하다 ④ …을 (—로) 생각하다〔여기다〕
5) na · ture: ① (대)자연, 천지만물, 자연 ② 인간의 자연의 모습; 미개 상태 ③ 천성, 인간성, (사람 · 동물 따위의) 본성; 성질, 자질; …기질의 사람 ④ (사물의) 본질, 특질; 특징 ⑤ 본래의 모습; 현실, 진짜. ⑥ 종류; 성질
6) oc · cu · py: ① (시간 · 장소 따위를) 차지하다 ② 점령〔점거〕하다, 영유하다 ③ …에 거주하다, 점유하다; 사용하다; 차용하다 ④ (지위 · 일자리를) 차지하다
7) raised: ① 높인, 높아진, 봉긋한. ② 도드라진
8) spot: ① 반점, 점; 얼룩 ② (특정의) 장소, 지점; 현장
9) guard: ① 지키다, 보호하다, 호위하다, 방호하다 ② 망보다, 감시하다, 경계〔주의〕하다 ③ 억제하다, 삼가다
10) line: a) 열, 줄, 행렬; b) (전투의) 전선, (pl.) 참호, 누벽; 방어선; 전열, 전선〔전열〕 부대, 전열함(艦)
11) ad · van · tage: ① 유리; 이익; 편의 ② 우세, 우월 ③ 이점, 장점: ad · van · ta · geous: 유리한; 형편이 좋은 ㉺~ · ly
12) ease: ① 안락, 편안; 여유 ② 평정, 안심. ③ 한가, 태평. ④ 홀가분함, 쇄락 ⑤ 편함, 편안함, 경감
13) con · ven · ient: ① 편리한, 사용하기 좋은〔알맞은〕, 편의한; 형편 좋은 ② 가까이에(accessible)《to; for》
14) ad · van · ta · geous: 유리한; 형편이 좋은

3

가 이 왕 난 이 반 왈 괘 괘 형 자 적 무 비 출 이 승 지

可以往 難以返 曰掛. 掛形者 敵無備 出而勝之

Kě yǐ wǎng, nán yǐ fǎn, yuē guà. Guà xíng zhě, dí wú bèi, chū ér shèng zhī,

적 약 유 비 출 이 불 승 난 이 반 불 리

敵若有備 出而不勝 難以返 不利.

dí ruò yǒu bèi, chū ér bù shèng, nán yǐ fǎn, bù lì.

갈 수는 있으나 돌아오기 어려운 곳을 '괘형'이라고 한다. 괘형은 적이 대비하지 않으면 나아가서 이길 수 있고 적이 대비하고 있으면 나아가도 승리하지 못하고 돌아오기도 불리하다.

可	옳을	가	옳다, 가히, 쯤, 정도
以	써	이	써, -로써, 부터, -에서, 까닭
往	갈	왕	가다, 옛, 예, 이따금
難	어려울	난	어렵다, 재앙, 근심, 구슬 이름, 힐난하다
返	돌아올	반	돌아오다, 되돌아오다, 돌려주다, 바꾸다
掛	걸	괘	걸다, 걸어 놓다, 마음에 걸리다
形	모양	형	모양, 몸, 육체, 형세, 세력, 나타나다, 드러나다
者	놈	자	놈, 사람, 것, 일을 가리켜 이른다
敵	원수	적	원수, 상대방, 대등하다, 맞서다
無	없을	무	없다, 허무(虛無)의 도, 말라, 금지하는 말
備	갖출	비	갖추다, 갖추어지다, 준비
而	말이을	이	말 이음, 순접·역접의 접속사
勝	이길	승	이기다, 낫다, 뛰어나다, 뛰어난 것
若	같을	약	같다, 너, 만일
有	있을	유	있다, 존재하다, 많다, 넉넉하다
勝	이길	승	이기다, 낫다, 뛰어나다, 뛰어난 것
利	날카로울	리{이}	이롭다, 유익하다, 편리하다, 날카롭다, 통하다

❶ Ground which can be abandoned[1] but is hard to re-occupy is called entangling[2]. From a position[3] of this sort[4], if the enemy is unprepared, you may sally[5] forth[6] and defeat him. But if the enemy is prepared for your coming, and you fail to defeat him, then, return being impossible, disaster will ensue[7].

버릴 수는 있지만 다시 차지하기 힘든 지형은 〈뒤얽힌 지형(괘형, 掛)〉이라고 한다. 이런 부류의 위치에서, 적이 대비가 되지 않았다면, 힘차게 진격하여 격파할 수 있다. 하지만 적이 공격에 대비가 되어 있고, 격파하는데 실패한다면, 돌아가기 불가능하고, 참사가 뒤따를 것이다.

❷ Ground easy to get out of but difficult to return to is entrapping[8]. The nature[9] of this ground is such that if the enemy is unprepared and you sally out you may defeat him. If the enemy is prepared and you go out and engage[10], but do not win, it is difficult to return. This is unprofitable[11].

나오기는 쉽지만 되돌아가기 어려운 지형은 〈덫으로 옭아맨 듯한 지형(掛, 괘형)〉이다. 이 지형의 특징은 적이 대비가 되어 있지 않다면, 힘차게 진격하여 격파할 수 있다. 적이 대비가 되어 있고, 나가서 교전하여 이길 수 없다면, 돌아가기 어렵다. 이것은 무익하다.

---

1) aban · don: ① 버리다, 버려 두다; 버리고 떠나다 ② 단념하다, 그만두다 ③ (…에게) 명도하다
2) en · tan · gle: ① 엉클어지게 하다, 얽히게 하다 ② 빠뜨리다, 휩쓸려〔말려〕들게 하다 ③ 뒤얽히게 하다, 분규를 일으키게 하다, 혼란시키다; 곤란케 하다.
3) po · si · tion: ① 위치, 장소, 소재지; 적소 ② 상태, 형세, 국면
4) sort: ① 종류(kind), 부류 ② 성질, 품질(quality), 품등(品等)
5) sal · ly: ① 출격하다. ② 기운차게 나오다; (소풍 등을) 신나게 출발하다
6) forth: ① 앞으로(forward); 전방으로 ② 밖으로, 외부로
7) en · sue: ① 계속해서〔잇따라〕 일어나다. ② 결과로서 일어나다; 《古》 …의 실현〔달성〕을 위해 노력하다.
8) en · trap: 올가미에 걸다; 속여서 빠져들게 하다, 함정에 빠뜨리다
9) na · ture: ① (대)자연, 천지만물, 자연(현상); 자연계; 자연의 힘〔법칙〕 ② 인간의 자연의 모습; 미개 상태 ③ 천성, 인간성, 본성; 성질, 자질; …기질의 사람 ④ (the ~) (사물의) 본질, 특질; 특징 ⑤ 본래의 모습; 현실, 진짜.
10) en · gage: ① 약속하다; (맹세 · 약속 따위로) 속박하다; 보증하다, 맡다 ② 〔수동태로〕 약속〔예약〕이 있다 ③ 〔흔히 수동태〕 약혼시키다 ④ (아무를) 고용하다, 계약하다 ⑤ (시간을) 투입〔충당〕하다, 쓰다; 〔수동태로〕 종사하다, 바쁘다 ⑦ 끌어들이다; 끌다 ⑧ …의 마음을 〔호의를〕 끌다 ⑨ 교전시키다; …와 교전하다
11) un · prófitable: 이익 없는, 수지 안 맞는, 손해되는; 무익한, 헛된, 불리한.

4

아 출 이 불 리 피 출 이 불 리 왈 지 지 형 자 적 수 이 아
我出而不利 彼出而不利 曰支. 支形者 敵雖利我
Wǒ chū ér bù lì, bǐ chū ér bù lì, yuē zhī, Zhī xíng zhě, dí suī lì wǒ,

아 무 출 야 인 이 거 지 영 적 반 출 이 격 지 리
我無出也 引而去之 令敵半出而擊之 利.
wǒ wú chū yě, yǐn ér qù zhī, lìng dí bàn chū ér jī zhī, lì.

아군이 나아가도 이롭지 못하고 적이 나아가도 이롭지 못한 곳을 '지형'이라고 한다.
지형이란 비록 적이 아군에게 이익을 줄 지라도 나아가서는 안되고 (적을) 끌어들이고 (뒤로) 물러나 적을 반쯤 나오게 하여 공격하면 유리하다.

而	말이을	이	말 이음, 순접·역접의 접속사
利	날카로울	리{이}	이롭다, 유익하다, 편리하다, 날카롭다, 통하다
彼	저	피	저, 저 사람, 삼인칭 대명사, 그, 그이, 아니다(匪)
曰	가로	왈	가로되, 말하기를, 이르다, 말하다, 일컫다
支	가를	지	가르다, 가지, 지탱하다
形	모양	형	모양, 몸, 육체, 형세, 세력,나타나다, 드러나다
者	놈	자	놈, 사람, 것, 일을 가리켜 이른다
敵	원수	적	원수, 상대방, 대등하다, 맞서다
雖	비록	수	비록, 그러나, =라 하더라도, =라 할지라도
無	없을	무	없다, 허무(虛無)의 도, 말라, 금지하는 말
也	어조사	야	어조사, 또, 또한, 잇닿다
引	끌	인	끌다, 끌어당기다, 활을 쏘다, 물러나다, 물리치다
去	갈	거	가다, 떠나다, 잃다, 잃어버리다, 배반하다
令	영	령{영}	영, 우두머리, 좋다, 법령, 규칙
半	반	반	반, 한창, 절정, 조각, 떨어진 한 부분
擊	부딪칠	격	부딪치다, 배나 수레가 질서 있게 나아가다

❶ When the position is such that neither side will gain by making the first move, it is called temporizing[1] ground. In a position[2] of this sort, even though the enemy should offer us an attractive[3] bait, it will be advisable[4] not to stir[5] forth[6], but rather to retreat[7], thus enticing[8] the enemy in his turn; then, when part of his army has come out, we may deliver[9] our attack with advantage.

양쪽 모두 먼저 움직였을 때 얻을 것이 없으면, 〈임시변통적 지형(支, 지형)〉이라고 한다. 이런 부류의 장소에서는, 적이 관심을 끄는 미끼를 놓을지라도, 앞으로 움직이지 않고, 퇴각하는 것이 현명하고, 적을 부추긴 다음, 적의 일부가 나타나면, 유리하게 공격을 가할 수 있다.

❷ Ground equally disadvantageous[10] for both the enemy and ourselves to enter is indecisive[11]. The nature[12] of this ground is such that although the enemy holds out a bait I do not go forth[13] but entice him by marching off. When I have drawn[14] out half his force, I can strike[15] him advantageousl y[16].

들어가기에 아군과 적군 모두에게 공통적으로 불리한 지형은 〈막연하다(支, 지형)〉고 한다. 이 지형의 특성은 적이 미끼를 내밀지라도 나아가지 말고 전진하는 것을 중지함으로써 적을 부추겨라. 적의 병력 절반이 나타나면, 유리하게 공격할 수 있다.

---

1) tém · po · rìz · ing: 임시변통의, 타협적인; 방관적인; 영합적인
2) po · si · tion: ① a) 위치, 장소, 소재지; 적소 b) (사회적) 처지, 입장 ② 지위, 신분; 높은 지위
3) at · trac · tive: ① 사람의 마음을 끄는; 매력적인, 애교 있는 ② (의견 · 조건 등이) 관심을 끄는
4) ad · vís · a · ble: 권할 만한, 적당(타당)한; 득책의, 현명한
5) stir: ① 움직이다, (억지로, 약간) 움직이다 ② 휘젓다, 뒤섞다 ③ 분발(분기)시키다
6) forth: ① 앞으로(forward); 전방으로 ② 밖으로, 외부로 ③ (시간적으로) 이후
7) re · treat: ① 물러가다, 후퇴하다, 퇴각하다 ② 그만두다, 물러나다, 손을 떼다
8) en · tice: 꾀다, 유혹하다; 부추기다; (아무를) 부추겨 …시키다
9) de · liv · er: ① 인도하다, 교부하다 ② 배달(송달)하다, 전하다, ③ 가하다, 주다; (공을) 던지다
10) dis · ad · van · ta · geous: 불리한, 손해되는; 형편상 나쁜, 불편한.
11) in · de · ci · sive: 결단성이 없는, 엉거주춤한, 우유부단한; 또렷하지 않은, 막연한.
12) na · ture: (대)자연, 천지만물, 자연(현상); 자연계; 자연의 힘(법칙)
13) forth: ① 앞으로(forward); 전방으로 ② 밖으로, 외부로 ③ (시간적으로) 이후
14) draw: ① 끌다, 당기다, 끌어당기다; 끌어당겨서 …하다 ② 끌다; 꾀어들이다; 끌어들이다
15) strike: ① 치다, 두드리다, 때리다 ② 맞부딪치다, 부딪다, 들이받다 ③ 일격을 가하다, (타격을) 가하다, 주다
16) ad · van · ta · geous: 유리한; 형편이 좋은

5

애 형 자 아 선 거 지 필 영 지 이 대 적
隘形者 我先居之 必盈之以待敵.
Ài xíng zhě, wǒ xiān jū zhī, bì yíng zhī yǐ dài dí.

약 적 선 거 지 영 이 물 종 불 영 이 종 지
若敵先居之 盈而勿從 不盈而從之.
Ruò dí xiān jū zhī, yíng ér wù cóng, bù yíng ér cóng zhī.

'애형'에서는 아군이 먼저 차지하여 반드시 (양쪽에 병력을) 채워놓고 적을 기다린다.
만약 적이 먼저 차지하여 (양쪽에 병력을) 채워놓고 있으면 나아가지 말고, (양쪽에 병력을) 채워놓지 않으면 나아간다.

隘	좁을	애	좁다, 땅이 좁다, 기량이 좁다, 험하다, 작다
形	모양	형	모양, 몸, 육체, 형세, 세력,나타나다, 드러나다
者	놈	자	놈, 사람, 것, 일을 가리켜 이른다
我	나	아	나, 우리, 외고집
先	먼저	선	먼저, 나아가다, 옛날
居	있을	거	있다, 살다, 거주하다, 앉다, 차지하다
之	갈	지	가다, 이(指示代名詞), –의(冠形格助詞)
必	반드시	필	반드시, 틀림없이, 꼭, 기필하다, 이루어내다
盈	찰	영	차다, 그릇에 가득 차다, 가득 차 넘치다, 자라다
以	써	이	써, –로써, 부터, –에서, 까닭
待	기다릴	대	기다리다, 갖추다, 대비하다, 막다, 방비하다
敵	원수	적	원수, 상대방, 대등하다, 맞서다
若	같을	약	같다, 너, 만일
而	말이을	이	말 이음, 순접역접의 접속사
勿	말	물	말다, 말라, 말아라, 아니다, 없다, 깃발
從	좇을	종	좇다, 순직하다, 숙부드럽다, 나아가다

❶ With regard[1] to narrow passes, if you can occupy[2] them first, let them be strongly garrisoned[3] and await the advent[4] of the enemy.

Should the army forestall[5] you in occupying a pass, do not go after him if the pass is fully garrisoned[6], but only if it is weakly garrisoned.

〈좁은 통로(隘, 애형)〉에서, 적보다 먼저 차지할 수 있다면, 그곳을 강력하게 수비하고 적의 출현을 기다린다.

통로를 차지함에 있어 적이 먼저 앞질렀고, 그 통로의 수비가 잘 되어 있다면, 적을 쫓지 않지만, 약하게 수비하고 있다면 공격한다.

❷ If I first occupy constricted[7] ground I must block[8] the passes and await the enemy.

If the enemy first occupies such ground and blocks the defiles[9] I should not follow him; if he does not block them completely[10] I may do so.

〈압축된 듯한 지형(隘, 애형)〉을 먼저 차지한다면 그 통로를 막고 적을 기다린다.

적이 먼저 그런 지형을 차지하여 좁은 길을 막고 있다면 쫓지 말고, 철저하게 막고 있지 않다면 공격한다.

---

1) re · gard: ① a) 주목해서 보다, 주시[응시]하다 b) (애정 · 증오 따위의 감정을 가지고) 보다, 대하다 ② 중시하다, 존중[존경]하다; 주의하다 ③ (…을) 고려[참작]하다, (…에) 주의하다 ④ …을 (—로) 생각하다[여기다]
2) oc · cu · py: ① (시간 · 장소 따위를) 차지하다; (시간을) 요하다 ② 점령[점거]하다, 영유하다 ③ …에 거주하다, 점유하다; 사용하다; 차용하다 ④ (지위 · 일자리를) 차지하다
3) gar · ri · son:…에 수비대를 두다; 수비하다; (부대를) 주둔시키다.
4) ad · vent: 도래(到來), 출현
5) fore · stall: …을 앞지르다, 앞질러 방해하다, …의 기선을 제압하다; (이익을 위해) 매점하다.
6) ful · ly: 충분히, 완전히; 전혀.
7) con · strict: 압축하다; 죄다; 수축시키다. ⓟ~ · ed [-id] a. 압축된;
8) block: ① 막다, 방해하다, 폐색[봉쇄]하다; 차단하다 ② …의 장애가 되다
9) de · file:(종대가 지나갈 정도의) 애로(隘路), 좁은 골짜기.
10) com · plete: ① 완전한, 완벽한; 흠잡을 데 없는, 완비된 ② 전부의, 전부 갖춘 ③ 전면적인, 철저한

6

험 형 자 아 선 거 지 필 거 고 양 이 대 적
險形者 我先居之 必居高陽以待敵.
Xiǎn xíng zhě, wǒ xiān jū zhī, bì jū gāo yáng yǐ dài dí.

약 적 선 거 지 인 이 거 지 물 종 지
若敵先居之 引而去之 勿從也.
Ruò dí xiān jū zhī, yǐn ér qù zhī, wù cóng yě.

'험형'에서는 아군이 먼저 차지하여 반드시 높고 양지바른 곳을 점령해 적을 기다린다.
만약 적이 먼저 차지하였다면 (병력을) 이끌고 떠나야 하고 (그곳으로) 나아가지 않는다.

險	험할	험	험하다, 높다, 깊다, 기울다, 위태롭다
形	모양	형	모양, 몸, 육체, 형세, 세력, 나타나다, 드러나다
者	놈	자	놈, 사람, 것, 일을 가리켜 이른다
先	먼저	선	먼저, 나아가다, 옛날
居	있을	거	있다, 살다, 거주하다, 앉다, 차지하다
必	반드시	필	반드시, 틀림없이, 꼭, 기필하다, 이루어내다
陽	볕	양	볕, 양지, 양(陽), 밝다
以	써	이	써, -로써, 부터, -에서, 까닭
待	기다릴	대	기다리다, 갖추다, 대비하다, 막다, 방비하다
敵	원수	적	원수, 상대방, 대등하다, 맞서다
若	같을	약	같다, 너, 만일
引	끌	인	끌다, 끌어당기다, 활을 쏘다, 물러나다, 물리치다
而	말이을	이	말 이음, 순접·역접의 접속사
去	갈	거	가다, 떠나다, 잃다, 잃어버리다, 배반하다
勿	말	물	말다, 말라, 말아라, 아니다, 없다, 깃발
從	좇을	종	좇다, 순직하다, 숙부드럽다, 나아가다
也	어조사	야	어조사, 또, 또한, 잇달다

❶ With regard[1] to precipitous[2] heights[3], if you are beforehand with your adversary[4], you should occupy[5] the raised[6] and sunny spots[7], and there wait for him to come up.

If the enemy has occupied them before you, do not follow him, but retreat[8] and try to entice[9] him away.

〈가파른 고지(험형, 險)〉에서는 적보다 먼저 도착한다면, 높고 햇볕이 잘 드는 장소를 차지하여, 적이 올라오기를 기다린다.

적이 먼저 점령했다면, 따라가지 말고, 물러나 유인하도록 한다.

❷ In precipitous ground I must take position[10] on the sunny heights and await the enemy.

If he first occupies such ground I lure[11] him by marching[12] off; I do not follow him.

〈가파르고(險, 험형)〉에서는 햇볕이 잘 드는 고지에 자리를 잡고 적을 기다려야 한다.

적이 먼저 그러한 지형을 차지한다면 행군을 멈추고, 유인하여 따라가지 말라.

---

1) re · gard: ① a) 주목해서 보다, 주시(응시)하다 b) (애정 · 증오 따위의 감정을 가지고) 보다, 대하다 ② 중시하다, 존중(존경)하다; 주의하다 ③ (…을) 고려(참작)하다, (…에) 주의하다 ④ …을 (—로) 생각하다(여기다)

2) pre · cip · i · tous: ① 험한, 가파른, 절벽의; 직하(直下)하는. ② 황급한, 경솔한, 무모한.

3) height: ① 높음. ② 높이, 키; 고도, 해발, 표고 ③ (보통 pl.) 고지, 산, 언덕, 높은 장소(위치).

4) ad · ver · sary: 적, 상대, 대항자

5) oc · cu · py: ① (시간 · 장소 따위를) 차지하다; (시간을) 요하다 ② 점령(점거)하다, 영유하다 ③ …에 거주하다, 점유하다; 사용하다; 차용하다 ④ (지위 · 일자리를) 차지하다

6) raised: ① 높인, 높아진, 봉긋한. ② 도드라진 ③ (빵 따위를) 효모로 부풀린 ④ 보풀이 일게 한.

7) spot: ① 반점, 점; 얼룩 ② (특정의) 장소, 지점; 현장

8) re · treat: ① 물러가다, 후퇴하다, 퇴각하다 ② 틀어박히다, 죽치다, 은퇴하다 ③ 움쑥 들어가다, 움푹해지다 ④ 그만두다, 물러나다, 손을 떼다 ⑤ 『항공』 뒤쪽으로 기울다

9) en · tice: 꾀다, 유혹하다; 부추기다; (아무를) 부추겨 …시키다

10) po · si · tion: ① a) 위치, 장소, 소재지; 적소 b) (사회적) 처지, 입장 ② 지위, 신분; 높은 지위 ③ 직책, 근무처 ④ 태도, 자세; 심적 태도; (문제 등에 대한) 입장, 견해, 주장 ⑤ 상태, 형세, 국면

11) lure: (매를) 불러들이다; 유혹하다, 유인해(꾀어)내다, 불러내다

12) march: ① 『군사』 (대열을 지어) 행진하다; (당당하게) 걷다, 빨리 전진하다 ② (사건 따위가) 진전하다 ③ (나무 따위가) 나란히 늘어서 있다. ④ (말 · 행동 따위가 …와) 일치하다, 조화되다; …을 행진시키다, 행군시키다

7

원 형 자 세 균 난 이 도 전 전 이 불 리 범 차 육 자
遠形者 勢均 難以挑戰 戰而不利 凡此六者
Yuǎn xíng zhě, shì jūn, nán yǐ tiǎo zhàn, zhàn ér bù lì, Fán cǐ liù zhě,

지 지 도 야 장 지 지 임 불 가 불 찰 야
地之道也 將之至任 不可不察也.
de zhī dào yě, jiāng zhī zhì rèn, bù kě bù chá yě.

'원형'에서는 (양쪽의) 세력이 고르면 싸움을 걸기가 어렵고 싸워도 불리하다. 무릇 이 여섯 가지는 지형의 기능이고 장수의 중요한 임무이므로 반드시 살피지 않을 수 없다.

遠	멀	원	멀다, 아득하다, 세월이 오래다
形	모양	형	모양, 몸, 육체, 형세, 세력, 나타나다, 드러나다
勢	기세	세	기세, 무리, 인중(人衆), 불알
均	고를	균	고르다, 평평하게 하다, 조화를 이루다, 갈다
難	어려울	난	어렵다, 재앙, 근심, 구슬, 이름, 힐난하다, 꾸짖다
以	써	이	써, -로써, 부터, -에서, 까닭
挑	휠	도	휘다, 굽다, 돋우다, 심지, 의욕을 돋우다
戰	싸울	전	싸우다, 싸움, 전쟁, 두려워하다, 두려워서 떨다
利	날카로울	리{이}	이롭다, 유익하다, 편리하다, 날카롭다, 통하다
凡	무릇	범	무릇, 모두, 다, 합계
此	이	차	이, 이곳, 이것, 가까운 사물을 가리킴, 이에
地	땅	지	땅, 토지의 신, 처지, 처해 있는 형편
道	길	도	길, 이치, 근원, 기능, 방법, 사상, 인의
也	어조사	야	어조사, 또, 또한, 잇달다
將	장차	장	장차, 막-하려 한다, 마땅히-하여야 한다
至	이를	지	이르다, 도래하다, 미치다, 닿다, 두루 미치다
任	맡길	임	맡기다, 맡은 일, 마음대로
察	살필	찰	살피다, 알다, 살펴서 알다, 조사하다

❶ If you are situated[1] at a great distance from the enemy, and the strength[2] of the two armies is equal, it is not easy to provoke[3] a battle, and fighting will be to your disadvantage.

These six are the principles[4] connected with Earth. The general who has attained[5] a responsible post must be careful to study them.

적으로부터 아주 〈먼 거리(원형, 遠)〉에 있고, 두 군대의 군사력이 동등하다면, 전투를 일으키기가 쉽지 않고, 싸움은 불리할 것이다.

이런 여섯 가지는 지형과 관련된다. 책임있는 지위에 있는 장군은 적을 주의 깊게 눈여겨 살펴야 한다.

❷ When at a distance from an enemy of equal strength it is difficult to provoke battle and unprofitable[6] to engage[7] him in his chosen position[8].

These are the principles relating to six different types of ground. It is the highest responsibility[9] of the general to inquire[10] into them with the utmost[11] care.

동등한 군사력의 적으로부터 〈먼 거리(遠, 원형)〉에 있으면 적이 선택한 장소에서 교전하면 불리하다.

이런 여섯 가지 유형의 지형과 관련된 원칙이 있다. 극도로 주의를 기울이며 조사하는 것은 최고 책임을 가진 장군이다.

---

1) sit · u · ate: ① (어떤 장소에) 놓다, …의 위치를 정하다. ② (어떤 입장 · 조건에) 놓이게 하다.
2) strength: ① 세기, 힘 ② 체력, 근력. ③ 세력, 병력, 인원수, 정원
3) pro · voke: ① (감정 따위를) 일으키다, 일으키게 하다 ② 성나게 하다, 신경질나게 하다 ③ 유발시키다, 이끌다, 자극하여 …시키다 ④ 선동(도발)하다; 야기시키다, 생기게 하다
4) prin · ci · ple: ① 원리, 원칙, 법칙 ② 근본 방침, 주의 ③ 행동 원리, 정의; 도의, 절조 ④ 본질, 소인(素因)
5) at · tain: ① (장소 · 위치 · 나이 등에) 이르다, 도달하다. ② (목적 · 소원을) 달성(성취)하다, …에 달하다; (명성 · 부귀 따위를) 획득하다, 손에 넣다
6) un · prófitable: 이익 없는, 수지 안 맞는, 손해되는; 무익한, 헛된, 불리한.
7) en · gage: ① 약속하다; (맹세 · 약속 따위로) 속박하다; 보증하다, 맡다 ② 약속(예약)이 있다 ③ 약혼시키다 ④ (아무를) 고용하다, 계약하다 ⑤ (시간을) 투입(충당)하다, 쓰다; 종사하다, 바쁘다 ⑦ 끌어들이다; 끌다 ⑧ …의 마음을 〔호의를〕 끌다 ⑨ 교전시키다; …와 교전하다
8) po · si · tion: ① a) 위치, 장소, 소재지; 적소 b) (사회적) 처지, 입장 ② 지위, 신분; 높은 지위 ③ 직책, 근무처 ④ 태도, 자세; 심적 태도; (문제 등에 대한) 입장, 견해, 주장 ⑤ 상태, 형세, 국면
9) re · spon · si · bil · i · ty: ① 책임, 책무, 의무 ② 책임이 되는 것, 부담, 무거운 짐 ③ 신뢰성(도); 의무 이행 능력
10) in · quire: ① 묻다, 질문하다. ② 문의하다, 조회하다. ♣ ~ into (사건 따위를) 조사하다.
11) ut · most: ① 최대한도의, 최고도의, 극도의, 극단의 ② 가장 먼, 맨 끝의; 최후의

8

고 병 유 주 자 유 이 자 유 함 자 유 붕 자 유 난 자

故兵 有走者 有弛者 有陷者 有崩者 有亂者

Gù bīng, yǒu zǒu zhě, yǒu chí zhě, yǒu xiàn zhě, yǒu bēng zhě, yǒu luàn zhě,

유 북 자 범 차 육 자 비 천 지 지 재 장 지 과 야

有北者. 凡此六者 非天地之災 將之過也.

yǒu běi zhě. Fán cǐ liù zhě, fēi tiān dì zhī zāi, jiāng zhī guò yě.

그러므로 군대에는 '주병'이 있고, '이병'이 있으며, '함병'이 있고, '붕병'이 있으며, '난병'이 있고, '배병'이 있다. 무릇 이 여섯 가지는 하늘과 땅의 재앙이 아니라 장수의 허물이다.

故	옛	고	예, 이미 지나간 때, 옛, 예전의, 옛날의
兵	군사	병	군사 병, 싸움, 전쟁, 무기, 병기
走	달릴	주	달리다, 빨리 가다, 가다, 향하여 가다, 달아나다
者	놈	자	놈, 사람, 것, 일을 가리켜 이른다
弛	늦출	이	늦추다, 활 부리다, 활시위를 벗기다, 없애다
陷	빠질	함	빠지다, 떨어지다, 추락하다, 가라앉다, 파묻히다
崩	무너질	붕	무너지다, 흩어지다, 앓다
亂	어지러울	란{난}	어지럽다, 다스리다, 반역(反逆)
北	북녘	북	북녘, 북쪽으로 가다, 달아나다, 도망치다
凡	무릇	범	무릇, 모두, 다, 합계
此	이	차	이, 이곳, 이것, 가까운 사물을 가리킴, 이에, 그래서
非	아닐	비	아니다, 부정(否定)의 조사, 등지다, 배반하다, 거짓
災	재앙	재	재앙, 화재, 주벌(誅伐)하다
將	장차	장	장차, 막-하려 한다, 마땅히-하여야 한다, 어찌
過	지날	과	지나다, 초월하다, 낫다, 빠져나가다, 여유가 있다
也	어조사	야	어조사, 또, 또한, 잇달다

❶ Now an army is exposed[1] to six several calamities[2], not arising from natural[3] causes, but from faults[4] for which the general is responsible. These are: 1 Flight; 2 insubordination[5]; 3 collapse[6]; 4 ruin; 5 disorganization[7]; 6 rout[8].

군대는 자연적인 원인으로, 일어나는 것이 아닌, 여섯 가지 재난에 노출된다. 이런 것들은 1. 도주 2. 불복종 3. 와해 4. 파멸 5. 분열 6. 패주 등이다.

❷ Now when troops[9] flee[10], are insubordinate[11], distressed[12], collapse in disorder[13] or are routed[14], it is the fault of the general. None of these disasters can be attributed[15] to natural causes.

군대가 도주하고, 불복종하며, 지치고, 혼란 속에서 무너지거나, 분열하면, 그것은 장수의 실책이다. 이러한 재난은 천재지변적인 원인으로 탓을 돌릴 수는 없다.

---

1) ex · pose: ① 쐬다, 맞히다, 노출시키다; 몸을 드러내다; 접하게 하다 ② 폭로하다, 까발리다, …의 가면을 벗기다; 적발하다 ③ 보이다; 진열하다, 팔려고 내놓다. ④ 표시하다, 발표하다, 밝히다.

2) ca · lam · i · ty : 재난; 참화, 재해(misery); 불행, 비운(悲運)(misfortune).

3) nat · u · ral: ① 자연의, 자연계의, 자연계에 관한 ② 천연의, 자연 그대로의, 인공(人工)에 의하지 않은, 가공하지 않은. ③ 미개간의 ④ 타고난, 천부의. ⑤ 자연 발생적인

4) fault: ① 과실, 잘못, 허물, 실책 ② 결점, 결함, 단점, 흠

5) in · sub · òr · di · ná · tion: 불순종, 반항.

6) col · lapse: ① 붕괴, 와해. ② (제도의) 도괴; (계획의) 좌절; (가격의) 폭락; (가치 · 효력 따위의) 소실, 급락

7) dis · òr · gan · i · zá · tion: 해체, 분해, 분열; 혼란, 무질서.

8) route: ① 도로, 길. ② (일정한) 통로, 노선 ③ 수단, 방법, ④ [raut] 《古》 〖軍〗 행군 명령.

9) troop: ① 대(隊), 떼, 무리《of》 ② (보통 pl.) 군대, 병력 ★ 60 troops는 '병력 60명'의 뜻.

10) flee: ① 달아나다, 도망하다, 내빼다; 피하다② 사라져 없어지다, 소산하다; ① …에서 도망치다, 떠나다

11) in · sub · or · di · nate: 고분고분〔순종〕하지 않는, 말을 듣지 않는, 반항하는; 하위(下位)가 아닌, 뒤지지 않는

12) dis · tressed: 고뇌에 지친; 가난한; 투매(投賣)의; 흠을 내어 옛날 물건 티를 낸《가구 등》

13) dis · or · der: ① 무질서, 어지러움, 혼란 ② 소요(騷擾), 불온. ③ (심신의) 부조(不調), 장애, 질환, 이상.

14) route: ① …의 순서〔절차〕를 정하다. ② (어떤 경로 · 노선에 의해) 발송〔송달〕하다; (어떤 방향으로) 돌리다

15) at · trib · ute: ① (… 에) 돌리다, (…의) 탓으로 하다, (…의) 행위로〔소치로, 업적으로〕 하다 ② (성질 따위)가 있다고 생각하다 ③ …의 출처〔기원 따위〕를 (…의) 것으로 추정〔감정〕하다

9

부 세 균 이 일 격 십 왈 주
夫勢均 以一擊十 曰走.
Fū shì jūn, yǐ yī jī shí, yuē zǒu.

졸 강 이 약 왈 이 이 강 졸 약 왈 함
卒强吏弱 曰弛. 吏强卒弱 曰陷.
Zú qiáng lì ruò, yuē chí. Lì qiáng zú ruò, yuē xiàn.

(양쪽의) 세력이 고른데 하나로 열을 치는 군대를 '주병'이라고 한다. 군사는 강한데 지휘관이 약하면 '이병'이라고 한다. 지휘관은 강한데 군사가 약하면 '함병'이라고 한다.

夫	지아비	부	지아비, 사나이, 장정, 시중하는 사람
勢	기세	세	기세, 무리, 인중(人衆), 불알
均	고를	균	고르다, 평평하게 하다, 조화를 이루다, 같다
以	써	이	써, -로써, 부터, -에서, 까닭
擊	부딪칠	격	부딪치다, 배나 수레가 질서 있게 나아가다
曰	가로	왈	가로되, 말하기를, 이르다, 말하다, 일컫다
走	달릴	주	달리다, 빨리 가다, 가다, 향하여 가다, 달아나다
卒	군사	졸	군사, 하인, 심부름꾼, 집단, 무리
強	굳셀	강	굳세다
吏	벼슬아치	리{이}	벼슬아치, 다스리다, 벼슬아치로서 정사를 돌보다
弱	약할	약	약하다, 약한 자, 약해지다, 쇠해지다
弛	늦출	이	늦추다, 활 부리다, 활시위를 벗기다, 없애다
陷	빠질	함	빠지다, 떨어지다, 추락하다, 가라앉다, 파묻히다

❶ Other conditions[1] being equal, if one force is hurled[2] against[3] another ten times its size, the result will be the flight of the former[4].

When the common soldiers are too strong and their officers too weak, the result is insubordination[5]. When the officers are too strong and the common soldiers too weak, the result is collapse[6].

동일한 형세이지만, 하나의 병력이 다른 10배 규모와 맞선다면, 그 결과로 그 병력은 도망갈 것이다.

일반 병사들이 너무 강하고 중간 장수들이 너무 약하면, 그 결과는 반항이다. 중간 장수들이 너무 강하고 일반 병사들이 너무 약하면, 그 결과는 붕괴이다.

❷ Other conditions being equal, if a force attacks one ten times its size, the result is flight.

When troops[7] are strong and officers weak the army is insubordinate[8]. When the officers are valiant[9] and the troops ineffective[10] the army is in distress[11].

동일한 형세이지만, 한 병력이 10배 규모의 병력을 공격한다면, 그 결과는 패주이다.

병력이 강하고 중간 장수가 약하면 그 군대는 말을 듣지 않는다. 중간 장수가 용감하고 병력이 무력하면 그 군대는 재난에 처한다.

* 패주: 전쟁에 져서 달아남. 패배.

---

1) con · di · tion: ① 조건; 필요조건; (제)조건, 조목, 조항; 제약 ② 주위의 상황, 형세, 사정 ③ 상태; 《특히》 건강 상태, (경기자의) 컨디션.
2) hurl: ① a) 집어 던지다, 세게 던지다 b) 세차게(세게) 맞닥뜨리다, 덤벼들다 ② (욕설 등을) 퍼붓다; (비명 등을) 지르다 ③ 메어붙이다, 내쫓다; 추방하다
3) against: ① …을 향하여, …에 대해서, …에 부딪치어 ② …와 마주 대하여. ③ …에 대비(對比)하여 ④ …에 반대하여, …에 적대하여, …에 거슬러
4) for · mer: (the ~) 〔종종 대명사적〕 (양자 중) 전자(의), 형성(구성)자; 창립자
5) in · sub · òr · di · ná · tion: 불순종, 반항
6) col · lapse: ① 붕괴, 와해. ② (제도의) 도괴; (계획의) 좌절; (가격의) 폭락; (가치 · 효력 따위의) 소실, 급락
7) troop: ① 대(隊), 떼, 무리《of》 ② (보통 pl.) 군대, 병력 ★ 60 troops는 '병력 60명'의 뜻.
8) in · sub · or · di · nate: 고분고분(순종)하지 않는, 말을 듣지 않는, 반항하는; 하위(下位)가 아닌, 뒤지지 않는; 순종하지 않는 사람, 반항자.
9) val · iant: ① 용감한, 씩씩한, 영웅적인 ② 훌륭한, 우수한, 가치있는.
10) in · ef · fec · tive: 무효의, 효과(효력) 없는; 쓸모 없는, 무력한, 무능한; (예술품이) 감명을 주지 않는
11) dis · tress: ① 심통(心痛), 비탄, 고민, 걱정; 걱정거리. ② 고통; 피로. ③ 가난, 곤궁; 고난, 재난, 불행

10

부 이 노 이 불 복 우 적 대 이 자 전 장 부 지 기 능 왈 붕

夫吏怒而不腹 遇敵懟而自戰 將不知其能 曰崩.

Fū lì nù ér bù fù, yù dí duì ér zì zhàn, jiāng bù zhī qí néng, yuē bēng.

지휘관이 화가 나서 복종하지 않고 장수가 능히 알지도 못하는데 적과 마주치면 원한을 품고 (명령없이) 자기 마음대로 싸우면 '붕병'이다.

* 不腹(불복): 불복종

夫	지아비	부	지아비, 사나이, 장정, 시중하는 사람
吏	벼슬아치	리	벼슬아치, 다스리다, 벼슬아치로서 정사를 돌보다
怒	성낼	노	성내다, 화내다, 성, 화, 힘쓰다, 떨쳐 일어나다
而	말이을	이	말 이음, 순접·역접의 접속사
不	아닐	부, 불	아닌가, 아니다, 크다, 말라(금지의 뜻), 새 이름
服	옷	복	옷, 의복, 입다, 옷을 입다, 복종하다, 굽히다
遇	만날	우	만나다, 마주치다, 뜻이 합치하다, 때를 만나다
敵	원수	적	원수, 상대방, 대등하다, 맞서다
懟	원망할	대	원망하다, 원한을 품다, 고민하다, 근심하다
自	스스로	자	스스로, 몸소, 자기, 자연히, 저절로, 어조사
戰	싸울	전	싸우다, 싸움, 전쟁, 두려워하다, 두려워서 떨다

❶ When the higher officers are angry and insubordinate[1], and on meeting the enemy give battle on their own account[2] from a feeling of resentment[3], before the commander-in-chief can tell whether or not he is in a position[4] to fight, he result is ruin.

고위직의 중간 장수가 화가 나서 반항하면, 최고 사령관/지휘관이 현 상황에서 싸워야 할지말지를 알기 전에, 적을 대처함에 있어 원한의 감정 때문에 자신이 판단하여 전투를 한다면, 그 결과는 파멸이다.

❷ When senior officers are angry and insubordinate[5], and on encountering[6] the enemy rush[7] into battle with no understanding of the feasibility[8] of engaging[9] and without awaiting orders[10] from the commander, the army is in a state of collapse[11].

상급의 중간 장수가 화가 나서 반항하면, 그리고 적과 교전함에 있어 교전을 할지말지를 분별하지 않으며 사령관/지휘관의 명령을 기다리지 않고 덤벼들면, 그 군대는 붕괴 상태에 있는 것이다.

---

1) in · sub · or · di · nate: 고분고분(순종)하지 않는, 말을 듣지 않는, 반항하는; 하위(下位)가 아닌, 뒤지지 않는; 순종하지 않는 사람, 반항자.
2) ac · count: ① 계산, 셈; 계산서, 청구서 ② 계정; 예금 계좌 ③ 이유, 근거; 원인, 동기. ④ 고객, 단골 ⑤ 고려, 감안; 평가, 판단; (곡 따위의) 해석 연주 ⑥ 가치, 중요성; 이익, 유익.
3) re · sent · ment: 노함, 분개; 원한
4) po · si · tion: ① a) 위치, 장소, 소재지; 적소 b) (사회적) 처지, 입장 ② 지위, 신분; 높은 지위 ③ 직책, 근무처 ④ 태도, 자세; 심적 태도; (문제 등에 대한) 입장, 견해, 주장 ⑤ 상태, 형세, 국면
5) in · sub · or · di · nate: 고분고분(순종)하지 않는, 말을 듣지 않는, 반항하는; 하위(下位)가 아닌, 뒤지지 않는; 순종하지 않는 사람, 반항자.
6) en · coun · ter: ① …와 우연히 만나다, 마주치다, 조우하다 ② (적과) 교전하다, …와 맞서다, …에 대항하다 ③ (곤란 · 반대 · 위험 등에) 부닥치다.
7) rush: ① 돌진하다, 맥진(쇄도)하다, 힘차게(급히) …하다 ② 달려들다 ③ 급하게(무모하게) 행동하다, 덤비다; ① 몰아대다; 죄치다 ② 부랴부랴 보내다(운반하다, 데리고 가다), 부리나케(급히) 해치우다 ③ (장애물 등을) 돌파하다 ④ …을 향해 돌진하다; 급습(돌격)하다, 급습하여 점령하다
8) fèa · si · bíl · i · ty: 실행할 수 있음, 가능성; 편리; 그럴 듯함.
9) en · gage: ① 약속하다; (맹세 · 약속 따위로) 속박하다 ② 약혼시키다 ③ 교전시키다; …와 교전하다
10) or · der: ① (종종 pl.) 명령, 지휘; 훈령; (법원의) 지시; 명령서 ② (집회 등의) 규칙; 준법; (정치 · 사회적) 질서, 치안; 체제, 제도 ③ 순서, 순; 서열, 석차 ④ 정돈, 정리, 정열; 태세
11) col · lapse: ① 붕괴, 와해. ② (제도의) 도괴; (계획의) 좌절; (가격의) 폭락; (가치 · 효력 따위의) 소실, 급락

11

장 약 불 엄 교 도 불 명 이 졸 무 상 진 병 종 횡 왈 난

將弱不嚴 敎道不明 吏卒無常 陳兵縱橫 曰亂.

Jiāng ruò bù yán, jiào dào bù míng, lì zú wú cháng, chén bīng zòn ghéng, yuē luàn.

장수가 약하여 엄하지 못하고 이치를 가르침에 있어 명확하지 못하며 지휘관과 군사 간에 규율이 없고 진을 펴는데 병사의 상태가 질서가 없으면 난병이다.

縱橫(종횡): ① 세로와 가로. ② (주로 '종횡으로'의 꼴로 쓰여) 거침없이 오가거나 이리저리 다님. '질서가 없다'로 번역함

將	장차	장	장차, 막-하려 한다, 마땅히-하여야 한다, 어찌(何)
弱	약할	약	약하다, 약한 자, 약해지다, 쇠해지다
嚴	엄할	엄	엄하다, 급하다, 임박하다, 혹독하다
敎	본받을	교	본받다, 가르치다
道	길	도	길, 이치, 근원, 기능, 방법, 사상, 인의, 덕행, 기예, 정령
吏	벼슬아치	리{이}	벼슬아치, 다스리다, 벼슬아치로서 정사를 돌보다, 아전
卒	군사	졸	군사, 하인, 심부름꾼, 집단, 무리
常	항상	상	항상, 법, 전법, 불변의 도, 사람으로서 행해야 할 도
陳	늘어놓을	진	늘어놓다, 늘어서다, 펴다, 넓게 깔다
兵	군사	병	군사 병, 싸움, 전쟁, 무기, 병기
縱	늘어질	종	늘어지다, 용서하다, 놓다, 활을 쏘다, 풀다, 쫓다
橫	가로	횡	가로, 동서, 좌우, 가로놓다, 옆으로 누이다
曰	가로	왈	가로되, 말하기를, 이르다, 말하다, 일컫다
亂	어지러울	란{난}	어지럽다, 다스리다, 반역(反逆)

❶ When the general is weak and without authority[1]; when his orders[2] are not clear and distinct; when there are no fixes duties[3] assigned[4] to officers and men, and the ranks[5] are formed in a slovenly[6] haphazard[7] manner[8], the result is utter[9] disorganization[10].

장군이 무력하고 권위가 없고, 장군의 명령이 불분명하고 명확하지 않으면, 중간 장수와 병사들에게 부여된 임무가 정해져 있지 않고, 대열이 소홀하게 되는 대로의 방식으로 구성되었으면, 그 결과는 분열이다.

❷ When the general is morally weak and his discipline[11] not strict[12], when his instructions[13] and guidance[14] are not enlightened[15], when there are no consistent[16] rules to guide the officers and men and when the formations[17] are slovenly the army is in disorder[18].

장수가 실제로 약하고 규율이 엄격하지 않으면, 명령과 지휘가 분명하지 않으면, 중간 장수와 병사를 지휘하기에 일치된 규칙이 없을 때와 조직이 되는 대로 되라는 식일 때는 군대가 혼란하다.

---

1) au · thor · i · ty: ① 권위, 권력, 위신 ② 권한, 권능, 직권; 허가, 인가 ③ 당국, 관헌; 소식통 ④ 근거, 전거
2) or · der: ① (종종 pl.) 명령, 지휘; 훈령; (법원의) 지시; 명령서 ② (집회 등의) 규칙; 준법; (정치 · 사회적) 질서, 치안; 체제, 제도; (관례상의) 의사진행 절차 ③ 순서, 순; 서열, 석차 ④ 정돈, 정리, 정열; 태세
3) du · ty: ① 의무, 본분; 의무감, 의리 ② (종종 pl.) 임무, 직무, 직책; 『군사』 군무
4) as · sign: ① 할당하다, 배당하다 ② 부여하다, 주다 ③ 선임(選任)하다, 선정하다; 지명하다, 임명하다; (물건을) 충당하다, 사용하다 ④ (때 · 장소 따위)를 지정하다, (설)정하다 ⑤ …의 것으로 하다, …의 위치를 정하다
5) rank: ① a) 열, 행렬 b) (특히 군대의) 횡렬, 횡대로 줄지은 병사. ② (pl.) 계급, 사회층, 신분 ③ 지위, 등급 ④ 높은 지위, 상류 사회 ⑤ (pl.) (장교 이외의) 군대 구성원, 병사; 〔집합적〕 부사관, 병졸; 군대
6) slóv · en · ly: (옷차림이) 단정치 못한; 꾀죄죄한, 초라한; 되는 대로의, 소홀한. ad. 단정치 못하게, 되는 대로.
7) hap · haz · ard: 우연(한 일) a. 우연한; 되는 대로의. ad. 우연히; 함부로.
8) man · ner: ① 방법, 방식, 투 ② 태도, 거동, 모양; 훌륭한 태도. ③ 예절, 예의 ④ 풍습, 관습, 관례
9) ut · ter: ① 전적인, 완전한, 철저한 ② 무조건의, 절대적인, 단호한《거절 등》 ③ 순전한.
10) dis · òr · gan · i · zá · tion : 해체, 분해, 분열; 혼란, 무질서
11) dis · ci · pline: ① 훈련, 훈육; 단련, 수양 ② 규율, 풍기; 자제. ③ 훈계, 징계, 처벌.
12) strict: ① 엄격한, 엄한 ② 엄밀한, 정확한 ③ 진정한, 순전한; 완전한
13) in · struc · tion: ① 훈련, 교수, 교육 ② 교훈, 가르침. ③ (pl.) 지시, 지령, 훈령, 명령
14) guid · ance: ① 안내, 인도 ② 지도, 학생〔학습〕지도, 가이던스, 보도(輔導); 지휘, 지시 ③ 본보기, 지침.
15) en · líght · ened: ① 계발된; 견식 있는. ② 문명화한; 진보한 ③ 밝은, 사리를 잘 아는
16) con · sist · ent: ① (…와) 일치〔양립〕하는; 조화된 ② 불변한, 견지하는, 시종일관된, 견실한
17) for · ma · tion: ① 형성; 성립; 설립; 편제 ② 구성, 조직, 구조; 형성물, 구성물. ③ 『軍』 대형(隊形), 진형, 편대
18) dis · or · der: ① 무질서, 어지러움, 혼란 ② (pl.) 소요(騷擾), 불온. ③ Ⓒ (심신의) 부조(不調), 장애, 질환, 이상.

12

장 불 능 료 적 이 소 합 중 이 약 격 강 병 무 선 봉 왈 북
將不能料敵 以少合衆 以弱擊强 兵無選鋒 曰北.
Jiāng bù néng liào dí, yǐ shǎo hé zhòng, yǐ ruò jī qiáng, bīng wú xuǎn fēng, yuē běi.

장수가 능히 적을 헤아리지 못하여 소규모 병력으로 싸우게 하고 약한 병력으로 공격하게 하며 선봉부대가 없으면 '배병'이다.

將	장차	장	장차, 막-하려 한다, 마땅히-하여야 한다
能	능할	능	능하다, 잘하다, 보통 정도 이상으로 잘하다,미치다
料	되질할	료{요}	되질하다, 세다, 헤아리다, 생각하다
敵	원수	적	원수, 상대방, 대등하다, 맞서다
以	써	이	써, -로써, 부터, -에서, 까닭
少	적을	소	적다, 약간, 조금, 얼마간, 적다고 여기다
合	합할	합	합하다, 여럿이 모여 하나가 되다, 만나다, 맞다
衆	무리	중	무리, 많은 사람, 많은 물건, 많은 일, 땅, 백성, 군신
弱	약할	약	약하다, 약한 자, 약해지다, 쇠해지다
擊	부딪칠	격	부딪치다, 배나 수레가 질서 있게 나아가다
強	굳셀	강	굳세다
兵	군사	병	군사 병, 싸움, 전쟁, 무기, 병기
選	가릴	선	가리다, 가려 뽑다, 열거하다, 좋다(善)
鋒	칼끝	봉	칼끝, 병기의 날, 물건의 뾰족한 끝, 첨단

❶ When a general, unable to estimate[1)] the enemy's strength[2)], allows an inferior[3)] force to engage[4)] a larger one, or hurls[5)] a weak detachment[6)] against[7)] a powerful one, and neglects[8)] to place[9)] picked soldiers in the front[10)] rank[11)], the result must be rout[12)].

장군이 적의 전투력을 어림잡을 수 없으면, 열등한 병력으로 대규모 병력과 교전하게 하도록 하거나, 강한 부대에 대항하여 약한 분견대를 투입하고, 선두 행렬에 선발된 군사 배치를 소홀히 하였을 때, 그 결과는 반드시 참패한다.

❷ When a commander unable to estimate his enemy uses a small force to engage a large one, or weak troops[13)] to strike[14)] the strong, or when he fails to select shock troops for the van, the result is rout.

적을 판단할 능력이 없는 사령관/지휘관이 소규모 병력을 대규모 병력과 교전하게 하거나, 약한 부대로 강한 부대를 공격하려고 이용하면, 혹은 선봉의 전격 부대 선발에 실패하면, 결과는 참패이다.

---

1) es · ti · mate: ① 어림잡다, 견적하다, 산정하다; 판단(추단)하다; 통계적으로 예측하다 ② …의 가치(의의 등)에 대하여 판단하다; 견적하다; 견적서를 만들다
2) strength: ① 세기, 힘 ② 체력, 근력. ③ 세력, 병력, 인원수, 정원
3) in · fe · ri · or: ① 아래쪽의, 하위(하급, 하층)의; 하등의, (손)아랫사람의 ② 떨어지는, 열등한, 조악한
4) en · gage: ① 약속하다; (맹세 · 약속 따위로) 속박하다; 보증하다, 맡다 ② 약속(예약)이 있다 ③ 약혼시키다 ④ (아무를) 고용하다, 계약하다 ⑤ (시간을) 투입(충당)하다, 쓰다; 종사하다, 바쁘다 ⑦ 끌어들이다; 끌다 ⑧ …의 마음을 (호의를) 끌다 ⑨ 교전시키다; …와 교전하다
5) hurl: ① a) 집어 던지다, 세게 던지다 b) 세차게(세게) 맞닥뜨리다, 덤벼들다 ② (욕설 등을) 퍼붓다; (비명 등을) 지르다 ③ 메어붙이다, 내쫓다; 추방하다
6) de · tách · ment: ① 분리, 이탈; 고립. ② 〔 집합적 〕 파견대, 지대
7) against: ① …을 향하여, …에 대해서, …에 부딪치어 ② …와 마주 대하여. ③ …에 대비(對比)하여 ④ …에 반대하여, …에 적대하여, …에 거슬러
8) ne · glect: ① (의무 · 일 따위를) 게을리하다, 해야 할 것을 안 하다, 하지 않고 그대로 두다 ② 무시하다, 경시하다; 간과하다 ③ 방치하다, 소홀히 하다
9) place: 두다, 놓다; 명중시키다; 배치(배열)하다, 정돈하다; (광고를) 신문(잡지)에 싣다; (심의 따위를 하기 위해) (계획 따위를) 제출하다, 의제로서 내놓다
10) front: ① 앞, 정면, 앞면; (문제 따위의) 표면; (건물의) 정면, 앞쪽 ② 〖軍〗 전선(前線), 전선(戰線); (대열의) 방향, 〖氣〗 전선(前線); 〖政〗 전선(戰線
11) rank: ① a) 열, 행렬 b) (특히 군대의) 횡렬, 횡대로 줄지은 병사. ② (pl.) 계급, 사회층, 신분 ③ 지위, 등급 ④ 높은 지위, 상류 사회 ⑤ (pl.) (장교 이외의) 군대 구성원, 병사; 〔 집합적 〕 부사관, 병졸; 군대
12) route: ① 도로, 길. ② (일정한) 통로, 노선 ③ 수단, 방법, ④ [raut] 《古》 〖軍〗 행군 명령.
13) troop: ① 대(隊), 떼, 무리《of》 ② (보통 pl.) 군대, 병력 ★ 60 troops는 '병력 60명'의 뜻.
14) strike: ① 치다, 두드리다, 때리다 ② 두들겨 만들다(…하다), 쳐서 만들어내다 ③ (시계가 시각을) 치다, 쳐서 알리다 ④ 맞부딪치다, 부딪다, 들이받다 ⑤ 일격을 가하다, (타격을) 가하다, 주다 ⑤ 습격(공격)하다

13

범 자 육 자 배 지 도 야 장 지 지 임 불 가 불 찰 야

凡此六者 敗之道也 將之至任 不可不察也.

Fán cǐ liù zhě, bài zhī dào yě, jiāng zhī zhì rèn, bù kě bù chá yě.

무릇 이 여섯 가지는 패배할 이치이고 장수의 중요한 임무이므로 살피지 않을 수 없다.

凡	무릇	범	무릇, 모두, 다, 합계
此	이	차	이, 이곳, 이것, 가까운 사물을 가리킴, 이에, 그래서
六	여섯	륙{육}	여섯, 여섯 번, 죽이다
者	놈	자	놈, 사람, 것, 일을 가리켜 이른다
敗	깨뜨릴	패	깨뜨리다, 부수다, 무너지다, 부서지다, 해치다
道	길	도	길, 이치, 근원, 기능, 방법, 사상, 인의, 덕행, 기예
也	어조사	야	어조사, 또, 또한, 잇달다
將	장차	장	장차, 막-하려 한다, 마땅하-하여야 한다
至	이를	지	이르다, 도래하다, 미치다, 닿다, 두루 미치다
任	맡길	임	맡기다, 맡은 일, 마음대로
可	옳을	가	옳다, 가히, 쯤, 정도
察	살필	찰	살피다, 알다, 살펴서 알다, 조사하다, 생각하여 보다

❶ These are six ways of courting[1] defeat, which must be carefully noted[2] by the general who has attained[3] a responsible post[4].

패배를 자초하는 이러한 여섯 가지 사항이 있는데, 책임있는 지위를 가진 장수는 반드시 신중하게 주의해야 한다.

❷ When any of these six conditions[5] prevails[6] the army is on the road to defeat. It is the highest responsibility[7] of the general that he examine[8] them carefully.

이러한 여섯 가지 조항을 극복하면 군대는 적을 물리칠 길 위에 있다. 이 여섯 가지는 신중하게 검토해야 할 장군의 가장 높은 책무이다.

---

1) court: …의 환심을 사다; 지싯거리다, 구혼하다; (칭찬 따위를) 구하다, 받고자 하다; (화를) 자초하다; (남을) 꾀다, 유혹하다
2) note: ① 적어두다, 써놓다 ② …에 주석을 달다. ③ …에 주목하다, …에 주의하다, …을 알아차리다
3) at · tain: ① (장소 · 위치 · 나이 등에) 이르다, 도달하다. ② (목적 · 소원을) 달성[성취]하다, …에 달하다; (명성 · 부귀 따위를) 획득하다, 손에 넣다
4) post: 기둥, 말뚝, 문기둥, 지주(支柱); 푯말
5) con · di · tion: ① 조건; 필요조건; (제)조건, 조목, 조항; 제약 ② 주위의 상황, 형세, 사정 ③ 상태; 《특히》 건강 상태, (경기자의) 컨디션.
6) pre · vail: ① 우세하다, 이기다, 극복하다 ② 널리 보급되다, 유행하다 ③ 유력하다, 효과가 나타나다
7) re · spon · si · bil · i · ty: ① 책임, 책무, 의무 ② 책임이 되는 것, 부담 ③ 신뢰성[도]; 의무 이행 능력, 지급능력.
8) ex · am · ine: ① 시험하다 ② 검사하다, 조사[심사]하다; 고찰[검토, 음미]하다

14

부 지 형 자 병 지 조 야
夫地形者 兵之助也.
Fū dì xíng zhě, bīng zhī zhù yě,

요 적 제 승 계 험 액 원 근 상 장 지 도 야
料敵制勝 計險阨遠近 上將之道也.
Liào dí zhì shèng, jì xiǎn è yuǎn jìn, shàng jiàng zhī dào yě.

무릇 지형이란 싸움을 도와주는 것이다. 적을 헤아려 승리를 만들고 험하고 좁고 멀고 가까움을 계산하는 것이 최고 장수의 도리이다.

夫	지아비	부	지아비, 사나이, 장정, 시중하는 사람
地	땅	지	땅, 토지의 신, 처지, 처해 있는 형편
形	모양	형	모양, 몸, 육체, 형세, 세력,나타나다, 드러나다
助	도울	조	돕다, 도움, 구조, 구원, 유익하다
也	어조사	야	어조사, 또, 또한, 잇달다
料	되질할	료{요}	되질하다, 세다, 헤아리다, 생각하다
敵	원수	적	원수, 상대방, 대등하다, 맞서다
制	마를	제	마르다, 자료를 필요한 규격대로 베거나 자르다, 만들다
勝	이길	승	이기다, 낫다, 뛰어나다, 뛰어난 것
計	꾀	계	꾀, 계략, 계획, 경영, 꾀하다, 계획하다, 의논하다
險	험할	험	험하다, 높다, 깊다, 기울다, 위태롭다, 거짓, 나쁘다
厄	액	액	재앙, 불행, 멍에, 사나운 운수
遠	멀	원	멀다, 아득하다, 세월이 오래다, 이목이 미치지 못하다
近	가까울	근	가깝다, 닮다, 알기 쉽다, 천박하다, 딱 들어맞다
將	장차	장	장차, 막-하려 한다, 마땅히-하여야 한다, 어찌(何)
道	길	도	길, 이치, 근원, 기능, 방법, 사상, 인의, 덕행, 기예

❶ The natural[1)] formation[2)] of the country[3)] is the soldier's best ally; but a power of estimating the adversary[4)], of controlling[5)] the forces of victory, and of shrewdly[6)] calculating difficulties, dangers and distances, constitutes[7)] the test of a great general.

나라의 자연 형태는 군사의 최고 협력자이지만, 적 병력을 산정하고, 부대의 승리를 대조하여, 난국, 위험 요소와 거리를 통찰력 있게 판단하는 것은 탁월한 장군의 평가 요소가 된다.

❷ Conformation[8)] of the ground is of the greatest assistance[9)] in battle. Therefore, to estimate[10)] the enemy situation[11)] and to calculate distances and the degree of difficulty of the terrain[12)] so as to control victory are virtues[13)] of the superior[14)] general.

지형의 구조는 전투에서 가장 도움이 된다. 그러므로, 적의 형세를 평가하고 거리와 승리를 대조하는 것으로 지형의 어려운 정도를 산정하는 것은 뛰어난 장수의 가치이다.

---

1) nat · u · ral: ① 자연의, 자연계의, 자연계에 관한 ② 천연의, 자연 그대로의, 인공(人工)에 의하지 않은, 가공하지 않은. ③ 미개간의 ④ 타고난, 천부의. ⑤ 자연 발생적인
2) for · ma · tion: ① 형성; 성립; 설립; 편제 ② 구성, 조직, 구조; 형성물, 구성물. ③ 【軍】 대형(隊形), 진형, 편대
3) coun · try: ① 나라, 국가; 국토 ② 시골, 교외, 지방, 전원 ③ 조국, 고국; 고향 ④ 지역, 고장
4) ad · ver · sary: 적, 상대, 대항자
5) con · trol: ① 지배하다; 통제(관리)하다, 감독하다. ② 제어(억제)하다 ③ 검사하다
6) shrewdly: 기민하게; 현명하게.
7) con · sti · tute: ① a) 구성하다, 조직하다; …의 구성 요소가 되다; (상태를) 성립시키다, 만들어 내다 b) …한 성질(체질)이다 ② …로 선정하다, …로 임명(지명)하다
8) con · for · ma · tion: 구조(構造), 형태; 적합, 일치;
9) as · sist · ance: 원조, 도움, 조력
10) es · ti · mate: ① 어림잡다, 견적하다, 산정하다; 판단(추단)하다; 통계적으로 예측하다 ② …의 가치(의의 등)에 대하여 판단하다; 견적하다; 견적서를 만들다
11) sit · u · a · tion: ① 위치, 장소, 소재; 환경. ② 입장, 사정 ③ 정세, 형세, 상태, 사태
12) ter · rain: 지대, 지역; 【군사】 지형; 지세
13) vir · tue: ① 미덕, 덕, 덕행, 선행. ② (어떤 특수한) 덕, 미점, 미덕 ③ 정조. ④ 장점, 가치
14) su · pé · ri · or: ① (지위 · 계급 등이) (보다) 위의, 보다 높은, 보다 고위(상위)의, 상급의 ② (소질 · 품질 따위가) 우수한, 보다 나은, 뛰어난; 양질의, 우량한. ③ (수량적으로) 우세한, 다수의

15

지 차 이 용 전 자 필 승 불 지 차 이 전 자 필 패

知此而用戰者 必勝 不知此而戰者必敗.

Zhī cǐ ér yòng zhàn zhě, bì shèng, bù zhī cǐ ér zhàn zhě bì bài.

이것을 알고 싸움에 쓰는 자는 반드시 이기고 이것을 모르고 싸우는 자는 반드시 패한다.

知	알	지	알다, 깨닫다, 느끼다, 분별하다, 기억하다
此	이	차	이, 이곳, 이것, 가까운 사물을 가리킴, 이에, 그래서
而	말이을	이	말 이음, 순접역접의 접속사,
用	쓸	용	쓰다, 베풀다, 부리다, 등용하다, 행하다, 다스리다
戰	싸울	전	싸우다, 싸움, 전쟁, 두려워하다, 두려워서 떨다
者	놈	자	놈, 사람, 것, 일을 가리켜 이른다
必	반드시	필	반드시, 틀림없이, 꼭, 기필하다, 이루어내다
勝	이길	승	이기다, 낫다, 뛰어나다, 뛰어난 것
不	아닐	부, 불	아닌가, 아니다, 크다, 말라(금지의 뜻), 새 이름
敗	깨뜨릴	패	깨뜨리다, 부수다, 무너지다, 부서지다, 해치다

❶ He who knows these things, and in fighting puts his knowledge[1] into practice, will win his battles. He who knows them not, nor practices[2] them, will surely be defeated.

이것을 알고 싸움에서, 자신의 견문을 실행하는 자는 전투에서 이길 것이다. 이것을 모르고, 실행하지 않는 자는 확실하게 패할 것이다.

❷ He who fights with full knowledge of these factors[3] is certain[4] to win; he who does not will surely be defeated.

이런 요소의 풍부한 견문으로 싸우는 자는 확실히 승리하고, 그렇지 않은 자는 패할 것이다.

---

1) knowl · edge: ① 지식 ② 학식, 학문; 정통(精通), 숙지; 견문 ③ 인식; 이해 ④ 경험 ⑤ 보도, 소식
2) prac · tice: ① 실행하다, (항상) 행하다; 실천하다, 신봉하다 ② 연습하다, 실습하다 ③ 훈련하다, 가르치다
3) fac · tor: 요인, 인자, 요소
4) cer · tain: ① 〔서술적〕 (아무가) 확신하는, 자신하는 ② (일이) 확실한, 신뢰할 수 있는, 반드시 일어나는; (지식 · 기술이) 정확한 ③ 반드시 …하는, …하게 정해져 있는

16

고 전 도 필 승 주 왈 무 전 필 전 가 야
故戰道必勝 主曰無戰 必戰可也.
Gù zhàn dào bì shèng, zhǔ yuē wú zhàn, bì zhàn kě yě,

전 도 불 승 주 왈 필 전 무 전 가 야
戰道不勝 主曰必戰 無戰可也.
Zhàn dào bù shèng, zhǔ yuē bì zhàn, wú zhàn kě yě.

그러므로 싸움의 이치로 반드시 이길 수 있으면 군주가 싸우지 말라고 해도 반드시 싸워야 옳다.
싸움의 이치로 이기지 못하면 군주가 반드시 싸우라고 해도 싸우지 않아야 옳다.

故	옛	고	예, 이미 지나간 때, 옛, 예전의, 옛날의
戰	싸울	전	싸우다, 싸움, 전쟁, 두려워하다, 두려워서 떨다
道	길	도	길, 이치, 근원, 기능, 방법, 사상, 인의, 덕행
必	반드시	필	반드시, 틀림없이, 꼭, 기필하다, 이루어내다
勝	이길	승	이기다, 낫다, 뛰어나다, 뛰어난 것
主	주인	주	주인, 당사자, 관계자, 가장 주요한, 가장 기본적인, 주관하다, 책임지다
曰	가로	왈	가로되, 말하기를, 이르다, 말하다, 일컫다
無	없을	무	없다, 허무(虛無)의 도, 말라, 금지하는 말
可	옳을	가	옳다, 가히, 쯤, 정도
也	어조사	야	어조사, 또, 또한, 잇달다
不	아닐	부, 불	아닌가, 아니다, 크다, 말라(금지의 뜻), 새 이름

❶ If fighting is sure to result in victory, then you must fight, even though the ruler forbid[1] it; if fighting will not result in victory, then you must not fight even at the ruler's bidding[2].

싸움의 결과가 승리라고 확신한다면, 통치자가 허락하지 않을지라도 싸워야 하고, 싸워서 결과가 승리하지 못할 것이라면, 통치자의 명령일지라도, 싸워서는 안 된다.

❷ If the situation[3] is one of victory but the sovereign[4] has issued orders[5] not to engage[6], the general may decide to fight. If the situation is such that he cannot win, but the sovereign has issued[7] orders to engage, he need not do so.

그 형세가 승리의 하나이지만, 군주가 교전하지 말라고 명령을 내렸다고 해도, 장수는 싸우기를 결심할 수 있다. 그 형세가 이길 수 없는데, 군주가 교전하라고 명령을 내렸다고 해도, 그렇게 할 필요가 없다.

---

1) for · bid: ① 금하다, 허락하지 않다 ② (…을) 금지하다, 허용치 않다; (…의) 사용〔출입〕을 금하다 ③ (사정 등이) 불가능하게 하다, 방해하다
2) bíd · ding: ① 입찰, 값매김. ② 명령
3) sit · u · a · tion: ① 위치, 장소, 소재; 환경. ② 입장, 사정 ③ 정세, 형세, 상태, 사태
4) sov · er · eign: 주권자, 원수(元首), 군주(monarch), 국왕, 지배자.
5) or · der: ① (종종 pl.) 명령, 지휘; 훈령; (법원의) 지시; 명령서 ② (집회 등의) 규칙; 준법; (정치 · 사회적) 질서, 치안; 체제, 제도; (관례상의) 의사진행 절차 ③ 순서, 순; 서열, 석차 ④ 정돈, 정리, 정열; 태세
6) en · gage: ① 약속하다; (맹세 · 약속 따위로) 속박하다; 보증하다, 맡다 ② 약속〔예약〕이 있다 ③ 약혼시키다 ④ (아무를) 고용하다, 계약하다 ⑤ (시간을) 투입〔충당〕하다, 쓰다; 종사하다, 바쁘다 ⑦ 끌어들이다; 끌다 ⑧ …의 마음을 〔호의를〕 끌다 ⑨ 교전시키다; …와 교전하다
7) is · sue: ① (명령 · 법률 따위를) 내다, 발하다, 발포하다 ② 발행하다, 출판하다 ③ 〖군사〗 (식량 · 의복 따위를) 지급하다, 급여하다; ①나오다, 발하다, 유출하다, 분출하다 ② 일어나다

17

고 진 불 구 명 퇴 불 피 죄 유 인 시 보 이 이 합 어 주
故進不求名 退不避罪 唯人是保 而利合於主
Gù jìn bù qiú míng, tuì bù bì zuì, wéi rén shì bǎo, ér lì hé yú zhǔ,

국 지 보 야
國之寶也.
guó zhī bǎo yě.

그러므로 진격하여 명예를 구하지 않고 퇴각하여 죄를 피하지 않으며 오로지 백성을 보호하고 군주에게 이익이 어긋남이 없다면 나라의 보배이다.

故	옛	고	예, 이미 지나간 때, 옛, 예전의, 옛날의
進	나아갈	진	나아가다, 벼슬하다, 전진하다, 추천하다, 다하다
求	구할	구	구하다, 필요한 것을 찾다, 청하다, 묻다
名	이름	명	이름, 인륜상, 신분상에서 쓰이는 부자, 군신
退	물러날	퇴	물러나다, 그만두다, 피하다, 떠나가다, 돌아가다
避	피할	피	피하다, 회피하다, 벗어나다, 숨다
罪	허물	죄	허물, 죄, 형벌, 재앙, 죄주다
唯	오직	유	오직, 발어사, 비록-하더라도(雖)
是	옳을	시	옳다, 바르다, 옳다고 하다, 바르다고 인정하다
保	지킬	보	지키다, 편안하게 하다, 돕다
而	말이을	이	말 이음, 순접·역접의 접속사
利	날카로울	리{이}	이롭다, 유익하다, 편리하다, 날카롭다, 통하다
合	합할	합	합하다, 여럿이 모여 하나가 되다, 만나다, 맞다
於	어조사	어	어조사, -에, 에서, 보다, 를, 에게, 있어서
主	주인	주	주인, 당사자, 관계자, 가장 주요한, 가장 기본적인, 주관하다
寶	보배	보	보배, 보물, 보배롭게 여기다, 신(神)

❶ The general who advances[1] without coveting[2] fame[3] and retreats[4] without fearing disgrace[5], whose only thought is to protect[6] his country[7] and do good service[8] for his sovereign[9], is the jewel of the kingdom.

명성을 탐내지 않고 진격하고 불명예를 겁내지 않고, 후퇴하는 장수는 오로지 생각이 나라를 지키고, 군주를 잘 보좌하는 자로 왕국의 보석이다.

❷ And therefore the general who in advancing does not seek[10] personal fame, and in withdrawing[11] is not concerned with avoiding punishment, but whose only purpose is to protect[12] the people and promote[13] the best interests of his sovereign, is the precious[14] jewel of the state.

그러므로 전진하는 것으로 사적인 명성은 얻으려 하지 않고, 군대를 철수하여 처벌을 피하려고 걱정하지 않지만, 오로지 목적이 백성을 지키고 군주의 최고 이해관계를 장려하는 자는 국가의 귀중한 보석이다.

---

1) ad · vance: ① 나아가게 하다, 앞으로 내보내다, 전진〔진출〕시키다 ② (기일 따위를) 앞당기다 ③ (작업 따위를) 진척시키다, 촉진시키다, 증진하다 ⑤ (값 따위를) 올리다 ⑥ 진급〔승급〕시키다; 끌어 올리다, …의 뒤를 밀다 ⑦ 선불하다, 선대(先貸)하다; ① 앞으로 나아가다, 전진하다 ② 〖군사〗 전진〔진격〕하다
2) cov · et: ① (남의 것을) 몹시 탐내다, 바라다, 선망하다 ② 갈망하다, 절망〔열망〕하다.
3) fame: ① 명성, 명예, 성망. ② 평판, 풍문;
4) re · treat: ① 물러가다, 후퇴하다, 퇴각하다 ② 틀어박히다, 죽치다, 은퇴하다 ③ 움쑥 들어가다, 움푹해지다 ④ 그만두다, 물러나다, 손을 떼다 ⑤ 〖항공〗 뒤쪽으로 기울다
5) dis · grace: ① 창피, 불명예, 치욕; 망신거리 ② 눈밖에 남; 인기 없음.
6) pro · tect: 보호〔수호, 비호〕하다, 막다, 지키다
7) coun · try: ① 나라, 국가; 국토 ② 시골, 교외, 지방, 전원 ③ 조국, 고국; 고향 ④ 지역, 고장
8) ser · vice: ① 봉사, 수고, 공헌, 이바지 ② 돌봄, 조력; 도움, 유익, 유용; 편의, 은혜
9) sov · er · eign: 주권자, 원수(元首), 군주(monarch), 국왕, 지배자.
10) seek: ① 찾다; 추구〔탐구〕하다, 조사하다; 얻으려고 하다; 구하다, 요구하다 ② 《문어》 …하려고 시도〔노력〕하다; ① 찾다, 수색하다; 탐구하다 ② 얻으려고〔찾으려고〕 애쓰다, 희구하다, 요구하다, 청(請)하다
11) with · draw: ① 움츠리다 ② 회수하다 ③ 거두다, 물러나게 하다, 철수하다; (군대를) 철수시키다; 인출하다; 딴 데로 돌리다; ① 물러나다, 퇴출하다 ② (군대가) 철수하다, 거두어 물러나다 ③ 탈퇴하다, 탈회하다
12) pro · tect: 보호〔수호, 비호〕하다, 막다, 지키다
13) pro · mote: ① 진전〔진척〕시키다, 조장〔증진〕하다, 장려하다 ② …의 계급 · 지위 등을 올리다, 승진시키다.
14) pre · cious: ① 비싼, 귀중한, 가치가 있는 ② 사랑스러운, 둘도 없는

18

시 졸 여 영 아 고 가 여 지 부 심 계 시 졸 여 애 자
視卒如嬰兒 故可與之赴深谿 視卒如愛子
Shì zú rú yīng er, gù kě yǔ zhī fù shēn xī, shì zú rú ài zǐ,

고 가 여 지 구 사
故可與之俱死.
gù kě yǔ zhī jù sǐ.

군사를 어린아이 같이 보살피듯 하면 그들은 깊은 계곡으로도 함께 나아갈 수 있고 군사를 자식처럼 사랑하면 그들은 함께 죽을 수도 있다.

視	볼	시	보다, 자세히 살피다, 조사하여 보다, 맡아보다
卒	군사	졸	군사, 하인, 심부름꾼, 집단, 무리
如	같을	여	같다, 같게 하다, 따르다
嬰	갓난아이	영	갓난아이, 두르다, 빙 둘러치다, 목에 걸다
兒	아이	아	아이, 어버이에 대한 아이의 자칭(自稱
故	옛	고	예, 이미 지나간 때, 옛, 예전의, 옛날의
與	줄	여	주다, 베풀다, 동아리, 무리, 따르다, 돕다
赴	나아갈	부	나아가다, 알리다, 가서 알리다, 부고(訃告)
深	깊을	심	깊다, 깊게 하다, 깊이, 매우
溪	시내	계	시내, 시냇물, 산골짜기, 텅 비다, 헛되다
愛	사랑	애	사랑, 사랑하다, 친밀하게 대하다
可	옳을	가	옳다, 가히, 쯤, 정도
俱	함께	구	함께, 함께하다, 갖추다
死	죽을	사	죽다, 죽음, 죽은 이

❶ Regard[1] your soldiers as your children, and they will follow you into the deepest valleys; look upon them as your own beloved[2] sons, and they will stand by you even unto[3] death.

군사들을 아이처럼 대하면, 가장 깊은 골짜기라도 따라갈 것이고, 사랑하는 내 아들처럼 보살피면, 최후까지도 계속 지킬 것이다.

❷ Because such a general regards his men as infants they will march[4] with him into the deepest valleys. He treats them as his own beloved sons and they will die with him.

때문에 그런 장수가 병사들을 유아처럼 대하면 가장 깊은 골짜기까지 행군할 것이다. 병사들을 사랑하는 아들처럼 대하면 함께 죽을 것이다.

---

1) re · gard: ① a) 주목해서 보다, 주시[응시]하다 b) (애정 · 증오 따위의 감정을 가지고) 보다, 대하다 ② 중시하다, 존중[존경]하다; 주의하다 ③ (…을) 고려[참작]하다, (…에) 주의하다 ④ …을 (—로) 생각하다[여기다]
2) be · lov · ed: 사랑하는, 귀여운, 가장 사랑하는; 애용하는, 소중한
3) un · to: 《고어 · 시어》 ① …에, …쪽에 ② …까지
4) march: ① 『군사』 (대열을 지어) 행진하다; (당당하게) 걷다, 빨리 전진하다 ② (사건 따위가) 진전하다 ③ (나무 따위가) 나란히 늘어서 있다. ④ (말 · 행동 따위가 …와) 일치하다, 조화되다; …을 행진시키다, 행군시키다

19

후 이 불 능 사 애 이 불 능 령 난 이 불 능 치 비 여 교 자
厚而不能使 愛而不能令 亂而不能治 譬如驕子
Hòu ér bù néng shǐ, ài ér bù néng lìng, luàn ér bù néng zhì, pì rú jiāo zǐ,

불 가 용 야
不可用也.
bù kě yòng yě.

후하기만 하면 능히 시키지도 못하고 친밀하기만 하면 명령을 할 수도 없고 어지러우면 다스리지 못하므로 버릇없는 자식과 비유되어 옳게 쓸 수가 없다.

厚	두터울	후	두텁다, 두터이 하다, 두터이
而	말이을	이	말 이음, 순접·역접의 접속사,
能	능할	능	능하다, 잘하다, 보통 정도 이상으로 잘하다,
使	하여금	사	하여금, 시키다, 좇다
愛	사랑	애	사랑, 사랑하다, 친밀하게 대하다
令	영	령{영}	영, 우두머리, 좋다, 법령, 규칙
亂	어지러울	란{난}	어지럽다, 다스리다, 반역(反逆)
治	다스릴	치	다스리다, 관리하다, 바로잡다, 평정하다
譬	비유할	비	비유하다, 깨우치다, 깨닫다, 알아차리다
若	같을	약	같다, 너, 만일
驕	교만할	교	교만하다, 무례하다, 버릇없다, 잘난체하다
子	아들	자	아들, 맏아들, 자식, 어조사
可	옳을	가	옳다, 가히, 쯤, 정도
用	쓸	용	쓰다, 베풀다, 부리다, 등용하다, 행하다
也	어조사	야	어조사, 또, 또한, 잇달다

❶ If, however, you are indulgent[1], but unable to make your authority[2] felt; kind-hearted[3], but unable to enforce[4] your commands[5]; and incapable[6], moreover, of quelling disorder[7]: then your soldiers must be likened[8] to spoilt[9] children; they are useless for any practical[10] purpose.

하지만 관대하지만 권위를 느낄 수 없고, 인정이 많지만 명령을 강요할 수 없고, 게다가 혼란을 가라앉히지 못하면, 군사들은 버릇없이 기른 아이들과 비유되어야 하고, 실제 용도에 쓸모가 없다.

❷ If a general indulges[11] his troops[12] but is unable to employ[13] them; if he loves them but cannot enforce his commands; if the troops are disorderly[14] and he is unable to control[15] them, they may be compared[16] to spoiled children, and are useless.

장수가 군대를 제멋대로 하게 놔두면 쓸 수가 없고, 사랑한다면 명령을 강요할 수가 없고, 군대가 무질서하여 통제할 수 없다면, 아이를 망치는 것과 비교할 수 있고, 쓸모가 없다.

---

1) in · dul · gent: 멋대로 하게 하는, 어하는; 눈감아 주는, 관대한《to》
2) au · thor · i · ty: ① 권위, 권력, 위신 ② 권한, 권능, 직권; 허가, 인가 ③ 당국, 관헌; 소식통 ④ 근거, 전거
3) héart · ed: 〔합성어로〕 …의 마음을 지닌, 마음이 …한
4) en · force: ① (법률 등을) 실시〔시행〕하다, 집행하다 ② (지불 · 복종 등을) 강요〔강제〕하다; 강행하다
5) com · mand: ① 명령, 호령, 구령; 지령, 분부 ② 지휘(권), 지배(권), 통제 ③ 지배력, 통어력 ④ 조망 ⑤ 【군사】 관구, 예하 부대
6) in · ca · pa · ble: ① …할 힘이 없는, …을 할 수 없는 ② 무능〔무력〕한, 쓸모 없는 ③ …될 수 없는
7) dis · or · der: ① 무질서, 어지러움, 혼란 ② (pl.) 소요(騷擾), 불온. ③ (심신의) 부조(不調), 장애, 질환, 이상
8) lik · en: (…에) 비유하다, 견주다《to》
9) spoil: 망쳐놓다(destroy), 결딴내다, 못쓰게 만들다, 손상하다, 해치다
10) prac · ti · cal: ① 실제의, 실제상의; 실리상의. ② 실용적인, 실무적인, 쓸모 있는 ③ 경험이 풍부한, 경험 있는 ④ 사실상의, 실질적인
11) in · dulge: ① 만족시키다, 충족시키다 ② 버릇을 잘못 들이다, 제멋대로 하게 두다 ③ (사람 등을) 즐겁게〔기쁘게〕 하다 ④ …에게 베풀다, …에게 주다
12) troop: ① 대(隊), 떼, 무리《of》 ② (보통 pl.) 군대, 병력 ★ 60 troops는 '병력 60명'의 뜻.
13) em · ploy: ① (사람을) 쓰다, 고용하다; (아무에게) 일을 주다 ② …에 종사하다, …에 헌신하다
14) dis · ór · der · ly: 무질서한, 난잡한; 난폭한, 무법의; 안녕을 해치는; 풍기를 문란케 하는; 【법률학】 공안 방해의.
15) con · trol: ① 지배하다; 통제〔관리〕하다, 감독하다. ② 제어〔억제〕하다 ③ 검사하다
16) com · pare: ① 비교하다, 견주다, 대조하다 ② 비유하다, 비기다《to》

20

지 오 졸 지 가 이 격 이 불 지 적 지 불 가 격 승 지 반 야

知吾卒之可以擊 而不知敵之不可擊 勝之半也.

Zhī wú zú zhī kě yǐ jī, ér bù zhī dí zhī bù kě jī, shèng zhī bàn yě.

아군이 공격할 수 있는 것만 알고 적을 공격할 수 없다는 것을 알지 못하면 절반의 승리이다.

知	알	지	알다, 깨닫다, 느끼다, 분별하다, 기억하다
吾	나	오	나, 자신, 당신, 그대, 글 읽는 소리
卒	군사	졸	군사, 하인, 심부름꾼, 집단, 무리
之	갈	지	가다, 이(指示代名詞), -의(冠形格助詞)
可	옳을	가	옳다, 가히, 쯤, 정도
以	써	이	써, -로써, 부터, -에서, 까닭
擊	부딪칠	격	부딪치다, 배나 수레가 질서 있게 나아가다, 거리끼다
而	말이을	이	말 이음, 순접·역접의 접속사
不	아닐	부, 불	아닌가, 아니다, 크다, 말라(금지의 뜻)
知	알	지	알다, 깨닫다, 느끼다, 분별하다, 기억하다
敵	원수	적	원수, 상대방, 대등하다, 맞서다
勝	이길	승	이기다, 낫다, 뛰어나다, 뛰어난 것
半	반	반	반, 한창, 절정, 조각, 떨어진 한 부분
也	어조사	야	어조사, 또, 또한, 잇달다

❶ If we know that our own men are in a condition[1)] to attack, but are unaware that the enemy is not open to attack, we have gone only halfwa y[2)] towards victory.

병사들이 공격할 상태라는 것을 알아도, 적이 공격에 노출되어 있지 않다는 것을 모른다면, 승리로 절반만 다가간 것이다.

❷ If I know that my troops[3)] are capable[4)] of striking the enemy, but do not know that he is invulnerable[5)] to attack, my chance of victory is but half.

아군이 적을 공격하는 것이 가능하다는 것은 알지만, 적이 공격에 피해를 입지 않는다는 것을 모른다면, 승리의 기회는 절반이다.

---

1) con · di · tion: ① 조건; 필요조건; (제)조건, 조목, 조항; 제약 ② 주위의 상황, 형세, 사정 ③ 상태; 《특히》 건강 상태, (경기자의) 컨디션.
2) half · way: ① 도중의, 중간의. ② 중동무이의, 불충분한 ad. ① 도중에[까지]. ② 거지반, 거의; 타협하여; 어중되게, 불완전하게
3) troop: ① 대(隊), 떼, 무리《of》 ② (보통 pl.) 군대, 병력 ★ 60 troops는 '병력 60명'의 뜻. ③ 〚軍〛 기병 중대. ④ (보이스카우트의) 분대《최소 5명》; (걸 스카우트의) 단(團)《8-32명으로 구성됨》
4) ca · pa · ble: ① 유능한, 역량 있는 ② (…할) 능력이 있는
5) in · vul · ner · a · ble: 상처 입지 않는, 불사신의; (논의 따위가) 공격에 견디는, 반박할 수 없는.

21

지 적 지 가 격 이 부 지 오 졸 지 불 가 이 격 승 지 반 야

知敵之可擊 而不知吾卒之不可以擊 勝之半也.

Zhī dí zhī kě jī, ér bù zhī wú zú zhī bù kě yǐ jī, shèng zhī bàn yě.

적이 공격할 수 있다는 것을 알고 아군이 공격할 수 없다는 것을 알지 못하면 절반의 승리이다.

知	알	지	알다, 깨닫다, 느끼다, 분별하다, 기억하다
敵	원수	적	원수, 상대방, 대등하다, 맞서다
之	갈	지	가다, 이(指示代名詞), -의(冠形格助詞)
可	옳을	가	옳다, 가히, 쯤, 정도
擊	부딪칠	격	부딪치다, 배나 수레가 질서 있게 나아가다
而	말이을	이	말 이음, 순접·역접의 접속사
吾	나	오	나, 자신, 당신, 그대, 글 읽는 소리
卒	군사	졸	군사, 하인, 심부름꾼, 집단, 무리
以	써	이	써, -로써, 부터, -에서, 까닭
半	반	반	반, 한창, 절정, 조각, 떨어진 한 부분
也	어조사	야	어조사, 또, 또한, 잇달다

❶ If we know that the enemy is open to attack, but are unaware that our own men are not in a condition[1] to attack, we have gone only[2] halfway[3] towards victory.

적이 공격에 노출되어 있다는 것을 알지만, 병사들이 공격할 상태가 아니라는 것을 모른다면, 승리를 향해 겨우 절반만 간 것이다.

❷ If I know that the enemy is vulnerable[4] to attack, but do not know that my troops[5] are incapable[6] of striking him, my chance of victory is but half.

만약 적을 공격하기에 쉽다는 것을 알지만, 아군이 공격할 힘이 없다는 것을 모른다면, 승리의 가능성은 절반이다.

---

1) con · di · tion: ① 조건; 필요조건; (제)조건, 조목, 조항; 제약 ② 주위의 상황, 형세, 사정 ③ 상태; 《특히》 건강 상태, (경기자의) 컨디션.

2) on · ly: ① 유일한, …만(뿐)의 ② 비할 바 없는(best), 최상의 ③ (an ~) 단 한 사람의; ① a) 〔때를 나타내는 부사(구)를 수식하여〕 바로, 단지, 다만 b) 〔수량을 수식하여〕 겨우, 불과, 그저 …만 ② 단지, 다만 …만, …일 뿐

3) half · way: ① 도중의, 중간의. ② 중동무이의, 불충분한 ad. ① 도중에(까지). ② 거지반, 거의; 타협하여; 어중되게, 불완전하게

4) vul · ner · a · ble: 상처를 입기 쉬운; 비난(공격)받기 쉬운, 약점이 있는; (유혹 · 설득 따위에) 약한;

5) troop: ① 대(隊), 떼, 무리《of》 ② (보통 pl.) 군대, 병력 ★ 60 troops는 '병력 60명'의 뜻.

6) in · ca · pa · ble: ① …할 힘이 없는, …을 할 수 없는 ② 무능(무력)한, 쓸모 없는 ③ …될 수 없는

22

지 적 지 가 격 지 오 졸 지 가 이 격

知敵之可擊 知吾卒之可以擊

Zhī dí zhī kě jī, zhī wú zú zhī kě yǐ jī,

이 부 지 지 형 지 불 가 이 전 승 지 반 야

而不知地形之不可以戰 勝之半也.

ér bù zhī dì xíng zhī bù kě yǐ zhàn, shèng zhī bàn yě.

적을 공격할 수 있다는 것을 알고 아군이 공격 가능하다는 것을 알지만 지형이 싸우기에 불가하다는 것을 알지 못한다면 승리는 절반이다.

知	알	지	알다, 깨닫다, 느끼다, 분별하다, 기억하다
敵	원수	적	원수, 상대방, 대등하다, 맞서다
之	갈	지	가다, 이(指示代名詞), -의(冠形格助詞)
可	옳을	가	옳다, 가히, 쯤, 정도
擊	부딪칠	격	부딪치다, 배나 수레가 질서 있게 나아가다
吾	나	오	나, 자신, 당신, 그대, 글 읽는 소리
卒	군사	졸	군사, 하인, 심부름꾼, 집단, 무리
以	써	이	써, -로써, 부터, -에서, 까닭
而	말이을	이	말 이음, 순접·역접의 접속사
地	땅	지	땅, 토지의 신, 처지, 처해 있는 형편
形	모양	형	모양, 몸, 육체, 형세, 세력, 나타나다, 드러나다
戰	싸울	전	싸우다, 싸움, 전쟁, 두려워하다, 두려워서 떨다
勝	이길	승	이기다, 낫다, 뛰어나다, 뛰어난 것
半	반	반	반, 한창, 절정, 조각, 떨어진 한 부분
也	어조사	야	어조사, 또, 또한, 잇달다

❶ If we know that the enemy is open to attack, and also know that our men are in a condition[1] to attack, but are unaware that the nature[2] of the ground makes fighting impracticable[3], we have still gone only halfwa y[4] towards victory.

적이 공격하기에 노출되어 있다는 것을 알고, 아군이 공격하기 좋은 상황에 있다는 것을 알지만, 지형의 특성이 싸우기에 불가능하다는 것을 모른다면, 여전히 승리에 단지 절반만 간 것이다.

❷ If I know that the enemy can be attacked and that my troops[5] are capable[6] of attacking him, but do not realize[7] that because of the conformation[8] of the ground I should not attack, my chance of victory is but half.

적을 공격할 수 있고 아군 부대가 공격이 가능한지 알지만, 지형의 구조 때문에 공격할 수 없다는 것을 알지 못한다면, 승리의 승산은 절반이다.

---

1) con · di · tion: ① 조건; 필요조건; (제)조건, 조목, 조항; 제약 ② 주위의 상황, 형세, 사정 ③ 상태; 《특히》 건강 상태, (경기자의) 컨디션.
2) na · ture: ① (대)자연, 천지만물, 자연(현상); 자연계; 자연의 힘〔법칙〕; (종종 N-) 조화; 조물주 ② (문명의 영향을 받지 않은) 인간의 자연의 모습; 미개 상태 ③ 천성, 인간성, (사람 · 동물 따위의) 본성; 성질, 자질; …기질의 사람 ④ (the ~) (사물의) 본질, 특질; 특징 ⑤ 본래의 모습; 현실, 진짜. ⑥ (a ~, the ~) 종류; 성질
3) im · prac · ti · ca · ble: (방법 · 계획 따위가) 실행〔실시〕 불가능한(unworkable); 쓸 수가 없는
4) half · way: ① 도중의, 중간의. ② 중동무이의, 불충분한 ad. ① 도중에〔까지〕. ② 거지반, 거의; 타협하여; 어중되게, 불완전하게
5) troop: ① 대(隊), 떼, 무리《of》 ② (보통 pl.) 군대, 병력 ★ 60 troops는 '병력 60명'의 뜻. ③ 〖軍〗 기병 중대. ④ (보이스카우트의) 분대《최소 5명》; (걸 스카우트의) 단(團)《8-32명으로 구성됨》
6) ca · pa · ble: ① 유능한, 역량 있는 ② (…할) 능력이 있는
7) re · al · ize: ① 실현하다, 현실화하다 ② 여실히 보이다; …에게 현실감을 주다. ③ 실감하다, (생생하게) 깨닫다
8) con · for · ma · tion: 구조(構造), 형태; 적합, 일치

23

고 지 병 자 동 이 불 미 거 이 불 궁

故知兵者 動而不迷 擧而不窮.

Gù zhī bīng zhě, dòng ér bù mí, jǔ ér bù qióng.

고 왈 지 피 지 기 승 내 불 태 지 천 지 지 승 내 가 전

故曰: 知彼知己 勝乃不殆 知天知地 勝乃可全.

Gù yuē: Zhī bǐ zhī jǐ, shèng nǎi bù dài, zhī tiān zhī dì, shèng nǎi kě quán.

따라서 전쟁을 아는 자는 움직여도 미혹되지 않고 (군대를) 일으켜도 어려움을 겪지 않는다.
그러므로 적을 알고 나를 알면 승리는 위태롭지 않고 하늘을 알고 땅을 알면 승리는 온전하다.

故	옛	고	예, 이미 지나간 때, 옛, 예전의, 옛날의
知	알	지	알다, 깨닫다, 느끼다, 분별하다, 기억하다
兵	군사	병	군사 병, 싸움, 전쟁, 무기, 병기
者	놈	자	놈, 사람, 것, 일을 가리켜 이른다
動	움직일	동	움직이다, 나다, 살다, 살아나다, 변하다
而	말이을	이	말 이음, 순접역접의 접속사
迷	미혹할	미	미혹하다, 전념하다, 열중하여 빠지다, 헤매게 하다
擧	들	거	들다, 날다, 키우다
窮	다할	궁	다하다, 끝나다, 말다, 그치다, 떨어지다, 막히다
彼	저	피	저, 저 사람, 삼인칭 대명사, 그, 그이, 아니다(匪)
己	자기	기	자기, 여섯째 천간, 다스리다
勝	이길	승	이기다, 낫다, 뛰어나다, 뛰어난 것
乃	이에	내	이에, 너, 접때
殆	위태할	태	위태하다, 위태로워하다, 해치다, 가까이하다

❶ Hence the experienced soldier, once in motion[1], is never bewildered[2]; once he has broken camp, he is never at a loss.

Hence the saying: If you know the enemy and know yourself, your victory will not stand in doubt[3]; if you know Heaven and know Earth, you may make your victory complete[4].

그러므로 노련한 병사들은 한번 움직이면, 결코 당황하지 않고, 막사를 걷어도 난처해하지 않는다.

고로 말하기를 적을 알고, 자신을 안다면 승리는 의심에서 멈춰있지 않을 것이고, 기상과 지형을 안다면, 완벽한 승리를 할 수 있다.

❷ Therefore when those experienced in war move they make no mistakes[5] ; when they act, their resources[6] are limitless[7].

And therefore I say: 'Know the enemy, know yourself; your victory will never be endangered[8]. Know the ground, know the weather; your victory will then be total.'

그러므로 전쟁에서 노련한 자들이 움직이면, 실수를 하지 않고, 실행에 옮기면, 방책이 무한하다.

그러므로 나는 말한다. '적을 알고 자신을 알면, 승리는 결코 위태롭지 않다. 지형을 알고 날씨를 알면, 승리는 완전하게 될 것이다.'

---

1) mo · tion: ① 운동, 활동; (기계 따위의) 운전 ② 이동; (천체 따위의) 운행. ③ 동작, 거동, 몸짓 ④ 동의, 발의(發議), 제의, 제안

2) be · wil · der: 어리둥절케[당황케] 하다

3) doubt: ① 의심, 의혹, 회의, 불신 ② 불확실함, 의심스러움 ③ 피해, 결점, 곤란.

4) com · plete: ① 완전한, 완벽한; 흠잡을 데 없는, 완비된 ② 전부의, 전부 갖춘 ③ 전면적인, 철저한

5) mis · take: ① 잘못, 틀림 ② 잘못된 생각, 오해.

6) re · source: ① (보통 pl.) 자원; 물자; 재원, 자력 ② (의지하는) 수단, 방책, 둘러맞춤 ③ 연구력, 변통하는 재주, 기지, 기략 ④ 소창, 오락 ⑤ 『컴퓨터』 자원《컴퓨터를 구성하고 있는 모든 것》.

7) lím · it · less: 무한의; 무제한의; 무기한의; 광대한.

8) en · dan · ger: 위태롭게 하다, 위험에 빠뜨리다

十一篇 九地

❶ THE NINE SITUATIONS 아홉가지 형세

– Lionel Giles(라이오넬 자일스) 역

❷ THE NINE VARIETIES OF GROUND 아홉 가지 지형의 변화

– Samuel B. Griffith(사무엘 비 그리피스) 역

* 아홉가지의 땅

1. 아홉 가지 전략적 지리와 활용
2. 적을 분리하고 약하게 하라
3. 적이 가장 아끼는 곳을 공격하라
4. 군사행동의 으뜸은 신속함이다
5. 원정작전의 요령
6. 사지死地에서 병사들은 전력을 다한다
7. 솔연처럼 하라
8. 최고 장수의 지휘통솔법

九	아홉	구	아홉, 아홉 번, 수효의 끝
地	땅	지	땅, 토지의 신, 처지, 처해 있는 형편
篇	책	편	책, 완결된 책, 완결된 시문(詩文), 시문을 세는 단위

孫子兵法

Sūn zǐ bīng fǎ

Art of war

1

손 자 왈 용 병 지 법 유 산 지 유 경 지 유 쟁 지 유 교 지
孫子曰 用兵之法 有散地 有輕地 有爭地 有交地
Sūn zǐ yuē, yòng bīng zhī fǎ, yǒu sàn dì, yǒu qīng de, yǒu zhēng dì yǒu jiāo de,

유 구 지 유 중 지 유 비 지 유 위 지 유 사 지
有衢地 有重地 有圮地 有圍地 有死地.
yǒu qú de, yǒu zhòng dì, yǒu pǐ de, yǒu wéi de, yǒu sǐ dì.

손자가 말한다. 군사를 쓰는 용병에는 '산지(흩어지는 땅; 도망가기 쉬운 땅)', '경지(가벼운 땅; 후퇴하기 쉬운 땅)', '쟁지(다투는 땅; 서로 차지하려는 땅)', '교지(만나는 땅: 서로 교차하는 땅)', '구지(사거리 땅; 사방이 만나는 땅)', '중지(무게 있는 땅; 부담이 되는 땅)', '비지(무너지는 땅; 붕괴될 수 있는 땅)', '위지(둘러싸인 땅; 포위되기 쉬운 땅)', '사지(죽음의 땅: 탈출구가 없는 땅)'가 있다.

* 용병(用兵): 군사를 부림. 용군(用軍)

用	쓸	용	쓰다, 베풀다, 부리다, 등용하다, 행하다
兵	군사	병	군사 병, 싸움, 전쟁, 무기, 병기
法	법	법	법, 예의, 도리, 모범, 모형, 품등, 본받다
有	있을	유	있다, 존재하다, 많다, 넉넉하다, 자재, 소유물
散	흩을	산	흩다, 흩뜨리다, 흩어지다, 헤어지다, 내치다
地	땅	지	땅, 토지의 신, 처지, 처해 있는 형편
輕	가벼울	경	가볍다, 무게가 적다, 신분이 낮다, 경솔하다
爭	다툴	쟁, 정	다투다, 잡아끌다, 결판을 내다, 소송하다
交	사귈	교	사귀다, 주고받고 하다, 서로
衢	네거리	구	네거리, 길, 도로, 갈림길
重	무거울	중	무겁다, 무겁게 하다, 무게
圮	무너질	비	무너지다, 무너뜨리다
圍	둘레	위	둘레, 두르다, 둘러싸다, 에우다, 사냥하다
死	죽을	사	죽다, 죽음, 죽은 이

❶ Sun Tzu said: The art of war recognizes nine varieties of ground: 1. Dispersive[1)] ground; 2. facile[2)] ground; 3. contentious[3)] ground; 4. open[4)] ground; 5. ground of intersecting[5)] highways[6)]; 6. serious[7)] ground; 7. difficult[8)] ground; 8. hemmed[9)]-in ground; 9. desperate[10)] ground.

손자가 말했다. 전쟁의 기교(혹은 병법)는 아홉 가지 지형의 변화를 인지한다. 1) 산포성 지형(散, 산지), 2) 용이한 지형(輕, 경지), 3) 다투기 좋은 지형(爭, 쟁지), 4) 훤히 트인 지형(交, 교지), 5) 교차하는 큰길인 지형(衢, 구지), 6) 중대한 지형(重, 중지), 7) 힘든 지형(圮, 비지), 8) 둘러싸인 지형(圍, 위지), 9) 절망적인 지형(死, 사지)

❷ Sun Tzu said: In respect[11)] to the employment of troops[12)], ground may be classified as dispersive, frontier[13)], key, communicating[14)], focal[15)], serious, difficult, encircled[16)], and death.

손자가 말했다. 군대의 사용과 관련하여 지형은 〈산포성(散, 산지)〉, 〈국경(輕, 경지)〉, 〈중요성(爭, 쟁지)〉, 〈통합(交, 교지)〉, 〈초점(衢, 구지)〉, 〈중대성(重, 중지)〉, 〈어려움(圮, 비지)〉과 〈둘러싸임(圍, 위지)〉, 〈죽음(死, 사지)〉으로 분류될 수 있다.

---

1) dis · per · sive: 흩뜨리는, 분산하는; 소산하는; 산포성의, 전파성의
2) fac · ile: ① 손쉬운, 용이한 ② 간편한, 쓰기 쉬운.
3) con · ten · tious: 다투기 좋아하는, 토론하기 좋아하는, 논쟁적인; 이론(異論) 있는
4) open: ① 열린, 열려 있는, 열어 놓은. ② 뚜껑이〔덮개가〕 없는; 지붕이 없는; 노출된 ③ 펼친 ④ (바다 · 평야 따위가) 훤히 트인, 광활한; 막히지 않은, 장애물이 없는
5) in · ter · sect: 가로지르다, …와 교차하다; (선 · 면 등이) 엇갈리다, 교차하다.
6) high · way: 공도(公道), 간선 도로, 큰길, 한길, 하이웨이
7) se · ri · ous: ① 진지한, 진정인, 엄숙한, 심각한, 정색을 한 ② 중대한, 심각한, 용이치 않은, 심상치 않은
8) dif · fi · cult: ① 곤란한, 어려운, 힘드는 ② (사람이) 까다로운, 완고한; (일이) 다루기 힘든 ③ 불리한, 괴로운
9) hem: ① …의 가장자리를 감치다, …에 가선을 대다. ② 에워싸다, 둘러싸다; 가두다; 에헴하다, 헛기침하다
10) des · per · ate: ① 자포자기의; 무모한, 될 대로 되라는 식의 ② 필사적인; 혈안이 된, 열중한; …하고 싶어 못 견디는 ③ 절망적인; (좋아질) 가망이 없는 ④ 맹렬한; 지독한.
11) re · spect: ① 존경, 경의 ② 인사, 안부를 전함 ③ 존중, 중시 ④ 주의, 관심 ⑤ 점, 개소, 세목 ⑥ 관계, 관련
12) troop: ① 대(隊), 떼, 무리《of》 ② (보통 pl.) 군대, 병력 ★ 60 troops는 '병력 60명'의 뜻.
13) fron · tier: ① 국경, 국경 지방; (pl.) 국내, 영역(내). ② (지식 · 학문 등의) 미개척 영역 ; 국경의, 변경의.
14) com · mu · ni · cate: ①(사상 · 지식 · 정보 따위를) 전달하다, 통보하다 ② (열 따위를) 전도하다, 전하다; (병을) 감염시키다; (감정 등이) 전해지다, 분명히 알다 ③ …에게 성체를 주다. ④ …을 서로 나누다; ① (길 · 방 따위가) 통해 있다, 이어지다 ② 통신하다, 교통하다, 의사를 서로 통하다
15) fo · cal: 초점의, 초점에 있는
16) en · cir · cle: ① 에워〔둘러〕싸다 ② 일주하다

2

제 후 자 전 기 지 위 산 지 입 인 지 지 이 부 심 자 위 경 지

諸侯自戰其地 爲散地. 入人之地而不深者 爲輕地.

Zhū hóu zì zhàn qí de, wèi sàn dì Rù rén zhī dì ér bù shēn zhě, wèi qīng de.

제후가 자신의 땅에서 전쟁을 하면 '산지(散, 흩어지는 땅; 도망가기 쉬운 땅)'라고 한다.

적의 땅에 들어가도 깊지 않으면 '경지(輕, 가벼운/부담이 적은 땅; 후퇴하기 쉬운 땅)'라고 한다.

諸	모든	제	모든, 여러, 어조사, -은는, -에게, -에서
侯	과녁	후	과녁, 제후, 후작, 임금, 오등작(五等爵)의 둘째
自	스스로	자	스스로, 몸소, 자기, 자연히, 저절로, 어조사
戰	싸울	전	싸우다, 싸움, 전쟁, 두려워하다, 두려워서 떨다
其	그	기	그(지시 대명사), 의(관형격 조사)
地	땅	지	땅, 토지의 신, 처지, 처해 있는 형편
為	할	위	하다, 되다, 다스리다, 속하다, 어기다, 있다
散	흩을	산	흩다, 흩뜨리다, 흩어지다, 헤어지다, 내치다
入	들	입	들다, 수입, 사성(四聲)의 하나, 입성(入聲)
深	깊을	심	깊다, 깊게 하다, 깊이, 매우
者	놈	자	놈, 사람, 것, 일을 가리켜 이른다
輕	가벼울	경	가볍다, 무게가 적다, 신분이 낮다, 경솔하다

❶ When a chieftain[1] is fighting in his own territory[2], it is dispersive[3] ground.

When he has penetrated[4] into hostile[5] territory, but to no great distance, it is facile[6] ground.

왕이 자신의 영지에서 싸우면, 〈분산성 지형(산지, 散)〉이라고 한다.

적국의 영지에 침투하였지만, 아주 멀리 들어가기 않았다면, 〈용이한 지형(경지, 輕)〉이라고 한다.

❷ When a feudal[7] lord fights in his own territory, he is in dispersive ground.

When he makes but a shallow[8] penetration into enemy territory he is in frontier[9] ground.

중세의 왕이 자신의 영지에서 싸우면, 〈분산성 지형(산지, 散)〉에 있다. 적지를 얻었지만 얕은 침입이면 〈국경 지형(경지, 輕)〉에 있다.

---

1) chief · tain: 수령, 추장; 왕초, 두목; 《詩》 지휘관.
2) ter · ri · to · ry: ① (영해를 포함한) 영토, 영지; (본토에서 떨어져 있는) 속령, 보호(자치)령 ② 땅; 지역, 지방
3) dis · per · sive: 흩뜨리는, 분산하는; 소산하는; 산포성의, 전파성의
4) pen · e · trate: ① 꿰뚫다, 관통하다, 침입하다 ② …을 통과하다, 지나가다 ③ …에 스며들다; …에 침투하다.
5) hos · tile: ① 적의 있는, 적개심에 불타는 ② 반대의, 호의적이 아닌 ③ 냉담한, 성미에 맞지 않는 ④ 적의
6) fac · ile: ① 손쉬운, 용이한 ② 간편한, 쓰기 쉬운.
7) feu · dal: ① 영지(봉토)의; 봉건 (제도)의; 봉건 시대의, 중세의 ② 소수 특권 계급 중심의; 군웅 할거적인; 계약적 · 호혜적 관계를 특징으로 하는
8) shal · low: ① 얕은. ② 《비유적》 천박한, 피상적인; 얕은 곳, 여울; 얕게 하다, 얕아지다.
9) fron · tier: ① 국경, 국경 지방; (pl.) 국내, 영역(내). ② (지식 · 학문 등의) 미개척 영역 ; 국경의, 변경의.

3

아 득 칙 리　피 득 역 리 자　위 쟁 지
我得則利 彼得亦利者 爲爭地.
Wǒ dé zé lì, bǐ dé yì lì zhě, wèi zhēng dì.

아 가 이 왕　피 가 이 내 자　위 교 지
我可以往 彼可以來者 爲交地.
Wǒ kě yǐ wǎng, bǐ kě yǐ lái zhě, wèi jiāo de.

내가 얻어도 이익이 되고 적이 얻어도 이익이 되는 곳을 '쟁지'라고 한다. 내가 갈 수도 있고 적이 올 수도 있는 곳을 '교지'라고 한다.

我	나	아	나, 우리, 외고집
得	얻을	득	얻다, 이익, 이득, 덕(德)
則	법칙, 본받을	칙, 측	법칙, 곧, 법, 본받다, 모범으로 삼다
利	날카로울	리{이}	이롭다, 유익하다, 편리하다, 날카롭다, 통하다
彼	저	피	저, 저 사람, 삼인칭 대명사, 그, 그이, 아니다(匪)
得	얻을	득	얻다, 이익, 이득, 덕(德)
亦	또	역	또, 또한, 모두, 크게, 대단히
為	할	위	하다, 되다, 다스리다, 속하다, 어기다, 있다
爭	다툴	쟁, 정	다투다, 잡아끌다, 결판을 내다, 소송하다
可	옳을	가	옳다, 가히, 쯤, 정도
以	써	이	써, -로써, 부터, -에서, 까닭
往	갈	왕	가다, 옛, 예, 이따금
以	써	이	써, -로써, 부터, -에서, 까닭
來	올	래{내}	오다, 장래, 부르다
交	사귈	교	사귀다, 주고받고 하다, 서로
地	땅	지	땅, 토지의 신, 처지, 처해 있는 형편

❶ Ground the possession[1] of which imports[2] great advantage[3] to either side, is contentious[4] ground.

Ground on which each side has liberty[5] of movement is open[6] ground.

어느 쪽이든 점유하면, 크게 이로운 점을 가져오는 지형은 〈다투기 좋은 지형(쟁지, 輕)〉이라고 한다.

양쪽이 이동하기 자유로운 지형은 〈훤히 트인 지형(교지, 交)〉이라고 한다.

❷ Ground equally advantageous[7] for the enemy or me to occupy[8] is key ground.

Ground equally accessible[9] to both the enemy and me is communicating.

차지한다면 적군과 아군에게 똑같이 유리한 지형은 〈중요한 지형(쟁지, 輕)〉이다.

적군과 아군에게 똑같이 접근하기 쉬운 지형은 〈이어지는 지형(교지, 交)〉이다.

---

1) pos · ses · sion: ① 소유; 입수 ② 소유물, 소지품; (pl.) 재산 ③ 속령, 영지, 속국
2) im · port: ① 수입하다 ② 가져오다; (감정 등을) 개입시키다 ③ …의 뜻을 내포하다, 의미하다, 나타내다
3) ad · van · tage: ① 유리; 이익; 편의 ② 우세, 우월 ③ 이점, 장점
4) con · ten · tious: 다투기 좋아하는, 토론하기 좋아하는, 논쟁적인; 이론(異論) 있는
5) lib · er · ty: ① 자유, 자립; …할 자유 ② 해방, 석방, 방면.
6) open: ① 열린, 열려 있는, 열어 놓은. ② 뚜껑이[덮개가] 없는; 지붕이 없는; 노출된 ③ 펼친 ④ (바다 · 평야 따위가) 훤히 트인, 광활한; 막히지 않은, 장애물이 없는
7) ad · van · ta · geous: 유리한; 형편이 좋은
8) oc · cu · py: ① (시간 · 장소 따위를) 차지하다; (시간을) 요하다 ② 점령[점거]하다, 영유하다 ③ …에 거주하다, 점유하다; 사용하다; 차용하다 ④ (지위 · 일자리를) 차지하다
9) ac · ces · si · ble: ① 접근[가까이]하기 쉬운, 가기 쉬운[편한], 면회하기 쉬운 ② 입수하기 쉬운, 이용할 수 있는; 이해하기 쉬운 ③ 영향받기 쉬운, 감동되기 쉬운

4

제 후 지 지 삼 속 선 지 이 득 천 하 중 자 위 구 지
諸侯之地三屬 先至而得天下衆者 爲衢地.
Zhū hóu zhī dì sān shǔ, xiān zhì ér dé tiān xià zhòng zhě, wèi qú de.

입 인 지 지 심 배 성 읍 다 자 위 중 지
入人之地深 背城邑多者 為重地.
Rù rén zhī dì shēn, bèi chéng yì duō zhě, wèi zhòng dì.

땅이 세 나라와 엮여 있어서 먼저 이르면 민심을 얻을 수 있는 곳을 '구지'라고 한다.
적지 깊숙이 들어가서 등 뒤에 성읍이 많은 곳을 '중지'라고 한다.

◎ '得天下衆(아늘아래 많은 사람들을 얻다)'를 '민심을 얻다'로 번역함.

諸	모든	제	모든, 여러, 어조사, –은·는, –에게, –에서
侯	과녁	후	과녁, 제후, 후작, 임금, 오등작(五等爵)의 둘째
地	땅	지	땅, 토지의 신, 처지, 처해 있는 형편
屬	엮을, 이을	속, 촉	엮다, 잇다, 맡기다, 모으다, 돌보다, 족하다
先	먼저	선	먼저, 나아가다, 옛날
至	이를	지	이르다, 도래하다, 미치다, 닿다, 두루 미치다
而	말이을	이	말 이음, 순접·역접의 접속사
得	얻을	득	얻다, 이익, 이득, 덕(德)
衆	무리	중	무리, 많은 사람, 많은 물건, 많은 일
為	할	위	하다, 되다, 다스리다, 속하다, 어기다, 있다
衢	네거리	구	네거리, 길, 도로, 갈림길
深	깊을	심	깊다, 깊게 하다, 깊이, 매우
背	등	배	등, 뒤, 등 쪽, 양(陽)
城	성	성	성, 나라, 도읍, 구축하다, 성을 쌓다
邑	고을	읍	고을, 마을, 서울, 국도(國都), 영지(領地)
多	많을	다	많다, 넓다, 도량이 넓다, 겹치다, 포개지다
重	무거울	중	무겁다, 무겁게 하다, 무게

❶ Ground which forms the key to three contiguous states, so that he who occupies[1] it first has most of the Empire at his command[2], is a ground of intersecting[3] highways[4].

When the army has penetrated[5] deep into hostile[6] territory[7], leaving far behind many enemy cities and towns, it is in serious[8] ground.

인접한 세 나라에 관문이 되는 지형을 먼저 차지하는 자는 대부분의 제국이 자신이 지배하는 땅에 있는데, 이를 〈교차하는 큰길인 지형(구지, 衢)〉이라고 한다.

군대가 후방에서 멀리 떨어진 많은 적의 성읍을 방치한 채, 적지에 깊숙이 침투하면, 〈중대한 지형(중지, 重)〉이라고 한다.

❷ When a state is enclosed[9] by three other states its territory is focal[10]. He who first gets control[11] of it will gain the support[12] of All-under-Heaven.

When an army has penetrated into the heart of a hostile country[13], leaving a number of fortified cities in its rear[14], it is serious ground.

나라가 다른 세 나라의 영지에 둘러싸였을 때는 〈초점(구지, 衢)〉이라고 한다. 그곳에서 지배력을 먼저 얻은 자는 온 천하의 지지를 얻을 것이다

후미에 몇몇의 요새화된 도시를 방치한 채, 군대가 적국의 중심부에 침투하면, 〈중대한 지형(중지, 重)〉이라고 한다.

---

1) oc · cu · py: ① (시간 · 장소 따위를) 차지하다; (시간을) 요하다 ② 점령〔점거〕하다, 영유하다 ③ …에 거주하다, 점유하다; 사용하다; 차용하다 ④ (지위 · 일자리를) 차지하다
2) com · mand: ① 명령, 호령, 구령; 지령, 분부 ② 지휘(권), 지배(권), 통제 ③ 지배력, 통어력 ④ 조망
3) in · ter · sect: 가로지르다, …와 교차하다; (선 · 면 등이) 엇갈리다, 교차하다.
4) high · way: 공도(公道), 간선 도로, 큰길, 한길, 하이웨이
5) pen · e · trate: ① 꿰뚫다, 관통하다, 침입하다 ② …을 통과하다, 지나가다 ③ …에 스며들다; …에 침투하다.
6) hos · tile: ① 적의 있는, 적개심에 불타는 ② 반대의, 호의적이 아닌 ③ 냉담한, 성미에 맞지 않는 ④ 적의
7) ter · ri · to · ry: ① (영해를 포함한) 영토, 영지; (본토에서 떨어져 있는) 속령, 보호〔자치〕령 ② 땅; 지역, 지방
8) se · ri · ous: ① 진지한, 진정인, 엄숙한, 심각한, 정색을 한 ② 중대한, 심각한, 용이치 않은, 심상치 않은
9) en · close: ① 둘러싸다, 에워싸다, …에 울을 하다 ② (상자 따위에) 넣다; (틀에) 끼워 넣다, 뚜껑을 하다
10) fo · cal: 초점의, 초점에 있는
11) con · trol: 지배(력); 관리, 통제, 다잡음, 단속, 감독
12) sup · port: ① 버팀, 지지, 유지. ② 지지자〔물〕; 지주(支柱), 받침기둥; 의지가 되는 것《of》. ③ 원조, 후원, 고무, 옹호; 찬성 ④ 양육, 부양; (재정적인) 유지; 생활비 ⑤ 〖군사〗 지원 부대; 예비대
13) coun · try: ① 나라, 국가; 국토 ② 시골, 교외, 지방, 전원 ③ 조국, 고국; 고향 ④ 지역, 고장
14) rear: ① 뒤, 배면, 배후, 최후부; 맨 뒤 ② 〖군사〗 후위, 후미, 후방.

5

행 산 림 험 조 저 택 범 난 행 지 도 자 위 비 지

行山林險阻沮澤 凡難行之道者 爲圮地.

Xíng Shān lín xiǎn zǔ jǔ zé, fán nán xíng zhī dào zhě, wèi pǐ de.

산과 숲, 험지, 늪 등의 나아가기 험한 곳으로 모두 가기 어려운 길이 있는 곳은 '비지'라고 한다.

行	갈	행	가다, 걷다, 나아가다, 달아나다, 돌아다니다, 겪다
險	험할	험	험하다, 높다, 깊다, 기울다, 위태롭다
阻	험할	조	험하다, 사이가 멀다, 걱정하다
沮	막을	저	막다, 저지하다, 그치다, 그만두다, 방해하다
澤	못	택	못, 진펄, 늪, 윤, 윤이 나다
凡	무릇	범	무릇, 모두, 다, 합계
難	어려울	난	어렵다, 재앙, 근심, 구슬 이름, 힐난하다, 꾸짖다
之	갈	지	가다, 이(指示代名詞), -의(冠形格助詞)
道	길	도	길, 이치, 근원, 기능, 방법, 사상, 인의
為	할	위	하다, 되다, 다스리다, 속하다, 어기다, 있다
圮	무너질	비	무너지다, 무너뜨리다
者	놈	자	놈, 사람, 것, 일을 가리켜 이른다

❶ Mountain forests, rugged[1] steeps[2], marshes[3] and fens[4]--all country[5] that is hard to traverse[6]: this is difficult[7] ground.

산에 우거진 숲, 바위투성이 절벽, 습지와 늪지 등의 모든 지역은 지나가기 어려운 데, 이것은 〈힘든 지형(비지, 圮)〉이다.

❷ When the army traverses mountains, forests, precipitous[8] country, or marches[9] through defiles[10], marshlands, or swamps[11], or any place[12] where the going is hard, it is in difficult ground.

군대가 산맥, 숲, 험한 지역을 가로질러 가거나 좁은 골짜기, 습지대, 늪 혹은 전진하기가 어려운 곳을 행군하면 〈힘든 지형(비지, 圮)〉에 있다.

---

1) rug: (바닥의) 깔개, 융단, 양탄자; 까는 모피, 《특히》 난로 앞에 까는 것.
2) steep: 가파른, 깎아지른 듯한, 급경 사진, 험한; 가풀막; 절벽.
3) marsh: 습지, 소택지, 늪
4) fen: 늪지, 소택지
5) coun · try: ① 나라, 국가; 국토 ② 시골, 교외, 지방, 전원 ③ 조국, 고국; 고향 ④ 지역, 고장 ⑤ (어떤) 영역, 분야, 방면.
6) trav · erse: ① 가로지르다, 횡단〔통과, 관통〕하다 ② …의 여기저기를 걷다, 구석구석을 걷다 ③ 주의깊게〔전면적으로, 자세히〕 고찰〔음미〕하다 ④ …에 반대하다, 방해하다
7) dif · fi · cult: ① 곤란한, 어려운, 힘드는, 난해한 ② (사람이) 까다로운, 완고한; (일이) 다루기 힘든; 재정난의 ③ 불리한, 괴로운
8) pre · cip · i · tous: ① 험한, 가파른, 절벽의; 직하(直下)하는. ② 황급한, 경솔한, 무모한.
9) march: ① 〖군사〗 (대열을 지어) 행진하다; (당당하게) 걷다, 빨리 전진하다 ② (사건 따위가) 진전하다 ③ (나무 따위가) 나란히 늘어서 있다. ④ (말 · 행동 따위가 …와) 일치하다, 조화되다; …을 행진시키다, 행군시키다
10) de · file: (종대가 지나갈 정도의) 애로(隘路), 좁은 골짜기.
11) swamp: 늪, 소택(沼澤), 습지.
12) place: ① 장소, 곳; (특정의 목적을 위한) 장소, …장(場) ② (신체 따위의) 국소, 부분; (책 따위의) 한 구절; (음악의) 한 절, 악구(樂句) ③ 시, 읍, 면; 지역, 지방 ④ 건(축)물, 관(館); 실(室), 사무실; 주소, 주거; 저택

6

소 유 입 자 애 소 종 귀 자 우 피 과 가 이 격 오 지 중 자
所由入者隘 所從歸者迂 彼寡可以擊吾之衆者
Suǒ yóu rù zhě ài, suǒ cóng guī zhě yū, bǐ guǎ kě yǐ jī wú zhī zhòng zhě,

위 위 지
爲圍地.
wèi wéi de.

들어가는 곳이 좁고 돌아서 나아가기는 먼 길이어서 소수의 아군으로 많은 적군을 격파할 수 있을 곳을 '위지'라고 한다.

所	바	소	바, 일정한 곳이나 지역, 지위, 자리, 위치, 경우
由	말미암을	유	말미암다, 인연하다, 따르다, 본으로 하다
隘	좁을	애	좁다, 땅이 좁다, 기량이 좁다, 험하다, 작다
從	좇을	종	좇다, 순직하다, 숙부드럽다, 나아가다
歸	돌아갈	귀	돌아가다, 돌아오다, 돌려보내다, 반환하다
迂	멀	우	멀다, 길이 멀다, 물정에 어둡다, 먼 길, 굽히다
彼	저	피	저, 저 사람, 삼인칭 대명사, 그, 그이, 아니다(匪)
寡	적을	과	적다, 나, 임금이 자기 자신을 일컫는 겸칭
可	옳을	가	옳다, 가히, 쯤, 정도
以	써	이	써, -로써, 부터, -에서, 까닭
擊	부딪칠	격	부딪치다, 배나 수레가 질서 있게 나아가다
吾	나	오	나, 자신, 당신, 그대, 글 읽는 소리
衆	무리	중	무리, 많은 사람, 많은 물건, 많은 일, 땅, 백성, 군신
為	할	위	하다, 되다, 다스리다, 속하다, 어기다, 있다
圍	둘레	위	둘레, 두르다, 둘러싸다, 에우다, 사냥하다
地	땅	지	땅, 토지의 신, 처지, 처해 있는 형편

❶ Ground which is reached through narrow gorges[1], and from which we can only retire[2] by tortuous[3] paths, so that a small number of the enemy would suffice[4] to crush[5] a large body of our men: this is hemme d[6] in ground.

좁은 골짜기를 지나고, 구불구불한 작은 길의 지형으로 물러갈(퇴각할) 수 있어서, 소수의 적이 아군의 대병력을 격파하기에 충분하면, 〈둘러싸인 지형(위지, 圍)〉에 있다

❷ Ground to which access[7] is constricted[8], where the way out is tortuous[9], and where a small enemy force can strike[10] my larger one is called 'encircled[11]'.

입구가 좁고, 출구가 구불구불하고, 소수의 적 병력이 대군의 아군 병력에게 일격을 가할 수 있는 지형은 〈에워싸인 지형(위지, 圍)〉이다.

---

1) gorge: 골짜기
2) re · tire: ① 물러가다, 칩거하다 ② 자다, 자리에 들다 ③ 은퇴하다, 퇴직하다; 폐업하다 ④ 퇴각하다 ⑤ (파도 등이) 물러가다; 쑥 들어가다. ① 퇴직(퇴역, 은퇴)시키다 ② 회수하다 ③ 퇴거(퇴각)시키다.
3) tor · tu · ous: (길 · 흐름 따위의) 구불구불한; 비틀린, 뒤틀린, 비꼬인; (말을) 에두르는, 뒤대는; 부정한, 불성실한.
4) suf · fice: 《문어》 족하다, 충분하다; 《문어》 …에 충분하다, 만족시키다
5) crush: ① 눌러서 뭉개다, 짓밟다, 으깨다 ② …을 억지로 밀어넣다, 밀치고 들어가다(나가다)
6) hem: ① …의 가장자리를 감치다, …에 가선을 대다. ② 에워싸다, 둘러싸다; 가두다; 에헴하다, 헛기침하다; 말을 머뭇거리다.
7) ac · cess: 접근, 면접, 출입《to》; 접근(출입 · 입수 · 이용)하는 방법(수단 · 권리 · 자유); 진입로, 통로, 입구
8) con · strict: 압축하다; 죄다; 수축시키다. ㊥~ · ed [-id] a. 압축된
9) tor · tu · ous: (길 · 흐름 따위의) 구불구불한; 비틀린, 뒤틀린, 비꼬인; (말을) 에두르는, 뒤대는; 부정한, 불성실한
10) strike: ① 치다, 두드리다, 때리다 ② 두들겨 만들다(…하다), 쳐서 만들어내다 ③ (시계가 시각을) 치다, 쳐서 알리다 ④ 맞부딪치다, 부딪다, 들이받다 ⑤ 일격을 가하다, (타격을) 가하다, 주다 ⑤ 습격(공격)하다; ① 치다, 때리다; 공격하다; (뱀 · 호랑이가) 급습하다 ② 타격을 가하다, 침해하다
11) en · cir · cle: ① 에워(둘러)싸다 ② 일주하다

7

질 전 칙 존 부 질 전 칙 망 자 위 사 지
疾戰則存 不疾戰則亡者 爲死地.
Jí zhàn zé cún, bù jí zhàn zé wáng zhě, wèi sǐ dì.

시 고 산 지 칙 무 이 전 경 지 칙 무 지 쟁 지 칙 무 공
是故散地則無以戰 輕地則無止 爭地則無攻.
Shì gù sàn dì zé wú yǐ zhàn, qīng de zé wú zhǐ, zhēng dì zé wú gōng.

서둘러 싸우면 살 수 있고 서둘러 싸우지 않으면 죽는 곳을 '사지'라고 한다.
그러므로 '산지'에서는 전투를 하지 말고 '경지'에서는 머무르지 말고 '쟁지'에서는 공격하지 말라.

是	옳을	시	옳다, 바르다, 옳다고 하다, 바르다고 인정하다
故	옛	고	예, 이미 지나간 때, 옛, 예전의, 옛날의
散	흩을	산	흩다, 흩뜨리다, 흩어지다, 헤어지다, 내치다
地	땅	지	땅, 토지의 신, 처지, 처해 있는 형편
則	법칙, 본받을	칙, 즉	법칙, 곧, 법, 본받다, 모범으로 삼다
無	없을	무	없다, 허무(虛無)의 도, 말라, 금지하는 말
戰	싸울	전	싸우다, 싸움, 전쟁, 두려워하다, 두려워서 떨다
疾	병	질	병, 괴로움, 버릇, 성벽(性癖), 흠, 하자, 앓다
輕	가벼울	경	가볍다, 무게가 적다, 신분이 낮다, 경솔하다
存	있을	존	있다, 안부를 묻다, 가엾게 여기다
止	발	지	발, 멎다, 멈추다, 머무르다
亡	망할	망	망하다, 달아나다, 죽다
爭	다툴	쟁, 정	다투다, 잡아끌다, 결판을 내다, 소송하다
為	할	위	하다, 되다, 다스리다, 속하다, 어기다, 있다
死	죽을	사	죽다, 죽음, 죽은 이
攻	칠	공	치다, 공격하다, 불까다, 거세(去勢)하다, 다스리다

❶ Ground on which we can only be saved from destruction[1] by fighting without delay[2], is desperate[3] ground.

On dispersive[4] ground, therefore, fight not. On facile[5] ground, halt[6] not. On contentious[7] ground, attack not.

오로지 지체없이 싸워 절멸을 면할 수 있는 지형은 〈절망적인 지형(사지, 死)〉이다.

그러므로 분산성 지형(산지, 散)에서는 싸우지 않는다. 〈용이한 지형(경지)〉에서는 군대를 머무르게 하지 않는다. 〈다투기 좋은 지형(쟁지)〉에서는 공격하지 않는다.

* 절멸: 아주 멸망하여 없어짐. 또는 아주 없앰.

❷ Ground in which the army survives only if it fights with the courage of desperation[8] is called 'death'.

And therefore, do not fight in dispersive ground; do not stop in the frontier[9] borderlands[10]. Do not attack an enemy who occupies[11] key ground;

필사적인 용기로 싸워야만 군대가 생존하는 지형은 〈죽음(사지, 死)〉라고 한다.

그러므로 〈분산성 지형(산지, 散)〉에서는 싸우지 않고, 〈국경지방 분기점(경지)〉에서는 멈추지 말라. 〈중요한 지형(쟁지)〉을 차지하고 있는 적을 공격하지 말라

1) de · struc · tion: ① 파괴; 분쇄. ② 구제(驅除), 절멸. ③ 파멸, 멸망; 파멸의 원인
2) de · lay: 지연, 지체; 연기, 유예
3) des · per · ate: ① 자포자기의; 무모한, 될 대로 되라는 식의 ② 필사적인; 혈안이 된, 열중한; …하고 싶어 못 견디는 ③ 절망적인; (좋아질) 가망이 없는 ④ 맹렬한; 지독한.
4) dis · per · sive: 흩뜨리는, 분산하는; 소산하는; 산포성의, 전파성의
5) fac · ile: ① 손쉬운, 용이한 ② 간편한, 쓰기 쉬운.
6) halt: 멈춰서다, 정지〔휴지〕하다; 부대가 정지하다; 멈추다, 정지〔휴지〕시키다; 군대를 머무르게 하다.
7) con · ten · tious: 다투기 좋아하는, 토론하기 좋아하는, 논쟁적인; 이론(異論) 있는
8) des · per · a · tion: 필사적임; 열중; 절망, 자포자기
9) fron · tier: ① 국경, 국경 지방; (pl.) 국내, 영역(내). ② (지식 · 학문 등의) 미개척 영역 ; 국경의, 변경의.
10) bórder · lànd: (the ~) 국경〔경계〕지; 분기점; 분쟁지
11) oc · cu · py: ① (시간 · 장소 따위를) 차지하다; (시간을) 요하다 ② 점령〔점거〕하다, 영유하다 ③ …에 거주하다, 점유하다; 사용하다; 차용하다 ④ (지위 · 일자리를) 차지하다

8

교 지 칙 무 절　구 지 칙 합 교　중 지 칙 략　비 지 칙 행

交地則無絶 衢地則合交. 重地則掠 圮地則行.

Jiāo de zé wú jué, qú de zé hé jiāo. Zhòng dì zé lüè, pǐ de zé xíng

위 지 칙 모　사 지 칙 전

圍地則謀 死地則戰.

Wéi de zé móu, sǐ dì zé zhàn.

'교지'에서는 단절되면 아니 되고 '구지'에서는 외교를 한다. '중지'에서는 노략질하고 '비지'에서는 즉시 지나간다. '위지'에서는 술책을 쓰고 '사지'에서는 싸운다.

交	사귈	교	사귀다, 주고받고 하다, 서로
地	땅	지	땅, 토지의 신, 처지, 처해 있는 형편
則	법칙, 본받을	칙, 측	법칙, 곧, 법, 본받다, 모범으로 삼다
無	없을	무	없다, 허무(虛無)의 도, 말라, 금지하는 말
絶	끊을	절	끊다, 단절하다, 막히다
衢	네거리	구	네거리, 길, 도로, 갈림길
地	땅	지	땅, 토지의 신, 처지, 처해 있는 형편
合	합할	합	합하다, 여럿이 모여 하나가 되다, 만나다, 맞다
重	무거울	중	무겁다, 무겁게 하다, 무게
掠	노략질할	략{약}	노략질하다, 스쳐 지나가다, 서법(書法)의 한 가지
圮	무너질	비	무너지다, 무너뜨리다
行	갈	행	가다, 걷다, 나아가다, 달아나다, 돌아다니다
圍	둘레	위	둘레, 두르다, 둘러싸다, 에우다, 사냥하다
謀	꾀할	모	꾀하다, 정사를 의논하다, 꾀, 술책, 계략
死	죽을	사	죽다, 죽음, 죽은 이
戰	싸울	전	싸우다, 싸움, 전쟁, 두려워하다, 두려워서 떨다

❶ On open[1)] ground, do not try to block the enemy's way. On the ground of intersecting[2)] highways[3)], join hands with your allies. On serious[4)] ground, gather in plunder[5)]. In difficult ground, keep steadily on the march[6)]. On hemmed[7)]-in ground, resort to stratagem[8)]. On desperate[9)] ground, fight.

〈훤히 트인 지형(교지, 交)〉에서는 적의 진로를 막으려 하지 말라. 〈교차하는 큰길인 지형(구지, 衢)〉에서는 동맹국과 손을 잡아라. 〈중대한 지형(중지, 重)〉에서는 약탈품을 거두어 들여라. 〈힘든 지형(비지, 圮)〉에서는 꾸준히 행군하라. 〈둘러싸인 지형(위지, 圍)〉에서는 전략을 쓰라. 〈절망적인 지형(사지, 死)〉에서는 싸워라.

❷ in communicating[10)] ground do not allow your formations[11)] to become separated[12)]. In focal[13)] ground, ally with neighbouring[14)] states; in deep ground, plunder. In difficult ground, press[15)] on; in encircled[16)] ground, devise stratagems; in death ground, fight.

〈이어지는 지형(교지, 交)〉에서는 대형이 분산되게 하지 말라. 〈초점에 있는 지형(구지, 衢)〉에서는 인접해 있는 나라와 동맹하라. 〈중대한 지형(중지, 重)〉에서는 약탈하라. 〈어려운 지형(비지, 圮)〉에서는 밀어붙이며 나아가라. 〈에워싸인 지형(위지, 圍)〉에서는 전략을 궁리하라. 〈죽음의 지형(사지, 死)〉에서는 싸워라.

---

1) open: ① 열린, 열려 있는, 열어 놓은. ② (바다 · 평야 따위가) 훤히 트인, 광활한; 막히지 않은, 장애물이 없는
2) in · ter · sect: 가로지르다, …와 교차하다; (선 · 면 등이) 엇갈리다, 교차하다.
3) high · way: 공도(公道), 간선 도로, 큰길, 한길, 하이웨이
4) se · ri · ous: ① 진지한, 진정인, 엄숙한, 심각한, 정색을 한 ② 중대한, 심각한, 용이치 않은, 심상치 않은
5) plunder: 약탈
6) march: ① 행진, 행군; 행진거리 ② 〖군사〗 (행군의) 보조 ③ 〖음악〗 행진곡. ④ 길고 괴로운 노정〔행로〕.
7) hem: ① …의 가장자리를 감치다, …에 가선을 대다. ② 에워싸다, 둘러싸다; 가두다; 헛기침하다; 말을 머뭇거리다.
8) strat · a · gem: 전략, 군략; 책략(trick), 계략, 술책, 모략
9) des · per · ate: ① 자포자기의; 무모한, ② 필사적인 ③ 절망적인; (좋아질) 가망이 없는 ④ 맹렬한; 지독한.
10) com · mu · ni · cate: ① 전달하다, 통보하다 ② 전도하다, 전하다; 감염시키다; 전해지다, 분명히 알다; ① (길 · 방 따위가) 통해 있다, 이어지다 ② 통신하다, 교통하다, 의사를 서로 통하다
11) for · ma · tion: ① 형성; 성립; 설립; 편제 ② 구성, 조직, 구조; 형성물, 구성물. ③ 〖軍〗 대형(隊形), 진형, 편대
12) sep · a · rate: ① 잘라서 떼어 놓다, 분리하다, 가르다 ② (사람을) 떼어〔갈라〕놓다, 별거시키다, 불화하게 하다
13) fo · cal: 초점의, 초점에 있는
14) neigh · bor · ing: 이웃의, 인접〔근접〕해 있는, 가까운
15) press: ① 누르다, 밀어붙이다 ② …을 눌러 펴다 ③ 껴안다, 꽉 쥐다 ④ …에게 강요하다, …을 조르다 ⑤ 추진하다; (적 등을) 공격하다, 압박하다; (공격 등을) 강행하다
16) en · cir · cle: ① 에워〔둘러〕싸다 ② 일주하다

9

소 위 고 지 선 용 병 자 능 사 적 인 전 후 부 상 급

所謂古之善用兵者 能使敵人 前後不相及.

Suǒ wèi gǔ zhī shàn yòng bīng zhě, néng shǐ dí rén, qián hòu bù xiāng jí.

중 과 부 상 시 귀 천 부 상 구 상 하 부 상 부

衆寡不相恃 貴賤不相救 上下不相扶.

Zhòng guǎ bù xiāng shì, guì jiàn bù xiāng jiù, shàng xià bù xiāng fú.

옛날 용병을 잘하는 자는 선두와 후미가 서로 이르지 못하게 하였다. 백성과 왕이 서로 믿지 못하게 하고 정예부대와 비정예부대가 서로 지원하지 못하게 하며 상급자와 하급자가 서로 돕지 못하게 한다.

* 용병(用兵): 군사를 부림. 용군(用軍)

所	바	소	바, 일정한 곳이나 지역, 지위, 자리, 위치, 경우
謂	이를	위	이르다, 일컫다, 알리다, 설명하다, 비평·논술하다
古	옛	고	옛, 예, 오래다, 예스럽다
善	착할	선	착하다, 좋다, 훌륭하다, 잘하다
用	쓸	용	쓰다, 베풀다, 부리다, 등용하다, 행하다
能	능할	능	능하다, 잘하다, 보통 정도 이상으로 잘하다
使	하여금	사	하여금, 시키다, 좇다
敵	원수	적	원수, 상대방, 대등하다, 맞서다
前	앞	전	앞, 앞서다, 나아가다, 전진하다
及	미칠	급	미치다, 이르다, 미치게 하다, 끼치다, 및, 와
衆	무리	중	무리, 많은 사람, 많은 물건, 많은 일
寡	적을	과	적다, 나, 임금이 자기 자신을 일컫는 겸칭
恃	믿을	시	믿다
貴	귀할	귀	귀하다, 신분이 높다, 값이 비싸다, 소중하다
賤	천할	천	천하다, 값이 싸다, 신분이 낮다, 천히 여기다
救	건질	구	건지다, 돕다, 구원하다, 고치다, 치료하다
收	거둘	수	거두다, 정제(整齊)하다, 거두어들여 정리하다

❶ Those who were called skillful leaders of old knew how to drive a wedge[1] between the enemy's front[2] and rear[3]; to prevent co-operation[4] between his large and small divisions[5]; to hinder[6] the good troops[7] from rescuing the bad, the officers from rallying[8] their men.

옛날의 훌륭한 지휘관은 적의 전방과 후방을 이간시키는 방법과 대규모 부대와 소규모 부대 사이의 협력을 못하게 하고, 우수한 군대가 열등한 군대를 구하는 것과 장교들이 병사들을 재편성하는 것을 방해할 줄 알았다

❷ Anciently[9], those described[10] as skilled in war made it impossible[11] for the enemy to unite his van[12] and his rear; for his elements[13] both large and small to mutually[14] co-operate; for the good troops[15] to succour[16] the poor and for superiors and subordinates[17] to support[18] each other.

옛날에는 전쟁에서 능숙하다고 말하는 장수는 적의 선봉과 후미가 결속, 활동 영역에 있어서 적의 대부대와 소부대가 상호간의 협력, 우수한 군대가 열등한 군대를 돕는 것, 상관과 부하가 서로 의지하는 것을 할 수 없게 한다.

---

1) wedge: ① 쐐기 ② 쐐기 모양의 것 ③ 사이를 떼는 것, 분열〔분리〕의 원인; (중대사 따위의) 발단, 실마리.
2) front: ① 앞, 정면, 앞면; (문제 따위의) 표면; (건물의) 정면, 앞쪽 ② 〖軍〗 전선(前線), 전선(戰線); (대열의) 방향
3) rear: ① 뒤, 배면, 배후, 최후부; 맨 뒤 ② 〖군사〗 후위, 후미, 후방.
4) op · er · a · tion: ① 가동, 작용, 작업 ② (약 따위의) 효력, 효과; 유효 범위〔기간〕 ③ (기계 따위의) 조작, 운전 ④ (사업 따위의) 운영, 경영, 조업; 회사, 기업 ⑤ (보통 pl.) 군사행동, 작전; 작전본부
5) di · vi · sion: ① 분할; 분배; 구획, 배당; 분열. ② 구분, 부분; 구(區), 부(部), 단(段), 절(節)
6) hin · der: ① 방해하다, 훼방하다 ② …의 방해를 하다; 지체케 하다, 늦게 하다; 방해가 되다, 행동을 방해하다.
7) troop: ① 대(隊), 떼, 무리《of》 ② (보통 pl.) 군대, 병력 ★ 60 troops는 '병력 60명'의 뜻.
8) ral · ly: ① 다시 모으다, (…을) 재편성하다 ② (공통의 목적을 위해) 불러모으다 ③ (정력 따위를) 집중시키다
9) án · cient · ly: 옛날에는, 고대에(는)
10) de · scribe: ① (언어로) 묘사하다, 기술하다; (말로) 설명하다 ② (인물을) 평하다; 간주하다; 언급하다 ③ …의 징조이다, 나타내다 ④ (도형을) 그리다; (곡선 등을) 그리며 나아가다
11) im · pos · si · ble: ① 불가능한, …할 수 없는, …하기 어려운 ② 불가능한 일 ③ 믿기 어려운, 있을 수 없는
12) van: ① (배달용) 대형 유개 화물 자동차. ② 소형 유개 화물 자동차, 경화물 승용차. ③ 《영국》 a) (철도의) 수하물차; 유개 화차. b) (상인의 경화물 운반용) 소형 마차〔트럭〕. c) (집시 · 연예인의) 포장마차.
13) el · e · ment: ① 요소, 성분; (구성) 분자 ② 〖화학〗 원소 ③ 사(四)원소《흙 · 물 · 불 · 바람》의 하나
14) mu · tu · al: ① 서로의, 상호 관계가 있는 ② 공동의, 공통의 ㉺ *~ · ly ɑd. 서로, 공동으로.
15) troop: ① 대(隊), 떼, 무리《of》 ② (보통 pl.) 군대, 병력 ★ 60 troops는 '병력 60명'의 뜻.
16) suc · cor: ① 구조, 구원. ② 원조자; 구원자; (pl.) 《고어》 원군(援軍).; 돕다, 구제하다, 구원하다.
17) sub · or · di · nate: (계급 · 지위가) …아래의, 차위〔하급〕의; 부수〔종속〕하는《to》; 하위(의 사람), 속관(屬官), 부하
18) sup · port: ① 지탱하다, 버티다, (주의 · 정책 등을) 지지하다 ② 쓰러지지〔가라앉지〕 않게 하다, 의지하다 ③ 원조하다, 후원〔옹호〕하다, 편들다, 찬성하다.

10

졸 리 이 부 집 병 합 이 부 제
卒離而不集 兵合而不齊.
Zú lí ér bù jí bīng hé ér bù qí.

합 어 리 이 동 부 합 어 리 이 지
合於利而動 不合於利而止.
Hé yú lì ér dòng bù hé yú lì ér zhǐ.

군사들이 모이지 못하게 떼어놓고 병사들이 집합해도 정렬되지 못하게 하였다. 이익에 맞으면 움직이고 이익에 맞지 않으면 움직이지 않는다.

卒	군사	졸	군사, 하인, 심부름꾼, 집단, 무리
離	떼놓을	리{이}	떼놓다, 가르다, 끊다, 나누다, 헤어지다
而	말이을	이	말 이음, 순접역접의 접속사
不	아닐	부, 불	아닌가, 아니다, 크다, 말라(금지의 뜻)
集	모일	집	모이다, 만나다, 모으다, 이르다, 도착하다
兵	군사	병	군사 병, 싸움, 전쟁, 무기, 병기
合	합할	합	합하다, 여럿이 모여 하나가 되다, 만나다, 맞다
齊	가지런할	제	가지런하다, 같다, 같게 하다, 갖추다
合	할	합	합하다, 여럿이 모여 하나가 되다, 만나다, 맞다
於	어조사	어	어조사, -에, 에서, 보다, 를, 에게, 있어서
利	날카로울	리{이}	이롭다, 유익하다, 편리하다, 날카롭다, 통하다
動	움직일	동	움직이다, 나다, 살다, 살아나다, 변하다
止	발	지	발, 멎다, 멈추다, 머무르다

❶ When the enemy's men were united[1], they managed[2] to keep them in disorder[3].

When it was to their advantage[4], they made a forward move[5]; when other wise, they stopped still.

적의 병사들이 일체되면, 혼란하게 하였다.

유리하면, 앞으로 이동하고, 그렇지 않으면, 움직이지 않고 머물렀다.

❷ When the enemy's forces were dispersed[6] they prevented him from assembling[7] them; when concentrated[8], they threw him into confusion[9].

They concentrated and moved when it was advantageous[10] to do so; when not advantageous, they halted[11].

적의 병력이 흩어지면 그 병력이 모이는 것을 막아서 못하게 하고, 집결하면, 혼란하게 하였다.

유리하면 집결하여 움직였고, 유리하지 않으면, 군대를 머무르게 하였다.

---

1) unite: ① 결합하다, 하나로 묶다, 합하다, 접합하다; 합병하다 ② 맺다, 결혼시키다 ③ 아울러 갖추다, 겸비하다; ① 하나〔일체〕가 되다, 결합하다, 연합하다, 합병하다 ② 일치하다, 협력하다, 결속하다

2) man · age: ① 잘 다루다, 마음대로 움직이다; 종〔운전〕하다, 잘 쓰다〔사용하다〕; 조련하다, 길들이다 ② 처리하다, 관리하다; 경영〔운용〕하다; 통솔하다; 감독하다 ; ① 처리하다, 관리〔경영〕하다 ② 잘 해나가다

3) dis · or · der: ① 무질서, 어지러움, 혼란 ② (pl.) 소요(騷擾), 불온. ③ Ⓒ (심신의) 부조(不調), 장애, 질환, 이상.; ① 어지럽히다, 혼란시키다. ② 건강을 해치게 하다《심신의》, 병들게 하다; 혼란에 빠지다, 장애를 일으키다, 정상을 잃다

4) ad · van · tage: ① 유리; 이익; 편의 ② 우세, 우월 ③ 이점, 장점

5) move: ① 움직임, 동작, 운동. ② 행동, 조처 ③ 이동; 이사. ④ 진행, 추이(推移).

6) dis · perse: ① 흩뜨리다, 흩어지게 하다, 뿔뿔이 헤어지게 하다; 해산시키다; 분산시키다; (적 따위를) 쫓아 버리다(rout), 패주시키다; 흩어지다, 헤어지다, 해산하다; 흩어져 없어지다

7) as · sem · ble: ① 모으다, 집합시키다, 소집하다. ② (물건을) 모아 정리하다; 모이다, 회합하다.

8) con · cen · trate: ① (광선 · 주의 · 노력 따위를) 집중〔경주〕하다; 한 점에 모으다 ② (부대 등을) 집결시키다; ① 집중하다 ② (부대 등이) 집결하다. ③ 전심하다, 주의〔노력 따위〕를 집중하다, 전력을 기울이다

9) con · fu · sion: ① 혼동 ② 혼란 (상태), 분규; 착잡. ③ 당황, 얼떨떨함.

10) ad · van · ta · geous: 유리한; 형편이 좋은

11) halt: 멈춰서다, 정지〔휴지〕하다; 부대가 정지하다; 멈추다, 정지〔휴지〕시키다; 군대를 머무르게 하다.

11

감문 적중정이장내 대지야하
敢問 敵衆整而將來 待之若何
Gǎn wèn, dí zhòng zhěng ér jiāng lái, dài zhī ruò hé

왈 선탈기소애 칙청의
曰 先奪其所愛 則聽矣.
yuē, Xiān duó qí suǒ ài, zé tīng yǐ.

감히 묻는데 "적이 정비하여 무리 지어 온다면 어떻게 막을 것인가?" 대답은 "먼저 가장 소중한 곳을 빼앗으면 따른다"이다.

敢	감히	감	감히, 감히 하다, 감행하다, 굳세다, 용맹스럽다
問	물을	문	묻다, 물음, 질문, 알리다, 고하다
敵	원수	적	원수, 상대방, 대등하다, 맞서다
衆	무리	중	무리, 많은 사람, 많은 물건, 많은 일
整	가지런할	정	가지런하다, 가지런해지다, 가지런히 하다
而	말이을	이	말 이음, 순접·역접의 접속사
將	장차	장	장차, 막-하려 한다, 마땅히-하여야 한다
來	올	래{내}	오다, 장래, 부르다
待	기다릴	대	기다리다, 갖추다, 대비하다, 막다, 방비하다
若	같을	약	같다, 너, 만일
何	어찌	하	어찌, 무엇, 얼마
先	먼저	선	먼저, 나아가다, 옛날
奪	빼앗을	탈	빼앗다, 잃다, 없어지다, 탈진하다
其	그	기	그(지시 대명사), 의(관형격 조사)
所	바	소	바, 일정한 곳이나 지역, 지위, 자리, 위치, 경우
愛	사랑	애	사랑, 사랑하다, 친밀하게 대하다
則	법칙, 본받을	칙, 측	법칙, 곧, 법, 본받다, 모범으로 삼다
聽	들을	청	듣다, 자세히 듣다, 기다리다, 받다, 받아들이다
矣	어조사	의	어조사, 단정·결정·한정·의문·반어의 뜻을 나타냄

❶ If asked how to cope[1)] with a great host of the enemy in orderly array[2)] and on the point of marching[3)] to the attack, I should say: "Begin by seizing something which your opponent[4)] holds dear[5)]; then he will be amenable to your will.

적의 대부대가 정연하게 정렬하여 공격하려고 하는 순간에 어떻게 대처할 것인가를 묻는다면, 나는 말할 것이다. "적이 소중히 지키는 무언가를 빼앗기 시작하면, 그대의 의도대로 될 것이다."

❷ Should one ask: 'How do I cope with a well-ordered[6)] enemy host about to attack me?' I reply: 'Seize something he cherishes[7)] and he will conform[8)] to your desires[9)].'

"질서정연한 적 군대가 공격을 해 온다면 어떻게 대처하겠는가"라고 묻는다면, "소중히 하는 것을 빼앗으면 그대의 바라는 대로 따를 것이다."라고 대답한다.

---

1) cope: ① 대처하다, 극복하다《with》 ② 대항하다, 맞서다, 만나다《with》.
2) ar · ray: ① 정렬, 배진(配陣), 군세(의 정비) ② 배열된 것; 세트
3) march: ① 〖군사〗 (대열을 지어) 행진하다; (당당하게) 걷다, 빨리 전진하다 ② (사건 따위가) 진전하다 ③ (나무 따위가) 나란히 늘어서 있다. ④ (말 · 행동 따위가 …와) 일치하다, 조화되다; …을 행진시키다, 행군시키다
4) op · po · nent: ① 반대하는, 적대하는; 대립하는. ② 반대측의; (경기 · 논쟁 따위의) 적, 상대; 대항자; 반대자
5) dear: ① 친애하는, 친한 사이의, 사랑하는, 귀여운 ② 귀중한, 소중한
6) wéll-órdered: 질서 정연한.
7) cher · ish: ① 소중히 하다. ② 귀여워하다, 소중히 기르다
8) con · form: ① (사회의 규범 · 관습 따위에) 적합〔순응〕시키다; 따르게 하다《to; with》 ② 같은 모양〔성질〕이 되게 하다《to》; ① 적합하다, 일치하다《to》; 따르다, 순응하다《to》
9) de · sire: ① 욕구; 원망(願望), 욕망《to do; for》 ② 식욕; 정욕 ③ 요망, 요구; 바라는 것

12

병 지 정 주 속 승 인 지 부 급

兵之情主速 乘人之不及.

Bīng zhī qíng zhǔ sù, chéng rén zhī bù jí,

유 부 우 지 도 공 기 소 부 계 야

由不虞之道 攻其所不戒也.

Yóu bu yú zhī dào, gōng qí suǒ bù jiè yě.

군대는 빠르게 움직이는 것이 가장 중요하다.
적이 미치지 못하는 틈을 이용하여 헤아리지 못한 길을 따라 경계하지 않는 곳을 공격한다.

兵	군사	병	군사 병, 싸움, 전쟁, 무기, 병기
之	갈	지	가다, 이(指示代名詞), ~의(冠形格助詞)
情	뜻	정	뜻, 정, 본성(本性)
主	주인	주	주인, 당사자, 관계자, 가장 주요한, 가장 기본적인, 주관하다, 책임지다
速	빠를	속	빠르다, 빨리 하다, 빨리
乘	탈	승	타다, 오르다, 업신여기다
及	미칠	급	미치다, 이르다, 미치게 하다, 끼치다, 및, 와
由	말미암을	유	말미암다, 인연하다, 따르다, 본으로 하다
虞	헤아릴	우	헤아리다, 염려하다, 추측하다, 예상하다, 짐작하다.
道	길	도	길, 이치, 근원, 기능, 방법, 사상, 인의
攻	칠	공	치다, 공격하다, 불까다, 거세(去勢)하다, 다스리다
其	그	기	그(지시 대명사), 의(관형격 조사)
所	바	소	바, 일정한 곳이나 지역, 지위, 자리, 위치, 경우
戒	경계할	계	경계하다, 조심하고 주의하다, 삼가다
也	어조사	야	어조사, 또, 또한, 잇달다

❶ Rapidity[1] is the essence[2] of war: take advantage[3] of the enemy's unreadiness, make your way by unexpected[4] routes[5], and attack unguarded[6] spots[7].

신속함은 전쟁의 본질이다. 적이 대비하지 않는 이로운 점을 활용하여, 예기치 못한 길로 나아가고, 방어가 없는 곳을 공격한다.

❷ Speed is the essence of war. Take advantage of the enemy's unpreparedness; travel[8] by unexpected routes and strike[9] him where he has taken no precautions[10].

신속함은 전쟁의 본질이다. 적이 대비하지 않는 이로운 점을 활용하여, 예기치 못한 길로 이동하며 경계가 없는 곳을 친다.

---

1) ra · pid · i · ty: 신속, 급속; 민첩; 속도
2) es · sence: 본질, 진수, 정수; 핵심, 요체
3) ad · van · tage: ① 유리; 이익; 편의 ② 우세, 우월 ③ 이점, 장점
4) ex · pect: ① 기대〔예기, 예상〕하다; 기다리다; …할 작정이다 ② 예정되어 있다, …하기로 되어 있다; …하도록 요청되어 있다, 〔완곡히〕 …하지 않으면 안 되다 ③ (당연한 일로) …을 요구하다, 기대하다, 바라다
5) route: ① 도로, 길. ② (일정한) 통로, 노선 ③ 수단, 방법, ④ [raut] 《古》〖軍〗 행군 명령.
6) un · guárded: 부주의한, 방심하고 있는, 마음 놓고 있는; 방어가 없는
7) spot: ① 반점, 점; 얼룩 ② (특정의) 장소, 지점; 현장
8) trav · el: ① (멀리 또는 외국에) 여행하다; (탈것으로) 다니다 ② 이동하다, 나아가다; 걷다, 달리다; (빛 · 소리 등이) 전해지다; (기억 · 시선 등이) 연해 옮겨지다
9) strike: ① 치다, 두드리다, 때리다 ② 두들겨 만들다〔…하다〕, 쳐서 만들어내다 ③ (시계가 시각을) 치다, 쳐서 알리다 ④ 맞부딪치다, 부딪다, 들이받다 ⑤ 일격을 가하다, (타격을) 가하다, 주다 ⑤ 습격〔공격〕하다; ① 치다, 때리다; 공격하다; (뱀 · 호랑이가) 급습하다 ② 타격을 가하다, 침해하다
10) pre · cau · tion: 조심, 경계; 예방책.

13

범 위 객 지 도　심 입 칙 전　주 인 부 극
凡爲客之道 深入則專 主人不克.
Fán wèi kè zhī dào, shēn rù zé zhuān, zhǔ rén bù kè.

략 어 요 야　삼 군 족 식
掠於饒野 三軍足食.
Lüè yú ráo yě, sān jūn zú shí

무릇 객지의 길에서는 오로지 깊이 침투해야 적이 이길 수 없다.
기름진 들판을 탈취하면 삼군(전군全軍)이 족히 먹을 수 있다.

* 삼군: 군대. 전군(全軍). 주대(周代)의 제도에서 대제후(大諸侯)가 거느리는 군대. [상군(上軍) · 중군(中軍) · 하군(下軍)의 총칭]

凡	무릇	범	무릇, 모두, 다, 합계
為	할	위	하다, 되다, 다스리다, 속하다, 어기다, 있다
客	손	객	손님, 붙이다, 의탁하다, 상객(上客)
道	길	도	길, 이치, 근원, 기능, 방법, 사상, 인의
深	깊을	심	깊다, 깊게 하다, 깊이, 매우
入	들	입	들다, 수입, 사성(四聲)의 하나, 입성(入聲)
則	법칙, 본받을	칙, 측	법칙, 곧, 법, 본받다, 모범으로 삼다
專	오로지	전	오로지, 섞이지 아니하다, 독차지하다, 하나로 되다
主	주인	주	주인, 당사자, 관계자, 가장 주요한, 가장 기본적인, 주관하다
克	이길	극	이기다, 능하다, 능히
掠	노략질할	략(약)	노략질하다, 스쳐 지나가다, 서법(書法)의 한 가지
於	어조사	어	어조사, -에, 에서, 보다, 를, 에게, 있어서
饒	넉넉할	요	넉넉하다, 배불리 먹다, 많다, 땅이 기름지다
野	들	야	들, 들판, 백성, 촌스럽다, 거칠다
軍	군사	군	군사(軍士), 군사(軍事), 진을 치다
足	발	족	발, 뿌리, 근본, 산기슭, 그치다, 머무르다, 가다
食	밥	식	밥, 먹을거리, 먹다, 갉다, 새김질하다, 식언하다

❶ The following are the principles[1] to be observed by an invading force: The further you penetrate[2] into a country[3], the greater will be the solidarity of your troops[4], and thus the defenders will not prevail[5] against[6] you.

Make forays in fertile country in order to supply your army with food.

다음은 침입할 병력이 준수해야 할 원칙이다. 적국으로 더 깊이 들어갈수록, 부대의 결속이 더 강해지므로, 방어하는 적군은 아군을 이길 수 없을 것이다.

비옥한 지역에서는 아군의 식량 공급을 위해 약탈하게 하라.

❷ The general principles applicable[7] to an invading force are that when you have penetrated deeply into hostile[8] territory[9] your army is united[10], and the defender[11] cannot overcome you.

Plunder[12] fertile[13] country to supply the army with plentiful provisions[14].

침입할 병력에 적절한 일반적인 원칙은 적의 영지로 깊숙이 들어가면 아군은 단결하고, 방어하는 적군은 아군을 이겨내지 못한다.

풍부한 식량을 군대에 보급하기 위해 풍작한 지역을 수탈하라.

---

1) prin · ci · ple: ① 원리, 원칙, (물리 · 자연의) 법칙 ② 근본 방침, 주의 ③ 행동 원리, 정의; (pl.) 도의, 절조
2) pen · e · trate: ① 꿰뚫다, 관통하다, 침입하다 ② …을 통과하다, 지나가다 ③ …에 스며들다; …에 침투하다.
3) coun · try: ① 나라, 국가; 국토 ② 시골, 교외, 지방, 전원 ③ 조국, 고국; 고향 ④ 지역, 고장
4) troop: ① 대(隊), 떼, 무리《of》 ② (보통 pl.) 군대, 병력 ★ 60 troops는 '병력 60명'의 뜻.
5) pre · vail: ① 우세하다, 이기다, 극복하다 ② 널리 보급되다, 유행하다 ③ 유력하다, 효과가 나타나다
6) against: ① …을 향하여, …에 대해서, …에 부딪치어 ② …와 마주 대하여. ③ …에 대비(對比)하여 ④ …에 반대하여, …에 적대하여, …에 거슬러
7) ap · pli · ca · ble: 적용〔응용〕할 수 있는, 들어맞는, 적절한《to》
8) hos · tile: ① 적의 있는, 적개심에 불타는 ② 반대의, 호의적이 아닌 ③ 냉담한, 성미에 맞지 않는 ④ 적의
9) ter · ri · to · ry: ① (영해를 포함한) 영토, 영지; (본토에서 떨어져 있는) 속령, 보호〔자치〕령 ② 땅; 지역, 지방
10) unite: ① 결합하다, 하나로 묶다, 합하다, 접합하다; 합병하다 ② 맺다, 결혼시키다 ③ 아울러 갖추다, 겸비하다; ① 하나〔일체〕가 되다, 결합하다, 연합하다, 합병하다 ② 일치하다, 협력하다, 결속하다
11) de · fend · er: 방어자; 옹호〔변호〕자.
12) plun · der: ① (사람 · 장소)로부터 약탈〔수탈〕하다《of》 ② (물건을) 약탈하다, 빼앗다, 훔치다; (공공의 금품을) 횡령하다, 사적(私的)으로 소비하다. ③ 무단 사용하다, 표절하다; 노략질하다.
13) fer · tile: ① (땅이) 비옥한, 기름진 ② (인간 · 동물이) 다산의, 자식을 많이 낳는 ③ 풍작을 가져오는; 풍작의
14) pro · vi · sion: ① 예비, 준비, 설비 ② 공급, 지급; 지급량; 양식, 식량; 저장 품: …에게 양식을 공급하다

14

근 양 이 물 노 병 기 적 력 운 병 계 모 위 부 가 측

謹養而勿勞 倂氣積力 運兵計謀 爲不可測.

Jĭn yăng ér wù láo, bìng qì jī lì, yùn bīng jì móu, wèi bù kě cè.

잘 먹이는 데 힘쓰고 지치지 않게 하고 사기를 아우르고 힘을 쌓으며 군사를 움직이고 계책을 꾀하여 예측할 수 없게 한다.

謹	삼갈	근	삼가다, 경계하다, 금지하다, 공손하게 하다
養	기를	양	기르다, 성장을 시키다, 사육하다, 양생(養生)하다
而	말이을	이	말 이음, 순접·역접의 접속사,
勿	말	물	말다, 말라, 말아라, 아니다, 없다, 깃발
勞	일할	로{노}	일하다, 노력하다, 힘쓰다, 근심하다, 피로하다
並	아우를	병	아우르다, 나란히 하다, 견주다, 함께 하다,
氣	기운	기	기운, 공기, 대기, 숨, 숨 쉴 때 나오는 기운
積	쌓을	적	쌓다, 모으다, 저축하다, 포개다, 쌓이다
力	힘	력{역}	힘, 힘쓰다, 부지런히 일하다, 있는 힘을 다하여
運	돌	운	돌다, 돌리다, 회전하다, 길, 천체의 궤도
兵	군사	병	군사 병, 싸움, 전쟁, 무기, 병기
計	꾀	계	꾀, 계략, 계획, 경영, 꾀하다, 계획하다
謀	꾀할	모	꾀하다, 정사를 의논하다, 헤아리다, 꾀, 술책
為	할	위	하다, 되다, 다스리다, 속하다, 어기다, 있다
測	잴	측	재다, 헤아리다, 맑다, 알다

❶ Carefully study the well-being of your men, and do not overtax[1] them. Concentrate[2] your energy[3] and hoard[4] your strength[5]. Keep your army continually on the move[6], and devise[7] unfathomable[8] plans.

신중하게 조사하고, 과도한 짐을 지우지 말라. 기력을 집중하고 힘을 축적하라. 군대를 끊임없이 이동시키고, 깊이 헤아릴 수 없는 계획을 궁리하라.

❷ Pay heed to nourishing[9] the troops[10]; do not unnecessarily fatigue[11] them. Unite[12] them in spirit[13]; conserve[14] their strength. Make unfathomable plans for the movements of the army.

군대 육성에 유념하고, 피로하게 하지 말라. 마음을 하나로 묶고, 힘을 보존하라. 군대가 움직일 계획을 깊이 헤아릴 수 없게 하라.

---

1) òver · táx: ① …에 지나치게 과세하다. ② …에 과중한 짐을 지우다, 지나치게 일을 시키다
2) con · cen · trate: ① (광선 · 주의 · 노력 따위를) 집중(경주)하다; 한 점에 모으다 ② (부대 등을) 집결시키다 ③ 농축하다; 응집하다.; ① 집중하다; 한 점에 모이다 ② (부대 등이) 집결하다. ③ 전심하다, 주의(노력 따위)를 집중하다, 전력을 기울이다
3) en · er · gy: ① 정력, 활기, 원기 ② (말 · 동작 따위의) 힘 ③ (개인의) 활동력, 행동력 ④ 【물리학】 에너지
4) hoard: 저장하다, 축적하다《up》; 저금하다; 사장하다《up》; 가슴 속에 간직하다; …을 사재기하다.
5) strength: ① 세기, 힘 ② 체력, 근력. ③ 세력, 병력, 인원수, 정원
6) move: ① 움직임, 동작, 운동. ② 행동, 조처 ③ 이동; 이사. ④ 진행, 추이(推移).
7) de · vise: 궁리하다, 고안(안출)하다(think out); 발명하다.
8) un · fáthomable: 잴 수 없는, 깊이를 헤아릴 수 없는(알 수 없는); 불가해한
9) nour · ish: ① …에 자양분을 주다, 기르다, 살지게 하다 ② …에 비료를 주다; 육성하다, 조성하다
10) troop: ① 대(隊), 떼, 무리《of》 ② (보통 pl.) 군대, 병력 ★ 60 troops는 '병력 60명'의 뜻. ③ 【軍】 기병 중대. ④ (보이스카우트의) 분대《최소 5명》; (걸 스카우트의) 단(團)《8-32명으로 구성됨》
11) fa · tigue: 지치게(피로케) 하다; 약화시키다
12) unite: ① 결합하다, 하나로 묶다, 합하다, 접합하다; 합병하다 ② 맺다, 결혼시키다 ③ 아울러 갖추다, 겸비하다; ① 하나(일체)가 되다, 결합하다, 연합하다, 합병하다 ② 일치하다, 협력하다, 결속하다
13) spir · it: ① 정신, 영(靈), ② 마음. 신령; 신, 성령. ③ (육체를 떠난) 혼, 영혼; 유령, 망령 ④ …의 성격(기질)을 가진) 사람, 인물 ⑤ 활기, 기백, 기운; 용기, 열심 ⑥ 기분 ⑦ 성품, 기질, 기풍; 시대 정신, 풍조, 시류
14) con · serve: 보존하다; 보호하다

15

투 지 무 소 왕 사 차 부 배 사 언 부 득 사 인 진 력

投之無所往 死且不北 死焉不得 士人盡力.

Tóu zhī wú suǒ wǎng, sǐ qiě bù běi, sǐ yān bù dé, shì rén jìn lì.

갈 곳 없는 곳에 던져 달아나지 못하게 하면 어찌 죽음만 있고 얻을 것이 없어 중간 장수와 병사는 있는 힘을 다한다.

投	던질	투	던지다, 주다, 보내다, 증여하다, 들이다
之	갈	지	가다, 이(指示代名詞), -의(冠形格助詞)
無	없을	무	없다, 허무(虛無)의 도, 말라, 금지하는 말
所	바	소	바, 일정한 곳이나 지역, 지위, 자리, 위치, 경우
往	갈	왕	가다, 옛, 예, 이따금
死	죽을	사	죽다, 죽음, 죽은 이
且	또	차	또, 잠깐, 장차
北	북녘	북	북녘, 북쪽으로 가다, 달아나다, 도망치다
焉	어찌	언	어찌, 이에, 이, 여기
得	얻을	득	얻다, 이익, 이득, 덕(德)
士	선비	사	선비, 일을 처리할 재능이 있는 사람
盡	다될	진	다되다, 비다, 줄다, 없어지다, 끝나다, 그치다
力	힘	력{역}	힘, 힘쓰다, 부지런히 일하다, 있는 힘을 다하여

❶ Throw your soldiers into positions[1] whence there is no escape[2], and they will prefer[3] death to flight. If they will face death, there is nothing they may not achieve. Officers and men alike will put forth[4] their uttermost[5] strength[6].

병사들을 도망갈 길이 없는 곳으로 던져 놓으면, 그러면 도주하기보다는 차라리 죽음을 택할 것이다. 병사들이 죽음에 직면한다면, 얻을 것이 아무것도 없다. 중간 장수와 병사들은 극도의 힘을 앞으로 나아가게 할 것이다.

❷ Throw the troops[7] into a position from which there is no escape and even when faced with death they will not flee[8]. For if prepared[9] to die, what can they not achieve[10]? Then officers and men together put forth[11] their utmost[12] efforts[13].

도망갈 길이 없는 곳에 부대를 던져 놓으면, 죽음에 직면했하면 도망가지 않을 것이다. 죽기를 각오한다면 그들이 얻을 것은 무엇인가? 그렇다면 중간 장수와 병사들은 모두 극도의 진력으로 앞으로 나아갈 것이다.

* 진력(盡力): 있는 힘을 다함. 사력(肆力).

---

1) po · si · tion: ① a) 위치, 장소, 소재지; 적소 b) (사회적) 처지, 입장 ② 지위, 신분; 높은 지위 ③ 직책, 근무처 ④ 태도, 자세; 심적 태도; (문제 등에 대한) 입장, 견해, 주장 ⑤ 상태, 형세, 국면
2) es · cape: ① 탈출, 도망; (죄 · 재난 · 역병 등을) 면함, 벗어남 ② 벗어나는 수단; 도망갈 길, 피난장치; 배기(배수)관, 비상구
3) pre · fer: ① (오히려) …을 좋아하다, 차라리 …을 택하다 ② (고소장 등을) 제출(제기)하다 ③ 등용하다, 승진시키다, 발탁하다, 임명하다
4) forth: ① 앞으로(forward); 전방으로 ② 밖으로, 외부로 ③ (시간적으로) 이후
5) útter · mòst: 가장 멀리 떨어진, 가장 끝의; 최대한도의, 극도의
6) strength: ① 세기, 힘 ② 체력, 근력. ③ 세력, 병력, 인원수, 정원
7) troop: ① 대(隊), 떼, 무리《of》 ② (보통 pl.) 군대, 병력 ★ 60 troops는 '병력 60명'의 뜻.
8) flee: ① 달아나다, 도망하다, 내빼다; 피하다② 사라져 없어지다, 소산하다; ① …에서 도망치다, 떠나다
9) pre · pare: ① 준비하다, 채비하다《for》; …을 미리 마련하다; …을 미리 조사하다, 예습하다 ② (아무에게) 준비시키다; 가르쳐서 준비시키다《for》 ③ (…에게 …의) 각오를 갖게 하다
10) achieve: (일 · 목적)을 이루다, 달성(성취)하다, 완수하다 ② (공적)을 세우다; (승리 · 명성)을 획득하다
11) forth: ① 앞으로(forward); 전방으로 ② 밖으로, 외부로 ③ (시간적으로) 이후
12) ut · most: ① 최대한도의, 최고도의, 극도의, 극단의 ② 가장 먼, 맨 끝의; 최후의
13) ef · fort: ① 노력, 수고, 진력(盡力) ② 노력의 결과; 역작, 노작

16

병 사 심 함 칙 부 구 무 소 왕 칙 고 심 입 칙 구

兵士甚陷則不懼 無所往則固 深入則拘

Bīng shì shén xiàn zé bù jù, wú suǒ wǎng zé gù, shēn rù zé jū,

부 득 이 칙 두

不得已則鬥.

bù dé yǐ zé dòu.

병사들이 궁지에 몰려도 두려워하지 않고 달아날 곳이 없으니 단단해지고 깊이 들어가면 사로잡히니 부득이 싸우게 된다.

兵	군사	병	군사 병, 싸움, 전쟁, 무기, 병기
士	선비	사	선비, 일을 처리할 재능이 있는 사람, 출사하여 일을 담당하는 사람
甚	심할	심	성하다, 정도에 지나치다, 편안하고 즐겁다
陷	빠질	함	빠지다, 떨어지다, 추락하다, 가라앉다, 파묻히다, 무너지다, 함락하다, 함정
則	법칙, 본받을	칙, 측	법칙, 곧, 법, 본받다, 모범으로 삼다
懼	두려워할	구	두려워하다, 위태로워하다, 위태롭게 여기다
無	없을	무	없다, 허무(虛無)의 도, 말라, 금지하는 말
所	바	소	바, 일정한 곳이나 지역, 지위, 자리, 위치, 경우
往	갈	왕	가다, 옛, 예, 이따금
固	굳을	고	굳다, 단단하다, 방비, 수비, 오로지, 한결같이
深	깊을	심	깊다, 깊게 하다, 깊이, 매우
入	들	입	들다, 수입, 사성(四聲)의 하나, 입성(入聲)
拘	잡을	구	잡다, 잡히다, 체포하다, 체포되다, 거리끼다
得	얻을	득	얻다, 이익, 이득, 덕(德)
已	이미	이	이미, 말다, 그치다, 버리다, 버려두다
鬥	싸울	두, 투	싸우다, 두 병사가 손에 병기를 들고 싸우다

❶ Soldiers when in desperate[1] straits[2] lose the sense of fear. If there is no place of refuge[3], they will stand firm[4]. If they are in hostile[5] country[6], they will show a stubborn[7] front[8]. If there is no help for it, they will fight hard.

절망적인 곤란에 있는 병사들은 두려움을 잃는다. 궁지를 벗어날 수단이 없다면, 굳게 버틸 것이다. 병사들이 적국에 있다면, 완강한 대열의 방향을 보여줄 것이다. 도움이 없다면, 맹렬히 싸울 것이다.

❷ In a desperate situation[9] they fear nothing; when there is no way out they stand firm[10]. Deep in a hostile land they are bound together, and there, where there is no alternative[11], they will engage[12] the enemy in hand to hand[13] combat.

절망적인 상황에서는 아무런 두려움이 없고, 탈출구가 없으면 굳게 버틴다. 적국의 깊은 곳에서 병사들은 함께 단결하고, 달리 택할 길이 없으므로, 백병전에서 적과 교전한다.

---

1) des · per · ate: ① 자포자기의; 무모한, 될 대로 되라는 식의 ② 필사적인; 혈안이 된, 열중한; …하고 싶어 못 견디는 ③ 절망적인; (좋아질) 가망이 없는 ④ 맹렬한; 지독한.
2) strait: ① 해협. ② (보통 pl.) 궁상, 곤란, 궁핍; ① 《고어》 좁은, 답답한.
3) ref · uge: ① 피난, 보호 ② 피난소, 은신처; (등산자의) 대피막. ③ (가로(街路)의) 안전 지대 ④ 의지가 되는 사람(물건), 위안물 ⑤ (궁지를 벗어나기 위한) 수단, 방편, 도피구, 핑계
4) firm: ① 굳은, 단단한, 튼튼한, 견고한 ② (장소에) 고정된, 흔들리지 않는 ③ 《비유적》 굳은, (신념 · 주의 등이) 변치 않는, 견실한; 단호한
5) hos · tile: ① 적의 있는, 적개심에 불타는 ② 반대의, 호의적군이 아닌 ③ 냉담한, 성미에 맞지 않는 ④ 적의
6) coun · try: ① 나라, 국가; 국토 ② 시골, 교외, 지방, 전원 ③ 조국, 고국; 고향 ④ 지역, 고장 ⑤ (어떤) 영역, 분야, 방면.
7) stub · born: ① 완고한, 고집센. ② 완강한, 불굴의《저항 따위》 ③ 다루기 어려운, 말을 안 듣는
8) front: ① (the ~) 앞, 정면, 앞면; (문제 따위의) 표면; (건물의) 정면, 앞쪽 ② 바다(호수, 강, 도로 등)에 면한 장소; (the ~) 바닷가(호숫가)의 산책길. ③ 앞 부분에 붙인 것 ④ 이마; 얼굴, 용모. ⑤ (a ~) 태도; 침착함, 뻔뻔함 ⑥ 〖軍〗 전선(前線), 전선(戰線); (대열의) 방향, 〖氣〗 전선(前線); 〖政〗 전선(戰線
9) sit · u · a · tion: ① 위치, 장소, 소재; 환경. ② 입장, 사정 ③ 정세, 형세, 상태, 사태
10) firm: ① 굳은, 단단한, 튼튼한, 견고한 ② (장소에) 고정된, 흔들리지 않는 —ad. 단단히, 굳게.
11) al · ter · na · tive: ① 하나를 택할 여지 ② 대안, 달리 택할 길, 다른 방도 ③ 선택해야 할 양자, 양자(삼자) 택일
12) en · gage: ① 약속하다; 속박하다; 보증하다, 맡다 ② 약속(예약)이 있다 ③ 교전시키다; …와 교전하다
13) hánd-to-hánd: 드잡이의; 백병전의; 직접 건네 주는

17

시 고 기 병 부 수 이 계 부 구 이 득 부 약 이 친 부 령 이 신
是故其兵不修而戒 不求而得 不約而親 不令而信.
Shì gù qí bīng bù xiū ér jiè, bù qiú ér dé, bù yuē ér qīn, bù lìng ér xìn.

금 상 거 의 지 사 무 소 지
禁祥去疑 至死無所之.
Jìn xiáng qù yí, zhì sǐ wú suǒ zhī.

그러므로 이런 군대는 다스리지 않아도 경계하고 나무라지 않아도 깨닫고 맺지 않아도 친하게 되고 명령을 하지 않아도 믿게 된다.
미신을 금하고 의심을 없애면 죽음에 이를지라도 달아나지 않는다.

其	그	기	그(지시 대명사), 의(관형격 조사)
修	닦을	수	닦다, 다스리다, 고치다
而	말이을	이	말 이음, 순접·역접의 접속사
戒	경계할	계	경계하다, 조심하고 주의하다, 삼가다, 타이르다, 알리다
求	구할	구	구하다, 필요한 것을 찾다, 청하다, 묻다, 나무라다
得	얻을	득	얻다, 이익, 이득, 덕(德)
約	묶을	약	묶다, 합치다, 따르다, 약속하다, 약속, 계약, 협정, 조약,
親	친할	친	친하다, 사랑하다, 사이좋게 지내다, 가까이하다
令	영	령{영}	영, 우두머리, 좋다, 법령, 규칙
信	믿을	신	믿다, 진실, 분명히 하다
禁	금할	금	금하다, 기(忌)하다, 꺼리다, 규칙
祥	상서로울	상	상서롭다, 복, 좋다, 재앙
去	갈	거	가다, 떠나다, 잃다, 잃어버리다, 배반하다
疑	의심할	의	의심하다, 의혹하다, 정해지지 아니하다
至	이를	지	이르다, 도래하다, 미치다, 닿다, 두루 미치다, 끝 가다
死	죽을	사	죽다, 죽음, 죽은 이
所	바	소	바, 일정한 곳이나 지역, 지위, 자리, 위치, 경우

❶ Thus, without waiting to be marshaled[1], the soldiers will be constantly[2] on the qui vive[3]; without waiting to be asked, they will do your will; without restrictions[4], they will be faithful[5]; without giving orders[6], they can be trusted.

Prohibit the taking of omens, and do away with superstitious[7] doubts[8]. Then, until death itself comes, no calamity[9] need be feared.

정렬되기를 기다릴 것도 없이 병사들은 끊임없이 경계하여 방심하지 않고, 요구한 것을 기다릴 것도 없이, 그들의 의지대로 할 것이고, 제지하지 않아도 충실할 것이며, 명령을 하지 않아도, 신뢰할 수 있다.

예언을 따르는 것을 금하고, 미신적인 의심은 멀리하도록 한다. 그렇다면, 죽음에 이를 때까지, 재난을 두려워할 필요가 없다.

❷ Thus, such troops[10] need no encouragement to be vigilant[11]. Without extorting[12] their support[13] the general obtains it ; without inviting their affection he gains it; without demanding[14] their trust he wins it.

생략.

그래서 그러한 부대는 부단히 경계하라고 자극할 필요가 없다. 지지를 강요할 필요도 없이 장수는 지지를 얻을 수 있고, 감정을 끌 것도 없이 장수는 지지를 얻을 수 있으며, 신뢰를 요구할 것도 없이 지지를 얻을 수 있다.

생략.

---

1) mar · shal: ① 정렬시키다, 집합시키다. ② 늘어놓다, 열거하다; 정리하다; 정렬(집합)하다; 정리(정돈)되다.
2) con · stant · ly: 변함없이; 항상; 끊임없이; 빈번히.
3) on the qui vive: ~ 에 경계하여
4) re · stric · tion: 제한, 한정; 구속; 사양
5) faith · ful: ① 충실한, 성실한, 믿을 수 있는 ② (약속 따위를) 지키는 ③ 정확한, (사실 · 원본 따위에) 충실한
6) or · der: ① (종종 pl.) 명령, 지휘; 훈령; (법원의) 지시; 명령서 ② (집회 등의) 규칙; 준법; (정치 · 사회적) 질서, 치안; 체제, 제도; (관례상의) 의사진행 절차 ③ 순서, 순; 서열, 석차 ④ 정돈, 정리, 정열; 태세
7) su · per · sti · tious: 미신적인, 미신에 사로잡힌; 미신에 의한.
8) doubt: ① 의심, 의혹, 회의, 불신 ② 불확실함, 의심스러움 ③ 피해, 결점, 곤란.
9) ca · lam · i · ty: 재난; 참화, 재해(misery); 불행, 비운
10) troop: ① 대(隊), 떼, 무리《of》 ② (보통 pl.) 군대, 병력 ★ 60 troops는 '병력 60명'의 뜻.
11) vig · i · lant: 자지 않고 지키는, 부단히 경계하고 있는; 방심하지 않는, 주의 깊은.
12) ex · tort: ① 억지로 빼앗다, 강탈하다, 강청(강요)하다 ② 부당하게 취득하다. ③ 억지로 갖다 붙이다
13) sup · port: ① 버팀, 지지, 유지. ② 지지자(물); 지주(支柱), 받침기둥; 의지가 되는 것《of》. ③ 원조, 후원, 고무, 옹호; 찬성 ④ 양육, 부양; (재정적인) 유지; 생활비 ⑤ 『군사』 지원 부대; 예비대
14) de · mand: ① 요구하다, 청구하다 ② (사물이) …을 요하다, 필요로 하다

18

오 사 무 여 재 비 악 화 야 무 여 명 비 악 수 야
吾士無餘財 非惡貨也 無餘命 非惡壽也.
Wú shì wú yú cái, fēi èh uò yě, wú yú mìng, fēi ès hòu yě.

병사들이 재물을 남기지 않는 것은 돈이 추해서가 아니고 남은 목숨으로 오래 살기 싫어서가 아니다.

* 餘命(여명): 남은 목숨

吾	나	오	나, 자신, 당신, 그대, 글 읽는 소리
士	선비	사	선비, 일을 처리할 재능이 있는 사람, 출사하여 일을 담당하는 사람
無	없을	무	없다, 허무(虛無)의 도, 말라, 금지하는 말
余	나	여	나, 자신, 음력4월, 나머지(餘의俗字로 쓰인다)
財	재물	재	재물, 녹(祿), 마르다, 처리하다
非	아닐	비	아니다, 부정(否定)의 조사, 등지다, 배반하다, 거짓
惡	악할	악	악하다, 추하다, 불길하다, 싫어하다
貨	재화	화	재화, 물품, 뇌물을 주다
也	어조사	야	어조사, 또, 또한, 잇달다
命	목숨	명	목숨, 운수, 운, 명하다, 명령을 내리다
壽	목숨	수	목숨, 수명, 장수(長壽), 오래 살다

❶ If our soldiers are not overburdened[1] with money, it is not because they have a distaste[2] for riches; if their lives are not unduly[3] long, it is not because they are disinclined[4] to longevity[5].

병사들이 돈에 지나치게 부담을 가지지 않는 것은 재산을 싫어해서가 아니고, 그들의 생명이 심하게 길지 않은 것은 오래 살고 싶은 마음이 없기 때문이 아니다.

❷ My officers have no surplus[6] of wealth but not because they disdain[7] worldly[8] goods; they have no expectation[9] of long life but not because they dislike longevity[10].

중간 장수가 과한 부를 누리지 못하는 것은 세상을 살면서 재산을 멸시하기 때문이 아니고, 오래 살자고 기대를 하지 않는 것은 오래 살고 싶지 않아서가 아니다.

---

1) òver · búrden: …에게 과중한 짐을 지우다; 과로시키다.
2) dis · taste: (음식물에 대한) 싫음, 혐오; 〔일반적〕 싫증, 염증
3) un · dúly: 과도하게, 심하게; 부(적)당하게, 불법으로.
4) dis · in · cline: 싫증나게 하다; …할 마음이 내키지 않다
5) lon · gev · i · ty: 장수; 수명; 장기 근속
6) sur · plus: 나머지, 잔여(殘餘), 과잉
7) dis · dain: ① 경멸하다, 멸시하다. ② …할 가치가 없다고 생각하다, 떳떳지 않게 여기다
8) world · ly: 이 세상의, 세속적인, 속세의, 속인의, 명리를 좇는; 약삭빠른. —ad. 세속적으로.
9) ex · pec · ta · tion: ① 예상, 예기; 기대, 대망 ② 예상되는 ③ 가능성, 공산, 확률, (특히 통계에 의한) 예측 수량
10) lon · gev · i · ty: 장수; 수명; 장기 근속

19

영 발 지 일 사 졸 좌 자 체 점 금 언 와 자 누 교 이

令發之日 士卒坐者涕霑襟 偃臥者涙交頤.

Lìng fā zhī rì, shì zú zuò zhě tì zhān jīn, yǎn wò zhě lèi jiāo yí.

투 지 무 소 왕 자 제 귀 지 용 야

投之無所往者 諸劌之勇也.

Tóu zhī wú suǒ wǎng zhě, zhū guì zhī yǒng yě.

명령이 떨어지는 날이면 병사들은 앉아서 옷깃에 눈물을 적시고 쓰러진 자는 턱 아래로 눈물이 흐른다.
이들을 갈 곳 없는 곳에 던져 놓으면 전제專諸와 조귀曹劌처럼 과감하다.

令	영	령(영)	영, 우두머리, 좋다, 법령, 규칙
發	쏠	발	쏘다, 가다, 떠나다, 보내다, 파견하다
士	선비	사	선비, 일을 처리할 재능이 있는 사람
卒	군사	졸	군사, 하인, 심부름꾼, 집단, 무리
坐	앉을	좌	앉다, 앉아서, 아무 일도 하지 않고서, 무릎 꿇다
涕	눈물	체	눈물, 울다, 눈물을 흘리며 울다
沾	더할	첨	더하다, 첨가하다, 강 이름
襟	옷깃	금	옷깃, 가슴, 마음, 생각, 재빠르다, 민첩하다
偃	쓰러질	언	쓰러지다, 넘어지다, 드리워지다
臥	엎드릴	와	엎드리다, 엎드려 자다, 누워 자다, 거짓 자다
交	사귈	교	사귀다, 주고받고 하다, 서로
頤	턱	이	턱, 위턱과 아래턱의 총칭, 아래턱, 기르다
所	바	소	바, 일정한 곳이나 지역, 지위, 자리, 위치, 경우
往	갈	왕	가다, 옛, 예, 이따금
諸	모든	제	모든, 여러, 어조사, -은는, -에게, -에서
劌	상처입힐	귀	상처 입히다, 쪼개다, 가시
勇	날쌜	용	날쌔다, 과감하다, 결단력이 있다
也	어조사	야	어조사, 또, 또한, 잇달다

❶ On the day they are ordered[1] out to battle, your soldiers may weep[2], those sitting up bedewing[3] their garments[4], and those lying down letting the tears run down their cheeks. But let them once be brought to bay[5], and they will display[6] the courage of a Chu or a Kuei.

전투에 나간다고 명령이 떨어지는 날이면, 앉아 있는 병사들은 옷을 눈물로 적시고, 누워있는 자는 뺨에 눈물을 흘릴 것이다. 하지만 한번 궁지에 몰리게 되면, 전제와 조궤의 용맹함을 보일 것이다.

* 전제: 오나라의 왕 요를 시해하여, 합려가 왕위에 오를 수 있도록 한 자객

* 조궤: 춘추전국시대 노나라 사람. 제나라의 환공을 위협하여 빼앗긴 노나라 땅을 되찾는데 공을 세웠다.

❷ On the day the army is ordered to march[7] the tears of those seated soak[8] their lapels[9]; the tears of those reclining[10] course down their cheeks. But throw them into a situation[11] where there is no escape[12] and they will display the immortal[13] courage of Chuan Chu and Ts'ao Kuei.

군대가 행군 명령이 떨어진 날이면 앉아 있는 자는 접은 옷깃을 눈물로 적시고, 기대어 있는 자는 뺨에 눈물이 계속 흐른다. 하지만 도망갈 길이 없는 곳에 던져 놓으면 전제와 조궤의 불사적인 용기를 보여줄 것이다.

---

1) or · der: ① …에게 명령하다, …에게 지시하다; (특정 장소)에 가[오]도록 …에게 명하다 ② (의사가 환자에게) (약 · 요법 등을) 명하다, 지시하다 ③ 주문하다, 주문해 가져오게 하다, 주문해 주다

2) weep: 눈물을 흘리다, 울다, 비탄[슬퍼]하다

3) be · dew: 이슬[눈물]로 적시다.

4) gar · ment: 의복《특히 긴 웃옷 · 외투 등》; 의복 한 벌; (pl.) 『상업』 옷, 의류; 외피(外被), 외관, 옷차림.

5) bay: 짖다, 짖어대다; …을 보고 짖다; 짖으며 …을 가리키다; 몰아 넣다

6) dis · play: ① 보이다, 나타내다; 전시[진열]하다 ② (기 따위를) 펼치다, 달다, 게양하다; (날개 따위를) 펴다. ③ 밖에 나타내다, 드러내다; (능력 등을) 발휘하다; (지식 등을) 과시하다, 주적거리다; 전시[과시]하다

7) march: ① 『군사』 (대열을 지어) 행진하다; (당당하게) 걷다, 빨리 전진하다 ② (사건 따위가) 진전하다 ③ (나무 따위가) 나란히 늘어서 있다. ④ (말 · 행동 따위가 …와) 일치하다, 조화되다; …을 행진시키다, 행군시키다

8) soak: ① 젖다, 잠기다; 흠뻑 젖다 ② 스미다, 스며나오다, 스며들다 ③ 마음속에 스며들다, 알게 되다

9) la · pel: (보통 pl.) (양복의) 접은 옷깃

10) re · cline: 기대게 하다, 의지하다, (몸을) 눕히다, 기대다, 눕다

11) sit · u · a · tion: ① 위치, 장소, 소재; 환경. ② 입장, 사정 ③ 정세, 형세, 상태, 사태

12) es · cape: ① 탈출, 도망; (죄 · 재난 · 역병 등을) 면함, 벗어남 ② 벗어나는 수단; 도망갈 길, 피난장치; 배기[배수]관, 비상구

13) im · mor · tal: ① 죽지 않는, 불사의, 불멸의 ② 불후의, 영원한 ③ 영구히 계속되는, 부단의, 불변의.

20

고 선 용 병 비 여 솔 연 솔 연 자 상 산 지 사 야

故善用兵 譬如率然 率然者 常山之蛇也.

Gù shàn yòng bīng, pì rú shuài rán, shuài rán zhě, cháng shān zhī shé yě.

격 기 수 칙 미 지 격 기 미 칙 수 지 격 기 중 칙 수 미 구 지

擊其首則尾至 擊其尾則首至 擊其中則首尾俱至.

Jī qí shǒu zé wěi zhì, jī qí wěi zé shǒu zhì, jī qíz hōng zé shǒu wěi jù zhì.

그러므로 용병을 잘하는 자는 솔연과 같이 비유하는데 상산의 뱀이다. 머리를 치면 꼬리가 달려들고 꼬리를 치면 머리가 달려들며 허리를 치면 머리와 꼬리가 같이 덤벼든다.

* 용병(用兵): 군사를 부림. 용군(用軍)

故	옛	고	예, 이미 지나간 때, 옛, 예전의, 옛날의
善	착할	선	착하다, 좋다, 훌륭하다, 잘하다
用	쓸	용	쓰다, 베풀다, 부리다, 등용하다, 행하다
者	놈	자	놈, 사람, 것, 일을 가리켜 이른다
譬	비유할	비	비유하다, 깨우치다, 깨닫다, 알아차리다
如	같을	여	같다, 같게 하다, 따르다
率	거느릴	솔	거느리다, 이끌다, 좇다, 지키다, 따르다
然	그러할	연	그러하다, 그렇다고 여기다, 그리하여
常	항상	상	항상, 법, 전법, 불변의 도, 사람으로서 행해야 할 도
蛇	뱀	사	뱀, 자벌레, 별 이름
也	어조사	야	어조사, 또, 또한, 잇달다
擊	부딪칠	격	부딪치다, 배나 수레가 질서 있게 나아가다
其	그	기	그(지시 대명사), 의(관형격 조사), 그(감탄, 강세 조사)
首	머리	수	머리, 시초(始初), 먼저, 앞
尾	꼬리	미	꼬리, 등, 등 뒤, 흘레하다
至	이를	지	이르다, 도래하다, 미치다, 닿다, 두루 미치다
則	법칙, 본받을	칙, 측	법칙, 곧, 법, 본받다, 모범으로 삼다
俱	함께	구	함께, 함께하다, 갖추다

❶ The skillful tactician may be likened[1] to the shuai–jan. Now the shuai–jan is a snake that is found in the ChUng mountains.

Strike[2] at its head, and you will be attacked by its tail; strike at its tail, and you will be attacked by its head; strike at its middle, and you will be attacked by head and tail both.

능란한 책략가는 솔연에 비유될 수 있다. 우선 솔연은 청(상)산에 있는 뱀이다.

머리를 치면 꼬리로 공격을 하고, 꼬리를 치면 머리로 공격을 하며, 가운데를 치면 머리와 꼬리로 양쪽으로 공격한다.

❷ Now the troops[3] of those adept in war are used like the 'Simultaneously[4] Responding' snake of Mount Ch'ang.

When struck on the head its tail attacks; when struck on the tail, its head attacks, when struck in the centre both head and tail attack.

그래서 전쟁에서 숙련된 자의 군대는 청(상)산의 '동시에 반응하는' 뱀과 같이 다룬다. 머리를 치면 꼬리로 공격하고, 꼬리를 치면 머리로 공격하며, 중간을 치면 머리와 꼬리 양쪽으로 공격한다.

---

1) lik · en: (…에) 비유하다, 견주다《to》

2) strike: ① 치다, 두드리다, 때리다 ② 두들겨 만들다(…하다), 쳐서 만들어내다 ③ (시계가 시각을) 치다, 쳐서 알리다 ④ 맞부딪치다, 부딪다, 들이받다 ⑤ 일격을 가하다, (타격을) 가하다, 주다 ⑤ 습격(공격)하다; ① 치다, 때리다; 공격하다; (뱀 · 호랑이가) 급습하다 ② 타격을 가하다, 침해하다

3) troop: ① 대(隊), 떼, 무리《of》 ② (보통 pl.) 군대, 병력 ★ 60 troops는 '병력 60명'의 뜻. ③ 〖軍〗 기병 중대. ④ (보이스카우트의) 분대《최소 5명》; (걸 스카우트의) 단(團)《8–32명으로 구성됨》

4) sì · mul · tá · ne · ous · ly: 동시에; 일제히

21

감 문 병 가 사 여 률 연 호 왈 가

敢問 兵可使如率然乎? 曰, 可.

Gǎn wèn bīng kě shǐ rú shuài rán hū? Yuē, kě,

감히 묻는데 '군대도 솔연처럼 하게 할 수 있는가'라고 물으면 '그렇다'이다.

敢	감히	감	감히, 감히 하다, 감행하다, 굳세다, 용맹스럽다
問	물을	문	묻다, 물음, 질문, 알리다, 고하다
兵	군사	병	군사 병, 싸움, 전쟁, 무기, 병기
可	옳을	가	옳다, 가히, 쯤, 정도
使	하여금	사	하여금, 시키다, 좇다
如	같을	여	같다, 같게 하다, 따르다
率	거느릴	솔	거느리다, 이끌다, 좇다, 지키다, 따르다
然	그러할	연	그러하다, 그렇다고 여기다, 그리하여
乎	어조사	호	어조사, 인가, 로다, 구나, -에, -보다, 부사형 어미
曰	가로	왈	가로되, 말하기를, 이르다, 말하다, 일컫다

❶ Asked if an army can be made to imitate[1] the shuai-jan, I should answer, Yes.

'군대가 솔연을 흉내 내게 할 수 있겠는가?'라고 묻는다면, 나는 '그렇다.'라고 대답할 것이다.

❷ Should one ask: 'Can troops[2] be made capable[3] of such instantaneous[4] co-ordination[5]?' I reply: 'They can.'

'부대가 일시적으로 일치할 수 있도록 할 수 있겠는가'라고 묻는다면 '할 수 있다.'라고 대답한다.

---

1) im · i · tate: ① 모방하다, 흉내내다; 따르다, 본받다 ② 모조(위조)하다.
2) troop: ① 대(隊), 떼, 무리《of》 ② (보통 pl.) 군대, 병력 ★ 60 troops는 '병력 60명'의 뜻. ③ 〖軍〗 기병 중대. ④ (보이스카우트의) 분대《최소 5명》; (걸 스카우트의) 단(團)《8-32명으로 구성됨》
3) ca · pa · ble: ① 유능한, 역량 있는 ② (…할) 능력이 있는
4) in · stan · ta · ne · ous: 즉시(즉석)의, 순간의; 동시에 일어나는, 동시적인
5) òr · di · ná · tion: ① 〖교회〗 성직 수임(임명)식, 서품식, 안수식. ② 명령, 계율. ③ 정돈, 배열; 분류.

22

부 오 인 여 월 인 상 악 야 당 기 동 주 이 제 우 풍

夫吳人與越人相惡也 當其同舟而濟遇風

Fū wú rén yǔ yuè rén xiāng è yě, dāng qí tóng zhōu ér jì yù fēng,

기 상 구 야 여 좌 우 수

其相救也 如左右手.

qí xiāng jiù yě, rú zuǒ yòu shǒu.

무릇 오吳나라 사람과 월越나라 사람은 서로 미워하는데 함께 배를 타고 건너가다 바람을 만나면 서로 도우려고 왼손과 오른손처럼 한다.

夫	지아비	부	지아비, 사나이, 장정, 시중하는 사람
吳	나라이름	오	나라 이름, 떠들썩하다
與	줄	여	주다, 베풀다, 동아리, 무리, 따르다, 돕다, 허락하다
越	넘을	월	넘다, 건너다, 앞지르다, 거치다, 달아나다, 멀어지다
惡	악할	악	악하다, 추하다, 불길하다
當	당할	당	당하다, 대하다, 균형 있다, 대적하다, 맡다
其	그	기	그(지시 대명사), 의(관형격 조사), 그(감탄, 강세 조사)
同	한가지	동	한가지, 서로 같게 하다, 같게, 함께, 다같이
舟	배	주	배, 술통을 받치는 쟁반, 또는 술을 치는 데 쓰는 예기
而	말이을	이	말 이음, 순접역접의 접속사
濟	건널	제	건너다, 나루, 건지다, 빈곤이나 어려움에서 구제하다
遇	만날	우	만나다, 우연히 만나다, 뜻이 합치하다
風	바람	풍	바람, 불다, 바람이 불다, 바람을 쐬다
救	건질	구	건지다, 돕다, 구원하다, 고치다, 치료하다, 막다
也	어조사	야	어조사, 또, 또한, 잇달다
如	같을	여	같다, 같게 하다, 따르다
左	왼	좌	왼, 왼쪽으로 하다, 그르다, 어긋나다
右	오른쪽	우	오른쪽, 숭상하다, 오른쪽에 적은 글이나 내용
手	손	수	손, 사람, 힘, 도움이 될 힘이나 행위

❶ For the men of Wu and the men of Yueh are enemies; yet if they are crossing[1] a river in the same boat and are caught by a storm, they will come to each other's assistance just as the left hand helps the right.

우(오)나라 사람과 예(월)나라 사람은 원수이지만, 같은 배를 타고 강이나 바다를 건너다 폭풍에 휘말리면, 왼손이 오른손을 돕는 것처럼 서로 도움을 주게 될 것이다.

❷ For, although the men of Wu and Yiieh mutually[2] hate one another, if together in a boat tossed[3] by the wind they would co-operate as the right hand does with the left.

우(오)나라 사람과 예(월)나라 사람들이 서로 몹시 싫어할지라도, 바람으로 많이 흔들리는 배에서는 함께 오른손이 왼손 하듯이 서로 협력할 것이다.

1) cross: ① 교차시키다; (손 · 발 따위를) 엇걸다 ② …와 교차하다; …와 서로 엇갈리다 ③ 가로지르다《도로 · 사막 따위》; (강 · 바다 · 다리 따위를) 건너다

2) mu · tu · al: ① 서로의, 상호 관계가 있는 ② 공동의, 공통의 ㊥ *~ · ly ad. 서로, 공동으로.

3) toss: ① (가볍게 · 아무렇게나) 던지다 ② (머리 따위를) 갑자기 쳐들다, 뒤로 젖히다《up》《경멸 · 초조 따위로》 ③ (배 따위를) 흔들다, 들까불다; 마음을 뒤흔들다; 〔 ~ oneself 〕 몸을 이리저리 움직이다

23

시 고 방 마 매 륜 미 족 시 야 제 용 약 일 정 지 도 야
是故方馬埋輪 未足恃也. 齊勇若一 政之道也.
Shì gù fāng mǎ mái lún, wèi zú shì yě, Qí yǒng ruò yī, zhèng zhī dào yě.

강 유 개 득 지 지 리 야
剛柔皆得 地之理也.
Gāng róu jiē dé, de zhī lǐ yě.

이 때문에 말은 매어두고 수레는 땅속에 묻어 놓는 것은 믿음이 없는 것이다. 가지런하고 날쌔게 하나가 되는 것이 군정軍政이다.

方	모	방	모, 각(角), 사방(四方), 방위, 방향
馬	말	마	말, 산가지, 투호(投壺)를 할 때 득점을 세는 물건
埋	묻을	매	묻다, 메우다, 시체를 묻다
輪	바퀴	륜{윤}	바퀴, 수레, 수레를 세는 단위
未	아닐	미	아니다, 아직~하지 못하다, 미래, 장래
足	발	족	발, 뿌리, 근본, 산기슭, 그치다, 머무르다, 가다
恃	믿을	시	믿다
也	어조사	야	어조사, 또, 또한, 잇달다
齊	가지런할	제	가지런하다, 같다, 같게 하다, 갖추다
勇	날쌜	용	날쌔다, 과감하다, 결단력이 있다
若	같을	약	같다, 너, 만일
政	정사	정	정사(政事), 나라를 다스리는 일, 바루다
道	길	도	길, 이치, 근원, 기능, 방법, 사상, 인의
剛	굳셀	강	굳세다, 굳다, 강철
柔	부드러울	유	부드럽다, 성질이 화평하고 순하다, 약하다
皆	다	개	다, 모두, 두루 미치다, 함께
得	얻을	득	얻다, 이익, 이득, 덕(德)
理	다스릴	리	다스리다, 옥을 갈다, 바루다, 통하다

❶ Hence it is not enough to put one's trust in the tethering[1] of horses, and the burying of chariot wheels in the ground.

The principle[2] on which to manage[3] an army is to set up one standard of courage which all must reach. How to make the best of both strong and weak--that is a question involving[4] the proper use of ground.

그러므로 말을 매고, 땅속에 전차 바퀴를 묻는 것으로 신임하기에 충분하지 않다.

군대가 모두 이르러야 할 용기의 기준을 설정하여 통솔하는 것이 원칙이다. 어떻게 강하고 약한 군대 모두를 모두 최상으로 만드는가– 그것은 지형의 적절한 사용을 포함한 물음이다.

❷ It is thus not sufficient to place[5] one's reliance[6] on hobbled[7] horses or buried chariot wheels.

To cultivate[8] a uniform level of valour[9] is the object[10] of military administration[11]. And it is by proper use of the ground that both shock and flexible[12] forces are used to the best advantage."

그래서 두 다리를 묶은 말 혹은 파묻힌 전차 바퀴에서 믿음을 두기는 충분하지 않다.

용맹함을 동일한 수준으로 신장하려는 것이 군대 관리의 목적이다. 그리고 부스스 헝클어진 머리(카락) 같거나 적응성이 좋은 부대 모두가 최고의 이로운 점을 활용하여 지형을 적절하게 이용하는 것이다.

---

1) teth · er: (밧줄 · 사슬로) 매다; 구속(속박)하다.
2) prin · ci · ple: ① 원리, 원칙, 법칙 ② 근본 방침, 주의 ③ 행동 원리, 정의; 도의, 절조 ④ 본질, 소인
3) man · age: ① 잘 다루다, 마음대로 움직이다; 잘 쓰다(사용하다) ② 처리하다, 관리하다; 경영(운용)하다 ③ (어려운 일을) 해내다, 실현하다 ④ …을 그럭저럭 해내다, 곧잘 …하다; ① 처리하다, 관리(경영)하다 ② 잘 해나가다
4) in · volve: ① 말아 넣다, 싸다, 감싸다 ② 연좌(연루)시키다; 관련(관계)시키다; ③ 수반하다, 포함하다
5) place: 두다, 놓다; 명중시키다; 배치(배열)하다, 정돈하다; (광고를) 신문(잡지)에 싣다
6) re · li · ance: 믿음, 의지, 신뢰; 믿음직한 사람(물건), 의지할 곳
7) hob · ble: 절뚝거리며 걷다; 절뚝거리게 하다; 두 다리를 한데 묶다; 방해하다; 난처하게 하다.
8) cul · ti · vate: ① (땅을) 갈다, 경작하다;② 재배하다; 양식하다; (세균을) 배양하다. ③ (재능 · 품성 · 습관 따위를) 신장하다, 계발(연마)하다; 수련하다; 장려하다, 촉진하다 ④ 교화하다. ⑤ (면식 · 교제를) 구하다, 깊게 하다
9) val · or: 《시어 · 문어 · 우스개》(특히 싸움터에서의) 용기, 강용(剛勇), 용맹.
10) ob · ject: ① 물건, 물체, 사물 ② (동작 · 감정 등의) 대상 ③ 목적, 목표(goal); 동기
11) ad · min · is · tra · tion: ① 관리, 경영, 집행부, 경영진 ② 행정, 통치; 행정(통치) 기간
12) flex · i · ble: ① 구부리기 쉬운, 굴절성의. ② 휘기 쉬운, 유연성이 있는 ③ 적응성이 있는, 융통성 있는, 유순한

24

고 선 용 병 자 휴 수 야 사 일 인 부 득 이 야

故善用兵者 攜手若使一人 不得已也.

Gù shàn yòng bīng zhě, xié shǒu ruò shǐ yī rén, bù dé yǐ yě.

그러므로 용병을 잘하는 자는 한 사람의 손을 잡고 끄는 것으로 어찌할 수 없게 하는 것이다.

* 용병(用兵): 군사를 부림. 용군(用軍)

故	옛	고	예, 이미 지나간 때, 옛, 예전의, 옛날의
善	착할	선	착하다, 좋다, 훌륭하다, 잘하다
用	쓸	용	쓰다, 베풀다, 부리다, 등용하다, 행하다, 다스리다
兵	군사	병	군사 병, 싸움, 전쟁, 무기, 병기
者	놈	자	놈, 사람, 것, 일을 가리켜 이른다
攜	끌	휴	끌다, 갖다, 떠나다, 携의本字
手	손	수	손, 사람, 힘, 도움이 될 힘이나 행위
若	같을	약	같다, 너, 만일
使	하여금	사	하여금, 시키다, 좇다
得	얻을	득	얻다, 이익, 이득, 덕(德)
已	이미	이	이미, 말다, 그치다, 버리다, 버려두다
也	어조사	야	어조사, 또, 또한, 잇달다

❶ Thus the skillful general conducts[1] his army just as though he were leading a single[2] man, will.

그러므로 유능한 장군은 그 부대를 한 사람의 손을 잡고 이끄는 것처럼 지휘한다.

❷ It is the business[3] of a general to be serene and inscrutable[4], impartial[5] and self-controlled[6].'

침착하고 불가사의하고 편견 없고, 자기 절제를 하는 것이 장군의 직무이다.

---

1) con · duct: ① 인도하다, 안내하다, 호송하다 ② 지도하다, 지휘하다 ③ (업무 등을) 집행하다; 처리(경영, 관리)하다 ④ 〔~ oneself〕 행동하다, 거동하다, 처신하다; (길이 …로) 통하다《to》; 전도하다; 지휘를 하다.
2) sin · gle: ① 단 하나의, 단 한 개의, 단지 홀로의 ② 1인용의; 한 가족용의; 외톨로 서 있는 ③ 혼자(독신)의, 외로운, 고독한 ④ 1대 1의; 개개의; 따로 따로의.
3) busi · ness: ① 실업; 상업, 장사, 거래, 매매 ② 직업; 직무 ③ 사무, 집무, 영업 ④ 사업, 점포, 상사 ⑤ 용건, 일, 볼일, 관심사; 〔반어적〕 (관계(간섭)할) 권리 ⑥ 사건, 일 ⑦ 의사(일정)
4) in · scru · ta · ble: 측량할 수 없는, 불가사의한, 수수께끼 같은
5) im · par · tial; 공평한, 편견 없는, 편벽되지 않은.
6) con · trol: ① 지배하다; 통제(관리)하다, 감독하다. ② 제어(억제)하다 ③ 검사하다

25

장 군 지 사 정 이 유 정 이 치 능 우 사 졸 지 이 목
將軍之事 靜以幽 正以治 能愚士卒之耳目
Jiāng jūn zhī shì, jìng yǐ yōu, zhèng yǐ zhì, néng yú shì zú zhī ěr mù,

사 지 무 지
使之無知.
shǐ zhī wúz zhī.

장수의 일은 고요함으로써 깊고 아늑하고 바르게 다스리고 능히 군사들의 눈과 귀를 어리석게 하여 알지 못하게 한다.

將	장차	장	장차, 막-하려 한다, 마땅히-하여야 한다
之	갈	지	가다, 이(指示代名詞), -의(冠形格助詞)
事	일	사	일, 일삼다, 전념하다, 정치
靜	고요할	정	고요하다, 맑다, 단청(丹靑)이 정밀하다
以	써	이	써, -로써, 부터, -에서, 까닭
幽	그윽할	유	그윽하다, 숨다, 피하여 숨다, 멀다, 아득하다
正	바를	정	바르다, 바로잡다, 갖추어지다
治	다스릴	치	다스리다, 관리하다, 바로잡다, 평정하다
能	능할	능	능하다, 잘하다, 보통 정도 이상으로 잘하다, 미치다
愚	어리석을	우	어리석다, 어리석은 사람, 어리석은 마음
使	하여금	사	하여금, 시키다, 좇다
知	알	지	알다, 깨닫다, 느끼다, 분별하다, 기억하다

❶ It is the business[1] of a general to be quiet and thus ensure[2] secrecy[3]; upright[4] and just, and thus maintain[5] order[6].

He must be able to mystify[7] his officers and men by false reports and appearances[8], and thus keep them in total ignorance[9].

고요함으로 기밀을 지키고, 강직하고 공정하게, 그리고 체제를 유지하는 것이 장군의 직무이다.

헛소문과 정세로 중간 장수와 병사들을 미혹시킬 수 있어야 하므로, 완전한 무지에서 지켜야 한다.

❷ He should be capable[10] of keeping his officers and men in ignorance of his plans. He prohibits superstitious[11] practices[12] and so rids the army of doubts[13]. Then until the moment of death there can be no troubles[14].

장수는 계획을 모르게 하여 중간 장수와 병사에는 비밀로 할 수 있는 능력이 있어야 한다. 장수는 미신에 사로잡힌 풍습을 금지하고 군대의 불신을 제거한다. 그렇게 하면 죽음의 순간까지 근심이 없다.

---

1) busi · ness: ① 실업; 상업, 장사, 거래, 매매 ② 직업; 직무 ③ 사무, 집무, 영업 ④ 사업, 점포, 상사 ⑤ 용건, 일, 볼일, 관심사; 〔반어적〕 (관계〔간섭〕할) 권리 ⑥ 사건, 일 ⑦ 의사(일정)

2) en · sure: ① …을 책임지다, 보장〔보증〕하다, (성공 등을) 확실하게 하다; (지위 등을) 확보하다 ② …을 안전하게 하다, 지키다

3) se · cre · cy: 비밀(성); 비밀 엄수; 비밀주의; 입이 무거움

4) up · right: ① 직립한, 똑바로〔곧추〕선, 수직의 ② (정신적으로) 곧은, 청렴(강직)한, 정직한

5) main · tain: ① 지속〔계속〕하다, 유지하다 ② 속행하다, 계속하다 ③ (권리 · 주장 따위를) 옹호하다, 지지하다 ④ (보수(補修)하여) 간수하다, 건사하다, 보존하다 ⑤ 부양하다, 보육하다; (생명 · 체력 등을) 지탱하다

6) or · der: ① (종종 pl.) 명령, 지휘; 훈령; (법원의) 지시; 명령서 ② (집회 등의) 규칙; 준법; (정치 · 사회적) 질서, 치안; 체제, 제도; (관례상의) 의사진행 절차 ③ 순서, 순; 서열, 석차 ④ 정돈, 정리, 정열; 태세

7) mys · ti · fy: 신비화하다; 불가해하게 하다; 어리둥절하게〔얼떨떨하게〕 하다, 미혹시키다.

8) ap · pear · ance: ① 출현; 출두; 출연; 출장(出場); 발표, 출판. ② 기색, 징조; 현상 ③ (종종 pl.) 외관, 겉보기; 체면; 모습, 생김새, 풍채(風采) ④ (pl.) (외면적인) 형세, 정세, 상황

9) ig · no · rance: 무지, 무학; (어떤 일을) 모름

10) ca · pa · ble: ① 유능한, 역량 있는 ② (…할) 능력이 있는 ③ (나쁜 짓 따위)까지도 (능히) 할 수 있는, …도 불사하는 ④ …할 수 있는; …될 수 있는, (…이) 가능한

11) su · per · sti · tious: 미신적인, 미신에 사로잡힌; 미신에 의한.

12) prac · tice: ① 실행하다, (항상) 행하다; 실천하다, 신봉하다 ② 연습하다, 실습하다 ③ 훈련하다, 가르치다

13) doubt: ① 의심, 의혹, 회의, 불신 ② 불확실함, 의심스러움 ③ 피해, 결점, 곤란.

14) trou · ble: ① 고생, 근심, 걱정, 고민 ② 두통〔고생〕거리, 성가신 놈 ③ 수고, 노고, 폐 ④ 시끄러운 일, 불화, 사건, 트러블; 분쟁, 동란

26

역 기 사 혁 기 모 사 인 무 식
易其事 革其謀 使人無識.
Yì qí shì, gé qí móu, shǐ rén wú shí.

역 기 거 우 기 도 사 인 부 득 려
易其居 迂其途 使人不得慮.
Yì qí jū, yū qí tú, shǐ rén bù dé lǜ

직무(혹은 방법)를 바꾸고 계책을 변경하여 알지 못하게 한다.
주둔지를 바꾸고 길을 우회하여 생각지도 못하게 한다.

易	바꿀	역	바꾸다, 고치다, 교환하다, 바뀌다, 새로워지다
其	그	기	그(지시 대명사), 의(관형격 조사)
事	일	사	일, 일삼다, 전념하다, 정치
革	가죽	혁	가죽, 피부, 북, 팔음의 하나, 갑주, 투구
其	그	기	그(지시 대명사), 의(관형격 조사)
謀	꾀할	모	꾀하다, 정사를 의논하다, 헤아리다, 꾀, 술책, 계략
使	하여금	사	하여금, 시키다, 좇다
無	없을	무	없다, 허무(虛無)의 도, 말라, 금지하는 말
識	알	식	알다, 판별하다, 인정하다, 자세히하다
居	있을	거	있다, 살다, 거주하다, 앉다, 차지하다
迂	멀	우	멀다, 길이 멀다, 물정에 어둡다, 먼 길, 굽히다
途	길	도	길, 도로
使	하여금	사	하여금, 시키다, 좇다
得	얻을	득	얻다, 이익, 이득, 덕(德)
慮	생각할	려{여}	생각하다, 꾀하다, 근심하다, 걱정하다

❶ By altering[1)] his arrangements[2)] and changing his plans, he keeps the enemy without definite[3)] knowledge[4)].

By shifting[5)] his camp and taking circuitous[6)] routes[7)], he prevents the enemy from anticipating[8)] his purpose.

배치를 변경하고 계획을 바꿈으로써, 적이 확실히 알지 못하도록 한다.

주둔지를 옮기고 우회로를 선택하여, 목적을 예측하지 못하게 한다.

❷ He changes his methods[9)] and alters his plans so that people have no knowledge of what he is doing.

He alters his camp-sites and marches[10)] by devious[11)] routes, and thus makes it impossible[12)] for others to anticipate his purpose.

방법을 바꾸고 계획을 변경하여 무엇을 하는지 모르게 한다.

주둔지 장소를 변경하고 꾸불꾸불한 길을 행군하여, 목적지를 예측하기 불가하도록 한다.

---

1) al · ter: ① (모양 · 성질 등을) 바꾸다, 변경하다; 개조하다; 변하다, 바뀌다, 고쳐지다; 일변하다
2) ar · range · ment: ① 배열, 배치; (색의) 배합, 꾸밈 ② 정리, 정돈. ③ (보통 pl.) 채비, 준비, 주선 ④ 조정(調停), 조절; 협정, 합의.
3) def · i · nite: ① (윤곽 · 한계가) 뚜렷한, 확실한; (태도 따위가) 명확한 ② 한정된, 일정한
4) knowl · edge: ① 지식 ② 학식, 학문; 정통(精通), 숙지; 견문 ③ 인식; 이해 ④ 경험 ⑤ 보도, 소식
5) shift: ① 이동하다, 자리를 옮기다(바꾸다, 뜨다) ② (방향이) 바뀌다 ③ (장면 · 상황 등이) 바뀌다, 변화하다
6) cir · cu · i · tous: 에움길의, 우회(로)의; (말 따위가) 에두르는, 완곡한.
7) route: ① 도로, 길. ② (일정한) 통로, 노선 ③ 수단, 방법, ④ [raut] 《古》〖軍〗 행군 명령.
8) an · tic · i · pate: ① 예기하다, 예상하다, 예감하다, 내다보다; 낙으로 삼고(걱정하며) 기다리다, 기대하다 ② 미리 고려하다, …을 미리 수배(처리)하다, …을 앞지르다; 선수를 쓰다; …을 미리 막다 ③ 앞당기다, 재촉하다
9) meth · od: ① 방법, 《특히》 조직적 방법, 방식 ② (일을 하는) 순서, (생각 따위의) 조리; 순서(규율) 바름, 질서 정연함; 체계
10) march: ① 〖군사〗 (대열을 지어) 행진하다; (당당하게) 걷다, 빨리 전진하다 ② (사건 따위가) 진전하다 ③ (나무 따위가) 나란히 늘어서 있다. ④ (말 · 행동 따위가 …와) 일치하다, 조화되다; …을 행진시키다, 행군시키다
11) de · vi · ous: 우회한, 꾸불꾸불한; 정도(正道)를 벗어난, 길 잃은; 솔직(순진)하지 않은, 속임수의, 교활한
12) im · pos · si · ble: ① 불가능한, …할 수 없는, …하기 어려운 ② (the ~) 〔명사적; 단수취급〕 불가능한 일 ③ 믿기 어려운, 있을 수 없는

27

수 여 지 기 여 등 고 이 거 기 제
帥與之期 如登高而去其梯.
Shuài yǔ zhī qī, rú dēng gāo ér qù qí tī.

수 여 지 심 입 제 후 지 지 이 발 기 기
帥與之深入諸侯之地 而發其機.
Shuài yǔ zhī shēn rù zhū hóu zhī dì, ér fā qí jī.

병사들이 장수를 따르게 하고자 한다면 높은 곳에 오르게 하여 사다리를 치우는 것처럼 한다.
장수가 제후의 영지에 깊이 들어가면 기계에서 쏘는 것처럼 한다.

帥	장수	수, 솔	장수, 통솔자, 인솔자, 거느리다
與	줄	여	주다, 베풀다, 동아리, 무리, 따르다, 돕다, 허락하다
期	기약할	기	만나다, 약속에 따라 만나다, 단단히 결심하다, 기약하다
如	같을	여	같다, 같게 하다, 따르다
登	오를	등	오르다, 지위에 오르다, 높은 곳을 오르다
而	말이을	이	말 이음, 순접·역접의 접속사
去	갈	거	가다, 떠나다, 잃다, 잃어버리다, 배반하다
其	그	기	그(지시 대명사), 의(관형격 조사)
梯	사다리	제	사다리, 사닥다리, 층계, 실마리, 진행의 차례
帥	장수	수, 솔	장수, 통솔자, 인솔자, 거느리다
與	줄	여	주다, 베풀다, 동아리, 무리, 따르다, 돕다, 허락하다
深	깊을	심	깊다, 깊게 하다, 깊이, 매우
入	들	입	들다, 수입, 사성(四聲)의 하나, 입성(入聲)
諸	모든	제	모든, 여러, 어조사, -은는, -에게, -에서
侯	과녁	후	과녁, 제후, 후작, 임금, 오등작(五等爵)의 둘째
發	쏠	발	쏘다, 가다, 떠나다, 보내다, 파견하다
機	틀	기	틀, 기계, 베틀, 용수철

❶ At the critical[1] moment, the leader of an army acts like one who has climbed up a height[2] and then kicks away the ladder behind him. He carries his men deep into hostile[3] territory[4] before he shows his hand[5].

위기의 순간, 군대의 지휘관은 높은 곳에 올라간 후 사다리를 뒤로 차버리는 것처럼 한다. 자신의 기량을 보여주기 전에 적지 깊숙이 병사를 가게 한다.

❷ He fixes a date for rendezvous[6] and after the troops[7] have met, cuts off their return route[8] just as if he were removing a ladder from beneat h[9] them. He leads the army deep into hostile territory and there releases[10] the trigger[11].

지정 집결지 날짜를 명확히 하고 부대 도착을 기다리고, 아래쪽의 사다리를 치우는 것처럼 돌아갈 길을 차단한다. 군대를 적지 깊숙이 이끌고 가서 방아쇠 당기듯이 한다.

---

1) crit · i · cal: ① 비평의, 평론의; 비판적인 ② 비판력 있는, 감식력 있는 ③ 위기의, 위험기의, 위급한; 위독한
2) height: ① 높음. ② 높이, 키; 고도, 해발, 표고 ③ (보통 pl.) 고지, 산, 언덕, 높은 장소(위치).
3) hos · tile: ① 적의 있는, 적개심에 불타는 ② 반대의, 호의적이 아닌 ③ 냉담한, 성미에 맞지 않는 ④ 적의
4) ter · ri · to · ry: ① (영해를 포함한) 영토, 영지; (본토에서 떨어져 있는) 속령, 보호(자치)령 ② 땅; 지역, 지방
5) hand: ① 손 ② 손 모양의 것, 손의 기능을 가진 것 ③ 소유, 점유; 관리; 지배; 돌봄, 보호, 권력 ④ 수공, 노력 ⑤ 원조의 손길, 조력; 참가 ⑥ 힘, 작용; 영향력; (교섭 따위에서의) 입장. ⑦ 수단, 수법 ⑧ 기량, 솜씨, 재주 ⑨ 필적; 서명, 기명 ⑩ (오른쪽 · 왼쪽 따위의) 쪽, 측, 편, 방향; 방면.
6) ren · dez · vous: ① (특정한 장소 · 때에) 만날 약속; 약속에 의한 회합(장소); 〔일반적〕 회합(장소). ② (군대 · 함선의) 지정 집결지. ③ 【우주】 (우주선의) 궤도 회합, 랑데부
7) troop: ① 대(隊), 떼, 무리《of》 ② (보통 pl.) 군대, 병력 ★ 60 troops는 '병력 60명'의 뜻. ③ 【軍】 기병 중대. ④ (보이스카우트의) 분대《최소 5명》; (걸 스카우트의) 단(團)《8-32명으로 구성됨》
8) route: ① 도로, 길. ② (일정한) 통로, 노선 ③ 수단, 방법, ④《口》(우유 · 신문 따위 배달의) 배달길(구역) ⑤ [raut]《古》【軍】 행군 명령.
9) be · neath: (바로) 아래(밑)에, 아래쪽에; 지하에; ① (위치 · 장소가) …의 아래(밑)에(서); (무게 · 지배 · 압박 등의) 밑(하)에, …을 받아서 ② …의 아래쪽(기슭)에. ③ (신분 · 직위 · 가치 등이) …보다 낮게, …보다 이하로
10) re · lease: ① 풀어놓다, 떼(어놓)다, 놓다; 투하하다; 방출하다 ② 방면하다, 해방(석방)하다; 면제(해제)하다
11) trig · ger: ① (총의) 방아쇠 ② 제동기, 제륜 장치. ③ 계기, 유인, 자극.

28

분 주 파 부 약 구 군 양 이 왕 구 이 래 막 지 소 지
焚舟破釜 若驅群羊而往 驅而來 莫知所之.
Fén zhōu pò fǔ, ruò qū qún yáng ér wǎng, qū ér lái, mò zhī suǒ zhī.

취 삼 군 지 중 투 지 어 험 차 위 장 군 지 사 야
聚三軍之衆 投之於險 此謂將軍之事也.
Jù sān jūn zhī zhòng, tóu zhī yú xiǎn, cǐ wèi jiāng jūn zhī shì yě.

배를 불태우고 솥을 깨부수고 양떼를 몰고 가고 오는 것처럼 그 방향을 알지 못하게 한다.
삼군(전군全軍)의 무리를 모아 험한 곳으로 보내는 것, 이것이 장군의 직무이다.

焚	불사를	분	불사르다, 타다, 불을 놓아 사냥을 하다
舟	배	주	배, 술통을 받치는 쟁반
破	깨뜨릴	파	깨뜨리다, 풀어 떨어지게 하다, 일을 망치다, 패배시키다
釜	가마	부	가마, 발 없는 큰 솥, 또 솥의 범칭, 용량의 단위
若	같을	약	같다, 너, 만일
驅	몰	구	몰다, 말을 채찍질하여 달리게 하다, 달리다, 핍박하다
群	무리	군	무리, 떼, 떼 지어 모이다, 동아리, 동료
羊	양	양	양, 상서롭다, 배회(徘徊)하다
往	갈	왕	가다, 옛, 예, 이따금
來	올	래{내}	오다, 장래, 부르다
莫	없을, 저물	막, 모	없다, 저물다, 고요하다, 말다, 정하다, 해질 무렵, 저녁
知	알	지	알다, 깨닫다, 느끼다, 분별하다, 기억하다
所	바	소	바, 일정한 곳이나 지역, 지위, 자리, 위치, 경우
聚	모일	취	모이다, 모여들다, 모으다, 무리
衆	무리	중	무리, 많은 사람, 많은 물건, 많은 일
投	던질	투	던지다, 주다, 보내다, 증여하다, 들이다
於	어조사	어	어조사, –에, 에서, 보다, 를, 에게, 있어서, 있어서 하다
險	험할	험	험하다, 높다, 깊다, 기울다, 위태롭다
此	이	차	이, 이곳, 이것, 가까운 사물을 가리킴, 이에, 그래서
謂	이를	위	이르다, 일컫다, 알리다, 설명하다, 비평·논술하다

❶ He burns his boats and breaks[1)] his cooking-pots; like a shepherd driving a flock[2)] of sheep, he drives his men this way and that, and nothing knows whither he is going.

To muster[3)] his host[4)] and bring it into danger:--this may be termed[5)] the business[6)] of the general.

배를 불태우고 솥을 부수어, 양떼를 모는 양치기처럼, 이렇게 병사를 몰아 어디로 가는지, 아무도 모르게 한다.

군대를 소집하여 위험으로 이끄는 것, 이것이 장군의 직무라고 할 것이다.

❷ He burns his boats and smashes his cooking pots ; he urges the army on as if driving a flock of sheep, now in one direction[7)], now in another, and none knows where he is going.

To assemble[8)] the army and throw it into a desperate[9)] position[10)] is the business of the general.

배를 불태우고 솥을 깨부수며, 양 떼를 모는 것처럼 군대를 몰아대며, 이 방향 저 방향으로 어디로 가는지 아무도 모르게 한다.

군대를 소집하고 절망적인 곳으로 배치하는 것은 장군의 직무이다.

---

1) break: ① 깨뜨리다, 쪼개다, 부수다; (가지 등을) 꺾다; (새끼 등을) 자르다 ② …의 뼈를 부러뜨리다; (살갗을) 벗어지게 하다, 까지게 하다 ③ 흩뜨리다, 분해하다; (텐트를) 걷다, 접다
2) flock: ① (작은 새 · 양 따위의) 무리, 떼. ② (사람의) 떼, 일단, (pl.) 군중
3) mus · ter: 모으다, (검열 · 점호에 선원 · 군인을) 소집하다; 집중하다, (힘 · 용기 따위를) 분발시키다《up》; …에 상당하다, …으로 되다
4) host: 많은 사람, 많은 떼, 다수《of》; 《古》 군세, 군대
5) term: 이름짓다, 칭하다, 부르다
6) busi · ness: ① 실업; 상업, 장사, 거래, 매매 ② 직업; 직무 ③ 사무, 집무, 영업 ④ 사업, 점포, 상사 ⑤ 용건, 일, 볼일, 관심사; 〔반어적〕 (관계[간섭]할) 권리 ⑥ 사건, 일 ⑦ 의사(일정)
7) di · rec · tion: ① 지도, 지휘; 감독; 관리 ② (보통 pl.) 지시, 명령; 지시서, (사용법) 설명 ③ 방향, 방위; 방면
8) as · sem · ble: ① 모으다, 집합시키다, 소집하다. ② (물건을) 모아 정리하다. ③ (기계를) 조립하다, (부품을) 조립하여 (…으로) 만들다
9) des · per · ate: ① 자포자기의; 무모한, 될 대로 되라는 식의 ② 필사적인; 혈안이 된, 열중한; …하고 싶어 못 견디는 ③ 절망적인; (좋아질) 가망이 없는 ④ 맹렬한; 지독한.
10) po · si · tion: ① a) 위치, 장소, 소재지; 적소 b) (사회적) 처지, 입장 ② 지위, 신분; 높은 지위 ③ 직책, 근무처 ④ 태도, 자세; 심적 태도; (문제 등에 대한) 입장, 견해, 주장 ⑤ 상태, 형세, 국면

29

구 지 지 변　굴 신 지 리　인 정 지 리　부 가 부 찰 야
九地之變 屈伸之利 人情之理 不可不察也.
Jiǔ de zhī biàn, qū shēn zhī li, rén qíng zhī lǐ, bù kě bù chá yě,

범 위 객 지 도　심 칙 전　천 칙 산
凡爲客之道 深則專 淺則散.
Fán wèi kè zhī dào, shēn zé zhuān, qiǎn zé sàn,

아홉 가지 지형의 변화에 물러났다가 진격하여 병사들의 본성을 다스려 살피지 않을 수 없다.
무릇 객지에서의 이치는 깊이 들어가면 단단해지고 얕게 들어가면 흩어진다.

* 客: 객지

地	땅	지	땅, 토지의 신, 처지, 처해 있는 형편
變	변할	변	변하다, 달라지다, 변경되다, 변해가다, 변경하다, 바꾸다
屈	굽을	굴	굽다, 굽히다, 물러나다, 베다, 자르다
伸	펼	신	펴다, 기지개 켜다, 말하다
利	날카로울	리{이}	이롭다, 유익하다, 편리하다, 날카롭다, 통하다
情	뜻	정	뜻, 정, 본성(本性)
理	다스릴	리	다스리다, 옥을 갈다, 바루다, 통하다
可	옳을	가	옳다, 가히, 쯤, 정도
察	살필	찰	살피다, 알다, 살펴서 알다, 조사하다, 생각하여 보다
凡	무릇	범	무릇, 모두, 다, 합계
為	할	위	하다, 되다, 다스리다, 속하다, 어기다, 있다
客	손	객	손님, 붙이다, 의탁하다, 상객(上客)
道	길	도	길, 이치, 근원, 기능, 방법, 사상, 인의, 덕행, 기예
深	깊을	심	깊다, 깊게 하다, 깊이, 매우
則	법칙, 본받을	칙, 측	법칙, 곧, 법, 본받다, 모범으로 삼다
專	오로지	전	오로지, 섞이지 아니하다, 독차지하다, 하나로 되다
淺	얕을	천	얕다, 물이 얕다, 너비가 좁다, 소견, 지식이 깊지 않다
散	흩을	산	흩다, 흩뜨리다, 흩어지다, 헤어지다, 내치다, 풀어놓다

❶ The different measures[1] suited to the nine varieties[2] of ground; the expediency[3] of aggressive[4] or defensive[5] tactics[6]; and the fundamental[7] laws of human nature[8]: these are things that must most certainly[9] be studied.

When invading hostile[10] territory[11], the general principle[12] is, that penetrating[13] deeply brings cohesion[14]; penetrating but a short way means dispersion[15].

아홉 가지 지형의 변화에 적합한 다른 방책, 공격 혹은 방어 전술의 방편과 인간 본성의 근본적인 관례 등은 가장 확실하게 연구되어야 할 것이다.

적지에 침입하면, 일반적인 원칙은 깊숙이 침투하면 단결하지만, 짧게 들어간 길에서는 분산되는 결과를 낳는다.

❷ 생략.

---

1) meas · ure: ① 치수, 분량; 크기, 무게, 길이, 말수 ② 도량 단위 ③ 되, (줄)자, 도량형기 ④ 분량 ⑤ 기준, 척도 ⑥ 한도, 한계, 정도; 표준, 적도 ⑦ 법안, 법령. ⑧ 수단, 방책; 조처
2) va · ri · e · ty: ① 변화, 다양(성) ② 상이, 불일치 ③ 가지각색의 것, 잡다한 것 ④ 종류, 이종
3) ex · pe · di · en · cy: ① 편의, 형편 좋음; (타산적인) 편의주의; (악랄한) 사리(私利) 추구. ② 방편, 편법.
4) ag · gres · sive: ① 침략적인, 공세의; 공격적인, 호전적인; 공격용의; ② 진취적〔적극적〕인; 정력적인, 과감한.
5) de · fen · sive: 방어의, 방비용의; 변호의; 수세〔수비측〕의; (경기 등에 별로 좌우되지 않는) 안정 업종의
6) tac · tic: 순서〔배열, 조직〕의; 『생물』 주성(走性)의〔을 보이는〕; 전술(상)의(tactical). =TACTICS; 용병(用兵), 작전, 전법; 방책, 수단, 책략.
7) fun · da · men · tal: 기초의, 기본의, 근본적인, 중요〔주요〕한, 필수의
8) na · ture: ① (대)자연, 천지만물, 자연(현상); 자연계; 자연의 힘〔법칙〕 ② 인간의 자연의 모습; 미개 상태 ③ 천성, 인간성,본성; 성질, 자질; …기질의 사람 ④ 본질, 특질; 특징 ⑤ 본래의 모습; 현실, 진짜. ⑥ 종류; 성질
9) cer · tain · ly: 확실히, 꼭; 의심 없이, 반드시, 〔강조〕 정말
10) hos · tile: ① 적의 있는, 적개심에 불타는 ② 반대의, 호의적이 아닌 ③ 냉담한, 성미에 맞지 않는 ④ 적의
11) ter · ri · to · ry: ① (영해를 포함한) 영토, 영지; (본토에서 떨어져 있는) 속령, 보호〔자치〕령 ② 땅; 지역, 지방
12) prin · ci · ple: ① 원리, 원칙, 법칙 ② 근본 방침, 주의 ③ 행동 원리, 정의; 도의, 절조 ④ 본질, 소인(素因)
13) pen · e · trate: ① 꿰뚫다, 관통하다, 침입하다 ② …을 통과하다, 지나가다 ③ …에 스며들다; …에 침투하다.
14) co · he · sion: ① 점착(粘着), 결합; 단결, 유대. ② 『물리학』 응집(력)
15) dis · per · sion: 분산; 산란(散亂), 이산.

30

거 국 월 경 이 사 자 절 지 야 사 달 자 구 지 야
去國越境而師者 絶地也. 四達者 衢地也.
Qù guó yuè jìng ér shī zhě, jué de yě. Sì dá zhě, qú de yě.

입 심 자 중 지 야 입 천 자 경 지 야
入深者 重地也 入淺者 輕地也.
Rù shēn zhě, zhòng dì yě, rù qiǎn zhě, qīng de yě.

나라를 지나 국경을 넘어온 군대가 있는 곳은 '절지(끊어진/막힌 땅)'라고 한다. 사방으로 통하는 곳은 '구지(네거리 땅)'라고 한다.
깊숙이 들어간 곳을 '중지(무거운 땅)'라고 한다. 얕게 들어간 곳은 '경지(가벼운 땅)'라고 한다.

* 師: 군대, 군사 境: 국경

去	갈	거	가다, 떠나다, 잃다, 잃어버리다, 배반하다
越	넘을	월	넘다, 건너다, 앞지르다, 거치다, 달아나다
境	지경	경	지경, 곳, 장소
而	말이을	이	말 이음, 순접·역접의 접속사
師	스승	사	스승, 군사(軍士), 군대(軍隊)
者	놈	자	놈, 사람, 것, 일을 가리켜 이른다
絶	끊을	절	끊다
地	땅	지	땅, 토지의 신, 처지, 처해 있는 형편
也	어조사	야	어조사, 또, 또한, 잇달다
達	통달할	달	통달하다, 다다르다, 미치다, 꿰뚫다, 깨닫다
衢	네거리	구	네거리, 길, 도로, 갈림길
入	들	입	들다, 수입, 사성(四聲)의 하나, 입성(入聲)
深	깊을	심	깊다, 깊게 하다, 깊이, 매우
重	무거울	중	무겁다, 무겁게 하다, 무게
淺	얕을	천	얕다, 물이 얕다, 너비가 좁다, 소견, 지식이 깊지 않다
輕	가벼울	경	가볍다, 무게가 적다, 신분이 낮다, 경솔하다

❶ When you leave[1)] your own country[2)] behind, and take your army across neighborhood[3)] territory[4)], you find yourself on critical[5)] ground.

When there are means of communication[6)] on all four sides, the ground is one of intersecting[7)] highways[8)].

When you penetrate[9)] deeply into a country, it is serious[10)] ground. When you penetrate but a little way, it is facile[11)] ground.

자기 나라를 뒤로하고 떠나고, 군대가 이웃 나라 영토를 가로지르면, 〈위험한 지형(절지, 絕)〉에 도착한다.

사방 모두 교통의 수단이 된다면, 그 지형은 〈교차하는 큰길인 지형(구지, 衢)〉이다.

한 나라로 깊이 침투하면, 〈중대한 지형(중지, 重)〉이다. 약간 침투하면, 〈용이한 지형(경지 輕)〉이다.

❷ 생략.

---

1) leave: ① a) (뒤에) 남기다, 남기고[두고] 가다, 놓아 두다 ② a) 떠나다, 출발하다; 헤어지다 b) 지나가다, 통과하다; ① 떠나다, 출발하다, 뜨다, 물러가다 ② (직장 등에서) 물러나다, 그만두다

2) coun · try: ① 나라, 국가; 국토 ② 시골, 교외, 지방, 전원 ③ 조국, 고국; 고향 ④ 지역, 고장 ⑤ (어떤) 영역, 분야, 방면.

3) neigh · bor · hood: ① 근처, 이웃, 인근 ② 지구, 지역; 《영국》 (도시 계획의) 주택 지구 ③ 〔집합적〕 근처의 사람들 ④ 친한 사이, 이웃간의 정의, 동포감. ⑤ 근접, 가까움

4) ter · ri · to · ry: ① (영해를 포함한) 영토, 영지; (본토에서 떨어져 있는) 속령, 보호[자치]령 ② 땅; 지역, 지방

5) crit · i · cal: ① 비평의, 평론의; 비판적인 ② 비판력 있는, 감식력 있는 ③ 위기의, 위험기의, 위급한; 위독한

6) com · mu · ni · ca · tion: ① 전달, 통신, 보도; 공표, 발표; (병의) 전염 ② 정보; 교신; 통신문, 전언, 소식, 편지 ③ 교통, 교통 수단[기관] ⑤ (pl.) 보도 기관《신문 · 라디오 등》, 통신 기관《전신 · 전화 등》. ⑥ (pl.) 【軍】 (작전 기지와 전선의) 후방 연락선, 병참 조직, 수송 기관.

7) in · ter · sect: 가로지르다, …와 교차하다; (선 · 면 등이) 엇갈리다, 교차하다.

8) high · way: 공도(公道), 간선 도로, 큰길, 한길, 하이웨이

9) pen · e · trate: ① 꿰뚫다, 관통하다, 침입하다 ② …을 통과하다, 지나가다 ③ …에 스며들다; …에 침투하다.

10) se · ri · ous: ① 진지한, 진정인, 엄숙한, 심각한, 정색을 한 ② 중대한, 심각한, 용이치 않은, 심상치 않은

11) fac · ile: ① 손쉬운, 용이한 ② 간편한, 쓰기 쉬운.

31

배 고 전 애 자 위 지 야 무 소 왕 자 사 지 야
背固前隘者 圍地也 無所往者 死地也.
Bèi gù qián ài zhě, wéi de yě, wú suǒ wǎng zhě, sǐ dì yě.

시 고 산 지 오 장 일 기 지 경 지 오 장 사 지 속
是故散地 吾將一其志. 輕地 吾將使之屬.
Shì gù sàn dì, wú jiāng yī qí zhì. Qīng de, wú jiāng shǐ zhī shǔ.

뒤는 견고하고 앞이 좁은 곳은 '위지(둘러싸인 땅, 圍)'이다. 갈 곳이 없는 곳은 '사지(죽음의 땅, 死)'이다.
그래서 '산지'에서 내가 장수라면 마음을 동일하게 해야 한다. '경지'에서 내가 장수라면 결속을 다진다.

* 志: 마음

背	등	배	등, 뒤, 등 쪽, 양(陽)
固	굳을	고	굳다, 단단하다, 방비, 수비, 오로지, 한결같이
前	앞	전	앞, 앞서다, 나아가다, 전진하다
隘	좁을	애	좁다, 땅이 좁다, 기량이 좁다, 험하다, 작다
圍	둘레	위	둘레, 두르다, 둘러싸다, 에우다, 사냥하다
所	바	소	바, 일정한 곳이나 지역, 지위, 자리, 위치, 경우
往	갈	왕	가다, 옛, 예, 이따금
死	죽을	사	죽다, 죽음, 죽은 이
是	옳을	시	옳다, 바르다, 옳다고 하다, 바르다고 인정하다
散	흩을	산	흩다, 흩뜨리다, 흩어지다, 헤어지다, 내치다
吾	나	오	나, 자신, 당신, 그대, 글 읽는 소리
將	장차	장	장차, 막-하려 한다, 마땅히-하여야 한다
其	그	기	그(지시 대명사), 의(관형격 조사), 그(감탄, 강세 조사)
志	뜻	지	뜻, 의향, 마음, 본심, 희망, 사심(私心
輕	가벼울	경	가볍다, 무게가 적다, 신분이 낮다, 경솔하다
使	하여금	사	하여금, 시키다, 좇다
屬	엮을, 이을	속, 촉	엮다, 잇다, 맡기다, 모으다, 돌보다, 족하다, 맺다

❶ When you have the enemy's strongholds[1)] on your rear[2)], and narrow passes in front[3)], it is hemmed[4)]-in ground. When there is no place[5)] of refuge[6)] at all, it is desperate[7)] ground.

Therefore, on dispersive[8)] ground, I would inspire[9)] my men with unity[10)] of purpose. On facile[11)] ground, I would see that there is close connection between all parts of my army.

후방에 적의 본거지가 있고, 전방에는 좁은 통로가 있으면 〈둘러싸인 지형(위지, 圍)〉이다. 피난 장소가 전혀 없으면 〈절망적인 지형(사지, 死)〉이다.

그러므로 〈분산성 지형(산지, 散)〉에서는 병사들에게 결의가 일치하도록 격려한다. 〈용이한 지형(경지, 輕)〉에서는 모든 군대 사이가 밀접하게 연결되도록 도움을 주어야 한다.

❷ 생략.

---

1) stróng · hòld: 요새, 성채; (어떤 사상 등의) 중심점, 본거지, 거점.
2) rear: ① 뒤, 배면, 배후, 최후부; 맨 뒤 ② 〖군사〗 후위, 후미, 후방.
3) front: ① (the ~) 앞, 정면, 앞면; (문제 따위의) 표면; (건물의) 정면, 앞쪽 ② 바다(호수, 강, 도로 등)에 면한 장소 ③ 앞 부분에 붙인 것 ④ 〖軍〗 전선(前線), 전선(戰線); (대열의) 방향
4) hem: ① …의 가장자리를 감치다, …에 가선을 대다. ② 에워싸다, 둘러싸다; 가두다
5) place: ① 장소, 곳; (특정의 목적을 위한) 장소, …장(場) ② (신체 따위의) 국소, 부분; (책 따위의) 한 구절; (음악의) 한 절, 악구(樂句) ③ 시, 읍, 면; 지역, 지방 ④ 건(축)물, 관(館); 실(室), 사무실; 주소, 주거; 저택
6) ref · uge: ① 피난, 보호 ② 피난소, 은신처; (등산자의) 대피막.
7) des · per · ate: ① 자포자기의; 무모한 ② 필사적인; 혈안이 된, 열중한 ③ 절망적인; 가망이 없는
8) dis · per · sive: 흩뜨리는, 분산하는; 소산하는; 산포성의, 전파성의
9) in · spire: ① 고무(격려)하다, 발분시키다 ② 일어나게 하다, 느끼게 하다 ③ …에게 불어넣다, 고취하다 ④ (아무에게) 영감을 주다 ⑤ (…을) 시사하다; 퍼뜨리다 ⑥ 낳게 하다, 생기게 하다, 초래하다
10) uni · ty: ① 통일(성), 제일(성); 불변성, 일관성 ② 조화, 일치, 협조, 화합 ③ 단일(통일)체 ④ 단일(성)
11) fac · ile: ① 손쉬운, 용이한 ② 간편한, 쓰기 쉬운.

32

쟁 지 오 장 추 기 후
爭地 五將趨其後.
Zhēng dì, wú jiāng qū qí hòu,

교 지 오 장 근 기 수 구 지 오 장 고 기 결
交地 吾將謹其守. 衢地 吾將固其結.
Jiāo de, wú jiāng jǐn qí shǒu, Qú de, wú jiāng gù qí jié,

'쟁지'에서 내가 장수라면 후미를 빠르게 가라고 한다.
'교지'에서 내가 장수라면 지키는 그곳을 조심할 것이다. '구지'에서는 내가 장수라면 (인접 국가와) 결속을 단단히 할 것이다.

* 謹근: 조심하다 신중하다

爭	다툴	쟁, 정	다투다, 잡아끌다, 결판을 내다, 소송하다
地	땅	지	땅, 토지의 신, 처지, 처해 있는 형편
吾	나	오	나, 자신, 당신, 그대, 글 읽는 소리
將	장차	장	장차, 막-하려 한다, 마땅히-하여야 한다, 어찌(何)
趨	달릴	추	달리다, 빨리 가다, 성큼성큼 걷다, 쫓다
其	그	기	그(지시 대명사), 의(관형격 조사), 그(감탄, 강세 조사)
後	뒤	후	뒤, 늦다, 능력 따위가 뒤떨어지다
交	사귈	교	사귀다, 주고받고 하다, 서로
地	땅	지	땅, 토지의 신, 처지, 처해 있는 형편
謹	삼갈	근	삼가다, 경계하다, 금지하다, 조심하다, 신중하다
守	지킬	수	지키다, 직무, 직책, 정조, 지조
衢	네거리	구	네거리, 길, 도로, 갈림길
固	굳을	고	굳다, 단단하다, 방비, 수비, 오로지, 한결같이
結	맺을	결	맺다, 맺히다, 열매를 맺다, 마음에 뭉쳐있다, 사귀다

❶ On contentious[1)] ground, I would hurry up my rear[2)].

On open[3)] ground, I would keep a vigilant[4)] eye on my defenses[5)].

On ground of intersecting[6)] highways[7)], I would consolidate[8)] my alliances[9)].

〈다투기 좋은 지형(쟁지, 爭)〉에서는 후미를 서두르게 해야 한다.

〈훤히 트인 지형(교지, 交)〉에서는 부단히 경계하는 눈을 유지해야 한다.

〈교차하는 큰길 지형(구지, 衢)〉에서는 동맹국과 강화해야 한다.

❷ In key ground I would hasten[10)] up my rear[11)] elements[12)].

In communicating[13)] ground I would pay strict[14)] attention[15)] to my defences.

In focal[16)] ground I would strengthen[17)] my alliances.

〈중요한 지형(쟁지, 爭)〉에서는 후미 *분대를 서두르게 해야 한다.

〈이어지는 지형(교지, 交)〉에서는 방어에 엄격히 주의해야 한다.

〈초점에 있는 지형(구지, 衢)〉에서는 동맹국과 강화해야 한다.

*분대(分隊): 〔군〕① 대개 아홉 명으로 이루어진 소대 아래의 단위로, 가장 작은 부대.
② 본대에서 나뉘어 나온 군대. ③ 한 부대를 여러 부대로 나눔.

---

1) con · ten · tious: 다투기 좋아하는, 토론하기 좋아하는, 논쟁적인; 이론(異論) 있는
2) rear: ① 뒤, 배면, 배후, 최후부; 맨 뒤 ② 『군사』 후위, 후미, 후방.
3) open: ① 열린, 열려 있는, 열어 놓은. ② 뚜껑이(덮개가) 없는; 지붕이 없는; 노출된 ③ 펼친 ④ (바다 · 평야 따위가) 훤히 트인, 광활한; 막히지 않은, 장애물이 없는
4) vig · i · lant: 자지 않고 지키는, 부단히 경계하고 있는; 방심하지 않는, 주의 깊은.
5) de · fense: ① 방위, 방어, 수비. ② 방어물; (pl.) 『군사』 방어 시설, 요새.
6) in · ter · sect: 가로지르다, …와 교차하다; (선 · 면 등이) 엇갈리다, 교차하다.
7) high · way: 공도(公道), 간선 도로, 큰길, 한길, 하이웨이
8) con · sol · i · date: ① 결합하다, 합체시키다; 통합 정리하다 ② 굳게 하다, 공고(견고)히 하다, 강화하다; 합병하다
9) al · li · ance: 동맹; 맹약; 동맹국(자); 결혼, 결연; 인척 관계; 협력, 제휴, 협조; 관련성, 유사, 친화 관계
10) haste: ① 급함, 급속, 신속 ② 성급, 서두름, 허둥댐; 경솔; 《詩》 서두르다; 급하게 굴다, 재촉하다.
11) rear: ① 뒤, 배면, 배후, 최후부; 맨 뒤 ② 『군사』 후위, 후미, 후방.
12) el · e · ment: ① 요소, 성분; (구성) 분자 ② 『화학』 원소 ③ 사(四)원소《흙 · 물 · 불 · 바람》의 하나 ④ 『군사』 분대
13) com · mu · ni · cate: ① 전달하다, 통보하다 ② 전도하다, 전하다; 감염시키다; 전해지다, 분명히 알다 ③ …에게 성체를 주다. ④ …을 서로 나누다; ① 통해 있다, 이어지다 ② 통신하다, 교통하다, 의사를 서로 통하다
14) strict: ① 엄격한, 엄한 ② 엄밀한, 정확한 ③ 진정한, 순전한; 완전한
15) at · ten · tion: ① 주의, 유의; 주의력 ② 배려, 고려; 손질; 돌봄
16) fo · cal: 초점의, 초점에 있는
17) strength · en: ① 강하게(튼튼하게) 하다, 강화하다. ② 힘(기운)을 돋우다; 증원(增員)(증원(增援))하다; 강해지다

33

중지 오장계기식 비지 오장진기도
重地 吾將繼其食. 圮地 吾將進其塗.
Zhòng dì, wú jiāng jì qí shí, Pǐ de, wú jiāng jìn qí tú,

위지 오장새기궐 사지 오장시지이부활
圍地 吾將塞其闕. 死地 吾將示之以不活.
Wéi de, wú jiāng sāi qí què, Sǐ dì, wú jiāng shì zhī yǐ bù huó.

'중지'에서 내가 장수라면 식량이 끊어지지 않게 한다. '비지'에서 내가 장수라면 그 길을 나아가게 한다.
'위지'에서 내가 장수라면 빈틈을 막을 것이다. '사지'에서 내가 장수라면 살 수 없다는 것을 보여줄 것이다.

* 塞: 막다 지키다 끊다

圮	무너질	비	무너지다, 무너뜨리다
地	땅	지	땅, 토지의 신, 처지, 처해 있는 형편
吾	나	오	나, 자신, 당신, 그대, 글 읽는 소리
將	장차	장	장차, 막-하려 한다, 마땅히-하여야 한다, 어찌(何)
進	나아갈	진	나아가다, 벼슬하다, 전진하다, 추천하다, 다하다
其	그	기	그(지시 대명사), 의(관형격 조사), 그(감탄, 강세 조사)
塗	진흙	도	진흙, 칠하다, 길
圍	둘레	위	둘레, 두르다, 둘러싸다, 에우다, 사냥하다
塞	변방	새	변방, 사이가 뜨다, 거리를 띄우다, 막다, 지키다, 끊다
闕	대궐	궐	대궐, 궁문(宮門)의 양옆에 베푼 두 개의 대(臺), 문(門)
死	죽을	사	죽다, 죽음, 죽은 이
示	보일	시	보이다, 가르치다, 알리다
之	갈	지	가다, 이(指示代名詞), -의(冠形格助詞)
以	써	이	써, -로써, 부터, -에서, 까닭
活	살	활	살다, 소생하다, 생존하다, 생기가 있다, 태어나다

❶ On serious[1] ground, I would try to ensure[2] a continuous stream of supplies. On difficult[3] ground, I would keep pushing on along the road.

On hemmed[4]-in ground, I would block[5] any way of retreat[6]. On desperate[7] ground, I would proclaim to my soldiers the hopelessness of saving their lives.

〈중대한 지형(중지, 重)〉에서는 지속적으로 보급이 계속되도록 안전하게 한다. 〈힘든 지형(비지, 圮)〉에서는 길을 따라서 계속 밀어 나아가게 한다.

〈둘러싸인 지형(위지, 圍)〉에서는 퇴로를 막도록 한다. 〈절망적인 지형(사지, 死)〉에서는 병사들에게 목숨을 건질 가망이 없다고 선언한다.

❷ In serious ground I would ensure[8] a continuous flow of provisions[9]. In difficult ground I would press[10] on over the roads.

In encircled[11] ground I would block the points of access[12] and egress[13]. In death ground I could make it evident that there is no chance[14] of survival.

〈중대한 지형(중지, 重)〉에서 식량이 지속적으로 안전하게 유동할 수 있도록 한다. 〈어려운 지형(비지, 圮)〉에서는 길 위에서 나아가게 밀어붙인다.

〈에워싸인 지형(위지, 圍)〉에서 진입로와 출구의 장소를 막도록 한다. 〈죽음의 지형(사지, 死)〉에서는 살아남을 가능성이 없다고 명백하게 생각하도록 한다.

---

1) se · ri · ous: ① 진지한, 진정인, 엄숙한, 심각한, 정색을 한 ② 중대한, 심각한, 용이치 않은, 심상치 않은
2) en · sure: ① …을 책임지다, 보장(보증)하다, 확실하게 하다; 확보하다 ② …을 안전하게 하다, 지키다
3) dif · fi · cult: ① 곤란한, 어려운, 힘드는, 난해한 ② 까다로운, 완고한; 다루기 힘든; 재정난의 ③ 불리한, 괴로운
4) hem: ① …의 가장자리를 감치다, …에 가선을 대다. ② 에워싸다, 둘러싸다; 가두다; 에헴하다, 헛기침하다
5) block: ① 막다, 방해하다, 폐색(봉쇄)하다; 차단하다 ② …의 장애가 되다
6) re · treat: ① 물러가다, 후퇴하다, 퇴각하다 ② 틀어박히다, 죽치다, 은퇴하다 ③ 움쑥 들어가다, 움푹해지다
7) des · per · ate: ① 자포자기의; 무모한, 될 대로 되라는 식의 ② 필사적인; 혈안이 된, 열중한; …하고 싶어 못 견디는 ③ 절망적인; (좋아질) 가망이 없는 ④ 맹렬한; 지독한.
8) en · sure: ① …을 책임지다, 보장(보증)하다, 확실하게 하다; 확보하다 ② …을 안전하게 하다, 지키다
9) pro · vi · sion: ① 예비, 준비, 설비 ② 공급, 지급; 지급량(量); (pl.) 양식, 식량; 저장 품
10) press: ① 누르다, 밀어붙이다 ② …을 눌러 펴다, 프레스하다 ③ 껴안다, 꽉 쥐다 ④ (짓눌러) …에서 즙을 내다, (즙을) 짜내다 ⑤ (적 등을) 공격하다, 압박하다; (공격 등을) 강행하다 ⑥ …에게 강요하다, …을 조르다; ① 내리누르다, 밀다, 압박하다; 몸을 기대다 ② 밀어 제치며 나아가다, 밀어닥치다; 밀려오다; 몰려들다
11) en · cir · cle: ① 에워(둘러)싸다 ② 일주하다
12) ac · cess: 접근, 면접, 출입《to》; 접근(출입 · 입수 · 이용)하는 방법(수단 · 권리 · 자유); 진입로, 통로, 입구
13) egress: ① 밖으로 나감; (우주선에서의) 탈출; 밖으로 나갈 권리 ② 출구, 배출구.
14) chance: ① 우연; 우연한 일, 운 ② 기회; 호기 ③ (종종 pl.) 가망, 승산, 가능성

34

고 병 지 정　위 칙 어　부 득 이 칙 두　과 칙 종

故兵之情 圍則禦 不得已則鬥 過則從.

Gù bīng zhī qíng, wéi zé yù, bù dé yǐ zé dòu, guò zé cóng.

따라서 병사들의 본성은 포위당하면 맞서고 부득이하면 싸우게 되니 (위급한 상황이) 지나치면 (지휘관을) 따르게 된다.

故	옛	고	예, 이미 지나간 때, 옛, 예전의, 옛날의, 원래, 본래
兵	군사	병	군사 병, 싸움, 전쟁, 무기, 병기
之	갈	지	가다, 이(指示代名詞), ~의(冠形格助詞)
情	뜻	정	뜻, 정, 본성(本性)
圍	둘레	위	둘레, 두르다, 둘러싸다, 에우다, 사냥하다
則	법칙, 본받을	칙, 측	법칙, 곧, 법, 본받다, 모범으로 삼다
御	어거할	어	어거하다, 짐승을 길들이다, 다스리다
不	아닌가, 아닐	부, 불	아닌가, 아니다, 크다, 말라(금지의 뜻), 새 이름
得	얻을	득	얻다, 이익, 이득, 덕(德)
已	이미	이	이미, 말다, 그치다, 버리다, 버려두다
鬥	싸울	두, 투	싸우다, 두 병사가 손에 병기를 들고 싸우다, 다투다
過	지날	과	지나다, 초월하다, 낫다, 빠져나가다, 여유가 있다
從	좇을	종	좇다, 순직하다, 숙부드럽다, 나아가다

❶ For it is the soldier's disposition[1] to offer[2] an obstinate[3] resistance[4] when surrounded[5], to fight hard when he cannot help himself, and to obey[6] promptly[7] when he has fallen into danger.

포위당하면 완강히 저항하고, 피할 수 없으면 격렬하게 싸우며, 위험에 빠지면 즉시 명령을 따르는 것은 병사들의 기질 때문이다.

❷ For it is the nature[8] of soldiers to resist when surrounded; to fight to the death when there is no alternative[9], and when desperate[10] to follow commands[11] implicitly[12].

병사들의 본성으로 포위당하면 저항하고, 달리 택할 길이 없으면 죽기로 싸우고, 절망적이면 무조건 명령을 따른다.

---

1) dis · po · si · tion: ① 성벽(性癖), 성질, 기질; 경향; 의향 ② 배열, 배치; (pl.) 작전계획 ③ 처분, 정리; 〖法〗 양도, 증여; 처분〔재량〕권
2) of · fer: ① …을 권하다, 제공하다 ② 바치다; 드리다 ③ 표현하다 ④ 제출하다, 제의하다, 제안하다; 신청하다 ⑤ 말하다; 시도하다 ⑥ (싸움 · 저항 따위를) 하다; ① 제언〔제안〕하다. ② 생기다, 나타나다
3) ob · sti · nate: ① 완고한, 억지 센, 강퍅한, 끈질긴; 완강한《저항 따위》 ② 고치기 힘든
4) re · sist · ance: ① 저항, 반항; 반대; 저항력; 방해
5) sur · round: ① 에워싸다, 둘러싸다. ② 〖군사〗 포위하다; 에두르다, 에우다.
6) obey: …에 복종하다, …에 따르다; …의 명령〔가르침, 소원〕에 따르다; (이성 따위)에 따라 행동하다, (힘 · 충동)대로 움직이다; (기계장치가) …에 반응하다 말을 잘 듣다
7) prompt · ly: ① 신속히, 재빠르게. ② 즉석에서, 즉시; 즉시불로.
8) na · ture: ① (대)자연, 천지만물, 자연(현상); 자연계; 자연의 힘〔법칙〕 ② 인간의 자연의 모습; 미개 상태 ③ 천성, 인간성, 본성; 성질, 자질; …기질의 사람 ④ 본질, 특질; 특징 ⑤ 본래의 모습; 현실, 진짜. ⑥ 종류; 성질
9) al · ter · na · tive: ① 하나를 택할 여지 ② 대안, 달리 택할 길, 다른 방도 ③ 선택해야 할 양자, 양자〔삼자〕 택일
10) des · per · ate: ① 자포자기의; 무모한, 될 대로 되라는 식의 ② 필사적인; 혈안이 된, 열중한; …하고 싶어 못 견디는 ③ 절망적인; (좋아질) 가망이 없는 ④ 맹렬한; 지독한.
11) com · mand: ① 명령, 호령, 구령; 지령, 분부 ② 지휘(권), 지배(권), 통제 ③ 지배력, 통어력 ④ 조망 ⑤ 〖군사〗 관구, 예하 부대
12) im · plic · itly: 암암리에, 넌지시; 절대적으로.

35

시고 부지제후지모자 부능예교

是故 不知諸侯之謀者 不能預交.

Shì gù, bù zhī zhū hóu zhī móu zhě, bù néng yù jiāo.

불지산림 험조 저택지형자 불능행군

不知山林 險阻 沮澤之形者 不能行軍.

Bù zhī shān lín, xiǎn zǔ, jǔ zé zhī xíng zhě bù néng xíng jūn.

그러므로 제후들의 술책을 알지 못하면 미리 외교를 잘할 수 없다.
숲이 우거진 산, 험한 지역, 늪지대를 알지 못하면 군대가 나아갈 수 없다.

是	옳을	시	옳다, 바르다, 옳다고 하다, 바르다고 인정하다
故	옛	고	예, 이미 지나간 때, 옛, 예전의, 옛날의, 원래, 본래
知	알	지	알다, 깨닫다, 느끼다, 분별하다, 기억하다
諸	모든	제	모든, 여러, 어조사, –은는, –에게, –에서
侯	과녁	후	과녁, 제후, 후작, 임금, 오등작(五等爵)의 둘째
謀	꾀할	모	꾀하다, 정사를 의논하다, 헤아리다, 꾀, 술책
者	놈	자	놈, 사람, 것, 일을 가리켜 이른다
能	능할	능	능하다, 잘하다, 보통 정도 이상으로 잘하다, 미치다
預	미리	예	미리, 참여하다, 간여하다, 즐기다, 즐거이 놀다
交	사귈	교	사귀다, 주고받고 하다, 서로
險	험할	험	험하다, 높다, 깊다, 기울다, 위태롭다, 거짓
阻	험할	조	험하다, 사이가 멀다, 걱정하다
沮	막을	저	막다, 저지하다, 그치다, 그만두다, 방해하다, 가로막다
澤	못	택	못, 진펄, 늪, 윤, 윤이 나다
形	모양	형	모양, 몸, 육체, 형세, 세력, 나타나다, 드러나다
行	갈	행	가다, 걷다, 나아가다, 달아나다, 돌아다니다, 겪다
軍	군사	군	군사(軍士), 군사(軍事), 진을 치다

❶ We cannot enter into alliance with neighboring princes until we are acquainted[1] with their designs[2].

We are not fit to lead an army on the march[3] unless we are familiar[4] with the face of the country[5]--its mountains and forests, its pitfalls[6] and precipices[7], its marshes[8] and swamps[9].

인접해 있는 제후들의 의도를 알게 될 때까지 그들과 동맹을 맺을 수 없다.

그 지역의 산과 숲, 함정과 절벽, 늪과 습지 등의 지형을 잘 알지 못한다면, 행군하여 군대를 이끌고 가는 것은 적절하지 않다.

❷ One ignorant[10] of the plans of neighbouring[11] states cannot prepare[12] alliances in good time; if ignorant[13] of the conditions[14] of mountains, forests, dangerous defiles[15], swamps and marshes he can't conduct[16] the march of an army;

인접한 나라의 계획을 모르고는 제때 동맹을 준비할 수 없고, 산, 숲, 위험한 좁은 골짜기, 늪과 습지의 형세를 모른다면 군대 행군을 지휘할 수 없다.

---

1) ac · quaint: ① 숙지〔정통〕시키다, 알리다, 고하다; 익숙하다, 정통하다《with》 ② 알려 주다《with》
2) de · sign: ① 디자인, 도안; 밑그림, 소묘 ② 설계(도); 계획③기도, 의도, 목적.④ 속마음, 음모
3) march: ① 행진, 행군; 행진거리 ② 【군사】 (행군의) 보조 ③ 【음악】 행진곡. ④ 길고 괴로운 노정〔행로〕
4) fa · mil · iar: ① 친(밀)한, 가까운 ② 잘〔익히〕 알고 있는, 익숙한, 환한, 정통한 ③ 잘 알려진, 낯〔귀〕익은
5) coun · try: ① 나라, 국가; 국토 ② 시골, 교외, 지방, 전원 ③ 조국, 고국; 고향 ④ 지역, 고장
6) pít · fàll: (사람 · 동물 등을 잡는) 함정.
7) prec · i · pice: ① (거의 수직의) 절벽, 벼랑. ② 위기
8) marsh: 습지, 소택지, 늪
9) swamp: 늪, 소택(沼澤), 습지.
10) ig · no · rant: ① 무지한, 무학의, 무식한 ② 예의를 모르는, 실례되는.
11) neigh · bor · ing: 이웃의, 인접〔근접〕해 있는, 가까운
12) pre · pare: ① 준비하다, 채비하다; …을 미리 마련하다; …을 미리 조사하다, 예습하다 ② (아무에게) 준비시키다; 가르쳐서 준비시키다 ③ (…에게 …의) 각오를 갖게 하다
13) ig · no · rant: ① 무지한, 무학의, 무식한 ② 예의를 모르는, 실례되는.
14) con · di · tion: ① 조건; 필요조건; (제)조건, 조목, 조항; 제약 ② 주위의 상황, 형세, 사정 ③ 상태
15) de · file: (일렬) 종대로 행진하다〔시키다〕. (종대가 지나갈 정도의) 애로(隘路), 좁은 골짜기.
16) con · duct: ① 인도하다, 안내하다, 호송하다 ② 지도하다, 지휘하다 ③ 집행하다; 처리〔경영, 관리〕하다 ④ 행동하다, 거동하다, 처신하다; (길이 …로) 통하다; 전도하다; 지휘를 하다.

36

부 용 향 도 자 부 능 득 지 리
不用鄕導者 不能得地利.
Bù yòng xiāng dǎo zhě, bù néng dé dì lì.

사 오 자 부 지 일 비 패 왕 지 병 야
四五者 不知一 非霸王之兵也.
Sì wǔ zhě, bù zhī yī, fēi bà wáng zhī bīng yě.

길잡이를 쓰지 않으면 지형의 이로움을 얻지 못한다.
네다섯 가지 중에서 하나라도 알지 못하면 패왕의 군대가 아니다.

* 패왕: ① 패자(霸者)와 왕자 ② 패도(霸道)와 왕도(王道) ③ 중국 춘추 전국 시대에, 제후를 거느리고 천하를 다스리던 사람

用	쓸	용	쓰다, 베풀다, 부리다, 등용하다, 행하다
鄕	시골	향	고을
導	이끌	도	이끌다, 간하다, 충고하다, 통하게 하다
者	놈	자	놈, 사람, 것, 일을 가리켜 이른다
能	능할	능	능하다, 잘하다, 보통 정도 이상으로 잘하다, 미치다
得	얻을	득	얻다, 이익, 이득, 덕(德)
地	땅	지	땅, 토지의 신, 처지, 처해 있는 형편
利	날카로울	리, 이	이롭다, 유익하다, 편리하다, 날카롭다, 통하다
四	넉	사	넉, 넷, 네, 네 번, 사방(四方)
五	다섯	오	다섯, 별 이름, 제위(帝位)
知	알	지	알다, 깨닫다, 느끼다, 분별하다, 기억하다
非	아닐	비	아니다, 부정(否定)의 조사, 등지다, 배반하다, 거짓
霸	으뜸	패	으뜸, 우두머리, 달의 넋, 달이 비로소 빛을 얻는 일
王	임금	왕	임금, 제후, 제실(帝室)의 남자
兵	군사	병	군사 병, 싸움, 전쟁, 무기, 병기
也	어조사	야	어조사, 또, 또한, 잇달다

❶ We shall be unable to turn natural[1)] advantages[2)] to account[3)] unless we make use of local[4)] guides[5)].

To be ignored[6)] of any one of the following four or five principles[7)] does not befit[8)] a warlike[9)] prince[10)].

지역의 향도를 활용하지 않는다면 자연의 이로운 점을 이용할 수 없다.

다음의 넷 혹은 다섯 가지 원칙 중에서 하나라도 무시하면 전쟁의 대가(제1인자)에 적합하지 않다.

❷ if he fails to make use of native[11)] guides he cannot gain the advantages[12)] of the ground.

A general ignorant[13)] of even one of these three matters[14)] is unfit[15)] to command[16)] the armies of a Hegemonic[17)] King.

토착 향도를 활용하지 못하면 지형에서 이로운 점을 얻을 수 없다.

이런 세 가지 문제 중 하나라도 무시한 장군은 패권을 잡은 왕의 군대를 지휘하기에 부적합하다.

---

1) nat · u · ral: ① 자연의, 자연계의, 자연계에 관한 ② 천연의, 자연 그대로의, 인공(人工)에 의하지 않은, 가공하지 않은. ③ 미개간의 ④ 타고난, 천부의. ⑤ 자연 발생적인
2) ad · van · tage: ① 유리; 이익; 편의 ② 우세, 우월 ③ 이점, 장점
3) ac · count: ① 계산, 셈; 계산서, 청구서 ② 계정; 예금 계좌 ③ 이유, 근거; 원인, 동기. ④ 고객, 단골 ⑤ 고려, 감안; 평가, 판단; (곡 따위의) 해석 연주 ⑥ 가치, 중요성; 이익, 유익.
4) lo · cal: ① 공간의, 장소의 ② (특정한) 지방의, 고장의, 지구의; 한 지방 특유의 ③ 좁은 지역에 한정되는
5) guide: ① 안내자, 가이드 ② 지도자, 선구자. ③ 〖군사〗 향도; 향도함(艦); (pl.) 정찰대
6) ig · nore: (의식적으로) 무시하다, 묵살하다, 모른 체하다
7) prin · ci · ple: ① 원리, 원칙, (물리 · 자연의) 법칙 ② 근본 방침, 주의 ③ 행동 원리, 정의; (pl.) 도의, 절조
8) be · fit: …에 적합하다, …에 걸맞다; …에 어울리다
9) wár · like: ① 전쟁의, 군사의, 병사의, 무사의. ② 호전적인, 도전적인. ③ 전쟁이 될 것 같은
10) prince: ① 왕자, 황태자, 동궁 ② (제왕에 예속된 소국의) 군주, 제후. ③ (영국 이외의) 공작, …(공)(公) ④ 《비유적》 제1인자, 대가 ⑤ 《미국구어》 인품이 좋은 사람, 귀공자. ⑥ (the P-) '군주론'《Machiavelli의 정치론》
11) na · tive: ① 출생의, 출생지의, 본국의, 제 나라의 ② 토산의, 그 토지에서 태어난 ③ 토착의; 그 지방 고유의
12) ad · van · tage: ① 유리; 이익; 편의 ② 우세, 우월 ③ 이점, 장점
13) ig · no · rant: ① 무지한, 무학의, 무식한 ② 예의를 모르는, 실례되는.
14) mat · ter: ① 물질; 물체. ② 사건; (pl.) 사태, 사정 ③ 내용; 제재, 주제. ④ (관심 · 고찰의) 문제, 일
15) un · fít: ① 부적당한, 적임(適任)이 아닌, 어울리지 않는 ② 건강하지 않은, 불건전한.
16) com · mand: ① …에게 명(령)하다, …에게 호령(구령)하다, 요구하다. ② 지휘하다, …의 지휘권을 갖다; 통솔하다 ③ (감정 따위를) 지배하다, 누르다, 억제하다
17) he · ge · mon · ic: 지배하는, 패권(覇權)(주도권)을 잡은.

37

부 패 왕 지 병 벌 대 국 칙 기 중 부 득 취

夫霸王之兵 伐大國 則其衆不得聚.

Fū bà wáng zhī bīng, fá dà guó, zé qí zhòng bù dé jù.

위 가 어 적 칙 기 교 부 득 합

威加於敵 則其交不得合.

Wēi jiā yú dí, zé qí jiāo bù dé hé.

무릇 패왕의 군대가 큰 나라를 치면 군신(많은 신하)이 모여도 얻을 것이 없다.

적을 위협하면 외교로 연합하여도 얻을 것이 없게 된다.

夫	지아비	부	지아비, 사나이, 장정, 시중하는 사람
霸	으뜸	패	으뜸, 우두머리, 달의 넋, 달이 비로소 빛을 얻는 일
之	갈	지	가다, 이(指示代名詞), –의(冠形格助詞)
兵	군사	병	군사 병, 싸움, 전쟁, 무기, 병기
伐	칠	벌	치다, 베다, 공적, 공훈
國	나라	국	나라, 서울, 나라를 세우다
則	법칙, 본받을	칙, 측	법칙, 곧, 법, 본받다, 모범으로 삼다
其	그	기	그(지시 대명사), 의(관형격 조사), 그(감탄, 강세 조사)
衆	무리	중	무리, 많은 사람, 많은 물건, 많은 일, 땅, 백성, 군신
得	얻을	득	얻다, 이익, 이득, 덕(德)
聚	모일	취	모이다, 모여들다, 모으다, 무리
威	위엄	위	위엄, 두려워하다, 으르다, 협박하다
加	더할	가	더하다, 있다, 처하다, 입다, 몸에 붙이다
於	어조사	어	어조사, –에, 에서, 보다, 를, 에게, 있어서
敵	원수	적	원수, 상대방, 대등하다, 맞서다
交	사귈	교	사귀다, 주고받고 하다, 서로
合	합할	합	합하다, 여럿이 모여 하나가 되다, 만나다, 맞다

❶ When a warlike[1] prince[2] attacks a powerful state, his generalship[3] shows itself in preventing the concentration of the enemy's forces.

He overawes his opponents[4], and their allies are prevented from joining against[5] him.

전쟁의 대가(제1인자)가 강대국을 공격하면, 장군으로서의 기량은 집결하는 적 부대를 막는 것으로 보여준다.

그는 적을 위압하고, 적의 동맹국들이 그에 맞서 협력하는 것을 막아서 못 하게 한다.

❷ Now when a Hegemonic[6] King attacks a powerful state he makes it impossible[7] for the enemy to concentrate[8]. He overawes[9] the enemy and prevents his allies from joining him.

그래서 패권을 잡은 왕이 강대국을 공격하면 집결하는 적을 어렵게 한다. 그는 적을 위압하고 적의 동맹국들이 협력하는 것을 막아서 못 하게 한다.

---

1) wár · like: ① 전쟁의, 군사의, 병사의, 무사의. ② 호전적인, 도전적인. ③ 전쟁이 될 것 같은

2) prince: ① 왕자, 황태자, 동궁 ② (제왕에 예속된 소국의) 군주, 제후. ③ (영국 이외의) 공작, …(공)(公) ④ 《비유적》 제1인자, 대가 ⑤ 《미국구어》 인품이 좋은 사람, 귀공자. ⑥ (the P-) '군주론'《Machiavelli의 정치론》

3) gen · er · al · ship: eneral의 지위〔신분〕; 장군으로서의 기량; 지휘 솜씨〔수완〕; 지도력, 경영 수완.

4) op · po · nent: ① 반대하는, 적대하는; 대립하는. ② 반대측의; (경기 · 논쟁 따위의) 적, 상대; 대항자; 반대자

5) against: ① …을 향하여, …에 대해서, …에 부딪치어 ② …와 마주 대하여. ③ …에 대비(對比)하여 ④ …에 반대하여, …에 적대하여, …에 거슬러

6) he · ge · mon · ic: 지배하는, 패권(霸權)〔주도권〕을 잡은.

7) im · pos · si · ble: ① 불가능한, …할 수 없는, …하기 어려운 ② 불가능한 일 ③ 믿기 어려운, 있을 수 없는

8) con · cen · trate: ① 집중〔경주〕하다; 한 점에 모으다 ② (부대 등을) 집결시키다 ③ 농축하다; 응집하다.; ① 집중하다; 한 점에 모이다 ② (부대 등이) 집결하다. ③ 전심하다, 주의〔노력 따위〕를 집중하다, 전력을 기울이다

9) òver · áwe: 위압하다, 무서워하게 하다.

38

시고 부쟁천하지교 부양천하지권

是故 不爭天下之交 不養天下之權.

Shì gù, bù zhēng tiān xià zhī jiāo, bù yǎng tiān xià zhī quán.

신기지사 위가어적 고기성가발 기국가휴

信己之私 威加於敵. 故其城可拔 其國可隳.

Xìn jǐ zhī sī, wēi jiā yú dí. Gù qí chéng kě bá, qí guó kě huī.

그러므로 천하의 외교를 다투지 않고 천하의 권력을 키우려 하지도 않는다.

자신의 소신으로 적에게 위협을 가한다. 그러므로 성城을 공략할 수 있고 나라를 무너뜨릴 수 있다.

爭	다툴	쟁, 정	다투다, 잡아끌다, 결판을 내다, 소송하다, 다툼, 싸움
交	사귈	교	사귀다, 주고받고 하다, 서로
養	기를	양	기르다, 성장을 시키다, 사육하다, 양생(養生)하다
權	저울추	권	저울추, 저울, 저울질하다, 경중, 권력, 권한
信	믿을	신	믿다, 진실, 분명히 하다
己	자기	기	자기, 여섯째 천간, 다스리다
私	사사	사	사사, 자기, 개인, 불공평, 사곡, 사사로운 욕망, 비밀
威	위엄	위	위엄, 두려워하다, 으르다, 협박하다
加	더할	가	더하다, 있다, 처하다, 입다, 몸에 붙이다
於	어조사	어	어조사, -에, 에서, 보다, 를, 에게
敵	원수	적	원수, 상대방, 대등하다, 맞서다
其	그	기	그(지시 대명사), 의(관형격 조사), 그(감탄, 강세 조사)
城	성	성	성, 나라, 도읍, 구축하다, 성을 쌓다
可	옳을	가	옳다, 가히, 쯤, 정도
拔	뺄	발	빼다, 쳐서 빼앗다, 공략하다, 빼어나다, 특출하다
國	나라	국	나라, 서울, 나라를 세우다
隳	무너뜨릴	휴	무너뜨리다, 무너지다, 깨뜨리다, 깨지다, 쓸모없게 되다

❶ Hence he does not strive[1] to ally[2] himself with all and sundry[3], nor does he foster[4] the power of other states.

He carries out his own secret designs[5], keeping his antagonists[6] in awe[7]. Thus he is able to capture[8] their cities and overthrow[9] their kingdoms.

그러므로 그 왕은 저마다의 나라와 동맹을 맺으려 애쓰지 않고, 다른 나라에 지배력을 넓히려 하지 않는다.

그는 극비의 계획을 실행하며, 적대자들을 두렵게 한다. 그러므로 도시를 점령할 수 있고 왕국을 무너뜨릴 수 있다.

❷ It follows that he does not contend[10] against[11] powerful combinations[12] nor does he foster the power of other states.

He relies[13] for the attainment[14] of his aims on his ability to overawe[15] his opponents. And so he can take the enemy's cities and overthrow[16] the enemy's state.

그 왕은 강한 연합국에 맞서 싸우지 않고 다른 나라에 지배력을 넓히려고 하지 않는 것으로 이해한다.

그는 적들이 두려워할 능력으로 목적을 달성한다고 신뢰한다. 그래서 적의 도시를 점령할 수 있고 적국을 무너뜨릴 수 있다.

---

1) strive: ① 노력하다 ② 얻으려고 애쓰다 ③ 싸우다, 항쟁(분투)하다, 겨루다
2) al · ly: ① 동맹(결연 · 연합 · 제휴)하게 하다 ② 결합시키다; 동류에 속하게 하다; 동맹(결연 · 연합 · 제휴)하다.
3) sun · dry: 갖가지의, 잡다한; 잡다한 사람들(일), 무수(無數). ♣ all and ~ 각자, 저마다, 누구나 모두.
4) fos · ter: ① (양자 등으로) 기르다, 양육하다; 수양 자식으로 주다; …을 돌보다 ② 육성(촉진, 조장)하다.
5) de · sign: ① 디자인, 도안; 밑그림, 소묘 ② 설계(도); 계획 ③ 기도, 의도, 목적. ④ 속마음, 음모
6) an · tag · o · nist: 적수, 적대자, 경쟁자
7) awe: ① …에게 두려운 마음을 일게 하다. ② 위압하여 …시키다
8) cap · ture: 붙잡다, 생포하다; 점령(공략)하다; 획득하다, 손에 넣다.
9) over · throw: 뒤집어엎다, 타도하다, 무너뜨리다; 파괴하다; (정부 등을) 전복시키다, (제도 등을) 폐지하다
10) con · tend: ① 다투다, 경쟁하다; (적 · 곤란 따위와) 싸우다 ② 논쟁하다; 주장(옹호)하다; (강력히) 주장하다
11) against: ① …을 향하여, …에 대해서, …에 부딪치어 ② …와 마주 대하여. ③ …에 대비(對比)하여 ④ …에 반대하여, …에 적대하여, …에 거슬러
12) com · bi · na · tion: ① 결합, 짝맞추기; 연합, 공동(동작); (색 등의) 배합. ② 단체 행동, 공모; 공동체, 도당
13) re · ly: 의지하다, 신뢰하다
14) at · táin · ment: ① 도달, 달성. ② (노력하여 얻은) 기능, 재간, 예능; (보통 pl.) 학식, 재능, 조예
15) òver · áwe: 위압하다, 무서워하게 하다.
16) over · throw: ① 뒤집어엎다, 타도하다, 무너뜨리다; 헐다, 파괴하다; (정부 등을) 전복시키다, (제도 등을) 폐지하다 ② 《고어》 …의 마음을 혼란시키다.

39

시 무 법 지 상 현 무 정 지 령 범 삼 군 지 중 야 사 일 인

施無法之賞 懸無政之令 犯三軍之衆 若使一人.

Shī wú fǎ zhī shǎng, xuán wú zhèng zhī lìng, fàn sān jūn zhī zhòng, ruò shǐ yī rén,

법에 없는 상을 내리고 법규에 없는 명령을 내리면 삼군(전군全軍)의 군사를 한 사람처럼 부릴 수 있다.

* 삼군: 군대. 전군(全軍). 주대(周代)의 제도에서 대제후(大諸侯)가 거느리는 군대. [상군(上軍) ·중군(中軍) ·하군(下軍)의 총칭]

施	베풀	시	베풀다, 퍼지다, 널리 전하여지다, 행하다
無	없을	무	없다, 허무(虛無)의 도, 말라, 금지하는 말
法	법	법	법, 예의, 도리, 모범, 모형, 품등, 본받다
賞	상줄	상	상을 주다, 기리다, 찬양하다, 상(賞)
懸	매달	현	매달다, 달아매다, 매달리다, 늘어지다, 걸다
政	정사	정	정사(政事), 나라를 다스리는 일, 바루다
之	갈	지	가다, 이(指示代名詞), –의(冠形格助詞)
令	영	령{영}	영, 우두머리, 좋다, 법령, 규칙
犯	범할	범	범하다, 어긋나다, 여자를 욕보이다, 해치다, 죄, 죄인
軍	군사	군	군사(軍士), 군사(軍事), 진을 치다
衆	무리	중	무리, 많은 사람, 많은 물건, 많은 일, 땅, 백성, 군신
若	같을	약	같다, 너, 만일
使	하여금	사	하여금, 시키다, 좇다

❶ Bestow[1] rewards[2] without regard[3] to rule, issue[4] orders[5] without regard to previous[6] arrangements[7]; and you will be able to handle[8] a whole army as though you had to do with but a single[9] man.

규정에 관계없이 포상하고, 이전의 제도와 관계없이 명령을 내리면, 한 사람과 행동하는 것처럼 모든 군대를 지휘할 수 있다.

❷ Bestow rewards without respect[10] to customary[11] practice[12] ; publish[13] orders without respect[14] to precedent[15]. Thus you may employ[16] the entire army as you would one man.

관례적으로 실시한 것을 고려하지 않고 포상하며, 전례를 고려하지 않고 명령하라. 그러면 군대 전체를 한 사람 쓰듯 할 수 있다.

---

1) be · stow: ① 주다, 수여〔부여〕하다, 증여하다 ② 이용하다, 쓰다, 들이다
2) re · ward: ① 보수, 포상; 현상금; 사례금 ② 보답, 응보
3) re · gard: ① a) 주목해서 보다, 주시〔응시〕하다 b) (애정 · 증오 따위의 감정을 가지고) 보다, 대하다 ② 중시하다, 존중〔존경〕하다; 주의하다 ③ (…을) 고려〔참작〕하다, (…에) 주의하다 ④ …을 (—로) 생각하다〔여기다〕
4) is · sue: ① (명령 · 법률 따위를) 내다, 발하다, 발포하다 ② 발행하다, 출판하다 ③ 〖군사〗 (식량 · 의복 따위를) 지급하다, 급여하다; ① 나오다, 발하다, 유출하다, 분출하다 ② 일어나다
5) or · der: ① (종종 pl.) 명령, 지휘; 훈령; (법원의) 지시; 명령서 ② (집회 등의) 규칙; 준법; (정치 · 사회적) 질서, 치안; 체제, 제도; (관례상의) 의사진행 절차 ③ 순서, 순; 서열, 석차 ④ 정돈, 정리, 정열; 태세
6) pre · vi · ous: ① 앞의, 이전의 ② 사전의, 앞서의
7) ar · range · ment: ① 배열, 배치; (색의) 배합, 꾸밈 ② 정리, 정돈. ③ (보통 pl.) 채비, 준비, 주선 ④ 조정(調停), 조절; 협정, 합의.
8) han · dle: ① …에 손을 대다, 다루다, 사용하다, 조종하다. 취급하다, 처리하다; 논하다. ③ 대우하다; (군대 따위를) 지휘하다 ④ (상품을) 다루다, 장사하다. ⑤ (말을) 길들이다; 취급〔조종〕되다, 다루기가 …하다
9) sin · gle: ① 단 하나의, 단 한 개의, 단지 홀로의 ② 1인용의; 한 가족용의; 외톨로 서 있는 ③ 혼자〔독신〕의, 외로운, 고독한 ④ 1대 1의; 개개의; 따로 따로의.
10) re · spect: ① 존경, 경의 ② 인사, 안부를 전함 ③ 존중, 중시 ④ 주의, 관심 ⑤ 점, 개소, 세목 ⑥ 관계, 관련
11) cus · tom · ary: 습관적인, 재래의, 통례의; 〖법률학〗 관례에 의한, 관습상의
12) prac · tice: ① 실행, 실시, 실제; (실지에서 얻은) 경험 ② a) 실습(exercise), 연습; (연습에서 익힌) 기량
13) pub · lish: ① 발표〔공표〕하다, 피로하다 ② (법률 등을) 공포하다 ③ (책 따위를) 출판하다.
14) re · spect: ① 존중하다, 존경하다; 자중하다, 자존심을 갖다 ② 주의〔참작〕하다, 고려에 넣다 ③ 《고어》 …에 관여하다.
15) prec · e · dent: 선례, 전례《for》; 관례
16) em · ploy: ① (사람을) 쓰다, 고용하다; (아무에게) 일을 주다 ② …에 종사하다, …에 헌신하다 ③ (물건 · 수단을) 쓰다, 사용하다 ④ (시간 · 정력 따위를) 소비하다, 쓰다

40

범 지 이 사　물 고 이 언　범 지 이 리　물 고 이 해

犯之以事 勿告以言. 犯之以利 勿告以害.

Fàn zhī yǐ shì, wù gào yǐ yán. Fàn zhī yǐ lì, wù gào yǐ hài.

일을 맡길 때 말로 고지하지 말라. 이로운 점만 알리고 나쁜 점은 알리지 말라.

犯	범할	범	범하다, 어긋나다, 여자를 욕보이다, 해치다
之	갈	지	가다, 이(指示代名詞), -의(冠形格助詞)
以	써	이	써, -로써, 부터, -에서, 까닭
事	일	사	일, 일삼다, 전념하다, 정치
勿	말	물	말다, 말라, 말아라, 아니다, 없다, 깃발
告	알릴	고	알리다, 묻다, 안부를 묻다, 가르치다, 깨우쳐 주다
以	써	이	써, -로써, 부터, -에서, 까닭
言	말씀	언	말씀, 언어, 가르치는 말, 맹세하는 말, 말하다
以	써	이	써, -로써, 부터, -에서, 까닭
利	날카로울	리{이}	이롭다, 유익하다, 편리하다, 날카롭다, 통하다
害	해칠	해	해치다, 손해, 훼방하다, 방해하다

❶ Confront[1] your soldiers with the deed[2] itself; never let them know your design[3]. When the outlook[4] is bright, bring it before their eyes; but tell them nothing when the situation[5] is gloomy.

병사들이 행동으로 맞서도록 하고, 계획을 절대 알려주지 말라. 전망이 밝으면, 공개하지만, 상황이 암담하면 아무것도 말하지 말라.

❷ Set the troops[6] to their tasks without imparting[7] your designs; use them to gain advantage[8] without revealing[9] the dangers involved[10].

계획을 알리지 말고 임무를 부대에 부여하고, 관련된 위험을 누설하지 말고 얻을 이로운 점을 활용하라.

---

1) con · front: ① …에 직면하다, …와 마주 대하다; …와 만나다 ② (적 · 위험 따위에) 대항하다, …와 맞서다. ③ (아무를) 마주 대하게 하다, 맞서게 하다; (법정에서) 대결시키다; (증거 등을) 들이대다 ④ 대조하다, 비교하다

2) deed: ① 행위, 행동, 소행 ② 실행; 사실 ③ 공훈, 공적

3) de · sign: ① 디자인, 도안; 밑그림, 소묘 ② 설계(도); 계획 ③ 기도, 의도, 목적. ④ 속마음, 음모

4) out · look: ① 조망, 전망, 경치 ② 예측, 전망, 전도 ③ 사고방식, 견해, 견지, …관(觀) ④ 망보는 곳, 파수대; 망보는 사람, 감시인

5) sit · u · a · tion: ① 위치, 장소, 소재; 환경. ② 입장, 사정 ③ 정세, 형세, 상태, 사태

6) troop: ① 대(隊), 떼, 무리《of》 ② (보통 pl.) 군대, 병력 ★ 60 troops는 '병력 60명'의 뜻. ③ 〖軍〗 기병 중대. ④ (보이 스카우트의) 분대《최소 5명》; (걸 스카우트의) 단(團)《8-32명으로 구성됨》

7) im · part: ① 나누어 주다, 주다 ② (지식 · 비밀 따위를) 전하다

8) ad · van · tage: ① 유리; 이익; 편의 ② 우세, 우월 ③ 이점, 장점

9) re · veal: ① 드러내다; 알리다, 누설하다; 폭로하다, 들추어내다 ② (가려진 것을) 보이다, 나타내다

10) in · volve: ① 말아 넣다, 싸다, 감싸다; 나사 모양으로 말다〔감다〕 ② 연좌〔연루〕시키다; 관련〔관계〕시키다, 말려들게 하다, 휩쓸리게 하다; …에 영향을 끼치다 ③ (필연적으로) 수반하다, 필요로 하다, 포함하다 ④ 몰두시키다, 열중시키다 ⑤ (일을) 복잡하게 하다.

41

투 지 망 지 연 후 존 함 지 사 지 연 후 생

投之亡地然後存 陷之死地然後生.

Tóu zhī wáng de rán hòu cún, xiàn zhī sǐ dì rán hòu shēng.

부 중 함 어 해 연 후 능 위 승 패

夫衆陷於害 然後能爲勝敗.

Fū zhòng xiàn yú hài, rán hòu néng wèi shèng bài.

죽을 땅에 던져 놓은 후에도 살아남고 죽을 땅에 빠지게 한 이후에 살아나게 된다.
무릇 군사는 해로움에 빠져 그렇게 뒤에 능히 승패를 다스릴 수 있다.

投	던질	투	던지다, 주다, 보내다, 증여하다, 들이다, 받아들이다
亡	망할	망	망하다, 달아나다, 죽다
地	땅	지	땅, 토지의 신, 처지, 처해 있는 형편
然	그러할	연	그러하다, 그렇다고 여기다, 그리하여
後	뒤	후	뒤, 늦다, 능력 따위가 뒤떨어지다
存	있을	존	있다, 안부를 묻다, 가엾게 여기다
陷	빠질	함	빠지다, 떨어지다, 추락하다, 파묻히다, 무너지다, 함락하다, 함정
死	죽을	사	죽다, 죽음, 죽은 이
生	날	생	나다, 태어나다, 천생으로, 낳다, 자식을 낳다, 살다
夫	지아비	부	지아비, 사나이, 장정, 시중하는 사람
衆	무리	중	무리, 많은 사람, 많은 물건, 많은 일, 땅, 백성, 군신
於	어조사	어	어조사, ―에, 에서, 보다, 를, 에게, 있어서, 있어서 하다, 이에
害	해칠	해	해치다, 손해, 훼방하다, 방해하다
能	능할	능	능하다, 잘하다, 보통 정도 이상으로 잘하다, 미치다
為	할	위	하다, 되다, 다스리다, 속하다, 어기다, 있다
勝	이길	승	이기다, 낫다, 뛰어나다, 뛰어난 것
敗	깨뜨릴	패	깨뜨리다, 부수다, 무너지다, 부서지다, 해치다, 손상시키다

❶ Place[1] your army in deadly peril[2], and it will survive; plunge[3] it into desperate[4] straits[5], and it will come off in safety[6].

For it is precisely[7] when a force has fallen into harm's way that is capable[8] of striking a blow[9] for victory.

군대를 죽을 위험에 두면 생존할 것이고, 절망적인 곤란으로 몰아넣으면, 안전하게 벗어날 것이다.

엄밀하게 병력이 위협적인 길에 빠지면 승리하려고 일격을 가할 수 있다.

❷ Throw them into a perilous[10] situation[11] and they survive; put them in death ground and they will live.

For when the army is placed in such a situation it can snatch[12] victory from defeat.

위험한 상황에 던져 놓으면 생존할 것이고, 죽음의 지형에 집어넣으면 살 것이다.

군대가 그러한 상황에 처하면 패배로부터 승리를 움켜잡을 수 있다.

---

1) place: 두다, 놓다; 명중시키다; 배치(배열)하다, 정돈하다; (광고를) 신문(잡지)에 싣다; (심의 따위를 하기 위해) (계획 따위를) 제출하다, 의제로서 내놓다
2) per · il: 위험, 위난; 모험
3) plunge: ① 던져 넣다, 던지다, 찌르다 ② (어떤 상태 · 행동에) 빠지게 하다, 몰아넣다; ① 뛰어들다, 잠수하다, 돌입하다 ② 돌진하다, 맹진하다 ③ 착수하다, 갑자기 시작하다
4) des · per · ate: ① 자포자기의; 무모한, 될 대로 되라는 식의 ② 필사적인; 혈안이 된, 열중한; …하고 싶어 못 견디는 ③ 절망적인; (좋아질) 가망이 없는 ④ 맹렬한; 지독한.
5) strait: ① 해협. ② (보통 pl.) 궁상, 곤란, 궁핍; ① 《고어》 좁은, 답답한.
6) safe · ty: ① 안전, 무사; 무난, 무해; 안전하게 하다, …에 안전 장치를 하다.
7) pre · cise · ly: ① 정밀하게, 엄밀히. ② 바로, 정확히 ③ 틀림없이, 전혀
8) ca · pa · ble: ① 유능한, 역량 있는 ② (…할) 능력이 있는
9) blow: ① 한 번 불기, 붊; 일진(一陣)의 광풍(바람); 강풍, 폭풍. ② 취주; (용광로로 보내는) 바람. ③ 코를 풀기
10) per · il · ous: 위험한, 위험이 많은, 모험적인.
11) sit · u · a · tion: ① 위치, 장소, 소재; 환경. ② 입장, 사정 ③ 정세, 형세, 상태, 사태
12) snatch: ① 와락 붙잡다, 움켜쥐다, 잡아(낚아)채다, 강탈하다 ② (이 세상에서) 앗아가다, 갑자기 모습을 감추게 하다, 죽이다 ③ 뜻밖에(겨우, 운좋게) 얻다; (기회를 보고) 급히 덤벼들다 ④ (화재 · 위험 등에서) 구해내다, 재빨리 구출하다《from》; 낚아채려 하다, 움켜잡으려 하다, (기회 등에) 달려(덤벼)들다《at》

42

고 위 병 지 사 재 어 순 상 적 지 의
故爲兵之事 在於順詳敵之意.
Gù wèi bīng zhī shì, zài yú shùn xiáng dí zhī yì.

병 적 일 향 천 리 살 장 시 위 교 능 성 사 자 야
幷敵一向 千里殺將 是謂巧能成事者也.
Bìng dí yī xiàng, qiān lǐ shā jiāng, shì wèi qiǎo néng chéng shì zhě yě.

그러므로 전쟁에서 중요한 일은 적의 의도를 상세히 살피는 데 있다.
적과 함께 한쪽으로 향하면 천 리에 있는 장수도 죽이므로 공교하고 능히 일을 성사시켰다라고 설명한다.

故	옛	고	예, 이미 지나간 때, 옛, 예전의, 옛날의
為	할	위	하다, 되다, 다스리다, 속하다, 어기다, 있다
在	있을	재	있다, 보다, 살피다, 제 멋대로 하다
於	어조사	어	어조사, -에, 에서, 보다, 를, 에게, 있어서, 있어서 하다
順	순할	순	순하다, 좇다, 도리를 따르다
詳	자세할	상	자세하다, 자세히 보다, 자세히 알다
意	뜻	의	뜻, 생각하다, 정취, 풍경
並	아우를	병	아우르다, 나란히 하다, 견주다, 함께 하다
敵	원수	적	원수, 상대방, 대등하다, 맞서다
向	향할	향	향하다, 구(救)하다, 창, 북향(北向)의 창
千	일천	천	일천, 천 번, 많다
里	마을	리	마을, 거리, 주거(住居)
殺	죽일	살	죽이다, 죽다, 베다
將	장차	장	장차, 막-하려 한다, 마땅히-하여야 한다, 어찌(何)
此	이	차	이, 이곳, 이것, 가까운 사물을 가리킴, 이에, 그래서
謂	이를	위	이르다, 일컫다, 알리다, 설명하다, 비평·논술하다
巧	공교할	교	공교하다, 예쁘다, 아름답다, 기교
能	능할	능	능하다, 잘하다, 보통 정도 이상으로 잘하다
成	이룰	성	이루다, 이루어지다, 정하여지다, 갖추어지다

❶ Success[1] in warfare[2] is gained by carefully accommodating[3] ourselves to the enemy's purpose.

By persistently[4] hanging on the enemy's flank[5], we shall succeed[6] in the long run in killing the commander-in-chief. This is called ability to accomplish[7] a thing by sheer cunning.

전쟁에서 좋은 결과는 신중하게 적의 목적에 순응하는 것으로 얻는다.

적의 측면을 완고하게 붙잡고 늘어지면, 결국 최고 사령관/지휘관을 죽이는 결과를 얻을 것이다. 이것은 완전한 속임수로 일을 이루는 것이라고 한다.

❷ Now the crux of military operations[8] lies in the pretence of accommodating one's self to the designs[9] of the enemy.

Concentrate[10] your forces against[11] the enemy and from a distance of a thousand li you can kill his general. This is described[12] as the ability to attain[13] one's aim in an artful and ingenious[14] manner[15].

그래서 군사작전의 중요한 점은 적의 계획에 자신이 넘어가는 척하는 것이다.

적을 대비하여 병력을 집중시키면 천리(392.727273km)의 원거리에 있는 장군을 죽일 수 있다. 이것은 교묘하고 책략이 풍부한 방법으로써 계획을 달성하기 위한 역량으로 설명된다.

---

1) suc · cess: ① 성공, 성취; 좋은 결과 ② 성공자; 히트〔성공〕한 것; 시험 합격자 ③《폐어》결과.
2) war · fare: 전투(행위), 교전(상태); 전쟁(war); 싸움
3) ac · com · mo · date: ① …에 편의를 도모하다; 들어주다 ② 설비를 공급하다 ③ 수용하다, …의 수용력이 있다 ④ 묵게 하다, 투숙시키다 ⑤ 조절하다; 조화시키다; 조정하다. ⑥ 적응시키다; 순응하다; 화해하다.
4) per · sist · ent: ① 고집하는, 완고한, 끈덕진, 버티는 ② 영속하는, 끊임없는
5) flank: ① 옆구리; 옆구리 살《쇠고기 따위의》. ② (산 · 건물의) 측면; 『군사』 (좌우의) 익(翼)《부대 · 함대의》, 측면
6) suc · ceed: ① 성공하다, 출세하다; 잘 되어가다, 번창하다 ② 결과를 얻다 ③ 계속되다, 잇따라 일어나다 ④ 상속인〔후임〕이 되다; 상속〔계승〕하다; ① …에 계속되다, …에 대신하다 ② …의 뒤를 잇다.
7) ac · com · plish: ① 이루다, 성취하다, 완성하다; 달성하다 ② 만료하다, 지내다; 답파〔주파〕하다
8) op · er · a · tion: ① 가동, 작용, 작업 ② (보통 pl.) 군사행동, 작전; 작전본부 ③ (기계 따위의) 조작, 운전
9) de · sign: ① 디자인, 도안; 밑그림, 소묘 ② 설계(도); 계획 ③ 기도, 의도, 목적. ④ 속마음, 음모
10) con · cen · trate: ① 집중〔경주〕하다; 한 점에 모으다 ② 집결시키다 ③ 농축하다; 응집하다.; ① 집중하다; 한 점에 모이다 ② (부대 등이) 집결하다. ③ 전심하다, 주의〔노력 따위〕를 집중하다, 전력을 기울이다
11) against: ① …을 향하여, …에 대해서, …에 부딪치어 ② …와 마주 대하여. ③ …에 대비(對比)하여 ④ …에 반대하여, …에 적대하여, …에 거슬러
12) de · scribe: ① (언어로) 묘사하다, 기술하다; (말로) 설명하다 ② (인물을) 평하다; 간주하다; 언급하다 ③ …의 징조이다, 나타내다 ④ (도형을) 그리다; (곡선 등을) 그리며 나아가다
13) at · tain: ① (장소 · 위치 · 나이 등에) 이르다, 도달하다. ② (목적 · 소원을) 달성〔성취〕하다, …에 달하다
14) in · ge · nious: ① 교묘한, 독창적인, 정교한 ② 발명의 재능이 풍부한, 창의력이 풍부한; 책략이 풍부한, 영리한
15) man · ner: ① 방법, 방식, 투 ② 태도, 거동, 모양; 훌륭한 태도. ③ 예절, 예의 ④ 풍습, 관습, 관례

43

시 고 정 거 지 일 　이 관 절 부 　무 통 기 사
是故政擧之日 夷關折符 無通其使.
Shì gù zhèng jǔ zhī rì, yí guān zhé fú, wú tōng qí shǐ.

려 어 낭 묘 지 상 　이 주 기 사
勵於廊廟之上 以誅其事.
Lì yú láng miào zhī shàng, yǐ zhū qí shì.

그러므로 정사를 행하는 날이면 관문을 막고 *부절(신분증)을 꺾고 사신이 왕래하지 못하게 한다.
사당 곁채에서는 임금이 격려하고 국가 대사를 결단한다.

◎ 사당에서 승리의 제를 올리고 곁채에서 회의를 했음
* 부절(符節): 예전에, 돌이나 대나무 따위로 만들어 신표로 삼던 물건.

是	옳을	시	옳다, 바르다, 옳다고 하다, 바르다고 인정하다
故	옛	고	예, 이미 지나간 때, 옛, 예전의, 옛날의, 원래, 본래
政	정사	정	정사(政事), 나라를 다스리는 일, 바루다
擧	들	거	들다, 날다, 키우다
夷	오랑캐	이	오랑캐, 평평하다, 온화하다, 마음이 편안하다
關	빗장	관	빗장, 기관(機關), 자동장치, 닫다, 잠그다
折	꺾을	절	꺾다, 자르다, 쪼개다, 꺾이다, 부러지다
符	부신	부	부신(符信), 수결(手決), 상서(祥瑞), 길조
通	통할	통	통하다, 꿰뚫다, 두루 미치다, 탈 없이 통하다
其	그	기	그(지시 대명사), 의(관형격 조사), 그(감탄, 강세 조사)
使	하여금	사	하여금, 시키다, 좇다
厲	갈	려{여}	갈다, 화(禍), 괴롭다
於	어조사	어	어조사, -에, 에서, 보다, 를, 에게, 있어서
廊	복도	랑{낭}	복도, 행랑
廟	사당	묘	사당, 조상의 신주를 모신 곳
以	써	이	써, -로써, 부터, -에서, 까닭
誅	벨	주	베다, 죄인을 죽이다, 치다, 적을 토벌하다
事	일	사	일, 일삼다, 전념하다, 정치

❶ On the day that you take up your command[1], block[2] the frontier[3] passes, destroy[4] the official[5] tallies[6], and stop the passage of all emissaries[7].

Be stern[8] in the council-chamber, so that you may control[9] the situation[10].

명령을 내리는 날이면, 국경 통행을 봉쇄하고, 공무상의 명찰을 파기하고, 모든 사자(使者)의 통행을 중지시킨다.

상황을 감독하도록 회의실에서는 엄격하게 하라.

❷ On the day the policy[11] to attack is put into effect[12], close the passes, rescind[13] the passports[14], have no further intercourse[15] with the enemy's envoys and exhort the temple council[16] to execute[17] the plans.

공격 방침이 있는 날에는 통행을 차단하고, 여권(허가증)을 무효화시키고, 적의 사절이 교섭하지 못하게 하며 계획을 실행하기 위해 전당 회의를 권고한다.

---

1) com · mand: ① 명령, 호령, 구령; 지령, 분부 ② 지휘(권), 지배(권), 통제 ③ 지배력, 통어력 ④ 조망 ⑤ 『군사』 관구, 예하 부대
2) block: ① 막다, 방해하다, 폐색(봉쇄)하다; 차단하다 ② …의 장애가 되다
3) fron · tier: ① 국경, 국경 지방; (pl.) 국내, 영역(내). ② (지식 · 학문 등의) 미개척 영역 ; 국경의, 변경의.
4) de · stroy: ① 파괴하다, 부수다, 분쇄하다; 소멸시키다. ② 죽이다, …의 목숨을 빼앗다; 멸망(절멸)시키다 ③ (명성 등을) 해치다, (계획 등을) 못쓰게 만들다; 파괴되다; 부서지다.
5) of · fi · cial: ① 공무상의, 관(官)의, 공식의; 직무상의; 공인의; ② 관직에 있는; 관선(官選)의 ③ 관청식의
6) tal · ly: ① 부절(符節), 부신(符信); 부신에 새긴 눈금. ② 계산서, 장부, 득점표(판). ③ 계정, 계산; (금액 등의) 기록. ④ (물건 이름을 쓴) 이름표, 명찰. ⑤ 짝의 한 쪽; 일치, 부합.
7) em · is · sary: 사자(使者)(messenger); 밀사; 간첩(spy)
8) stern: ① 엄격한《사람 등》, 단호한, 근엄한; 준엄한, 용서 없는; 가혹한, 심각한, 짓눌리듯 괴로운 ② 엄숙한, 험한, 무서운, 쉬이 접근할 수 없는 ③ 황량한, 피폐한
9) con · trol: ① 지배하다; 통제(관리)하다, 감독하다. ② 제어(억제)하다 ③ 검사하다
10) sit · u · a · tion: ① 위치, 장소, 소재; 환경. ② 입장, 사정 ③ 정세, 형세, 상태, 사태
11) pol · i · cy: ① 정책, 방침 ② 경영(관리)법. ③ 방책, 수단. ④ (실제적) 현명, 심려(深慮), 신중. ⑤ 정치적 두뇌, 지모(智謀); 《고어》 빈틈없음, 교활. ⑥ 《고어》 정치 (형태).
12) ef · fect: ①결과 ② 효과; (법률 등의) 효력; 영향; (약 등의) 효능 ③ (색채 · 모양의) 배합, 광경; 감명, 영향, 느낌, 인상. ④ 겉모양, 외견, 체재 ⑤ 취지, 의미 ⑥ (pl.) 동산, 재산, 물건
13) re · scind: (법률 · 행위 등을) 폐지하다; (계약 등을) 무효로 하다, 취소하다.
14) pass · port: ① 여권, 패스포트. ② 〔 일반적 〕 허가증.
15) in · ter · course: ① (인간의) 교제, 교섭, 교류 ② (국가간의) 교통, 거래
16) coun · cil: 회의; 협회; 심의회, 평의회
17) ex · e · cute: ① 실행하다, 실시하다; 수행(달성, 완수)하다 ② 시공(施工)하다; 완성하다, 제작하다

44

적인개합 필극입지 선기소애 미여지기
敵人開闔 必亟入之. 先其所愛 微與之期.
Dí rén kāi hé, bì jí rù zhī, Xiān qí suǒ ài, wēi yǔ zhī qī.

천묵수적 이결전사
踐墨隨敵 以決戰事.
Jiàn mò suí dí, yǐ jué zhàn shì.

적이 문을 열면 반드시 빠르게 들어간다. 중요한 곳을 먼저 공격하여 숨어서 기다린다.
적의 상황에 따르며 싸움을 결단한다.

敵	원수	적	원수, 상대방, 대등하다, 맞서다
開	열	개	열다, 열리다, 통하다, 통달하다, 비롯하다, 꽃이 피다
闔	문짝	합	문짝, 문을 닫다, 간직하다
必	반드시	필	반드시, 틀림없이, 꼭, 기필하다, 이루어내다, 오로지
亟	빠를	극	빠르다, 삼가다, 사랑하다
先	먼저	선	먼저, 나아가다, 옛날
其	그	기	그(지시 대명사), 의(관형격 조사), 그(감탄, 강세 조사)
所	바	소	바, 일정한 곳이나 지역, 지위, 자리, 위치, 경우
愛	사랑	애	사랑, 사랑하다, 친밀하게 대하다
微	작을	미	작다, 자질구레하다, 적다, 많지 않다, 숨다, 숨기다
與	줄	여	주다, 베풀다, 동아리, 무리, 따르다, 돕다, 허락하다
期	기약할	기	만나다, 약속에 따라 만나다, 정하다, 단단히 결심하다
踐	밟을	천	밟다, 걷다, 실천하다, 지키다, 부임하다
墨	먹	묵	먹, 형벌 이름, 검다, 검어지다
隨	따를	수	따르다, 따라가 수행하다, 좇다, 근거하다, 맡기다
以	써	이	써, -로써, 부터, -에서, 까닭
決	터질	결	터지다, 제방이 무너져서 물이 넘쳐흐르다, 터놓다
戰	싸울	전	싸우다, 싸움, 전쟁, 두려워하다, 두려워서 떨다
事	일	사	일, 일삼다, 전념하다, 정치

❶ If the enemy leaves a door open, you must rush[1] in. Forestall[2] your opponent[3] by seizing what he holds dear[4], and subtly[5] contrive[6] to time his arrival on the ground.

Walk in the path defined[7] by rule, and accommodate[8] yourself to the enemy until you can fight a decisive battle.

적이 문을 열어둔 채로 떠났다면, 뛰어 들어가야 한다. 적이 지키는 소중한 곳을 빼앗는 것으로 적의 기선을 제압하고, 교묘하게 현장에 도착할 시간을 궁리한다.

규정에 따른 한정된 길을 걷고, 결정적인 전투에서 일전을 벌일 수 있을 때까지 적에게 순응한다.

❷ When the enemy presents[9] an opportunity, speedily take advantage of it. Anticipate[10] him in seizing something he values and move in accordance[11] with a date secretly fixed.

The doctrine[12] of war is to follow the enemy situation[13] in order to decide on battle.

적이 기회를 주면, 신속하게 이로운 점을 잡는다. 적이 소중히 여기는 무엇인가를 빼앗아 선취하고 비밀리에 정해진 날짜에 따라 움직인다.

전쟁의 원칙은 전투를 결정하기 위해 적의 정세를 따르는 것이다.

---

1) rush: ① 돌진하다, 맥진(쇄도)하다, 힘차게(급히) …하다 ② 달려들다 ③ 급하게(무모하게) 행동하다, 덤비다; ① 몰아대다; 재치다 ② …을 향해 돌진하다; 급습(돌격)하다, 급습하여 점령하다
2) ore · stall: …을 앞지르다, 앞질러 방해하다, …의 기선을 제압하다; (이익을 위해) 매점하다.
3) op · po · nent: ① 반대하는, 적대하는; 대립하는. ② 반대측의; (경기 · 논쟁 따위의) 적, 상대; 대항자; 반대자
4) dear: ① 친애하는, 친한 사이의, 사랑하는, 귀여운 ② 귀중한, 소중한
5) sub · tle: ① 미묘한, 포착하기 힘든, 난해한 ② 엷은, 희박한, 희미한 ③ 예민한, 명민한; 명석한, 회전이 빠른 ④ 교활한, 음흉한 ⑤ 솜씨 있는, 교묘한, 창의력이 풍부한 súb · tly, ~ · ly ad.
6) con · trive: ① 연구하다; 고안(발명)하다; 설계하다 ②용케 …하다, 이럭저럭 (…을) 해내다 ③ 꾀하다, 하고자 획책(도모)하다; ① 궁리하다, 고안하다; 획책하다. ② (살림 따위를) 잘 꾸려나가다
7) de · fine: ① (성격 · 내용 따위를) 규정짓다, 한정하다 ② (말의) 정의를 내리다, 뜻을 밝히다 ③ …의 경계를 정하다 ④ …의 윤곽을 명확히 하다; (…의 특성을) 나타내다; 정의를 내리다.
8) ac · com · mo · date: ① …에 편의를 도모하다; 들어주다 ② 설비를 공급하다 ③ 수용하다, …의 수용력이 있다 ④ 묵게 하다, 투숙시키다 ⑤ 조절하다; 조화시키다; 조정하다. ⑥ 적응시키다; 순응하다; 화해하다.
9) pre · sent: ① 선물하다, 증정하다, 바치다; …에게 주다 ② 야기시키다; (기회 · 가능성 따위를) 주다, 제공하다 ③ 제출하다, 내놓다, 건네주다
10) an · tic · i · pate: ① 예기하다, 예상하다, 예감하다, 내다보다; 낙으로 삼고(걱정하며) 기다리다, 기대하다 ② 미리 고려하다, …을 미리 수배(처리)하다, …을 앞지르다; 선수를 쓰다; …을 미리 막다 ③ 앞당기다, 재촉하다
11) ac · cord · ance: 일치, 조화; 부합; 수여. ♣ in ~ with …에 따라, …대로, …와 일치하여.
12) doc · trine: ① 교의, 교리. ② 주의, (정치 · 종교 · 학문상의) 신조, 학설; 공식(외교)정책 ③《고어》가르침, 교훈.
13) sit · u · a · tion: ① 위치, 장소, 소재; 환경. ② 입장, 사정 ③ 정세, 형세, 상태, 사태

45

시 고 시 여 처 녀 적 인 개 호 후 여 탈 토 적 부 급 거

是故始如處女 敵人開戶 後如脫兎 敵不及拒.

Shì gù shǐ rú chǔ nǚ, dí rén kāi hù, hòu rú tuō tù, dí bù jí jù.

그러므로 처음에는 처녀처럼 구멍이 생긴 후에는 벗어나는 토끼처럼 막아 지킬 수 없게 한다.

是	옳을	시	옳다, 바르다, 옳다고 하다, 바르다고 인정하다
故	옛	고	예, 이미 지나간 때, 옛, 예전의, 옛날의, 원래, 본래
始	처음	시	처음, 비롯하다, 시작하다, 근본, 근원
如	같을	여	같다, 같게 하다, 따르다
處	살	처	살다, 머물러 있다, 남아서 지키다, 묵다, 쉬다
女	여자	녀{여}	여자, 딸, 처녀, 계집, 음양에서는 음(陰)
敵	원수	적	원수, 상대방, 대등하다, 맞서다
開	열	개	열다, 열리다, 통하다, 통달하다, 비롯하다, 꽃이 피다, 개간하다
戶	지게	호	지게, 지게 문, 외짝 문, 출입구, 구멍, 구덩이, 굴
後	뒤	후	뒤, 늦다, 능력 따위가 뒤떨어지다
脫	벗을	탈	벗다, 옷을 벗다, 살이 빠지다, 여위다, 벗기다
兎	토끼	토	토끼
及	미칠	급	미치다, 이르다, 미치게 하다, 끼치다, 및, 와

❶ At first, then, exhibit[1] the coyness[2] of a maiden[3], until the enemy gives you an opening; afterwards emulate[4] the rapidity[5] of a running hare[6], and it will be too late for the enemy to oppose[7] you.

그리하여 처음에는 틈을 줄 때까지 소녀가 수줍은 듯 보이고, 그 후 달리는 산토끼의 민첩함을 흉내를 내면, 적이 대항하기에는 너무 늦을 것이다.

❷ Therefore at first be shy as a maiden. When the enemy gives you an opening be swift[8] as a hare and he will be unable to withstand[9] you.

그러므로 처음에는 소녀처럼 수줍어하라. 적이 틈을 줄 때 산토끼처럼 날쌔면 적은 버틸 수 없을 것이다.

---

1) ex · hib · it: 전람〔전시〕하다, 출품하다, 진열하다; 공개하다; 과시하다 ② (징후 · 감정 등을) 나타내다, 보이다, 드러내다, 표시하다; 전람회를 열다; 전시회에 출품〔전시〕하다.

2) coy: 수줍어하는, 스스럼을 타는; 과묵한; 짐짓 부끄러운 체하는《주로 여자의》 ~ · ness n.

3) maid · en: 《고어 · 시어》 소녀; 처녀; 미혼 여자

4) em · u · late: …와 (우열을) 다투다, 겨루다, 서로 지지 않으려고 애쓰다; 열심히 배우다, 흉내내다; …와 동격이다, …에 필적하다

5) ra · pid · i · ty: 신속, 급속; 민첩; 속도

6) hare: 산토끼, 야토

7) op · pose: ① …에 반대하다, …에 이의를 제기하다; …에 대항하다; 적대하다; 방해〔저지〕하다; (장애 따위를) 앞에 놓다 ② (시합에서) 겨루다, 다투다 ③ …에 대비〔대조〕시키다; …에 대립시키다, 맞서게 하다 ④ (손가락을) 맞대다; 반대〔대항〕하다.

8) swift: ① 날랜, 빠른, 신속한 ② 순식간의. ③ 즉석의, 즉각적인 ④ 곧 하는, …하기 쉬운

9) with · stand: ① …에 저항하다, …에 반항〔거역〕하다 ② (곤란 등에) 잘 견디다, 버티다; 《詩》 반항〔저항〕하다; 잘 견디다, 버티다

十二篇 火攻

❶ THE ATTACK BY FIRE 화공 – Lionel Giles(라이오넬 자일스) 역

❷ ATTACK BY FIRE 화공 – Samuel B. Griffith(사무엘 비 그리피스) 역

* 불로 공격하다

1. 화공의 종류
2. 화공의 다섯 가지 원칙
3. 전후처리의 중요성

火	불	화	불, 오행(五行)의 하나, 타다, 태우다
攻	칠	공	치다, 공격하다, 불끄다, 거세(去勢)하다, 다스리다
篇	책	편	책, 완결된 책, 완결된 시문(詩文), 시문을 세는 단위

孫子兵法

Sūn zǐ bīng fǎ

Art of war

1

손 자 왈　범 화 공 유 오　일 왈 화 인　이 왈 화 적

孫子曰: 凡火攻有五 一曰火人 二曰火積

Sūn zǐ yuē, fán huǒ gōng yǒu wǔ, yī yuē huǒ rén, èr yuē huǒ jī,

삼 왈 화 치　사 왈 화 고　오 왈 화 대

三曰火輜 四曰火庫 五曰火隊.

sān yuē huǒ zī, sì yuē huǒ kù, wǔ yuē huǒ duì.

손자가 말했다. 화공에는 다섯 가지가 있는데, 첫째는 불로 사람을 태우는 것이고, 둘째는 쌓아놓은 물품을 태우는 것이며, 셋째는 수레를 태우는 것이고, 넷째는 곳간을 태우며, 다섯째는 부대를 태우는 것이다.

孫	손자	손	손자, 자손, 후손, 움, 새싹
子	아들	자	아들, 맏아들, 자식, 어조사
曰	가로	왈	가로되, 말하기를, 이르다, 말하다, 일컫다
凡	무릇	범	무릇, 모두, 다, 합계
火	불	화	불, 오행(五行)의 하나, 타다, 태우다
攻	칠	공	치다, 공격하다, 불까다, 거세(去勢)하다, 다스리다
有	있을	유	있다, 존재하다, 많다, 넉넉하다, 자재(資財)
人	사람	인	사람, 인간, 백성, 남, 타인, 인품, 인격
積	쌓을	적	쌓다, 모으다, 저축하다, 포개다, 쌓이다
輜	짐수레	치	짐수레, 관(棺)을 싣는 수레, 수레의 범칭
庫	곳집	고	곳집, 문의 이름, 성(姓)
隊	대	대	대(隊), 동아리를 이룬 무리, 줄, 늘어선 줄, 무리, 떼

❶ Sun Tzu said: There are five ways of attacking with fire. The first is to burn soldiers in their camp; the second is to burn stores[1]; the third is to burn baggage trains; the fourth is to burn arsenals[2] and magazines[3]; the fifth is to hurl[4] dropping fire amongst the enemy.

손자가 말했다. 화공(화염으로 공격)의 다섯 가지 방법이 있다. 첫째는 주둔지에 있는 병사들을 태우는 것이고, 두 번째는 저장소를 태우는 것이며, 세 번째는 병참 부대를 태우는 것이고, 네 번째는 병기고와 군수물자 저장고를 태우는 것이며, 다섯 번째는 적진에 불을 세게 던져 투하하는 것이다.

❷ Sun Tzu said: There are five methods[5] of attacking with fire. The first is to burn personnel[6]; the second, to burn stores; the third, to burn equipment[7]; the fourth, to burn arsenals; and the fifth, to use incendiary[8] missiles[9].

손자가 말했다. 화공(화염으로 공격)의 다섯 가지 방법이 있다. 첫 번째는 병원(兵員)을 태우는 것, 두 번째는 저장소를 태우는 것, 세 번째는 병기를 태우는 것, 네 번째는 병기고를 태우는 것, 다섯 번째는 방화용 날아가는 무기를 사용하는 것이다.

---

1) store: ① (종종 pl.) a) 저축, 저장, 비축 b) (지식 등의) 축적; 온축(蘊蓄); 풍부, 다량《of》 ② a) 《美》 가게, 상점(《英》 shop) b) 〔 형용사적 〕 《美》 기성품의, 대량 생산품의; 인조(人造)의 ③ a) 《주로 英》 창고, 저장소. b) (pl.) 비품, 스페어 부품; 필수품

2) ar · se · nal: 병기고; 조병창, 병기〔군수〕 공장; 군수품의 비축〔수집〕; 〔 일반적 〕 비축, 수집; 창고.

3) mag · a · zine: ① 잡지. ② 창고(안의 저장물), 《특히》 탄약〔화약〕고(안의 탄약〔화약〕); 무기〔군수 물자〕 저장고. ③ (연발총의) 탄창; (연료 자급 스토브의) 연료실.

4) hurl: ① a) 집어 던지다, 세게 던지다 b) 세차게〔세게〕 맞닥뜨리다, 덤벼들다 ② (욕설 등을) 퍼붓다; (비명 등을) 지르다 ③ 메어붙이다, 내쫓다; 추방하다

5) meth · od: ① 방법, 《특히》 조직적 방법, 방식 ② 순서, 조리; 순서〔규율〕 바름, 질서 정연함; 체계

6) per · son · nel: (관청 · 회사 따위의) 전직원, 인원; 『군사』 병원(兵員), 요원; (회사 · 관청 등의) 인사부〔국, 과〕.

7) equip · ment: ① (종종 pl.) 〔 집합적 〕 장비, 설비, 비품; 의장(艤裝)(품); 『컴퓨터』 장비 ② 준비, 채비; 여장 ③ (일에 필요한) 능력, 자질, 소질, 소양, 지식, 기술 ④ 『철도』 차량. ⑤ 병기, 군장(軍裝).

8) in · cen · di · ary: 불나게 하는, 방화의; 선동적인

9) mis · sile: ① 미사일, 탄도 병기; 《특히》 유도탄 ② 날아가는 무기《화살 · 탄환 · 돌 등》; 《널리》 나는 물체, 비상체.

2

행 화 필 유 인 연 화 필 소 구 발 화 유 시 기 화 유 일
行火必有因 煙火必素具. 發火有時 起火有日.
Xíng huǒ bì yǒu yīn, yān huǒ bì sù jù. Fā huǒ yǒu shí, qǐ huǒ yǒu rì.

화공을 할 때는 반드시 조건이 있어야 하고 여건도 되어야 하며 반드시 불붙일 도구도 갖추어야 한다. 불이 일어나고 타는 시기가 있고 불이 일어나는 날이 있다.

行	갈	행	가다, 걷다, 나아가다, 달아나다, 돌아다니다, 겪다
火	불	화	불, 오행(五行)의 하나, 타다, 태우다
必	반드시	필	반드시, 틀림없이, 꼭, 기필하다, 이루어내다, 오로지
有	있을	유	있다, 존재하다, 많다, 넉넉하다, 자재(資財), 소유물
因	인할	인	인하다, 인(因), 원인을 이루는 근본, 유래, 연유, 까닭
煙	연기	연	연기, 연기가 끼다, 그을음
素	흴	소	희다, 흰빛, 생명주, 한 빛깔의 무늬가 없는 피륙
具	갖출	구	갖추다, 온전하다, 설비
發	쏠	발	쏘다, 가다, 떠나다, 보내다, 파견하다
有	있을	유	있다, 존재하다, 많다, 넉넉하다, 자재(資財), 소유물
時	때	시	때, 때에, 때맞추다, 때를 어기지 아니하다
起	일어날	기	일어나다, 날아오르다, 내닫다, 가다, 기동하다
日	해	일	해, 태양, 햇볕, 햇살, 햇빛, 햇발, 해의 움직임

❶ In order to carry out an attack, we must have means[1] available. The material[2] for raising fire should always be kept in readiness[3].

There is a proper season for making attacks with fire, and special days for starting a conflagration[4].

공격을 실시하기 위해, 이용 가능한 수단이 있어야 한다. 불을 피우기 위한 용구는 항상 준비되어 있어야 한다.

화공(화염으로 공격)을 하기 위한 적절한 계절이 있고, 큰불을 일으킬 특별한 날이 있다.

❷ To use fire, some medium[5] must be relied upon. Equipment for setting fires must always be at hand.

There are suitable times and appropriate days on which to raise[6] fires.

불을 사용하기 위해서는 몇 가지 수단이 필요하다. 불을 피우기 위한 병기는 항상 쓸 수 있도록 해야 한다.

불을 일으키기에 적당한 시기와 적합한 날이 있다.

---

1) means: ① 수단, 방법; 기관 ② a) 자금, 재력, 《특히》 돈 b) (상당한) 자산, 부
2) ma · te · ri · al: ① 물질의, 물질에 관한; 구체적인, 유형의 ② 육체상의〔적인〕; 감각적인, 관능적인. ③ 세속적인, 비속한
3) read · i · ness: ① 준비, 채비 ② 용이; 신속 ③ 〖군사〗 즉응력《즉시 작전에 투입할 수 있는》.
4) con · fla · gra · tion: 큰 불, 대화재; (전란 · 큰 재해 등의) 발생.
5) me · di · um: ① 중간, 중위(中位) ② 매개(물), 매체; (정보 전달 등의) 매개, 수단(means), 보도기관
6) raise: ① (위로) 올리다, 끌어올리다 ② (안에) 일으키다, 일으켜 세우다 ③ 승진〔출세〕시키다 ④ 분기시키다, 격분시키다 ⑤ (영혼 등을) 불러내다; (죽은 자를) 되살리다 ⑥ (새를) 날개치게 하다; (먼지를) 일으키다〔피우다〕

3

시 자 천 지 조 야 일 자 월 재 기 벽 익 진 야

時者 天之燥也 日者 月在箕壁翼軫也

Shí zhě, tiān zhī zào yě, rì zhě, yuè zài jī bì yì zhěn yě,

범 차 사 숙 자 풍 기 지 일 야

凡此四宿者 風起之日也.

fán cǐ sì sù zhě, fēng qǐ zhī rì yě.

시기란 기후가 건조한 때이고 날이란 달이 '기', '벽', '익', '진'의 자리에 있을 때이니, 무릇 이 네 자리에 머물 때는 바람이 일어나는 날이다.

時	때	시	때, 때에, 때맞추다, 때를 어기지 아니하다
者	놈	자	놈, 사람, 것, 일을 가리켜 이른다
燥	마를	조	마르다, 말리다, 마른 것
也	어조사	야	어조사, 또, 또한, 잇달다
在	있을	재	있다, 보다, 살피다, 제 멋대로 하다
箕	키	기	키, 곡식을 까부는 데 쓰는 기구, 이십팔수의 하나
壁	벽	벽	벽, 울타리, 벼랑
翼	날개	익	날개, 새의 날개, 곤충의 날개, 돕다, 이루다
軫	뒤턱나무	진	수레의 뒤턱나무, 수레, 수레의 통칭, 기러기발
凡	무릇	범	무릇, 모두, 다, 합계
此	이	차	이, 이곳, 이것, 가까운 사물을 가리킴, 이에, 그래서
宿	묵을	숙	묵다, 하룻밤을 숙박하다, 머무는 집, 머무르다
風	바람	풍	바람, 불다, 바람이 불다, 바람을 쐬다
起	일어날	기	일어나다, 날아오르다, 내닫다, 가다, 기동하다

❶ The proper season[1] is when the weather is very dry; the special days are those when the moon is in the constellations[2] of the Sieve[3], the Wal l[4], the Wing or the Cross-bar[5]; for these four are all days of rising wind.

적절한 시기란 날씨가 매우 건조할 때이고, 특별한 날은 달이 〈체(기)〉, 〈벽〉, 〈날개(익)〉, 〈가로대(진)〉의 별자리에 있을 때이며, 이 네 가지 모두 바람이 일어나는 날이다.

❷ 'Times' means when the weather is scorching[6] hot; 'days' means when the moon is in Sagittarius[7], Alpharatz, I, or Chen constellations, for these are days of rising winds.

'시기'는 날씨가 햇볕에 탈 정도로 뜨거운 때이고, '기일'은 달이 〈시리우스(기)〉, 〈알파라츠(벽)〉, 〈아이(익)〉, 〈첸(진)〉의 별자리에 있는 때이며, 이런 날은 바람이 잘 일어나는 날이다.

---

1) sea · son: ① 계절, 철, 사철의 하나 ② (보통 the ~) 시절, 철, 때 ③ (보통 pl.) 나이, …살; 인생의 한 시기 ④ (보통 the ~) 한창때, 한물, 제철; (행사 따위가 행해지는) 활동기, 시즌, 시기 ⑤ 호기(好機), 알맞은 때, 제때

2) còn · stel · lá · tion: ① 【천문학】 별자리. ② 멋진 차림의 신사 숙녀(쟁쟁한 인사)들의 무리(galaxy) ③ 【점성】 성위(星位), 성운(星運). ④ 형(型), 배열.

3) sieve: (고운) 체; 조리

4) wall: ① 벽, 담, 외벽, 내벽 ② (보통 pl.) 방벽, 성벽③ 벽 같은 것《산 · 파도 따위》; 높이 솟은 것

5) cróss · bàr: 가로대, (높이뛰기 등의) 바; 빗장; 횡선; (골포스트의) 크로스바.

6) scorch: ① …을 눋게 하다, 그슬리다 ② (햇볕이 살갗을) 태우다, (초목을 열로) 시들게 하다, 말라죽게 하다 ③ 호되게 헐뜯다, 몹시 꾸짖다, …에게 욕지거리하다. ④ 【군사】 초토화하다.

7) Sag · it · tar · i · us: 【천문학】 궁수(弓手)자리; 인마궁

4

범 화 공　필 인 오 화 지 변 이 응 지
凡火攻 必因五火之變而應之.
Fán huǒ gōng, bì yīn wǔ huǒ zhī biàn ér yīng zhī.

화 발 어 내　칙 조 응 지 어 외
火發於內 則早應之於外.
Huǒ fā yú nèi. Zé zǎo yīng zhī yú wài.

무릇 화공은 반드시 다섯 가지 조건의 변화에 따라 대응한다.
불이 내부에서 일어나면 외부에서 조기에 대응한다.

凡	무릇	범	무릇, 모두, 다, 합계
攻	칠	공	치다, 공격하다, 불까다, 거세(去勢)하다, 다스리다
必	반드시	필	반드시, 틀림없이, 꼭, 기필하다, 이루어내다, 오로지
因	인할	인	인하다, 인(因), 원인을 이루는 근본, 유래, 연유, 까닭
變	변할	변	변하다, 달라지다, 변경되다, 변해가다, 변경하다, 바꾸다
而	말이을	이	말 이음, 순접·역접의 접속사
應	응할	응	응하다, 받다, 거두어 가지다, 응당~하여야 하다
發	쏠	발	쏘다, 가다, 떠나다, 보내다, 파견하다
於	어조사	어	어조사, ~에, 에서, 보다, 를, 에게, 있어서, 있어서 하다
內	안	내	안, 들다, 들이다, 어머니
則	법칙, 본받을	칙, 측	법칙, 곧, 법, 본받다, 모범으로 삼다
早	새벽	조	새벽, 이른 아침, 이르다, 때가 아직 오지 아니하다
外	밖	외	밖, 바깥, 이전, 용의(容儀), 차림

❶ In attacking with fire, one should be prepared to meet[1] five possible developments[2]:

When fire breaks[3] out inside to enemy's camp, respond at once with an attack from without.

불로 공격함에 있어, 다섯 가지 가능한 현상에 충족하도록 준비하여야 한다.

적의 막사 내부에서 불이 나면 즉시 외부에서 공격하여 응수한다.

❷ Now in fire attacks one must respond to the changing situation[4].

When fire breaks out in the enemy's camp immediately co-ordinate your action from without.

우선 화공에 있어서는 변화하는 정세에 따라 반응해야 한다.

적의 막사에서 불이 나면 즉각적으로 외부에서 협력하여 전투를 한다.

---

1) meet: ① …을 만나다, …와 마주치다; …와 스쳐 지나가다, …와 얼굴을 대하다 ② 처음으로 만나다, …와 아는 사이가 되다 ③ 마중하다, …의 도착을 기다리다 ④ 직면하다, 겪다; 조우하다 ⑤ 맞서다, …에 대처하다, …에 대항하다 ⑥ 응하다, 채우다, 충족시키다 ⑦ …에 동의하다 ⑧ …에서 만나다, …에서 교차하다, …와 합치다, …에 합류하다 ⑨ …에 부딪치다, …와 충돌하다 : ① 하나로 합쳐지다, 교차하다; 상접하다 ② 회견〔회담〕하다. ③ 회합하다; 열리다 ④ 서로 아는 사이가 되다 ⑤ 합의하다, 의견이 일치하다, 합치하다. ⑥ 대전하다, 교전하다. ⑦ 하나로 결합하다, 조화되다; 겸비하다

2) de · vel · op · ment: ① 발달, 발전; 발육, 성장 ② 개발; 계발. ③ (택지의) 조성, 개발; 조성지, 단지

3) break: ① 깨뜨리다, 쪼개다, 부수다; (가지 등을) 꺾다; (새끼 등을) 자르다 ② …의 뼈를 부러뜨리다; (살갗을) 벗어지게 하다, 까지게 하다 ③ 흩뜨리다, 분해하다; (텐트를) 걷다, 접다

4) sit · u · a · tion: ① 위치, 장소, 소재; 환경. ② 입장, 사정 ③ 정세, 형세, 상태, 사태

5

화 발 이 기 병 정 자　대 이 물 공

火發而其兵靜者 待而勿攻.

Huǒ fà ér qí bīng jìng zhě, dài ér wù gōng.

극 기 화 력　가 종 이 종 지　부 가 종 이 지

極其火力 可從而從之 不可從而止.

Jí qí hu ǒlì, kě cóng ér cóng zhī, bù kě cóng ér zhǐ.

불이 났는데도 적이 고요하면 공격하지 않고 대비한다.
불길이 극에 달하여 나아갈 수 있으면 나아가고 그렇지 않으면 나아가지 않고 머문다.

火	불	화	불, 오행(五行)의 하나, 타다, 태우다
發	쏠	발	쏘다, 가다, 떠나다, 보내다, 파견하다
兵	군사	병	군사 병, 싸움, 전쟁, 무기, 병기
靜	고요할	정	고요하다, 맑다, 단청(丹靑)이 정밀하다
者	놈	자	놈, 사람, 것, 일을 가리켜 이른다
待	기다릴	대	기다리다, 갖추다, 대비하다, 막다, 방비하다
而	말이을	이	말 이음, 순접·역접의 접속사
勿	말	물	말다, 말라, 말아라, 아니다, 없다, 깃발
攻	칠	공	치다, 공격하다, 불까다, 거세(去勢)하다, 다스리다
極	다할	극	다하다, 떨어지다, 남아있지 않다, 끝나다, 그만두다
其	그	기	그(지시 대명사), 의(관형격 조사), 그(감탄, 강세 조사)
力	힘	력,역	힘, 힘쓰다, 부지런히 일하다, 있는 힘을 다하여
可	옳을	가	옳다, 가히, 쯤, 정도
從	좇을	종	좇다, 순직하다, 숙부드럽다, 나아가다
止	발	지	발, 멎다, 멈추다, 머무르다

❶ If there is an outbreak[1] of fire, but the enemy's soldiers remain[2] quiet, bide[3] your time and do not attack.

When the force of the flames has reached its height[4], follow it up with an attack, if that is practicable; if not, stay where you are.

불이 났지만, 적의 병사들이 조용하면, 때를 기다리며 공격하지 말라

불길의 기세가 절정에 이르러면, 실행할 수 있다면 공격을 감행하고, 그렇지 않다면 기다려라.

❷ But if his troops[5] remain calm bide your time and do not attack.

When the fire reaches its height, follow up if you can. If you cannot do so, wait.

하지만 적 부대가 조용하다면 때를 기다리고 공격하지 말라.

불이 절정일 때, 공격할 수 있다면 감행하라. 그렇게 못하면, 기다려라.

---

1) out · break: ① (소동 · 전쟁 · 유행병 따위의) 발발, 돌발, 창궐; 갑작스러운 분출 ② 폭동, 반란, 소요.

2) re · main: ① 남다, 남아 있다; 없어지지 않고 있다; 살아남다 ② 머무르다, 체류하다 ③ …하지 않고 남아 있다, 아직(금후) …하지 않으면 안 되다 ④ …한 대로이다, 여전히 …이다

3) bide: 《고어》 살다, 머무르다; 기다리다; 참다, 견디다. ♣ ~ one's time 때를 기다리다.

4) height: ① 높음. ② 높이, 키; 고도, 해발, 표고 ③ (보통 pl.) 고지, 산, 언덕, 높은 장소(위치).

5) troop: ① 대(隊), 떼, 무리《of》 ② (보통 pl.) 군대, 병력 ★ 60 troops는 '병력 60명'의 뜻. ③ 〖軍〗 기병 중대. ④ (보이스카우트의) 분대《최소 5명》; (걸 스카우트의) 단(團)《8-32명으로 구성됨》

6

화 가 발 어 외 무 대 어 내 이 시 발 지
火可發於外 無待於內 以時發之.
Huǒ kě fā yú wài, wú dài yú nèi, yǐ shí fā zhī.

화 발 상 풍 무 공 하 풍 주 풍 구 야 풍 지
火發上風 無攻下風. 晝風久 夜風止.
Huǒ fā shàng fēng, wú gōng xià fēng, zhòu fēng jiǔ, yè fēng zhǐ.

불을 외부에서 지를 수 있으면 내부에서 대기하지 말고 시기에 맞춰 지른다.

불은 바람이 부는 쪽의 위로 질러야지 바람이 부는 아래쪽으로 공격하면 안 된다. 낮에는 바람이 오래 불고 밤에는 바람이 그친다.

可	옳을	가	옳다, 가히, 쯤, 정도
發	쏠	발	쏘다, 가다, 떠나다, 보내다, 파견하다
於	어조사	어	어조사, -에, 에서, 보다, 를, 에게, 있어서
外	밖	외	밖, 바깥, 이전, 용의(容儀), 차림
無	없을	무	없다, 허무(虛無)의 도, 말라, 금지하는 말
待	기다릴	대	기다리다, 갖추다, 대비하다, 막다, 방비하다
內	안	내	안, 들다, 들이다, 어머니
以	써	이	써, -로써, 부터, -에서, 까닭
時	때	시	때, 때에, 때맞추다, 때를 어기지 아니하다
發	쏠	발	쏘다, 가다, 떠나다, 보내다, 파견하다
攻	칠	공	치다, 공격하다, 불까다, 거세(去勢)하다, 다스리다
風	바람	풍	바람, 불다, 바람이 불다, 바람을 쐬다
晝	낮	주	낮
久	오랠	구	오래다, 변하지 아니하다, 오래 기다리다
夜	밤	야	밤, 성(姓), 고을 이름
止	발	지	발, 멎다, 멈추다, 머무르다

❶ If it is possible to make an assault[1] with fire from without, do not wait for it to break[2] out within, but deliver[3] your attack at a favorable[4] moment.

When you start a fire, be to windward[5] of it. Do not attack from the leeward[6]. A wind that rises[7] in the daytime lasts long, but a night breeze[8] soon falls.

외부에서 불로 공격이 가능하다면, 내부에서 불이 나기를 기다리지 말고, 유리한 시기에 공격을 가하라.

불을 일으킬 때는, 바람이 불어오는 쪽으로 하여야 한다. 바람이 불어가는 쪽으로 공격하지 말라. 낮 시간대에 일어나는 바람은 오래 지속되지만, 밤에 부는 바람은 곧 약해진다.

❷ If you can raise[9] fires outside the enemy camp, it is not necessary to wait until they are started inside. Set fires at suitable times.

When fires are raised up-wind do not attack from downwind.[10] When the wind blows during the day it will die down at night.

적의 막사 외부에서 불을 일으킬 수 있다면, 내부에서 불을 일으킬 때까지 기다릴 필요가 없다. 적절한 시기에 불을 질러라.

불을 일으켰을 때 바람이 불어가는 쪽으로 공격하지 말라. 낮 동안 바람이 불 때 밤에는 조용해질 것이다.

---

1) as · sault: ① 강습, 습격; 맹렬한 비난, 공격 ② 〖법률학〗 폭행, 폭력 (행위); (여성에 대한) 폭행, 강간. ③ 〖군사〗 백병전, 돌격; 강행 상륙

2) break: ① 깨뜨리다, 쪼개다, 부수다; (가지 등을) 꺾다; (새끼 등을) 자르다 ② …의 뼈를 부러뜨리다; (살갗을) 벗어지게 하다, 까지게 하다 ③ 흩뜨리다, 분해하다; (텐트를) 걷다, 접다

3) de · liv · er: ① 인도하다, 교부하다 ② (물품 · 편지를) 배달(송달)하다. (전언(傳言) 따위를) 전하다. ③ (의견을) 말하다; (연설을) 하다 ④ (공격 · 포격을) 가하다, (타격 등을) 주다; (공을) 던지다

4) fa · vor · a · ble: ① 호의를 보이는, 찬성의, 승낙의 ② 유리한, 형편이 좋은; 알맞은; (무역이) 수출초과의

5) wind · ward: 바람 불어오는 쪽으로, 바람받이로.

6) lee · ward: 바람 불어가는 쪽으로(에). 바람 불어가는 쪽.

7) rise: ① 일어서다, 일어나다 ② 폐회하다, 산회하다 ③ 기상하다 ④ 다시 살아나다 ⑤ 오르다; 떠오르다 ⑥ 오르막이 되다, 치받이가 되다. ⑦ 높아지다, 증대하다 ⑧ 상승하다 ⑨ 늘다; 격해지다 ⑩ 세어지다, 일다 ⑪ 치솟다 ⑫ 서다, 세워지다 ⑬ 반항하여 일어나다 ⑭ 나타나다, 수면에 떠오르다 ⑮ 마음에 떠오르다; 느껴지다

8) breeze: 산들바람, 미풍; 연풍(軟風); 〖기상〗 초속 1.6–13.8m의 바람.

9) raise: ① (위로) 올리다, 끌어올리다 ② (안아) 일으키다, 일으켜 세우다 ③ 승진(출세)시키다 ④ 분기시키다, 격분시키다 ⑤ (새를) 날개치게 하다; (먼지를) 일으키다(피우다) ⑦ (곤란 · 문제 따위를) 일으키다, 제기하다

10) dówn · wínd: 바람 불어가는 쪽으로 (움직이는), 순풍의(leeward).

7

범 군 필 지 유 오 화 지 변 이 삭 수 지
凡軍必知 有五火之變 以數守之.
Fán jūn bì zhī, yǒu wǔ huǒ zhī biàn, yǐ shù shǒu zhī.

고 이 화 좌 공 자 명 이 수 좌 공 자 강
故以火佐攻者明 以水佐攻者强.
Gù yǐ huǒ zuǒ gōng zhě míng, yǐ shuǐ zuǒ gōng zhě qiáng.

군대가 반드시 알아야 할 다섯 가지 변화가 있는데 그것을 잘 다스려 헤아려야 한다.

그러므로 불로써 보조 수단으로 공격하면 확실하고 물로써 보조 수단으로 공격하면 더욱 강력하다.

凡	무릇	범	무릇, 모두, 다, 합계
軍	군사	군	군사(軍士), 군사(軍事), 진을 치다
必	반드시	필	반드시, 틀림없이, 꼭, 기필하다, 이루어내다, 오로지
知	알	지	알다, 깨닫다, 느끼다, 분별하다, 기억하다
有	있을	유	있다, 존재하다, 많다, 넉넉하다, 자재(資財), 소유물
變	변할	변	변하다, 달라지다, 변경되다, 변해가다, 변경하다
以	써	이	써, -로써, 부터, -에서, 까닭
數	셀	수	세다, 계산하다, 셈에 넣다, 세어서 말하다
守	지킬	수	지키다, 직무, 직책, 정조, 지조
故	옛	고	예, 이미 지나간 때, 옛, 예전의, 옛날의, 원래, 본래
佐	도울	좌	돕다, 도움, 권하다
攻	칠	공	치다, 공격하다, 불까다, 거세(去勢)하다, 다스리다
者	놈	자	놈, 사람, 것, 일을 가리켜 이른다
明	밝을	명	밝다, 밝히다, 밝게, 환하게
攻	칠	공	치다, 공격하다, 불까다, 거세(去勢)하다, 다스리다
強	굳셀	강	굳세다

❶ In every army, the five developments connected with fire must be known, the movements of the stars calculated, and a watch kept for the proper days.

Hence those who use fire as an aid to the attack show intelligence; those who use water as an aid to the attack gain an accession[1] of strength[2].

모든 군대에서 불과 연관된 다섯 가지 현상을 알아야만 하고, 별의 이동을 계산하고, 적절한 날을 예의주시해야만 한다.

그러므로 공격에 도움을 주기 위해 불을 사용하려면 지혜로워야 하고, 공격에 도움을 주기 위해 물을 사용하면 추가되는 힘을 얻는다.

❷ Now the army must know the five different fire-attack situations[3] and be constantly[4] vigilant[5].

Those who use fire to assist their attacks are intelligent; those who use inundations[6] are powerful.

군대는 다섯 가지 다른 화공 환경을 알아야 하고 부단히 지속적인 경계를 해야 한다.

공격을 돕기 위해 불을 사용하는 자는 지혜롭고, 큰물을 사용하는 자는 강하다.

---

1) ac · ces · sion: ① (어떤 상태에로의) 근접, 접근; 도달 ② (권리 · 재산 등의) 취득, 상속, 계승. ③ 즉위, 취임 ④ 증가, 추가; 증가물

2) strength: ① 세기, 힘 ② 체력, 근력. ③ 세력, 병력, 인원수, 정원

3) sit · u · a · tion: ① 위치, 장소, 소재; 환경. ② 입장, 사정 ③ 정세, 형세, 상태, 사태

4) con · stant · ly: 변함없이; 항상; 끊임없이; 빈번히.

5) vig · i · lant: 자지 않고 지키는, 부단히 경계하고 있는; 방심하지 않는, 주의 깊은.

6) in · un · dá · tion: 범람, 침수; 홍수, 큰물; 충만, 횡일(橫溢); 쇄도

8

수 가 이 절 부 가 이 탈

水可以絶 不可以奪.

Shuǐ kě yǐ jué, bù kě yǐ duó.

부 전 승 공 취 이 부 수 기 공 자 흉 명 왈 비 류

夫戰勝攻取 而不修其功者凶 命曰費留.

Fū zhàn shèng gōng qǔ, ér bù xiū qí gōng zhě xiōng, mìng yuē fèi liú.

물은 (적을) 막을 수는 있지만 없애지는 못한다.
무릇 싸워서 이기고 공격해서 (영토, 전리품 등을) 얻을지라도 그 공로를 다스리지 못하면 흉한 일이므로 이를 비용만 쓰고 머문 것이라고 한다.

以	써	이	써, -로써, 부터, -에서, 까닭
絶	끊을	절	끊다, 단절하다, 막히다
可	옳을	가	옳다, 가히, 쯤, 정도
奪	빼앗을	탈	빼앗다, 잃다, 없어지다, 탈진하다
夫	지아비	부	지아비, 사나이, 장정, 시중하는 사람
戰	싸울	전	싸우다, 싸움, 전쟁, 두려워하다, 두려워서 떨다
勝	이길	승	이기다, 낫다, 뛰어나다, 뛰어난 것
攻	칠	공	치다, 공격하다, 불까다, 거세(去勢)하다, 다스리다
取	취할	취	취하다, 골라 뽑다, 돕다, 의지하다
而	말이을	이	말 이음, 순접·역접의 접속사
修	닦을	수	닦다, 다스리다, 고치다
其	그	기	그(지시 대명사), 의(관형격 조사), 그(감탄, 강세 조사)
功	공	공	공, 공로, 공치사하다, 공을 자랑하다, 일, 직무
者	놈	자	놈, 사람, 것, 일을 가리켜 이른다
凶	흉할	흉	흉하다, 재앙, 재난, 요사(夭死), 나이가 젊을 때 죽음
命	목숨	명	목숨, 운수, 운, 명하다, 명령을 내리다
費	쓸	비	쓰다, 금품을 소비하다, 손상하다, 닳다, 소모되다
留	머무를	류{유}	머무르다, 기다리다, 변하지 아니하다, 지체하다

❶ By means of water, an enemy may be intercepted[1)], but not robbed[2)] of all his belongings.

Unhappy is the fate[3)] of one who tries to win his battles and succeed[4)] in his attacks without cultivating[5)] the spirit[6)] of enterprise[7)]; for the result is waste of time and general stagnation[8)].

물을 이용하면 적을 차단할 수는 있지만, 가진 것 모두를 빼앗지는 못한다.

불행이란 전투에서 이기려하고 진취적인 정신을 연마하지 않은 자의 비운이므로, 그 결과는 시간 낭비와 대체로 침체이다.

❷ Water can isolate an enemy but cannot destroy[9)] his supplies or equipment.

Now to win battles and take your objectives, but to fail to exploit[10)] these achievements is ominous and may be described[11)] as 'wasteful delay[12)]'.

물은 적을 격리시킬 수 있지만 보급품이나 장비를 파괴하지는 못한다.

전투에 이기고 목표를 가지지 않으면, 이러한 성과가 불길하게 이용되어 실패하고 '헛된 지연'으로 평가될 수 있다.

---

1) in · ter · cept: ① 도중에서 빼앗다〔붙잡다〕, 가로채다. ② (빛 · 물 따위를) 가로막다; 차단〔저지〕하다

2) rob: ① …에서 훔치다, …에게서 강탈〔약탈〕하다, 빼앗다《of》; (권리 등을) 잃게 하다 ② …의 알맹이를 빼앗다, 유린하다; 약탈하다, 강도질을 하다

3) fate: ① 운명, 숙명; 운(運), 비운; 최종 결과, 인과. ② 죽음, 최후; 파멸.

4) suc · ceed: ① 성공하다, 출세하다; 잘 되어가다, 번창하다 ② 결과를 얻다 ③ 계속되다, 잇따라 일어나다 ④ 상속인〔후임〕이 되다; 상속〔계승〕하다; ① …에 계속되다, …에 대신하다 ② …의 뒤를 잇다.

5) cul · ti · vate: ① (땅을) 갈다, 경작하다; 사이갈이하다 ② 재배하다; 양식하다; (세균을) 배양하다. ③ (재능 · 품성 · 습관 따위를) 신장하다, 계발〔연마〕하다; 수련하다; (학예 따위를) 장려하다, 촉진하다

6) spir · it: ① 정신, 영(靈), ② 마음. 신령; 신, 성령. ③ (육체를 떠난) 혼, 영혼; 유령, 망령 ④ …의 성격〔기질〕을 가진) 사람, 인물 ⑤ 활기, 기백, 기운; 용기, 열심 ⑥ 기분 ⑦ 성품, 기질, 기풍

7) en · ter · prise: ① 기획, 계획 ② 기업(체), 사업; 기업경영 ③ 진취적인 정신, 기업심〔열〕; 모험심

8) stag · ná · tion: 침체, 정체; 부진, 불황.

9) de · stroy: ① 파괴하다, 부수다, 분쇄하다; 소멸시키다. ② 죽이다, …의 목숨을 빼앗다; 멸망〔절멸〕시키다 ③ (명성 등을) 해치다, (계획 등을) 못쓰게 만들다; 파괴되다; 부서지다.

10) ex · ploit: (큰) 공, 공훈, 공적, 위업; ① (자원 등을) 개발〔개척〕하다, 채굴〔벌채〕하다; (특색 등을) 살리다, 활용하다 ② (이기적인 목적으로) 이용하다, 미끼삼다; (남의 노동력 등을) 착취하다

11) de · scribe: ① (언어로) 묘사하다, 기술하다; (말로) 설명하다 ② (인물을) 평하다; 간주하다; 언급하다 ③ …의 징조이다, 나타내다 ④ (도형을) 그리다; (곡선 등을) 그리며 나아가다

12) de · lay: 지연, 지체; 연기, 유예

9

고 왈 명 주 려 지 량 장 수 지
故曰 明主慮之 良將修之.
Gù yuē, míng zhǔ lǜ zhī, liáng jiāng xiū zhī.

비 리 부 동 비 득 부 용 비 위 부 전
非利不動 非得不用 非危不戰.
Fēi lì bù dòng, fēi děi bù yòng, fēi wéi bù zhàn.

고로 현명한 군주는 이리저리 헤아려 보고 뛰어난 장수는 잘 다스린다. 유리하지 않다면 움직이지 말고 얻을 것이 없으면 군사를 쓰지 않고 위태롭지 않다면 싸우지 않는다.

故	옛	고	예, 이미 지나간 때, 옛, 예전의, 옛날의, 원래, 본래
曰	가로	왈	가로되, 말하기를, 이르다, 말하다, 일컫다
明	밝을	명	밝다, 밝히다, 밝게, 환하게
主	주인	주	주인, 당사자, 관계자, 가장 주요한, 가장 기본적인, 주관하다, 책임지다
慮	생각할	려{여}	생각하다, 꾀하다, 근심하다, 걱정하다
良	좋을	량{양}	좋다, 어질다, 뛰어나다, 아름답다, 경사스럽다
將	장차	장	장차, 막-하려 한다, 마땅히-하여야 한다, 어찌(何)
修	닦을	수	닦다, 다스리다, 고치다
非	아닐	비	아니다, 부정(否定)의 조사, 등지다, 배반하다, 거짓
利	날카로울	리{이}	이롭다, 유익하다, 편리하다, 날카롭다, 통하다
動	움직일	동	움직이다, 나다, 살다, 살아나다, 변하다
得	얻을	득	얻다, 이익, 이득, 덕(德)
用	쓸	용	쓰다, 베풀다, 부리다, 등용하다, 행하다, 다스리다
非	아닐	비	아니다, 부정(否定)의 조사, 등지다, 배반하다, 거짓
危	위태할	위	위태하다, 위태롭게 하다, 두려워하다
戰	싸울	전	싸우다, 싸움, 전쟁, 두려워하다, 두려워서 떨다

❶ Hence the saying: The enlightened[1] ruler lays his plans well ahead; the good general cultivates[2] his resources[3].

Move not unless you see an advantage[4]; use not your troops[5] unless there is something to be gained; fight not unless the position[6] is critica l[7].

그래서 말하기를 사리를 아는 통치자는 앞서서 계획을 마련하고, 훌륭한 장군은 기지를 연마한다.

이익이 없으면 움직이지 않고, 무엇인가 얻을 것이 없다면 군대를 사용하지 않아야 하고, 형세가 위태롭지 않으면 싸우지 않는다.

❷ And therefore it is said that enlightened[8] rulers deliberate[9] upon the plans, and good generals execute[10] them.

If not in the interests of the state, do not act. If you can not succeed[11], do not use troops. If you are not in danger, do not fight.

그러므로 사리를 아는 통치자는 계획을 심의하고, 훌륭한 장군은 계획을 실행한다.

형세가 이익이 되지 않으면, 실행에 옮기지 말라. 결과를 얻을 것이 없다면, 부대를 사용하지 말라. 위험에 처하지 않으면, 싸우지 말라.

---

1) en · líght · ened: ① 계발된; 견식 있는. ② 문명화한; 진보한 ③ 밝은, 사리를 잘 아는
2) cul · ti · vate: ① (땅을) 갈다, 경작하다;② 재배하다; 양식하다; (세균을) 배양하다. ③ (재능 · 품성 · 습관 따위를) 신장하다, 계발(연마)하다; 수련하다; 장려하다, 촉진하다 ④ 교화하다. ⑤ (면식 · 교제를) 구하다, 깊게 하다 ⑥ (예술 등에) 몰두하다, 탐닉하다.
3) re · source: ① (보통 pl.) 자원; 물자; 재원, 자력 ② (의지하는) 수단, 방책, 둘러맞춤 ③ 연구력, 변통하는 재주, 기지, 기략 ④ 소창, 오락 ⑤ 『컴퓨터』 자원《컴퓨터를 구성하고 있는 모든 것》.
4) ad · van · tage: ① 유리; 이익; 편의 ② 우세, 우월 ③ 이점, 장점
5) troop: ① 대(隊), 떼, 무리《of》 ② (보통 pl.) 군대, 병력 ★ 60 troops는 '병력 60명'의 뜻. ③ 『軍』 기병 중대. ④ (보이스카우트의) 분대《최소 5명》; (걸 스카우트의) 단(團)《8-32명으로 구성됨》
6) po · si · tion: ① a) 위치, 장소, 소재지; 적소 b) (사회적) 처지, 입장 ② 지위, 신분; 높은 지위 ③ 직책, 근무처 ④ 태도, 자세; 심적 태도; (문제 등에 대한) 입장, 견해, 주장 ⑤ 상태, 형세, 국면
7) crit · i · cal: ① 비평의, 평론의; 비판적인 ② 비판력 있는, 감식력 있는 ③ 위기의, 위험기의, 위급한; 위독한
8) en · líght · ened: ① 계발된; 견식 있는. ② 문명화한; 진보한 ③ 밝은, 사리를 잘 아는
9) de · lib · er · ate: ① 계획적인, 숙고한 뒤의, 고의의. ② 생각이 깊은, 신중한 ③ 침착한, 유유한; 잘 생각하다, 숙고하다; …을 심의하다; ① 숙고하다 ② 심의하다, 협의하다
10) ex · e · cute: ① 실행하다, 실시하다; 수행(달성, 완수)하다 ② 시공하다; 완성하다, 제작하다
11) suc · ceed: ① 성공하다, 출세하다; 잘 되어가다, 번창하다 ② 결과를 얻다 ③ 계속되다, 잇따라 일어나다 ④ 상속인(후임)이 되다; 상속(계승)하다; ① …에 계속되다, …에 대신하다 ② …의 뒤를 잇다,

10

주 부 가 이 노 이 흥 사 장 부 가 이 온 이 치 전

主不可以怒而興師 將不可以慍而致戰.

Zhǔ bù kě yǐ nù ér xīng shī, jiāng bù kě yǐ yùn ér zhì zhàn.

합 어 리 이 동 부 합 어 리 이 지

合於利而動 不合於利而止.

Hé yú lì ér dòng, bù hé yú lì ér zhǐ.

군주는 화가 난다고 하여 군사를 일으켜서는 안 되고 장수는 노여움으로 싸움에 (군사를) 보내서는 안 된다.
이익에 합치되면 움직이고 이익에 합치가 되지 않으면 머무른다.

主	주인	주	주인, 당사자, 관계자, 가장 주요한, 가장 기본적인, 주관하다, 책임지다
可	옳을	가	옳다, 가히, 쯤, 정도
以	써	이	써, –로써, 부터, –에서, 까닭
怒	성낼	노	성내다, 화내다, 성, 화, 힘쓰다, 떨쳐 일어나다
而	말이을	이	말 이음, 순접역접의 접속사
興	일	흥	일다, 일어나다, 일으키다, 관(官)이 징수하다
師	스승	사	스승, 군사(軍士), 군대(軍隊)
將	장차	장	장차, 막–하려 한다, 마땅히–하여야 한다, 어찌(何)
慍	성낼	온	성내다, 성, 화, 노여움, 원망하다
致	보낼	치	보내다, 전송해 보내다, 돌려 바치다, 바치다
戰	싸울	전	싸우다, 싸움, 전쟁, 두려워하다, 두려워서 떨다
於	어조사	어	어조사, –에, 에서, 보다, 를, 에게, 있어서
利	날카로울	리{이}	이롭다, 유익하다, 편리하다, 날카롭다, 통하다
動	움직일	동	움직이다, 나다, 살다, 살아나다, 변하다
合	합할	합	합하다, 여럿이 모여 하나가 되다, 만나다, 맞다
止	발	지	발, 멎다, 멈추다, 머무르다

❶ No ruler should put troops[1)] into the field merely[2)] to gratify[3)] his own spleen[4)]; no general should fight a battle simply out of pique[5)].

If it is to your advantage[6)], make a forward move[7)]; if not, stay where you are. If it is to your advantage, make a forward move; if not, stay where you are.

통치자는 군대를 단지 화풀이를 하려고 싸우게 하면 안 되고, 장군은 단순히 화가 난다고 하여 싸움을 시작하면 안 된다. 이익이 된다면, 앞으로 움직이고, 그렇지 않다면, 그곳에 머물러라.

* 'to gratify his own spleen(자신의 원한을 만족시키기 위해)'를 '화풀이를 하려고'로 번역함.
fight a battle: 한바탕 싸우다, 일전을 벌이다, 싸움을 시작하다; 교전하다, 다투다

❷ A sovereign[8)] cannot raise[9)] an army because he is enraged[10)], nor can a general fight because he is resentful[11)].

생략.

군주는 화가 났다고 군대를 거병해서는 안 되고, 장군은 분개한다고 해서 싸우면 안 된다.

생략.

---

1) troop: ① 대(隊), 떼, 무리《of》 ② (보통 pl.) 군대, 병력 ★ 60 troops는 '병력 60명'의 뜻. ③ 〖軍〗 기병 중대. ④ (보이스카우트의) 분대《최소 5명》; (걸 스카우트의) 단(團)《8-32명으로 구성됨》
2) mere · ly: 단지, 그저, 다만; 전혀.
3) grat · i · fy: ① 기쁘게 하다, 만족시키다; (욕망 따위를) 채우다 ② 《고어》 …에게 보수를(팁을) 주다
4) spleen: ① 〖해부학〗 비장(脾臟), 지라. ② 울화, 기분이 언짢음; 심술, 악의; 원한, 유한; 《고어》 우울, 낙담
5) pique: 화, 불쾌, 찌무룩함.
6) ad · van · tage: ① 유리; 이익; 편의 ② 우세, 우월 ③ 이점, 장점
7) move: ① 움직임, 동작, 운동. ② 행동, 조처 ③ 이동; 이사. ④ 진행, 추이(推移).
8) sov · er · eign: 주권자, 원수(元首), 군주(monarch), 국왕, 지배자.
9) raise: ① (위로) 올리다, 끌어올리다 ② (안아) 일으키다, 일으켜 세우다 ③ 승진(출세)시키다 ④ 분기시키다, 격분시키다 ⑤ (영혼 등을) 불러내다; (죽은 자를) 되살리다 ⑥ (새를) 날개치게 하다; (먼지를) 일으키다(피우다) ⑦ (곤란 · 문제 따위를) 일으키다, 제기하다 ⑧ 기르다, 사육하다, 재배하다 ⑨ (돈을) 마련(조달)하다, 모금하다; (병사를) 모집하다
10) en · rage: 노하게 하다, 분격시키다
11) re · sent · ful: 분개한, 성마른; 성 잘내는

11

노 가 이 복 희　온 가 이 복 열
怒可以復喜 慍可以復悅.
Nù kě yǐ fù xǐ, yùn kě yǐ fù yuè.

망 국 부 가 이 복 존　사 자 부 가 이 복 생
亡國不可以復存 死者不可以復生.
Wáng guó bù kě yǐ fù cún, sǐz hě bù kě yǐ fù shēng.

분노는 다시 기쁨으로 되풀이되고 노여움은 다시 기쁨으로 되풀이된다. 망한 나라는 다시 존재할 수 없고 죽은 자는 다시 살아날 수 없다.

怒	성낼	노	성내다, 화내다, 성, 화, 힘쓰다, 떨쳐 일어나다
可	옳을	가	옳다, 가히, 쯤, 정도
以	써	이	써, −로써, 부터, −에서, 까닭
復	돌아올	복	돌아오다, 돌려보내다, 뒤집다
喜	기쁠	희	기쁘다, 즐겁다, 즐거워하다, 좋아하다, 즐기다
慍	성낼	온	성내다, 성, 화, 노여움, 원망하다
悅	기쁠	열	기쁘다, 심복(心服)하다, 기뻐하며 따르다
亡	망할	망	망하다, 달아나다, 죽다
國	나라	국	나라, 서울, 나라를 세우다
不	아닐	부, 불	아닌가, 아니다, 크다, 말라(금지의 뜻), 새 이름
存	있을	존	있다, 안부를 묻다, 가엾게 여기다
死	죽을	사	죽다, 죽음, 죽은 이
者	놈	자	놈, 사람, 것, 일을 가리켜 이른다
生	날	생	나다, 태어나다, 천생으로, 낳다, 자식을 낳다

❶ Anger may in time change to gladness; vexation[1] may be succeeded[2] by content. But a kingdom that has once been destroyed[3] can never come again into being; nor can the dead ever be brought back to life.

분노는 머지않아 기쁨으로 변할 수 있고, 화가 난 것은 만족으로 대신할 수 있다. 하지만 한번 파괴된 왕국은 결코 다시 존재할 수 없고, 죽은 자에게는 생명을 가져다 줄 수 없다.

❷ For while an angered man may again be happy, and a resentful[4] man again be pleased, a state that has perished[5] cannot be restored[6], nor can the dead be brought back to life.

잠시 후 화난 사람은 다시 기뻐할 수 있고, 분개한 사람은 다시 만족할 수 있으며, 멸망한 나라는 재건할 수 없고, 죽은 사람에게 생명을 가져다 줄 수 없다.

---

1) vex · a · tion: ① 애탐, 애태움, 화냄 ② 괴로움, 고민; (종종 pl.) 고민거리, 고뇌〔고통, 불안〕의 원인
2) suc · ceed: ① 성공하다, 출세하다; 잘 되어가다, 번창하다 ② 결과를 얻다 ③ 계속되다, 잇따라 일어나다 ④ 상속인〔후임〕이 되다; 상속〔계승〕하다; ① …에 계속되다, …에 대신하다 ② …의 뒤를 잇다,
3) de · stroy: ① 파괴하다, 부수다, 분쇄하다; 소멸시키다. ② 죽이다, …의 목숨을 빼앗다; 멸망〔절멸〕시키다 ③ (명성 등을) 해치다, (계획 등을) 못쓰게 만들다; 파괴되다; 부서지다.
4) re · sent · ful: 분개한, 성마른; 성 잘내는
5) per · ish: 멸망하다, (비명(非命)에) 죽다; 썩어 없어지다, 사라지다; 썩다, 타락하다
6) re · store: ① 원장소에 되돌리다; 반환〔반송〕하다 ② 되찾다, 다시 손에 넣다 ③ 부흥〔부활〕하다; 복구〔재건〕하다; 복원하다, 수선〔수복〕하다 ④ (원지위로) 복귀시키다; 복원시키다 ⑤ 회복시키다

12

고 명 군 신 지 양 장 경 지 차 안 국 전 군 지 도 야

故明君愼之 良將警之. 此安國全軍之道也.

Gù míng jūn shèn zhī, liáng jiāng jǐng zhī, Cǐ ān guó quán jūn zhī dào yě.

그러므로 현명한 군주는 신중하고 뛰어난 장수는 경계한다. 이것이 나라의 안녕과 군대를 보전하는 길이다.

故	옛	고	예, 이미 지나간 때, 옛, 예전의, 옛날의, 원래, 본래
明	밝을	명	밝다, 밝히다, 밝게, 환하게
君	임금	군	임금, 주권자, 세자
愼	삼갈	신	삼가다
之	갈	지	가다, 이(指示代名詞), -의(冠形格助詞)
良	좋을	량{양}	좋다, 어질다, 뛰어나다, 아름답다, 경사스럽다
將	장차	장	장차, 막-하려 한다, 마땅히-하여야 한다, 어찌(何)
警	경계할	경	경계하다, 타이르다, 조심하다, 방비하다, 놀라다
此	이	차	이, 이곳, 이것, 가까운 사물을 가리킴, 이에, 그래서
安	편안할	안	편안하다, 즐기다, 좋아하다, 평온하다
國	나라	국	나라, 서울, 나라를 세우다
全	온전할	전	온전하다, 온전하게 하다, 완전히
軍	군사	군	군사(軍士), 군사(軍事), 진을 치다
道	길	도	길, 이치, 근원, 기능, 방법, 사상, 인의
也	어조사	야	어조사, 또, 또한, 잇달다

❶ Hence the enlightened[1] ruler is heedful, and the good general full of caution[2]. This is the way to keep a country[3] at peace and an army intac t[4].

그러므로 사리를 아는 통치자는 주의 깊고, 훌륭한 장군은 항상 신중하다. 이것이 나라는 평화롭고 군대를 보전하는 방식이다.

❷ Therefore, the enlightened ruler is prudent[5] and the good general is warned against[6] rash[7] action. Thus the state is kept secure[8] and the army preserved[9].

그러므로 사리를 아는 통치자는 신중하고 훌륭한 장군은 분별없는 행동에 대하여 경계한다. 그러므로 나라는 안정되고 군대는 보전된다.

---

1) en · light · ened: ① 계발된; 견식 있는. ② 문명화한; 진보한 ③ 밝은, 사리를 잘 아는
2) cau · tion: ① 조심, 신중 ② 경고, 주; 계고(戒告); 『군사』 (구령의) 예령(豫令)
3) coun · try: ① 나라, 국가; 국토 ② 시골, 교외, 지방, 전원 ③ 조국, 고국; 고향 ④ 지역, 고장 ⑤ (어떤) 영역, 분야, 방면.
4) in · tact: 본래대로의, 손대지 않은, 완전한
5) pru · dent: ① 신중한, 조심성 있는, 세심한 ② 분별 있는, 총명한 ③ 공손한, 얌전한. ④ 빈틈없는, 타산적인
6) against: ① …을 향하여, …에 대해서, …에 부딪치어 ② …와 마주 대하여. ③ …에 대비(對比)하여 ④ …에 반대하여, …에 적대하여, …에 거슬러
7) rash: 분별없는, 경솔한; 성급한
8) se · cure: ① 안전한, 위험이 없는 ② 안정된, 걱정이 없는; (발판 · 토대 · 매듭 등이) 튼튼한; 단단히 잠긴(닫힌); 무너지지 않는 ③ 안전하게 보관된; 도망칠 염려 없는 ④ (일이) 확보된, 보증된; 확실한; (관계 · 명성 등이) 확립된; (판단 등이) 믿을 수 있는 ⑤ 안심하는, 걱정 없는; 의심 없는, (신념 등에서) 확고한
9) pre · serve: ① 보전하다, 유지하다 ② 보존하다

十三篇 用間

❶ USE OF SPIES 첩자 이용

– Lionel Giles(라이오넬 자일스) 역

❷ EMPLOYMENT OF SECRET AGENTS 비밀요원 사용

– Samuel B. Griffith(사무엘 비 그리피스) 역

* 첩자를 활용하다

1. 첩자 활용의 종류
2. 정보는 사전에 누설되어서는 안 된다
3. 공격하려면 적에 대한 정보를 알아야 한다

用	쓸 용	쓰다, 베풀다, 부리다, 등용하다, 행하다, 다스리다
間	틈 간	틈, 閒의俗字
篇	책 편	책, 완결된 책, 완결된 시문(詩文), 시문을 세는 단위

孫子兵法

Sūn zǐ bīng fǎ

Art of war

1

손 자 왈　범 흥 사 십 만　출 병 천 리　백 성 지 비
孫子曰: 凡興師十萬 出兵千里 百姓之費
Sūn zǐ yuē: Fán xīng shī shí wàn, chū bīng qiān lǐ, bǎi xìng zhī fèi,

공 가 지 봉　일 비 천 금
公家之奉 日費千金.
gōng jiā zhī fèng, rì fèi qiān jīn.

손자가 말했다. 무릇 십만 대군을 일으켜 군대가 천 리를 가면 백성의 비용과 조정 부담금이 하루 천금이 된다.

凡	무릇	범	무릇, 모두, 다, 합계
興	일	흥	일다, 일어나다, 일으키다, 관(官)이 징수하다
師	스승	사	스승, 군사(軍士), 군대(軍隊)
萬	일만	만	일만, 수의 많음을 나타내는 말, 다수, 크다
出	날	출	나다, 나타나다, 나가다, 내다, 내보내다, 간행하다
征	칠	정	치다, 가다, 바르게 가다, 취하다
千	일천	천	일천, 천 번, 많다
里	마을	리	마을, 거리, 주거(住居)
百	일백	백	일백, 모든, 백 번 하다
姓	성	성	성, 겨레, 아들
之	갈	지	가다, 이(指示代名詞), -의(冠形格助詞)
費	쓸	비	쓰다, 금품을 소비하다, 손상하다, 닳다, 소모되다
公	공변될	공	공변되다, 숨김없이 드러내 놓다, 공적, 공적(公的)인 것
家	집	가	집, 건물, 집 안, 지아비
奉	받들	봉	받들다, 기르다, 돕다
金	성, 쇠	김, 금	성, 쇠, 금속 광물의 총칭, 돈, 황금

❶ Sun Tzu said: Raising[1] a host of a hundred thousand men and marching[2] them great distances entails[3] heavy loss on the people and a drain[4] on the resources[5] of the State. The daily expenditure[6] will amount[7] to a thousand ounces[8] of silver.

손자가 말했다. 십만 명의 군대를 일으키고 극도의 원거리를 행군하면 백성들에게는 무거운 손실과 국가에는 재원이 소모된다. 1일 지출액은 은銀 1000 온스(31.1035kg)에 달할 것이다.

❷ Sun Tzu said: Now when an army of one hundred thousand is raised and dispatched[9] on a distant campaign[10] the expenses borne by the people together with the disbursements[11] of the treasury[12] will amount to a thousand pieces of gold daily.

손자가 말했다. 십만 명의 군대를 일으키고 먼 거리를 파병하여 종군하면 기금의 지출과 함께 백성들이 부담하는 비용은 본국과 외국 양쪽에서 1일 계산 금화 천 개에 이를 것이다.

---

1) raise: ① (위로) 올리다, 끌어올리다 ② 일으키다, 일으켜 세우다 ③ 승진〔출세〕시키다 ④ 분기시키다, 격분시키다 ⑤ (영혼 등을) 불러내다; (죽은 자를) 되살리다 ⑥ (병사를) 모집하다
2) march: ① 【군사】 (대열을 지어) 행진하다; (당당하게) 걷다, 빨리 전진하다 ② …을 행진시키다, 행군시키다
3) en · tail: ① (필연적 결과로서) 일으키다, 남기다, 수반하다 ② …을 필요로 하다; (노력 · 비용 등을) 들게 하다, 과(課)하다
4) drain: ① 배수, 방수; 유출. ② 배수관; 배수 도랑, 하수구; (pl.) 하수 (시설) ③ 고갈, 낭비, 소모
5) re · source: ① (보통 pl.) 자원; 물자; 재원, 자력 ② (의지하는) 수단, 방책, 둘러맞춤
6) ex · pend · i · ture: 지출; 소비; 출비, 경비, 비용, 지출액; 소비량; 소비 시간
7) amount: ① (총계 · 금액이) …이 되다, 총계 (…에) 달하다《to》 ② (…에) 해당〔상당〕하다, 결국 (…이) 되다
8) ounce: ① (중량 단위의) 온스《생략: oz.; 상형(常衡)에서는 1/16파운드, 28.3495g; 단, 금형 · 약국형에서는 1/12파운드, 31.1035g》. ② (액량 단위의) 온스 《미국에서는 1/16파인트, 29.6cc; 영국에서는 1/20파인트, 28.4cc》.
9) dis · patch: ① 급송하다; 급파〔특파〕하다; 파병하다. ② 급히 해치우다, 신속히 처리하다 ③ 죽이다; 신속히 처형하다.
10) cam · paign: ① 종군하다 ② (…에 반대〔찬성〕하는) 운동을 하다〔일으키다〕
11) dis · bursement: 지급, 지출; 지급금.
12) treas · ury: ① 보고《재보를 보관하는 건물 · 방 · 상자 등》; (국가 · 지방자치단체 · 기업 · 기타 각종 단체의) 금고(에 보관된 자금 · 재원). ② 기금, 자금.

2

내 외 소 동 태 어 도 노 부 득 조 사 자 칠 십 만 가

內外騷動 怠於道路 不得操事者 七十萬家.

Nèi wài sāo dòng, dài yú dào lù, bù dé cāo shì zhě, qī shí wàn jiā.

(나라의) 안팎이 떠들썩하게 움직이고 (천 리) 길을 가며 태만해지고 일을 할 수 없어 (가계) 수입이 없는 자가 칠십만 가구에 이른다.

內	안	내	안, 들다, 들이다, 어머니
外	밖	외	밖, 바깥, 이전, 용의(容儀), 차림
騷	떠들	소	떠들다, 떠들썩하다, 긁다, 말(馬)을 긁어주다, 근심하다
動	움직일	동	움직이다, 나다, 살다, 살아나다, 변하다
怠	게으름	태	게으르다, 업신여기다, 쇠약해지다, 약해지다, 위태롭다
於	어조사	어	어조사, -에, 에서, 보다, 를, 에게, 있어서, 있어서 하다
道	길	도	길, 이치, 근원, 기능, 방법, 사상, 인의, 덕행,
路	길	로{노}	길, 거쳐 가는 길, 겪는 일, 크다
得	얻을	득	얻다, 이익, 이득, 덕(德)
操	잡을	조	잡다, 쥐다, 부리다, 조종하다, 다가서다, 닥쳐오다
事	일	사	일, 일삼다, 전념하다, 정치
者	놈	자	놈, 사람, 것, 일을 가리켜 이른다
七	일곱	칠	일곱, 일곱 번, 문체 이름

❶ There will be commotion[1] at home and abroad, and men will drop down exhausted[2] on the highways[3]. As many as seven hundred thousand families will be impeded[4] in their labor.

본국과 외국에서 폭동이 일어날 것이고, 백성들은 큰길에 지쳐 쓰러질 것이다. 70만 정도의 가구가 일하는데 방해받게 될 것이다.

❷ There will be continuous commotion[5] both at home and abroad, people will be exhausted by the requirements[6] of transport, and the affairs[7] of seven hundred thousand households[8] will be disrupted[9].

본국과 외국 양쪽에서 지속적인 폭동이 있을 것이고, 백성들은 물자 수송으로 인해 지쳐버릴 것이며, 70만 세대의 일이 중단될 것이다.

---

1) com · mo · tion: 동요; 흥분; 소동, 소요, 폭동.
2) ex · haust: ① 다 써버리다; 고갈시키다; 소모하다; 피폐시키다 ② 지쳐빠지게 하다, 피로게 하다; 녹초가 되다
3) high · way: 공도(公道), 간선 도로, 큰길, 한길, 하이웨이
4) im · pede: 방해하다(hinder), 헤살을 놓다
5) com · mo · tion: 동요; 흥분; 소동, 소요, 폭동.
6) re · quire · ment: ① 요구, 필요. ② 필요물, 요구물. ③ 필요 조건, 자격
7) af · fair: ① 일, 용건; 업무, 용무, 직무, 사무 ② 사건; 생긴 일; 추문 ③ 관심사 ④ 모임, 파티 ⑤ 사태, 상황, 정세
8) house · hold: 가족, 세대; 한 집안
9) dis · rupt: ① 찢어 발기다, 째다; 부수다. ② 붕괴(분열)시키다; 분쇄하다. ③ 혼란케 하다; 일시 불통케 하다, 중단시키다.

3

상 수 삭 년 이 쟁 일 일 지 승
相守數年 以爭一日之勝.
Xiāng shǒu shù nián, yǐ zhēng yī rì zhī shèng,

이 애 작 녹 백 금 부 지 적 지 정 자 부 인 지 지 야
而愛爵祿百金 不知敵之情者 不仁之至也.
Ér ài jué lù bǎi jīn, bù zhī dí zhī qíng zhě, bù rén zhī zhì yě.

수년 동안 서로 대치하여 하루에 승리를 다툰다.
작위와 녹봉과 백 개의 금이 아까워서 적의 정세를 알려고 하지 않는 것은 어질지 못함의 극치이다.

相	서로	상	서로, 보다, 자세히 보다, 바탕
守	지킬	수	지키다, 직무, 직책, 정조, 지조
數	셀	삭,수	세다, 계산하다, 셈에 넣다, 세어서 말하다, 들어 말하다
年	해	년	해, 365일, 나이, 연령, 새해, 신년
以	써	이	써, -로써, 부터, -에서, 까닭
爭	다툴	쟁, 정	다투다, 잡아끌다, 결판을 내다, 소송하다, 따져 말하다
勝	이길	승	이기다, 낫다, 뛰어나다, 뛰어난 것
而	말이을	이	말 이음, 순접·역접의 접속사, 구 말에 붙여 어세를 돕는 조사, 너
愛	사랑	애	사랑, 사랑하다, 친밀하게 대하다
爵	잔	작	잔, 술잔, 벼슬, 신분의 위계, 작위를 내리다
祿	복	록{녹}	복, 행복, 녹, 녹봉, 녹을 주다
百	일백	백	일백, 모든, 백 번 하다
知	알	지	알다, 깨닫다, 느끼다, 분별하다, 기억하다
敵	원수	적	원수, 상대방, 대등하다, 맞서다
情	뜻	정	뜻, 정, 본성(本性)
仁	어질	인	어질다, 자애, 만물을 낳다
至	이를	지	이르다, 도래하다, 미치다, 닿다, 두루 미치다, 끝 가다
也	어조사	야	어조사, 또, 또한, 잇달다

❶ Hostile[1] armies may face each other for years, striving[2] for the victory which is decided in a single day.

This being so, to remain[3] in ignorance[4] of the enemy's condition[5] simply because one grudges[6] the outlay of a hundred ounces[7] of silver in honors and emoluments[8], is the height[9] of inhumanity.

적의 군대는 수년 동안 서로 대항할 수 있지만, 단 하루 만에 결정되는 승리를 위해 분투한다.

실상은 이러한데, 단순히 명예와 급료에 있어 100온스의 경비가 아까워 적의 상황에는 무관심한 것은 몰인정의 극치이다.

❷ One who confronts[10] his enemy for many years in order to struggle[11] for victory in a decisive battle yet who, because he begrudges[12] rank[13], honours and a few hundred pieces of gold, remains ignorant[14] of his enemy's situation[15], is completely[16] devoid[17] of humanity[18].

결정적인 전투에서 승리하려고 싸우기 위하여 수년 동안 적과 맞서는데, 지위, 명예와 금화 몇백을 주기가 아까워 적의 형세를 알아차리지 못한다면, 완전히 인정이 결여된 것이다.

---

1) hos · tile: ① 적의 있는, 적개심에 불타는 ② 반대의, 호의적이 아닌 ③ 냉담한, 성미에 맞지 않는 ④ 적의
2) strive: ① 노력하다 ② 얻으려고 애쓰다 ③ 싸우다, 항쟁(분투)하다, 겨루다》; 승강이하다
3) re · main: ① 남다, 남아 있다; 없어지지 않고 있다; 살아남다 ② 머무르다, 체류하다 ③ …하지 않고 남아 있다, 아직(금후) …하지 않으면 안 되다 ④ …한 대로이다, 여전히 …이다
4) ig · no · rance: 무지, 무학; (어떤 일을) 모름
5) con · di · tion: ① 조건; 필요조건; (제)조건, 조목, 조항; 제약 ② 주위의 상황, 형세, 사정 ③ 상태
6) rudge: ① (주기를) 싫어하다, 아까워하다, 인색하게 굴다; …하기를 꺼리다, …하기 싫어하다 ② 부러워하다; 시기하다, 질투하다; 원한(악의, 불만)을 품다; 불평하다, 투덜대다.
7) ounce: ① (중량 단위의) 온스《생략: oz.; 상형에서는 1/16파운드, 28.3495g; 단, 금형 · 약국형에서는 1/12파운드, 31.1035g》. ② (액량 단위의) 온스(fluid ~)《미국에서는 1/16파인트, 29.6cc; 영국에서는 1/20파인트, 28.4cc》.
8) emol · u · ment: (보통 pl.) 급료, 봉급, 수당; 보수; 이득(profit)《of》.
9) height: ① 높음. ② 높이, 키; 고도, 해발, 표고 ③ (보통 pl.) 고지, 산, 언덕, 높은 장소(위치).
10) con · front: ① …에 직면하다, …와 마주 대하다; …와 만나다 ② (적 · 위험 따위에) 대항하다, …와 맞서다.
11) strug · gle: ① 버둥(허우적)거리다 ② 애쓰며 가다(나아가다), 그럭저럭 해나가다 ③ 노력(분투)하다, 고투하다 ④ 싸우다; 노력해서 …을 해내다(움직이다); 애써서 …을 (어떤) 상태로 만들다
12) be · grudge: ① …을 시새우다, 시기하다 ② …에게 (무엇을) 주기를 꺼리다, …을 내놓기 아까워하다
13) rank: ① a) 열, 행렬 b) (특히 군대의) 횡렬, 횡대로 줄지은 병사. ② (pl.) 계급, 사회층, 신분 ③ 지위, 등급
14) ig · no · rant: ① 무지한, 무학의, 무식한 ② 예의를 모르는, 실례되는.
15) sit · u · a · tion: ① 위치, 장소, 소재; 환경. ② 입장, 사정 ③ 정세, 형세, 상태, 사태
16) com · plete: ① 완전한, 완벽한; 흠잡을 데 없는, 완비된 ② 전부의, 전부 갖춘 ③ 전면적인, 철저한
17) de · void; …이 전혀 없는, …이 결여된《of》
18) hu · man · i · ty: ① 인류 ② 인간성, 인도; (pl.) 인간의 속성, 인간다움. ③ 인간애, 박애, 자애, 인정

4

비 인 지 장 야 비 주 지 좌 야 비 승 지 주 야
非人之將也 非主之佐也 非勝之主也.
Fēi rén zhī jiàng yě, fēi zhǔ zhī zuǒ yě, fēi shèng zhī zhǔ yě.

고 명 군 현 장 소 이 동 이 승 인 성 공 출 어 중 자 선 지 야
故明君賢將 所以動而勝人 成功出於衆者 先知也.
Gù míng jūn xián jiāng, suǒ yǐ dòng ér shèng rén, chéng gōng chū yú zhòng zhě, xiān zhī yě.

이는 장수 될 사람이 아니고 군주를 보좌할 자도 아니며 승리의 주체도 아니다.

그러므로 현명한 군주와 어진 장수가 움직이면 적을 이기고 적보다 공적을 이룬다고 먼저 알기 때문이다.

非	아닐	비	아니다. 부정(否定)의 조사. 등지다. 배반하다. 거짓
將	장차	장	장차. 막-하려 한다. 마땅히-하여야 한다. 어찌(何)
主	주인	주	주인. 당사자. 주관하다. 책임지다. 주장하다
佐	도울	좌	돕다. 도움. 권하다
勝	이길	승	이기다. 낫다. 뛰어나다. 뛰어난 것
君	임금	군	임금. 주권자. 세자
賢	어질	현	어질다. 어진 사람. 재지가 있고 덕행이 뛰어난 사람
所	바	소	바. 일정한 곳이나 지역. 지위. 자리. 위치. 경우
以	써	이	써. -로써. 부터. -에서. 까닭
動	움직일	동	움직이다. 나다. 살다. 살아나다. 변하다
成	이룰	성	이루다. 이루어지다. 정하여지다. 갖추어지다
功	공	공	공. 공로. 공치사하다. 공을 자랑하다. 일. 직무
於	어조사	어	어조사. -에. 에서. 보다. 를. 에게. 있어서
衆	무리	중	무리. 많은 사람. 많은 물건. 많은 일. 땅. 백성. 군신
先	먼저	선	먼저. 나아가다. 옛날
知	알	지	알다. 깨닫다. 느끼다. 분별하다. 기억하다

❶ One who acts thus is no leader of men, no present help to his sovereign[1], no master[2] of victory.

Thus, what enables[3] the wise sovereign and the good general to strike[4] and conquer[5], and achieve[6] things beyond the reach of ordinary[7] men, is foreknowledge[8].

그렇게 행동하는 자는 병사들의 지휘관이 아니고, 군주에게 도움되지 않으며, 승리의 주인도 아니다.

그러므로 현명한 군주와 훌륭한 장군은 일격을 가하거나 적을 공략하고, 평범한 사람들의 이해력을 뛰어넘는 생각을 이루는 통찰력이 있다.

❷ Such a man is no general; no support[9] to his sovereign; no master of victory.

Now the reason the enlightened[10] prince and the wise general conquer the enemy whenever they move and their achievements[11] surpass[12] those of ordinary men is foreknowledge.

군주를 보좌하지 않고, 승리의 주인이 되지 못하는 자는 장수가 아니다.

사리에 밝은 제후와 현명한 장수는 언제나 전진하고 위업은 평범한 사람들을 능가하여 적을 공략하는 이유는 통찰력이 있기 때문이다.

---

1) sov · er · eign: 주권자, 원수(元首), 군주(monarch), 국왕, 지배자.
2) mas · ter: ① 주인; 영주; 고용주; (노예 · 가축 등의) 소유주, 임자 ② 장(長); 가장(家長); 선장; 교장. ③ 대가, 명수, 거장; 대가의 작품; 정통한(환한) 사람; 명인, 숙련자; 솜씨 좋은 장색 ④ 승리자, 정복자
3) en · a · ble: …에게 힘(능력)을 주다, …에게 가능성을 주다; …에게 권한(자격)을 주다; 가능(용이)하게 하다
4) strike: ① 치다, 두드리다, 때리다 ② 두들겨 만들다(…하다), 쳐서 만들어내다 ③ (시계가 시각을) 치다, 쳐서 알리다 ④ 맞부딪치다, 부딪다, 들이받다 ⑤ 일격을 가하다, (타격을) 가하다, 주다 ⑤ 습격(공격)하다; ① 치다, 때리다; 공격하다; (뱀 · 호랑이가) 급습하다 ② 타격을 가하다, 침해하다
5) con · quer: ① 정복하다, 공략하다. ② 획득하다. ③ 극복하다, …을 이겨내다; 억제하다 ④ 따르게 하다; 승리를 얻다, 이기다
6) achieve: ① (일 · 목적)을 이루다, 달성(성취)하다, (어려운 일)을 완수하다 ② (공적)을 세우다; (승리 · 명성)을 획득하다; 목적을 이루다, 소기의 성과를 거두
7) or · di · nary: ① 보통의, 통상의, 정규의 ② 범상한, 평범한(commonplace); 좀 못해 보이는
8) fore · knowledge: 예지, 선견(지명), 통찰.
9) sup · port: ① 버팀, 지지, 유지. ② 지지자(물); 지주(支柱), 받침기둥; 의지가 되는 것《of》. ③ 원조, 후원, 고무, 옹호; 찬성 ④ 양육, 부양; (재정적인) 유지; 생활비 ⑤ 【군사】 지원 부대; 예비대
10) en · líght · ened: ① 계발된; 견식 있는. ② 문명화한; 진보한 ③ 밝은, 사리를 잘 아는
11) achieve · ment: ① 성취, 달성. ② 업적, 위업, 공로. ③ 학력
12) sur · pass: …보다 낫다, …을 능가하다, 뛰어나다; …을 넘다

5

선지자 부가취어귀신 부가상어사 부가험어도
先知者 不可取於鬼神 不可象於事 不可驗於度.
Xiān zhì zhě, bù kě qǔ yú guǐ shén, bù kě xiàng yú shì, bù kě yàn yú dù.

필취어인 지적지정자야
必取於人 知敵之情者也.
Bì qǔ yú rén, zhī dí zhī qíng zhě yě.

먼저 안다는 것은 귀신의 도움을 받아 가능한 것이 아니고 이전의 일을 유추해서 가능한 것도 아니며 법도로 검증해서 가능한 것도 아니다.
반드시 사람의 도움을 받아 적의 정세를 알아내는 것이다.

先	먼저	선	먼저, 나아가다, 옛날
知	알	지	알다, 깨닫다, 느끼다, 분별하다, 기억하다
者	놈	자	놈, 사람, 것, 일을 가리켜 이른다
取	취할	취	취하다, 골라 뽑다, 돕다, 의지하다
於	어조사	어	어조사, -에, 에서, 보다, 를, 에게, 있어서, 있어서 하다
鬼	귀신	귀	귀신, 지혜롭다, 교활하다, 멀다, 먼 곳
神	귀신	신	귀신, 불가사의한 것, 정신, 혼
象	코끼리	상	코끼리, 상아(象牙), 모양, 그림
事	일	사	일, 일삼다, 전념하다, 정치
驗	증험할	험	증험하다, 증험, 표징, 증거, 효능, 응보, 점괘
度	법도	도	법도, 제도, 기량, 국량
必	반드시	필	반드시, 틀림없이, 꼭, 기필하다, 이루어내다, 오로지
敵	원수	적	원수, 상대방, 대등하다, 맞서다
情	뜻	정	뜻, 정, 본성(本性)
也	어조사	야	어조사, 또, 또한, 잇달다

❶ Now this foreknowledge[1] cannot be elicited[2] from spirits[3]; it cannot be obtained[4] inductively[5] from experience, nor by any deductive[6] calculation[7].

Knowledge[8] of the enemy's dispositions[9] can only be obtained from other men.

이러한 통찰력은 영혼에서 이끌어낼 수 없고, 경험으로부터 귀납적인 것뿐만 아니라, 연역적인 계산으로부터 얻을 수 없다.

적의 작전계획에 대한 소식은 오로지 다른 자에게서 얻을 수 있다.

❷ What is called 'foreknowledge' cannot be elicited from spirits, nor from gods, nor by analogy with past events, nor from calculations.

It must be obtained from men who know the enemy situation[10].

'선견지명'이라고 하는 것은 영혼이나 신, 과거의 일어난 일로 유추, 계산에서 이끌어 낼 수 없다.

그것은 적의 형세를 아는 자들로부터 얻어야 한다.

---

1) fore · knowledge: 예지, 선견(지명), 통찰.
2) elic · it: (진리 · 사실 따위를 논리적으로) 이끌어 내다; 꾀어 내다, (대답 · 웃음 따위를) 유도해 내다
3) spir · it: ① 정신, 영(靈), ② 마음, 신령; 신, 성령, ③ (육체를 떠난) 혼, 영혼; 유령, 망령 ④ …의 성격(기질)을 가진) 사람, 인물 ⑤ 활기, 기백, 기운; 용기, 열심 ⑥ 기분 ⑦ 성품, 기질, 기풍; 시대 정신, 풍조, 시류
4) ob · tain: ① 얻다, 손에 넣다, 획득하다 ② (명성 · 지위 등을) 얻게 하다 ③ 《고어》 달성하다; ① (널리) 행해지다, 유행하다, 통용되다
5) in · duc · tive: ① 〖논리학〗 귀납적인. ② 〖전기〗 유도성의, 감응의; 〖생물〗 유도적인.
6) de · duc · tive: 추리의, 연역적인.
7) càl · cu · lá · tion: ① 계산(하기), 계산(의 결과); 셈; 계산법 ② 견적; 추정, 예상 ③ 숙려(熟慮); 신중한 계획
8) knowl · edge: ① 지식 ② 학식, 학문; 정통(精通), 숙지; 견문 ③ 인식; 이해 ④ 경험 ⑤ 보도, 소식
9) dis · po · si · tion: ① 성벽(性癖), 성질, 기질; 경향; 의향 ② 배열, 배치; (pl.) 작전계획 ③ 처분, 정리; 〖法〗 양도, 증여; 처분(재량)권
10) sit · u · a · tion: ① 위치, 장소, 소재; 환경. ② 입장, 사정 ③ 정세, 형세, 상태, 사태

6

고 용 간 유 오 유 인 간 유 내 간 유 반 간 유 사 간 유 생 간

故用間有五 有因間 有內間 有反間 有死間 有生間.

Gù yòng jiān yǒu wǔ, yǒu yīn jiān, yǒu nèi jiān, yǒu fǎn jiàn, yǒu sǐ jiān, yǒu shēng jiān.

오 간 구 기 막 지 기 도 시 위 신 기 인 군 지 보 야

五間俱起 莫知其道 是謂神紀 人君之寶也.

Wǔ jiān jù qǐ, mò zhī qí dào, shì wèi shén jì, rén jūn zhī bǎo yě.

간첩을 쓰는 데는 다섯 가지가 있는데 향간, 내간, 반간, 사간, 생간 등이 있다.

다섯 가지 간첩을 함께 기용하여 방법을 알지 모르게 하니 '신의 경지(신기神紀)'라 하고 군주의 보배이다.

用	쓸	용	쓰다, 베풀다, 부리다, 등용하다, 행하다, 다스리다
間	틈	간	틈, 閒의俗字
有	있을	유	있다, 존재하다, 많다, 넉넉하다, 자재(資財), 소유물
因	인할	인	인하다, 인(因), 원인을 이루는 근본, 유래, 연유, 까닭
內	안	내	안, 들다, 들이다, 어머니
反	되돌릴	반	되돌리다, 뒤집다, 뒤엎다, 튀기다, 되튀다
死	죽을	사	죽다, 죽음, 죽은 이
俱	함께	구	함께, 함께하다, 갖추다
起	일어날	기	일어나다, 날아오르다, 내닫다, 가다, 기동하다
莫	없을,저물	막, 모	없다, 저물다, 고요하다, 말다, 정하다, 해질 무렵, 저녁
知	알	지	알다, 깨닫다, 느끼다, 분별하다, 기억하다
其	그	기	그(지시 대명사), 의(관형격 조사), 그(감탄, 강세 조사)
道	길	도	길, 이치, 근원, 기능, 방법, 사상, 인의, 덕행, 기예
是	옳을	시	옳다, 바르다, 옳다고 하다, 바르다고 인정하다
謂	이를	위	이르다, 일컫다, 알리다, 설명하다, 비평·논술하다
神	귀신	신	귀신, 불가사의한 것, 정신, 혼
紀	벼리	기	벼리, 작은 벼릿줄, 실마리를 잡다, 실마리
君	임금	군	임금, 주권자, 세자
寶	보배	보	보배, 보물, 보배롭게 여기다, 신(神)

❶ Hence the use of spies, of whom there are five classes: ① Local spies; ② inward[1] spies; ③ converted[2] spies; ④ doomed[3] spies; ⑤ surviving spies.

When these five kinds of spy are all at work, none can discover[4] the secret system. This is called "divine[5] manipulation[6] of the threads." It is the sovereign's most precious[7] faculty[8].

그러므로 첩자를 사용 목적으로 ① 지역의 첩자(향간), ② 내부의 첩자(내간), ③ 전향한 첩자(반간), ④ 불운한 첩자(사간), ⑤ 살아남은 첩자(생간) 등의 다섯 가지 부류가 있다.

이 다섯 부류의 첩자가 모두 활동하면 아무도 극비의 조직망을 알지 못한다. 이것은 "신의 신묘한 속임수(신기神紀)"라고 한다. 그것은 군주의 가장 가치있는 능력이다.

❷ Now there are five sorts of secret agents to be employed[9]. These are native[10], inside[11], doubled, expendable[12], and living.

When these five types of agents are all working simultaneously and none knows their method[13] of operation[14], they are called 'The Divine Skein' and are the treasure[15] of a sovereign.

다섯 부류의 사용하는 첩자가 있다. 토착민 첩자(향간), 내부 첩자(내간), 이중 첩자(반간), 소모용 첩자(사간), 살아남은 첩자(생간) 등이다.

이런 다섯 유형의 대행자들이 모두 자발적으로 활동하고 그 누구도 군사행동을 모를 때, '신묘한 실타래'라고 하며 군주의 보배이다.

---

1) in · ward: ① 안의, 안쪽의, 내부의, 내부에의. ② 본질적인③ 내적인, 정신적인, 영적인
2) con · vért · ed: 전향한, 개종한; 개장〔개조〕한
3) doomed: 운이 다한, 불운의.
4) dis · cov · er: ① 발견하다; …을 알다, 깨닫다 ② 《고어》 나타내다, 밝히다.
5) di · vine: ① 신의; 신성(神性)의 ② 신성한(holy); 신수(神授)의, 하늘이 준 ③ 신묘한, 비범한
6) ma · nìp · u · lá · tion: 교묘히 다루기
7) pre · cious: ① 비싼, 귀중한, 가치가 있는 ② 사랑스러운, 둘도 없는
8) fac · ul · ty: ① (기관 · 정신의) 능력, 기능, 재능 ② 수완; 재력(財力), 재산; 지불 능력
9) em · ploy: ① (사람을) 쓰다, 고용하다; (아무에게) 일을 주다 ② (물건 · 수단을) 쓰다, 사용하다
10) na · tive: ① 출생의, 출생지의, 본국의, 제 나라의 ② 토산의, 그 토지에서 태어난 ③ 토착의; 그 지방 고유의
11) in · side: ① 안쪽의, 내면〔내부〕의 ② 내밀한, 비밀의, 공표되지 않은; 내부에〔로〕, 안쪽에〔으로〕, 내면에〔으로〕.
12) ex · pénd · a · ble: 소비〔소모〕해도 좋은; 보존가치가 없는; 『군사』 (전략상) 소모할〔버릴〕 수 있는, 희생시켜도 좋은
13) meth · od: ① 방법, 《특히》 조직적 방법, 방식 ② (일을 하는) 순서, 조리; 순서〔규율〕 바름, 질서 정연함; 체계
14) op · er · a · tion: ① 가동, 작용, 작업 ② (보통 pl.) 군사행동, 작전; 작전본부
15) treas · ure: 보배, 재보, 금은, 보물, 귀중품《집합적 또는 개별적인》; 비장품; 재화, 재산, 부(富)

7

향 간 자 인 기 향 인 이 용 지 내 간 자 인 기 관 인 이 용 지
鄕間者 因其鄕人而用之. 內間者 因其官人而用之.
Xiāng jiān zhě, yīn qí xiāng rén ér yòng zhī. Nèi jiān zhě, yīn qí guān rén ér yòng zhī.

반 간 자 인 기 적 간 이 용 지
反間者 因其敵間而用之.
Fǎn jiàn zhě, yīn qí dí jiān ér yòng zhī.

향간은 (적국의) 마을 사람을 부리는 것이다. 내간은 (적국의) 관리를 부리는 것이다. 반간은 적국 첩자를 부리는 것이다.

因	인할	인	인하다, 인(因), 원인을 이루는 근본, 유래, 연유, 까닭
間	틈	간	틈, 閒의俗字
者	놈	자	놈, 사람, 것, 일을 가리켜 이른다
其	그	기	그(지시 대명사), 의(관형격 조사), 그(감탄, 강세 조사)
鄕	시골	향	고을
而	말이을	이	말 이음, 순접·역접의 접속사
用	쓸	용	쓰다, 베풀다, 부리다, 등용하다, 행하다, 다스리다
之	갈	지	가다, 이(指示代名詞), ~의(冠形格助詞)
內	안	내	안, 들다, 들이다, 어머니
官	벼슬	관	벼슬, 벼슬자리, 벼슬아치, 관청, 공무를 집행하는 곳
反	되돌릴	반	되돌리다, 뒤집다, 뒤엎다, 튀기다, 되튀다
敵	원수	적	원수, 상대방, 대등하다, 맞서다

❶ Having local[1)] spies means employing[2)] the services[3)] of the inhabitants[4)] of a district[5)]. Having inward[6)] spies, making use of officials of the enemy.

Having converted[7)] spies, getting hold of the enemy's spies and using them for our own purposes.

지역의 첩자(향간)를 얻는 것은 지역 거주자의 도움을 이용하는 것을 의미한다. 내부의 첩자(내간)를 얻는 것은 적의 관리를 활용하는 것이다.

전향한 첩자(반간)를 얻는 것은 적의 첩자를 잡아서 아군의 목적에 맞게 활용하는 것이다.

2. Native[8)] agents[9)] are those of the enemy's country[10)] people whom we employ. Inside[11)] agents are enemy officials whom we employ.

Doubled agents are enemy spies whom we employ.

토착민 첩자(향간)는 아군이 쓰는 적국의 백성이다. 내부 첩자(내간)는 아군이 쓰는 적의 관리이다.

이중 첩자(반간)는 아군이 쓰는 적의 첩자이다.

---

1) lo · cal: ① 공간의, 장소의 ② (특정한) 지방의, 고장의, 지구의; 한 지방 특유의 ③ 좁은 지역에 한정되는
2) em · ploy: ① (사람을) 쓰다, 고용하다; (아무에게) 일을 주다 ② …에 종사하다, …에 헌신하다 ③ (물건 · 수단을) 쓰다, 사용하다 ④ (시간 · 정력 따위를) 소비하다, 쓰다
3) ser · vice: ① 봉사, 수고, 공헌, 이바지 ② 돌봄, 조력; 도움, 유익, 유용; 편의, 은혜
4) in · hab · it · ant: 주민, 거주자
5) dis · trict: ① 지역; 지구《행정 · 사법 · 선거 · 교육 등을 위해 나눈》 ② 〔 일반적 〕 지방
6) in · ward: ① 안의, 안쪽의, 내부의, 내부에의. ② 본질적인③ 내적인, 정신적인, 영적인
7) con · vért · ed: 전향한, 개종한; 개장〔개조〕한
8) na · tive: ① 출생의, 출생지의, 본국의, 제 나라의 ② 토산의, 그 토지에서 태어난 ③ 토착의; 그 지방 고유의
9) agent: ① 대행자, 대리인; 취급인; 주선인; 대리점 ② 어떤 행위를〔작용을〕 하는 (능력 있는) 사람〔것〕; 작인(作因), 동인(動因), 능인(能因)
10) coun · try: ① 나라, 국가; 국토 ② 시골, 교외, 지방, 전원 ③ 조국, 고국; 고향 ④ 지역, 고장 ⑤ (어떤) 영역, 분야, 방면.
11) in · side: ① 안쪽의, 내면〔내부〕의 ② 내밀한, 비밀의, 공표되지 않은; 내부에〔로〕, 안쪽에〔으로〕, 내면에〔으로〕.

8

사 간 자 위 광 사 어 외 령 오 간 지 지 이 전 어 적 간 야
死間者 爲誑事於外 令吾間知之 而傳於敵間也.
Sǐ jiān zhě, wèi kuáng shì yú wài, lìng wú jiān zhī zhī, ér chuán yú dí jiān yě.

생 간 자 반 보 야
生間者 反報也.
Shēng jiān zhě, fǎn bào yě,

사간이란 허위 사실을 만들어 흘려 아군의 첩자가 알게 하여 적 첩자에게 전하게 하는 것이다. 생간은 돌아와서 보고하게 하는 것이다.

死	죽을	사	죽다, 죽음, 죽은 이
間	틈	간	틈, 閒의俗字
者	놈	자	놈, 사람, 것, 일을 가리켜 이른다
為	할	위	하다, 되다, 다스리다, 속하다, 어기다, 있다
誑	속일	광	속이다, 기만하다, 호리다, 유혹하다
事	일	사	일, 일삼다, 전념하다, 정치
於	어조사	어	어조사, -에, 에서, 보다, 를, 에게, 있어서, 있어서 하다
外	밖	외	밖, 바깥, 이전, 용의(容儀), 차림
令	영	령{영}	영, 우두머리, 좋다, 법령, 규칙
吾	나	오	나, 자신, 당신, 그대, 글 읽는 소리
知	알	지	알다, 깨닫다, 느끼다, 분별하다, 기억하다
傳	전할	전	전하다, 말하다, 보내다
敵	원수	적	원수, 상대방, 대등하다, 맞서다
反	되돌릴	반	되돌리다, 뒤집다, 뒤엎다, 튀기다, 되튀다
報	갚을	보	갚다, 갚음, 알리다

❶ Having doomed[1] spies, doing certain[2] things openly for purposes of deception[3], and allowing our spies to know of them and report them to the enemy.

Surviving spies, finally, are those who bring back news from the enemy's camp.

불운한 첩자(사간)를 얻는 것은 어떤 일을 속임수로 의도하여, 드러내 놓고 첩자가 그것을 알게 하여 적국에 전하도록 하는 것이다.

마지막으로, 살아남은 첩자(생간)는 적의 주둔지에서 정보를 가지고 돌아온 자이다.

❷ Expendable[4] agents[5] are those of our own spies who are deliberately[6] given fabricated[7] information.

Living agents are those who return with information.

소모용 첩자(사간)는 일부러 날조된 정보를 주는 첩자이다.

살아남은 첩자(생간)는 정보를 가지고 돌아온 자이다.

---

1) doomed: 운이 다한, 불운의.
2) cer · tain: ① 〔서술적〕 (아무가) 확신하는, 자신하는 ② (일이) 확실한, 신뢰할 수 있는, 반드시 일어나는; (지식 · 기술이) 정확한 ③ 반드시 …하는, …하게 정해져 있는
3) de · cep · tion: 사기, 기만, 협잡; 속임수, 현혹시키는 것; 가짜
4) ex · pénd · a · ble:소비〔소모〕해도 좋은, 소모용의; 보존가치가 없는; 〖군사〗 (전략상) 소모할〔버릴〕 수 있는, 희생시켜도 좋은
5) agent: ① 대행자, 대리인; 취급인; 주선인; 대리점 ② 어떤 행위를〔작용을〕 하는 (능력 있는) 사람〔것〕; 작인(作因), 동인(動因), 능인(能因)
6) de · lib · er · ate · ly: 신중히; 유유히; 일부러.
7) fab · ri · cate: 제조하다; 조립하다; (이야기 · 거짓말 따위를) 꾸며〔만들어〕내다, 날조〔조작〕 하다; (문서 따위를) 위조하다

9

고 삼 군 지 친　막 친 어 간　상 막 후 어 간　사 막 밀 어 간

故三軍之親 莫親於間. 賞莫厚於間 事莫密於間.

Gù sān jūn zhī qīn, mò qīn yú jiān. shǎng mò hòu yú jiān, shì mò mì yú jiān.

비 성 지 부 능 용 간

非聖智不能用間.

Fēi shèng zhì bù néng yòng jiān.

그러므로 삼군(전군全軍)이 가까이 지내야 할 것은 첩자보다 가까이할 것이 없다. 첩자에게 내릴 보다 더 후한 상이 없고 첩자보다 은밀한 일이 없다.

지혜로운 성인(聖人)이 아니면 첩자를 능히 부릴 수 없다.

* 삼군: 군대. 전군(全軍). 주대(周代)의 제도에서 대제후(大諸侯)가 거느리는 군대. [상군(上軍) · 중군(中軍) · 하군(下軍)의 총칭]

軍	군사	군	군사(軍士), 군사(軍事), 진을 치다
事	일	사	일, 일삼다, 전념하다, 정치
莫	없을,저물	막, 모	없다, 저물다, 고요하다, 말다, 정하다, 해질 무렵, 저녁
親	친할	친	친하다, 사랑하다, 사이좋게 지내다, 가까이하다
於	어조사	어	어조사, -에, 에서, 보다, 를, 에게, 있어서, 있어서 하다
間	틈	간	틈, 閒의俗字
賞	상줄	상	상을 주다, 기리다, 찬양하다, 상(賞)
厚	두터울	후	두텁다, 두터이 하다, 두터이
密	빽빽할	밀	빽빽하다, 촘촘하다, 조용하다, 고요하다, 깊숙하다
非	아닐	비	아니다, 부정(否定)의 조사, 등지다, 배반하다, 거짓
聖	성스러울	성	성스럽다, 성인
智	슬기	지	슬기, 지혜, 슬기롭다, 지혜롭다, 꾀, 모략(謀略)
能	능할	능	능하다, 잘하다, 보통 정도 이상으로 잘하다, 미치다
用	쓸	용	쓰다, 베풀다, 부리다, 등용하다, 행하다, 다스리다

❶ Hence it is that which none in the whole army are more intimate[1] elations[2] to be maintained[3] than with spies. None should be more liberally[4] rewarded[5]. In no other business[6] should greater secrecy[7] be preserved[8].

Spies cannot be usefully employed[9] without a certain[10] intuitive[11] sagacity[12].

그러므로 전체 군대에서 첩자보다 더 친밀하게 유지되어야 할 자는 아무도 없다. 첩자보다 더 후하게 보상받을 자는 없다. 첩자의 직무보다 더 비밀스럽게 지켜져야 할 것이 없다.

첩자는 신뢰할 수 있는 직관적인 명민함 없이는 유용하게 쓸 수 없다.

* 명민하다: 총명하고 민첩하다.

❷ Of all those in the army close to the commander none is more intimate than the secret agent[13]; of all rewards[14] none more liberal than those given to secret agents ; of all matters[15] none is more confidential[16] than those relating to secret operations.

군대에서 사령관/지휘관과 밀접한 자들 중에서 첩자보다 더 친밀한 사람은 없고, 첩자에게 주는 모든 보상이 더 아낌없어야 하며, 기밀 작전에 관련하여 첩자의 일보다 더 은밀한 일은 없다.

---

1) in · ti · mate: ① 친밀한, 친한, 절친한 ② (지식이) 깊은, 자세한; 정통한 ③ 심오한, 본질적인
2) elá · tion: 의기양양, 득의만면,
3) main · tain: ① 지속〔계속〕하다, 유지하다 ② 속행하다, 계속하다 ③ 옹호하다, 지지하다
4) líb · er · al · ly: 자유로이; 활수하게, 후하게; 관대하게; 개방적으로; 편견없이.
5) re · ward: …에게 보답하다; 보수를〔상을〕 주다
6) busi · ness: ① 실업; 상업, 장사, 거래, 매매 ② 직업; 직무 ③ 사무, 집무, 영업 ④ 사업, 점포, 상사
7) se · cre · cy: 비밀(성); 비밀 엄수; 비밀주의; 입이 무거움
8) pre · serve: ① 보전하다, 유지하다 ② 보존하다
9) em · ploy: ① (사람을) 쓰다, 고용하다; (아무에게) 일을 주다 ② …에 종사하다, …에 헌신하다
10) cer · tain: ① 〔서술적〕 (아무가) 확신하는, 자신하는 ② (일이) 확실한, 신뢰할 수 있는, 반드시 일어나는; (지식 · 기술이) 정확한 ③ 반드시 …하는, …하게 정해져 있는
11) in · tu · i · tive: 직각적(直覺的)〔직관적〕인 《능력》; 직관적으로 얻은 《지식 · 확신》; 직관력이 있는
12) sa · gac · i · ty: 총명, 명민.
13) agent: ① 대행자, 대리인; 취급인; 주선인; 대리점 ② 작인(作因), 동인(動因), 능인(能因)
14) re · ward: ① 보수, 포상; 현상금; 사례금 ② 보답, 응보
15) mat · ter: ① 물질; 물체. ② 사건; (pl.) 사태, 사정 ③ 내용; 제재, 주제. ④ (관심 · 고찰의) 문제, 일
16) con · fi · den · tial: ① 은밀한, 내밀한, 기밀의 ② 친한 ③ 신임이 두터운, 심복의, 신뢰할 수 있는

10

비 인 의 부 능 사 간　비 미 묘 부 능 득 간 지 실

非仁義不能使間. 非微妙不能得間之實.

Fēi rén yì bù néng shǐ jiān. Fēi wéi miào bù néng dé jiān zhī shí.

미 재 미 재　무 소 부 용 간 야

微哉微哉 無所不用間也.

Wēi zāi wēi zāi, wú suǒ bù yòng jiān yě.

어질고 의롭지 않으면 능히 첩자를 부릴 수 없다. 뚜렷하지 않고 야릇하고 묘하지 않으면 첩자의 성과를 능히 얻을 수 없다.
미묘하고 미묘하다! 첩자를 쓰지 않는 곳이 없다.

* 미묘—하다(微妙—): 뚜렷하지 않고 야릇하고 묘하다.

非	아닐	비	아니다, 부정(否定)의 조사, 등지다, 배반하다, 거짓
仁	어질	인	어질다, 자애, 만물을 낳다
義	옳을	의	옳다, 바르다, 평평하다
能	능할	능	능하다, 잘하다, 보통 정도 이상으로 잘하다, 미치다
使	하여금	사	하여금, 시키다, 좇다
間	틈	간	틈, 閒의俗字
微	작을	미	작다, 자질구레하다, 적다, 많지 않다, 숨다, 숨기다
妙	묘할	묘	묘하다, 젊다, 나이가 20살 안팎이다
得	얻을	득	얻다, 이익, 이득, 덕(德)
實	열매	실	열매, 차다, 가득 차다, 익다, 곡식이 익다
哉	어조사	재	어조사, 처음, 재난, 재앙
無	없을	무	없다, 허무(虛無)의 도, 말라, 금지하는 말
所	바	소	바, 일정한 곳이나 지역, 지위, 자리, 위치, 경우
用	쓸	용	쓰다, 베풀다, 부리다, 등용하다, 행하다, 다스리다

❶ They cannot be properly managed[1] without benevolence[2] and straight forwardness[3]. Without subtle[4] ingenuity[5] of mind, one cannot make certain[6] of the truth of their reports.

Be subtle! be subtle! and use your spies for every kind of business[7].

자비롭고 솔직하지 않으면 적절하게 첩자를 다룰 수 없다. 이성적으로 미묘한 재간 없이, 첩자의 정보가 사실인지 확신할 수 없다.

명석하라! 명석하라! 그리고 모든 종류의 일에 첩자를 이용하라.

❷ He who is not sage[8] and wise, humane and just, cannot use secret agents[9]. And he who is not delicate[10] and subtle cannot get the truth out of them.

Delicate indeed[11]! Truly delicate! There is no place[12] where espionage[13] is not used.

현명하지 않고 총명하지 않으며, 자비롭지 않은 자는 첩자를 사용할 수 없다. 그리고 세심한 이해심이 없고 명민하지 않은 자는 사실을 가려낼 수 없다.

실로 미묘하라! 참으로 미묘하라! 첩자를 이용하지 않는 곳이 없다.

---

1) man · age: ① 잘 다루다, 마음대로 움직이다; 종〔운전〕하다, 잘 쓰다〔사용하다〕; 조련하다, 길들이다 ② 처리하다, 관리하다; 경영〔운용〕하다; 통솔하다; 감독하다 ③ (어려운 일을) 해내다, 실현하다

2) be · nev · o · lence: 자비심, 박애; 선행, 자선;

3) for · ward · nes: 진보의 빠름; 조숙성; 재빠름; 의욕, 열심; 주제넘음, 건방짐.

4) sub · tle: ① 미묘한, 포착하기 힘든, 난해한 ② 엷은, 희박한, 희미한 ③ 예민한, 명민한; 명석한, 회전이 빠른

5) in · ge · nu · i · ty: ① 발명의 재주, 창의력, 재간 ② 교묘〔정교〕함.

6) cer · tain: ① 〔 서술적 〕 (아무가) 확신하는, 자신하는 ② (일이) 확실한, 신뢰할 수 있는, 반드시 일어나는; (지식 · 기술이) 정확한 ③ 반드시 …하는, …하게 정해져 있는

7) busi · ness: ① 실업; 상업, 장사, 거래, 매매 ② 직업; 직무 ③ 사무, 집무, 영업 ④ 사업, 점포, 상사

8) sage: 슬기로운, 현명한; 사려 깊은, 경험이 많은

9) agent: ① 대행자, 대리인; 취급인; 주선인; 대리점 ② 어떤 행위를〔작용을〕 하는 사람

10) del · i · cate: ① 섬세한, 우아한, 고운 ② 민감한, 예민한; 세심한 이해심이 있는 ③ 미묘한, 신중을 요하는

11) in · deed: ① 〔 강조 〕 실로, 참으로 ② 〔 양보 〕 과연, 정말, 확실히 ③ 〔 접속사적 〕 그뿐 아니라, 게다가

12) place: ① 장소, 곳; (특정의 목적을 위한) 장소, …장(場) ② 시, 읍, 면; 지역, 지방

13) es · pi · o · nage: 간첩〔탐정〕 행위; 정찰; (국가 · 기업 등의) 스파이에 의한 첩보 활동.

11

간 사 미 발　이 선 문 자　간 여 소 고 자 개 사

間事未發 而先聞者 間與所告者皆死.

Jiān shì wèi fā, ér xiān wén zhě, jiān yǔ suǒ gào zhě jiē sǐ.

첩자의 일이 시작하지도 않았는데 먼저 알려지게 되면 간여되고 알린 자 모두 죽여야 한다.

間	틈	간	틈. 閒의俗字
事	일	사	일, 일삼다, 전념하다, 정치
未	아닐	미	아니다, 아직-하지 못하다, 미래, 장래
發	쏠	발	쏘다, 가다, 떠나다, 보내다, 파견하다
而	말이을	이	말 이음, 순접역접의 접속사
先	먼저	선	먼저, 나아가다, 옛날
聞	들을	문	듣다, 삼가 받다, 가르침을 받다, 알다
者	놈	자	놈, 사람, 것, 일을 가리켜 이른다
與	줄	여	주다, 베풀다, 동아리, 무리, 따르다, 돕다, 허락하다
所	바	소	바, 일정한 곳이나 지역, 지위, 자리, 위치, 경우
告	알릴	고	알리다, 묻다, 안부를 묻다, 가르치다, 깨우쳐 주다
皆	다	개	다, 모두, 두루 미치다, 함께
死	죽을	사	죽다, 죽음, 죽은 이

❶ If a secret piece of news is divulged[1] by a spy before the time is rip e[2], he must be put to death together with the man to whom the secret was told.

때가 무르익기 전 첩자로 인해 새로운 기밀 정보가 누설이 되면, 그 첩자는 기밀을 알려준 자와 함께 죽여야 한다.

❷ If plans relating[3] to secret operations[4] are prematurely[5] divulged the agent[6] and all those to whom he spoke of them shall be put to death.

기밀 작전과 관련하여 계획이 사전에 누설된다면 그 첩자와 기밀을 전달받은 자를 죽여야 한다.

---

1) di · vulge: (비밀을) 누설하다, 밝히다; 폭로하다; 공표하다
2) ripe: ① 익은, 여문 ② 숙성한, 먹게 된 ③ 원숙한, 숙달된; 심신이 성숙한 ④ 무르익은; 막 …하게 되어 있는
3) re · late: ① 관계시키다, 관련시키다, 관련시켜서 설명하다 ② …와 친척이다, …와 이어져 있다 ③ 이야기하다, 말하다; ① 관계가〔관련이〕 있다 ② (사람이) 사회적 관계를 갖다 ③ 부합〔합치〕하다
4) op · er · a · tion: ① 가동, 작용, 작업 ② (약 따위의) 효력, 효과; 유효 범위〔기간〕 ③ (기계 따위의) 조작, 운전 ④ (사업 따위의) 운영, 경영, 조업; 회사, 기업 ⑤ (보통 pl.) 군사행동, 작전; 작전본부
5) pre · ma · ture: 조숙한; 너무 이른, 때 아닌; 시기상조의, 너무 서두른 ㉺~ · ly
6) agent: ① 대행자, 대리인; 취급인; 주선인; 대리점 ② 어떤 행위를〔작용을〕 하는 (능력 있는) 사람〔것〕; 작인(作因), 동인(動因), 능인(能因)

12

범 군 지 소 욕 격 성 지 소 욕 공 인 지 소 욕 살
凡軍之所欲擊 城之所欲攻 人之所欲殺
Fán jūn zhī suǒ yù jī, chéng zhī suǒ yù gōng, rén zhī suǒ yù shā,

필 선 지 기 수 장 좌 우 알 자 문 자 사 인 지 성 명
必先知其守將 左右 謁者 門者 舍人之姓名
bì xiān zhī qí shǒu jiāng, zuǒ yòu, yè zhě, mén zhě, shě rén zhī xìng míng,

령 오 간 필 삭 지 지
令吾間必索知之.
lìng wú jiān bì suǒ zhī zhī.

무릇 공격하고자 하는 (적의) 군대, 공격하고자 하는 (적의) 성(혹은 도읍), 죽이고자 하는 사람이 있다면 반드시 지키는 장수를 알아야 하고 좌우의 측근을 찾고 성문지기, 측근자(혹은 시종)의 이름 등을 아군의 책임자는 첩자에게 필히 가려서 알아내라고 한다.

凡	무릇	범	무릇, 모두, 다, 합계
軍	군사	군	군사(軍士), 군사(軍事), 진을 치다
所	바	소	바, 일정한 곳이나 지역, 지위, 자리, 위치, 경우
欲	하고자 할	욕	하고자 하다, 하려고 하다, -할 것 같다, 바라다
擊	부딪칠	격	부딪치다, 배나 수레가 질서 있게 나아가다, 거리끼다
城	성	성	성, 나라, 도읍, 구축하다, 성을 쌓다
攻	칠	공	치다, 공격하다, 불까다, 거세(去勢)하다, 다스리다
左	왼	좌	왼, 왼쪽으로 하다, 그르다, 어긋나다
右	오른쪽	우	오른쪽, 숭상하다, 오른쪽에 적은 글이나 내용
謁	아뢸	알	아뢰다, 여쭈다, 알리다, 고하다, 뵈다
者	놈	자	놈, 사람, 것, 일을 가리켜 이른다
門	문	문	문, 출입문, 문간, 문전, 집안
名	이름	명	이름, 인륜상, 신분상에서 쓰이는 부자
令	영	령{영}	영, 우두머리, 좋다, 법령, 규칙
吾	나	오	나, 자신, 당신, 그대, 글 읽는 소리

❶ Whether the object[1)] be to crush[2)] an army, to storm[3)] a city, or to assassinate[4)] an individual[5)], it is always necessary[6)] to begin by finding out the names of the attendants[7)], the aides-de-camp, and door-keepers and sentries[8)] of the general in command[9)]. Our spies must be commissioned[10)] to ascertain[11)] these.

목적이 적을 격파하든 도시를 습격하거나 암살하려는 사람이든 항상 필수로 수행원, 주둔지의 측근, 문지기와 총지휘관의 보초 이름을 알아내고 시작한다. 첩자에게 이런 것들을 주문해야 한다.

❷ Generally in the case of armies you wish to strike, cities you wish to attack, and people you wish to assassinate, you must know the names of the garrison[12)] commander, the staff officers, the ushers[13)], gate keepers[14)], and the bodyguards[15)]. You must instruct[16)] your agents to inquire[17)] into these matters[18)] in minute detail.

대체로 군대의 경우 일격을 가하기를 바라고 도시를 공격하기를 바라며, 사람들을 암살하려면 주둔지의 사령관/지휘관, 참모 장교, 안내인, 문지기, 호위병들의 이름을 알아야만 한다. 첩자에게 이런 내용을 상세하게 알아보라고 지시해야 한다.

---

1) ob · ject: ① 물건, 물체, 사물 ② (동작 · 감정 등의) 대상 ③ 목적, 목표(goal); 동기
2) crush: ① 눌러서 뭉개다, 짓밟다, 으깨다 ② …을 억지로 밀어넣다, 밀치고 들어가다[나가다]
3) storm: ① (날씨가) 사나워지다; (바람이) 심하게 불다 ② 호통치다, 흘닦다 ③ 돌격하다; 돌진하다; 사납게 날뛰다; ① 강습하다, 습격하다 ② …에 쇄도하다; (요구 따위를) 마구 외치다.
4) as · sas · si · nate: 암살하다
5) in · di · vid · u · al: ① 개개의, 각개(各個)의 ② 일개인의, 개인적인 ③ 독특한, 특유의 ④ 1인용의, 개인 전용의. ⑤ 단일의, 독립적인, 따로 떨어진. ⑥ 각기 다른; ① 개인 ② 개체, 단일체, (물건의) 한 단위.
6) nec · es · sary: ① 필요한, 없어서는 안 될 ② 필연적인, 피하기 어려운 ③ 필수의; 선택의 자유가 없는, 강제적인.
7) at · tend · ant: ① 시중드는 사람; 수행원, 종자(從者) ② 참석자, 출석자. ③ 점원, 접객원, 안내원.
8) sen · try: 【군사】 ① 보초, 초병. ② (보초의) 감시, 파수.
9) com · mand: ① 명령, 호령, 구령; 지령, 분부 ② 지휘(권), 지배(권), 통제 ③ 지배력, 통어력 ④ 조망
10) com · mis · sion: ① …에게 위탁[위임]하다, 위촉하다; …에게 위임장을 주다; (일 따위를) 의뢰하다, 주문하다
11) as · cer · tain: 확인하다; 규명하다, 알아보다
12) gar · ri · son: 【군사】 ① 수비대, 주둔군(병). ② 요새, 주둔지
13) ush · er: 안내인, 접수원, 문지기, 수위.
14) keep · er: ① 파수꾼, 간수, 수위; (미친 사람의) 보호자 ② 관리인, 보관자; 경영자.
15) bódy · guàrd: 경호원, 호위병; 〔집합적〕 호위대, 수행원, 보디가드.
16) in · struct: ① (아무를) 가르치다, 교육[교수]하다, 훈련하다 ② …에게 지시하다, …에게 지령하다, …에게 명령하다 ③ …에게 알리다, …에게 통지[통고]하다
17) in · quire: ① 묻다, 질문하다. ② 문의하다, 조회하다.
18) mat · ter: ① 물질; 물체. ② 사건; (pl.) 사태, 사정 ③ 내용; 제재, 주제. ④ (관심 · 고찰의) 문제, 일

13

필 색 적 인 지 간 내 간 아 자 　 인 이 리 지 　 도 이 사 지
必索敵人之間來間我者 因而利之 導而舍之.
Bì suǒ dí rén zhī jiān lái jiān wǒ zhě, yīn ér lì zhī, dǎo ér shě zhī.

고 반 간 가 득 이 용 야
故反間可得而用也.
Gù fǎn jiàn kě dé ér yòng yě.

반드시 아군에 와 있는 적의 첩자를 가려내어 이익을 주어 거처할 곳으로 보낸다.
그래서 반간을 얻어서 이용한다.

必	반드시	필	반드시, 틀림없이, 꼭, 기필하다, 이루어내다, 오로지
索	동아줄	삭	동아줄, 꼬다, 새끼 꼬다, 가리다, 선택하다
敵	원수	적	원수, 상대방, 대등하다, 맞서다
間	틈	간	틈, 閒의 俗字
來	올	내{래}	오다, 장래, 부르다
我	나	아	나, 우리, 외고집
者	놈	자	놈, 사람, 것, 일을 가리켜 이른다
因	인할	인	인하다, 인(因), 원인을 이루는 근본, 유래, 연유, 까닭
利	날카로울	리{이}	이롭다, 유익하다, 편리하다, 날카롭다, 통하다
導	이끌	도	이끌다, 간하다, 충고하다, 통하게 하다
舍	집	사	집, 머무는 곳, 관청
故	옛	고	예, 이미 지나간 때, 옛, 예전의, 옛날의, 원래, 본래
反	되돌릴	반	되돌리다, 뒤집다, 뒤엎다, 튀기다, 되튀다
得	얻을	득	얻다, 이익, 이득, 덕(德)
用	쓸	용	쓰다, 베풀다, 부리다, 등용하다, 행하다, 다스리다

❶ The enemy's spies who have come to spy on us must be sought out, tempted[1] with bribes[2], led away and comfortably housed. Thus they will become converted[3] spies and available for our service[4].

아군을 몰래 정탐하러 온 적국의 첩자는 반드시 색출해야 하고, 뇌물로 마음을 끌어 데리고 가서, 마음 놓고 묵게 해야 한다. 그렇게 그들은 전향한 첩자(반간)가 되고 이용할 수 있는 도움이 될 것이다.

❷ It is essential[5] to seek[6] out enemy agents[7] who have come to conduct[8] espionage[9] against[10] you and to bribe them to serve[11] you. Give them instructions[12] and care for them. Thus doubled agents are recruited[13] and used.

첩자 활동을 하러 온 적의 첩자를 색출하는 것은 매우 중요하고 매수하여 편의를 제공하라. 그 첩자에게 지령을 주고 마음을 쓰라. 그렇게 이중 첩자(반간)는 새로운 첩자로 들여서 쓴다.

---

1) tempt: ① …의 마음을 끌다, 유혹하다, 부추기다 ② …할 기분이 나게 하다, 꾀다
2) bribe: 뇌물; ① 매수하다, 뇌물로 꾀다; …에게 뇌물을 쓰다 ② 뇌물을 써서 (지위 따위를) 얻다; 뇌물을 쓰다, 증회하다.
3) con · vért · ed: 전향한, 개종한; 개장(개조)한
4) ser · vice: ① 봉사, 수고, 공헌, 이바지 ② 돌봄, 조력; 도움, 유익, 유용; 편의, 은혜
5) es · sen · tial: ① 근본적인, 필수의, 불가결한, 가장 중요한 ② 본질적인, 본질의 ③ 정수의, 정수를 모은. ④ 『음악』 악곡의 화성 진행 구성에 필요한, 주되는 ⑤ 완전한, 순수한
6) seek: ① 찾다; 추구(탐구)하다, 조사하다; ② 《문어》 …하려고 시도(노력)하다; 찾다, 수색하다; 탐구하다
7) agent: ① 대행자, 대리인; 취급인; 주선인; 대리점 ② 어떤 행위를(작용을) 하는 (능력 있는) 사람(것)
8) con · duct: ① 인도하다, 안내하다, 호송하다 ② 지도하다, 지휘하다 ③ (업무 등을) 집행하다; 처리(경영, 관리)하다 ④ 〔 ~ oneself 〕 행동하다, 거동하다, 처신하다; (길이 …로) 통하다《to》; 전도하다; 지휘를 하다.
9) es · pi · o · nage: 간첩(탐정) 행위; 정찰; (국가 · 기업 등의) 스파이에 의한 첩보 활동.
10) against: ① …을 향하여, …에 대해서, …에 부딪치어 ② …와 마주 대하여. ③ …에 대비(對比)하여 ④ …에 반대하여, …에 적대하여, …에 거슬러
11) serve: ① 섬기다, …에 봉사하다; …을 위해 일하다 ② 주문을 받다, 응대하다, ③ 차려내다; 시중을 들다 ④ …을 다루다, 대우하다; …에 보답하다 ⑤ …에 도움(소용)되다, …에 공헌(이바지)하다; 만족시키다
12) in · struc · tion: ① 훈련, 교수, 교육 ② 교훈, 가르침. ③ (pl.) 지시, 지령, 훈령, 명령
13) re · cruit: ① 신병(새 회원)을 들이다(모집하다), 신병(신회원)으로 보충하다(만들다) ② 신병(신회원)으로 삼다; 고용하다. ③ (여축을) 보충하다; 늘리다; ① 신병(새 회원)을 모집하다. ② 보급(보충)하다.

14

인 시 이 지 지 고 향 간 내 간 가 득 이 사 야

因是而知之 故鄕間 內間可得而使也.

Yīn shì ér zhī zhī, gù xiāng jiān, nèi jiān kě dé ér shǐ yě.

인 시 이 지 지 고 사 간 위 광 사 가 사 고 적

因是而知之 故死間爲誑事可使告敵.

Yīn shì ér zhī zhī, gù sǐ jiān wèi kuáng shì kě shǐ gào dí.

이로 말미암아 (적의 사정을) 알 수 있으므로 향간이나 내간을 얻어서 부릴 수 있다.
이로 말미암아 (적의 사정을) 알 수 있으므로 허위 사실을 만들어 사간을 통해 적에게 알리게 할 수 있다.

因	인할	인	인하다, 인(因), 원인을 이루는 근본, 유래, 연유, 까닭
是	옳을	시	옳다, 바르다, 옳다고 하다, 바르다고 인정하다, 바로잡다
知	알	지	알다, 깨닫다, 느끼다, 분별하다, 기억하다, 들어서 알다
故	옛	고	예, 이미 지나간 때, 옛, 예전의, 옛날의, 원래, 본래
鄕	시골	향	시골, 성진(城鎭) 이외의 땅, 마을, 곳, 장소
間	틈	간	틈, 閒의 俗字
內	안	내	안, 들다, 들이다, 어머니
可	옳을	가	옳다, 가히, 쯤, 정도
得	얻을	득	얻다, 이익, 이득, 덕(德)
使	하여금	사	하여금, 시키다, 좇다
因	인할	인	인하다, 인(因), 원인을 이루는 근본, 유래, 연유, 까닭
死	죽을	사	죽다, 죽음, 죽은 이
爲	할	위	하다, 만들다, 베풀다, 간주하다, 인정하다, 되다, 성취하다
誑	속일	광	속이다, 기만하다, 호리다, 유혹하다
事	일	사	일, 일삼다, 전념하다, 정치
告	알릴	고	알리다, 묻다, 안부를 묻다, 가르치다, 깨우쳐 주다
敵	원수	적	원수, 상대방, 대등하다, 맞서다

❶ It is through the information brought by the converted[1] spy that we are able to acquire[2] and employ[3] local[4] and inward[5] spies.

It is owing[6] to his information, again, that we can cause[7] the doomed[8] spy to carry false tidings[9] to the enemy.

전향한 첩자(반간)가 가져온 정보를 통하여 지역의 첩자(향간)와 내부의 첩자(내간)를 얻어 사용할 수 있다.

또한 적에 대하여 거짓 정보를 주어 불운한 첩자(사간)로 하여금 전달하게 할 수 있다.

❷ It is by means of the doubled agent[10] that native[11] and inside[12] agents can be recruited[13] and employed.

And it is by this means that the expendable[14] agent, armed with false information, can be sent to convey[15] it to the enemy.

반간(이중 첩자)을 이용하여 향간(토착민 첩자)과 내간(내부 첩자)을 새로운 첩자로 삼아 쓸 수 있다.

그리고 이런 방법으로 거짓 정보를 가진 사간(소모용 첩자)이 적에게 전달할 수 있다.

---

1) con · vért · ed: 전향한, 개종한; 개장(개조)한
2) ac · quire: ① 손에 넣다, 획득하다; 얻다, 배우다, 몸에 익히다, 습득하다 ② (재산 · 권리 등을) 취득하다
3) em · ploy: ① 쓰다, 고용하다; 일을 주다 ② …에 종사하다, …에 헌신하다 ③ 쓰다, 사용하다 ④ 소비하다, 쓰다
4) lo · cal: ① 공간의, 장소의 ② (특정한) 지방의, 고장의, 지구의; 한 지방 특유의 ③ 좁은 지역에 한정되는
5) in · ward: ① 안의, 안쪽의, 내부의, 내부에의. ② 본질적인③ 내적인, 정신적인, 영적인
6) ow · ing to: ①〔전치사구로서〕…때문에, …로 인하여, …이 원인으로 ②〔술어로서〕…로 인하여
7) cause: ① …의 원인이 되다; 일으키다. ② …로 하여금 —하게 하다 ③ 끼치다
8) doomed: 운이 다한, 불운의.
9) ti · dings: ① 〔단수취급〕《문어》 통지, 기별, 소식 ②《고어》 사건.
10) agent: ① 대행자, 대리인; 취급인; 주선인; 대리점 ② 어떤 행위를(작용을) 하는 (능력 있는) 사람(것)
11) na · tive: ① 출생의, 출생지의, 본국의, 제 나라의 ② 토산의, 그 토지에서 태어난 ③ 토착의; 그 지방 고유의
12) in · side: ① 안쪽의, 내면(내부)의 ② 내밀한, 비밀의, 공표되지 않은; 내부에(로), 안쪽에(으로), 내면에(으로).
13) re · cruit: ① 신병(새 회원)을 들이다(모집하다), 신병(신회원)으로 보충하다(만들다) ② 신병(신회원)으로 삼다; 고용하다. ③ (여축을) 보충하다; 늘리다; ① 신병(새 회원)을 모집하다. ② 보급(보충)하다.
14) ex · pénd · a · ble: 소비(소모)해도 좋은, 소모용의; 〖군사〗 (전략상) 소모할(버릴) 수 있는, 희생시켜도 좋은
15) con · vey: ① 나르다, 운반(운송)하다 ② 전달하다; 전하다; 뜻하다, 시사(示唆)하다 ③ 옮기다

15

인 시 이 지 지　고 생 간　가 사 여 기　오 간 지 사
因是而知之 故生間 可使如期. 五間之事
Yīn shì ér zhī zhī, gù shēng jiān, kě shǐ rú qí. Wǔ jiān zhī shì,

주 필 지 지　지 지 필 재 어 반 간　고 반 간 부 가 부 후 야
君必知之 知之必在於反間. 故反間不可不厚也.
jūn bì zhī zhī, zhī zhī bì zài yú fǎn jiàn. Gù fǎn jiàn bù kě bù hòu yě.

이로 말미암아 (적의 사정을) 알 수 있으므로 생간을 당연히 기약한 날에 만나기를 기대할 수 있다. 이 다섯 가지 (첩자에 관계된) 일은 군주가 반드시 알아야만 하고 그것을 알아내는 데는 반드시 반간에게 있다. 그러므로 반간을 후하게 대하지 않을 수가 없다.

因	인할	인	인하다, 인(因), 원인을 이루는 근본, 유래, 연유, 까닭
是	옳을	시	옳다, 바르다, 옳다고 하다, 바르다고 인정하다, 바로잡다
知	알	지	알다, 깨닫다, 느끼다, 분별하다, 기억하다, 들어서 알다
故	옛	고	예, 이미 지나간 때, 옛, 예전의, 옛날의, 원래, 본래
生	날	생	나다, 태어나다, 천생으로, 낳다, 자식을 낳다, 살다
間	틈	간	틈, 閒의 俗字
可	옳을	가	옳다, 가히, 쯤, 정도
使	하여금	사	하여금, 시키다, 좇다
如	같을	여	같다, 같게 하다, 따르다
期	기약할	기	만나다, 약속에 따라 만나다, 단단히 결심하다, 기약하다
事	일	사	일, 일삼다, 전념하다, 정치
君	임금	군	임금, 주권자, 세자
必	반드시	필	반드시, 틀림없이, 꼭, 기필하다, 이루어내다, 오로지
在	있을	재	있다, 보다, 살피다, 제 멋대로 하다
於	어조사	어	어조사(于),–에,–에서(처소격),–보다(비교격),–를(목적격),–에게(여격)
反	되돌릴	반	되돌리다, 뒤집다, 뒤엎다, 튀기다, 되튀다
厚	두터울	후	두텁다, 두터이 하다, 두터이

❶ Lastly, it is by his information that the surviving spy can be used on appointed[1] occasions[2]. The end and aim of spying in all its five varieties is knowledge[3] of the enemy; and this knowledge can only be derived[4], in the first instance[5], from the converted[6] spy. Hence it is essential[7] that the converted spy be treated with the utmost[8] liberality[9].

마지막으로 생간(살아남은 첩자)이 정해진 중요한 때에 활용할 수 있는 정보에 의하는 것이다. 이 모든 다섯 가지 부류에서 첩자 활동의 최종목적은 적을 아는 것이고, 이것을 아는 것으로 먼저 반간(전향한 첩자)으로부터 얻을 수 있다. 그러므로 반간(전향한 첩자)은 최대한도로 관대하게 대우해야 한다.

❷ It is by this means also that living agents[10] can be used at appropriate times. The sovereign[11] must have full knowledge of the activities[12] of the five sorts of agents. This knowledge must come from the doubled agents, and therefore it is mandatory[13] that they be treated with the utmost liberality.

또한 이러한 방법으로 생간(살아남은 첩자)은 적절한 시기에 활용될 수 있다. 군주는 다섯 가지 종류의 첩자 활동에 관한 모든 소식을 알아야 한다. 이런 소식은 반간(이중첩자)으로부터 오는 것이고, 그러므로 최대한 의무적으로 관대하게 대우한다.

---

1) ap · póint · ed: 지정된, 정해진; 약속한; 지명된; 설비된
2) oc · ca · sion: ① 경우, 때, 시(時); 일 ② 기회, 호기(好機), 알맞은 때 ③ 중요한 때, 경사스러운 때; 축전(祝典), 행사 ④ (직접적인) 이유, 근거; 유인(誘因), 원인
3) knowl · edge: ① 지식 ② 학식, 학문; 정통(精通), 숙지; 견문 ③ 인식; 이해 ④ 경험 ⑤ 보도, 소식
4) de · rive: ① 끌어내다; 손에 넣다, 획득하다 ② …의 기원을[유래를] 찾다; …에서 파생하다, …에서 나와 있다, …에서 시작하다 ③ (결론 따위를) 논리적으로 도출하다, (연역적으로) 추론하다
5) in · stance: ① 실례, 사례, 예증 ② 사실, 경우; 단계 ③ 요구, 의뢰; 권고, 제의.
6) con · vért · ed: 전향한, 개종한; 개장[개조]한
7) es · sen · tial: ① 근본적인, 필수의, 불가결한, 가장 중요한 ② 본질적인, 본질의 ③ 완전한, 순수한
8) ut · most: ① 최대한도의, 최고도의, 극도의, 극단의 ② 가장 먼, 맨 끝의; 최후의
9) lib · er · al · i · ty: 너그러움, 관대, 관후; 활수함, 인색하지 않음; 공평무사
10) agent: ① 대행자, 대리인; 취급인; 주선인; 대리점 ② 어떤 행위를[작용을] 하는 (능력 있는) 사람[것]
11) sov · er · eign: 주권자, 원수(元首), 군주(monarch), 국왕, 지배자.
12) ac · tiv · i · ty: ① 활동, 활약; 행동 ② 활동 범위, 사업, 운동 ③ 활발한 움직임, 활기
13) man · da · to · ry: 명령의, 지령의; 위탁의, 위임의; 의무적인, 강제적인

16

석 은 지 흥 야 이 지 재 하 주 지 흥 야 려 아 재 은

昔殷之興也 伊摯在夏. 周之興也 呂牙在殷.

Xī yīn zhī xìng yě, yī zhì zài xià. Zhōu zhī xìng yě, lǚ yá zài yīn.

옛날 은殷나라가 성하고 흥할 때는 이지(伊摯, 이윤)가 하夏나라에 있었다. 주周나라가 흥할 때는 여아呂牙가 은殷나라에 있었다.

昔	예	석	예, 옛, 옛날, 오래다, 오래 되다, 접때, 앞서
殷	성할	은	성하다, 많다, 크다
興	일	흥	일다, 일어나다, 일으키다, 관(官)이 징수하다
也	어조사	야	어조사, 또, 또한, 잇달다
伊	저	이	저, 그, 이(발어사), 어조사
摯	잡을	지	잡다, 손으로 쥐다, 이르다, 오다, 도탑다
在	있을	재	있다, 보다, 살피다, 제 멋대로 하다
夏	여름	하	여름, 약초 이름, 안거(安居)
周	두루	주	두루, 골고루, 고루 미치다, 둘레, 주위
興	일	흥	일다, 일어나다, 일으키다, 관(官)이 징수하다
也	어조사	야	어조사, 또, 또한, 잇달다
呂	음률	려{여}	음률, 등뼈, 등골의 뼈, 나라 이름, 땅 이름
牙	어금니	아	어금니, 송곳니, 이의 총칭, 무기, 병기
在	있을	재	있다, 보다, 살피다, 제 멋대로 하다
殷	성할	은	성하다, 많다, 크다

❶ Of old, the rise[1)] of the Yin dynasty[2)] was due to I Chih who had served[3)] under the Hsia.

Likewise, the rise of the Chou dynasty was due to Lu Ya who had served under the Yin.

옛날에 은왕조가 융성한 것은 하나라에서 활약한 이지 덕분이었다. 마찬가지로 주 왕조가 융성한 것은 은나라에서 활약한 여야 덕분이었다.

❷ Of old, the rise of Yin was due to I Chih, who formerly served the Hsia; the Chou came to power through Lu Yu, a servant[4)] of the Yin.

옛날에 은나라가 융성한 것은 이전에 하나라에서 활약한 이지 덕분이었고, 주나라가 강국이 된 것은 은나라의 여야라는 관리를 통해서였다.

* 이지(I Chih): 중국의 고대 왕조 하나라 사람이었으나 다음 왕조였던 은나라를 세우는 데 공헌한 개국공신이다. 이윤이라고도 한다.

* 여야(Lu Yu): 강태공. 주왕조를 세우는 데 기여한 인재. 위수 강변에서 낚시를 하던 사람이었으나 주나라 문왕의 군사 전략가로 발탁되었다.

---

1) rise: ① 상승, 오름 ② 《영국》 승급(액) ③ 증가; 고조, 격앙. ④ 증대(량), 증수(량) ⑤ 진보, 향상; 입신 출세; 융성 ⑥ 높은 지대, 고대(高臺), 언덕; 언덕길 ⑦ 반란; 봉기. ⑧ 떠오름. ⑨ 기원, 발생; 소생, 부활

2) dy · nas · ty: ① (역대) 왕조 ② (어떤 분야의) 명가(名家), 명문;

3) serve: ① 섬기다, …에 봉사하다; …을 위해 일하다 ② 주문을 받다, 응대하다, ③ 차려내다; 시중을 들다 ④ …을 다루다, 대우하다; …에 보답하다 ⑤ …에 도움[소용]되다, …에 공헌[이바지]하다; 만족시키다

4) serv · ant: ① 사용인, 고용인, 하인. ② 부하, 종복; 봉사자, 충실한 사람. ③ 공무원, 관리

17

고 유 명 군 현 장 능 이 상 지 위 간 자 필 성 대 공

故惟明君賢將 能以上智爲間者 必成大功.

Gù wéi mín gjūn xián jiāng, néng yǐs hàng zhì wèi jiān zhě, bì chéng dà gōng

차 병 지 요 삼 군 지 소 시 이 동 야

此兵之要 三軍之所恃而動也.

Cǐ bīng zhī yào, sān jūn zhī suǒ shì ér dòng yě

그러므로 오로지 현명한 군주와 어진 장수는 능히 뛰어난 모략으로 첩자를 만들어 필히 큰 공을 이룰 수 있다.
이것이 군대에 중요하고 삼군(전군全軍)은 그것(첩자의 정보)을 믿고 움직인다.

* 삼군: 군대. 전군(全軍). 주대(周代)의 제도에서 대제후(大諸侯)가 거느리는 군대.
[상군(上軍) · 중군(中軍) · 하군(下軍)의 총칭]

惟	생각할	유	생각하다, 도모하다, 꾀하다, 늘어서다, 벌여 놓다
君	임금	군	임금, 주권자, 세자
賢	어질	현	어질다, 어진 사람, 재지가 있고 덕행이 뛰어난 사람, 착하다
能	능할	능	능하다, 잘하다, 보통 정도 이상으로 잘하다, 미치다
以	써	이	써, –로써, 부터, –에서, 까닭
智	슬기	지	슬기, 지혜, 슬기롭다, 지혜롭다, 꾀, 모략(謀略)
爲	할	위	하다, 만들다, 베풀다, 간주하다, 인정하다, 되다, 성취하다
間	틈	간	틈, 閒의 俗字
者	놈	자	놈, 사람, 것, 일을 가리켜 이른다, 물건을 가리켜 이른다, 곳
成	이룰	성	이루다, 이루어지다, 정하여지다, 갖추어지다
功	공	공	공, 공로, 공치사하다, 공을 자랑하다, 일, 직무
此	이	차	이, 이곳, 이것, 가까운 사물을 가리킴, 이에, 그래서
要	구할	요	구하다, 요구하다, 원하다, 바라다, 잡다
所	바	소	바, 일정한 곳이나 지역, 지위, 자리, 위치, 경우
恃	믿을	시	믿다
動	움직일	동	움직이다, 나다, 살다, 살아나다, 변하다
也	어조사	야	어조사, 또, 또한, 잇달다

❶ Hence it is only the enlightened[1] ruler and the wise general who will use the highest intelligence of the army for purposes of spying and thereby they achieve[2] great results[3].

Spies are a most important element[4] in water, because on them depends an army's ability to move.

그러므로 사리를 아는 군주와 현명한 장군만이 첩자 활동의 효과로 군대의 최고도 첩보를 활용할 수 있고 중대한 성과를 달성한다.

첩자로 인해 군대를 움직일 수완이 달려있으므로, 첩자는 위험한 상황에서 가장 중요한 요소이다.

❷ And therefore only the enlightened sovereign[5] and the worthy[6] general who are able to use the most intelligent[7] people as agents[8] are certain[9] to achieve great things.

Secret operations[10] are essential[11] in war; upon them the army relies[12] to make its every move[13].

그러므로 첩자로서 가장 영리한 사람을 사용할 수 있는 사리를 아는 군주와 존경할 만한 장군만이 중대한 일을 완수 할 수 있다.

극비의 군사행동은 군대를 모두 움직이도록 하므로, 전쟁에서 가장 중요하다.

---

1) en · light · ened: ① 계발된; 견식 있는. ② 문명화한; 진보한 ③ 밝은, 사리를 잘 아는
2) achieve: (일 · 목적)을 이루다, 달성(성취)하다, 완수하다 ② (공적)을 세우다; (승리 · 명성)을 획득하다
3) re · sult: ① 결과, 결말, 성과, 성적 ② (계산의) 결과, 답.
4) el · e · ment: ① 요소, 성분; (구성) 분자 ② 『화학』 원소 ③ 사(四)원소《흙 · 물 · 불 · 바람》의 하나
5) sov · er · eign: 주권자, 원수(元首), 군주(monarch), 국왕, 지배자.
6) wor · thy: 훌륭한, 존경할 만한, 가치 있는, 유덕한.
7) in · tel · li · gent: 지적인, 지성을 갖춘, 지능이 있는, 이해력이 뛰어난, 영리한
8) agent: ① 대행자, 대리인; 취급인; 주선인; 대리점 ② 어떤 행위를(작용을) 하는 (능력 있는) 사람(것)
9) cer · tain: ① 〔서술적〕 (아무가) 확신하는, 자신하는 ② (일이) 확실한, 신뢰할 수 있는, 반드시 일어나는; (지식 · 기술이) 정확한 ③ 반드시 …하는, …하게 정해져 있는
10) op · er · a · tion: ① 가동, 작용, 작업 ② (약 따위의) 효력, 효과; 유효 범위(기간) ③ (기계 따위의) 조작, 운전 ④ (사업 따위의) 운영, 경영, 조업; 회사, 기업 ⑤ (보통 pl.) 군사행동, 작전; 작전본부
11) es · sen · tial: ① 근본적인, 필수의, 불가결한, 가장 중요한 ② 본질적인, 본질의 ③ 정수의, 정수를 모은. ④ 완전한, 순수한
12) re · ly: 의지하다, 신뢰하다
13) move: ① 움직임, 동작, 운동. ② 행동, 조처 ③ 이동; 이사. ④ 진행, 추이(推移).

❖ 마무리하며

기장機長의 침착한 안내 방송

안성봉

2019년 8월 23일 금요일, 아들 석찬이의 6학년 여름방학이 끝날 무렵에 2박 4일 일정으로 단둘이서 홍콩 여행을 다녀왔다.

코로나19가 유행하기 전 LCC(저비용 항공) 노선의 증가와 항공사끼리의 경쟁으로 낮아진 항공료 덕분에 해외여행을 부담없이 갈 수 있었다. 특히 8월은 홍콩 지역이 습도도 높고 무더워서 비수기이므로 저렴한 가격에 여행을 갈 수 있었다. 그 대신 넓은 좌석과 비행기 위치를 알려주는 모니터 화면이나 기내식 및 음료 서비스는 꿈도 꾸지 말아야 했다

이틀 동안 매우 만족스럽게 홍콩과 마카오를 둘러보고 귀국하기 위해 홍콩국제공항으로 버스를 타고 이동했다. 당시 홍콩은 시위로 시끄러웠는데, 25일 일요일에는 시위대가 공항으로 진입하던 중에 진압 경찰과 심한 충돌이 있어서인지 공항 출입이 상당히 엄격하였다. 그래서 이틀간 동행하였던 홍콩 현지 가이드와는 공항 입구에서 작별 인사를 하였다.

비행기 표 티켓팅과 출국 수속을 하면서 자정이 넘어 월요일이 되었다. 부산행 비행기 게이트 앞에서 약 1시간을 기다려 26일 월요일 홍콩 시간 01:00(한국 시간 02:00) 비행기 탑승을 앞두고 있는데 갑자기 비를 동반한 돌풍이 심하게 불었다. 하지만 예정대로 탑승 절차를 진행하기에 석찬이와 함께 비행기에 올랐다. 그리고 모든 탑승 수속이 완료되자 비행기는 Push back(푸쉬백; 비행기는 후진을 할 수 없으므로 후진할 때 토잉카가 뒤로 밀어주는 것)이 끝나고 이륙 절차 중 하나인 Flight Control Check(플라이트 컨트롤 체크; 비행조종장치 점검) 후 Taxing(지상활주)를 시작한다. 활주로 이동 중에 기내 방송이 들렸다. 간단한 기내 방송은 부기장이 한다.

“손님 여러분, 이 비행기는 홍콩국제공항을 출발하여 부산으로 향하는 BX-000편입니다. 현재 강한 돌풍과 폭우로 인하여 이륙이 다소 지연되고 있습니다. 이륙하기까지는 시간이 얼마나 걸릴지는 알 수 없습니다. 감사합니다.”

폭우가 내리면서 번개까지 친다.

“아빠, 이런 날씨에는 착륙하는 기장이 엄청 힘들대요. 공중대기 하거나 착륙 실패하면 Go-around(고어라운드, 복행) 해야 하는데, 두 번 실패하면 연료가 바닥나서 기장들 심리적 압박이 상당하대요.”

조종사가 꿈인 석찬이가 걱정스럽게 말했다. 창밖으로 옆에 보이는 활주로에서는 폭우와 돌풍 속에서도 몇 대의 비행기가 착륙에 성공하는 것이 보였다.

“기장들 실력 대단하네.”

“그러게요.”

동남아는 기류 변화가 심해서 언제 폭우를 동반한 돌풍과 강풍이 몰아칠지 모른다. 동남아에 인접하여 습도가 높고 해양성 기후인 홍콩도 마찬가지이다. 10여 분정도 대기후 비행기가 조금씩 움직이기 시작한다. 그리고 5분여 후에 다시 안내 방송이 흘러나왔다.

“손님 여러분, 기다려 주셔서 감사합니다. 우리 비행기 관제탑으로부터 이륙 허가를 받았습니다. 곧 이륙하겠습니다.”

약 20분 정도 지연되었다. 창측에 앉은 석찬이는 휴대전화로 동영상 촬영을 준비했다. 비행기를 탈 때마다 이륙과 착륙 시에는 반드시 동영상으로 촬영하는데, 폭우와 강풍 속에서 이륙하는 것은 처음이기에 녀석은 촬영에 집중했다.

기내에는 모든 실내등이 꺼지고 활주로에 들어서자, 맞바람을 맞으며 비행기는 잠시 멈춘 듯하더니, 냅다 출력을 높이기 시작한다. 양쪽 날개에 달린 터빈에서 요란한 소리가 나고 비행기는 높은 속력을 내며 몇 초도 채 되지 않아 이륙을 한다.

“와!! 최대 출력이다.”

석찬이가 감탄한다. 홍콩국제공항의 불빛이 점점 멀어지더니 아무것도 보이지 않는다. 잠시 후 비행기는 쿵쿵 부딪히는 듯한 소리를 내며 한동안 심하게 흔들렸다.

창밖으로 번쩍거리며 낙뢰가 치는 것도 보였다. 여기저기서 승객들의 놀라는 소리가 들리는데 승무원들은 차분했다.

"아빠 무서워요."
석찬이도 무서운지 작은 소리로 말했다.
"괜찮다."
나도 좀 무서웠지만 아무렇지도 않은 듯이 말했다.
비행기가 계속 상승하던 중 갑자기 우~우~웅~ 소리를 내며 하강하다가 잠시 후 다시 상승을 하기 시작했다. 기내는 깜깜한데다 갑작스런 비행기 하강에 탑승객들은 모두 놀랐으며 비명을 지르는 사람도 있었다. 여전히 기체가 많이 흔들렸기에 승객들은 동요하기 시작했다. 이번에는 나 역시 굉장히 놀랐다. 그리고 객실 승무원들도 당황하는 하는 듯 했다.
잠시 후 곧바로 기내 방송이 흘러나왔다.
"손님 여러분, 기장입니다. 비행기가 심한 난기류로 많이 흔들렸습니다. 상당히 죄송합니다. 안심하시기를 바랍니다. 목적지까지 무사히 여러분들을 모셔드리겠습니다. 감사합니다."
기장의 목소리는 놀랍도록 침착하고 차분했다. 그래서인지 기내는 금방 안정이 되었다. 나 또한 기장의 기내 방송으로 안심이 되었다.
비행기는 계속 흔들렸지만, 동요하거나 놀라는 사람은 없었다. 적정 고도에 올라왔는지 비행기는 전혀 흔들리지 않았다. 기내는 고요해지면서 실내등이 켜졌다. 가끔씩 흔들리기는 하였지만 더한 것도 겪은 후여서 아무렇지도 않았다.
그리고 두 시간쯤 지난 후 구름 위에서 해가 뜨는 장관을 보고 있는데 기내 방송이 흘러나왔다.
"손님 여러분 기장입니다. 난기류로 고생 많으셨습니다. 우리 비행기는 현재 김해국제공항으로 접근 중입니다. 착륙 절차를 진행하여야 하기에 모든 기내서비스를 중단하겠습니다. 감사합니다."
보통 착륙 30분 전에 이런 기내 방송을 한다. 그리고 8월 말의 이른 아침 햇살 아래 비행기는 조종사들의 노련한 솜씨로 김해국제공항 활주로에 부드럽게 착륙하였다.

비행기 조종사들은 비상시를 대비하여 수많은 훈련을 하지만 베테랑 기장일지라도 난기류로 비행기가 심하게 흔들리면 긴장이 된다고 한다. 그럴 때 기장이 놀라서 당황한다면 승객들은 두려움에 떨 것이고 밤이라면 어둡고 그 높은 하늘에서 기내는 온통 아수라장이 되어 버릴 것이다.

'명장 밑에 약졸 없다'는 말에서 알 수 있듯이 한 조직이나 기관을 맡은 장(長)의 역량이 얼마나 중요한 것인가를 다시 한번 생각해본다. 가정도 단체도 국가도 마찬가지다. 최고 책임자가 역량을 갖추고 투철한 신념과 철학을 가졌을 때 그 조직의 앞날은 밝고 희망적일 것이다.

누구나 한 번쯤 꿈을 가져 보지만 아무나 될 수 없는 비행기 기장, 많은 탑승객들의 안전과 생명을 책임지는 그들에게 경의를 표한다.

석찬아! 너도 그때 그 기장처럼 승객들과 승무원들에게 신뢰를 받고 역량을 갖춘 멋진 조종사가 될 수 있겠지?

여러분들 모두 역량을 갖춘 '장將'이 되시기를 기원합니다.

안성봉, 안석찬 드림